HISTÓRIA DAS GUERRAS

HISTÓRIA DAS GUERRAS

Demétrio Magnoli
(organizador)

editoracontexto

Imagem de capa
Ataque 1941 – Tropas Soviéticas
© The Dmitri Baltermants Colection/Stock Photos

Montagem de capa
Ricardo Assis

Consultoria histórica
Carla Bassanezi Pinsky

Mapas
Giorgio Roberto Zoffoli

Diagramação
GAPP design

Revisão
Celso de Campos Jr.
Ruy Azevedo

Dados Internacionais de Catalogação na Publicação (CIP)
(Câmara Brasileira do Livro, SP, Brasil)

História das guerras / Demétrio Magnoli, organizador. –
4. ed., 2ª reimpressão. – São Paulo : Contexto, 2023.

Bibliografia.
ISBN 978-85-7244-395-1

1. Guerra 2. História militar I. Magnoli, Demétrio.

05-9787 CDD-900

Índice para catálogo sistemático:
1. Guerras : História 900

2023

Editora Contexto
Diretor editorial: *Jaime Pinsky*

Rua Dr. José Elias, 520 – Alto da Lapa
05083-030 – São Paulo – SP
PABX: (11) 3832 5838
contato@editoracontexto.com.br
www.editoracontexto.com.br

SUMÁRIO

APRESENTAÇÃO

As guerras não são algo novo na história da humanidade. O armamento, a motivação, a estratégia, os objetivos têm mudado muito, mas elas existem há milhares de anos. É evidente que navios a remo e muralhas de pedra não funcionam mais para atacar ou defender cidades, como na Guerra do Peloponeso, na Grécia Antiga: conflitos recentes, como a Guerra do Golfo, contaram com armamento sofisticado e a mais moderna tecnologia da informação. O que elas têm em comum, assim como todos os embates apresentados neste livro, é o fato de terem promovido mudanças fundamentais na trajetória da humanidade.

É bem verdade que *História das guerras,* coordenado por Demétrio Magnoli a pedido da Editora Contexto, não fica nas consequências, mas investiga origens, estratégias, táticas e até contradições de 15 dos mais importantes conflitos da história. Os capítulos foram atribuídos a especialistas e encontram-se em ordem cronológica após o ensaio introdutório do organizador, "No espelho da guerra". Entre os autores, escolhidos meticulosamente, com base nas suas qualificações, há nomes consagrados e jovens pesquisadores engajados na renovação dos seus campos de especialização. Alguns são historiadores – Pedro Paulo Funari, José Rivair Macedo, Francisco Doratioto, Renata Senna Garraffoni, Marco Mondaini, Elaine Senise Barbosa, Henrique Carneiro, Antonio Pedro Tota e Fátima Regina Fernandes. Outros, especialistas em História Militar, o almirante Armando Vidigal e o coronel Luiz de Alencar Araripe. Dois deles, André Martin e Demétrio Magnoli, são especialistas em Geografia Política. E dois são jornalistas com larga experiência em coberturas e análises da área internacional: William Waack e Cláudio Camargo.

Os textos são o fruto de um processo de crítica e revisão que, acolhendo a diversidade de pontos de vista teóricos e reconhecendo as particularidades dos objetos de investigação, conferiu uma unidade básica à narrativa. Sob a diversidade de experiências profissionais e acadêmicas dos autores, oculta-se uma convicção comum: rigor não significa hermetismo. Os capítulos oferecem leituras das grandes guerras da história pontuadas pelos seus contextos sociais e culturais. Eles evidenciam as dimensões estratégicas e militares dos conflitos que abordam. Todos traçam os perfis dos atores principais do drama maior que se desenrola, pois a história das guerras também é uma história de indivíduos, ideias e decisões singulares. Além de serem escritos em linguagem clara, acessível e direta, os ensaios são acompanhados por mapas históricos que representam a grande estratégia da guerra e suas batalhas decisivas. Assim, o leitor é levado ao campo de batalha ao lado dos protagonistas dos grandes embates.

O fazer histórico é, sempre, uma revisão crítica da historiografia. Cada um dos capítulos de *História das guerras* expressa a pesquisa mais recente, a bibliografia mais atualizada sobre o fenômeno histórico no qual se debruça. E todos eles representam um "olhar brasileiro" da história mundial. Esse ponto de vista tem significado: os autores podem, quase sempre, tomar uma saudável distância crítica das correntes nacionais de interpretação que, na França, na Alemanha, na Rússia ou nos Estados Unidos, se debatem em torno de feridas profundas do seu próprio passado. Ao mesmo tempo, o Brasil está presente, como ator secundário das grandes Guerras Mundiais do século XX ou como ator decisivo da Guerra do Paraguai, essa fonte inesgotável de controvérsia histórica que é objeto de fecunda reinterpretação.

A narrativa das guerras que mudaram a história é um relato aberto a todos os leitores atentos. Fica agora o convite para viajar conosco por quase 2.500 anos de conflitos.

O editor

NO ESPELHO DA GUERRA

Demétrio Magnoli

O preâmbulo da Carta da ONU, adotada em 26 de junho de 1945, começa assim: "Nós, os povos das Nações Unidas, determinados a libertar as gerações futuras do flagelo da guerra [...]" Essas célebres palavras ecoavam a justificativa de Franklin D. Roosevelt, o idealizador da ONU, para a entrada dos Estados Unidos na grande Guerra Mundial: "Mais do que o fim da guerra, nós queremos um fim para o início de todas as guerras [...]."

Roosevelt era também um eco, de seu antecessor, Woodrow Wilson, e das esperanças que ele difundiu no tempo de horrores da Primeira Guerra Mundial, a "guerra para acabar com todas as guerras" por meio da derrota dos agressores e da constituição de uma Liga das Nações. No entreguerras, essas esperanças chegaram a tecer um tratado destinado a colocar a guerra fora da lei.

A ideia original partiu de Aristide Briand, ministro do Exterior francês, que propôs um pacto bilateral banindo a guerra entre seu país e os Estados Unidos. Na sua réplica, o secretário de Estado americano Frank Kellogg propôs um tratado multilateral de banimento completo da guerra. O Pacto Briand-Kellogg foi assinado em Paris, em 1928, e acabou abrangendo 62 países. O Pacto nunca impediu nenhuma guerra, mas continua a ter força de lei nos Estados Unidos e, no direito internacional, serviu como arcabouço para a noção de "crimes contra a paz", sob a qual o Tribunal de Nuremberg sentenciou diversos "criminosos de guerra".

Banir a guerra! Embora não seja, é claro, uma ideia exclusivamente americana, nenhuma nação adotou-a com a persistência e a continuidade dos

Estados Unidos. Desde Thomas Jefferson ("Eu abomino a guerra e a vejo como o pior flagelo da humanidade"), o terceiro presidente e o primeiro a enviar tropas ao exterior, para combater os corsários da costa berbere, os "terroristas" do seu tempo, um após o outro os presidentes americanos comprometeram-se solenemente com a reforma do mundo, para "acabar com todas as guerras".

A guerra, vista da relativa segurança proporcionada pelo insulamento geopolítico dos Estados Unidos, foi interpretada como uma aberração monstruosa, um desvio patológico nas relações internacionais. Sua causa não poderia ser outra senão a imperfeição das instituições políticas no estrangeiro. Sua abolição definitiva exigiria nada menos que a difusão do modelo histórico representado pela nação americana. "A melhor esperança para a paz no nosso mundo é a expansão da liberdade em todo o mundo", na síntese oferecida por George W. Bush, em janeiro de 2005, no discurso inaugural de seu segundo mandato.

A visão moralista que orienta a política externa americana não pode ser explicada nos limites da razão geopolítica. A abominação da guerra e seu complemento paradoxal, o impulso da redenção do mundo pela força das armas, deitam raízes no sentido de missão e predestinação dos radicais protestantes que sonharam difundir pela Europa a Commonwealth de Cromwell, no século XVII, e mais tarde inspiraram os "pais fundadores" dos Estados Unidos. O dever moral dos revolucionários ingleses era espalhar as sementes da liberdade entre os povos oprimidos pela tirania das monarquias católicas.

Esse tema atravessa, como o fio de uma espada, toda a história americana. Ele reverbera, como uma conclamação para a guerra, no segundo discurso inaugural de Bush: "O grande objetivo de suprimir a tirania é a obra concentrada de gerações. [...] Hoje, os Estados Unidos dirigem-se novamente a todos os povos do mundo. Todos os que vivem sob a tirania e em desesperança devem saber: os Estados Unidos não ignorarão sua opressão ou perdoarão seus opressores. Quando se levantarem pela sua liberdade, nos levantaremos com vocês."

Banir a guerra? Os europeus nunca acreditaram que a liberdade, a justiça ou qualquer outro valor universal possa servir de norte para a política externa das nações. Eles sempre curvaram-se ao primado do interesse nacional. Na Conferência de Paris, em 1919, Wilson pregava a Liga das Nações, mas os líderes da Europa debruçavam-se sobre os mapas de fronteiras e os cálculos de indenizações. O "pacifista" Briand, ao contrário de Kellogg, não pretendia colocar a guerra fora da lei, mas apenas banir a guerra entre seu país e os Estados Unidos, assegurando à França, na próxima guerra, o apoio da maior potência do mundo.

Na tradição europeia, a guerra não é um desvio patológico, e sim uma etapa do fluxo incessante das relações internacionais. Essa visão, realista e cínica, forjada na geografia das rivalidades dinásticas e das disputas por territórios, não exclui o horror diante do sofrimento. Mas ela opera na moldura filosófica construída por Maquiavel, que separa a moral política da moral comum. Guerra é história. Guerra é cultura.

A prova direta disso encontra-se na extensa e variada literatura histórica e teórica sobre a guerra, cujo ponto de partida retrocede séculos antes da era cristã, até o mais antigo tratado militar de que se tem registro. *A arte da guerra*, atribuído a Sun Tzu e escrito possivelmente entre 320 e 400 a.C., aborda o surgimento da guerra verdadeira na China. A guerra na China antiga produzia-se no interior de um envelope ritual, que moderava sua violência e fazia com que se extinguisse no final de uma única batalha pouco sangrenta. Mas, desde cerca de 500 a.C., com o aparecimento de unidades políticas maiores, os Estados formaram exércitos permanentes e introduziram a conscrição de camponeses. Uma casta de militares profissionais, a disciplina dos soldados e a seleção de tropas de elite assinalaram o início de um novo tempo.

A teoria da guerra nasceu praticamente com a guerra verdadeira. No seu verso inicial, Sun Tzu constata: "A arte da guerra é de importância vital para o Estado. É a província da vida ou da morte; o caminho à segurança ou à ruína. Portanto, é um objeto de investigação que não pode, sob nenhuma circunstância, ser negligenciado." Eis o reconhecimento da guerra como componente intrínseco da política, ou seja, como fenômeno "normal" na vida das sociedades e dos Estados e, portanto, suscetível à análise racional.

No sistema de Sun Tzu, o recurso às armas devia fazer parte de um programa mais amplo pelo qual o inimigo seria politicamente atingido, antes de ser militarmente batido. Era mister, por meio de agentes e espiões infiltrados, criar divergências entre o soberano inimigo e seus ministros, entre os chefes e os subordinados, entre a elite e a massa dos súditos, instilando a subversão e provocando a desmoralização da autoridade. A guerra como continuação da política: a fórmula não é de Sun Tzu, mas bem poderia ser...

Sun Tzu prescrevia que o emprego ótimo da força militar dependia de que se pudesse alcançar a vitória num lapso de tempo breve, com economia de recursos e vidas e sem infligir ao inimigo mais perdas humanas do que o estritamente necessário. Essa é, em essência, a doutrina militar introduzida, uns 2.300 anos mais tarde, por Colin Powell nos Estados Unidos e empregada com sucesso na Guerra do Golfo de 1991. Uma doutrina que ficou soterrada sob o peso da razão ideológica dos democratas, durante a escalada militar no Vietnã, nos anos 60, e dos neoconservadores republicanos, no momento em que foi tomada a decisão de invadir e ocupar o Iraque, em 2003.

Carl von Clausewitz (1780-1831) soldou seu nome à teoria da guerra de um modo tão indissolúvel que aparecem quase como sinônimos. Clausewitz ingressou no serviço militar aos 12 anos, serviu no exército prussiano nas campanhas do Reno, em 1793 e 1794, e já como oficial participou das Guerras Napoleônicas. Em 1818, tornou-se diretor da Escola de Guerra da Prússia. O célebre *Da guerra*, publicado pela primeira vez no ano seguinte à sua morte, é uma reflexão situada na transição entre um sistema de Estados que desaparecia e outro que surgia.

As Guerras Napoleônicas assinalaram o desmoronamento do sistema internacional europeu emanado da Paz da Westfália, em 1648. O Congresso de Viena, de 1815, na sequência da derrota francesa em Waterloo, estabeleceu um novo sistema europeu, que perduraria até a eclosão da Primeira Guerra Mundial. Na passagem de um sistema para o outro, a guerra conheceu uma mudança radical. Clausewitz decifrou o sentido da mudança e elaborou o paradigma da guerra contemporânea.

A Paz da Westfália "fundou" o Estado moderno, ao afirmar o primado dos interesses seculares dos soberanos e afastar a noção de uma autoridade eclesiástica universal. O sistema que emanou do grande tratado europeu conheceu inúmeros conflitos militares mas nenhuma guerra geral capaz de destruir seus fundamentos. Esses conflitos secundários, de alcance limitado, eram travados por tropas de mercenários. As forças em armas, pequenas porém dispendiosas, não mantinham laços especiais de lealdade para com os soberanos aos quais serviam, e interessavam-se sobretudo pela sua própria segurança. Os soberanos também evitavam guerras sangrentas, que exigiriam a reconstituição do exército.

A guerra dessa época virtualmente excluía o choque direto das batalhas campais, resumindo-se a uma série de manobras coordenadas, que se encerravam, como regra, pela capitulação honrosa do lado em desvantagem. Os altos oficiais dos diferentes exércitos formavam algo como uma comunidade de valores e etiquetas, que valorizava a técnica e a "estética" dos movimentos e das indumentárias das tropas. As paradas militares das ocasiões festivas derivam, em linha direta, do treinamento das forças em armas desse período galante e incruento. Como a China antiga, a Europa setecentista praticamente não conheceu a "guerra verdadeira".

A Revolução Francesa encerrou esse período. A França revolucionária constituiu um "exército de cidadãos" baseado nos laços de lealdade à pátria e na liga, ainda mais profunda, da camaradagem entre os homens em armas. Nas palavras de Clausewitz: "A guerra tornou-se subitamente de novo uma questão do povo e de um povo de 30 milhões de habitantes que se consideravam todos como cidadãos do Estado".[1] O Grande Exército de Napoleão Bonaparte herdou esse elã, preenchendo-o com novos significados políticos. Ele se tornaria o modelo dos exércitos contemporâneos, que lutam em nome da nação, vertem o sangue do último soldado e abominam a capitulação.

A "arte da guerra" de Clausewitz é o fruto do renascimento da "guerra verdadeira" na Europa. Seu sistema enxerga a guerra como um fenômeno total, político e militar, amparado na mobilização de todos os recursos nacionais. O choque direto, a batalha campal e a aniquilação física do inimigo são os paradigmas da guerra contemporânea. Isso não significa, porém, que a guerra possa reduzir-se a uma súbita explosão de violência ofensiva. Justamente por envolver vastos recursos econômicos, humanos e militares, a guerra é um jogo constituído por sucessões de batalhas, em tempos e teatros diferentes. Sua estratégia requer a utilização da ofensiva, da defensiva e da contraofensiva. A balança dos chefes militares pesa probabilidades e calcula o ritmo e a intensidade do dispêndio de recursos. A eventual aniquilação do inimigo é o ato final de um empreendimento complexo, inscrito na esfera da política.

A obra de Clausewitz, um monumento de uma época na qual se consagrava a crença iluminista na civilização, na ciência e na filosofia, desenhou os paradigmas usados pelos estadistas e pelos chefes militares para pensar a guerra. Ela se tornou uma referência perene e jamais foi verdadeiramente contestada no seu próprio terreno.

Mas as grandes guerras do século XX, conduzidas por colossais máquinas de matar, provocaram ruína, destruição e sofrimento indizíveis. No plano da técnica e da arte militar, essas catástrofes humanas certamente inscrevem-se no quadro teórico clausewitziano. Contudo, elas geraram indagações e angústias extremadas, que explodiram os alicerces filosóficos da teoria da guerra. No fim, deslocaram o debate para uma esfera mais abrangente que a da política.

Sobre os intermináveis tapetes de cadáveres tecidos pelas confrontações militares do último século, a guerra surge como um fenômeno inscrito na esfera da cultura.

As obras recentes de John Keegan[2] e Victor Davis Hanson[3] não oferecem respostas diferentes às perguntas que motivaram Clausewitz, mas deslocam as próprias perguntas e sugerem nova topologia para o debate. O argumento de Keegan é que a guerra é muito mais que a "continuação da política por outros meios". O historiador militar britânico sustenta que a guerra de Clausewitz é unicamente a guerra instaurada e definida pelo Estado-Nação, ou seja, a guerra moderna e contemporânea, e assim mesmo amputada dos componentes "bárbaros" que estão presentes nos interstícios de todas as guerras.

O combate armado irregular, avesso à disciplina e à regra, perpassa os séculos e faz parte da história dos mais diferentes povos. Ele não se extinguiu com a inauguração da "guerra civilizada", mas acoplou-se a ela e subordinou-se às necessidades dos comandos militares. No Afeganistão, em 2001 e 2002, as forças americanas compraram os serviços dos senhores da guerra locais e coordenaram as operações de alta tecnologia, conduzidas pela força aérea ou por comandos de forças especiais, com as ofensivas de campo de milicianos autóctones. O saque, a pilhagem, o estupro, o vandalismo, todos esses atos que causam espanto e desprezo quando cometidos por exércitos regulares, formam uma dimensão permanente da guerra mas não são contemplados pela teoria da guerra.

Sob o ponto de vista de Keegan, Clausewitz "estava batalhando para formular uma teoria universal do que a guerra *deveria* ser, em vez de tratar do que a guerra realmente era e fora".[4] Mas, então, o que de fato a guerra era e é? A guerra, na resposta de Keegan, "é sempre uma expressão de cultura, com frequência um determinante de formas culturais e, em algumas sociedades, é a própria cultura".[5] A guerra é um fenômeno total, uma expressão condensada das formas de pensar, produzir e consumir das sociedades, o espelho de um tempo e um lugar.

O subtítulo da obra de Hanson é: "Massacre e cultura – da Grécia antiga ao Vietnã". Nela, define-se uma "tradição cultural ocidental" que é, também, um modo ocidental de fazer a guerra. Do estudo de batalhas cruciais, desde Salamina, em 480 a.C., até a Ofensiva do Tet, em 1968, emerge o estilo de combater e matar que singulariza os "exércitos de cidadãos" articulados em torno das noções de liberdade pessoal e de iniciativa individual. O argumento básico, que é reiterado a cada capítulo, como a persistente demonstração de uma tese, é que as "nações em armas" constituídas por cidadãos livres bateram seus inimigos devido à superioridade intrínseca de suas ideias e organização social.

Hanson certamente valoriza as técnicas e as tecnologias militares "ocidentais", mas as encara como um fruto das ideias "ocidentais". Sua perspectiva é cultural num sentido clara e diretamente político. As vitórias do Ocidente não decorreram "de uma inteligência superior inata, de uma moralidade cristã ou de qualquer noção de excepcionalidade religiosa ou genética"[6], mas de paradigmas superiores: liberdade, individualismo, militarismo cívico. Esses paradigmas produziram um poder militar inigualável, que abrange as mais eficientes tecnologias de matar mas não se circunscreve a elas. O Ocidente venceu, pois suas forças em armas emanaram de estruturas culturais peculiares e seus soldados lutavam em nome de comunidades políticas capazes de mobilizar todos os seus recursos, toda a sua iniciativa e toda a sua imaginação na tarefa de destruir o inimigo.

• • •

A guerra, como fenômeno total, é o tema desta obra. Ela não é, com certeza, uma história completa das guerras. Aqui, são abordadas quinze guerras que mudaram a história, ou seja, que produziram repercussões duradouras sobre a organização política, econômica e social dos povos e das nações. Essas confrontações militares moldaram a Antiguidade clássica, desenharam os contornos das civilizações na Idade Média, instauraram os sistemas de Estados moderno e contemporâneo, definiram os grandes equilíbrios geopolíticos do século XX.

A história das guerras é uma história de alteridades. Cada guerra é um fenômeno único, singular, irredutível. Os gregos guerreavam em nome da virtude, os "bárbaros" germânicos e os cavaleiros das estepes asiáticas, em nome do saque. Os cruzados lutaram na Terra Santa por Deus e pela Igreja. Os franceses e protestantes alemães combateram o império Habsburgo portando o estandarte da soberania secular. Napoleão Bonaparte marchou sob a bandeira do império. A glória nacional animou o exército prussiano de Bismarck; o "Reich de mil anos", a *Wehrmacht* de Hitler. Os vietnamitas enfrentaram a França e os Estados Unidos para conseguir a independência e a soberania. Árabes e israelenses bateram-se por fragmentos de território.

Mas as guerras dialogam, umas com as outras. Tucídides, o célebre historiador da Guerra do Peloponeso, descreveu o conflito entre Atenas e Esparta como o embate da Baleia (a potência marítima) contra o Urso (a potência continental). Sua narrativa inspirou o pensamento geopolítico, oferecendo um modelo analítico. A metáfora da Baleia e do Urso ressurgiu nas Guerras Napoleônicas, aplicada à confrontação entre a Inglaterra e a França, e novamente na Guerra Fria, como descrição da rivalidade bipolar entre os Estados Unidos e a União Soviética. A Batalha de Cannae, em que o cartaginês Aníbal impôs a maior derrota aos romanos, em 216 a.C., sobreviveu à erosão do tempo e, como um quadro pintado com tinta indelével, inspirou o Plano Schlieffen, aplicado pela Alemanha na Primeira Guerra Mundial, e a ofensiva terrestre conduzida pelos Estados Unidos na Guerra do Golfo de 1991.

A história das guerras é uma história das técnicas. Os hábeis flecheiros de Gêngis Khan são contemporâneos dos exímios arqueiros turcos, com seu *fogo grego*. Mais de dois milênios separam o trirreme ateniense do couraçado e do submarino, introduzidos na Guerra de Secessão. Quase um milênio separa as catapultas medievais dos canhões de aço, de alma raiada, e dos fuzis de carregamento pela culatra que aposentaram as cargas de cavalaria nos ensaios oitocentistas de "guerra industrial".

Mas a história das guerras é, sobretudo, a história do gênio humano aplicado à destruição. As "hordas" de cavaleiros das estepes formavam unidades militares organizadas sob rígido sistema de comando decimal e comunicavam-se por meio de bandeiras e fogos. Helmut von Moltke redefiniu o significado do teatro de batalha e as funções da artilharia, da infantaria e da cavalaria ao incorporar a ferrovia e o telégrafo na máquina de guerra prussiana. As penosas operações militares em torno da fortaleza de Humaitá, no rio Paraguai, entre 1866 e 1868, evidenciam as dificuldades da transição tecnológica e doutrinária entre a guerra tradicional e a "guerra industrial". A batalha de Dien Bien Phu, que selou a derrota francesa na Indochina, em 1954, é uma lição inesquecível sobre o valor do terreno, do relevo e do clima na arte de esculpir o teatro de combate. No Vietnã, no Afeganistão e no Iraque, os americanos empregaram as tecnologias da informação para empurrar até o limite a coordenação entre as forças de terra, ar e mar e entre as forças blindadas convencionais e as unidades de comandos infiltradas atrás das linhas inimigas.

"A guerra é o pai de todas as coisas." A proposição, de Heráclito, antecede a Guerra do Peloponeso. É apenas realista reconhecer que não somos muito diferentes dos gregos de 25 séculos atrás.

NOTAS

(1) Carl von Clausewitz, Da guerra, São Paulo, Martins Fontes, 1996, p. 847.

(2) John Keegan, Uma história da guerra, São Paulo, Companhia das Letras, 1996.

(3) Victor Davis Hanson, Por que o Ocidente venceu, Rio de Janeiro, Ediouro, 2002.

(4) John Keegan, op. cit., p. 22.

(5) John Keegan, op. cit., p. 28.

(6) Victor Davis Hanson, op. cit., p. 626.

BIBLIOGRAFIA

CLAUSEVITZ, C. V. *Da guerra.* São Paulo: Martins Fontes, 1996.

HANSON, V. D. *Porque o Ocidente venceu.* Rio de Janeiro: Ediouro, 2002.

KEEGAN, J. *Uma história da guerra.* São Paulo: Companhia das Letras, 1996.

GUERRA DO PELOPONESO

Pedro Paulo Funari

A Guerra do Peloponeso pode ser considerada, a justo título, um conflito de importância histórica ímpar. Ainda que a guerra tenha terminado há 24 séculos, continuou a fascinar as gerações posteriores e serviu como instrumento analítico para entender inúmeros conflitos posteriores e, mais recentemente, a Primeira Guerra Mundial e a Guerra Fria. Serviu de referência não apenas para historiadores, como generais, diplomatas, estadistas e estrategistas. Por sua significação para os destinos da história posterior, a Guerra do Peloponeso foi considerada particular, ao selar o destino das cidades independentes gregas, conhecidas como *póleis*. Primeira guerra em larga escala travada em um contexto democrático, de discussão pública das decisões, tem servido, de geração em geração, ao debate sobre a relação entre regime político e guerra.

No campo militar, *stricto sensu*, a Guerra do Peloponeso foi também inovadora, com a introdução ateniense da estratégia defensiva de abandono do campo, concentração da população na cidade, fortalecimento da Marinha e, condição *sine qua non*, introdução de um esquema de abastecimento fundado na obtenção de recursos dos seus aliados, com um sistema imperial de sustentação do esforço de guerra. A estratégia militar ateniense representou, de fato, uma revolução logística que serviria, posteriormente, de modelo aos grandes exércitos macedônicos e romanos, também fundados em grandes impérios que abasteciam as tropas.

UMA BREVE APRESENTAÇÃO

A Guerra do Peloponeso pode ser definida como a disputa entre Atenas e seu império contra Esparta, Tebas, Corinto e outros membros da Liga do Peloponeso, entre 431 e 404 a.C. (Uma primeira guerra nesses moldes já havia ocorrido entre 460 e 455 a.C.) As batalhas deram-se em ampla área, da Sicília, ao ocidente, até a Ásia Menor, ao oriente, do Helesponto e a Trácia, ao norte, até Rodes, ao sul.

Foi a primeira grande guerra narrada por uma testemunha ocular, um historiador cuja fama perdura até hoje, Tucídides (464-401 a.C.). A guerra passou, para as gerações posteriores, como uma luta modelar entre uma democracia comercial e grande potência marítima, Atenas, e uma aristocracia agrícola e potência militar terrestre, Esparta.

A guerra começou em 4 de abril de 431 a.C. com a tentativa de Tebas de atacar Platea,[1] aliada de Atenas, e terminou em 25 de abril de 404 a.C., com a capitulação de Atenas.

As cidades da Liga Beócia, lideradas por Tebas, eram os aliados continentais de Esparta, desde o início, com o apoio posterior de Siracusa e outras cidades da Sicília. Os persas, com o desenrolar da guerra, deram apoio financeiro e logístico a Esparta, com vistas a reconquistar as cidades gregas que se haviam aliado a Atenas. Os espartanos contavam também com a simpatia das oligarquias em muitas cidades.

Atenas dispunha do apoio de outras tantas cidades que se opunham aos persas e que prosperavam com o comércio – a leste na Jônia e nas ilhas do mar Egeu, assim como ao norte na Trácia e às bordas do mar Negro –, além de contar com o apoio dos democratas em outras cidades. No Peloponeso, contou com a neutralidade e depois com o apoio de Argos, rival de Esparta.

A GRÉCIA NO SÉCULO V a.C.

Para que possamos entender a Guerra do Peloponeso, faz-se necessário tratar, ainda que de maneira breve, do contexto histórico e cultural em que se inseria. O que chamamos de mundo grego era composto de uma pletora de cidades autônomas, as *póleis*, espalhadas por grande área, no Mediterrâneo Oriental, incluindo as ilhas do mar Egeu, além das colônias gregas fundadas no Mediterrâneo Ocidental, no que viria a ser Itália, França e Espanha. Os

Mundo grego, 431 a.c

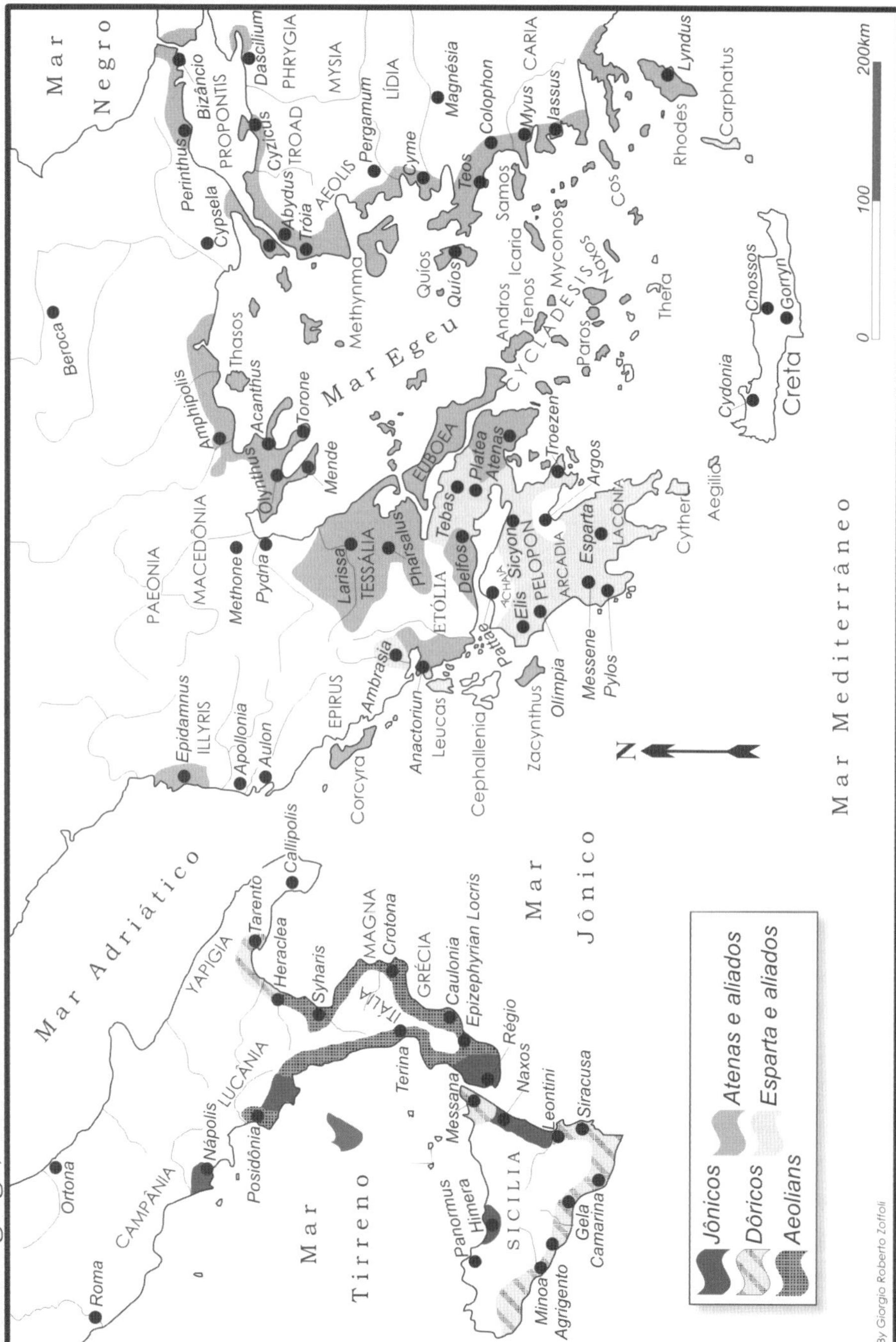

gregos falavam dialetos apenas parcialmente inteligíveis entre si, e embora compartilhassem características culturais comuns, como a religião politeísta olímpica e a tradição dos poemas homéricos, apresentavam diferenças notáveis, divergiam e lutavam entre si. Entre os gregos, nunca houve noção de cidadania que ultrapassasse o quadro de cada cidade, a tal ponto que o cidadão (*polités*) era o homem com direitos apenas em sua cidade (*pólis*).

Num mundo de cidades gregas muitas vezes rivais, a guerra era uma atividade não apenas corriqueira, como essencial. O filósofo Heráclito (540-475 a.C.) observou que "a guerra é o pai de todas as coisas" (*pólemos patér pantōn*). O grande patrimônio comum dos gregos, os poemas homéricos, mostravam a honra dos valores militares e da luta sem quartel:

> Flecheiros fanfarrões, Aqueus vexaminosos, não tendes brio? Por que – como filhotes tímidos de corça que, depois de correr pelo prado, exânimes, detêm-se – estais inermes, pávidos, sem fibra para a luta? (*Ilíada*, Canto 4, 241-246, tradução de Haroldo de Campos).

O historiador e arqueólogo francês Yvon Garlan bem constatou a "onipresença da guerra" no mundo grego, algo que se expressa no volumoso vocabulário usado pelos gregos para se referir à guerra e ao conflito militar: *pólemos* (guerra), *agón* (competição), *mákhe* (batalha), para não mencionarmos os derivados. A virtude masculina por excelência, *aretḗ*, era a coragem, ousadia ou petulância na luta, como na *Ilíada*, Canto 20, 411-412: "confiando nos pés céleres, com petulância pueril, desabalado, se exibia na linha de frente até perder a vida" (tradução de Haroldo de Campos). A luta era elemento central na educação dos meninos gregos, e a guerra constituía tanto parte integrante da vida em sociedade, como atividade essencial para definir as subjetividades, para a formação dos indivíduos e dos coletivos humanos.

Da diversidade de constituições políticas nas *póleis* gregas, duas desde logo destacaram-se por suas características e diferenças: Atenas e Esparta. Atenas tinha um amplo território, a Ática, formado por planícies e colinas, e embora ocupadas continuamente desde a Idade do Bronze, as aldeias da região só foram unificadas tardiamente, com instituições centralizadas. Após longa evolução, no final do século VI a.C. o líder ateniense Clístenes reformou o sistema de tribos, ampliou o conselho que administrava a cidade para quinhentos membros (*boulḗ*) e permitiu que cada cidadão registrado em um *demos* (aldeia) votasse na assembleia popular (*ekklesía*). O historiador Heródoto (484-424 a.C.) (*História*

6,131,1) e o filósofo Aristóteles (384-322 a.C.) (*Constituição de Atenas*, 29,3) definiram Clístenes, em 508 a.C., como o introdutor da democracia.

Esparta, no Peloponeso, havia sido fruto de um processo de conquista da região, que resultou em uma cidade de esparciatas (uma elite militar), que dominavam os periecos e hilotas (estrangeiros e servos), desprovidos de direitos. Os esparciatas tinham dois reis, um conselho (*gerusía*, ou Senado) e uma assembleia que elegia gerontes e éforos, que governavam a cidade (como hoje seriam o prefeito e seus secretários). Os meninos eram criados em unidades de tipo militar (*agélai*, "rebanhos") e, a partir dos 12 anos, recebiam uma formação ainda mais severa até chegar ao treinamento em unidades militares (*phidítia*). Como afirma o historiador francês Pierre Vidal-Naquet, havia, portanto, um antagonismo entre a modernidade e inovação ateniense e o arcaísmo lacedemônio.

A arte da guerra, na Grécia antiga, passou por transformações importantes e duradouras a partir do século VII a.C., em parte por influência dos modelos orientais, talvez dos assírios à época do rei Tiglat Pilese (745-727 a.C.), quando chegaram à Síria e à costa do Mediterrâneo. Como quer que seja, é certo que nos séculos VI e V a.C. a tática de guerra em terra era a hoplítica. O exército era composto por infantaria bem armada, com lança e espada, para o ataque, e armadura defensiva, com corpete, braçadeiras, elmo fechado e largo escudo redondo, chamado *hóplon* – daí o nome hoplítico. Os soldados lutavam em formação cerrada, escudo ao lado de outro escudo, como uma falange, numa série de fileiras. A fileira dianteira avançava e tentava empurrar o inimigo e as fileiras traseiras sustentavam e davam força ao avanço.

A Marinha de guerra desempenhou papel crescente em Atenas a partir da ação do líder Temístocles (528-460 a.C.), que se utilizou dos recursos das minas de prata do Láurio para construir cerca de 200 barcos para a luta contra os persas, em 480 a.C., em Salamina. Durante o período do império de Atenas, sua frota será sempre numerosa, contada entre 300 e 400 belonaves. Seus navios de guerra tinham 3 ordens de remos, chamados de trieres, com medidas médias de 50 metros de comprimento por 7 de largura. A triere possuía um mastro e vela, mas as manobras em batalha eram feitas apenas com os remos. Em média, havia 170 remadores e 30 outros soldados para manejo do barco. Os remadores eram atenienses pobres, sem renda, chamados tetas, remunerados para servir na marinha, o que significa um imenso contingente de até 40 mil homens pobres que constituíam uma das principais forças de apoio a todo tipo de aventura militar.

AS ALIANÇAS MILITARES

As cidades gregas, com suas particularidades e rivalidades, haviam sido galvanizadas, no início do século v a.C., em sua luta contra os persas. Entre 490 e 449 a.C. os gregos opuseram-se a Dario I (rei de 522 a 485 a.C.) e Xerxes (rei de 485 a 465 a.C.) e conseguiram ainda repelir os ataques aquemênidas que queriam submeter as cidades gregas da Jônia.

Heródoto de Halicarnasso, cidade grega na Ásia Menor que esteve sob jugo persa, escreveu sua *História* para investigar as origens do conflito entre gregos e persas, e por seu intermédio sabemos muito sobre o pano de fundo das guerras. A luta contra os persas levou à formação de uma aliança militar entre cidades, *symmakhía*, em 481 a.C., a chamada Liga Helênica, da qual participavam todas as principais cidades gregas, como Atenas e Esparta. Contudo, já no século VI a.C. a Liga do Peloponeso havia iniciado as alianças militares, sob a liderança de uma cidade principal, Esparta, chamada de *hegemón* (guia, líder), termo usado também para designar o comandante no exército. Assim, a antiga Liga Helênica era ampla, enquanto a Liga do Peloponeso restringia-se a Esparta e outras cidades do interior.

O nome oficial da Liga do Peloponeso era "Os lacedomônios e seus aliados". Os espartanos encontravam-se em minoria em sua própria terra, na qual predominavam os hilotas e periecos, e rivalizavam com a cidade de Argos, no próprio Peloponeso e, por isso, fundavam seu domínio em uma formação militar rígida que a tornava a cidade de Esparta mais poderosa. Estabeleceram, também, uma política internacional voltada para as potências orientais, cultivando relações com a Lídia e o Egito, de modo que já no fim do século VI a.C. Esparta representava a cidade mais potente e reconhecida no mundo grego.

O vocabulário das alianças era derivado do uso militar. As ligas dominariam a cena política grega, daí até o domínio macedônico, na década de 340 a.C. – e é neste contexto que se pode entender a Guerra do Peloponeso. Frente à aliança em torno de Esparta, contrapôs-se outra capitaneada por Atenas. Ao final das guerras contra os persas, em 479 a.C., os atenienses voltaram-se para fortalecer a Ática, pobre de recursos físicos, centrando sua estratégia na garantia das rotas marítimas e do abastecimento de grãos da região do mar Negro, assim como no fortalecimento de seu poderio naval.

Em 478 a.C., uma expedição da Liga Helênica que combatia os persas, sob a liderança do espartano Pausânias, congregando espartanos, atenienses e outros, foi tomar Bizâncio (atual Istambul, na Turquia) de uma guarnição persa.

Posteriormente, Pausânias foi acusado pelos atenienses de ter liberado os altos dignitários persas e mesmo de ter trocado cartas com o rei persa Xerxes. Embora as acusações não tenham sido confirmadas, revelam uma diferença fundamental de estratégia entre Esparta, propensa ao acordo com os orientais, e Atenas, que defendia os interesses das cidades gregas da Jônia recém-liberadas do jugo persa.

Naquele ano, surgiu uma aliança, chamada modernamente de Liga de Delos. Congregava diversas cidades que deviam fornecer belonaves e fundos, que formariam um tesouro comum administrado por tesoureiros atenienses (*hellenotamíae*). De início em Delos, o tesouro foi transferido antes de 454 a.C. para Atenas. Os membros da liga eram, principalmente, as ilhas do Egeu, mas com o tempo foram adicionadas as Ilhas Cícladas, Lesbos, Quíos, Samos, Rodes, cidades da Trácia, da Calcídica, e a maioria das cidades gregas a oeste e ao sul da Ásia Menor.

AS FONTES HISTÓRICAS

A História da Guerra do Peloponeso conta com uma gama de fontes, cada uma com suas particularidades e limitações. A guerra foi narrada, em detalhe, pelo historiador ático Tucídides (464-401 a.C.), em obra escrita ao final do conflito, em 404 a.C. Testemunhou boa parte do conflito e teve acesso tanto a arquivos quanto a pessoas que participaram das decisões. Buscava a verdade, entendida, como propõe o estudioso italiano Luciano Canfora, como o desvelar da diferença entre a palavra e a política, o que se diz e o que se faz efetivamente. A História, contudo, era antes de tudo um gênero literário e Tucídides compôs muitos discursos que, na melhor das hipóteses, representavam não o que havia sido dito, mas o que era verossímil que tivesse sido dito. Tucídides refere-se, ainda, muitas vezes a intenções ocultas que eram, na verdade, resultado da sua interpretação. O racionalismo de Tucídides é acompanhado pelas explicações irracionais, na forma da deusa Fortuna, como lembra a historiadora espanhola Virginia Muñoz.

O historiador e general ático Xenofonte (430-356 a.C.) deixou-nos uma História da Grécia (*Helênica*), sobre o período entre 411 e 362 a.C. Outras fontes literárias são a *Constituição de Atenas* (obra de autor desconhecido, atribuída a Xenofonte), assim como a obra do mesmo nome de Aristóteles. Autores posteriores como Diodoro da Sicília (século I a.C.) e Plutarco, nas *Vidas paralelas*, também fornecem informações sobre a guerra. O contexto da guerra encontra-se, também, em outros autores antigos, como Sófocles (496-406 a.C.), Eurípides (485-406 a.C.) e Aristófanes (450-385 a.C.).

Outro grande manancial de dados provém das escavações arqueológicas, feitas nos últimos dois séculos. Por esse meio, foram encontrados e publicados diversos documentos escritos, como fragmentos da *Helênica*, de autor desconhecido, encontrados em papiros no Egito, em Oxyrhynchus, a partir de 1906, sobre os momentos finais da luta. Inscrições monumentais referentes ao império de Atenas foram descobertas e publicadas, sendo de especial interesse as listas de tributos atenienses. Também são pertinentes as informações arqueológicas sobre as trocas comerciais no século V, que demonstram a importância estratégica das rotas comerciais para Atenas, assim como ampla gama de indicações sobre a vida quotidiana à época da guerra.

A PRIMEIRA GUERRA DO PELOPONESO (460-455 a.C.)

As causas estruturais de um conflito bélico ligam-se aos interesses econômicos e políticos subjacentes às relações entre os contendores, e, no caso da Grécia do século V a.C., os atores políticos eram múltiplos, a começar pelas cidades que se contrapunham umas às outras. Os motivos das disputas eram estratégicos; no sentido estrito, relacionavam-se à disputa por território entre cidades vizinhas que disputavam fronteiras e entre cidades que disputavam o acesso a outras regiões, em especial às fontes de abastecimento. Essas rivalidades territoriais eram, portanto, o motor primeiro das constantes lutas entre as cidades.

Os limites eram, também, "fronteiras mentais", como lembra o historiador André Leonardo Chevitarese, pois se revestiam de caráter étnico e cultural, de modo que uns tomavam a si mesmos como modelos de virtudes e os outros, seus inimigos, como exemplos de estilo de vida condenáveis e indignos. Pela multiplicação de cidades envolvidas e pela volatilidade das situações, as alianças eram, muitas vezes, ocasionais, mas havia algumas regularidades estratégicas, em particular no que se refere à disputa entre potências vizinhas, como Esparta e Argos no Peloponeso e Atenas e Tebas, na fronteira entre a Ática e a Beócia. A mesma rivalidade repetia-se entre as cidades menores e vizinhas.

As cidades gregas eram também caracterizadas pela heterogeneidade social, por diferentes regimes políticos, ou constituições, com facções em conflito no interior de cada cidade. Em Esparta, havia uma elite dória que oprimia, e temia, os hilotas e os periecos. Em muitas cidades prevalecia um sistema oligárquico, com oposição popular, enquanto em outras prevalecia o regime democrático, sempre marcado pela oposição oligárquica. Isso criava um elemento adicional de flutuação política, com implicações para as alianças estratégicas. No interior de uma mesma cidade e de um mesmo grupo, como o democrático, por exemplo, havia divergências e decisões militares que nem sempre seguiam uma única linha estratégica, como veremos. Havia, portanto, múltiplos fatores a condicionar as batalhas e mesmo o curso geral das guerras.

Tucídides (1,102) apresenta como motivo estrutural da Guerra do Peloponeso as divergências de fundo entre os oligarcas espartanos e os democratas atenienses: "Os lacedomônios preocupavam-se com o espírito empreendedor e revolucionário dos atenienses, além de os considerarem de origem estrangeira."

A explicação de Tucídides menciona, portanto, as diferenças entre oligarquia e democracia, assim como adiciona a oposição entre a origem dória dos espartanos e a autoctonia dos atenienses. Os esparciatas preocupavam-se com a garantia da sua segurança interna, frente às populações submetidas e aos seus vizinhos no Peloponeso que poderiam inspirar-se na democracia ateniense e fazer reivindicações ameaçando a hegemonia espartana. Os atenienses, resultado de uma junção de aldeias, voltavam-se para os benefícios de uma liderança marítima e comercial.

As causas imediatas e mais conjunturais, contudo, são menos claras, pois, como lembra o historiador italiano Arnaldo Mommigliano, "toda a História diplomática e social dos trinta anos precedentes à Guerra do Peloponeso está, talvez, irremediavelmente perdida para nós, pois não interessava a Tucídides". De toda forma, à contraposição principal acenada pelo historiador grego, entre as duas maiores potências, juntavam-se as rivalidades das inúmeras cidades que se aliavam a uma ou outra potência por motivos estratégicos, regionais ou sociais, a depender de quem dominava no momento, oligarcas ou democratas.

Espartanos e atenienses encontravam-se na mesma luta contra os persas, e sua vitória, em 479 a.C., abriu espaço para que as divergências de fundo entre as duas potências gregas se tornassem mais claras. Um primeiro conflito aberto, chamado de Primeira Guerra do Peloponeso, entre 460 e 455 a.C., já mostrava os caminhos da disputa que duraria até o final do século v a.C., assim como as escolhas estratégicas das partes, com uma inovação crucial dos atenienses. Tradicionalmente, o combate dava-se em campo aberto entre exércitos, e o resultado do embate era decidido pelas manobras e pela bravura dos combatentes. Os atenienses, com seu estado voltado para o mar e para as trocas comerciais, começaram a investir em estratégias defensivas, que evitassem o ataque e o combate decisivo. Além disso, a estratégia ateniense apostava no uso das rivalidades entre as cidades para conquistar aliados. Essa postura, ainda embrionária, já seria adotada no primeiro conflito no Peloponeso.

Atenas estabeleceu alianças com Argos, vizinho e adversário histórico de Esparta, o que embaraçava os esparciatas ao norte e dificultava o avanço de tropas espartanas em direção à Ática. Com o mesmo senso estratégico, Atenas aliou-se a Mégara, que estava às portas da entrada para a Ática, em posição estratégica muito favorável, pois tinha dois portos capitais para o controle do acesso marítimo à Ática – em Niseia, ao sul, e em Pegae, ao norte.

Dessa forma, Atenas podia contar com alguma cidade aliada em toda a sua fronteira terrestre com o Peloponeso, além de dois portos aliados para a defesa marítima. Atenas conseguira essa aliança ao apoiar Mégara, em disputa fronteiriça com Corinto. Atenas ajudou Mégara a construir fortificações do tipo grandes muralhas para ligar a cidade de Mégara e o porto de Niseia e estacionou uma guarnição ateniense no porto. Pegae lhe permitia controlar o golfo de Corinto. Com essas políticas, Atenas contava com dois grandes aliados para contrapor-se a Esparta. Os atenienses aliaram-se, ainda, a Naupacto, ao norte do Peloponeso, do outro lado do golfo de Corinto. Atenas pôde circundar então Esparta e Corinto.

Os atenienses haviam acumulado recursos para a luta contra os persas e enviaram duzentos barcos seus e de aliados a Chipre, de onde foram chamados pelo rebelde egípcio Inaros a lutarem contra o domínio persa do Egito, em 459 a.C. Com essa luta, atenienses e aliados conseguiram assenhorar-se da maior parte da província ou satrapia egípcia. Os atenienses, em seguida a sua aliança com Argos, tentaram conquistar o melhor porto entre Atenas e Argos, Halieis, mas foram derrotados pelas forças de Corinto e Epidauro.

Esparta entrou no conflito e mandou força expedicionária do Peloponeso à Grécia Central, para tentar controlar a região ao norte da Ática. Eram 1.500 hoplitas lacedemônios e 10 mil aliados. Os atenienses continuavam suas expedições marítimas e, com os aliados, enviaram exército para fazer frente aos peloponésios, num total de 14 mil homens, apoiados, ainda, pela cavalaria da Tessália. Com grandes perdas para ambos os lados na batalha de Tânagra, a vitória dos peloponésios mostrava a constante superioridade terrestre das forças de espartanos e seus aliados. Os atenienses concluíram a partir daí que a estratégia defensiva seria decisiva e construíram grandes muralhas para proteger sua cidade, em direção à costa, protegendo o porto do Pireu e Falerum, mais ao sul. A Primeira Guerra do Peloponeso terminou em um tratado de paz, como recorda Tucídides (1,112): "após um intervalo de três anos, um tratado de cinco anos foi feito entre peloponésios e atenienses", em 451 a.C.

Nesse período relativamente pacífico, a Liga de Delos enfrentava dificuldades, com o crescente destaque de Atenas e sua gradual transformação em um domínio de Atenas sobre as outras cidades, naquilo que os antigos chamavam de *arkhé* e que ficou conhecido como Império de Atenas – termo enganoso, pois Atenas passava a exercer um poder discricionário, mas não possuía senão uma fragilíssima estrutura administrativa imperial. A partir de meados do século V a.C. os aliados passaram a ser súditos, juraram fidelidade a Atenas e os tributos acabaram concentrados e geridos em Atenas.

Esparta e outras cidades aliadas voltavam-se para o fortalecimento das suas milícias e para um futuro enfrentamento com a potência marítima e comercial emergente ateniense. Esparta firmava-se como potência terrestre, ao atuar com êxito na Grécia Central. Atenas voltava-se para controle marítimo.

AS PERIODIZAÇÕES DO GRANDE CONFLITO

O período entre 454 e 431 a.C., embora sempre caracterizado por guerras localizadas – uma constante no mundo antigo –, representou uma época de paz entre as duas grandes alianças militares de atenienses e peloponésios. Um acordo de paz definitivo, com validade por 30 anos, foi estabelecido em 446/5 a.C., resultado do avanço terrestre de Esparta na Grécia Central e da concentração de interesses atenienses no seu próprio império. Embora os termos do acordo não tenham chegado até nós, pode-se estabelecer as seguintes prováveis cláusulas:

- Os atenienses aceitavam devolver as terras que haviam conquistado por guerra no Peloponeso;
- Os espartanos reconheciam, de alguma maneira, o Império Ateniense;
- Os aliados de cada campo não podiam mudar de lado, mas cidades neutras podiam ser arregimentadas;
- As divergências deviam ser submetidas a arbítrio.

Esta última norma constituía novidade no cenário militar e estratégico, pois previa que, mesmo em caso de divergência, seria buscada uma solução arbitrada, antes que militar imediata. O tratado reconhecia uma bipartição do mundo grego entre uma potência terrestre, Esparta, e uma marítima, Atenas, com seus respectivos aliados ou súditos.

Em 431 a.C., calcula-se que Atenas contasse com um exército ativo de 13.000 hoplitas, 1.000 cavaleiros, 1.400 efebos (jovens entre 18 e 20 anos),

2.500 veteranos (entre 50 e 60 anos), 9.500 metecos, com um total de 27.400 homens. Esparta contava com contingentes próprios menos numerosos, mas com muitas tropas aliadas.

A Guerra do Peloponeso pode ser dividida em seis etapas:

- A Guerra sob o líder ateniense Péricles e a revolta no Império Ateniense (432-427 a.C.), conhecida também como Guerra de Arquidamo, rei de Esparta;
- As Novas estratégias atenieneses (426-421 a.C.);
- Paz e Guerra (421-416 a.C.);
- A Guerra no teatro de operações ocidental (Sicília) e a derrota ateniense (416-413 a.C.);
- Revoltas no Império de Atenas (413-410 a.C.), também conhecida como Guerra na Jônia;
- A Restauração da Democracia em Atenas e a queda de Atenas (410-404 a.C.).

ORIGENS DA GUERRA DO PELOPONESO

No verão de 440 a.C., iniciou-se um conflito entre Samos e Mileto pelo controle de Priene, cidade situada entre ambas. A ilha de Samos era autônoma, membro da Liga de Delos, o mais importante dos três únicos aliados que não pagavam impostos a Atenas e possuía marinha própria. Mileto também era membro da liga. Quando os milésios pediram ajuda, Atenas acudiu e submeteu a contenda à arbitragem, refutada por Samos. Péricles (490-429 a.C.), o grande líder democrático ateniense, comandou então uma frota contra Samos, depôs a oligarquia, instalou um governo democrático, impôs uma indenização, tomou reféns e deixou uma guarnição na ilha para manter a nova ordem. Algumas das antigas lideranças de Samos recorreram ao sátrapa (governador) persa da Ásia Menor para reagir, derrotando por fim o novo regime democrático e a guarnição ateniense.

A partir desse episódio, outros aliados ameaçaram revoltar-se contra a hegemonia ateniense com apoio persa, e a Liga do Peloponeso foi instada a apoiar a rebelião – o que, entretanto, acabou não ocorrendo, pois os espartanos temiam expandir sua hegemonia a cidades marítimas e distantes das suas bases terrestres.

Embora, nesse caso, não tenha havido intervenção dos peloponésios, abria-se a possibilidade de que uma revolta das oligarquias das cidades

Império de Atenas

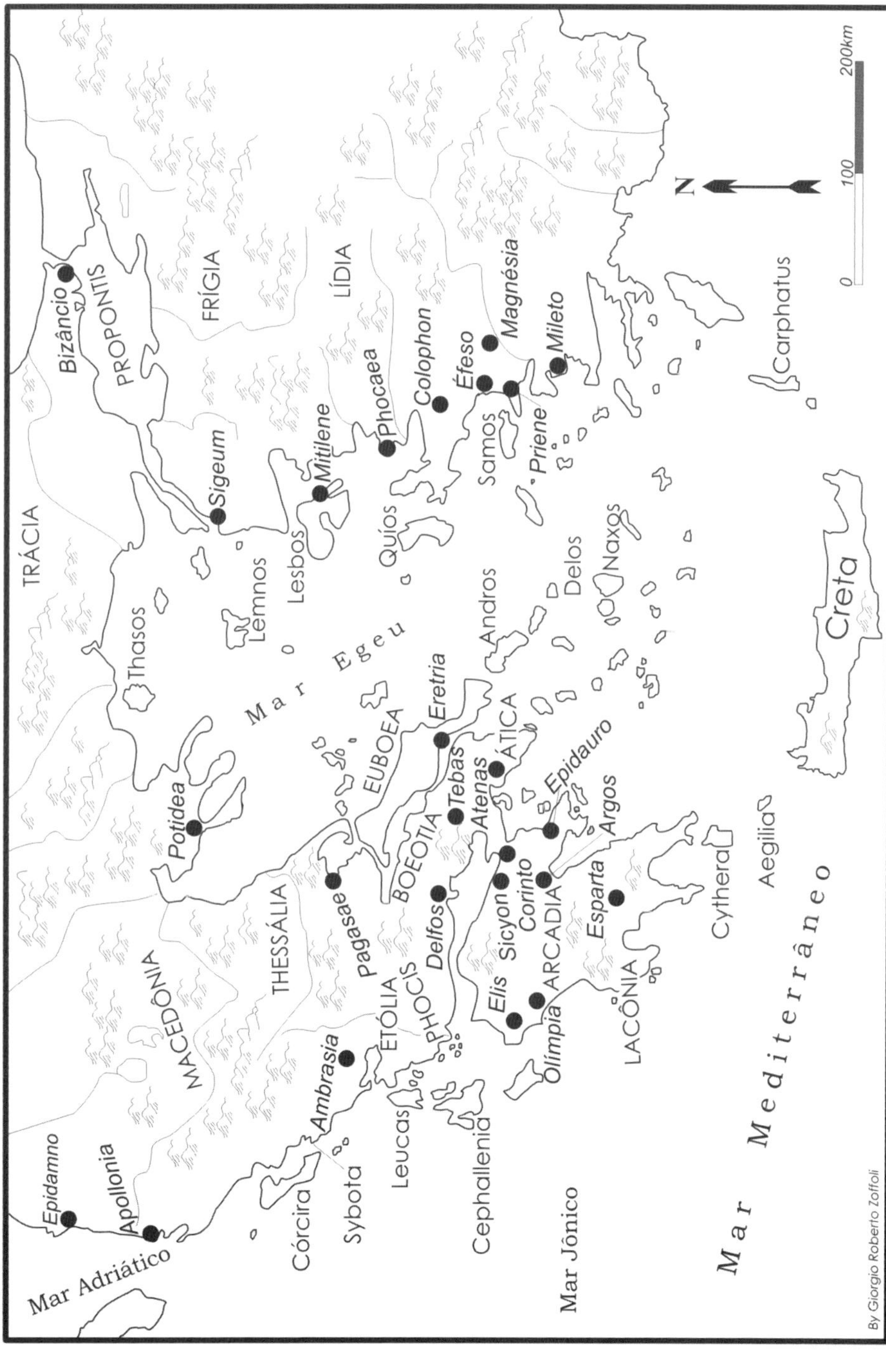

aliadas aos atenienses contasse com apoio persa e peloponésio em caso de descontentamento com relação à líder Atenas.

Outra crise, mais grave, derivou de novo de um desencontro entre cidades menores. As distantes Córcira e Epidamno estavam em disputa, quando Epidamno pediu e obteve apoio de Corinto, preocupada com a frota de Córcira, a maior depois da ateniense. Córcira atacou Epidamno, que pôde contar com o decisivo apoio de Corinto e de outros membros da Liga do Peloponeso. Córcira, vendo-se em desvantagem, ameaçou pedir o socorro de Atenas. Os espartanos então perceberam o perigo de uma guerra de grandes dimensões e mediaram, o que garantiu o êxito de Córcira e a humilhação de Corinto, que, no entanto, não se resignou e insistiu em um recuo de Córcira. Pressionada, Córcira enviou embaixadores à assembleia popular, em Atenas, em 433 a.C., para tentar persuadir os atenienses a ficarem a seu favor em sua disputa contra Corinto. Seu grande argumento era estratégico:

> Há apenas três frotas dignas de nota na Grécia: a sua, a nossa e a de Corinto. Se os coríntios nos controlarem, as duas marinhas serão uma só e vocês terão que lutar contra as frotas de Córcira e do Peloponeso ao mesmo tempo. Se nos aceitarem, lutarão com eles com seus próprios navios e com os nossos (Tucídides 1,33,3).

A resposta ateniense foi, também nesse caso, uma inovação estratégica, fruto de provável intervenção de Péricles. Em vez de aceitarem uma aliança (*symmakkhía*) ampla, criaram novo estatuto de acordo defensivo, válido apenas em caso de ataque (*epimakkhía*) e enviaram uma força que, pequena, seria apenas para persuadir os coríntios a abandonarem suas pretensões. A estratégia de dissuasão, no entanto, falhou, pois os coríntios retiraram-se intactos e determinados a conseguir o apoio dos seus aliados peloponésios contra Atenas.

Com o fim de dissuadir Mégara e outros da ideia de ajudarem Corinto, os Atenienes aprovaram um decreto que impedia os megários de usar os portos do Império Ateniense e de frequentar o mercado de Atenas (*agorá*), o que era outra inovação: um embargo econômico.

A decisão de fazer guerra foi espartana. Os atenienses insistiam no recurso à arbitragem, mas os espartanos preferiram ouvir as queixas dos descontentes, em particular de Mégara e de Corinto, o que já indicava sua inclinação para a guerra. A Liga do Peloponeso votou de fato pela guerra, persuadida não tanto pelos argumentos dos aliados quanto, como diz Tucídides (1,88), por temerem "que os atenienses ficassem demasiado fortes, estando já a maior parte da Grécia em suas mãos". Como também afirma Tucídides (1,23,6), "a causa mais verdadeira do conflito, mas a menos comentada, foi o crescimento do poder (*arkhê*) de Atenas, que amedrontava os espartanos e forçando-os à guerra". Era o Império Ateniense o motivo último da disputa, o que vale também para Atenas, pois Péricles afirmava que "se aceitarmos as exigências deles agora, em seguida nos pedirão outras concessões, ainda maiores, já que fizemos a primeira concessão por temor" (Tucídides, 1,140,5). Ceder algo do poder sobre o império era ter o princípio do próprio império ameaçado.

Péricles foi o grande estrategista ateniense, ao preocupar-se, desde 445 a.C., com o estabelecimento de linhas de abastecimento seguras para Atenas, com o fortalecimento da sua esquadra, assim como por procurar alianças políticas com cidades estrategicamente localizadas, como Régio e Leotinos, no Ocidente. Com isso, buscava controlar o acesso dos alimentos que vinham da Sicília para o Peloponeso, assim como tudo o que provievesse do mar Egeu. Corinto e Mégara eram diretamente prejudicadas pelo domínio ateniense estratégico dos mares.

Iniciada a guerra, Esparta apostava na estratégia militar grega tradicional, ao invadir e destruir os campos da Ática, planejando forçar Atenas a aceitar a paz ou a lutar em campo aberto, o que favoreceria o exército espartano, a grande máquina de guerra terrestre da Grécia antiga. O exército ateniense era menos numeroso e menos disciplinado para os combates terrestres do que os espartanos. Atenas, sob o comando estratégico de Péricles, líder democrata que conseguia, na maioria das vezes, levar a assembleia a votar como ele aconselhava, adotou diante da situação uma contraestratégia inovadora. O abastecimento de grãos para Atenas provinha do Egito e da Crimeia, e Atenas contava com a garantia dos tributos dos aliados, o que inviabilizava a eficácia do plano de um cerco tradicional, como pretendido pelos espartanos. O rei espartano Arquidamo sabia, pelos antecedentes, que Atenas contava com um império e preferia uma posição mais conciliatória, mas a maioria dos espartanos, confiante na estratégia tradicional, preferiu um ataque frontal, na expectativa de que a guerra terminasse em pouco tempo.

Péricles apostava em sua estratégia defensiva e imperial, e, além disso, argumentava com a legitimidade da posição ateniense, que não visava à conquista, mas apenas pedia o respeito aos acordos firmados e a aceitação espartana de um arbítrio internacional. Atenas estava guarnecida por uma muralha que a ligava a seu porto e que permitia que toda a população camponesa se deslocasse para dentro dos muros da cidade e, assim, fosse melhor defendida. A poderosa frota ateniense manteria a ordem no império, garantiria o abastecimento à cidade e ainda permitiria que o Peloponeso fosse acossado por mar, exigindo que os espartanos não abandonassem sua retaguarda desguarnecida, dividindo o exército inimigo. O grande historiador militar alemão Hans Delbrück acredita que Péricles deva ser colocado "entre os maiores generais da história mundial", por sua capacidade de fazer um povo livre e soberano aceitar uma estratégia de exaustão que era muito dura e, por isso, impopular.

Como potência agrícola, Esparta precisava recolher seus efetivos durante a primavera e o outono, para que os soldados pudessem ajudar na faina agrícola. Os atenienses, livres dessas obrigações, poderiam então atacar por terra os aliados de Esparta, Mégara e o istmo de Corinto. Uma vitória sobre Mégara impediria futuros ataques espartanos e inibiria a vinda dos tebanos do norte contra Atenas.

Péricles era líder em uma democracia e sua estratégia era limitada por essa mesma circunstância. Conseguiu convencer os atenienses a abandonarem os campos, mas teve dificuldades de montar uma ofensiva terrestre e marítima poderosa, que abalasse Esparta, pois a assembleia não estava disposta a sacrificar um grande número de combatentes atenienses. Essa hesitação provou ser desastrosa, e a aglomeração humana em Atenas permitiu que uma praga, vinda com os grãos do Egito e da Líbia, se propagasse com rapidez, causando grande devastação humana.

Em meio à praga, um destacamento foi enviado a Potideia, levando a doença para as tropas distantes. Enquanto as outras cidades permaneciam sem a praga, tanto pelo pouco contato com os atenienses, como pela menor aglomeração humana, Atenas perdia pela doença os homens que não perdera em campo de batalha. Os ataques a Esparta eram, assim, débeis, e as cidades do Império Ateniense, pressionadas a pagarem tributos de guerra, mostravam descontentamento ou mesmo revolta. Em meio à crise, uma oferta ateniense de paz foi rejeitada por Esparta em 430 a.C. Péricles também foi vítima da doença, morrendo em 429 a.C.

No outono de 429 a.C., Atenas conseguiu vencer duas batalhas navais, em Cálcis e Naupacto, graças à sua superioridade naval. Quando Mitilene, na ilha de Lesbos, em junho de 428 a.C., se revoltou contra os impostos, na expectativa de obter ajuda espartana, os atenienses conseguiram pôr em fuga a esquadra adversária, o que levou à rendição de Mitilene, em julho de 427 a.C. Os tebanos aproveitaram-se da atenção ateniense voltada à ilha no mar Egeu para atacar e derrotar Plateae, aliada de Atenas e na porta da Ática. Plateae foi destruída e a população dizimada.

Ambos os lados haviam apostado em uma vitória rápida e em uma guerra-relâmpago. Esparta subestimou o poderio do Império Ateniense. Atenas democrática não conseguiu empreender uma ofensiva poderosa, temerosa dos custos humanos, preferindo confiar nos benefícios advindos do império. Ao final da primeira fase da guerra, ambos os lados encontravam-se empatados, Atenas ainda confiando no Império e Esparta em uma vitória a longo prazo, por seu exército terrestre.

A GUERRA SOB A NOVA LIDERANÇA DEMOCRÁTICA EM ATENAS

Em 426 a.C., Atenas começou uma ofensiva, por iniciativa de novos líderes democráticos, Cléon e Demóstenes. As classes altas, lideradas por Nícias, continuavam a resistir à estratégia ofensiva. Os prejuízos das elites agrárias faziam sentir-se com a devastação dos campos, enquanto a população urbana podia contar com os benefícios do império, como recorda o filósofo Aristóteles (384-322 a.C.), na *Constituição de Atenas* (24):

> Depois disso [a partir de 478 a.C.], a cidade estava confiante e muito dinheiro havia sido coletado, de modo que Aristides aconselhou os atenienses a mostrarem sua liderança e a deixarem os campos e viverem na parte urbana: haveria dinheiro para todos, alguns no exército, na guarda ou nos serviços públicos [...]. De acordo com o conselho de Aristides, os tributos davam grandes recursos ao povo miúdo, de modo que mais de 20 mil homens eram mantidos pelos tributos, taxas e aliados.

A guerra causava prejuízos à elite, mas mantinha a plebe satisfeita, o que explica o persistente apoio das massas à guerra e as tentativas, que se repetem, das elites de tomarem em suas mãos o poder e decidirem por uma composição e pelo fim das hostilidades. Os líderes populares tentaram levar a guerra para a Beócia, contra Tebas, e a Esparta e à Sicília. Em 426 a.C. dois exércitos atenienses avançaram em direção a Tebas, o primeiro sob o comando do general Demóstenes, pela Acarnânia, enquanto o segundo, sob o comando de Nícias, ia por Tânagra. A ofensiva fracassou em ambas as frentes, pois as tropas aliadas sob comando de Demóstenes sofreram ataques e tiveram de refugiar-se em Naupacto, enquanto o sempre relutante general oligárquico Nícias, apesar de vencer uma batalha em Tânagra, preferiu efetuar uma retirada. Para fazer frente aos custos da guerra, o líder popular Cléon apelou para o aumento das contribuições das cidades do Império Ateniense.

Esparta, por sua vez, montou um grande exército sob o comando do general Euríloco em direção a Délfi, ameaçou Naupacto e sitiou a cidade de Argos da Acarnânia, mas Demóstenes conseguiu duas grandes vitórias em Olpae e Idomene, por meio de manobras táticas inovadoras, liberando o caminho para a frota ateniense chegar à Sicília.

Em 425 a.C. Atenas venceu a batalha em Spacteria e sua frota que ia em direção à Sicília montou um forte no promontório de Pilos. Acabaram sendo atacados por terra e mar pelos espartanos. Demóstenes repeliu os ataques, pediu socorro à Marinha ateniense que eliminou toda a frota espartana. O general Cléon trouxe reforços e os espartanos foram também derrotados em terra, tendo sido capturados como prisioneiros 292 soldados, 120 dos quais esparciatas, levados a Atenas como reféns. A derrota e humilhação espartanas levaram a uma proposta de paz, recusada pelo democrata Cléon.

Nem tudo ia bem com a ofensiva ateniense, contudo. Os planos dos líderes populares baseavam-se na manutenção e expansão do Império, que consideravam indispensável para a manutenção dos benefícios às massas. Os almirantes que haviam ido à Sicília tiveram de retornar sem resultados e foram punidos pela assembleia popular de Atenas. Os planos de expansão não tinham êxito em campo, em parte por problemas logísticos, com a Marinha distante das bases. Em novembro de 424 a.C., os atenienses iniciaram uma ofensiva contra Tebas, mas foram derrotados pelo general Pagondas, que usou uma tática original, com a penetração em profundidade de uma ala da infantaria, apoiada pela cavalaria. A ofensiva ateniense para capturar Mégara foi bloqueada pelo habilidoso general espartano Brásidas, que aproveitou a oportunidade para uma marcha rápida pela Beócia e Tessália, na tentativa de semear a revolta na Calcídica, bem ao norte, região vital para o abastecimento de Atenas.

Assim como Atenas havia oferecido apoio na luta contra a ingerência persa, agora o espartanos agitavam os aliados de Atenas a ganharem a liberdade, *eleuthería*, palavra de ordem forte, pois o termo era o mesmo para manumissão ou alforria, como se dessem aos aliados de Atenas a oportunidade de deixarem de ser "escravos" do Império Ateniense. Os espartanos conseguiram a rendição de Anfípolis. Atenas enviou reforços, mas ambos os generais que propugnavam a guerra ofensiva de lado a lado, Brásidas e Cléon, foram mortos em batalha, o que deu oportunidade para que o oligárquico Nícias concluísse um tratado de paz entre Atenas e Esparta, em 11 de abril de 421 a.C.

O TEATRO OCIDENTAL E A DERROTA ATENIENSE

As contradições e os conflitos subjacentes à contraposição entre o Império Ateniense e as potências oligárquicas não arrefeceram com o tratado de paz. Corinto e Tebas recusaram-se a juntar-se aos espartanos no respeito ao acordo e as condições para a retomada dos conflitos mantinham-se. A tensão diminuiu, contudo, com a devolução dos espartanos mantidos como reféns. Sob novas lideranças democráticas, com Alcibíades (450-404 a.C.), Atenas aliou-se a Argos, Mantineia e Élis para enfrentar o eixo espartano e beócio. Desde a morte de Péricles, o regime democrático de Atenas enfrentava uma divisão profunda entre as facções oligárquicas e populares e Alcibíades e Nícias aprofundariam as dissensões. As lutas intestinas atenienses levariam, nos anos seguintes, a defecções, falta de engajamento, brigas e expurgos, o que terminaria, ao final, por destruir a própria autoridade (*arkhê*) ateniense, minando a liderança ática (*hegemonía*).

A nova estratégia ateniense visava a acossar Esparta em seu próprio território, graças à aliança renovada com Argos. A resposta espartana foi formulada pelo rei Ágis, que planejou um ataque a Argos pelo norte, na expectativa de que teria a ajuda das forças aliadas beócias ao seu flanco norte. Sem a chegada dos beócios, conseguiu apenas um tratado com Argos, que o assinou a contragosto. Os atenienses, poucos meses depois, conseguiram reconquistar Argos para seu lado, mas não obtiveram êxito em mandar tropas de retaguarda suficientes para concretizar o apoio; em agosto de 418 a.C. os espartanos obtiveram a vitória na maior batalha terrestre da guerra, em Mantineia, entre Esparta e Argos.

Isolada Atenas, Alcibíades, em 416 a.C., formula um plano de guerra ousado: conquistar Siracusa, controlar em seguida toda a Sicília, derrotar Cartago, para retornar ao Peloponeso com uma força inquebrantável. As facções populares apoiaram entusiasticamente a estratégia, desaprovando a cautela aristocrática de Nícias que propugnava a continuidade das operações militares limitadas na Calcídica, em primeiro lugar para garantir a continuidade do império. Na democracia ateniense, votou-se e ganhou a estratégia imperialista ousada de Alcibíades, mas o comando foi dividido entre três generais, Alcibíades, Nícias – no fundo, contrário à ampliação das operações para o teatro ocidental – e o comandante profissional Lâmaco. Nem bem haviam começado as operações, os oligarcas conseguiram chamar de volta Alcibíades para ser processado por suposto envolvimento com um sacrilégio em Atenas.

De fato, em 7 de junho de 415, os atenienses haviam encontrado algumas estátuas do deus Hermes (Mercúrio para os romanos, deus da fertilidade e dos viajantes) desfiguradas e com seus falos quebrados. A ação havia sido feita em uma única noite, o que indicava ser obra de um grupo restrito de pessoas. Alguns tomaram o fato como presságio contrário à expedição à Sicília. Os adversários de Alcibíades acusaram-no de atuar em diversas práticas sacrílegas e de almejar derrubar a democracia e apresentar-se como tirano. A ação havia sido premeditada por um grupo (*hetairía*), mas a confusão instalara-se, com suspeitas para todos os lados, pois uns imputavam agentes de Corinto, outros familiares de Nícias.

O resultado, contudo, foi um desastre para a expedição à Sicília. Alcibíades, sentindo-se traído, abandonou a campanha e passou-se para os espartanos, entregando os planos estratégicos atenienses que visavam à conquista da Sicília e de Cartago. Segundo o relato de Tucídides (6,92,4), Alcibíades justificou-se, pois "o verdadeiro patriota não é aquele que aceita perder sua pátria injustamente sem atacá-la, mas aquele que tanto a ama que tudo fará para reconquistá-la". Alcibíades (450-404 a.C.), que havia sido criado por Péricles, companheiro de Sócrates (469-399 a.C.), mostrava toda a sua formação sofística ao justificar sua defecção, com a passagem de Atenas a Esparta.

Em um primeiro momento, Siracusa foi assediada por mar e terra, com a construção de um muro que tentaria bloquear a cidade, mas o plano falhou quando os siracusanos construíram uma muralha própria. Lâmaco morreu em batalha, a frota foi derrotada, as linhas de abastecimento atenienses interrompidas, Nícias adoentado mantinha-se na defensiva, chegavam reforços espartanos, e mesmo a chegada de nova frota ateniense sob comando de Demóstenes foi derrotada em 413 a.C. A frota ateniense foi bloqueada no porto e derrotada, enquanto o mesmo aconteceu com as tropas terrestres sob o comando de Nícias. Ambos os generais foram executados, a maioria dos soldados mortos em combate e os sobreviventes escravizados.

A CRISE NO IMPÉRIO ATENIENSE E A REAÇÃO

Em março de 413 a.C., o rei Ágis ocupou a Deceleia, em movimento tático para manter Atenas sem acesso às minas de prata. Os reveses militares de Atenas logo levaram às revoltas das cidades que lhe pagavam tributos, em 412 e 411 a.C. Aproveitando-se da debilidade ateniense, os persas começaram a apoiar abertamente Esparta, por meio do sátrapa Tissafernes, que redigiu um tratado que reintegrava ao domínio persa diversas cidades gregas.

Grupos de oligarcas nas cidades do Império Ateniense tentavam persuadir os espartanos a apoiar rebeliões oligárquicas contra os regimes democráticos, oferecendo em troca que suas cidades passassem a apoiar os peloponésios. Mesmo em Atenas, um movimento oligárquico tomava corpo. Um documento de autor desconhecido, *A Constituição dos atenienses*, escrito na década de 420 a.C., revela desprezo pelo regime democrático: "quanto à constituição dos atenienses, não os louvo por a terem escolhido, pois deram o melhor ao povo vulgar (*ponéroi*, 'os trabalhadores'), em detrimento dos bons (*chrestói*, 'os valorosos') (1,1,3)." O regime democrático é descrito como um governo ruim (*kakonomía*). Os grupos oligárquicos, agrupados em facções (*hetairíai*), estavam de fato dispostos a dar um golpe de estado.

Em 411 a.C., foram assassinados diversos líderes populares, e a assembleia foi pressionada a aceitar que as decisões passassem às mãos dos oligarcas, num conselho de 400 membros. Os oligarcas não contavam com o apoio das massas que constituíam a espinha dorsal da Marinha, e por isso, apesar de afirmarem que planejavam continuar a guerra, começaram a tratar de conciliar-se com os espartanos, mantendo Atenas sob domínio oligárquico.

As disputas entre os 400 membros do conselho aumentavam, com os rumores de que Alcibíades voltaria a Atenas para comandar, com apoio persa, a revanche contra Esparta. As massas conseguiram reunir-se na *Pnice* – praça da assembleia popular –, depuseram o regime dos 400 e estabeleceram que 5.000 hoplitas (os soldados armados) passariam a governar. Alcibíades foi chamado de volta.

Com o abastecimento de grãos proveniente da Sicília e do Egito bloqueado por Esparta e pela Pérsia, Atenas dependia dos suprimentos vindos da Crimeia pelo Helesponto. Em setembro de 411 a.C., os comandantes atenienses Trasíbulus e Trásilus derrotaram os espartanos em Cinossémate. Em março de 410 a.C., Alcibíades conseguiu uma vitória contra a Marinha espartana, apoiada pelo Exército persa, no mar de Mármara, restabelecendo a supremacia marítima de Atenas. As ofertas de acordo de Esparta foram rejeitadas e Alcibíades, em 409 a.C., recapturou Bizâncio e garantiu o abastecimento de grãos, o que lhe garantiu um retorno triunfal a Atenas em 16 de junho de 408 a.C.

A FASE CONCLUSIVA DA GUERRA

Os espartanos lançaram mão do apoio persa e construíram uma poderosa frota, baseada em Éfeso. Os atenienses enfrentavam problemas logísticos no abastecimento de sua Marinha, e Alcibíades, em 407 a.C., dividiu a frota em duas partes, de modo que pudesse dirigir-se com uma delas para o norte, a fim de conseguir suprimentos com a pilhagem de cidades inimigas, enquanto deixava Antíoco no comando da outra parte, mas com ordens de evitar o confronto. O almirante espartano Lisandro, que havia sido o arquiteto da estratégia de construção de uma armada com apoio persa, aproveitou-se da situação e atacou as forças de Antíoco.

O retorno de Alcibíades, tardio, foi insuficiente para reverter a situação, e o líder foi chamado a prestar contas em Atenas da estratégia, que foi considerada desastrosa. Alcibíades, contudo, havia, em certo sentido, sido forçado a dividir a frota por falhas na logística, derivadas, por sua parte, da debilidade imperial de Atenas. De qualquer modo, antes que ser processado em Atenas, preferiu, de novo, desertar, ficando no Helesponto. (Depois da queda de Atenas, em 404 a.C., iria juntar-se aos persas, sendo logo em seguida assassinado.)

Em 406 a.C., o almirante espartano Calicrátidas bloqueou a frota ateniense no porto de Metilene e, em agosto, com a chegada de reforços de Atenas, ocorreu a maior batalha naval de toda a guerra, em Arginusa. Calicrátidas contava inicialmente com mais de 170 navios, mas deixou 50 embarcações sob o comando de Eteônico, para bloquear o porto de Mitilene, de modo que pôde contar com apenas 120 belonaves contra as mais de 150 atenienses. Os peloponésios perderam mais de 60 barcos, Calicrátidas morreu em batalha e os espartanos ofereceram um acordo de paz, que foi rejeitado pelos democratas atenienses.

Insatisfeitos com o desempenho dos almirantes na proteção dos marinheiros, os populares mandaram chamar de volta e executaram os comandantes atenienses. Em seu lugar, foram colocados generais adversários de Alcibíades, que levaram a frota para Aegospótami, no Helesponto, o que permitiu que Lisandro capturasse, em 405 a.C., toda a marinha ateniense. Com a linha de abastecimento em grãos novamente cortada, Lisandro impôs um bloqueio naval a Atenas, enquanto o rei espartano Pausânias cercava a cidade por terra. Após seis meses de sítio, esfomeada, Atenas rendeu-se, tendo suas muralhas destruídas e seu império dissolvido.

Batalha de Arginusa

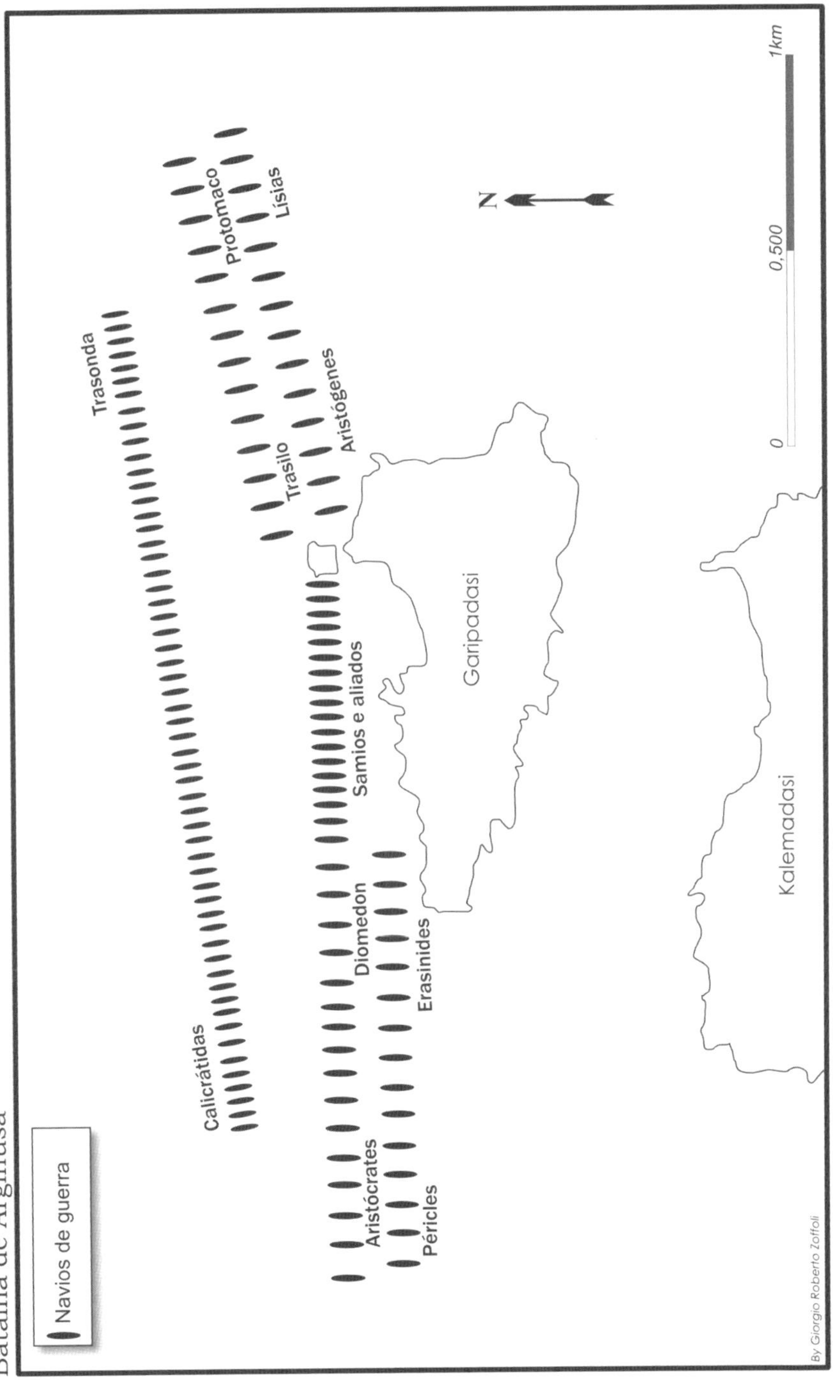

AS CONSEQUÊNCIAS DA GUERRA E OS DEBATES HISTÓRICOS

As consequências foram imediatas e no longo prazo. A vitória de Esparta não trouxe a liberdade para as cidades do antigo Império Ateniense, pois muitas cidades da Ásia Menor foram repartidas entre espartanos e persas. Os espartanos instalaram governos oligárquicos, guarnições militares e restabeleceram os tributos, agora em seu proveito. Em Atenas, os espartanos impuseram um regime títere, conhecido como dos "Trinta Tiranos", que estabeleceu uma política de perseguição e confiscações contra os líderes democráticos e, em seguida, contra outros, para benefício dos próprios tiranos, tendo de recorrer a tropas espartanas para manter-se no poder.

O líder popular Trasíbulo exilou-se em Tebas, cidade que temia agora o poder excessivo de Esparta e que acolhia democratas atenienses refugiados. Esse grupo de exilados formou um destacamento nas montanhas ao norte da Ática. Em 403, Trasíbulo e seu pelotão conseguiram restaurar a democracia em Atenas. Os novos líderes democráticos, escaldados pelas consequências das dissensões intestinas anteriores, adotaram uma política de moderação. Nos anos seguintes, Atenas recobraria sua frota, muralhas e independência e, em 25 anos, os atenienses reconquistariam muitos dos antigos aliados.

Os espartanos, em poucos anos, foram obrigados a abandonar o império e os tributos, potência terrestre que eram. As riquezas que chegavam a Esparta, contudo, levaram a disputas internas, colocando os esparciatas em posição delicada. Antigos aliados e inimigos uniram-se contra a hegemonia espartana, o que os levou a buscar o apoio persa. Aos 30 anos da vitória sobre Atenas, Esparta sairia derrotada em terra pelos tebanos, com seu poder comprometido a partir daí.

No longo prazo, as consequências foram várias, a começar pelo reforço dos regimes oligárquicos em toda a Grécia e pelo enfraquecimento das cidades Estados independentes, frente às potencias imperiais, primeiro a Pérsia e, em seguida, a Macedônia, com o fim da independência das cidades, com Alexandre, na década de 330 a.C.

Algumas grandes inovações diplomáticas e estratégicas foram aprendidas e passaram a ser adotadas nos conflitos, como a aliança defensiva, o bloqueio econômico, o recurso à arbitragem internacional e a estratégia de exaustão, com o abandono do campo e recolhimento da população nas muralhas urbanas.

Em termos militares, as gerações posteriores analisaram as fraquezas tanto da estratégia terrestre, agrícola, de Esparta, como a confiança exagerada ateniense na marinha, incapaz, sem uma ação em terra poderosa, de ser vencedora. Macedônios e romanos atentaram também para os erros da partição do comando militar para generais com pontos de vista táticos diversos, com o respectivo fortalecimento do alto comando e do general em chefe. Muitos séculos depois, já no período moderno, conclusões semelhantes seriam estudadas tanto por Napoleão (sobre os erros da falta de comando unificado, em uma democracia) como pelos ingleses (sobre a fragilidade de uma marinha sem exército à altura).

Durante a Guerra Fria (1945-1989), a contraposição entre Esparta e Atenas foi comparada àquela entre a União Soviética e os Estados Unidos, ou entre o Pacto de Varsóvia e a Otan, em particular, no que se refere ao caráter terrestre e maciço do exército vermelho, assim como ao regime fechado e anticapitalista. Não por acaso, o grande especialista na guerra na Grécia antiga, Victor Davis Hanson, autor do best-seller *The western way of war* (1989), tornou-se, com a administração George W. Bush, a partir de 2001, assessor direto do ministro da Defesa Donald Rumsfeld, responsável pela estratégia de conquista do Afeganistão e Iraque. Hanson também identifica os Estados Unidos a Atenas e aí funda sua política de mudança de regime nos territórios conquistados, de oligárquicos para democráticos, na expectativa de que os democratas serão naturais aliados da potência democrática.

Trata-se de uma leitura muito criticada da analogia com a situação grega, mas nem por isso menos real e efetiva no início do século XXI. Outros estudiosos do balanço estratégico durante a Guerra Fria, como o diplomata e historiador americano George F. Kennan (1904-2005), leram Tucídides e nele se inspiraram. Kennan considerava a União Soviética surda à lógica da razão, como Esparta aos olhos de Tucídides, mas sensível à lógica da força. Kennan inspirou o Plano Marshall, de recuperação da Europa Ocidental, no Pós-Guerra, também influenciado pelo que percebia serem os erros de Atenas ao não fortalecer as democracias aliadas. A inspiração para a Organização do Tratado do Atlântico Norte, aliança defensiva, foi a *epimakkhía* de Péricles. Propôs que os Estados Unidos fosse governado por um grupo de sábios, à maneira de Péricles e seu círculo.

Por fim, mas não menos importante, a narrativa fundamental da guerra, por Tucídides, constituiu, por 2.500 anos, um parâmetro para o tratamento do tema. Os autores posteriores, de Salústio e Tácito a Tolstoi e Henry Kissinger, miram-se em Tucídides tanto para a maneira de narrar o conflito, como para as explicações das motivações, estratégias e táticas. Os discursos de Péricles e Alcibíades encontram-se citados ou lembrados, indiretamente, assim como suas descrições do caráter contrastante de espartanos e atenienses, retomadas tantas vezes para descrever os povos em contenda, alemães e franceses, russos e americanos. A Guerra do Peloponeso, tão distante no tempo, continua presente e inspiradora também em nossa época.

AGRADECIMENTOS

Agradeço a leitura e os comentários de Demétrio Magnoli, assim como de Carla Bassanezi Pinsky. Sou grato, também, a André Leonardo Chevitarese e a Raquel dos Santos Funari. Devo mencionar, ainda, o apoio institucional do Núcleo de Estudos Estratégicos (NEE/Unicamp), do CNPq e da Fapesp. A responsabilidade pelas ideias se restringe ao autor.

NOTA

(1) Os topônimos e nomes próprios gregos seguem o *Vocabulário Ortográfico da Língua Portuguesa* (Lisboa, Academia das Ciências de Lisboa, 1940), salvo nos casos em que não são registrados. Os termos gregos estão transliterados e acentuados e todos os textos citados foram traduzidos da língua original pelo autor.

BIBLIOGRAFIA

CANFORA, L. *Tucidide tra Atene e Roma*. Roma: Salerno, 2005.

CHEVITARESE, A. L. Fronteiras internas atenienses no período clássico. (Re)definindo conceitos e propondo instrumentais teóricos de análise. *Phoinix*, 10, 2004, pp. 63-76.

DELBRÜCK, H. *Geschichte des Kriegstum I, Das Altertum*. Berlin, 1910 (reimpresso em 1964).

DE ROMILLY, J. *Alcibiade ou les dangers de l'ambition*. Paris: Fallois, 1995.

DE STE. CROIX, G. E. M. *The origins of the Peloponnesian War*. Oxford: Oxford University Press, 1972.

GARLAN, Y. *Guerra e economia na Grécia Antiga*. Campinas: Papirus, 1991.

HANSON, V. D. *The western way of war*. New York: Knopf, 1989.

KAGAN, D. *The Peloponnesian War*. New York: Viking, 2003.

LEBOV, R. N.; STRAUSS, B. S. (eds.) *Hegemonic Rivalry from Thucydides to the Nuclear Age*. New York: Boulder, 1991.

MOMMIGLIANO, A. *La storiografia greca*. Torino: Einaudi, 1984.

MUÑOZ, V. El plano irracional externo en Tucídides. *Gerión*, 19, 2001, pp. 293-311.

STRASSLER, R. B. *The landmark Tucydides*. New York: The Free Press, 1996.

FONTES DOCUMENTAIS

KENYON, F. G. (ed.). *Aristetelis Atheniensium Respublica*. Oxford: Oxford University Press, 1920.

MEIGGS, R.; LEWIS, D. M. *A Selection of Greek Inscriptions to the End of the Fifth Century B.C.* Oxford: Oxford University Press, s/d.

MERITT, B. D.; WADE-GERY, H. T; MCGREGOR, M. F. *The Athenian Tribut Lists, 4 volumes*. Cambridge: Princeton University Press, 1939-1953.

PLUTARCH. *Lives of Cimon, Pericles, Nicias, Alcibiades, Lysander, Agesilaus*. Harvard: Harvard University Press, 1995 (Loeb).

THUCYDIDES. *The History of the Peloponnesian War*. London: Britannica, 1952.

GUERRAS PÚNICAS

Renata Senna Garraffoni

Aquele que conquista não vence, a menos
que o perdedor se considere derrotado.
Ennio[1]

T. Hölscher, estudioso das imagens da guerra na Antiguidade greco-romana, chama a atenção para um aspecto interessante das narrativas sobre o passado: as guerras já foram consideradas a essência da História. De fato, se pensarmos nos historiadores gregos e romanos, quase todos relatam as conquistas e derrotas dos exércitos nas inúmeras batalhas travadas em épocas distantes.

No entanto, não são os únicos a discutirem o tema. Os historiadores modernos também voltaram seus olhos para as guerras em muitos de seus trabalhos. Durante o século XIX, quando a História adquire o estatuto de ciência, os estudiosos do mundo antigo fizeram pesquisas sistemáticas sobre as guerras e o poder militar desses povos. Se pensarmos que nessa época se desenvolve a política colonialista, na qual a Inglaterra e a França conquistaram muitos povos no Oriente e na África, compreendemos por que o estudo dos métodos militares e de governo dos povos antigos ocupou um lugar de destaque. Havia uma ideia predominante na qual generais e políticos do século XIX poderiam aprender a manter seus domínios conhecendo a História de seus antepassados.

Nesse contexto, o estudo da sociedade romana adquire lugar especial, já que havia, por parte dos historiadores e políticos, grande interesse em se compreender como essa sociedade havia conseguido dominar praticamente todo o mundo conhecido até então.

Hoje em dia, muitos pesquisadores do mundo antigo ainda se dedicam a compreender o fenômeno da guerra. Uma diferença marcante é que, atualmente, além do estudo do domínio exercido pelos romanos aos outros povos que conquistaram, os especialistas têm interpretado as guerras romanas também como fenômeno social e cultural, ou seja, muitos se preocupam com questões como a maneira com a qual os romanos lidavam com a violência implícita nas batalhas.

Como se explica essa mudança de enfoque? Em primeiro lugar, temos de ter em mente que o historiador sempre olha para o passado com base em sua experiência no presente. Assim, se no século XIX, época do auge do imperialismo europeu, era importante pensar na política de domínio – isto é, as estratégias militares que os romanos desenvolviam para conquistar territórios e como os mantinham sob suas posses –, atualmente, dada as recentes experiências com o terrorismo, muitos se perguntam como os romanos lidavam com as perdas ou o que motivava as guerras.

É isso que explica o interesse dos estudiosos não só pelas fontes escritas, mas também pelas materiais como relevos de mármore, objetos de cerâmica ou pinturas de parede que narram as grandes batalhas ou comemoram suas vitórias. Nesse novo enfoque considera-se não só o poder bélico, mas também as imagens que a guerra produziu; as reações e os sentimentos daqueles que vivenciaram tal experiência. A partir desse ponto de vista é possível refletir, por exemplo, sobre como as batalhas influenciam as concepções de vida e morte ou a percepção da religiosidade dessas pessoas.

Nesse sentido, podemos afirmar que o estudo das guerras romanas tem sido repensado em um contexto mais amplo, no qual as armas, a logística, as táticas e os conceitos não são meras técnicas deslocadas, mas parte constituinte de sua cultura e sociedade. É com essas ideias em mente que pretendemos discutir as Guerras Púnicas, conflitos que ocorreram entre os romanos e os cartagineses durante o período republicano. Para tanto, iniciaremos nosso estudo a partir de algumas considerações acerca da sociedade romana e sua relação com as armas.

OS ROMANOS E A GUERRA

A relação dos romanos com a guerra sempre foi muito estreita. Se pensarmos na lenda mais conhecida que deu origem à cidade de Roma, nos lembraremos de Rômulo e Remo, filhos de Marte, o deus da guerra, e de Reia Silva. De acordo com o historiador Pedro Paulo Funari, em seu livro *Grécia e Roma*, era importante para os romanos manter as histórias de suas origens relacionadas aos deuses, pois isso legitimaria seu domínio sobre os demais povos que foram conquistando ao longo dos séculos.

A lenda de Rômulo e Remo é, portanto, um exemplo bastante expressivo de como a guerra estava entrelaçada a diversos aspectos do cotidiano romano. Desde o princípio de sua história, os romanos entraram em diferentes conflitos e dominaram muitos territórios, expandindo-se inicialmente em direção ao Lácio e ao sul da península itálica para, posteriormente, conquistar territórios mais distantes. Nesse contexto, o exército romano foi se constituindo e consolidando a partir das guerras ocorridas em vários séculos, assim como aos poucos os guerreiros passaram a ter um papel de grande destaque na sociedade romana.

É preciso compreender esse contexto militar em que as virtudes do guerreiro eram exaltadas, para se entender, por exemplo, a paixão dos romanos pelos combates de gladiadores e as caçadas que ocorreram nas arenas durante séculos. Esses espetáculos públicos ajudariam a ensinar e a reforçar uma concepção de bravura e a coragem diante da morte, aspecto essencial no cotidiano daquele que vai para guerra.

Em uma sociedade bastante militarizada, o exército desempenha um papel fundamental. Paul Petit, em seu livro *A paz romana*, nos lembra que a força dos romanos estava nas conquistas territoriais. Seu exército, composto por infantes armados de escudos e lanças, acabou por superar outros tipos de armada antiga. Além disso, desenvolveram táticas militares elaboradas como a construção de estradas e de acampamentos fortificados. No entanto, os romanos não avançaram muito na navegação e mantinham, segundo esse mesmo pesquisador, somente a frota necessária para evitar a pirataria no mar Mediterrâneo.

Durante a República (século V a.C. até o século I a.C.), período em que são travadas as três Guerras Púnicas, o exército romano tinha uma formação distinta da que se configurou, posteriormente, durante o Império (27 a.C. 395 d.C.). Nessa época o exército ainda não havia se profissionalizado nem era permanente, o que significa que nos períodos em que não havia guerra, seus membros voltavam às suas terras e desempenhavam suas profissões de origem.

A base da composição do exército era de cidadãos romanos que se dividiam de acordo com o *status* social: havia a cavalaria, formada por membros da elite, e a infantaria, constituída por camponeses. Além das tropas romanas, o estudioso Richard Alston, em seu livro *Aspects of Roman History*, afirma que durante a época republicana também havia os chamados *socii*, tropas que auxiliavam o exército e eram compostas por povos aliados.

Os cidadãos romanos da elite econômica detinham o poder militar e também exerciam funções importantes no governo e na administração dos territórios conquistados. No período republicano, os cônsules, escolhidos pelo Senado, eram os magistrados mais poderosos. Havia muitos outros tipos de magistrado, menos poderosos, como os tesoureiros, os encarregados da infraestrutura das cidades (cuidavam dos edifícios, esgotos, ruas, abastecimento), os encarregados da justiça ou chefes dos sacerdotes. Cabe destacar, ainda, a presença dos tribunos da plebe, magistrados que tinham poder de veto sobre a decisão do Senado ou de outros magistrados.

Como lembra Pedro Paulo Funari, mesmo que o governo republicano estivesse dividido entre Senado e Povo, a influência dos senadores predominava, pois entre os homens de armas, os membros da elite tinham mais poder de voto que os camponeses.

É importante enfatizar a constante presença do poder militar na época republicana, pois é durante esse período que a expansão romana adquire mais força. Nesse sentido, é possível afirmar que o Império é herdeiro das conquistas republicanas.

AS PRIMEIRAS CONQUISTAS ROMANAS

As primeiras conquistas ocorreram a partir do século III a.C., quando os romanos passam a se dirigir para o sul da península itálica. Logo depois das guerras com os *samnitas*, voltam seus olhares para a chamada *Magna Graecia*. Pela primeira vez, portanto, os romanos entram em contato com os povos de origem grega que iriam marcar, profundamente, sua cultura.

Os povos dessa região, ao se ver ameaçados pelos romanos, fizeram uma aliança com Pirro, rei de Épiro. Sob o comando de Pirro, que se dizia descendente de Alexandre, o Grande, os povos helênicos conseguiram muitas vitórias, em especial pelo fato de usarem elefantes em seus exércitos, animal desconhecido dos romanos até então.

Pirro utilizou um contingente de cerca de vinte elefantes de guerra indianos, com uma estratégia particular: ao invés de utilizá-los frontalmente, optou por

Península Itálica e Cartago

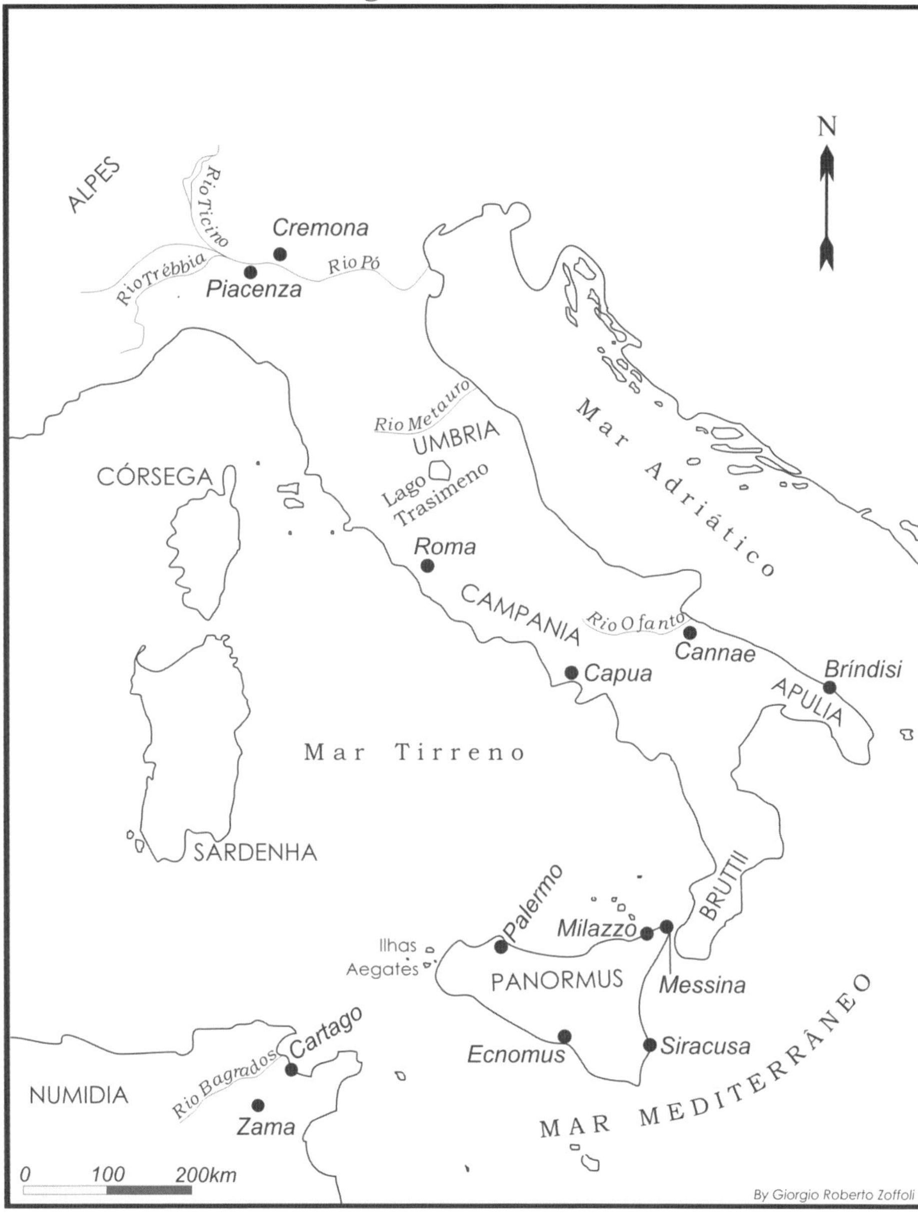

atacar o exército romano pelas laterais com os animais. Esse movimento fez com que os elefantes se somassem aos seus cavaleiros, aumentando a força de ataque contra os flancos do exército romano.

O historiador Michael Grant, em seu livro *History of Rome,* assinala que a sorte dos romanos começa a mudar quando esses conseguem descobrir uma maneira de reverter a situação, isto é, desenvolver estratégias para controlar e atacar os elefantes. Os romanos perceberam que atacar esses animais com os javalis seria uma alternativa, pois os elefantes assustados fugiam, na direção inversa, destruindo o próprio exército que os controlava. Essa tática foi um passo estratégico fundamental para vencer os conflitos.

Assim, em 272 a.C. os tarantinos reconhecem sua derrota, estabelecendo novo tratado com os romanos que, pela primeira vez, são reconhecidos pela força de seu exército. Conquistando o sul da península, logo Roma entra em contato com os cartagineses e cerca de uma década depois iniciam-se os primeiros conflitos que desencadeariam as três Guerras Púnicas, que acabaram por modificar profundamente a estrutura política e social dos romanos.

No entanto, antes de estudarmos cada uma das guerras seria interessante conhecer as fontes que narram tais acontecimentos para, em seguida, procurarmos entender a importância de Cartago no período e o momento histórico em que explodem os conflitos que mudariam o curso da história romana.

AS FONTES

Embora haja alguns documentos epigráficos[2] sobre as guerras e fragmentos de textos de Cássio Dio, historiador romano que viveu entre 155 e 235 d.C., ou de Diodoro de Sicília, historiador grego que viveu no século I a.C., as duas principais fontes de informação sobre os eventos que ocorreram entre os séculos III e II a.C. são as narrativas de Políbio e Tito Lívio. Como se dá com praticamente todos os autores antigos, sabemos poucos detalhes da vida de Políbio e de Tito Lívio.

Acredita-se que Políbio tenha nascido por volta de 208 a.C., em Megalópolis, cidade fundada pelos arcádios. Por ser de família aristocrática, teve uma educação literária e filosófica, além de ter uma vida política e militar muito ativa, vindo a falecer em 125 a.C. Entre as várias obras que escreveu, *História* é a maior e a que concentra mais dados sobre as Guerras Púnicas. Provavelmente, foi elaborada em um período de maturidade do autor. O trabalho de Políbio teve muita repercussão ainda na Antiguidade, sendo muito apreciado por historiadores de gerações posteriores como Cícero e Tito Lívio.

História ocupa um lugar importante entre os relatos históricos do mundo antigo. Sua principal característica está na preocupação com a veracidade do relato, não nos cuidados estilísticos. A partir do que restou de *História*, nota-se que trata, principalmente, do período em que se estende do início da Segunda Guerra Púnica até a captura de Corinto pelos romanos. Para que pudesse explicar esses eventos, Políbio voltou-se para o início da Primeira Guerra Púnica. Políbio narra, portanto, a época em que os romanos conseguiram dominar boa parte do mundo conhecido até então.

Tito Lívio, por outro lado, é um historiador romano que viveu várias décadas depois de Políbio. Lívio nasceu, provavelmente, em *Patiuium,* atual cidade de Pádua na Itália, por volta de 59 a.C. Isso implica dizer que Tito Lívio cresceu, portanto, no final do período republicano, época em que Júlio César conquistava a Gália. Não se sabe ao certo quando deixou a cidade natal para se dirigir a Roma, mas muitos autores concordam que sua educação na província romana marcou seu estilo de escrita expressa, em especial, pelo seu respeito às antigas tradições romanas. Tudo indica que Tito Lívio nunca ocupou cargos políticos, embora tenha estado sempre próximo aos círculos de amigos do imperador. Dedicou quase toda a sua vida à literatura, escrevendo sua maior obra, conhecida como *História de Roma*, em um período em que o Império Romano se estabelecia, morrendo pouco depois do imperador Augusto, em 17 d.C., já sob o principado de Tibério.

Acredita-se que Tito Lívio começou a escrever sua obra por volta de 25 a.C. O título em latim é *Ab Vrbe condita*, que pode ser traduzido como "desde a fundação da Cidade de Roma". Lívio inicia sua narrativa com as histórias sobre a fundação de Roma, terminando a obra com os acontecimentos de 9 d.C, já em época de Augusto. Toda a longa extensão do material produzido forçou os copistas, ainda na Antiguidade, a subdividi-lo nas chamadas "décadas". Cada "década" constitui um conjunto de dez livros, embora nem sempre tal divisão seja coerente, podendo haver diferenças numéricas, já que nem todos os livros chegaram até nós.

Como boa parte dos livros se perdeu ao longo dos séculos, dos restantes, muitos estão incompletos. Apesar desses percalços, é possível perceber que Tito Lívio possuía um estilo de escrita de cunho moralizante: em todo o trabalho deixa claro que os romanos só puderam conquistar todos aqueles territórios graças às suas antigas virtudes. Esse aspecto, marcante em toda a sua narrativa, levou muitos especialistas a afirmarem que Lívio escreveu uma História de Roma fundada na moral e disciplina.

Embora tenha se inspirado em seu antecessor Políbio, seu estilo de escrita é bastante diferente do primeiro. Percebe-se, ao longo de seu texto, a preocupação com o aspecto literário que não era prioridade de Políbio. Essa preocupação com a escrita fez com que autores antigos, como Quintiliano, comparassem-no a Heródoto. Como sua preocupação central estava na formação do cidadão romano, Lívio enfatiza as virtudes antigas e usa desse recurso como meio de criticar a corrupção que percebia em sua própria época. É por isso, portanto, que em muitas passagens acaba idealizando o povo e o Senado romano de tempos anteriores.

Os escritos de Políbio e Tito Lívio foram de grande importância já na Antiguidade e exerceram muita influência sobre outros historiadores. Cada obra possui características próprias de seu tempo e, para além disso, expressa a postura política de seus autores. Políbio preocupa-se mais com o encadeamento dos fatos e descreve as etapas dos acontecimentos, enquanto Lívio enfatiza a relação entre as qualidades morais dos romanos e suas conquistas territoriais no período republicano. Perceber essas diferenças de interesse é fundamental para que possamos compreender as distinções entre os relatos dos autores que reconstroem o passado romano.

CARTAGO E A EXPANSÃO ROMANA

Como vimos, a guerra contra Pirro fez com que os romanos tivessem um contato mais próximo com Cartago, o grande centro de poder do Mediterrâneo no período. A cidade de Cartago estava situada ao norte da África, onde atualmente se encontra a Tunísia. Fundada por povos fenícios da cidade de Tiro e inicialmente uma colônia, Cartago nasce com um propósito bastante determinado: possibilitar a exploração das riquezas metalúrgicas da região e funcionar como entreposto comercial dos fenícios na costa africana.

Situada na península do golfo de Túnis, a cidade estava posicionada de forma estratégica e, por isso, depois de adquirir sua independência, passou a exercer o controle político sobre boa parte do Mediterrâneo. O acesso à cidade era razoavelmente difícil, já que era protegida por montanhas pelo interior e pela baía, no outro extremo, onde se situava um dos portos mais importantes do Mediterrâneo. Com uma economia fundamentada no comércio, os cartagineses controlavam a exploração e venda de minérios em regiões da atual Espanha e no sul da Itália.

O historiador espanhol Enrique Gozalbes, em sua obra *Caput celtiberiae – La tierra de Cuenca en las fuentes clásicas,* afirma que praticamente toda a literatura cartaginesa se perdeu com a destruição da cidade em 146 a.C.; por isso, temos poucos dados sobre a expansão de Cartago, sua ocupação e exploração sistemática dos territórios hispânicos e italianos. Boa parte do que sabemos da história de Cartago, assim como de suas guerras com os romanos, deve-se aos relatos de Políbio e Tito Lívio.

A partir destas fontes, assim como de alguns relatos do filósofo grego Aristóteles e do historiador grego Diodoro, sabemos que Cartago se organizava a partir de três principais instituições: os *sufetes*, o Senado e a assembleia popular. *Sufetes*, termo de origem semita, é um tipo de magistratura anual. Pouco sabemos sobre seus poderes e funcionamento, mas especialistas acreditam que estava autorizada a convocar e presidir o senado e as assembleias populares. Detinham poderes civis e religiosos, mas não o militar.

O Senado constituía o Poder Executivo, composto por notáveis anciãos. Em geral era responsável pelo controle da Justiça, dos tribunais e da supervisão dos funcionários. Já as assembleias populares eram compostas pelos cidadãos e suas atividades também são pouco conhecidas, mas acredita-se que eram responsáveis pela eleição dos *sufetes* e dos membros do Senado. Filósofos gregos, em especial Aristóteles, elogiavam o sistema administrativo e político cartaginês por apresentar elementos da monarquia, aristocracia e democracia de maneira equilibrada, evitando assim a instabilidade política.

A historiografia em geral trata muito pouco dos cartaginenses. Embora tenhamos poucos registros de sua organização política e social, sabemos que Cartago sempre foi aberta a influências externas. Como sua economia era orientada para o comércio e o desenvolvimento das frotas marítimas, os cartagineses sempre estiveram em contato com muitos povos, como os etruscos, gregos chipriotas, itálicos e os norte-africanos (egípcios e líbios).

Segundo os estudiosos, suas cidades eram povoadas e desenvolvidas, estando sob forte influência da cultura fenícia e das relações com as culturas vizinhas. Cartago de fato controlava o comércio da região, assim como tinha uma agricultura bastante desenvolvida. A escravidão constituía uma instituição importante na organização das atividades cotidianas nas cidades e nos campos.

Ao procurarmos comentários sobre os cartagineses nas fontes escritas, encontramos algumas situações conflitantes. Tito Lívio afirma que os cartagineses

"[...] ganharam alianças mais por meio da amizade que pela força das armas" [... *per amicitiam principium nouis gentibus quam bello aut armis* [...] – XXI, 2, 5]. No entanto, a imagem dos cartagineses é um tanto quanto dúbia em outros relatos. Como quase todos os textos romanos foram escritos depois dos eventos bélicos, não é difícil encontrar trechos de documentos que retratam os cartagineses como cruéis e exploradores das populações locais que conquistaram, em especial dos povos que habitavam a antiga Espanha. Essas diferentes maneiras de se interpretar os cartagineses são um aspecto interessante das narrativas e podem ser compreendidas como uma justificativa para intervenção romana nas áreas ocupadas por esses povos.

Independentemente das imagens que se formaram depois, é importante destacar que seu exército era constituído de forma básica pelos númidas, um povo africano, e mercenários de outras regiões, já que o corpo de cidadãos de origem fenícia era restrito e só utilizado para defender a cidade. O grande exemplo dessa composição mista do exército é o caso do general Xapinto, um espartano que, como veremos mais adiante, comandou o exército cartaginês contra os romanos liderados por Atílio Régulo.

Isso indica grande diversidade de procedências e motivações nas composições das partes do exército cartaginês e um equilíbrio entre diferentes tipos de tropa. Uma de suas principais características era a utilização de elefantes que, como comentamos antes, causavam pânico nos inimigos não habituados a ver esse tipo de animal.

Uma vez que Cartago estava geograficamente localizada nas proximidades da Sicília e possuía uma política de exploração de riquezas em diferentes áreas do Mediterrâneo, o choque com os romanos, que há pouco haviam conquistado o sul da Península Itálica e também tinham interesses na região, era só uma questão de tempo.

As Guerras Púnicas ocupam um lugar de destaque entre os vários conflitos em que Roma se envolve no período republicano. A partir dessas guerras, os romanos vão, gradualmente, desenvolvendo as táticas de seu exército e definindo suas estratégias de ocupação nos territórios conquistados, expandindo assim os limites de suas conquistas. Para que se tenha uma ideia da importância dessas guerras, basta pensarmos que antes da Primeira Guerra Púnica os romanos não haviam saído, ainda, da Península Itálica, e ao final da Terceira Guerra já haviam submetido o norte da África e a Península Ibérica e estavam dirigindo seus olhares para terras mais distantes como a *Britannia* (atual Inglaterra) e regiões mais orientais.

A palavra *púnico* é derivada da expressão latina *punicus,* que significa "os habitantes de Cartago". Os conflitos que ficaram conhecidos, posteriormente, como "Guerras Púnicas" ocorreram em três momentos diferentes entre os séculos III e II a.C.:

- Primeira Guerra Púnica: inicia-se em 264 e estende-se até 241 a.C.;
- Segunda Guerra Púnica: de 218 a 201 a.C.;
- Terceira Guerra Púnica: de 149 a 146 a.C. Em três anos a cidade de Cartago é totalmente destruída;

Os motivos de cada conflito, bem como suas repercussões, variam muito e, por isso, optamos por discuti-los separadamente.

PRIMEIRA GUERRA PÚNICA (264-241 a.C.)

Como comentamos nas linhas anteriores, os romanos aumentam muito as conquistas territoriais entre 338 e 264 a.C., ano em que se inicia a Primeira Guerra Púnica. Nesse período de vitórias romanas sobre outros povos há um crescente desenvolvimento das cidades e de suas populações, bem como surge a necessidade de se reorganizar o abastecimento de alimentos para as regiões recentemente conquistadas. O historiador Cornell, em seu livro *The beginnings of Rome,* afirma que, nesse contexto, os romanos, além de praticarem a agricultura, também já tinham desenvolvido a produção da cerâmica, além de várias técnicas de arte, como a pintura e as esculturas de bronze. Outro aspecto importante, indicador de que já havia um considerável desenvolvimento econômico, é a cunhagem das primeiras moedas próprias por volta de 310 a.C., depois dos contatos com a região da Campânia.

Como a época de guerras também é um período em que há um crescimento da escravidão, os escravos passam a ser utilizados nas mais diferentes funções – seja no campo, nas oficinas ou nas casas dos membros da elite. Assim, após ter vencido Pirro e fortalecida economicamente, Roma dirige-se ao sul da península em busca de mais territórios e mais escravos, o que faz com que seus interesses entrem em choque com os púnicos que estavam na região.

Goldsworthy, em seu livro *Las Guerras Púnicas,* chama a atenção para o fato de que, em um primeiro momento, Roma e Cartago estabelecem relações amigáveis. Por essa razão, é muito difícil precisar o motivo do início da Primeira Guerra Púnica, que duraria mais de vinte anos, implicando muitas baixas para ambas as partes envolvidas. Alguns incidentes acabaram por gerar um conflito muito mais amplo do que se poderia supor no princípio. Ao que tudo indica, o epicentro dos problemas deu-se na região de Mesina, na atual Sicília. Como Roma tinha tratados comerciais com Cartago, Mesina era considerada uma linha de demarcação de influência política das duas cidades. Por volta de 306 a.C., Roma deixou de respeitar o acordo, pois, conforme Políbio, os nobres romanos argumentavam que ele não existia. É o próprio Políbio que também menciona que Roma estava se sentindo cercada pelas posses de Cartago (*História*, I, 10, 6), e, para poder intervir na região, tomou como pretexto o desejo de salvar Mesina de mercenários.

Não se sabe ao certo se houve declaração de guerra, mas é bem provável que essa atitude romana, descrita por Políbio como interessada nos butins e glória que a vitória poderia ocasionar, é que teria desencadeado os primeiros conflitos. Já Cássio Dio, outro historiador da Antiguidade, afirma que os conflitos se iniciaram devido ao medo mútuo que Cartago e Roma tinham do poder crescente de ambas as cidades. A dissonância entre as fontes nos leva a concordar com Goldsworthy, no que tange ao perigo de determinarmos uma única causa da Primeira Guerra Púnica.

Uma vez os romanos tendo tomado a iniciativa de se dirigir à Sicília, o conflito tornou-se irreversível. Os romanos dirigiram-se à Mesina para apoiar seus aliados mamertinos (povos da região) contra os mercenários aliados de Cartago.

Cartago, por sua vez, aliou-se ao rei de Siracusa, que cercou a cidade de Mesina. Quando finalmente as negociações fracassaram, os romanos, liderados por Ápio Cláudio, atacaram o acampamento do rei de Siracusa. Segundo o próprio Políbio, deu-se início a um duríssimo combate, que terminou com a fuga do rei. Cláudio atacou o acampamento mais uma vez na noite seguinte e forçou a retirada dos púnicos.

É bem provável que Cláudio não tenha contado com muitos cavaleiros romanos nesses combates, dada a dificuldade de atravessar os cavalos em barcos, mas isso não impediu que o exército marchasse pela ilha, em direção a Siracusa, como demonstração do poder romano. Essa atitude fez com que muitas cidades que estavam no caminho deixassem de colaborar com Cartago e se aliasse aos romanos. Como Siracusa não podia impedir a força romana decidiu pedir paz.

Assim, o rei de Siracusa, que inicialmente defendia os interesses de Cartago, fez um acordo com os romanos, convertendo-se em amigo e aliado de Roma, resolvendo assim o problema de abastecimento de alimentos para o exército romano que permaneceu na região.

Como Cartago não via razões para aceitar a presença romana na ilha, decidiu reorganizar o exército para expulsá-los de lá. Já os romanos, mesmo tendo o apoio do rei de Siracusa, decidiram que a única maneira de manter a paz na região da Sicília era expulsando, definitivamente, os cartagineses da ilha. Por se tratar de uma guerra travada em ilhas da região da Sicília, os conflitos desenvolveram-se em terra e no mar.

Os romanos já possuíam um poderoso exército, mas precisavam de frotas marítimas para enfrentar seus inimigos. Esse foi um grande desafio para os romanos, já que os cartagineses eram superiores no que diz respeito a embarcações de guerra. O historiador M. Grant, em seu livro *History of Rome*, afirma que os navios construídos pelos romanos foram inspirados em navios púnicos antes capturados. Construíram barcos chamados quinquerremes, isto é, cada banco de remo era movido por cinco homens, que não necessariamente precisavam conhecer as técnicas de navegação. Esse tipo de navio foi a grande arma tática usada pelos romanos: como seus oponentes eram reconhecidos pela sua habilidade em mar, os romanos optaram por construir grandes navios que podiam carregar cerca de trezentos homens para o combate corpo a corpo, transformando os encontros marinhos em embates tão semelhantes quanto possível às batalhas terrestres.

Como? Os romanos atrelaram a seus navios rampas atadas aos mastros por cordas, para quando se aproximavam do navio inimigo poderiam içá-las para invadir a proa alheia. Como havia um gancho na ponta das rampas para prender no navio inimigo, esse tipo de técnica foi chamada de *corvus*, uma vez que o gancho se assemelhava ao bico de uma ave. Assim, invadiam o navio inimigo, usavam da força do seu exército no combate entre homens e não precisavam treinar muitos marinheiros para movimentar os navios. Goldsworthy nos conta ainda que as frotas romanas, além de possuírem vários navios como esses, que carregavam a maior parte da tripulação, também contavam com navios menores, os trirremes, para conseguir mais velocidade no ataque, quando necessário.

Tendo organizado suas frotas, o embarque dos romanos iniciou uma segunda fase da guerra. Seguiram-se uma série de batalhas pela costa da Sicília, sendo que os romanos, sob o comando de Duílio, venceram muitas delas. Isso obrigou Aníbal, líder dos cartagineses, a voltar para Cartago. Enquanto Duílio recebia as honras em Roma, os soldados cartagineses foram castigados por sua derrota. Essas vitórias romanas acabaram por levá-los ao norte da África, iniciando assim nova fase do conflito.

Em 256 a.C., os romanos tomaram uma decisão inédita: como sua frota marítima tinha obtido vitórias, e seguros que haviam melhorado as técnicas de navegação, resolveram atacar a costa africana pelo norte. Reuniram uma frota de cerca de 300 navios e, segundo Políbio nos informa, o conjunto total da tropa de marinheiros era de 140 mil homens. Enquanto isso, Cartago teria reunido por volta de 350 barcos com uma tripulação que contava com cerca de 150 mil homens. Esses números que Políbio nos apresenta são aproximados, calculados a partir do tamanho das embarcações, além disso, devemos levar em conta que há uma tendência entre os autores antigos de inflar os números para enfatizar a glória da vitória. Para tanto basta observar que a frota púnica era bem maior que a romana. Mesmo que os dados não sejam precisos, pode-se imaginar que os conflitos iniciais levaram a uma guerra de proporções antes não imaginadas.

A tática era um confronto no mar para, em seguida, desembarcar em Cartago e capturar a cidade. Os navios romanos, divididos em esquadras, avançaram em direção aos inimigos púnicos. Atacaram os púnicos por onde Amílcar, o líder cartaginês, havia imaginado: os primeiros navios do centro da frota. Com isso, os cartagineses tiveram tempo de retirar-se com toda a pressa, exibindo sua destreza na navegação, girando os barcos para cercar os romanos e travar os combates. Segundo Políbio e outros autores antigos, as batalhas foram duríssimas, mas a técnica romana de invadir os navios inimigos com o *corvus* prevaleceu. Essa guerra, considerada uma das maiores batalhas navais da história, terminou com clara vitória romana. Tendo vencido os combates, parte dos romanos retornou a Sicília para que os marinheiros pudessem descansar, os feridos serem tratados e os barcos consertados. Enquanto isso, Atílio Régulo conduziu parte das frotas romanas em direção à cidade de Cartago. Contava com cerca de 15 mil soldados e 500 cavaleiros, dada a dificuldade de transportar-se cavalos pelo mar. Mas a dificuldade enfrentada não era somente essa: o exército de Régulo não contava com o apoio de aliados em terras africanas, entretanto tinha como missão derrotar Cartago, pois essa seria a melhor maneira de forçar a elite púnica a pedir a paz.

Os romanos empreenderam o primeiro ataque de surpresa, ao amanhecer, pegando desprevenido o acampamento púnico. Em seguida dirigiram-se a Cartago. Essa atitude romana fez com que os cartagineses se desesperassem, pois sua frota marítima, a melhor da época, já havia sido abatida e Régulo havia dominado o acampamento com certa facilidade. Como Cartago também enfrentava problemas e rebeliões internas, Régulo acreditou que era um bom momento para negociar com a elite púnica. Embora não tenhamos preservadas todas as condições impostas por Régulo, as fontes antigas indicam que seu tratado de paz obrigava os cartagineses a admitir sua derrota total perante Roma. Mas as negociações fracassaram.

Durante 255 a.C. os cartagineses reformaram seus exércitos e passaram a contar com o apoio dos gregos. Entre eles encontrava-se o líder mercenário Xapinto, treinado com os espartanos. Com a confiança restaurada, Xapinto reuniu o exército púnico para enfrentar Régulo. Nesse momento, o exército formado por mercenários sobreviventes das batalhas da Sicília, cavaleiros e cerca de cem elefantes, não era muito maior que o de Régulo.

Surpreendido com a renovada confiança dos inimigos, Régulo decidiu atacar os cartagineses para terminar logo com a guerra e obrigá-los a aceitar o acordo de paz. Xapinto acreditava que se fizesse um bom uso dos elefantes em campo aberto poderia derrotar os romanos. E assim o fez. Em uma batalha travada em campo aberto, os elefantes avançaram contra os romanos ao mesmo tempo em que a cavalaria púnica atacava com seus projéteis. O choque com os elefantes acabou dizimando o exército romano e transformou-se em um golpe moral para esse exército que, durante anos, não se atreveria a aceitar um desafio em campo aberto contra o exército cartaginês e seus elefantes.

Régulo foi capturado. Conta-se que foi enviado a Roma para negociar a paz como embaixador de Cartago. Lá teria orientado os romanos a não desistirem da guerra e, após ter cumprido sua missão, foi obrigado a voltar a Cartago, onde acabaria morto pisoteado por elefantes.

Essa campanha foi para os romanos um dos episódios mais dramáticos da Primeira Guerra Púnica. À captura e morte de Régulo seguiram alguns desastres navais que desgastaram ainda mais as tropas romanas. Desistindo da conquista da África, os romanos concentraram-se em conquistar, de uma vez por todas, a Sicília. Com o apoio de ricos cidadãos, conseguiram organizar mais uma frota e dessa vez alcançaram a vitória nas ilhas Égatas, próximas à costa oeste da Sicília, encerrando assim aquilo que ficou conhecido como a última fase da Primeira Guerra Púnica.

Apesar das perdas com as batalhas em território africano, ao final dos conflitos – que Políbio afirma ser os mais sangrentos travados na região –, os romanos haviam conquistado a Sicília, a Sardenha, a Córsega e a Gália Cisalpina. Cartago, por sua vez, mesmo tendo perdido influência no sul da Itália e sendo obrigada a pagar tributos aos romanos, conquistou a *Hispania,* sob o comando de Amílcar, tomando posse de ricas minas de prata.

Embora a guerra tenha trazido muitos gastos aos romanos, a captura de escravos e os novos territórios anexados foram importantes conquistas para a aquisição de novas riquezas. A transformação pela qual passava Roma não se restringia ao campo militar, mas também atingiu o plano administrativo, legislativo e cultural.

Para manter o domínio sobre os locais conquistados, os romanos reestruturaram sua legislação e criaram novos postos administrativos. Já no plano cultural, os contatos com os povos helênicos foram fundamentais para o nascimento e desenvolvimento da literatura latina, de diferentes estilos de pintura parietal e de escultura. Além disso, foi introduzida, em Roma, a primeira luta de gladiador, em memória do falecido Iunius Brutus Pera, segundo nos relata Tito Lívio (*Ab Vrbe Condita*, livro XVI).

A origem desse tipo de luta ainda hoje é motivo de discussão entre historiadores e arqueólogos clássicos. Tradicionalmente, afirma-se que os combates se desenvolveram entre os etruscos; no entanto, há quem discorde e sustente a hipótese de que os etruscos apenas teriam levado essa luta aos romanos, que se originara na região da Campânia. Independentemente desse debate, é importante ressaltar que é durante o século III a.C. que os romanos entram em contato com os combates, transpondo-os para novo contexto cultural.

SEGUNDA GUERRA PÚNICA (218 A 201 a.C.)

Para compreendermos os eventos da Segunda Guerra Púnica, é necessário que voltemos nossa atenção para a *Hispania*. Ao final da Primeira Guerra Púnica, Amílcar, importante general cartaginês que desempenhou um destacado papel naquele momento, fora autorizado por seu governo a navegar em direção à *Hispania*. Sua missão era conquistar novos territórios para reparar as perdas do sul da Península Itálica.

Amílcar chegou a conquistar grande parte do sul da *Hispania* e, quando morreu, foi substituído por Asdrúbal. Ao sucedê-lo, Asdrúbal afastou-se do sul, conquistando novos territórios e fundando cidades como Nova Cartago. Essa estratégia fez com que os cartagineses se aproximassem do rio Ebro, próximo aos Pirineus.

Quando Asdrúbal é assassinado, em 221 a.C., o comando da região passa para Aníbal, filho de Amílcar. Este conquista o interior da Península Ibérica e expande o território sob influência cartaginesa. Diodoro de Sicília, historiador na Antiguidade, afirma que "O filho desse herói, Aníbal, servia sob as ordens de seu genro [Asdrúbal] e com ele conquistou toda a Ibéria em vingança pela morte de seu pai." (*Biblioteca Histórica*, xxv, 19 – Trad. M. N. Muñoz Martín).

De acordo com o historiador Enrique Gonzalbes, o texto do autor grego expressa os ânimos de Aníbal, bem como, de certa maneira, indica a extensão das conquistas cartaginesas daquele momento. De acordo com os relatos de Lívio e Políbio é possível perceber que os cartagineses haviam se estabelecido em diferentes regiões, exercendo seu domínio em um amplo território com o objetivo de explorar recursos minerais e comerciais. Como comentamos anteriormente, as fontes muitas vezes descrevem os púnicos como cruéis e exploradores das populações locais, em especial dos ibéricos (povos nativos da *Hispania*), mas isso deve ser considerado com cautela, uma vez que enfatizar a violência púnica implica justificar a posterior ação romana na região.

Além disso, a derrota para os romanos durante a Primeira Guerra Púnica causara um ambiente tenso. Como os cartagineses controlavam boa parte da *Hispania* e adotaram uma política agressiva na conquista de novos territórios na região, os romanos acabaram voltando seus olhos também para essa região.

Em 221 a.C. Aníbal dirigiu-se para o centro da atual Espanha, com o objetivo de lutar contra as tribos locais, e conquistou vários territórios distantes na região, incluindo a área que hoje configura a província de Salamanca. Entre 220-219 a.C., o general de Cartago deparou-se com a cidade de *Saguntum*. Não se sabe ao certo o que ocorreu na região, já que não temos muitos indícios sobre os episódios do período, mas ao que parece a cidade entrou em conflito com uma população local, aliada aos púnicos. Os romanos enviaram embaixadores a Nova Cartago para relembrar Aníbal de antigos tratados da região do rio Ebro, que delimitava as áreas de influências políticas e econômicas das duas cidades, e aconselhou aos cartagineses a não invadir *Saguntum*.

Aníbal foi a Cartago e recebeu instruções para atacar a cidade. Levou quase oito meses para tomar *Saguntum*, que, além de murada, estava situada em uma colina. Os ataques à cidade foram ferozes, e Tito Lívio afirma que o próprio Aníbal acabou ferido em uma das batalhas. No final de 219 a.C. a cidade caía sob domínio dos cartagineses.

Ao saber do ocorrido, mais uma vez os romanos enviaram embaixadores para fazer com que os cartagineses respeitassem o acordo de Ebro. Os cartagineses refutaram a proposta romana, questionando a relação que havia entre Roma e *Saguntum*.

Essa questão é de difícil interpretação para os historiadores, por dois motivos. Em primeiro lugar porque há poucos registros sobre o dito Tratado de Ebro. Em segundo, porque a noção de fronteiras, entre os povos da Antiguidade, era distinta da que temos hoje em dia.

De toda forma, ao negar os termos do tratado, os romanos declararam guerra, uma vez mais, a Cartago. De acordo com o historiador M. Grant, a preocupação com a cidade de *Saguntum* não era aleatória. Essa cidade estava próxima ao rio Ebro e, consequentemente, bem próxima aos Pirineus. Se os cartagineses dominassem a área, poderiam invadir a Península Itálica pelo norte, ameaçando, assim, os domínios romanos.

Políbio atribui a investida de Aníbal em *Saguntum* à vontade de vingança já presente em Amílcar, devido à humilhação sofrida durante a Primeira Guerra Púnica, ao serem derrotados pelos romanos. Além disso, Cartago não estava tão enfraquecida como se poderia supor após essa derrota. Os cartagineses possuíam uma cultura militar distinta da dos romanos e não esperavam que os resultados de uma guerra fossem tão contundentes. Nesse sentido é possível supor que a Segunda Guerra Púnica seja herdeira da Primeira, isto é, a família dos Barca, da qual provinha Aníbal, ainda não tinha abandonado sua missão de lutar contra os romanos e contava com o apoio de Cartago, que graças a suas riquezas ainda possuía recursos suficientes para mais uma guerra. Seu desejo de reafirmar-se era tão grande como o dos romanos de conseguir o controle total da região. É difícil dizer se toda a elite púnica concordava com Aníbal, mas o fato é que o jovem general abraçou com rapidez a possibilidade de nova guerra.

Os planos dos romanos para a guerra dividiam-se em duas frentes: parte do exército se dirigiria à *Hispania* para deter Aníbal e outra parte sairia da Sicília para, mais uma vez, tentar invadir a África. Dessa maneira o general Cipião recebeu, em 218 a.C., cerca de 14 mil soldados e 1.600 cavaleiros para dirigir-se a *Hispania* e Tibério Sempronio Longo, cerca de 16 mil e 1.800 respectivamente, para cumprir a tarefa de invadir a África.

Enquanto Cipião dirigia-se a *Hispania*, teve de rever seus planos, pois a região da Gália Cisalpina rebelou-se contra os romanos. Deter a revolta gaulesa tornou-se tão importante para o Senado como a guerra contra Cartago, dado a proximidade da região com Roma. Assim, o Senado ordenou que Cipião cedesse parte de suas tropas para deter a revolta. Ele teve então de alistar novos recrutas e o atraso acabou afetando a ida a *Hispania* enquanto Longo já se dirigia ao norte da África.

No entanto, a guerra não se desenrolou como os romanos haviam imaginado. Essa é, talvez, uma das grandes diferenças da Primeira para com a Segunda Guerra Púnica – e o motivo pelo qual Aníbal entrou para a História como um grande estrategista. Enquanto na Primeira Guerra os cartagineses respondiam aos movimentos dos romanos, nessa guerra eles ditaram os movimentos pela liderança de Aníbal.

Como o motivo da guerra estava localizado na *Hispania*, os romanos concluíram que os cartagineses queriam uma guerra defensiva e que não sairiam do território. Aníbal, sabendo disso, resolveu usar outra estratégia: invadir a Península Itálica. Para tanto passou o inverno com preparativos para poder levar suas tropas da *Hispania* até o norte da Península Itálica.

Por que invadir a península? Essa questão é muito discutida entre os historiadores modernos, pois o próprio Aníbal desistiu de invadir Roma em 216 a.C. quando teve sua maior oportunidade. A hipótese mais generalizada é que Aníbal não tinha intenção de ocupar Roma, mas de mostrar sua debilidade e a possibilidade de ser derrotada. Goldsworthy afirma que Aníbal teria atacado a Itália para ganhar a guerra, ou seja, sua ideia era de começar a obter pequenas vitórias fazendo com que os aliados dos romanos começassem a vacilar e passassem a apoiá-lo em sua empreitada. Ele argumenta ainda que tal ideia não era de todo nova e que muitas estratégias de guerras na Antiguidade seguiam tal princípio, mas o inusitado foi Aníbal ter forçado a guerra invadindo *Saguntum.*

Ao final de 218 a.C., Aníbal partiu de Nova Cartago, na *Hispania*, rumo à Península Itálica. Cruzou o rio Ebro e os Pirineus. No momento em que entrou na Gália, contava com um exército de 9 mil cavaleiros e 50 mil soldados a pé. Cruzaram o rio Ródano com o apoio de tribos locais, assustadas com seu poderio.

Nesse meio tempo, sem saber o que fazia o inimigo, Cipião dirigiu-se com suas tropas para *Hispania.* Só soube que Aníbal estava na Gália Meridional ao chegar na *Hispania*. Assim tomou uma delicada atitude que acabou por definir os rumos da Segunda Guerra Púnica: retornou à Itália com parte dos soldados e ordenou que seu irmão Cneu fosse atacar as bases púnicas na *Hispania.*

Apesar das dificuldades impostas pelo clima, em especial a neve, e alguns conflitos com as populações locais, Aníbal atravessou os Alpes, reorganizando seu exército na planície do Pó. Venceu os romanos em uma série de batalhas e conseguiu convencer os gauleses a se aliarem a ele. Embora Aníbal tivesse a chance de marchar contra Roma, preferiu não o fazer, dirigindo-se para o sul da península a fim de provocar nos povos da região desentendimentos e sublevação contra os romanos. Os romanos contentaram-se em vigiar seus passos. Quando as investidas de Aníbal tornaram-se mais fortes, os romanos decidiram detê-lo em Cannae.

Embora tenham sido travadas muitas outras batalhas ao longo da investida de Aníbal, optamos por detalhar esta porque ela acabou entrando para a História como a maior derrota romana. Conta-se que em 216 a.C. os romanos conseguiram reunir grande exército. Tito Lívio e Políbio discordam com relação aos números, mas em geral os especialistas dão crédito às cifras de Políbio. Se tomarmos esse pressuposto, Roma havia montado um exército com oito legiões, pois o Senado esperava um confronto direto com Aníbal.

O exército romano marchou seguindo as planícies costeiras para preparar uma emboscada, acompanhando o exército púnico a distância. A planície era aberta e com uma ligeira pendência em direção ao mar. Enquanto os romanos cruzavam a planície, Aníbal enviou sua cavalaria e a infantaria ligeira para atacar as colunas inimigas, provocando um pouco de desordem. Os romanos reagiram lutando até o cair da noite. No dia seguinte, os romanos seguiram seu caminho em direção à posição ocupada por Aníbal. A dificuldade do terreno era considerável, mas bater em retirada era algo que poderia abalar o moral das tropas.

Assim, certos de que sua superioridade numérica os favoreceria, os romanos seguiram seu caminho. Aníbal também encontrava dificuldades e, assim como os romanos, enfrentava problemas com o abastecimento e alimentação dos soldados. Passaram alguns dias se observando e colocando em prática conflitos como o descrito anteriormente. Mesmo que os dois lados quisessem deflagrar logo a batalha principal, não podiam fazê-lo porque ainda não estavam totalmente preparados.

Aníbal atravessou o rio com seu exército e acampou do mesmo lado que os romanos. Em 1º de julho partiu para a batalha campal contra os romanos na planície em frente à colina. Os generais romanos resistiram à ideia de uma guerra aberta e ficaram na defensiva. Aníbal contentou-se em mostrar a seu exército a timidez romana.

O general romano Varrão, em seu dia de comando, resolveu partir para a batalha. Para tanto cruzou o rio e posicionou-se em um local estreito, ao norte de Cannae. Formaram uma única frente de combate: o flanco direito era composto pela cavalaria e deveria ter por volta de 2.400 homens. O flanco esquerdo, situado contra a colina, deveria contar com cerca de 3.600 homens.

Etapas da Batalha de Cannae

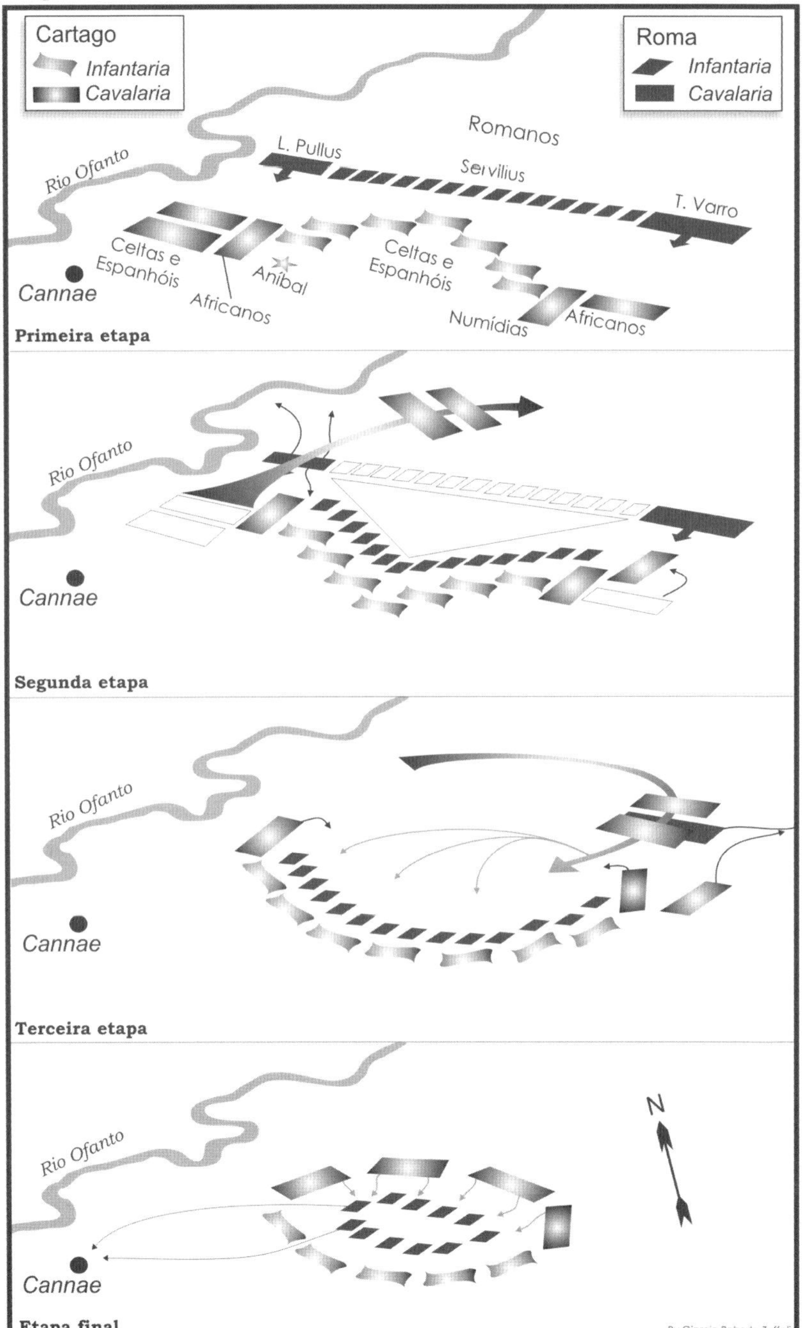

Já o centro do exército era composto pela infantaria pesada e as *alae* (alas). Estima-se que haveria cerca de 155 mil homens nessa infantaria, apoiados por mais 15 mil *uelites* (infantaria leve).

A formação adotada com tantos homens era visualmente assustadora para qualquer inimigo que cruzasse o caminho. Por outro lado, dava segurança para os romanos, pois a quantidade de homens indicava a superioridade de sua tropa. Quando começou a avançar ninguém poderia imaginar que seria derrotada por Aníbal, com um exército numericamente muito inferior. Aníbal, porém, soube usar a maioridade numérica do exército romano a seu favor, já que a grande quantidade de homens impedia a mobilidade e tornava quase impossível a mudança de formação.

Quando os romanos atravessaram o rio, Aníbal posicionou seu exército em duas colunas e, no momento exato da travessia, o exército girou formando uma única linha. Os 10 mil cavaleiros se distribuíram por alas, os númidas foram posicionados frente à cavalaria latina. Demorou algum tempo para que as tropas se posicionassem, e o grande número de pés tocando o chão levantou muita poeira. Com agilidade, as tropas de Aníbal aproveitaram-se do vento, levantando, assim, grande quantidade de areia do chão. Suas tropas ligeiras vieram apoiar as alas que partiram para o combate corpo a corpo.

Os romanos, com sua força, fizeram os púnicos retroceder em linha reta, romperam a formação dos hispânicos e gauleses e encontraram-se com as colunas de infantaria líbia (lembrar que hispânicos, gauleses e líbios lutavam no exército cartaginês). Os líbios conseguiram girar e avançaram de maneira ordenada contra a infantaria romana, então desorganizada. Os romanos, que já vinham cansados da luta corpo a corpo com os hispânicos e gauleses, chocaram-se com líbios descansados. Enquanto os romanos combatiam com os líbios, os hispânicos que serviam Cartago se reorganizaram e voltaram à luta. Com esses movimentos, a infantaria romana foi sendo, aos poucos, cercada e vencida.

As perdas para o exército de Aníbal foram grandes, mesmo tendo vencido a batalha. Estudiosos acreditam que a vitória só foi possível graças à habilidade tática de Aníbal, que explorou as diferenças étnicas e os talentos de seus guerreiros, distribuindo-os de maneira a proporcionar o melhor desempenho em cada frente. Também contou com a confiança em seus líderes que conseguiram controlar os ânimos da infantaria sob seu comando, mesmo diante da superioridade numérica romana.

Michael Grant lembra-nos que essa sangrenta derrota acabou por se tornar símbolo da possibilidade de pequenos exércitos vencerem seus inimigos;

segundo esse mesmo autor, táticas como essas foram muito admiradas e estudadas por generais alemães durante a Primeira Guerra Mundial. Por outro lado, Goldsworthy destaca que, na Guerra do Golfo dos anos de 1990, o general Norman Schwartzkopf declarou que havia feito suas investidas baseado em estudos das táticas de Aníbal, em especial nas utilizadas nessa batalha de Cannae. Cannae converteu-se, assim, em um nome que resumia êxito completo e, por isso, tornou-se uma batalha muito admirada por estrategistas militares de diferentes períodos e, ainda hoje, é ensinada nas academias militares.

Mesmo diante de tamanha derrota os romanos não cederam. Reestruturaram suas estratégias e dividiram sua armada em grupos menores, para conter as investidas de Aníbal. Por outro lado, a estratégia de Cipião, de deixar o irmão na *Hispania*, começou a surtir efeito. Sob o comando do general Cneo Cipião, os romanos conseguiram importantes vitórias em terras hispânicas. Ressaltar isso é importante, pois de modo geral os estudos sobre a Segunda Guerra Púnica são focados nas vitórias de Aníbal, dedicando-se pouca atenção às conquistas romanas na Península Ibérica, fundamentais para sua posterior vitória.

Enquanto Aníbal conseguia importantes vitórias em solo itálico, Asdrúbal foi derrotado por Cipião em diversas ocasiões na *Hispania*, o que indica que o general romano estava estudando novas táticas a partir dos confrontos anteriores. Por fim, diante da derrota, Asdrúbal fugiu para encontrar Aníbal na Itália. Tal fuga nunca se concretizou, pois o primeiro foi derrotado e morto antes de alcançar seu objetivo. A derrota de Asdrúbal foi importante para os romanos na medida em que estes conseguiram submeter a Península Ibérica, expulsando os cartagineses da região.

Em seguida, Cipião passa à África e vence o rei da Numídia, importante aliado de Cartago. O rei númida é substituído por Massinissa, aliado dos romanos. Derrotado, Aníbal volta a Cartago e, depois de mais alguns confrontos, admite a vitória romana e procura fazer um tratado de paz.

Como consequência da derrota, Cartago perde sua independência e passa a pagar pesados tributos aos romanos. Também compromete-se a não fazer mais guerra sem autorização destes. Ao final da Segunda Guerra Púnica, Roma detém o domínio da Sicília, de Sardenha, de Córsega e do território da atual Espanha, tornando-se, portanto, a senhora do Mediterrâneo.

Mesmo que tenha sofrido grandes derrotas, Roma saiu mais poderosa dos combates. Políbio afirma, em vários trechos de sua obra, que a vitória romana se deveu à lealdade de seu exército, que mesmo diante de derrotas se manteve unido. Seu estilo de narrativa acaba influenciando muitos outros autores antigos, que descrevem os romanos como nobres guerreiros, valorizando ainda suas virtudes bélicas. Isso foi muito importante para estabelecer valores morais entre os membros da elite, uma vez que para eles, servir o exército e desenvolver a virtude guerreira era fundamental na formação do cidadão.

Ao final da Segunda Guerra Púnica, Roma havia conquistado territórios que ficariam sob seu domínio durante séculos. Pelos seus desdobramentos históricos, essa guerra acabou se tornando uma das mais importantes ocorridas no Ocidente.

TERCEIRA GUERRA PÚNICA (149 A 146 a.C.)

Das três Guerras Púnicas, a Terceira é a que durou menos tempo, mas nem por isso é menos relevante. Essa guerra, nas palavras do historiador Roldán Hervás, acabou por varrer Cartago do mapa político da Antiguidade e, por este motivo, muitos estudiosos têm dedicado muita atenção a esse conflito em particular.

Ao final da Terceira Guerra Púnica, Roma implementa, definitivamente, seu domínio sobre o Mediterrâneo, caracterizando assim um dos momentos mais importantes das conquistas territoriais durante o período republicano e desenhando as bases do Império que se formava.

Para compreender essa última etapa dos conflitos, é interessante voltarmos nossos olhos para Cartago uma vez mais. Após a Segunda Guerra Púnica, o Império Cartaginês estava reduzido a seu território de origem no norte da África e pagando pesados tributos aos romanos. Além disso, Cartago enfrentava dois graves problemas internos: a perda dos recursos, pois não mais possuía territórios além-mar para explorar e a possibilidade de ser atacada por terra pelos aliados dos romanos na África, que adotavam uma política de expansão.

O primeiro problema foi solucionado com a reestruturação da agricultura. A pressão externa foi o grande desafio enfrentado por Cartago. Como estava impedida de combater desde a derrota na Segunda Guerra Púnica, Cartago ficou submetida à exploração dos reinos africanos aliados dos romanos, mas mesmo assim seguia prosperando recuperando a agricultura e reorganizando suas relações comerciais.

Como comentamos anteriormente, a tradição bélica púnica não previa a total submissão ao vencedor; assim, Cartago procurou organizar-se política e economicamente de maneira a fortalecer-se e buscar independência, mesmo tendo sido derrotada pelos romanos.

Diante dessa ameaça, para manter o controle da área, a partir de 153 a.C., os romanos começaram a enviar comissões com o objetivo de averiguar o estado em que se encontravam os territórios recentemente conquistados. Uma dessas delegações foi liderada por Catão, influente orador e membro do Senado romano. Esse nobre romano era um árduo defensor da ideia de que se Cartago não fosse destruída, seguiria uma ameaça para Roma. Com a viagem, reafirmou sua opinião. Tendo ficado impressionado com a riqueza e prosperidade de Cartago no período, Catão voltou à Roma convencido de que a cidade ainda representava grande perigo aos romanos. É nesse contexto que, ao elaborar seu discurso para o Senado, emprega a famosa expressão: *"delenda est Carthago"*, isto é, "Cartago deve ser destruída".

Na verdade, Catão exagerou um pouco o grau de ameaça representado pela existência de Cartago, tendo sido combatido pela opinião daqueles contemporâneos que acreditavam na importância de manter a cidade. No entanto, a influência de Catão predominou e, segundo o filosofo grego Plutarco, isto ocorreu porque Catão teria sido a pessoa que expressou o sentimento da grande maioria dos romanos naquele momento.

Era necessário, então, encontrar um pretexto para a guerra. Como o governo púnico havia expulsado alguns númidas de seus territórios, Massinissa, o rei númida, ordenou que tais pessoas fossem aceitas outra vez. Com o tumulto que tal situação provocou, Massinissa invadiu Cartago e esta resistiu. Como pelo acordo de paz Cartago não poderia pegar em armas sem autorização romana, essa atitude serviu aos propósitos de Roma: em 149 a.C. o exército romano embarcou para a África em represália à atitude de desobediência dos cartagineses.

Como nas vezes anteriores, o exército romano concentrou-se na Sicília para sair em direção à África. Antes de se dirigirem à Cartago, houve uma série de tentativas de negociação. Os romanos exigiram a rendição incondicional (*deditio in fidem*) e o desarme imediato. Entre os acordos estabelecidos, os cartagineses seriam obrigados a abandonar a cidade para que Cartago fosse destruída.

Ao retornarem a Cartago, os nobres que haviam negociado a rendição com Roma naqueles termos foram apedrejados. O conselho local votou pela declaração de guerra uma vez mais. Os escravos foram libertados para que pudessem se alistar no exército e todos os cidadãos púnicos se reuniram em um grande esforço de guerra. Fabricaram armas com toda a pressa e, segundo Goldsworthy, as mulheres teriam sacrificado seus longos cabelos para fazer as cordas necessárias para colocar em funcionamento as catapultas.

Essa guerra foi um pouco distinta das anteriores, pois, do ponto de vista romano, concentrou-se na tomada da cidade de Cartago, que era fortemente murada. Os romanos não conseguiram escalar o muro e tinham então de abrir brechas em locais onde os cartagineses se concentravam para resistir à invasão romana.

Algumas batalhas foram travadas, também, fora das muralhas, com intuito de procurar outras possibilidades para derrotar a cidade. Na medida em que o exército romano avançava, encontrava acampamentos externos abandonados pelos púnicos e os incendiava.

Os púnicos dedicaram-se também a construir um novo canal em direção ao mar, para que pudessem ter apoio de suas frotas sem que os romanos percebessem.

Os cartaginenses precisavam defender a cidade, os romanos atacá-la. Além dos combates corpo a corpo, ambos os adversários tinham de fazer uso de táticas e desenvolver equipamentos para colocar em prática seus planos e atingir seus objetivos. Durante esses eventos, os romanos ampliaram muito a capacidade técnica de seu exército.

Quando os cartaginenses conseguiram juntar suas frotas marítimas, os combates passaram a ocorrer na linha costeira. Mesmo com todas essas tentativas, Cartago ficou cada vez mais isolada, e a população começou a padecer de fome.

Algumas vezes os cartagineses saíam a noite pelo porto para incendiar e destruir as máquinas que os romanos usavam para abrir brechas pela muralha. Dessa forma, os cartagineses resistiram por três anos dentro das muralhas da cidade, mas não puderam evitar finalmente o saque e a destruição de Cartago. No final da primavera de 146 a.C., Cartago estava liquidada e com seu solo amaldiçoado. Roma destruiu física e politicamente seus inimigos e fundou nova província na África para administrar toda a região conquistada.

O LEGADO DAS GUERRAS

Cartago não sobreviveu à luta com Roma. Goldsworthy afirma que não era intenção de os romanos destruírem efetivamente uma cultura, mas sim um tipo de política que se rivalizava com a que estavam desenvolvendo. Alguns aspectos da cultura cartaginense foram conservados e acabaram influenciando a língua, religião ou arquitetura dos povos númidas no norte da África, mas muito pouco chegou até nós.

As três Guerras Púnicas constituíram um processo impactante ainda na Antiguidade e sempre impressionaram muito. Para que se tenha uma ideia das proporções alcançadas, basta pensarmos que 146 a.C., ao final dos conflitos, Roma havia conquistado a Sicília, a Sardenha, a Córsega, a *Hispania* e o norte da África. Além da anexação desses territórios, consequência direta da derrota de Cartago, os romanos também já haviam conquistado a Macedônia, algumas regiões da Ásia e Gália Transalpina, exercendo influência política, econômica, social e cultural em imensa diversidade de territórios.

Para administrar toda essa grande quantidade de povos e culturas, Roma teve de reestruturar-se. Houve necessidade de nomear mais governantes para as novas províncias anexadas, o exército profissionalizou-se e, como consequência, ocorreu o desenvolvimento de novo sistema de abastecimento para que produtos da dieta mediterrânica atingissem locais mais distantes. Mudanças profundas, portanto, foram necessárias, e, aos poucos, foi surgindo a base do Império que seria mantido nos séculos seguintes.

Em poucas palavras, as Guerras Púnicas movimentaram grande quantidade de recursos humanos e econômicos, movimentação essa que propiciou muita riqueza, luxo e escravos à elite romana, assim como provocou o alastramento da pobreza entre os camponeses devido a destruição de parte da agricultura.

Se pensarmos por uma perspectiva mais ampla, a vitória sobre Cartago abriu caminhos para que os romanos se tornassem ainda mais poderosos e passassem a influenciar grande extensão territorial, podendo transmitir muito de seu legado cultural ainda hoje presente no Ocidente: por exemplo, muitas línguas faladas hoje são derivadas do latim, assim como o sistema jurídico de diversos países ocidentais é constituído a partir das bases do direito romano.

Além dessa herança cultural, a ideia da constituição de um Império por parte dos romanos acabou intrigando muitas gerações posteriores. Roma tornou-se modelo para o Sacro Império Romano e fascinou os grandes artistas do Renascimento italiano. Michelangelo conhecia a fundo a cultura romana, assim como Rafael planejava conservar a arquitetura de Roma, que considerava a Cidade Eterna. Posteriormente, não foram raras as referências que Napoleão fez aos romanos nas conquistas que obteve pela Europa e, mais recentemente, durante o século XX, Hitler e Mussolini construíram imagens particulares de Roma para seus propósitos políticos. Em cada momento histórico, portanto, Roma foi revisitada e suas guerras reinterpretadas de acordo com os interesses políticos vigentes.

Do ponto de vista militar, as Guerras Púnicas propiciaram o desenvolvimento de novas técnicas e táticas, apreciadas por generais ao longo da História. Régulo, os membros da família de Cipião Africano, os Barca – Amílcar, Aníbal e Asdrúbal – sempre foram nomes admirados e citados em academias militares de todos os tempos. Napoleão colocou Aníbal entre os maiores generais da História. Von Schlieffen, o chefe do Estado-Maior alemão no início do século XX, estudou e reproduziu, conscientemente, muitas das táticas militares empregadas por Aníbal, transpondo-as para as necessidades alemãs nas guerras modernas.

Mas a recorrência às Guerras Púnicas não se restringe às táticas militares, e vai além dos conflitos nos campos de batalha da Primeira e da Segunda Guerra Mundial. Em muitos discursos e justificativas políticas para conflitos, os paralelos entre guerras de épocas tão distantes se fazem presentes. A Grã-Bretanha de 1940, por exemplo, é comparada aos romanos em diferentes discursos. O paralelo se estabelece pela atitude dos britânicos nas batalhas que enfrentavam, pois mesmo tendo sofrido perdas, como os romanos para o exército de Aníbal, seguiam lutando ferozmente contra seus inimigos.

Relações como essas ajudam também a construir novas interpretações de batalhas antigas e a recolocar as guerras romanas no imaginário moderno. Se considerarmos que romanos e cartagineses contemplavam os fenômenos bélicos de diferentes maneiras, suas interpretações posteriores, como as citadas acima, também fornecem indícios para compreendermos os valores militares e políticos implícitos às sociedades modernas.

AGRADECIMENTOS

Agradeço a Pedro Paulo Funari e Lourdes Feitosa pelo apoio de sempre. Devo mencionar ainda o apoio institucional da Universidade Federal do Paraná (UFPR) e do Núcleo de Estudos Estratégicos (NEE/Unicamp). Ressalto que a responsabilidade pelas ideias se restringe à autora.

NOTAS

(1) *Qui uincit non est uictor nisi uictus fatebur*, Ennio, Fragmento 31, 493. Trecho extraído de A. Goldsworthy, Las Guerras Púnicas, Barcelona, Editorial Ariel, 2002, p. 421.

(2) Epigrafia é a ciência que estuda as inscrições. Estas inscrições variam muito de acordo com o tipo e a função. Alguns estudiosos recorrem às colunas que relatam os eventos ou tecem elogios aos líderes romanos que participaram das Guerras Púnicas.

BIBLIOGRAFIA

ALSTON, R. *Aspects of Roman History*. London: Routledge, 1998.

BORNECQUE, H. e MORNET, D. *Roma e os romanos*. São Paulo: Edusp, 1976.

CAVEN, B. *The Punic Wars*. London: Weidenfeld and Nicolson, 1980.

CORNELL, T. J. *The beginnings of Rome*. London: Routledge, 1995.

FUNARI, P. P. A. *Grécia e Roma*. São Paulo: Contexto, 2001.

GOLDSWORTHY, A. *Las Guerras Púnicas*. Barcelona: Editorial Ariel, 2002.

GOZALBES, E. *Caput celtiberiae: La tierra de Cuenca en las fuentes clásicas*. Cuenca: Ediciones de la Universidad de Castilla-La Mancha, 2000.

GRANT, M. *History of Rome*. S/n, 1978.

HÖLSCHER, T. "Images of war in Greece and Rome: between military practice, public memory and cultural simbolism". In *Journal of Roman Studies*, 2003, pp. 1-17.

PETIT, P. *A paz romana*. São Paulo: Livraria Pioneira Editora, 1989.

PIGANIOL, A. *História de Roma*. Buenos Aires: Eudeba, 1961.

ROLDÁN HERVÁS, J. M. *Historia de Roma I – la República romana*. Madri: Cátedra, 1999.

FONTES DOCUMENTAIS

POLÍBIO. *História*. Brasília: Editora da Universidade de Brasília, 1985.

TITO LÍVIO. *History of Rome*. London: Harvard University Press, 1995 (Loeb).

CONQUISTAS BÁRBARAS

José Rivair Macedo

O velho historiador holandês Johan Huizinga resumiu em poucas palavras um aspecto marcante da sociedade nos séculos finais da Idade Média ao falar de certo "teor violento da vida".[1] Nesse aspecto, defrontamo-nos com um traço quase milenar que caracterizou os comportamentos daqueles homens talhados desde a mais tenra infância para o combate, homens que viveram num tempo em que a prática da guerra estava disseminada entre os mais altos escalões da sociedade, a ponto de definir o estatuto social dos indivíduos, numa sociedade em que o ideal a ser seguido era ou o do santo ou o do guerreiro. Como dizia mais recentemente Georges Duby, aquela era uma sociedade direcionada para a agressão.[2] Suas características fundamentais resultam da mistura de elementos herdados do mundo romano e do mundo germânico – mundos muito diferentes em suas instituições e seus graus de desenvolvimento tecnológico, mas semelhantes no que diz respeito ao valor concedido à guerra.

Avaliaremos aqui o papel social desempenhado pelo fenômeno da guerra nos reinos bárbaros da Europa Ocidental, especialmente no reino franco sob a dinastia dos reis merovíngios (séculos V-VIII) e dos reis carolíngios (séculos VIII-X), porque do vasto território desse reino é que surgiram as mais expressivas organizações sociopolíticas da Idade Média Ocidental na Baixa Idade Média (dinastia dos capetos na França e dinastia dos otônidas no Império Germânico a partir dos séculos IX-X). Não obstante, ofereceremos um panorama necessariamente amplo e genérico a respeito da guerra nas tribos bárbaras que se estabeleceram tanto na Europa Ocidental quanto na Europa do Leste. Para começar, convém assinalar alguns aspectos de caráter conceitual e metodológico que apontarão tanto a dimensão quanto os limites de abordagem do objeto em pauta.

Com efeito, nas últimas décadas cresceu o número de obras consagradas ao estudo da organização militar no mundo medieval. Tais pesquisas ampliam ou reavaliam os dados gerais de algumas obras de referência a respeito do assunto, sobretudo os estudos "clássicos" do inglês Charles Oman (*A history of the art of war in the Middle Ages*, 1924), do francês Ferdinand Lot (*L'art militaire et les armées au Moyen Age en Europe et dans le Proche Orient*, 1946), do holandês J. F. Verbruggen (*The art of warfare in Western Europe during the Middle Ages*, 1954), e mais recentemente, a ótima síntese do francês Philippe Contamine (*La guerre au Moyen Age*, 1980). Interessa atualmente não apenas avaliar as estratégias de combate e as táticas de batalha, mas verificar a evolução do equipamento militar e do armamento, as formas de recrutamento e de remuneração dos combatentes e, sobretudo, as implicações do fenômeno da guerra nas demais instâncias da organização social do período.[3]

Não obstante, os trabalhos recentes concentram-se em geral no estudo do fenômeno da guerra nos séculos XIII-XV, ou seja, nos séculos finais do medievo. Talvez isso se deva ao fato de que naquele momento a guerra se tenha tornado mais visível, mais presente na documentação escrita, e ganho maior espaço de representação nos registros arqueológicos e na iconografia. Trata-se de um momento em que, no contexto da reorganização promovida pelas monarquias feudais, a guerra passa a ser um importante instrumento de poder no Ocidente medieval. Para o período anterior ao ano 1000, há poucos testemunhos sobre o modo de fazer a guerra, embora, como se verá, também naquele momento ela tenha sido uma atividade constante e um fator importante nas formas de organização social.[4] Veremos a seguir o papel da guerra nesses momentos iniciais da Europa medieval.

ROMANOS E BÁRBAROS

As atividades bélicas definiram a evolução das instituições políticas e da sociedade romana. Nos primeiros séculos da era cristã, o Império Romano tinha sob seu controle um dos mais extensos domínios territoriais já conquistados, motivo pelo qual o exército ocupava papel de primeiro plano, tendo peso decisivo na manutenção do poder instituído. A partir do século III, assiste-se a um progressivo e inexorável processo de crise das estruturas imperiais, responsável pela fragmentação da unidade política romana, pelo desmembramento e desaparecimento definitivo do Império. Já no princípio do século IV, em 330, o imperador Constantino inaugurava a nova capital que mandara construir na parte oriental do império, Constantinopla, e em 395, por ocasião da sucessão de Teodósio, o extenso território veio a ser dividido entre seus dois filhos, Arcádio e Honório, a um cabendo a parte ocidental do Império (cuja capital oscilou no século V entre Roma, Milão e Ravena) e a outro a parte oriental (com capital em Constantinopla). Após o desaparecimento da parte ocidental, o Oriente romano viria a ficar conhecido com o nome de Império Bizantino, que sobreviveria até meados do século XV, quando foi conquistado pelos turcos otomanos.[5]

Na crise estrutural pela qual o mundo romano passou, assiste-se a uma mudança significativa tanto no caráter da guerra quanto nos modos de fazê-la. Na realidade, tal alteração decorre das medidas tomadas pelos governantes no interior do próprio império. As reformas militares propostas pelos imperadores Diocleciano (274-305) e Constantino (312-337) tinham por fim adequar o exército à nova situação. Tendo se encerrado a fase de expansão militar, tratava-se agora de garantir as melhores condições de manutenção e defesa dos territórios conquistados. As atividades bélicas deixaram de ter caráter ofensivo, passando a assumir um caráter eminentemente defensivo. No princípio do século IV, as antigas formações militares (legiões e guarda pretoriana) foram praticamente dissolvidas e em seu lugar apareceram duas unidades militares específicas: as tropas de fronteira, colocadas em fortificações permanentes nos *limes*, isto é, nos limites do mundo romano, com a incumbência de protegê-los de eventuais invasões; e uma força tática móvel, colocada em posições estratégicas no interior do território imperial.

A tais reformas corresponderam novas formas de recrutamento. As consequências econômico-financeiras da crise afetaram a estabilidade militar devido à dificuldade de remuneração dos soldados. No século IV, uma das formas de pagamento do serviço militar consistia na concessão de lotes de terra de fronteira a soldados regularmente recrutados e incorporados aos quadros do exército quando cumpriam seu tempo regular de serviço ao fim de 25 anos. Era uma maneira de assegurar a presença de pessoas capacitadas a defender as fronteiras em caso de ataque. Além disso, assiste-se a uma gradual incorporação de tropas auxiliares germânicas aos efetivos do exército.[6]

Com efeito, paralelamente aos fatores internos da crise do Império Romano, há que se considerar o fator externo, relacionado com a irrupção de povos germânicos no interior do império. Eles eram chamados pelos romanos de "bárbaros", designação genérica de todos os povos que não falavam latim nem adotavam os padrões da civilização greco-romana. Habitavam ao norte das fronteiras imperiais em regiões da atual Europa Centro-Oriental, e passaram a pressionar as fronteiras localizadas nas proximidades dos rios Reno, Danúbio e Don.

Embora tivessem um longínquo parentesco, de uma matriz indo-europeia comum (algo que se revela em traços sociais, religiosos e linguísticos estudados por Georges Dumézil), nos séculos IV-VI os povos germânicos estavam organizados em tribos e confederações de tribos, podendo ser divididos em três grandes grupos étnico-regionais: os escandinavos (anglos, saxões e jutos) que habitavam nas proximidades do mar do Norte, os germanos ocidentais (suevos, turíngios, burgúndios, alamanos e francos) que habitavam nas proximidades do rio Elba, e os germanos orientais (godos, alanos, alamanos, vândalos e lombardos) que habitavam entre os rios Elba e Don. A eles vieram a juntar-se um povo originário das estepes asiáticas, os hunos, cuja pressão militar foi a principal responsável pela entrada dos germanos em território romano, dando início à "avalanche bárbara". Essa penetração, ora pacífica e ora violenta, alteraria o mapa político do império, acirrando a crise já existente e contribuindo decisivamente na fragmentação da unidade imperial. Dos escombros do claudicante Império Romano é que emergiriam os reinos bárbaros da Alta Idade Média.[7]

Chegamos aqui a um ponto importante: o da caracterização de "bárbaro" e de "invasões bárbaras". Sabe-se o quanto mesmo em nossa época tais termos contêm de pejorativo e de preconceituoso. Com efeito, a tais palavras estão associadas ideias de selvageria, atraso, violência desmedida, anarquia, primitivismo, e outras similares. Ao adotá-las acriticamente, a historiografia acaba por reproduzir o caráter etnocêntrico que as impregna. O "bárbaro" sempre é considerado do ponto de vista do "não bárbaro", quer dizer, do ponto de vista de quem se identifica com o mundo romano, e a ideia de "invasões bárbaras" confere aos povos não romanos uma responsabilidade negativa na destruição de um padrão civilizacional considerado modelar para o Ocidente.

Outra perspectiva delineia-se ao considerarmos os bárbaros pelas características intrínsecas de seu modo de vida e de sua sociedade. Ao fazê-lo, percebe-se que aquele movimento de povos germânicos para o interior do império não constituiu um fato isolado, mas integra-se a um aspecto essencial das comunidades tribais da Antiguidade e da Idade Média: a sua condição de

Invasões bárbaras

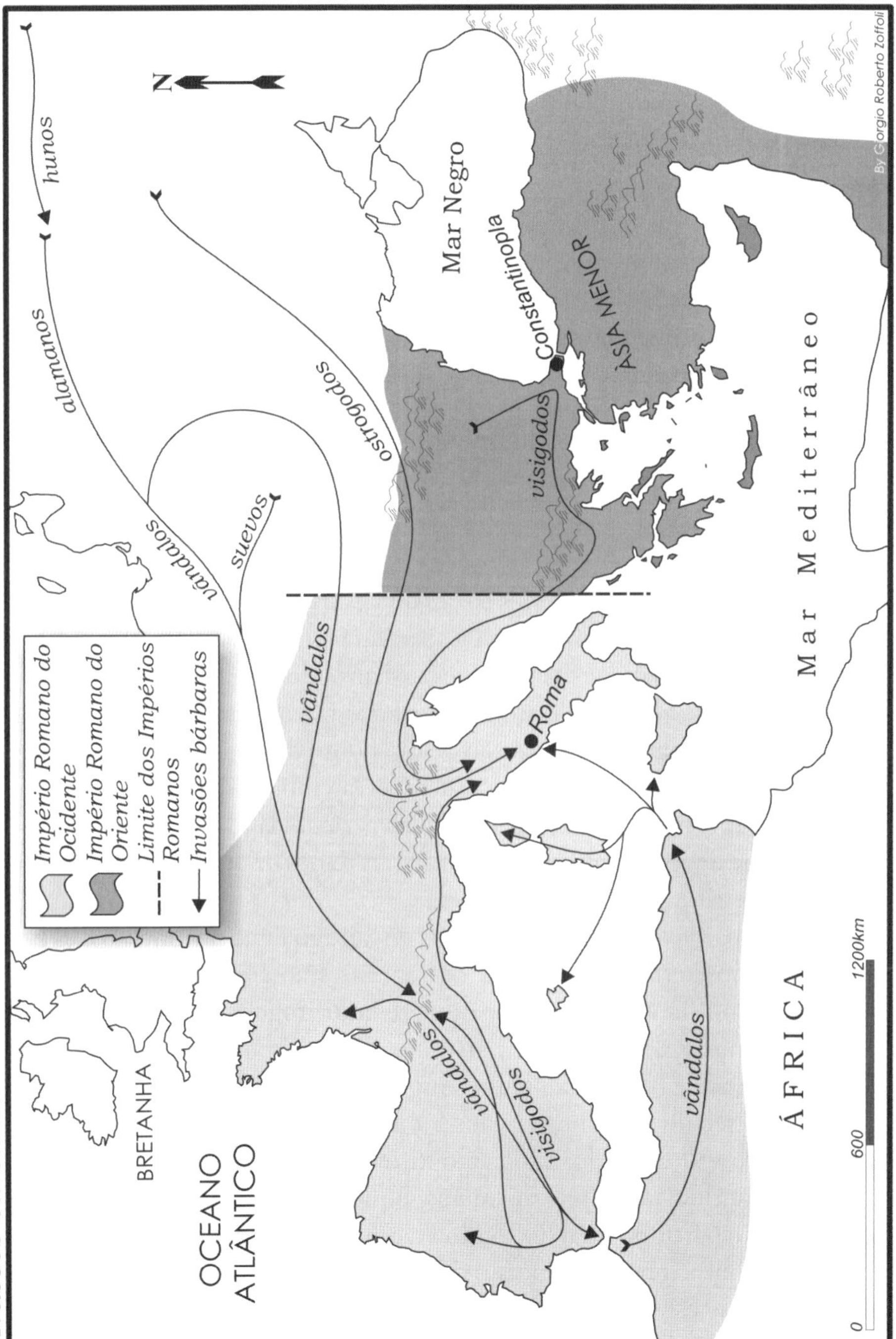

povos nômades. Vivendo em organização tribal, tais povos não tinham classes sociais bem definidas, não conheciam formas de escrita alfabética desenvolvida e instituições sociais fundadas em códigos de leis escritas, e tiravam o essencial para sua sobrevivência da coleta (em certos casos, de uma agricultura incipiente), da pecuária e, principalmente, da guerra e do saque. Deslocar-se em busca de locais que oferecessem melhores condições de sobrevivência e fazer a guerra e impor tributos aos sedentários era parte integrante de seu modo de vida.[8]

O historiador Lucien Musset equacionou bem o problema ao afirmar que:

> A estabilidade da população da Europa Ocidental e meridional, que aceitamos tão facilmente como um fato inquestionável, é um estado relativamente recente ainda não alcançado pela Europa Oriental. Nossa visão tradicional considera o período das "grandes invasões" como um intervalo de perturbações entre duas eras normais de estabilidade: a do Império Romano e a nossa. Seria mais prudente adotar uma atitude inversa e considerar a época romana como uma exceção, um período de tranquilidade em meio a um turbilhão de invasões.[9]

Como se vê, para o autor, nos países do Leste europeu até hoje as contínuas migrações populacionais continuam a apresentar-se como um fenômeno social. Assim, como estranhar que as migrações tenham sido tão frequentes no passado? A migração, aliás, não é um traço essencial dos povos nômades? Realmente, se considerarmos os povos bárbaros não de um ponto de vista etnocêntrico mas de um ponto de vista antropológico e social, observaremos sua presença, na condição de nômades, ao longo de praticamente todo o período da Idade Média – tanto nos territórios que depois viriam a se constituir nos reinos da atual Europa Ocidental quanto nos territórios do Leste europeu.

Na Europa Ocidental, nos séculos IV-VI, após o estabelecimento dos povos germânicos nos territórios outrora pertencentes ao Império Romano (reino visigodo e reino suevo na atual Espanha, reino ostrogodo na atual Itália, reino vândalo no norte do continente africano, Reino Franco nas atuais França, Bélgica, Holanda e Alemanha, reinos Anglo-Saxões na atual Inglaterra), assiste-se ao fim do século VI à chegada dos lombardos no norte da Itália, e entre o fim do século VIII e meados do século XI temos a era das invasões vikings. O Império Bizantino também assistiu aos saques e pilhagens promovidos pelos povos ávaros a partir do final do século VI, e através do cristianismo forneceu os elementos civilizacionais ao processo de sedentarização dos eslavos e povos euro-asiáticos, que se estabeleceram na região da Panônia e através do rio Danúbio nos séculos VII-IX (sobretudo os búlgaros, sérvios, croatas e húngaros).[10]

Paralelamente, o Império Muçulmano, nascido na segunda metade do século VII com base no estado teocrático inspirado na fé monoteísta anunciada por Maomé e fixada no *Alcorão*, ele próprio integrado desde sua origem por nômades do deserto (beduínos), a partir do século IX incorporou ao seu território diversas tribos de nômades oriundos da Ásia central, conhecidos genericamente como turcos. O processo de sedentarização dos turcos veio a ocorrer entre os séculos X e XI e deveu muito aos elementos civilizacionais que acompanharam a adoção do islamismo.[11]

Por fim, entre os séculos XI e XIII, dois importantes movimentos de nômades sacudiram o mundo muçulmano e o mundo cristão: inicialmente, a articulação dos povos berberes e do deserto do Saara, que resultou na constituição do Império Afro-Muçulmano da dinastia Almorávida e Almoâda,[12] e em segundo lugar, a unificação das tribos mongóis da alta Ásia promovida por Gêngis Khan em 1205, que resultou na organização de uma força militar poderosíssima, responsável pela conquista do norte do Império Chinês em 1215, da Pérsia muçulmana a partir de 1218 e de parte da Europa Oriental a partir de 1225 – inaugurando o que ficou conhecido como "era mongol".[13]

OS POVOS DA ÁSIA CENTRAL

Nas complexas relações que se estabeleceram entre nômades e civilizações sedentárias, os primeiros tenderam a ser assimilados. Foi o que ocorreu com os povos oriundos da Ásia Central, que desde o III milênio a.C. representaram uma ameaça constante às civilizações da Índia, China e Pérsia, mas que aos poucos vieram a ser incorporados a elas. O caso mais conhecido diz respeito às relações entre o Império Chinês durante a dinastia dos Han e os povos nômades hioung-nous, cuja destreza nas armas (sobretudo o arco) e o domínio de resistentes cavalos de guerra lhes garantia supremacia militar.

Foram precisos vários séculos para que o exército chinês desenvolvesse um equipamento militar defensivo capaz de fazer frente ao inimigo e, inclusive, adotasse o uso de cavalos em combate, numa guerra sem trégua cujo resultado veio a ser a contenção dos ataques dos inimigos nas fronteiras e sua gradual conquista e incorporação. No século II tais povos encontravam-se parcialmente assimilados pelo mundo chinês, enquanto algumas tribos remanescentes iniciavam uma marcha migratória secular através das estepes asiáticas. Nada mais se sabe a seu respeito até que no século IV os escritores romanos começam a fazer menção a seus sucessores diretos: os terríveis cavaleiros hunos.[14]

Os hunos constituíram uma força altamente organizada para a guerra, responsáveis pela conquista ou incorporação de certo número de tribos bárbaras de diversas procedências. Na primeira metade do século v, sob a chefia dos reis Mundziuch (425-434) e sobretudo sob o célebre Átila (434-453), vieram a constituir uma confederação de povos (ostrogodos, gépidas, rugios, hérulos e esciros) cujas tendas dominavam a região da Panônia, irrompendo periodicamente em território bizantino e, depois de 449, em cidades da Gália e da Itália, até serem batidos em 451 na batalha de Campos Cataláunicos, sobre a qual voltaremos a falar adiante. Após a morte de Átila, a efêmera confederação huna dissolveu-se nas tradicionais rivalidades tribais que tendem a prevalecer na ausência de um chefe hábil, mas algumas dessas comunidades remanescentes, como a dos juan juans e dos avaros no século vi, e a dos húngaros a partir do século viii deram continuidade à tradição nômade das estepes.[15]

Na realidade, no que respeita aos povos que circulavam no território compreendido entre o Danúbio e a Sibéria oriental desde o ii milênio a.C. até pelo menos o fim da Idade Média, é possível observar certa unidade e continuidade tanto de sua organização militar quanto da tática empregada nos combates. No i milênio a.C. os hioung-nous lutavam contra os chineses da mesma maneira que, mais tarde, os citas lutariam contra os exércitos persas de Dario, os partos lutariam contra as legiões romanas de Crasso e de Marco Antônio, os avaros contra o exército bizantino e os húngaros e petchenegues contra as hostes dos francos e os exércitos muçulmanos. As analogias podem ser observadas tanto na iconografia quanto nos vestígios arqueológicos, onde se encontram praticamente as mesmas armas, utensílios e uma ornamentação muito similar, sendo às vezes difícil distinguir objetos de proveniência huna, ávara, búlgara e húngara devido aos traços comuns.

Traços comuns também podem ser notados nas formas de combate. Os povos das estepes foram exímios cavaleiros e legaram aos povos sedentários boa parte das técnicas de combate empregadas pela cavalaria. Ao uso do cavalo somava-se a experiência milenar no manejo do arco e flecha. Para vencer os hioung-nous o Império Chinês teve de aparelhar seus combatentes com armaduras de couro resistentes e incorporar em seus efetivos militares corpos regulares de arqueiros.

Estes passaram a ser empregados com frequência por outros povos nômades e também por exércitos mais bem equipados, como os de Alexandre Magno no século iv a.C., os de Roma e, posteriormente, os da Pérsia e de Bizâncio nos séculos vi e vii d.C.. Foi também das estepes euro-asiáticas que os povos sedentários do Oriente Médio, da Ásia Menor e da Europa importaram uma invenção que viria a ter importante papel no desenvolvimento das técnicas de guerra, o estribo, que ao proporcionar maior equilíbrio e segurança ao cavaleiro lhe permitiu o uso de armas ofensivas e equipamento defensivo pesado (couraças, armaduras, escudos), contribuindo para a origem da cavalaria.[16]

Devido à completa ausência ou raridade de textos escritos, sabe-se pouco das técnicas e equipamentos dos povos nômades das estepes. A organização militar dos mongóis, ao contrário, despertou tanto pavor nos contemporâneos e provocou tanta impressão que dela temos notícias em textos de proveniência chinesa, nas crônicas muçulmanas e nos relatos de viajantes cristãos que os visitaram em meados do século XIII, conforme se verá no capítulo "Gêngis Khan e as conquistas mongóis". Seus hábitos violentos e rústicos escandalizaram os cristãos. Os monges franciscanos Giovanni de Piancarpini (Jean de Plan Carpin, em francês) e Guillaume de Rubrouck deixaram relatos escritos a respeito de seus costumes, apontando com veemência a brutalidade dos povos das estepes. Eis um balanço dos comentários dos viajantes ocidentais, de acordo com o historiador Philippe Conrad:

> As vestimentas são geralmente de uma sujeira repugnante. Não se lavam quase nunca e acabam por cair em farrapos sobre as costas de seus proprietários. A limpeza é praticamente ignorada e o odor desprendido pelos habitantes das estepes do norte do Gobi justifica inteiramente sua reputação de fedor. Já os chineses da Antiguidade haviam batizado os hiong-nous de "fedorentos", o que não surpreende se nos referimos à ausência de higiene dos mongóis do século XIII.

Como nota Plan Carpin, a louça não é jamais lavada, limpam as mãos nas roupas que logo ficam brilhantes de gordura. Esta gordura reveste o corpo e o rosto para proteção contra o frio, o que ainda aumenta o caráter repugnante deste povo "sem conforto, mais feroz que o leão ou urso [...]." Certas práticas chocaram especialmente Rubrouck: gases intestinais e arrotos são habituais à mesa e, "se necessitassem esvaziar o ventre, não se distanciavam de nós mais do que um passo e faziam suas sujeiras desse modo, continuando a conversar, e muitas outras coisas extremamente desagradáveis podiam ser feitas do mesmo modo [...]."

> Esta rusticidade que escandalizava os viajantes ocidentais é o resultado de condições de existência de uma rudeza excepcional. Um povo enfrentando permanentemente as ameaças do frio, da fome, da guerra, da seca, males igualmente devastadores, não tinha tempo de formar uma arte de viver que desse lugar às boas maneiras. Foi preciso a conquista

de impérios sedentários civilizados há mais tempo, para que os mongóis adotassem um modo de vida mais refinado.[17]

OS POVOS GERMÂNICOS

No decurso do século I da era cristã, quando o escritor romano Tácito recolheu informações de cunho etnográfico sobre os povos bárbaros para compor seu livro intitulado *Germania*, teceu alguns comentários a respeito do papel que a guerra desempenhava naquela sociedade. Aqueles povos apenas admitiam a autoridade de um rei em momentos de conflito militar, e em geral os jovens formavam bandos sob a liderança de guerreiros mais velhos e mais experientes, atuando em batalha numa espécie de fraternidade de armas denominada em latim *comitatus* e, em germânico, *gefolgschaft*.[18] Era no âmbito desses *Männerdünde*, dessas "sociedades de homens", que ocorriam rituais iniciáticos de admissão dos adolescentes ao círculo daqueles que eram julgados dignos de usar armas, nos quais lhes eram impostas duras provas de destreza, força e resistência perante a dor.[19]

Nas palavras de Tácito, quando a paz reinava na região em que nasceram, os jovens guerreiros iam procurar outros locais que estivessem em guerra para atuar em campo de batalha. Para manter os guerreiros que estavam sob sua proteção, e a quem deviam alimentar, os chefes precisavam guerrear continuamente e praticar o saque. Os guerreiros esperavam sempre receber cavalos de guerra e serem presenteados com festins abundantes. Enfim, "preferem provocar os combates e expor-se aos ferimentos do que trabalhar a terra e aguardar as colheitas. Além disso, lhes pareceria pouco digno adquirir com o suor o que poderiam obter com o sangue".[20]

Temos poucas descrições do modo de vida dos guerreiros germânicos antes de sua instalação nos territórios romanos e antes de sua conversão ao cristianismo. Mas o espírito que animava aquelas comunidades tribais não devia ser muito diferente da dos vikings da Escandinávia que migraram rumo ao sul da Europa a partir dos séculos VIII-IX. Na saga dedicada a um desses guerreiros, o lendário Egil Skallagrîmssom, o que se depreende é o retrato de um homem endurecido pela guerra e pelo rigor da natureza inóspita em que vivia.

Ele tinha aspecto pouco agradável, gestos desmedidos e atitudes muito rudes. Com 6 anos, durante uma competição, teria se enfurecido com alguém mais velho e o matado a golpes de acha, desencadeando uma luta na qual teriam morrido sete pessoas. Noutra ocasião, um inimigo o convidou para beber, a fim de embriagá-lo e matá-lo, mas Egil mostrou sua capacidade de resistir ao efeito da bebida, mantendo-se firme diante de todos os demais e ainda insultou o anfitrião vomitando-lhe na cara; no dia seguinte, antes de partir, decidiu matá-lo, mas mudou de ideia atendendo as súplicas da mulher e da filha da vítima, limitando-se a vazar-lhe os olhos e cortar-lhe a barba.[21]

No período das migrações para o interior dos territórios pertencentes ao Império Romano, a fragilidade da organização militar romana facilitou a instalação dos germanos e ocasionou um verdadeiro processo de "barbarização" do Ocidente. Três batalhas ocorridas nos séculos IV e V apresentam-nos aspectos significativos concernentes a esse processo.

A primeira ocorreu em 357 e opôs os contingentes romanos aos bárbaros nas proximidades da atual cidade de Estrasburgo (França). Ela assinala a última vitória significativa obtida pela infantaria tradicional, vindo o imperador Juliano a ter pleno sucesso e a rechaçar o inimigo. Infelizmente não dispomos de informação relativa ao número efetivo dos guerreiros que participaram dessa batalha e das outras mencionadas adiante. Sabemos, todavia, que ao fim do século IV o exército romano era composto por aproximadamente 390 mil homens.[22]

A segunda ocorreu em 378, em Adrianópolis, nas fronteiras orientais do Império, e opôs os romanos, liderados pelo imperador, Valente, a um agrupamento de ostrogodos e visigodos. Nesta, a infantaria romana foi praticamente destroçada pelos cavaleiros bárbaros, com a morte de aproximadamente 40 mil soldados e do próprio imperador, resultado que costuma ser identificado com a falência das formas tradicionais da guerra empregadas pelos contingentes romanos.

A terceira ocorreu em 451 em Chalons, na Gália, e ficou conhecida como batalha de Campos Cataláunicos. De um lado estava o exército romano, composto em sua quase totalidade por uma infantaria leve de guerreiros francos e por uma cavalaria de guerreiros visigodos, liderado pelo general Aécio. De outro lado estava o exército composto de hunos e demais povos por eles dominados, sob a liderança de Átila. Após o duro e prolongado combate, os hunos vieram a ser derrotados e foram obrigados a retroceder, abandonando a Gália.

A constituição dos contingentes e a tática empregada nessas três grandes batalhas sugerem a existência de duas tendências no interior do mundo romano. A primeira foi o gradual prestígio do uso de cavalos em detrimento da infantaria como tática de combate, e a segunda, a inexorável penetração dos bárbaros no interior do exército imperial.

Realmente, no princípio do século V, impotentes para conter a avalanche bárbara, os imperadores romanos optavam cada vez mais por negociar e aceitar os termos da gradual instalação germânica. Admitiam regimentos bárbaros ou tribos inteiras (como a dos alanos e a dos ostrogodos) em seus contingentes militares na qualidade de tropas auxiliares, concedendo-lhes terra em troca do serviço militar e qualificando-os de *foederati* (federados).[23] Não demorou para que generais de origem germânica, como Estilicão e Ricimero, despontassem no cenário político e exercessem influência nos destinos do império. Paralelamente, alguns chefes tribais passaram a agir como governantes independentes, acelerando a fragmentação da já combalida parte ocidental.[24]

O impacto provocado pela instalação dos bárbaros foi considerável. Embora não tenham sido os únicos responsáveis pelo colapso da unidade imperial, certamente contribuíram para acelerá-lo. Disso os escritores cristãos tiveram clara certeza, a ponto de alguns, como São Jerônimo (340-420) e Santo Ambrósio de Milão (334-397), terem associado os godos aos povos do Gog e do Magog, que na literatura apocalíptica cristã seriam povos selvagens que irromperiam sobre a humanidade pouco antes do fim do mundo.[25]

Menos bombástico, o historiador romano Amiano Marcelino (c.330-c.400) também deixa transparecer sua estupefação diante dos modos violentos e dos costumes guerreiros dos povos alanos:

> Quase todos os alanos são altos e formosos, com os cabelos quase louros, um olhar terrível e perturbador, ligeiros e velozes no uso das armas. Em tudo são semelhantes aos hunos, mas na maneira de viver e nos costumes, menos selvagens. Roubando e caçando, andam de um lado para outro, até locais tão distantes como o lago Meótis e o Bósforo Cimério e também até a Armênia e a Média.
>
> Assim como para os homens amáveis e pacíficos o repouso é agradável, assim eles encontram prazer no perigo e na guerra. É considerado feliz aquele que sacrificou sua vida na batalha, enquanto aqueles que envelheceram e deixaram o mundo por um acidente são censurados como se fossem degenerados e covardes; e não existe algo que mais se orgulhem do que matar um homem, qualquer que seja ele: como glorioso despojo do assassinato, cortam-lhe a cabeça, arrancam-lhe a pele e colocam-na sobre os seus cavalos de guerra como enfeite [...].
>
> Ignoram o que seja a servidão, tendo nascido todos de sangue nobre, e mesmo agora escolhem como chefes aqueles que se distinguem na experiência cotidiana da guerra.[26]

Entretanto, nem tudo era selvageria e destruição. Admiradores dos valores da civilização romana, os germânicos tentaram, em vão, dar continuidade àquele estilo de vida. Com a adoção do cristianismo, gradualmente assimilaram algo do que lhes foi legado do mundo antigo através dos membros letrados da Igreja. Se não puderam manter diversos aspectos da cultura material existente nos tempos do império (estradas pavimentadas, templos, construções), inovaram as técnicas metalúrgicas da ourivesaria, da incrustação de metais e, sobretudo, das armas. A fabricação de elmos, espadas e escudos continuaria a ser durante séculos uma atividade fundamental nas oficinas dos reinos da alta Idade Média. Como nos informa Georges Duby, foi buscando maior eficácia nas batalhas que primeiro se desenvolveram as inovações técnicas nos trabalhos de ferro, criação de cavalos e construção de barcos, inovações que mais tarde iriam servir para aumentar a produção pacífica de riqueza no Ocidente medieval.[27]

DO GUERREIRO AO CAVALEIRO

De acordo com o historiador Philippe Contamine, as sociedades que se formaram nos reinos bárbaros orientavam-se fundamentalmente pela guerra. Sua organização social era estruturada, ligada e dependente da organização de seus exércitos. Todos os seus homens livres eram, em princípio, combatentes. A guerra era, pois, um elemento essencial na definição do próprio estatuto do indivíduo, estando associada a todas as atividades sociais de alguma relevância. Nesses reinos bárbaros, a presença da guerra era tão marcante que até mesmo os acontecimentos não militares da vida pública e privada adquirem naturalmente um caráter bélico: os casamentos dos filhos de reis e de aristocratas pressupõem sempre que um contingente de guerreiros faça parte do dote da noiva. Qualquer funcionário real, quando no exercício de suas funções administrativas, faz-se sempre acompanhar por uma escolta de guerreiros.[28]

Mas a guerra não era apenas um meio de afirmação social e política: proporcionava também um gênero de vida, e jamais compreenderemos o espírito que animava os homens daquele tempo se não levarmos em conta esse aspecto. Havia algo de mágico, de sagrado na atividade bélica, e morrer em batalha era a maior glória que se podia esperar do guerreiro. Essa "alegria da guerra", ainda presente nas canções de gesta do século XI, expressava-se no ardor do combate e na dureza dos golpes, motivo pelo qual os escritores não tinham nenhum escrúpulo em narrar a maneira pela qual braços e pernas eram cortados, elmos e escudos eram fendidos e o sangue do inimigo jorrava diante dos golpes cortantes das espadas.[29]

Também as armas pessoais do guerreiro participavam dessa esfera mágico-religiosa, recebendo nomes particulares, sendo tratados como entidades vivas, como se tivessem uma personalidade própria (como será o caso de Joiosa, a espada de Carlos Magno), motivo pelo qual eram enterradas com seus proprietários.[30] Até mesmo alguns nomes bem conhecidos, de proveniência germânica, atestam a referida onipresença da guerra. Etimologicamente o designativo Ricardo provém da associação de dois termos: *rik* (poderoso) e *hard* (ousado). Já Armando deriva de *heri* ou *werra* (guerra) e *man* (homem); Rogério provém de *hrot* e *gar*, que significada "lança poderosa"; Guilherme (na língua francesa, Guillaume, e em inglês, William), provém da junção da palavra *wile* (vontade) a *helm* (elmo); Geraldo provém da junção dos termos *ger* (lança) e *hard* (ousado); Luís, nome derivado de Clóvis (de onde o termo francês Louis), provém da associação dos vocábulos *chlodo* e do vocábulo *wed*, e significava "combatente glorioso".[31]

Mas nem todos podiam dispor das condições materiais necessárias para fazer a guerra. Numa sociedade marcada pela presença constante da fome como foi a da Alta Idade Média, sobreviver era o objetivo prioritário dos pobres, e as possibilidades materiais para a obtenção de armas ofensivas e defensivas e, principalmente, para a obtenção de um cavalo de guerra eram muito pequenas, estando reservadas apenas aos membros da aristocracia rural ou aos seus apaniguados. Assim, a guerra tornou-se atividade exclusiva dos homens plenamente livres, ficando os camponeses e trabalhadores manuais privados do direito de empunhar armas. A estes cabiam as atividades de produção, e os excedentes econômicos de seu trabalho eram apropriados pela aristocracia territorial e militar que lhes oferecia proteção.

Entre os guerreiros, por sua vez, logo se estabeleceu uma hierarquia sociomilitar, ficando os aristocratas, grandes proprietários, como verdadeiros chefes regionais, os médios proprietários como comandantes locais e os pequenos proprietários como simples combatentes. Desde pelo menos o século VI os aristocratas mantinham sob sua dependência um séquito armado denominado de *antrustio*, composto de guerreiros despossuídos que lhes prestavam serviços de natureza militar em troca de alojamento, alimentação e do pagamento de um soldo. Tais guerreiros eram chamados de *gasindus*, isto é, "companheiro de expedição"; noutros textos aparece designado como *buccellarii*, quer dizer, "comedores de biscoito" (indicação talvez de sua condição de alimentados pelo senhor); *socii* (sócios, indicação de sua ligação ao senhor) ou de *satellites*, termo que revela sua situação de dependência ao viverem ao redor do senhor. Esse mesmo grupo passará a ser designado *vassi*, *vassalli* (de onde a palavra vassalos) e *milites* (de onde o termo militar) nos séculos IX e X.[32]

Assim, durante a Alta Idade Média não existiam exércitos regulares permanentes, nem uma organização militar fixa nos reinos bárbaros. Em momentos de guerra, os aristocratas regionais, ligados aos reis por laços de sangue, por dependência pessoal ou aliança, é que forneciam os contingentes empregados em combate.[33] As tropas militares eram constituídas em sua maior parte por infantes, equipados de acordo com suas posses pessoais.

Em geral, os guerreiros portavam elmo, escudo (de madeira, couro e metal), machados de batalha de dois gumes, lança com vários gumes e acha curta de arremesso, armas próprias para o combate corpo a corpo. Entre os francos, à lança e ao escudo juntavam-se duas armas convencionais, a "francisca", arma desconhecida antes do século V, uma machadinha provida de um ou dois gumes que se podia usar também como projétil de arremesso, e a espada longa e larga (de aproximadamente 1 metro) conhecida como *scramasax*. Além disso, mesmo que não tenha sido frequente, há registros arqueológicos e iconográficos que atestam o uso da arma de lançamento de flechas herdada do mundo greco-romano, que virá a ser conhecida a partir do século X pelo nome de balestra.[34]

Costuma-se afirmar que até pelo menos o século VIII não se aplicava em batalha nenhum padrão tático, e o resultado da contenda dependia exclusivamente do desempenho individual dos guerreiros. Por vezes a luta se encerrava com um combate individual entre os chefes dos grupos em confronto, e o melhor exemplo dessa forma de resolução dos conflitos parece ter ocorrido na Batalha de Vouillée, quando o rei franco Clóvis, da dinastia merovíngia, venceu Alarico, estabelecendo o domínio franco ao sul da Gália em 507. Eis o mais conhecido relato desse acontecimento:

> O rei Clóvis e Alarico, rei dos Godos, enfrentaram-se nos campos de Vouillée, perto da cidade de Poitiers. Os godos bateram-se a golpes de flecha e os francos atacaram com espadas na mão. Tendo os godos fugido, como de hábito, com a ajuda de Deus Clóvis obteve a vitória [...]. O rei tinha posto os godos em fuga ao matar seu rei Alarico quando dois soldados se lançaram de surpresa sobre ele, atacando-o dos dois lados com suas lanças, mas ele escapou da morte graças à couraça que usava e graças à rapidez de seu cavalo.[35]

Convém entretanto lembrar a advertência do historiador Ferdinand Lot a propósito do valor documental do depoimento do bispo Gregório de Tours (539-594) transcrito anteriormente. Afinal, o cronista tinha mais a intenção de enaltecer as coisas religiosas do que propriamente instruir sobre a arte militar. Na realidade, sabe-se pouco sobre a tática empregada nas batalhas dos séculos VI e VII, e a julgar pelas crônicas e pelos escritos de outros autores, como o bizantino Procópio de Cesareia (c.490-c.562), presume-se que os chefes de guerra combatessem a cavalo, e que os combatentes comuns guerreassem a pé, valendo-se de uma tática simples mas muito eficaz: avançavam em grandes colunas, que funcionavam como um bloco no momento do choque com o inimigo.[36]

Algo novo começa a ocorrer no reino franco a partir do século VIII, sobretudo no período de governo da dinastia dos carolíngios. Data desse momento a gênese de nova forma de combate que afetaria tanto o domínio da tática quanto os padrões da guerra e acarretaria alterações na hierarquia social.

Com a dinastia dos carolíngios, a guerra assume lugar ainda mais relevante e ocupa posição de destaque na administração do reino franco. Sobretudo nos períodos de governo de Pepino o Breve (751-768) e de Carlos Magno (768-814), as incursões contra os lombardos, frísios, saxões e avaros, entre outros, exigiam o uso frequente de combatentes, e a assembleia geral que ocorria todos os anos funcionava também como reunião preparatória para o início das operações militares. Como nos lembra o pesquisador Louis Halphen, "a assembleia coincidia com a concentração de tropas e a data de sua convocação atendia as necessidades militares".[37]

Data também desse período o estreitamento de laços entre a atividade militar e a hierarquia social, sendo cada vez mais a concessão de terras ou de direitos sobre terras a forma usual de recompensa dos guerreiros – fator importante na germinação do sistema social conhecido por feudalismo. Desde pelo menos 806 há indicações nos documentos carolíngios sobre os guerreiros convocados para a guerra: em primeiro lugar estavam os vassalos reais "casados", quer dizer, providos de um bem territorial (portanto, de uma "casa") pelo imperador, e depois os *caballarii*, isto é, os homens livres que dispunham de um cavalo.[38]

Paralelamente, ocorreu uma evolução no equipamento militar e nas técnicas de combate, resultantes dessa progressiva profissionalização da guerra. Aos poucos, os guerreiros passaram a proteger-se com uma loriga (túnica que ia dos ombros até os joelhos, com capuz que cobria a nuca e o queixo, feita de pequenos anéis ou discos de ferro entrelaçados) ou por uma túnica de couro recoberta por escamas ou placas de metal (*brunia*). Alguns deles usavam um elmo de metal (gálea) e longo escudo triangular, ambos de metal. Como armas ofensivas, usavam uma espada longa e larga (*sapata*, *gladius*) com duplo gume e afiada, que podia ser usada tanto para estocar quanto para cortar; espada curta de apenas um gume (*semispathium*), e uma lança de aproximadamente 2 metros, de madeira com ponta de lâmina larga e triangular, de ferro.[39] A esse equipamento defensivo e ofensivo, deve-se acrescentar o uso cada vez mais frequente do cavalo em batalha, daí por que esse guerreiro costuma ser chamado de cavaleiro couraçado.

A utilização da cavalaria pesada em combate passou a ser frequente sobretudo após a batalha de Poitiers, ocorrida em 732, quando os guerreiros francos da Austrásia, Nêustria, e os aquitanos, liderados pelo avô de Carlos Magno, chamado Carlos Martel, alcançaram significativa vitória contra a cavalaria ligeira dos muçulmanos vindos do norte da África, que avançavam pela Europa pelos domínios já conquistados aos visigodos na Península Ibérica. A interposição de combatentes a cavalo entre as linhas da infantaria impossibilitou o avanço do inimigo, e o ataque da cavalaria no flanco esquerdo forçou o recuo dos muçulmanos.

Com efeito, a função essencial da cavalaria pesada era servir de tropa de choque. Em formação triangular, os cavaleiros lançavam-se a galope sobre as linhas inimigas, rompendo as barreiras defensivas, desestruturando a organização do adversário e facilitando o avanço dos guerreiros a pé. A técnica de combate consistia no "choque frontal", pelo qual os cavaleiros, com lanças longas em posição horizontal, estocavam os cavaleiros inimigos, rompendo suas armas defensivas e derrubando-os da montaria.[40] Tal forma de luta passou a ser usada com maior frequência a partir do século XI, mas começou a ser esboçada nos séculos IX-X. Com o tempo, um termo genérico passou a ser empregado para designar exclusivamente aqueles profissionais da guerra: *miles*. Nos séculos X e XI, bandos desses guerreiros constituíam as escoltas armadas de senhores feudais que, alheios a qualquer autoridade dos reis, lutavam entre si pela aquisição e manutenção de seus domínios.[41]

Era uma época de violência, em que os inermes, incapazes de defender-se, e os que não dispunham de alguém que lhes pudesse oferecer proteção sujeitavam-se a todo tipo de ataque.[42] Em breve a Igreja interviria perante as autoridades, visando controlar o furor da nobreza, instituindo o movimento da Paz de Deus (protegendo os fracos e os próprios membros do clero) e o movimento da Trégua de Deus (limitando os períodos de conflito). E ao deslocar os efeitos nefastos dessa violência, pregando a Guerra Santa contra os infiéis muçulmanos, a guerra passou a ser revestida de um caráter positivo, nascendo assim a figura do *miles Christi,* o cavaleiro de Cristo.[43]

Assim, ao longo desses séculos iniciais da Idade Média pode-se constatar alguns aspectos recorrentes na evolução da função social da guerra. Inicialmente, ela era uma atividade permanente no mundo bárbaro, definindo o lugar dos indivíduos na sociedade ao garantir o estatuto de homem livre aos guerreiros. Em segundo lugar, a progressiva afirmação do combate a cavalo esteve relacionada com a constituição de um pequeno grupo de cavaleiros couraçados e à promoção social e política dos estratos que controlavam os equipamentos necessários para se fazer a guerra. Por fim, pressente-se lenta alteração no modo de conceber-se a guerra: de um caráter meramente destrutivo, tal qual se apresentava no momento da desagregação do Império Romano (séculos IV-V), aos poucos ela foi sendo vista como um instrumento que podia ser colocado a serviço dos reis e, sobretudo, a serviço da Igreja – o que veio a se concretizar na ideia do "cavaleiro de Cristo" e da Guerra Santa durante o século XI.

NOTAS

(1) Johan Huizinga,O declínio da Idade Média, Lousã,Ulisseia, s.d., pp. 9-30.

(2) Georges Duby, Guerreiros e camponeses: os primórdios do crescimento econômico europeu, Lisboa, Estampa, 1980.

(3) Claude Gaier. "De quelques tendences actuelles de l'historiographie militaire médiévale", em Le Moyen Age, Tome CIV, nº 2, 1998, pp. 291-303. Para o Brasil, veja-se as obras de síntese de Cyro de Barros Rezende Filho, Guerra e guerreiros na Idade Média, São Paulo, Contexto, 1989; Guerra e poder na sociedade feudal, São Paulo, Ática, 1999.

(4) Para a Alta Idade Média, o estudo mais aprofundado continua a ser o de B. S. Bachrach, Merovingian military organization: 481-751, Minneapolis, 1972.

(5) Para o quadro histórico da eclosão da crise romana, ver Roger Remondon, La crisis del Império Romano: de Marco Aurelio a Anastacio (Nueva Clio), Barcelona, Labor, 1973; William Carol Bark,Origens da Idade Média, Rio de Janeiro, Zahar, 1962.

(6) Ferdinand Lot, O fim do mundo antigo e o princípio da Idade Média, Lisboa, Edições 70, 1985, pp. 100-102.

(7) Para uma visão de conjunto a respeito da questão, ver Pierre Riché, As invasões bárbaras, Mem Martins, Europa-América, s.d.; Maria Sonsoles Guerras, Os povos bárbaros, São Paulo, Ática, 1986; Michel Banniard, A Alta Idade Média Ocidental, Mem Martins, Europa-América, s.d.

(8) Para a Europa do Leste, Perry Anderson (Passagens da Antiguidade ao Feudalismo,São Paulo, Brasiliense, 1986) propõe a existência de um sistema social próprio ao nomadismo.

(9) Lucien Musset, Las invasiones: las oleadas germánicas, Barcelona, Labor, 1967, p. 3.

(10) Sobre as invasões eslavas no território bizantino, ver Steven Runciman, A civilização bizantina, Rio de Janeiro, Zahar, 1961, pp. 215-217; José A. Marins Riveros, La cuestion eslava en el Peloponeso bizantino: siglos VI-X. Byzantion Nea Hellas, nºs 11-12, 1991-1992, pp. 205-244.

(11) W. Barthold, Histoire des turcs d'Asie Centrale, Paris, Librairie d'Amerique et d'Orient, 1945, pp. 76-88; Miguel Urbano Rodrigues, Nómadas e sedentários na Ásia Central, Porto, Campo das Letras, 1999, pp. 209-220.

(12) Para uma visão de conjunto da evolução histórica do Império Muçulmano medieval, ver Albert Hourani, Uma história dos povos árabes, São Paulo, Companhia das Letras, 1994; Claude Cahen, El islam: desde los origenes has el comienzo del Imperio Otomano, Madrid, Siglo Ventiuno, s.d.; Bernard Lewis, Os árabes na História, Lisboa, Estampa, 1982, (Imprensa Universitária); Robert Mantran, Expansão muçulmana (séculos VII-XI), São Paulo, Pioneira/Edusp, 1977.

(13) Sobre os mongóis, ver Michel Hoàng, Gêngis Khan, Rio de Janeiro, Globo, 2003; E. D. Phillips, Os mongóis, Lisboa, Verbo, 1972; René Grousset, L'empire des steppes, Paris, Payot, 1960; Gavin Hambly, Ásia Central, México, Siglo XXI, 1972. (Historia Universal Siglo XXI).

(14) Ver Philippe Conrad, As civilizações das estepes, Rio de Janeiro, Otto Pierre Editores, 1978, pp. 36-42; Luce Boulnois, A rota da seda, Mem Martins, Europa-América, 1999, pp. 24-28.

(15) Lucien Musset, Las invasiones: las oleadas germánicas, pp. 30-33.

(16) Eugene Darkó, Le role des peuples nomades cavaliers dans la transformation de l'Empire romain, Byzantion, XVIII, 1946-1948, pp. 85-97. Segundo o historiador das técnicas, Lynn White Jr. (Medieval technology and social change, London, Oxford University, 1970, p. 20): " Em vista dos constantes contatos dos bizantinos com os povos das estepes e a considerável influência destes últimos sobre os métodos militares bizantinos, é provável que o estribo tenha sido introduzido em Constantinopla após sua disseminação pelas grandes planícies da Ásia até a região ao norte do mar Negro".

(17) Philippe Conrad, As civilizações das estepes, pp. 140-141. Sobre o valor histórico dos relatos dos viajantes cristãos, cf. Jean Richard, Les mongols et l'Occident: deux siècles de contacts, em idem, Croisés, missionaires et voyageurs: les perspectivas orientales du monde latin medieval, London, Variorum Reprints, 1983, pp. 87-95.

(18) Tacite, em idem, Oeuvres choisies, Paris, Club du Meilleur Livre, 1959, p. 39.

(19) Patrick Louth, A civilização dos germanos e dos vikings, Rio de Janeiro, Otto Pierre Editores, 1978, pp. 82-86; Lucien Musset, Les peuples scandinaves au Moyen Age, Paris, PUF, 1951, pp. 24-27.

(20) Tacite, Germanie, p. 42.

(21) Nelly Egger De Iolster, La figura del héroe en la Saga de Egil, em Temas Medievales, Buenos Aires, vol. 7, 1997, pp. 63, 72.

(22) Emilio Gabba, "Considerazioni sugli ordinamenti militari del Tardo Imperio", em VVAA, Ordinamenti militari in Occidente nell'Alto Medioevo, Spoleto, Centro Italiano di Studi sull'Alto Medioevo, 1968, p. 91. (Settimane di Studio del Centro Italiano di Studi sull'Alto Medioevo).

(23) Emilienne Demougeot, Modalités d'établissement des féderés barbares de Gratien et de Théodose, em idem, L'Empire romain et les barbares d'Occident, (IV-VI siècles), Paris, Publications de la Sorbonne, 1988, pp. 43-60.

(24) Ather Ferril, A queda do Império Romano: a explicação militar, Rio de Janeiro, Jorge Zahar, 1989.

(25) Pierre Courcelle, História literária das grandes invasões germânicas, Petrópolis, Vozes, 1950, pp. 19, 71-72.

(26) Ammianus Marcellinus, História, apud Fernanda Espinosa, Antologia de textos históricos medievais, Lisboa, Sá da Costa, 1972, p. 6.

(27) Georges Duby, op. cit., p. 89.

(28) Philippe Contamine, La guerre au Moyen Age (Nouvelle clio), Paris, Presses Universitaires de France, 1981, p. 87. No mesmo sentido, ver Cyro Rezende Filho, Guerra e guerreiros na Idade Média, p. 28.

(29) Franco Cardini, "Guerra e Cruzada", em Jacques Le Goff e Jean-Claude Schmitt (dir.), Dicionário temático do Ocidente Medieval, Bauru, Edusc, São Paulo, Imprensa Oficial, 2002, volume I, p. 477.

(30) Gina Fasoli, "Pace e guerra nell'alto medioevo", em VVAA, Ordinamenti militari in Occidente nell'Alto Medioevo, Spoleto, Centro Italiano di Studi sull'Alto Medioevo, 1968, pp. 31-32. (Settimane di Studio del Centro Italiano di Studi sull'Alto Medioevo).

(31) Philippe Contamine, op. cit., p. 87.

(32) Marc Bloch, A sociedade feudal, Lisboa, Edições 70, 1981, p. 179; Régine Le Jan-Hennebicque, "Satellites et bandes armées dans le monde franc (VII-X siècles)", em VVAA, Le combatant au Moyen Age, Paris, SHMES, 1991, pp. 97-105. (XVIII Congrès de la Société des Historiens Médiévistes de L'Enseignement Superieur Publique).

(33) Philippe Contamine, op. cit., p. 88.

(34) Claude Gaier, "Quand l'arbalète était une nouveauté. Réflexions sur son role militaire du X au XII siècle", Le Moyen Age, Tome XCIX, nº 2, 1993, pp. 201-229, esp. 203-212.

(35) Grégoire De Tours, Histoire des francs, Paris, Éd. Robert Latouche, "Les Belles Lettres", 1979, Tome I, livre LIV, cap. XXXVII.

(36) Ferdinand Lot, L'art militaire et les armées au Moyen Age en Europe et dans le Proche Orient, Paris, Payot, 1946, vol. I, pp. 87-88.

(37) Louis Halphen, Carlo Magno y el Império Carolíngio, México, Uteha, 1955, p. 119.

(38) F. L. Ganshof, "L'armée sous les carolingiens", em VVAA, Ordinamenti militari in Occidente nell'Alto Medioevo, Spoleto, Centro Italiano di Studi sull'Alto Medioevo, 1968, p. 112. (Settimane di Studio del Centro Italiano di Studi sull'Alto Medioevo).

(39) F. L. Ganshof, "L'armée sous les carolingiens", p. 123; Cyro Rezende Filho, op. cit., p. 41.

(40) Jean Flori, "Encore l'usage de la lance... La technique du combat chevaleresque vers l'an 1.100". Cahiers de Civilisation Médiévale (Poitiers), Tome XXXI, nº 3, 1988, pp. 213-240, esp. pp. 214-215.

(41) P. Van Luyn, "Les *milites* dans la France du XI siècle", Le Moyen Age, tome LXXVII, nº 1, 1971, pp. 5-42; Jacques Boussard, "Services féodaux, milices et mercenaires dans les armées, en France, aux X et XI siècles", em VVAA, Ordinamenti militari in Occidente nell'Alto Medioevo, op. cit., pp. 130-132; Jean Batany, "Du bellator au chevalier dans le schèma des 'trois ordres'. Étude semantique", em VVAA, La guerre et la paix: frontières et violences au Moyen Age (Actes du 101º Congrès Nacional des Sociétés Savantes, Lille, 1976), Paris, Bibliothèque Nationale, 1978, pp, 23-34, esp. p. 27.

(42) René Grousset, "Le pouvoir temporel episcopal et ses assises militaires en France à l'époque féodale", Anales de Historia Antigua y Medieval, Buenos Aires, volume 17, 1ª parte, 1972, pp. 50-62.

(43) Franco Cardini,"O guerreiro e o cavaleiro", em Jacques Le Goff (dir.), O homem medieval, Lisboa: Editorial Presença, 1989, p. 58.

BIBLIOGRAFIA

BANNIARD, Michel. *A Alta Idade Média Ocidental.* Mem Martins: Europa-América, s.d.

BARK, William Carol. *Origens da Idade Média.* Rio de Janeiro: Zahar, 1962.

BARTHOLD, W. *Histoire des turcs d'Asie Centrale.* Paris: Librairie d'Amerique et d'Orient, 1945.

BATANY, Jean. Du bellator au chevalier dans le schèma des "trois ordres". Étude semantique. *In*: VVAA. *La guerre et la paix*: frontières et violences au Moyen Age (Actes du 101º Congrès Nacional des Sociétés Savantes, Lille, 1976). Paris: Bibliothèque Nationale, 1978, pp. 23-34.

BLOCH, Marc. *A sociedade feudal.* Lisboa: Edições 70, 1981.

CAHEN, Claude. *El islam*: desde los origenes has el comienzo del Imperio Otomano. Madrid: Siglo Ventiuno, s.d.

CARDINI, Franco. "O guerreiro e o cavaleiro". *In*: LE GOFF, Jacques (dir.). *O homem medieval*, Lisboa: Editorial Presença, 1989, pp. 57-80.

____. Guerra e Cruzada. *In*: LE GOFF, Jacques & SCHMITT, Jean-Claude (dir). *Dicionário temático do Ocidente Medieval.* Bauru: Edusc; São Paulo: Imprensa Oficial, 2002, vol. 1, pp. 473-488.

CONRAD, Philippe. *As civilizações das estepes.* Rio de Janeiro: Otto Pierre Editores, 1978.

CONTAMINE, Philippe. *La guerre au Moyen Age (Nouvelle clio).* Paris: Presses Universitaires de France, 1981.

COURCELLE, Pierre. *História literária das grandes invasões germânicas.* Petrópolis: Vozes, 1950.

DARKÓ, Eugene. Le role des peuples nomades cavaliers dans la transformation de l'Empire romain. *Byzantion*, tome XVIII, 1946-1948, pp. 85-97.

DEMOUGEOT, Emilienne. Modalités d'établissement des féderés barbares de Gratien et de Théodose. *In*: *IDEM*. *L'Empire romain et les barbares d'Occident* (IV-VI siècles). Paris: Publications de la Sorbonne, 1988, pp. 43-60.

DUBY, Georges. *Guerreiros e camponeses*: os primórdios do crescimento econômico europeu. Lisboa: Estampa, 1980.

EGGER DE IOLSTER, Nelly. La figura del héroe en la Saga de Egil. *Temas Medievales*, Buenos Aires, vol. 7, 1997, pp. 63, 72.

FERRIL, Ather. *A queda do Império Romano*: a explicação militar. Rio de Janeiro: Jorge Zahar, 1989.

FLORI, Jean. Encore l'usage de la lance... La technique du combat chevaleresque vers l'an 1100. *Cahiers de Civilisation Médiévale* (Poitiers), Tome XXXI, nº 3, 1988, pp. 213-240.

GAIER, Claude. "Quand l'arbalète était une nouveauté. Réflexions sur son role militaire du X au XII siècle". *Le Moyen Age*, Tome XCIX, nº 2, 1993, pp. 201-229.

____. De quelques tendences actuelles de l'historiographie militaire médiévale. *Le Moyen Age*, tome CIV, nº 2, 1998, pp. 291-303.

GROUSSET, René. Le pouvoir temporel episcopal et ses assises militaires en France à l'époque féodale. Anales de Historia Antigua y Medieval, Buenos Aires, vol. 17, 1ª parte, 1972, pp. 50-62.

GUERRAS, Maria Sonsoles. *Os povos bárbaros*. São Paulo: Ática, 1986.

HALPHEN, Louis. *Carlo Magno y el Império Carolíngio*. México: Uteha, 1955.

LE JAN-HENNEBICQUE, Régine. Satellites et bandes armées dans le monde franc (VII-X siècles). *In*: VVAA. *Le combatant au Moyen Age* (XVIII Congrès de la Société des Historiens Médiévistes de L'Enseignement Superieur Publique). Paris: SHMES, 1991, pp. 97-105.

LEWIS, Bernard. *Os árabes na História*. Lisboa: Estampa, 1982. (Imprensa Universitária).

LOT, Ferdinand. *L'art militaire et les armées au Moyen Age en Europe et dans le Proche Orient*. Paris: Payot, 1946, 2 vols.

____. *O fim do mundo antigo e o princípio da Idade Média*. Lisboa: Edições 70, 1985, pp. 100-102.

LOUTH, Patrick. *A civilização dos germanos e dos vikings*. Rio de Janeiro: Otto Pierre Editores, 1978.

LUYN, P. van. Les milites dans la France du XI siècle. *Le Moyen Age*, tome LXXVII, nº 1, 1971, pp. 5-42.

MANTRAN, Robert. *Expansão muçulmana* (séculos VII-XI). São Paulo: Pioneira/Edusp, 1977.

MUSSET, Lucien. *Les peuples scandinaves au Moyen Age*. Paris: PUF, 1951.

____. *Las invasiones*. Barcelona: Labor, vol. 1, 1967.

REMONDON, Roger. *La crisis del Império Romano*: de Marco Aurelio a Anastacio (Nueva Clio). Barcelona: Labor, 1973.

REZENDE FILHO, Cyro de Barros. *Guerra e guerreiros na Idade Média*. São Paulo: Contexto, 1989.

____. *Guerra e poder na sociedade feudal*. São Paulo: Ática, 1999

RICHÉ, Pierre. *As invasões bárbaras*. Mem Martins: Europa-América, s.d.

RIVEROS, José A. Marins. La cuestion eslava en el Peloponeso bizantino: siglos VI-X. *Byzantion Nea Hellas*, nºs 11-12, 1991-1992, pp. 205-244.

RODRIGUES, Miguel Urbano. *Nómadas e sedentários na Ásia Central*. Porto: Campo das Letras, 1999.

WHITE JR, Lynn. *Medieval technology and social change*. London: Oxford University Press, 1970.

VVAA. *Ordinamenti militari in Occidente nell'Alto Medioevo* (Settimane di Studio del Centro Italiano di Studi sull'Alto Mediovo). Spoleto, Centro Italiano di Studi sull'Alto Medievo, 1968.

CRUZADAS NA IDADE MÉDIA

Fátima Regina Fernandes

As Cruzadas foram um movimento gerado no Ocidente que resultou num longo enfrentamento militar desenrolado nos limites da Cristandade, especialmente nas regiões da Síria e Palestina, entre os séculos XI e XIII, e na Península Ibérica, entre os séculos VIII e XV.

As guerras ocorridas nas regiões da atual Palestina e Israel foram chamadas de Cruzadas do Oriente e justificavam-se pela necessidade de os cristãos reconquistarem a Terra Santa. Os conflitos na Península Ibérica – onde os territórios anteriormente em posse dos cristãos e conquistados pelos muçulmanos – resultaram no que ficou conhecido como Reconquista cristã.

Quais as razões que moveram milhares de pessoas de várias extrações sociais até essas regiões distantes? O que de fato buscavam? Em busca de respostas, procuraremos observar as Cruzadas dentro do seu contexto original. Trataremos também de seu legado para as regiões em que se desenrolaram os conflitos e para o Ocidente como um todo, ou seja, verificaremos como as Cruzadas mudaram a História.

CONTEXTO GERADOR

O Mediterrâneo foi o berço da civilização clássica e, durante a Idade Média, palco de constantes influências culturais, germânicas, nórdicas, judaicas, bizantinas e árabes que gerariam novas realidades institucionais. A sociedade que se desenvolveu na região era, portanto, fruto de uma encruzilhada de influências culturais e religiosas que – apesar dos conflitos e desencontros que obviamente também existiam – acabaram por gerar expectativas e iniciativas comuns, que se refletiram com densidade nas Cruzadas.

À pacificação das migrações germânicas no século VI sucede a chegada de nórdicos, húngaros e sarracenos nos séculos IX e X, o que constitui outra fonte de agitação. Segue-se um contexto de pacificação relativa e expansão demográfica, econômica e social potencializada por uma estabilidade climática que proporciona estações do ano melhor definidas e consequente aumento da produtividade das colheitas. Processo que se generaliza pelo Ocidente europeu promovendo um aumento demográfico, mais braços para o cultivo e mais homens para alimentar e disponíveis para lutar.

Nesse século XI, vigoram, ainda, esquemas teóricos explicativos da ordenação da sociedade como o esquema trifuncional, no qual o clero, a nobreza e o povo dividiam funções sociais complementares: o clero rezaria, o povo trabalharia e os nobres lutariam por todos. Nesse esquema, o que justificava a nobreza era sua função militar e defensiva, a qual só poderia ser colocada em prática num contexto de guerra. Ora, vivia-se um período de relativa estabilidade após o estabelecimento dos povos da última vaga de invasões, e essa ociosidade dos nobres era prejudicial aos poderes políticos que os sustentavam, as monarquias nascentes: os nobres cobravam dos reis ações militares que justificassem contínuas doações de bens e cargos, causavam agitação interna e criavam uma pressão insustentável dentro dos limites da Cristandade.

É dessa época também a cristalização da ideia de Cristandade, um espaço amplo que envolvia as margens do Mediterrâneo e incluía povos de várias etnias, dialetos, ritos e traços culturais distintos. No mundo clássico, o critério que unificava os povos submetidos ao Império Romano era ser cidadão; depois do século IV, esse critério foi substituído pelo ser cristão. Esse continha um princípio de unidade mais amplo, pois ultrapassava os limites étnicos; qualquer pessoa, desde que batizada e convertida, era incluída nessa mesma categoria. A Cristandade seria, portanto, o espaço onde viviam os cristãos. Essa é, em princípio, apenas uma ideia aceita e reproduzida nos esquemas teóricos dos pensadores medievais, mas que vai fortalecer-se a partir do século XI, devido às ações dos pontífices que vão afirmar-se perante os poderes temporais já constituídos, imperadores e reis.

O papa Gregório VII, por exemplo, em 1075, propõe uma reforma interna da Igreja, começando por combater os desvios éticos do clero e as intervenções dos laicos nos assuntos da Igreja. Tais propostas confrontam diretamente com as pretensões de supremacia do Sacro Império Romano Germânico, onde cabia ao imperador investir os bispos, e refletia uma questão maior, a indefinição de esferas de competência dos poderes temporais e espirituais. O papa Gelásio, em fins do século v, usa uma metáfora para ilustrar essa disputa, a doutrina dos dois gládios ou espadas, o espiritual e o temporal, que por essência representariam as duas naturezas de poder. Os teóricos medievais patrocinados por cada um dos "gládios" buscariam, durante toda Idade Média, estabelecer a preeminência de um sobre o outro. Os teóricos que defendem a supremacia do pontífice construirão uma supremacia teórica da Igreja sobre as outras autoridades laicas e os papas, por meio de ações concretas, tentariam tornar essas ideias realidade. A forma mais acabada dessa proposta é a Teocracia Papal, que seria a prerrogativa dos papas em assuntos espirituais e também nos terrenos, pois eles seriam os tutores da Cristandade. Princípios de subordinação dos poderes temporais àqueles que presidem a Cristandade, que se justificam à época devido à inquestionável supremacia intelectual do alto clero.

Em 1054, havia ocorrido o Cisma entre a Cristandade latina e a Cristandade grega. Uma divisão quase formal entre os ritos praticados no Ocidente e aqueles praticados nos limites do Império Bizantino. O pedido de auxílio de Bizâncio contra os turcos invasores seria, mais tarde, uma oportunidade de impor a supremacia ocidental ao imperador bizantino e ao patriarca de Constantinopla. O imperador bizantino praticava em seus territórios o cesaropapismo, ou seja, a subordinação à sua autoridade das prerrogativas dos patriarcas. Assim, o papa de Roma, ao desempenhar o papel daquele que iria convocar, em 1095, a Cristandade latina para socorrer a Cristandade grega, deflagrando o início das Cruzadas, estaria arrogando-se como senhor de toda a Cristandade e inclusive do Império Bizantino.

A EXPANSÃO DA CRISTANDADE

Esse é o contexto em que se desenvolve o processo de surgimento das Cruzadas. Um dos tantos motivos desse movimento tem a ver com uma necessidade interna de expansão das fronteiras da Cristandade, movimento que se faria em várias frentes.

Ao norte a expansão teria o caráter de um movimento de colonização e cristianização das regiões correspondentes à Polônia, Hungria e às regiões eslavas, chamado de *Drang Nach Östen,* que se inicia no século x, entre 966 e o ano 1000. Com a cruz levava-se o arado, e esses férteis territórios ampliariam as possibilidades de alimentar uma população em crescimento. Os reinos do Báltico seriam igualmente cristianizados através de acordos, ampliando o campo de hegemonia pontifícia.

É interessante observarmos que os normandos, povos invasores da Europa Ocidental, vindos do norte, no século x, participam como colaboradores ativos desse processo. Eles se estabelecem na região da Normandia em 911, de onde se expandem em duas frentes, uma para a Inglaterra e outra para o sul da Itália. Em 1066, o duque da Normandia, Guilherme, o Conquistador, ao derrotar os saxões na Batalha de Hastings, funda o reino da Inglaterra. Enquanto isso, partindo da mesma Normandia, os Hauteville, outra dinastia normanda, em 1038, estabelecem-se no sul da Itália, região dominada em parte pelos bizantinos e em parte pelos muçulmanos. A presença normanda na Itália incomoda igualmente o papa Leão IX, que conclama o imperador bizantino para ajudá-lo a combatê-los. Após um episódio de captura do pontífice pelos normandos em 1053, durante o qual o papa permanece um ano no cativeiro, Roberto Guiscardo, duque normando, convencido pelos argumentos papais, converte seu povo em aliado de Roma. Após um reconhecimento de direitos mútuos, estabelece-se um vínculo feudal entre o reino normando e o Papado. O reino normando torna-se então um aliado que trabalharia a favor do pontífice contra seus potenciais inimigos, o Sacro Império Romano Germânico no Ocidente, o Império Bizantino no Oriente e os muçulmanos, vencidos na Sicília, quando aí se instalam os normandos e onde se criaria o reino das Duas Sicílias, que levaria o Cristianismo e o modelo feudal aos limites geográficos da Cristandade.

Outro espaço dessa fronteira de expansão era a Península Ibérica, submetida a partir de 711 pelos muçulmanos, que haviam atravessado Gibraltar, vindos do norte da África, e progrediam rapidamente rumo ao norte. Já em 997, Al-Mansur, grande líder muçulmano, atacou a Basílica de Santiago de Compostela. Desde 1063, o confronto entre cristãos e muçulmanos na Península Ibérica receberia, do papa Alexandre II, a chancela de Cruzada; a ela acorreriam normandos e borgonheses. Nessa Cruzada também participaram, intensa e decisivamente, os cavaleiros das Ordens Militares, compostas por monges-guerreiros, vinculados à Igreja, mas autorizados a pegarem em armas contra o "infiel" (como os cristãos chamavam os muçulmanos), como os Hospitalários e os Templários, além dos cavaleiros das ordens de Calatrava, Santiago e Avis, dentre outras.

De fato, esse movimento de expansão das fronteiras ocidentais da Cristandade é visto como *Reconquista* cristã dos territórios que já haviam sido cristãos, antes da chegada dos muçulmanos. Um movimento que duraria oito séculos de lutas descontinuadas, interrompidas por grandes períodos de estagnação. O resultado dessa luta dos cristãos por territórios na Península Ibérica foi uma conquista territorial efetiva que geraria os reinos cristãos das Astúrias, de Leão, Castela, Aragão, Navarra e Portugal. Os reis cristãos, principais condutores do movimento, praticavam um jogo constante de alianças mútuas alternado por alianças com o inimigo. Situação frequente visto que esses reis estavam construindo, simultaneamente, a base patrimonial de seus reinos.

Algumas conquistas cristãs como a das cidades de Toledo, em 1085, e de Valência, em 1094, demarcariam, até os inícios do século XII, uma importante linha fronteiriça, o vale do rio Tejo. Forma-se então uma franja de território que vai do Tejo até o sul da Península Ibérica, região de lutas alternadas com períodos de tréguas entre cristãos e muçulmanos. Em 1212, a Batalha de Navas de Tolosa uniria os reinos cristãos da península contra a dinastia muçulmana dos Almôadas e a vitória cristã abalaria a caminhada de afirmação dessa dinastia no interior do mundo islâmico.

Em poucas palavras, a expansão da Cristandade latina conflita com o projeto dos vizinhos muçulmanos, também eles envolvidos num processo próprio de ampliação dos espaços de dominação e conversão islâmica. A expansão da Cristandade latina atinge também os bizantinos, encurralados entre cristãos latinos e mulçumanos.

A EXPANSÃO MUÇULMANA E SEUS ESPAÇOS DE OCUPAÇÃO

O monoteísmo islâmico expande-se pelas mãos dos continuadores de Maomé, os califas, para o Oriente e para o Ocidente, desde o século VII, da Península Arábica e chegaria, no século VIII, até a Península Ibérica, incluindo todo o norte da África. Tamanha dimensão de espaços islamizados pressupõe etnias, culturas, dialetos diferenciados, daí falarmos em *muçulmanos* – e não em árabes – aqueles que vivem sob a égide da religião islâmica.

A expansão muçulmana

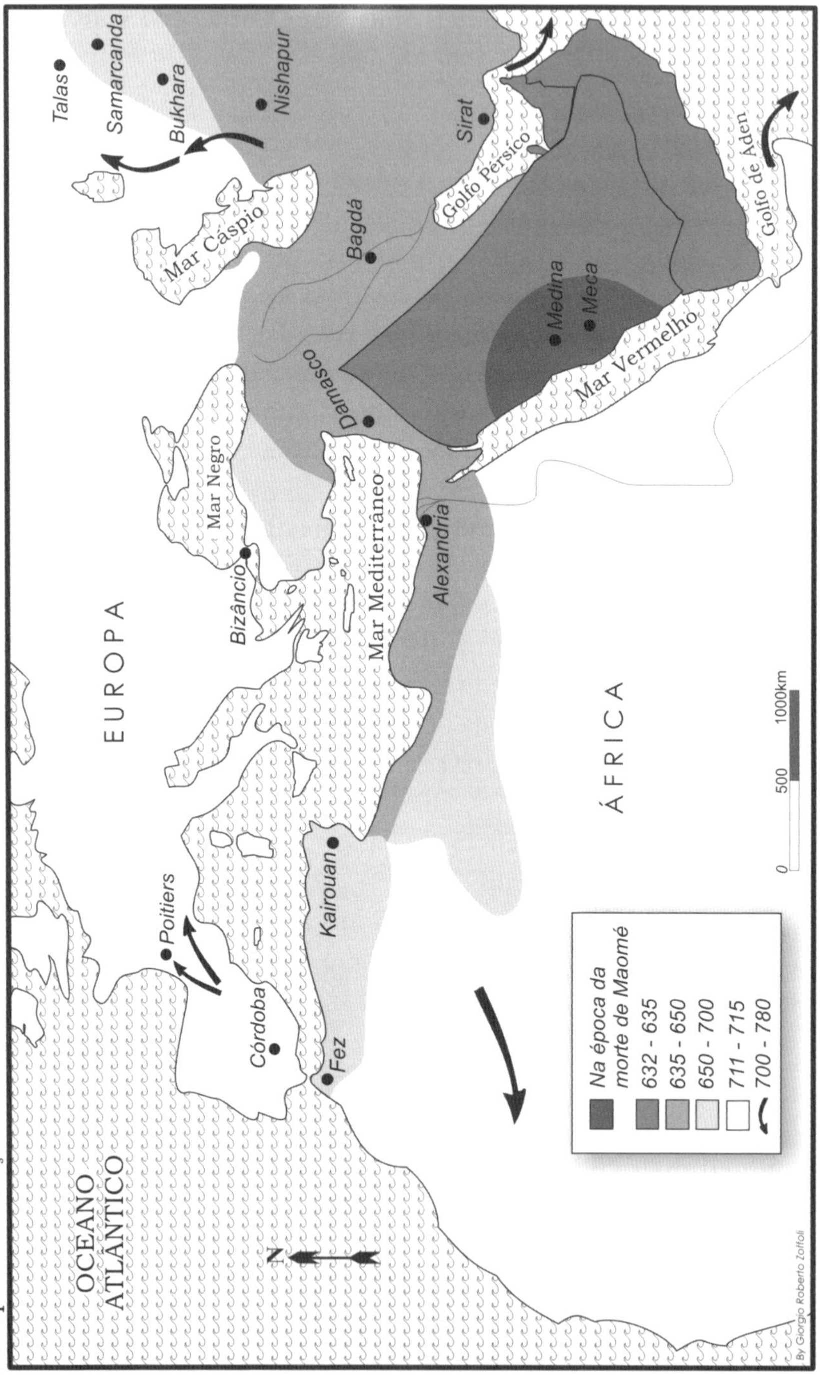

Esse movimento de expansão para o Ocidente dificulta o controle pela Península Arábica e gera uma divisão do poder entre os grandes espaços de dominação muçulmana. Assim, a unidade religiosa mantém-se, mas a unidade política é fracionada em três grandes eixos de poder.

A Península Arábica é a região de um deles, sede da dinastia Omíada, com capital em Damasco, às margens do Mediterrâneo Oriental, de onde se inicia o movimento de expansão, cujo califado duraria de 651 até 750. Essa dinastia é substituída em 750 pelo Califado Abássida, que muda a capital para Bagdá, onde permanece até 1258, quando é destruída pelos mongóis.

Outro espaço de ocupação islâmica é o norte da África, onde a dinastia dos Fatimíadas é a autoridade desde 909 até cerca de 1090, quando os almorávidas se sobrepõem politicamente. Após 1110, essa dinastia é substituída pelos almôadas durante os séculos XII e XIII. No século XIII, a dinastia muçulmana dos mamelucos, sediada no Egito, domina o litoral da Palestina e parte da atual Tunísia.

O terceiro espaço é a Península Ibérica, fruto direto dos conflitos relativos às transições dinásticas islâmicas de Damasco e depois do litoral africano. O golpe abássida de 750 sobre Damasco leva à fuga de Abd-al-Raman I, descendente Omíada que chegaria à Península Ibérica e instalaria o Emirato de Córdoba, nova sede do poder muçulmano no Ocidente. Em 929, seu descendente, Abd-al-Raman III, transforma o Emirato em Califado de Córdoba, promovendo uma mais concreta ruptura política em relação ao Califado abássida. A Península Ibérica seria ainda ocupada sucessivamente pelos almorávidas e almôadas, entre os séculos XII e XIII, como reflexo dos movimentos do Magreb (o norte da África islamizado).

É do choque promovido por essa sucessão de avanços islâmicos sobre territórios cristãos que se deflagra o processo de Reconquista cristã, em que cristãos se confrontam com os muçulmanos (identificados nas fontes ibéricas como "mouros" ou "sarracenos").

A própria expansão mulçumana tem momentos de crise (gerada por fracionamentos internos como a substituição de uma dinastia no poder por outra) alternados com momentos de renovada unidade (quando califas hábeis conseguem reunificar as facções e conduzi-las contra os cristãos), alternâncias cujos reflexos seriam sentidos nas vitórias ou derrotas cristãs frente ao Islã.

No entanto, a convivência, fruto de séculos de encontros de culturas distintas, geraria, em certos momentos e circunstâncias, espaços de conhecimento mútuo e interação cultural. No caso peninsular, o principal fruto dessa convivência é o Al-Andalus – territórios sob dominação muçulmana que sofrem influências dos reinos cristãos e da cultura judaica, mas também promovem essas influências, o que faz da Península Ibérica uma encruzilhada cultural. A multiplicidade de termos identificadores da condição dos indivíduos é um reflexo desse sincretismo. Assim, os *moçárabes* seriam os cristãos que viviam em espaços dominados pelos muçulmanos; os *mudéjares* ou *mouriscos*, muçulmanos que viviam em territórios sob domínio cristão; os *muladis* seriam cristãos convertidos ao islamismo; os *conversos*, judeus ou muçulmanos convertidos ao cristianismo. Influências mútuas trocadas desde 711, data de sua chegada à Península, deixaram suas marcas na língua, na arquitetura, no pensamento e permitiram progressos científicos na Náutica, Cartografia, Astronomia e Álgebra – determinantes para o avanço e sucesso das viagens dos Descobrimentos, promovidas posteriormente por portugueses e espanhóis. No entanto, a vitória militar dos cristãos em 1492, quando o reino de Granada é derrotado, não representa o fim das influências culturais muçulmanas nessa região.

AVANÇO ISLÂMICO SOBRE O MEDITERRÂNEO ORIENTAL

Conforme vimos, os Omíadas ocupam os territórios da Síria, na Ásia Menor pertencente ao Império Bizantino, desde 650, próximo aos pontos onde desembocavam importantes rotas comerciais do Oriente. Isso não impediu a continuidade desses fluxos de rotas comerciais, mas acrescentou mais um intermediário, os muçulmanos.

Inicialmente a expansão muçulmana para o Oriente presta um favor imediato aos bizantinos ao conquistar, em 651, seu inimigo histórico, o Império Sassânida, na Pérsia. No entanto, os mulçumanos prosseguem e têm como objetivo dominar o Império Bizantino. Essa pretensão é contida, em 678, pela ação militar vitoriosa do imperador Constantino IV. Tal derrota leva os muçulmanos a uma inflexão de sua expansão em direção ao sudoeste, mais especificamente para o norte da África.

Enquanto isso, Jerusalém, pertencente aos territórios bizantinos – cidade sagrada para judeus, cristãos e muçulmanos –, continuava disponível para peregrinações. Essa disponibilidade acaba no século XI, quando os turcos seldjúcidas, povos provenientes da Ásia Central, islamizados, investem contra os abássidas em Bagdá e continuam suas conquistas até a Ásia Menor, inclusive seu litoral, a Síria e a Palestina.

Com isso, o Império Bizantino volta a ter os muçulmanos ocupando parte de seu território. Enfrenta ainda pretensões de conquista dos normandos, que partem do reino das Duas Sicílias e derrotam o imperador bizantino Aleixo I, em 1080, ocupando o litoral do Adriático, fato que muito preocupa os venezianos. Numa tentativa de equilibrar a força de seus inimigos, o Império Bizantino amplia, constantemente, os privilégios e monopólios comerciais dos seus aliados de conveniência, os venezianos, em relação a tributos, rotas e produtos comerciados por Veneza que passavam por território bizantino.

Foi nesse contexto que Aleixo I pediu ajuda ao Ocidente solicitando o envio de mercenários, que, pagos e liderados pelo próprio imperador bizantino, combateriam os turcos na Anatólia, onde a ameaça a seus territórios era iminente. A resposta veio do Concílio de Clermont Ferrand, com objetivos ligeiramente distintos: o papa enviaria hostes para libertar o Santo Sepulcro de Cristo em Jerusalém, na Palestina. Assim, enquanto os bizantinos pediam apenas auxílio militar contra os turcos, o papa punha em ação um projeto de expansão de sua influência sobre Bizâncio e a Cristandade grega.

AS CRUZADAS DO ORIENTE

A História dispõe de grande quantidade de relatos desses acontecimentos, documentos que chamamos de fontes. Com base em tais fontes, constatamos que os bizantinos, em especial os cronistas Nicetas Choniates e Anna Comneno, são bastante críticos em relação às Cruzadas, visto que essas constituem uma ameaça à soberania bizantina.

As fontes latinas, ocidentais, compõem-se de autores franceses como Foucher de Chartres, Jacques de Vitry, Juan de Joinville e Geoffrey de Villehardouin ou germânicos como Otto de Freising ou o autor anônimo de Würsburg, que escrevem cartas e crônicas sobre os eventos na Terra Santa (infelizmente não podemos identificar datas precisas). Essas fontes, por sua vez, são favoráveis às Cruzadas. Relatos promovidos por autores recém-chegados e pouco conhecedores da cultura e valores da região onde ocorrem as Cruzadas do Oriente, criam, quase sempre, uma visão distorcida dos acontecimentos. As canções de gesta, cantigas em forma de poema que lá se compõem, seguem o estilo provençal e o tema do cristão cativo em mãos muçulmanas lhes é muito caro. O caráter cruzadístico está presente no discurso de construção desses relatos que fixam o ideal do cavaleiro cristão, defensor da Cristandade.

Existem, no entanto, cronistas da região de conflito, como Guilherme de Tiro, que imprimem um estilo mais histórico, fundamentado, às suas narrativas. As fontes judaicas têm representação também no relato das Cruzadas e uma importante referência é o *Kidush Hashem*, coleção de crônicas judaicas sobre perseguições sofridas por algumas comunidades durante as Cruzadas. As fontes árabes estão em boa parte ainda manuscritas; podemos citar os textos de autores como Ibn-al-Athir, Abu-Shama e Kemal ad-Din, cujas obras traduzem uma visão de contraponto à perspectiva ocidental e apresentam justificativas ideológicas do enfrentamento com os cristãos. Todos esses relatos dão uma visão parcial e comprometida do movimento das Cruzadas e refletem os discursos predominantes no seu grupo e na sua época.

Atualmente, podemos contar com muitas teorias que tentam explicar o motivo da convocação das Cruzadas para libertar a Terra Santa. Quase todas concordam com a ideia (já mencionada acima) de que tenha sido um movimento de busca de novos espaços de ocupação no sentido de promover uma diminuição da pressão interna exercida na sociedade ocidental pela demanda crescente de bens e de ações militares. Segundo esse ponto de vista, as Cruzadas teriam servido para canalizar a violência dos cavaleiros para fora da Cristandade, numa atividade que, no imaginário, condizia com sua função social e dignidade.

De fato, os privilegiados, senhores de terras, padeciam de um processo crescente de esgotamento de seu patrimônio, resultado das frequentes partilhas entre os filhos a cada geração. Acabaram por adotar o sistema de sucessão patrimonial que privilegiava apenas o primogênito; no entanto, essa estratégia geraria um excedente de filhos de nobres não contemplados com bens que constituíam importante foco de agitação social. As Cruzadas ocupariam esses nobres numa função útil ao conjunto da Cristandade.

Outra motivação, defendida por alguns historiadores, seria a busca de novos mercados que servissem à crescente economia das Repúblicas italianas.

Certos historiadores defendem ainda que um móbil desse movimento seriam as aspirações da psicologia coletiva da Cristandade ocidental, que via nas Cruzadas uma oportunidade de peregrinar a regiões longínquas apoiados por um grupo, liderados por um senhor poderoso ou rei que os manteria durante a jornada, além de angariar indulgências, tudo isso num contexto de Guerra Santa cristã, ou seja, luta contra o "infiel" muçulmano.

A diversidade de motivações que levavam os homens a participar desse movimento é bem ilustrada na passagem do cronista anônimo de Würzburg, comentando a Segunda Cruzada:

> [...] as intenções dessas várias pessoas eram diferentes. Algumas, na realidade, ávidas de novidades, iam para saber coisas novas sobre as terras. Outras eram levadas pela pobreza, por estarem em situação difícil na sua casa; estes homens foram combater, não apenas os inimigos de Cristo, mas mesmo os amigos do nome cristão, onde quer que vissem a oportunidade de aliviar sua pobreza. Houve os que estavam oprimidos por dívidas para com outros, ou que desejavam fugir ao serviço devido aos seus senhores, ou que estavam mesmo esperando o castigo merecido pelas suas infâmias.

Enfim, a Cristandade latina apresentava um contexto propício ao chamado à Guerra Santa, e as várias motivações seriam complementares entre si. Uma guerra que aconteceria fora de suas fronteiras, onde haveria um potencial espaço de expansão, em que o discurso da Igreja justificava o uso das armas e de conquista de poder político e religioso, resultado conveniente aos poderes seculares e ao Papado.

A convocação oficial do que ficaria conhecido como a Primeira Cruzada acontece em 25 de novembro de 1095 e é proferida pelo papa Urbano II, no Concílio que se realizava em Clermont Ferrand, composto por cerca de 250 bispos. A Sé Pontifical de Roma, nesse momento, estava ocupada por um antipapa apoiado pelo imperador Germânico – daí a convocação ocorrer em território francês. Daí também a necessidade de o papa Urbano arrogar-se como o único capaz de conduzir a Cristandade a uma iniciativa de tal porte.

O teor da convocação exorta os cristãos a lutarem contra os inimigos de Cristo, que Urbano identifica como "infiéis", com o objetivo de libertar o Santo Sepulcro.

> Os que estão habituados a combater maldosamente, em guerra privada, contra os fiéis, lutem contra os infiéis e levem a um fim vitorioso a guerra que devia ter começado há tempo. Os que até agora viviam em brigas se convertam em soldados de Cristo. Os que até agora eram mercenários por negócios sórdidos, ganhem no presente as recompensas eternas.

A narrativa do episódio da convocação fala do entusiasmo imediato causado pelo desafio: os presentes teriam começado a costurar cruzes em suas vestes, no peito e no ombro, que representaria sua condição de Cruzado. A esse voto corresponderia a contrapartida das indulgências, o perdão dos pecados e ainda a proteção dos bens materiais do peregrino, além da suspensão do pagamento de suas dívidas.

A notícia da convocação foi levada pelos bispos e, por correspondência, a todas as partes do Ocidente europeu. Nessa predicação, o clero apoia-se em passagens retiradas do Antigo Testamento sobre as guerras do "povo eleito", os judeus, na defesa de sua fé e do Apocalipse de São João. Textos que alimentam as expectativas das populações mais simples, consoantes com o discurso milenarista dos pensadores da Igreja nesse século XI. O discurso e os argumentos de convocação seriam bastante adequados ao contexto que se vivia no Ocidente europeu e iriam de encontro às diferentes expectativas das massas e das elites.

O fervor religioso foi ressonante, pois, antes da partida da primeira Cruzada oficial, já em março de 1096, Pedro, o Ermitão, um pregador pobre da região da Lorena, na França, arrasta consigo de 15 mil a 20 mil pessoas, com o intuito de libertar o Santo Sepulcro. Ele seguia montado em um jumento, numa clara analogia à entrada de Cristo em Jerusalém. O resultado é desastroso, pois a maioria dos peregrinos morre de fome, cansaço e frio pelo caminho. Os poucos que chegaram acamparam às portas de Constantinopla e acabariam vítimas dos turcos.

Outra Cruzada voluntária, ocorrida em 1212, a Cruzada das Crianças, que também parte da França, atrairia cerca de 30 mil crianças e adolescentes conduzidos por alguns adultos e teria o mesmo destino. As crianças foram levadas a acreditar que o Mediterrâneo se abriria à sua passagem, tal como o relato bíblico de Moisés atravessando o mar Vermelho. Já no trecho da passagem de barco desde Marselha até Gênova dois navios naufragam. O restante do contingente seria dizimado ou escravizado. Sintomas de uma adesão popular mística à causa da libertação de Jerusalém e demonstração clara de que tal manifestação prescindia de um esforço organizacional. Outro aspecto a destacar é a potencialidade de inserção popular no movimento das Cruzadas, em que não existem barreiras à participação das pessoas mais simples. Vimos como nesses dois exemplos de Cruzadas populares as massas se mobilizam autonomamente em função de um chamado papal, o que demonstra o alcance das prédicas eclesiásticas quando essas são coincidentes com as expectativas dos convocados.

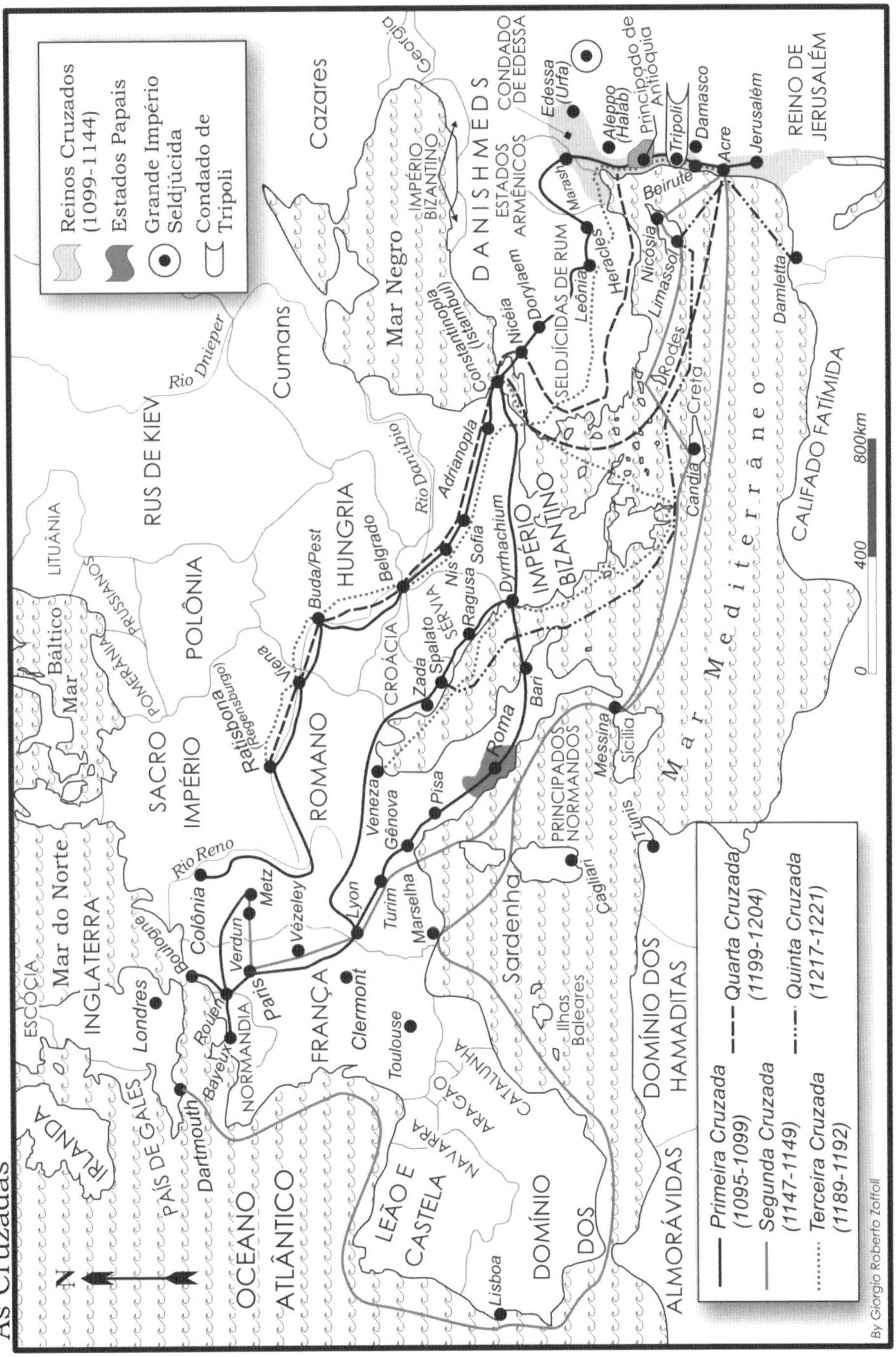
Reinos Cruzados (1099-1144)
Estados Papais
Grande Império Seldjúcida
Condado de Tripoli
Primeira Cruzada (1095-1099)
Segunda Cruzada (1147-1149)
Terceira Cruzada (1189-1192)
Quarta Cruzada (1199-1204)
Quinta Cruzada (1217-1221)
N
OCEANO ATLÂNTICO
IRLANDA
ESCÓCIA
INGLATERRA
PAÍS DE GALES
Mar do Norte
Mar Báltico
Dartmouth
Londres
Boulogne
Bayeux
Rouen
NORMANDIA
Paris
Verdun
Metz
Colônia
Rio Reno
Vézeley
Clermont
Toulouse
FRANÇA
Lyon
Turim
Marselha
Gênova
Pisa
Veneza
Roma
SACRO IMPÉRIO ROMANO
POMERÂNIA
PRUSSIANOS
LITUÂNIA
POLÔNIA
RUS DE KIEV
Rio Dnieper
Cumans
Cazares
Mar Negro
Georgia
Ratisbona (Regensburgo)
Viena
Buda/Pest
HUNGRIA
Belgrado
Rio Danúbio
CROÁCIA
Zada
Spalato
SÉRVIA
Ragusa
Nis
Sofia
Adrianopla
Constantinopla (Istambul)
Dyrrhachium
Bari
IMPÉRIO BIZANTINO
Nicéia
Dorylaem
SELDJÚCIDAS DE RUM
DANISHMEDS
ESTADOS ARMÊNICOS
CONDADO DE EDESSA
Edessa (Urfa)
Marash
Leônia
Heracles
Aleppo (Halab)
Principado de Antioquia
Tripoli
Damasco
Nicósia
Limassol
Beirute
Acre
Jerusalém
REINO DE JERUSALÉM
Rodes
Creta
Candia
Damietta
CALIFADO FATÍMIDA
Mar Mediterrâneo
PRINCIPADOS NORMANDOS
Messina
Sicília
Sardenha
Cagliari
Túnis
Ilhas Baleares
DOMÍNIO DOS HAMADITAS
LEÃO E CASTELA
NAVARRA
ARAGÃO
CATALUNHA
DOMÍNIO DOS ALMORÁVIDAS
Lisboa
0 400 800km
By Giorgio Roberto Zoffoli

As Cruzadas

ORGANIZAÇÃO

A prerrogativa de convocação das oito Cruzadas oficiais à Terra Santa, entre 1099 e 1270, é dos papas; no entanto, a organização ficaria a cargo dos reis e imperadores que atendessem ao apelo. Foi o maior esforço de deslocamento conjunto de pessoas ocorrido em toda Idade Média, o que exigia longo prazo de organização e captação de recursos. Na terceira Cruzada, só o rei da França levaria consigo cerca de 650 cavaleiros e 1.300 escudeiros.

Quem financiava as Cruzadas eram seus executores, os reinos e o Sacro Império Romano Germânico, os quais buscavam esses recursos em avultados empréstimos conseguidos pela banca italiana. O Papado faria sua parte, autorizando o desvio de seus tributos eclesiásticos arrecadados nas localidades para os organizadores das Cruzadas, como uma forma indireta de financiamento da empreitada.

Nas quatro primeiras Cruzadas, os grupos concentravam-se às portas de Constantinopla, de onde seguiam para os territórios ocupados, mas as rotas de chegada a esse ponto variavam em função do local de onde haviam partido. Os que vinham do norte da França seguiam pela costa do Adriático e atravessavam a Península Balcânica até Constantinopla. Os que vinham do norte da Europa optavam por passar pelas regiões do centro da Europa atravessando o reino da Hungria. A Sicília servia como ponto de partida dos normandos e borgonheses vindos do sul da França.

Já as quatro últimas Cruzadas dirigem-se diretamente para o Egito, onde os mamelucos começavam a ameaçar o Mediterrâneo Oriental.

A PRIMEIRA CRUZADA

A Primeira Cruzada parte em meados de 1096, constituída por nobres franceses liderados por Godofredo de Bulhão, duque de Lorena, Hugo de Vermandois, irmão do rei da França, e Raimundo de Saint-Gilles, conde de Toulouse, os quais chegam a Constantinopla entre novembro de 1096 e abril de 1097, com Roberto II, duque da Normandia. Outro grupo foi liderado por Boemundo, que trazia os normandos da Sicília, os quais chegaram a Constantinopla em abril de 1097. Nenhum rei participou diretamente na Primeira Cruzada.

O imperador Aleixo I recebe esses reforços estacionados às portas de Constantinopla de maneira desconfiada, especialmente devido à presença dos normandos, inimigos tradicionais de Bizâncio. Os bizantinos de fato execram a presença desses homens considerados rústicos, identificados como bárbaros, vindos do Ocidente, o que reflete o distanciamento cultural entre a Cristandade latina e Bizâncio.

Ouçamos as palavras da filha do imperador, Ana Comenno, no seu diário chamado *Alexíada*, que narra detalhes dos "maus augúrios" que precederiam a chegada dos cruzados – especialmente os normandos:

> A chegada de tantos povos foi precedida de gafanhotos que evitavam os cereais, mas que arrasavam os vinhedos, devorando-os. [...] produziu-se, então, um movimento, de homens e mulheres juntos, como nunca outro antes visto; as pessoas mais simples iam realmente movidas pelo desejo de venerar o sepulcro do Senhor e de visitar os Lugares Santos; mas os homens perversos, como Boemundo e seus comparsas, abrigavam no fundo do coração outro desejo e a esperança de que pudessem, na passagem, apoderar-se da própria cidade imperial.

Uma desconfiança que se reflete na imposição feita pelo imperador bizantino aos cruzados de um juramento de fidelidade que os obrigasse a lhe entregar as terras conquistadas aos muçulmanos.

A luta finalmente se iniciaria e seria marcada por ações militares rápidas, que no caso dessa Primeira Cruzada pegaria os muçulmanos de surpresa. No entanto, gerariam carnificinas que imporiam um tom sangrento a esses movimentos. Ao idealismo da libertação do Santo Sepulcro unir-se-á, nessa época, a ideia de martírio como um preço possível a se pagar.

As ações desenrolam-se durante cerca de dois anos numa progressão para o sul da Síria, de forma que, em julho de 1099, os cruzados entram em Jerusalém. Os moradores cristãos que viviam na cidade tinham tido permissão para deixá-la pouco antes do cerco, numa tentativa de aplacar a ira dos cruzados. No entanto, esses não aceitaram negociações e acabaram promovendo três dias de pilhagem em Jerusalém e uma matança indiscriminada de muçulmanos, judeus e qualquer pessoa que tivesse permanecido na cidade e nas vizinhanças.

Os territórios então conquistados pelos cristãos cruzados formariam quatro unidades políticas independentes em relação ao Império Bizantino, os chamados reinos francos da Síria e Palestina, constituídos pelo Reino de Jerusalém (que durou de 1099 a 1187), Principado de Antioquia (1098-1268) e Condados de Trípoli (1109-1289) e de Edessa (1098-1144). Essas regiões foram ocupadas inicialmente por grupos desenraizados, compostos por pequena parcela daqueles que tinham ido lutar e que passaram a conviver com os originários da região. Populações isoladas que contariam com uma oposição latente dos muçulmanos e dos bizantinos. Esse seria o frágil resultado militar e político da convocação de 1095, de que o papa Urbano II morreria sem ter conhecimento. Contudo, não seria de desprezar a atração exercida no Ocidente por essa vitória fragorosa, de tal forma que, em 1100, o papa Pascoal teve de proibir os cruzados da Península Ibérica de abandonarem suas batalhas e partirem para a Terra Santa.

Apesar da instabilidade constante dos moradores dos reinos francos na Síria, geraria-se um clima de convivência e interação entre as comunidades cristãs e as populações autóctones dessas regiões, realidade relatada por Foucher de Chartres na sua *História das Cruzadas*:

> [...] nós, que éramos ocidentais, chegamos a ser orientais; aquele que era romano ou franco, chegou, aqui, a ser galileu ou habitante da Palestina; quem habitava em Reims ou Chartres, fez-se cidadão de Tiro ou de Antioquia [...] aquele outro se casou com uma mulher que não é de sua origem, uma síria ou uma armênia, ou inclusive uma sarracena que recebeu a graça do batismo; outro tem aqui genro ou nora, sogro e descendência [...] falam línguas diferentes e todos já se entendem. Os idiomas mais diversos são agora comuns a todas as nações e a confiança aproxima povos tão diferentes.

Iniciava-se um período de dois séculos de convivência e produção de uma base cultural comum que deixaria suas marcas, mesmo após o fim das Cruzadas do Oriente.

NATUREZA DAS AÇÕES MILITARES

A Guerra Santa assumiria um estilo semelhante aos conflitos que se desenrolavam no Ocidente. Uma guerra de cerco e assédio posto sobre cidades amuralhadas e castelos, acompanhados de saques e pilhagens. Não se realizavam batalhas campais com exércitos confrontando-se diretamente – isso em função de que o exército, entendido como instituição militarmente profissionalizada que caracterizara o mundo clássico, desaparecera no Ocidente, com o fim do Império Romano. As autoridades locais assumiram o poder e impuseram sua vontade cercando-se de vassalos fiéis, também eles nobres, que deveriam acudir ao chamado de seu senhor com suas próprias hostes.

As hostes compunham-se de cavaleiros e escudeiros nobres, criados por senhores poderosos de quem aprendiam os princípios éticos do cavaleiro-ideal, valores cristãos e práticas bélicas. Essa era a elite que conduzia as hostes, aqueles que dominavam as melhores técnicas de luta a cavalo e a pé e que entendiam de estratégia. A maior parte das hostes compunha-se, no entanto, dos dependentes dos senhores, camponeses que não dispunham de armamento ou preparo militar. Seriam esses contingentes que acompanhariam os grandes senhores até a Terra Santa.

Acostumados a lutas localizadas de conquista de castelos de senhores adversários, os cruzados tomam aos muçulmanos, cidade a cidade, algumas bem fortificadas, através de *raids* rápidos ou cercos. Daí a importância dos cavaleiros das Ordens militares, monges que fazem voto de pobreza, castidade e obediência, mas que também lutavam de maneira profissional, dispondo de uma hierarquia interna que rapidamente os transformaria, depois do século XII, na principal força de combate na Terra Santa e nos outros espaços de expansão da Cristandade. Os *turcopoles* seriam outro grupo que apoiaria militarmente os cruzados, mercenários contratados, autóctones das regiões de conflito.

O estabelecimento dos reinos francos da Síria fez-se da construção de várias fortalezas. A estrutura desse assentamento regional partia de uma grande fortaleza rodeada de castelos menores que se comunicavam entre si através do fogo aceso nas torres das muralhas. Uma construção que seria refeita inúmeras vezes, já que após a Primeira Cruzada as seguintes se concentrariam na retomada de suas possessões perdidas para os muçulmanos. Tornava-se ainda fundamental defender as passagens de fuga, principalmente pelo mar.

A aproximação dos invasores, cristãos ou muçulmanos, em geral numericamente superiores aos sitiados, gerava uma predisposição desses para as negociações de paz. Muitas vezes foram feitos acordos que permitiriam a entrega pacífica das cidades. Os indivíduos mais importantes eram feitos reféns pelo vencedor, que cobrava resgate, prática mais frequente dos muçulmanos ao capturarem um cristão. Caso não houvesse disposição para a rendição, o cerco dos invasores impunha-se e seguia-se a espera de reforços salvadores dos sitiados. Para impedir a chegada de tais reforços, cortavam-se as rotas de abastecimento das cidades, interrompia-se o curso de riachos para aumentar a carência de água e por vezes envenenavam-se os mananciais e poços a fim de vencer mais rapidamente as resistências. Quando ocorriam longas permanências, as doenças grassavam dentro e fora dos cercos devido ao calor e às baixas condições de higiene.

O assédio fazia-se através do lançamento de escadas e pontes sobre os fossos e *gatos*, máquinas que lançavam ganchos de ferro amarrados em cordas, capazes de abrir flancos nas muralhas. Outro aparato bélico era a *catapulta*, cujo objetivo era incendiar e destruir o interior das muralhas.

As torres móveis, construídas de madeira, sobre rodas, tinham vários andares e deviam ser mais altas que as muralhas. No piso térreo estaria o *aríete*, um tronco reforçado com ponta de ferro responsável pelo arrombamento da porta. No andar intermediário, iam os arqueiros e homens encarregados de colocar fogo em cavidades feitas na muralha a fim de enfraquecer o conjunto da fortificação, enquanto outros adotavam a mesma estratégia na base das muralhas. No andar superior da torre, ficava uma passarela de assalto de onde penetravam nos passadiços que rodeavam o interior da muralha.

A defesa consistia em dificultar o assalto com o lançamento de pedras, líquidos ferventes e chuvas de flechas sobre os invasores.

Ocorrido o rompimento das muralhas e da porta, restava aos sitiados, famintos e sedentos, resistir numa luta de espada e *maças* que envolveria homem a homem. Os invasores, em geral, acabavam por pilhar descontroladamente os bens móveis que existiam no interior da cidade, que em seguida era incendiada como forma de se completar a destruição.

O assédio por mar era outra possibilidade, que por vezes completava o ataque terrestre, pois algumas das cidades e fortalezas eram marítimas. Nesse caso, o assalto era feito valendo-se de barcos equipados com passarelas volantes. A dificuldade maior consistia na aproximação dos barcos às muralhas para encaixar as passarelas nas torres por onde se faria o desembarque das hostes invasoras.

A partir do século XII, os bizantinos desenvolveram o *hussier*, barco de maior calado que transportava cavalos que desembarcavam por portas laterais e seriam utilizados em suas invasões. Os turcos apoiavam-se numa cavalaria rápida utilizada em *raids* e em arqueiros eficientes que cobriam o inimigo de flechas, objetivando anular a cavalaria inimiga através do abate dos animais.

Os cavaleiros francos, de sua parte, traziam pesadas armaduras que dificultavam sua movimentação mas que os protegiam, de maneira eficiente, dos ataques inimigos.

Os turcos costumavam ainda atrair os francos para fora das fortalezas, fingindo uma fuga seguida de contra-ataque.

Outra técnica muito temida era o *fogo grego,* atirado em recipientes de argila repletos de nafta, que ao atingirem seu destino seriam incendiados através de tochas acesas acopladas às flechas e tinha alto poder de destruição.

A guerra intitulada santa, pelos dois lados em luta, resultava em grande número de mortos e numa grande destruição que exigia constantes esforços de reconstrução.

A CONTINUIDADE DO MOVIMENTO

Em resposta à ocupação cristã da Palestina, os muçulmanos lançaram uma convocação da *Jihad* (guerra santa, em árabe) com o intuito de libertar esses territórios das mãos dos cristãos:

> Ilghazi fez seus homens jurarem combater com valentia, resistir firmemente, não recuar e oferecer sua vida pelo jihad [guerra santa]. [...] bruscamente, ao nascer do sol, os franj [francos cruzados] viram aproximar-se os estandartes dos muçulmanos que os cercavam por todos os lados.[1]

Além disso, o imperador bizantino, insatisfeito com os cruzados de um modo geral – e especialmente com os normandos, que dominavam o Principado de Antioquia – por não lhe reconhecerem, na prática, nenhuma autoridade sobre os territórios reconquistados, acabaria por fazer uma aliança com o sultão de Bagdá, em 1112, contra os cruzados. Em 1116, Aleixo I pactua com os turcos seldjúcidas tornando-os federados do Império Bizantino. Os reinos cruzados, autônomos e divididos entre si, teriam agora duas frentes de oposição militar, o que os obrigaria, do ponto de vista diplomático, a tentar negociações isoladas com Bizâncio e mesmo com os muçulmanos para manter sua frágil integridade.

A reconquista islâmica do Condado de Edessa, em 1144, é o motivo oficial da convocação da Segunda Cruzada, num momento em que o sucessor de Aleixo, o imperador Manuel I, já tinha recuperado Antioquia. O pedido fora feito por Bernardo de Claraval, monge cisterciense e eminente figura política de seu tempo, ao papa Eugênio III, que em 1146 a oficializa, e seria uma resposta a um pedido de socorro dos reinos francos feito diretamente a Roma. Nessa Segunda Cruzada estariam presentes Luís VII, o rei da França, Conrado III, imperador do Sacro Império Romano Germânico, além de nobres cruzados ingleses, flamengos e frísios. Os contingentes vindos da Inglaterra contornariam por mar a Península Ibérica e no caminho, em 1147, ajudariam a reconquistar Lisboa dos muçulmanos, promovendo um encontro das Cruzadas do Oriente com a Reconquista cristã.

O que poderia ser manifestação de força tinha um potencial de fragilidade. As importantes autoridades que conduziriam essa nova Cruzada disputavam entre si a preeminência no Ocidente – daí a tendência à desagregação dos ataques que gerariam os primeiros desastres militares sofridos pelos cruzados. Além disso, surgia no mundo muçulmano um líder capaz de unificar as forças à sua volta, Zengi, senhor de Alepo e Edessa que projetava unificar sob seu poder a Síria muçulmana. Nesse momento a unidade jogava a favor dos muçulmanos.

As forças do Sacro Império Romano Germânico chegaram primeiro e resolveram atacar sem aguardar o apoio de ingleses e franceses – iniciativa que resulta em fracasso, visto que são destroçados em Dorileia. Os poucos sobreviventes se juntariam aos outros cruzados e tentariam pôr cerco a Damasco, onde os filhos de Zengi os derrotariam mais uma vez. Essa Segunda Cruzada seria um rotundo fracasso e os ataques muçulmanos continuariam até que em 1187, Saladino, continuador da obra de Zengi, tomaria Jerusalém das mãos dos francos.

Enquanto isso, o imperador bizantino, Manuel I, virava-se para o Ocidente, ignorando o desenrolar dessa Segunda Cruzada em territórios historicamente seus, e promovia um movimento de expansão sobre o reino da Hungria. Sua vitória implicava presença bizantina nas costas do Adriático, colocando Veneza em estado de alerta. Além disso, os venezianos residentes dentro do território do Império Bizantino seriam submetidos a prisão e confisco por ordem imperial. Em resposta a isso, forma-se uma aliança entre Veneza, o Sacro Império Romano Germânico e os turcos de Antioquia em 1176. As ideologias cediam espaço aos interesses comerciais e políticos.

A Terceira Cruzada iniciada em 1189 com o intuito de reconquistar Jerusalém daria continuidade à anterior tendência à desagregação das forças cristãs e contaria com a participação de personagens ilustres como o rei da França, Filipe Augusto e seu rival Ricardo Coração de Leão, rei da Inglaterra. Frederico I Barbaroxa do Sacro Império Romano Germânico, morreria afogado em um rio a caminho da Terra Santa, o que promove uma dispersão das forças imperiais. As forças franco-inglesas ignoram o imperador bizantino e dirigem-se por mar diretamente a Acre, onde ajudam a tomar a cidade em 1191 para os cristãos. Findo o cerco, Filipe volta para resolver problemas internos em seu reino e Ricardo conduziria sozinho as ações subsequentes.

No entanto, a inferioridade numérica perante os muçulmanos liderados por Saladino e a necessidade de abreviar sua presença no Oriente determina a celebração de importante acordo com os muçulmanos. O tratado estabelecia o reconhecimento da posse de uma estreita faixa do litoral sírio-palestino aos ocidentais e a permissão das peregrinações dos cristãos a Jerusalém. Saladino manifesta, nesse tratado, seu perfil de hábil líder militar e diplomático que via na tolerância para com os cristãos um dos caminhos de continuidade de seu projeto de unidade islâmica; em outros momentos, porém, a via escolhida seria a do conflito. Por sua vez, Ricardo Coração de Leão seria acusado de pactuar com o inimigo; no entanto, esse acordo dava uma sobrevida ao movimento das Cruzadas ao garantir a permanência dos cristãos na região.

Fechava-se um ciclo. Mesmo no Ocidente, começava-se a questionar o ideal religioso das Cruzadas e o século XIII daria uma crescente ênfase comercial a esse movimento.

AS CRUZADAS DO SÉCULO XIII

O papa Inocêncio III, defensor acirrado da Teocracia Papal, convocaria a Quarta Cruzada (1202), mas só conseguiria manter uma influência teórica sobre o movimento. O motivo alegado da nova convocação era apoiar o que restara dos reinos francos após o tratado realizado entre Saladino e Ricardo Coração de Leão, além de conquistar o Egito.

Os interesses comerciais venezianos dariam o tom no encaminhamento dos preparativos, que não contariam com a presença de nenhum rei. A República de Veneza percebeu que teria de implantar nos territórios reconquistados uma autoridade política que reforçasse os instáveis vínculos comerciais com o Império Bizantino. Veneza oferece então transporte e provisões aos cruzados em troca de certa quantia e metade das conquistas realizadas pelos cruzados. O próprio doge de Veneza, Enrico Dandolo, conduz a Cruzada.

Os cruzados já convertidos a uma condição de mercenários deveriam ainda, no caminho, prestar um serviço aos venezianos: conquistar a cidade de Zara, no litoral Adriático, ocupada ainda pelo rei da Hungria.

Essa tarefa foi cumprida integralmente. É nessa cidade que os cruzados teriam recebido uma segunda proposta vinda do filho de Isaac II, que fora deposto do trono bizantino. Os cruzados deveriam destituir o usurpador e recolocar Isaac no poder. e esse, em troca, os aprovisionaria de alimentos e roupas para que continuassem as lutas contra os muçulmanos. Além disso, lhes pagaria grande soma em dinheiro e ainda subordinaria a Igreja grega à latina, o que agradava ao papa Inocêncio III. A proposta foi aceita e Isaac recolocado no trono em meados de 1203. Porém a presença dos cruzados dentro de Constantinopla causa tanto desagrado que acaba gerando uma revolta popular, que logo depõe novamente o imperador acusado de ser excessivamente pró-latino.

Os cruzados foram então obrigados a sair da cidade e mantiveram-se insatisfeitos por não terem recebido as contrapartidas previstas no acordo com Isaac, até que em abril de 1204 invadem a cidade pela parte identificada como Corno de Ouro, ao mesmo tempo em que atacam as muralhas pela parte terrestre. A cidade fica exposta a saques constantes que não poupam as igrejas como Santa Sofia, as tumbas e os palácios, e resulta num riquíssimo botim arrecadado pelos cruzados, como a *quadriga* de cavalos em bronze que estava no Hipódromo de Constantinopla e que é levada para Veneza, onde adornaria a praça principal da cidade italiana.

A própria cidade foi dividida entre os saqueadores: três partes cabendo aos venezianos e uma parte aos demais cruzados. O Império Bizantino desaparece temporariamente dando lugar ao Império Latino do Oriente, que passa a controlar um quarto do território bizantino, com capital na maior parte de Constantinopla e com um imperador, o conde Balduíno da Flandres. Os restantes três quartos do território foram divididos entre os venezianos e os outros cruzados.

Uma resistência bizantina que inclui boa parte do clero ortodoxo cria, em 1206, o Império de Niceia (região da Península da Anatólia, parte do Império Bizantino original). De lá parte a iniciativa, apoiada pelos genoveses, de reunificar o Império Bizantino; em 1261, chega ao fim o efêmero Império Latino do Oriente.

Esses acontecimentos são reflexos da rivalidade comercial veneziano-genovesa e da divisão crescente entre os bizantinos e os ocidentais, que de fato se agrava desde então. A reunificação das duas Igrejas jamais se realizaria novamente.

O Papado mantém-se coerente com sua proposta inicial desde a primeira convocação de Cruzada, prerrogativa que lhe garantia uma posição de tutoria da Cristandade Ocidental. O que muda a partir do século XIII são aqueles que atendiam ao chamado e usavam essa bandeira para seus fins particulares.

A reconquista da Jerusalém terrestre, considerada pelos religiosos a imagem da Jerusalém celeste, continuaria a ser o objetivo oficial das Cruzadas. No entanto, o discurso da Igreja em relação às Cruzadas tornara-se anacrônico num contexto de enriquecimento comercial e urbano que caracteriza o século XIII. Vivia-se em uma época em que as elites intelectuais, mesmo clericais, começavam a aceitar princípios de logicidade em seu pensamento; na qual as catedrais góticas, com todo o seu esplendor e técnica, transmitiam aos fiéis a imagem de que Deus é luz e felicidade e, ainda, quando as Universidades e as escolas de pensamento urbano não prescindiam mais dos pensadores muçulmanos e judeus.

Principalmente após a Quarta Cruzada, Jerusalém passaria a ser uma referência também política e comercial para os cruzados. Alguns movimentos espontâneos, como as Cruzadas das Crianças de 1212, parecem ter sido tentativas de aplicação do ideal original de Cruzada; no entanto, seu resultado demonstra a fragilidade dessas iniciativas.

Diante do resultado vergonhoso da Quarta Cruzada, o papa Inocêncio III, durante o IV Concílio de Latrão de 1215, conclama a Cristandade latina à Quinta Cruzada, que acaba partindo em meados de 1217.

Os reis tinham em seus reinos graves problemas a resolver; a França, por exemplo, desde 1209 promovia sua Cruzada particular contra os heréticos cátaros e albigenses concentrados no centro e sul de seu próprio reino. Poucos reis portanto acorreram à convocação pontifícia. Aqueles que aceitaram a tarefa foram guiados pelo rei de Jerusalém, Juan de Brienne, que decidiu atacar o Egito, numa típica inflexão dos objetivos estratégicos das Cruzadas no século XIII, que passariam a se voltar para esse novo eixo de poder muçulmano.

Nesse ataque, os cruzados conseguem cercar Damieta, rica cidade no delta do Nilo, surpreendida pelas boas relações que o sultão mantinha até então com os invasores. Esses recusam uma proposta do sultão de tréguas por 30 anos em troca da libertação da cidade. Damieta é então invadida em 1219, e seu rico butim distribuído entre os saqueadores. O entusiasmo da vitória atrasa a marcha dos cruzados sobre o Cairo, sede do sultanato. O atraso permitiu que as cheias do Nilo e as forças de socorro turcas transformassem os cruzados em sitiados dentro da cidade de Damieta. Acabaram obrigados a abandoná-la em troca de uma trégua de oito anos. Terminaria assim, sem nenhum proveito significativo, mais uma Cruzada.

INTERESSES CONFLITANTES

Um dos expoentes desse início do século XIII é o imperador Frederico II Hohenstäufen, herdeiro por parte de pai do Sacro Império Romano Germânico e por parte de mãe do reino normando das Duas Sicílias, onde manda construir a Corte Trilingue de Palermo – espaço de tolerância e trocas entre artistas, filósofos, juristas e pensadores latinos, judeus e árabes.

Frederico aspirava à liderança do Ocidente, e a concretização de seus planos passava pelo controle da Terra Santa. Para atingir seu objetivo, sua estratégia inicial foi casar-se com a filha do rei de Jerusalém, consolidando assim uma aliança com esse reino; a outra, foi conseguir do papa Honório III a convocação de nova Cruzada, à qual apenas ele atenderia como líder. Em 1227, Frederico consegue reunir contingentes de várias regiões. No entanto, sua expedição retorna à Itália vencida pela má organização e pelas doenças que vitimaram os cruzados.

Diante desse fracasso, o novo papa, Gregório IX, excomunga o imperador Frederico II e acusa-o de traidor, inimigo da Igreja. Por trás dessa acusação pesavam o incômodo do Papado com relação aos interesses imperiais na Itália e as pretensões da Teocracia Papal contestadas pelo mesmo imperador.

Mas Frederico II não abandona seus objetivos e parte, em 1228, novamente para a Terra Santa com hostes italianas e germânicas. Dedica-se a um tratado de paz, concretizado em 1229, com o sultão do Egito, Al-Kamil, o Tratado de Jafa. Nele, Jerusalém mantinha-se uma cidade aberta, ou seja, seriam permitidas peregrinações muçulmanas e cristãs. Além disso, seria devolvido aos cristãos boa parte do território original dos reinos francos na Síria e Palestina, ampliando o acordo realizado anteriormente por Ricardo Coração de Leão. O tratado envolvia ainda vantajosos acordos comerciais de Frederico II com o sultão do Egito.

A independência do imperador e o sucesso de seus acordos com a nova autoridade muçulmana geram hostilidade dos cristãos que viviam na Síria franca. Além disso, a tolerância em relação aos muçulmanos fazia com que o imperador fosse tido como um aliado do inimigo. Na verdade, tratava-se de uma disputa regional de autoridade que Frederico temporariamente vencera. Ao entrar em Jerusalém, um mês depois, escoltado por suas hostes, caminha sozinho até a basílica do Santo Sepulcro, onde se coroa o novo rei de Jerusalém. A resposta não tardaria a chegar. Seus territórios na Itália seriam invadidos por fiéis ao papa, o que obrigaria Frederico a se retirar da Terra Santa.

Logo em seguida, nova força militar surgida no Mediterrâneo oriental, os mongóis, promoveriam em 1244 nova queda de Jerusalém em mãos "infiéis".

O encerramento das pretensões do imperador germânico ao domínio do Mediterrâneo viria com a declaração de sua deposição, ocorrida em 1245 no Concílio de Lyon, no qual os interesses papais se aliariam a outros que tinham o mesmo projeto de Frederico. Frederico chegou a ser acusado de personificar o Anticristo. Nova Cruzada foi convocada nessa ocasião.

Carlos, o duque de Anjou, irmão do rei Luís IX da França, realizaria seu projeto de Império Angevino em 1268, ao conquistar aos descendentes de Frederico II, o reino das Duas Sicílias. A França adquiriu então, pela primeira vez, controle sobre boa parte do Mediterrâneo Ocidental, estendendo seus domínios para além de seu território continental. Carlos pretendia ainda, com o apoio pontifício, conquistar o Império Bizantino e restaurar o Império Latino do Oriente com o apoio dos venezianos, ansiosos por recuperar entrepostos no mar Negro.

O duque de Anjou chega a ocupar militarmente regiões da Península Balcânica mas acaba sendo contido pelo rei de Aragão, cujas pretensões em relação ao domínio do Mediterrâneo conflitavam com as suas. Pedro III de Aragão, casado com a neta de Frederico II, herdeira oficial do reino das Duas Sicílias, fomenta em Palermo, na segunda-feira de Páscoa de 1282, um levantamento local contra os ocupantes franceses, uma revolta sangrenta denominada, em siciliano medieval, *Vísperas Sicilianas*. Carlos de Anjou conservaria apenas o reino de Nápoles, e Pedro III expandiria seus domínios ainda mais pela maioria das ilhas mediterrânicas.

Enquanto isso, o irmão do duque de Anjou, o rei Luís IX da França, protagonizaria o papel de "cruzado perfeito" conduzindo as duas últimas Cruzadas que teriam ainda como alvo o Egito. Ele tinha o misticismo como traço marcante de sua personalidade. O futuro São Luís teria sido educado de forma rigorosa nas práticas cristãs por sua mãe, Branca, princesa castelhana, o que torna fiável a crença do rei na sua missão de libertador do Santo Sepulcro.

Em 1246 terminou, em Paris, a construção da Saint-Chapelle, monumento gótico que passou a abrigar a relíquia do fragmento da Cruz de Cristo, que o rei francês adquirira por avultada quantia no grande mercado de relíquias que partia da Terra Santa e espalhava por toda Cristandade as mais bizarras lembranças de santos, dos apóstolos e do próprio Cristo e sua mãe. Um comércio que dispunha de relíquias para todos os bolsos, desde fragmentos de dentes e ossos até gotas do leite materno de Maria, atendendo às expectativas da espiritualidade medieval de materialização da divindade em pequenas lembranças que teriam caráter curativo e salvífico. Uma necessidade que também atingia os reis.

Além disso, criara-se, à volta das monarquias medievais, francesa e inglesa, a crença que, devido à sua sagração, os reis eram capazes de curar as escrófulas, uma dolorosa inflamação dos gânglios linfáticos, com a simples imposição de suas mãos. Assim, a própria função régia previa certo grau de misticismo latente ao rei Luís IX; no entanto, é pouco provável que, apesar de seu idealismo, desconhecesse o projeto Angevino conduzido por seu irmão.

Nesse caso, podemos falar de interesses convergentes, partindo de estratégias diferenciadas, numa França que pretendia assumir-se como líder no Ocidente. Um reino que tutelaria e promoveria os projetos papais até pelo menos o século XIV, quando o próprio rei da França pretenderia assumir a função de condutor da Cristandade. Caberia ao rei Luís IX o papel de guerreiro místico que lutava por um ideal, a libertação da Terra Santa, secundado por seu irmão, que lutava pela expansão territorial e de influência da França no Mediterrâneo.

O "CRUZADO PERFEITO"

Em 1244, como foi dito, Jerusalém foi invadida pelos mongóis, contrariando os interesses não só dos cristãos como também do sultão do Egito, que tinha pretensões coincidentes ao domínio daquela região.

Os ecos do pedido de socorro dos cristãos, presos no meio de uma disputa entre mongóis e muçulmanos, seriam transmitidos em 1245 no Concílio de Lyon, quando, conforme vimos, vários interesses entravam em jogo no momento de aderir ou não à ideia de uma nova convocação.

Luís IX da França preparava suas forças ao longo dos últimos três anos. Em 1248, dirige-se ao Egito acompanhado de cerca de 3 mil cruzados, onde, em junho de 1249, conquista a cidade de Damieta, mais uma vez presa dos cruzados e logo palco de mais uma derrota cristã. O sultão do Egito cerca os cruzados dentro da cidade e captura o rei da França, forçando-o a submeter-se e pagar grande quantia em ouro por sua liberdade.

Uma vez liberto, Luís IX não retornaria ao seu reino, mas iria para a Síria, ajudar a reconstruir fortalezas e resistir aos invasores. Chega a fazer um acordo com os mongóis; no entanto, enquanto isso, no Egito, o sultanato mameluco tomaria o poder em 1250 e seria responsável pela conquista muçulmana de quase todo o litoral da Síria e Palestina, entre 1263 e 1268, e o afastamento dos mongóis dessa região.

Os recentes aliados de Luís IX tinham sido vencidos, e a morte de sua mãe, regente do reino na sua ausência, obriga-o a retornar à França. Deixaria temporariamente para trás a causa da Cruzada, enquanto ocorria uma guerra entre comerciantes genoveses e venezianos nas ruas da cidade de São João de Acre, a Guerra de São Sabas, quando a disputa por mercados orientais se converte numa luta armada.

O rei retornaria para realizar a Oitava e última Cruzada com o apoio de seu irmão Carlos de Anjou, ainda rei das Duas Sicílias, de Jaime I de Aragão e do príncipe Eduardo da Inglaterra. O projeto dessa nova Cruzada era chegar a Túnis, onde o duque de Anjou tinha interesse em conseguir privilégios comerciais e de onde os cruzados atacariam o sultanato mameluco.

Mais uma vez a precipitação e desintegração das forças acaba causando a ruína da expedição. A localização era boa, mas Luís IX antecipa-se aos outros e fica isolado em Túnis à mercê da peste que grassava no cerco. O rei da França morre, juntamente com boa parte de suas forças e, quando seu irmão chega, só resta negociar a retirada do corpo régio e o retorno dos poucos sobreviventes à França.

O rei de Aragão e o herdeiro de Inglaterra desembarcam depois do sucedido na Síria franca apenas a tempo de testemunhar a ruína dos cristãos sob o avanço do sultanato egípcio. Uma a uma, caem, definitivamente, a partir de 1270, as últimas fortalezas dos reinos cruzados, inclusive o *Crak*, reduto dos cavaleiros hospitalários, até que, em 1291, São João de Acre, o último ponto de resistência cristã, é conquistado pelos muçulmanos.

O "cruzado perfeito" fora vítima da inevitável pressão dos mamelucos sobre os territórios da Terra Santa, num contexto em que as Cruzadas haviam se transformado num movimento anacrônico em meio a um Ocidente em transformação. A riqueza monetária já não era mais um estigma, os interesses comerciais e de banca tornavam-se prioritários, os reis tinham um poder acrescido dentro de seus reinos que logo dariam origem a novos impérios e disputavam entre si a primazia sobre a Cristandade latina, o Papado precisava garantir sua posição tutelar através de outros meios que não a concentração de esforços, já considerados inúteis, de reunir homens e mantê-los numa guerra que se sabia, militarmente fadada à derrota.

BALANÇO DO MOVIMENTO DAS CRUZADAS

Voltando ao panorama que permitiu o desenvolvimento das Cruzadas, temos que: a partir do século XI, o crescimento demográfico do Ocidente geraria um esgotamento de recursos, apesar dos avanços tecnológicos; a terra disponível já não era suficiente para alimentar tantas bocas, e os filhos-segundos da nobreza queriam estabelecer-se. Assim, as elites e as camadas populares tinham uma mesma vontade, crescer. Os dirigentes sentiram essa pressão, e ao envolverem-se com as Cruzadas (promovendo-as e/ou participando delas), estariam aplicando uma estratégia de conservação de seu poder – essa era a *práxis* das Cruzadas. No entanto, devemos lembrar que o ideal de combate pela fé cristã era comum às elites e ao povo, pois esse era um traço marcante da espiritualidade daquele momento e seria o *ideal* predominante do movimento das Cruzadas.

O ideal de Cruzada, cede, no entanto, especialmente no século XIII, cada vez mais espaço à *práxis*, aos interesses políticos, estratégicos e comerciais de predomínio cristão nas regiões da Síria e Palestina. Nesse sentido, fica fácil compreender a existência de acordos de ocasião entre cristãos e muçulmanos. Mais que as vitórias militares, efêmeras para os cristãos com interesses na região, os acordos de aliança e paz são o que mantêm vivo o movimento das Cruzadas no Oriente. Além disso, a continuidade desse movimento permite o surgimento de outras experiências políticas e militares conduzidas por normandos, venezianos, franceses e aragoneses, nesse mesmo Mediterrâneo, o que mostra que a Cristandade de então era atravessada por projetos e interesses concorrentes. No entanto, o movimento das Cruzadas dá-lhe certa unidade teórica ao centrar o foco de seu discurso oficial na necessidade de combater os inimigos dessa mesma Cristandade. Sob essa bandeira, os cristãos, divididos entre si, estariam unidos na mesma causa do combate ao "infiel".

As conquistas territoriais foram efêmeras na Terra Santa, mas o movimento equivalente de expansão na Península Ibérica foi perene e gerou realidades políticas que conservariam a característica diversidade cultural fomentada por séculos de convivência com o Al-Andalus. A Escola de Tradutores de Toledo, por exemplo, manteria vivo (possibilitando que chegasse até nós hoje) o pensamento e as obras de muçulmanos como Avicena e Averróis. Seria de lá que Pedro, o Venerável, abade de Cluny, encomendaria a tradução do *Alcorão* para o latim a fim de conhecer as ideias daqueles a quem combatia. Nessa mesma linha, em pleno século XIII, Ramón Llull, pensador catalão, aprenderia árabe para, à luz da lógica, discutir os princípios religiosos muçulmanos.

Em outros locais também temos exemplos de interação cultural independentemente do combate pelas armas que se assistia. A Corte Trilingue de Palermo é um desses exemplos. A presença dos cruzados na Síria e Palestina, que levou à absorção por parte dos cristãos latinos de algumas influências locais trazidas posteriormente para o Ocidente, é outro exemplo. (Aliás, o conhecimento mútuo foi um processo que antecedeu e inclusive sobreviveu ao chamado pelas Cruzadas.) A própria convivência de culturas distintas nesses locais geraria elementos comuns novos, com reflexos constatáveis até hoje na arquitetura, literatura e em toda e qualquer manifestação científica, cultural e artística ocidental. Assim, não é incorreto dizer que a troca de influências culturais também faz parte do saldo final do movimento das Cruzadas na Idade Média. No entanto, o fator decisivo que permite a continuidade do movimento durante séculos é a coexistência de momentos e espaços de *conflito* entre cristãos e muçulmanos com momentos e espaços de *convivência pacífica*, dentro e fora da Cristandade.

Já em relação a Bizâncio, o saldo de tão desastroso contato entre as culturas latina e grega seria o aprofundamento do fosso que as distanciaria durante séculos.

O Império Bizantino, cada vez mais reduzido territorialmente, ainda lançará um último pedido de socorro ao Ocidente quando os turcos otomanos, islamizados, estiverem às suas portas, expandindo o poderio muçulmano para novas fronteiras. Internamente, não existia mais unidade na Cristandade, e esse é um fator-chave na Queda de Constantinopla de 1453, episódio que formalmente abre a Época Moderna.

Os poderes do Ocidente se reunirão ainda contra o avanço turco, mas apenas para evitar que os turcos prossigam sua caminhada expansionista para os territórios da própria Europa. A luta contra o "infiel" será, nessa Época Moderna, mais uma bandeira que um ideal num Ocidente onde a diversidade religiosa começa logo a ser uma realidade a se combater internamente. A Reforma Protestante gerará a Contrarreforma, movimento da Igreja, apoiado pelos interesses das monarquias absolutas e do Império Habsburgo, que teriam de construir a unidade política e religiosa com base na penalização e perseguição de protestantes, judeus e muçulmanos.

LEGADOS NO IMAGINÁRIO ATUAL

O conceito de Cruzada ou Guerra Santa fixou-se no imaginário coletivo como uma luta justificável contra aquele que difere, em suas concepções e interesses, dos valores e crenças predominantes num determinado espaço, ou seja, o outro. Hoje ainda ocorre a utilização política desse ideal, convoca-se a Cruzada contra o terrorismo islâmico ou a *Jihad* contra os inimigos externos.

Em muitos momentos da história reutilizou-se esse discurso cruzadístico para justificar projetos políticos e econômicos, como na época dos Descobrimentos. As nações que partiam para descobrir África, Américas e Ásia utilizavam essa mesma bandeira, a do domínio justificado pela legitimidade da expansão da fé cristã. E esse ideal de Cruzada será levado até esses lugares onde ocorre a colonização europeia, será implantado na cultura desses povos e aos poucos absorvido, tomando feições próprias. Esse é o caminho da perenidade dessa ideia no Ocidente, que chega até os dias atuais.

No entanto, o uso contemporâneo das Cruzadas pouco tem a ver com seu significado medieval: trata-se de uma metáfora política que tenta justificar os interesses de grupos ou potências. As Cruzadas foram fruto de uma realidade medieval e um contexto histórico nunca se repete. O mecanismo de extrair da cultura da Idade Média a ideia de uma Guerra Santa ou Cruzada para que se façam guerras nos dias de hoje nada mais é que uma manipulação que se utiliza do passado histórico para legitimar causas atuais – que, do contrário, teriam talvez menos probabilidades de serem aceitas e abraçadas.

NOTA

(1) Kamaleddin, História de Alepo, em A. Maalouf, As Cruzadas vistas pelos árabes, São Paulo, Brasiliense, 1989, pp. 94-5.

BIBLIOGRAFIA

Alphandery, P.; Dupront, A. *La Chrétienté et l'idée de Croisade*. Paris: Albin Michel, 1954, 2v.

Cabrera, E.; Segura, C. *Historia de la Edad Media: Bizancio.* El Islam. Madrid: Alhambra, 1988.

Costa, Ricardo da. *A guerra na Idade Média*. Rio de Janeiro: Paratodos, 1998.

Espinoza, Fernanda. *Antologia de textos históricos medievais*. 3ª ed. Lisboa: Sá da Costa, 1981.

Franco Jr., Hilário. *As Cruzadas*. 3ª ed. São Paulo: Brasiliense, 1984. (Tudo é História).

GROUSSET, R. *Histoire des Croisades.* Paris: Plon, 1934-6, 3v.

HERRERA, Héctor; MARÍN RIVEROS, José. *El Império Bizantino.* Santiago: Universidad de Chile, 1998.

LOSTE, Maria Antonia. *Las Cruzadas.* Madrid: Anaya, 1990.

MAALOUF, A. *As Cruzadas vistas pelos árabes.* São Paulo: Brasiliense, 1988.

MACEDO, José Rivair. *Heresia, Cruzada e Inquisição na França medieval.* Porto Alegre: EDIPUCRS, 2000.

PEDRERO-SÁNCHEZ, Guadalupe. *História da Idade Média. Textos e testemunhas.* São Paulo: Unesp, 2000.

_____. *A Península Ibérica entre o Oriente e o Ocidente: cristãos, muçulmanos e judeus.* São Paulo: Atual, 2002. (A vida no tempo).

PERNOUD, Régine. *Os templários.* Lisboa: Publicações Europa-América, s/d. (Coleção Saber).

ROUSSET, P. *História das Cruzadas.* Rio de Janeiro: Zahar, 1981.

RUNCIMAN, Steven. *Historia de las Cruzadas.* 3ª ed. Madrid: Alianza Editorial, 1983, 3v.

GÊNGIS KHAN E AS CONQUISTAS MONGÓIS

Elaine Senise Barbosa

Em 1995, o jornal *Washington Post* realizou uma pesquisa sobre quem teria sido o personagem mais importante do milênio e, para surpresa geral, o escolhido foi Gêngis Khan.[1] Surpresa porque, embora o nome do conquistador mongol seja familiar a qualquer pessoa basicamente informada, na realidade pouco se sabe dele além da visão que as vítimas de suas guerras deixaram para a posteridade: o terrível e sanguinário condutor das hordas que devastaram da China à Europa Oriental, passando pela Pérsia e pelo Oriente Médio no século XIII.

Talvez o simples fato de um único homem haver conseguido se impor sobre área tão vasta já fosse motivo suficiente para sua escolha como o "personagem do milênio", mas o fato é que essas conquistas provocaram fortes repercussões na história dos povos conquistados e, provavelmente, consequências insuspeitas para a própria história da humanidade.

O desconhecimento sobre o tema tem algumas explicações. A primeira é que os mongóis só adotaram um sistema de escrita na época de Gêngis Khan e, além de terem pouco interesse em relatar detalhadamente suas conquistas ou registrar observações sobre os povos conquistados, são conhecidas apenas duas fontes sobre essa época, igualmente perdidas no original e estudadas com base em suas versões chinesas e persas. São o *Altan Debtèr* [*O livro de ouro*],[2] que relata a genealogia do Khan, e a *Mongol-um Ni'uca Tobci'an* [*História secreta dos mongóis*],[3] crônica das conquistas de Gêngis e de parte do reinado de seu filho e sucessor, Ogedei.

Já os relatos deixados por autores pertencentes aos povos conquistados, mesmo quando escritos décadas ou séculos depois, ressaltam apenas a destruição física e cultural, sem conseguir perceber nenhum aspecto positivo. Existem também relatos deixados por viajantes da Europa Ocidental, dos quais o mais famoso foi Marco Polo (*circa* 1254-1324), que trabalhou para Kublai Khan, neto de Gêngis e imperador da China. Essas obras fornecem importantes descrições do ambiente observado, mas padecem de incapacidade de compreender o outro, uma vez que a maior parte deles eram missionários cristãos interessados em fazer proselitismo religioso. Apenas no século XX estudiosos e historiadores começaram a apresentar uma visão mais favorável da figura de Gêngis Khan e a destacar os aspectos positivos de suas conquistas.

De qualquer modo, ainda há muito a ser estudado, e a Arqueologia engatinha nas terras da Ásia Central. Segundo o historiador inglês John Mann, é a atual *terra incognita* dos cronistas e geógrafos. O fato, por exemplo, de a sociedade mongol ter-se estruturado pelo nomadismo, dificulta o reconhecimento da localização de inúmeros lugares, cujos nomes foram transpostos ou simplesmente substituídos com o passar das gerações.

Atualmente os governos da Mongólia e da China empreendem esforços para ampliar as informações sobre o tema. O primeiro, para fundamentar o nacionalismo mongol e obter dividendos em turismo. O segundo, para associar a figura de Gêngis Khan à história do próprio Império Chinês, como fundador póstumo da Dinastia Yuan, de modo a legitimar seu domínio sobre a Mongólia Interior e – por que não? – sobre toda a Mongólia. Como se vê, oito séculos depois a figura do conquistador mongol continua a influenciar a história.

NÔMADES *VERSUS* SEDENTÁRIOS

Durante muito tempo acreditou-se que a evolução humana se dera num processo linear que conduzia do nomadismo/extrativismo ao sedentarismo/agricultura. Hoje sabemos que sociedades nômades e sedentárias desenvolveram-se paralelamente e de forma complementar. Na Ásia essa distinção começa cerca de 4000 a.C., com as civilizações agrícolas acomodando-se nos grandes vales fluviais e faixas costeiras, enquanto os nômades ocupavam o vasto ambiente da estepe que se estende do oeste da Sibéria até as terras da Hungria, onde até as planícies situam-se, em média, 1.200 metros acima do nível do mar e as enormes amplitudes térmicas anuais tornam a vida do agricultor muito difícil.

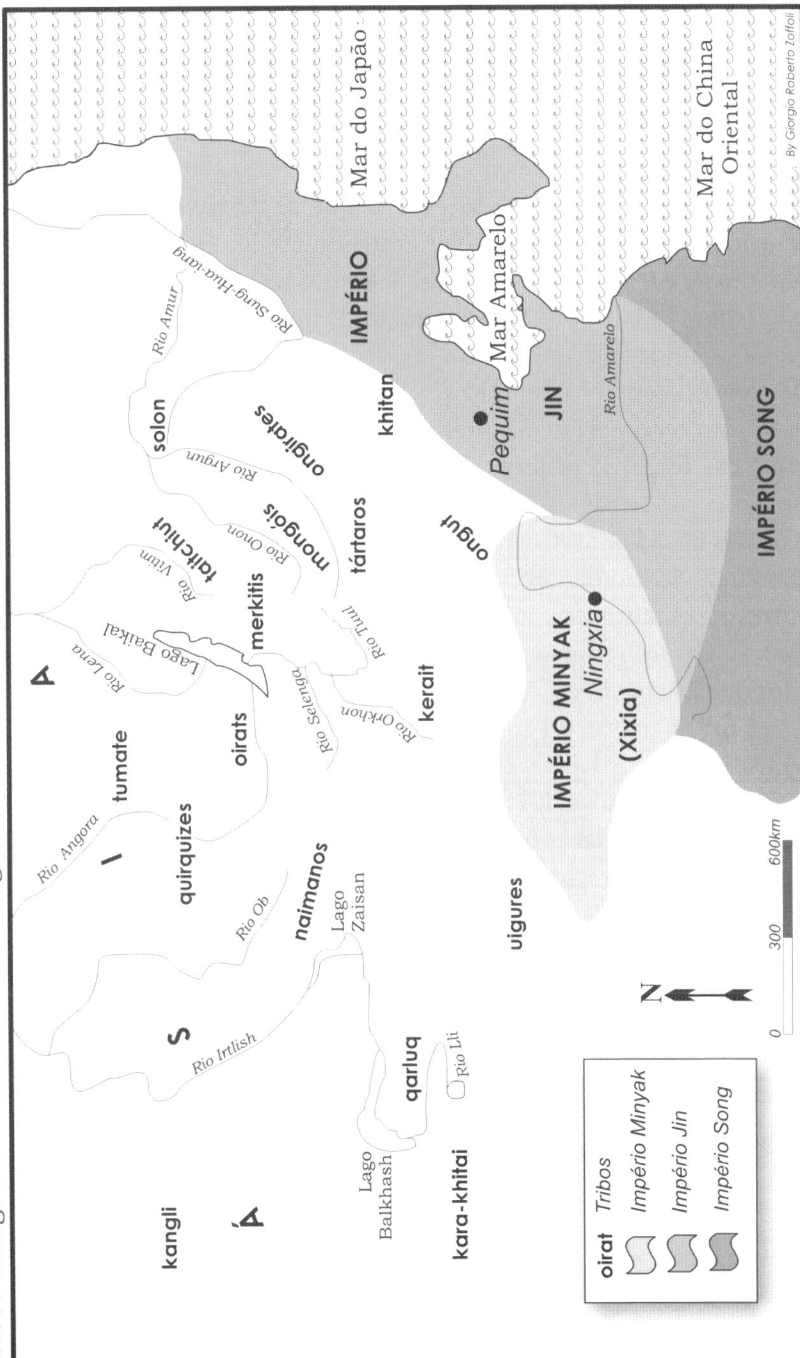

Tribos mongóis e turcas antes de Gêngis Khan

Nas estepes, a domesticação do cavalo viabilizou um modo de vida ligado ao pastoreio. A criação de cabras forneceu a base dos recursos para a alimentação, vestimenta e moradia, enquanto o desenvolvimento de potentes arcos assegurava a complementaridade da atividade econômica principal através da caça e da guerra.

É com o surgimento do estribo que se desenvolve a arte da guerra, ao assegurar firmeza ao cavaleiro em movimento enquanto libera suas mãos para o combate e o manejo das armas. Segundo registros, o estribo surgiu na Índia no século II a.C. e, provavelmente, foi introduzido na Europa pelos hunos no século V, ainda feitos em couro. Já no século VI aparecem documentos europeus descrevendo estribos de ferro.

Com o comércio e a guerra, os nômades adquirem o que não produzem (cereais, tecidos, objetos), e também recursos complementares (gado, prisioneiros, armas). Muitas vezes um butim de guerra serve como meio de trocas mais adiante. Os povos nômades, apesar dos assaltos aos sedentários, revelaram-se fundamentais como correias de transmissão de informações entre povos distantes, aos quais serviram, para o bem e para o mal, como elos. Assim difundiu-se, por exemplo, a metalurgia do ferro, além do uso do próprio cavalo.

Com o passar do tempo e o desenvolvimento de diversas técnicas de irrigação, as sociedades sedentárias expandiram-se, em detrimento dos pastores e caçadores nômades. Tal fato alimentou uma animosidade permanente entre os dois modos de vida: enquanto o camponês tem sua vida regida pela percepção do tempo, o pastor liga-se à noção de espaço.

Os sedentários temiam os ataques dos nômades, e estes os desprezavam pelo que consideravam uma "prisão": gente que tinha a mobilidade de "mulheres grávidas". No processo de expansão mongol essa tensão iria manifestar-se muitas vezes, tanto no desapreço pelas plantações e obras de irrigação, que eram sistematicamente destruídas, quanto na própria eliminação física das pessoas, consideradas inúteis. Amplos espaços vazios garantiriam pastos abundantes.

Nas estepes da Ásia Central desenvolveram-se três grandes troncos etnolinguísticos: os tungues, os turcos e os mongóis, dos quais derivavam inúmeras tribos que se distinguiam também por localização, religião, mitos ancestrais, atividades econômica.[4] Havia os grupos caçadores-coletores, que viviam nas franjas das florestas às margens de rios e lagos. Mas a imensa maioria era formada por pastores transumantes, que se deslocavam por amplas áreas de acordo com as estações. Organizavam-se em clãs compostos por aristocratas com seus clientes e escravos.

O conjunto do clã e seus bens formava o *ulus*. Cada *ulus* ocupava, por tradição ou pela conquista, um *yurt* ou *iurta* (território) onde vivia. Cabia ao chefe – aquele que controlava o *ulus* – conhecer os limites desse território, dividir as pastagens e estabelecer as datas de deslocamento e os itinerários.

As principais criações eram de cavalos e carneiros e, em certos lugares, também renas ou iaques. Os rebanhos precisavam ser grandes para grupos relativamente pequenos de pessoas, pois estavam sujeitos às doenças, morte por falta de pasto durante o inverno, ou mesmo roubos. Os animais tinham diversas utilidades: serviam para alimentação e também para confecção de roupa. E, ainda, proporcionavam materiais para ser utilizados no cotidiano e na construção de moradias.

O cavalo mongol, que ocupa papel de destaque nas conquistas territoriais, é na verdade um "pônei duplo" medindo cerca de 1,30 m no garrote e pesando em torno de 350 kg. Eram destinados à montaria os capões, desde os 3 anos. Extremamente fortes, podiam cobrir cerca de 45 km por dia se bem descansados; por isso os mongóis costumavam usá-los um dia para três de descanso, levando consigo nas campanhas várias montarias de substituição.

As tendas (*gher*), utilizadas ainda hoje na Mongólia, são erguidas com base em uma estrutura circular de madeiras finas entrelaçadas e cobertas por várias camadas de feltro, dependendo do rigor da estação, que são amarradas. Esse feltro é feito da lã de carneiro prensada e untada com gordura, o que lhe dá bastante resistência. São divididas interiormente numa área de uso comum e noutra, para dormir; há um fogareiro no centro, onde são preparadas as refeições, que expele a fumaça por uma pequena chaminé. Num dos cantos da tenda ficam imagens totêmicas tratadas com grande reverência, embora os mongóis não tivessem uma religião organizada. Às vezes essas tendas eram montadas sobre plataformas de madeira puxadas por animais. Pode-se imaginar que, nos grandes deslocamentos durante suas campanhas, Gêngis Khan tenha utilizado uma dessas, até porque ele costumava levar uma de suas concubinas consigo.

A base da alimentação era composta pela carne e pelo leite. A carne era cortada em finas fatias, postas para secar ao sol e ao vento, depois eram prensadas e fermentadas. Dessa forma conservavam-se por muito tempo mantendo suas propriedades nutritivas. Normalmente era mastigada ou picada numa sopa. Para beber preparavam o leite de égua, que ficava pendurado em odres agitados diversas vezes por dia até fermentar – é o *qumis*, que os mongóis consumiam em grande quantidade. Com o leite de cabra preparava-se uma coalhada bem seca (*qurud*) que podia ser consumida diretamente ou dissolvida em água quente. Do ponto de vista das campanhas militares, eis uma combinação muito prática para os soldados, que carregavam rações individuais dessa carne e da coalhada, podendo consumi-las tanto acampados quanto sobre os cavalos.

Um elemento muito importante e valorizado pelos mongóis era a caça, que servia como fonte de recursos alimentares mas, sobretudo, como treinamento para a guerra e a afirmação das lideranças tribais, pois as caçadas eram eventos coletivos que chegavam a envolver centenas de homens. Isso porque a tática usual consistia no cerco de grande área, dentro da qual os animais era abatidos por flecheiros ou falcões treinados, enquanto o círculo ia se estreitando cada vez mais. Tais operações implicavam organização de grupos agindo simultaneamente em diversas frentes, comunicação a distância, planejamento de estratégias e logística de armazenamento dos animais abatidos para depois serem repartidos.

A caçada, bem como o combate ou a defesa contra inimigos assaltantes, exigia a produção de instrumentos apropriados. Eram arcos, sabres, maças e laços, armaduras e jaezes para as montarias, capacetes metalizados e couraças. Estas eram feitas de placas de couro de boi e de outros animais, coladas umas sobre as outras com uma mistura de betume e atadas por correias. Apesar de não serem soldados, todos os homens detinham o conhecimento para a fabricação dessas peças, o que também se revelaria muito útil nas grandes campanhas de conquistas.

O ADVENTO DE GÊNGIS KHAN

Certa feita um jovem e valente guerreiro chamado Yesugei cavalgava com seus irmãos quando avistou um grupo de cavaleiros escoltando uma pequena carruagem, comumente usada para o transporte de mulheres aristocráticas. Atacaram provocando a fuga dos homens e apossaram-se da bela jovem que era conduzida. Ela se chamava Hoelun e tornou-se esposa de Yesugei. Ao primeiro filho foi dado o nome de Temudjin, que o mundo conheceria como Gêngis Khan. O ano de seu nascimento é incerto, sendo estimado entre a década de

1150 e o ano de 1167 (esta última, a data considerada oficial pelo governo da Mongólia).

A escassez de mulheres fazia do rapto um expediente comum entre as tribos turco-mongóis, provocando também intermináveis vendetas (além daquelas geradas por roubos e quebras de compromisso), e essa foi a causa da morte de Yesugei, quando Temudjin tinha cerca de 9 anos. Hoelun foi abandonada pelo clã no qual seu marido era um chefe em ascensão, com quatro filhos, alguns criados e poucas cabeças de animais. A família passou por todo o tipo de dificuldade e as crianças tiveram de enfrentar desde cedo os rigores da luta pela sobrevivência, especialmente Temudjin, sobre quem recaía a responsabilidade de ser o varão. Num dos episódios mais marcantes de sua infância, tinha cerca de 12 anos quando partiu sozinho para recuperar as poucas reses de sua família que haviam sido roubadas por um grupo de outra tribo. E conseguiu, com a ajuda de outro jovem, que nada quis receber em troca e viria a se tornar um de seus principais generais.

Avalia-se que foi nesse período que ele compreendeu a importância da lealdade, qualidade que valorizou acima de todas as outras ao longo de sua vida. Assim como a firmeza nas ações e decisões, necessárias a quem jurou para si mesmo não passar novamente por situações de medo e fragilidade.

Antes de morrer, Yesugei deixara arranjado para o filho o casamento com uma menina de outra tribo. Por volta dos 16 anos, Temudjin foi buscar a noiva, chamada Boerte, que lhe seria devotada durante toda a vida e a quem o Khan ouviria sempre com atenção. Em seguida, pretendendo retomar o lugar que fora de seu pai, o jovem começou a estabelecer contatos com alguns chefes, aos quais Yesugei estivera ligado, para jurar-lhes vassalagem. O mais importante deles foi Togrill, líder de uma ampla federação de tribos. A ligação entre eles foi logo testada: pouco depois do seu casamento, o acampamento da família foi atacado e Boerte, raptada. Temudjin obteve a ajuda de Togrill, recuperando a mulher e matando os inimigos. Boerte voltou grávida e esse primeiro filho, Djoetchi, foi acolhido e criado como os demais, embora sua condição de bastardo viesse a impedir, mais tarde, que sucedesse ao pai.

Transcorre um longo período do qual temos escassas informações. O clã de Temudjin cresceu, bem como sua liderança. Então, por volta de 1197, com aproximadamente 40 anos, ele é eleito durante um conselho tribal como líder de diferentes grupos que ocupavam parte do espaço correspondente à atual Mongólia, recebendo o inédito título de Gêngis Khan, cujo significado é controverso e pode ser entendido como soberano vasto como o oceano ou, simplesmente, soberano maior que todos os outros. Tal eleição, numa sociedade tribal que à época vivia em constantes disputas por territórios, com ciclos de federações efêmeras, pode ser vista como expressão de um desejo de unidade, de que a maior centralização de decisões pudesse reduzir os conflitos e propiciar maior estabilidade.

O novo líder inicia então um período de campanhas voltadas à sujeição das demais tribos mongóis e tártaras (turcos mongolizados) e ao reconhecimento de seu poder máximo. A sucessão de vitórias, algumas obtidas em situação de reviravolta em campo de batalha, tendem a desenvolver em Gêngis Khan a crença numa proteção sobrenatural, vinda do Céu Azul (*Tengri*) que ele reverenciava, tornando-o um predestinado à liderança, crença que também se difunde entre seus seguidores consolidando seu poder.

Durante esses anos ele organiza um eficiente serviço de espiões e batedores infiltrados nas tribos rivais, explorando sempre as dissensões internas entre os inimigos e procurando as melhores condições físicas para atacar (áreas de vertentes onde assumisse posição vantajosa; gargantas entre montanhas; oferta de pasto para os animais). Combatendo contra a tribo dos naimanos, que demorou anos para ser definitivamente derrotada, Gêngis Khan feriu-se numa queda após seu cavalo ter sido alvejado por um flecheiro e teve de ser retirado do campo de batalha enquanto a luta prosseguia. Os naimanos foram derrotados e seus combatentes, punidos com a morte; entre eles estava o autor do disparo que havia acertado Khan e que se apresentou assumindo a responsabilidade, aguardando a pena. Admirado com sua pontaria e por sua coragem, Gêngis perdoa-o e incorpora-o a suas tropas. O jovem jura fidelidade ao novo senhor e é rebatizado como Djebe (o "ponta de flecha"). Ele se tornaria um dos principais generais do império gengiscânida, tendo participado ativamente das campanhas da Pérsia e da Rússia. Mais uma vez, a lealdade era prestigiada pelo líder.

Gêngis Khan soube cercar-se de colaboradores que, além da coragem e capacidade militar, jamais tentaram criar algum tipo de poder pessoal, fato que talvez se explique pela prudência – pois assim como valorizava a fidelidade, Khan não perdoava a traição – e por aquela mística do "eleito do Céu". Deve-se levar em conta também a generosidade do líder na distribuição dos butins de guerra. Seus principais prepostos, desde essa época foram o irmão Boorchu, Muqali, Borokul e Chilagun, chamados de os "cavalos de guerra de Khan", e Khubilai (não confundir com o neto Kublai), Djelme, Djebe e Subedei, os "cães de caça".

Tendo estendido seu poder a um território mais ou menos igual ao da Mongólia atual, Temudjin, então com cerca de 50 anos, convocou novo conselho tribal (*quriltai* ou *kuril*), em maio de 1206, no qual foi reconfirmado Gêngis Khan por todas as tribos. Ao que tudo indica, foi a partir desse momento que o termo *mongol* passou a ser usado por todas as tribos, em substituição às antigas nomenclaturas clânicas, em mais uma demonstração de busca de unidade daqueles grupos nômades.

Realizaram-se rituais xamânicos de confirmação divina e invocação de proteção. O imperador distribui aos seus auxiliares muitos presentes obtidos durante essas primeiras campanhas: animais, escravos, peles, tecidos, e também títulos e honrarias aos líderes tribais.

Um novo império nascia e sua primeira expressão marcante foi a preocupação com as leis, que deveriam ser iguais para todos os súditos de Khan. Mas havia um problema: a maioria dos mongóis não dominava a escrita. Decidiu-se então pela adoção do alfabeto utilizado pelos naimanos, empregado por diferentes grupos como uma espécie de língua franca da Ásia Central. Sua origem remontava ao aramaico e, portanto, tinha a grande vantagem de ser um sistema fonético. Escrita na vertical, é usada ainda hoje na Mongólia Interior.

Resolvida a questão técnica, Gêngis Khan passou a ditar as leis a escribas escolhidos entre os escravos letrados. Era o *jasaq* ou *yassak*, conjunto de leis que atualizavam velhos costumes mongóis e estabeleciam novas regras. Tratavam das relações hierárquicas, da propriedade, das liberdades, dos direitos dos clãs, definia os tabus, os crimes comuns e suas penas, sofrendo acréscimos até 1219, quando foi oficialmente concluído e aprovado. A concepção geral desse código é que ele expressa a vontade universal, materializada na pessoa do Grande Khan, a quem se deve obediência absoluta sob pena de morte. Organizado nos chamados Cadernos Azuis, esses textos foram perdidos e parcialmente reconstituídos com base em fontes persas e chinesas escritas entre cem e duzentos anos após a morte do conquistador.

O imperador destacou Chigi, seu irmão caçula (na verdade uma criança tártara capturada numa das batalhas do jovem Temudjin e criado por sua mãe, Hoelun), como guardião da lei. Começava a organizar-se, de forma muito embrionária, uma chancelaria que seria ampliada com a expansão do próprio império, mais pela incorporação de homens, conhecimentos e práticas dos povos conquistados do que por uma percepção própria das necessidades e vantagens de uma boa administração, ideia estranha à maior parte dos mongóis, que preservavam os valores nômades.

Nesse sentido, destacou-se a figura de Yehlu Chu-tsai, um jovem aristocrata do povo jin (ou jurchen) e cultura chinesa capturado pelos mongóis, que ganhou a admiração e o respeito de Khan ao pedir para ser morto acompanhando o destino do rei derrotado ao qual servira. O pedido foi negado e Yehlu, alçado à condição de conselheiro do imperador mongol, passou o resto de sua vida tentando incutir um mínimo de "civilidade" aos seus senhores, mostrando-lhes a inutilidade de arrasar as terras e povos conquistados, pois poderiam servir como fonte de recursos e tributos. As longas conversas de Chu-tsai com Gêngis Khan expunham cabalmente o velho conflito entre a lógica de sedentários e nômades. E, efetivamente, o chinês só conseguiu resultados mais efetivos com Ogedei, o sucessor de Gêngis.

UMA MÁQUINA DE GUERRA

Após a lei, veio a reforma do exército. Gêngis Khan constatou por experiências anteriores que não poderia depender do apoio frouxo dos chefes de *ulus*, especialmente quando convocados para lutar. Tratou então de criar nova estrutura de alistamento, em que a fidelidade a Khan passasse a ser mais importante que os antigos vínculos tribais. Começou por determinar o número de combatentes que cada *ulus* deveria fornecer ao exército. Para as pequenas tribos isso implicou agrupamentos para atingir o número exigido, enquanto clãs e tribos muito numerosos foram subdivididos.

Vejamos a descrição feita pelo viajante europeu Plan Carpin, que viajou à Ásia em 1245 a mando do papa Inocêncio IV:

> Gêngis Khan organizou seu exército da seguinte forma: à frente de dez cavaleiros colocou um decano; dez decúrias são comandadas por um centurião; dez centúrias obedecem a um milenário; dez mil homens, reunidos sob a autoridade de um capitão, formam um corpo designado tuman. Enfim, no comando do conjunto das tropas estão dois ou três generais, um dos quais tem a precedência. Se durante um combate um, dois, três ou mais homens de uma decúria fogem, todo o grupo é executado; se todos os dez deserdam a centúria à qual pertencem é executada, a menos que todos desertem ao mesmo tempo.[5]

E, segundo Marco Polo, esse sistema decimal possuía a vantagem de colocar o imperador em contato com apenas dez comandantes, que por sua vez se reportavam a outros dez e assim sucessivamente, garantindo-se comunicação rápida e eficiente. Essa foi a versão de Gêngis Khan daquilo que, na linguagem militar moderna, é denominado de C3 – comando, controle e comunicação.

Mas existe certa controvérsia sobre qual teria sido o número máximo de componentes do exército. Há fontes que mencionam números de centenas de milhares, o que parece obviamente exagerado e fruto de uma percepção distorcida pela violência da conquista. Alguns historiadores argumentam ser impossível avançar sobre áreas tão vastas em tão pouco tempo, com números tão grandes de homens sem uma logística compatível. Eles sugerem efetivos totais não superiores a 30 mil homens durante a maior parte das campanhas, com a possibilidade de se ter atingido, à época da morte de Gêngis Khan, cerca de 130 mil. Outras fontes mencionam um exército bem maior que esse, talvez de duas centenas de milhares.

O corpo de oficiais superiores era formado pela aristocracia tribal, que somava o comando militar, tornado hereditário, aos seus antigos direitos. E, embora esses oficiais superiores não fossem soldados profissionais, mantendo suas atividades de pastores em tempos de paz, acabaram submetidos a um serviço quase permanente. Foram criados também comandos para a organização logística, como os haras de reserva, as carroças que transportavam os armamentos e também continham o material para a sua fabricação, bem como para parte dos mantimentos.

A fim de conter ambições pessoais de alguns dos velhos chefes tribais, Gêngis Khan ampliou a sua guarda pessoal para 10 mil homens, incorporando os varões daqueles chefes e atribuindo-lhes poder superior ao dos pais. Isso significava que qualquer rebeldia paterna punha em risco a vida do filho, bem como assegurava ao filho poder de fiscalização sobre o pai.

Esse exército era coordenado por um corpo de mensageiros-flechas, que dispunham de mudas de cavalos espalhados por todo o território. Andavam com guizos ou trompas para que sua aproximação fosse percebida e outro cavalo imediatamente preparado. Diz-se que percorriam cerca de 400 km por semana. Nas operações militares eram usados também sinais visuais – bandeiras de dia, fogos de noite – e sonoros, permitindo operações combinadas em áreas muito extensas.

Quanto às armas do guerreiro, elas são assim descritas por Plan Carpin:

> Cada combatente está munido de pelos menos dois ou três arcos, ou de um só de excelente qualidade, três grandes aljavas repletas de flechas, de um machado e cordames

> que servem para puxar os veículos. Os mais ricos estão dotados de um gládio afilado na extremidade, cortante de um lado e de forma ligeiramente curva [...]. Os guerreiros têm as pernas cobertas e usam um capacete e uma couraça. Esta, toda de couro, assim como a sela, é fabricada da seguinte maneira: correias de pele de boi ou de outros animais, da largura de uma mão, são unidas em três ou quatro por cordinhas. Os fechos das correias superiores são fixados na borda inferior, enquanto os lacetes das demais correias superiores são ligados pelo meio, e assim por diante, de modo que, quando o guerreiro se inclina, as peças inferiores sobrepõem-se às de cima e assim dobram ou triplicam a proteção do couro sobre o corpo.[6]

A vantagem desse tipo de armadura, semelhante à japonesa, era permitir ao guerreiro destreza e flexibilidade. Além disso, os cavaleiros usavam um capacete metálico forrado de couro. Eles usavam também longas lanças para enganchar ou um laço fixado numa vara, destinado a derrubar adversários do cavalo. E os admirados arcos, dotados de dupla curvatura e requerendo uma força de tensão de 80 kg, atingia entre 200 e 300 m, com cadência de doze flechas por minuto, chegando a perfurar armaduras. Os cavalos também eram protegidos por couraças nas áreas do peito e flancos, embora tais proteções raramente sejam retratadas nas pinturas chinesas e persas.

Destituído de infantaria, o exército mongol era imbatível graças a essa combinação de velozes arqueiros a cavalo. Eles representavam, na época, o que as divisões de blindados motorizados representam para as guerras contemporâneas. Durante os ataques, a cavalaria dividia-se em três alas: a da esquerda (*djunqar*), a da direita (*baraghun*) e a do centro (*qoel*), que obedeciam tanto aos oficiais quanto às ordens transmitidas pelas flâmulas. Esses ataques por diferentes flancos exigiam uma estratégia bem planejada por um centro de comando e desmentem a visão de ataques desordenados de hordas bárbaras, como muitas fontes relataram.

Essa máquina de guerra apresentou um traço característico de muitos exércitos vitoriosos na história: a valorização do mérito individual em detrimento das relações e hierarquias tradicionais. Os principais generais de Gêngis Khan não pertenciam às linhagens aristocráticas. Sob outro ângulo, pode-se ver aí uma estratégia contra pretensões usurpadoras.

A partir dessa nova base de poder, o líder mongol voltou sua atenção para a conquista das terras que compõem a China atual. O que teria provocado tal interesse? Provavelmente a necessidade de criar inimigos que servissem de contraponto às tribos submetidas, unindo-as num objetivo comum de conquista capaz de trazer riquezas e escravos, evitando que disputas internas voltassem a fragmentar a unidade recém-instaurada. Mas há outra explicação possível, e elas não são excludentes. A Mongólia carecia de reservas de ferro (essencial para os armamentos), normalmente contrabandeado da China, cujos imperadores proibiam o comércio desse produto com as tribos nômades, uma vez que eles eram os inimigos e invasores habituais do Império Chinês. Para um poder assentado na guerra, esse era um ótimo propósito.

Estima-se que no início do século XIII a população do império gengiscânida abrangesse 1 milhão de pessoas, e que o exército que invadiu a China contasse, inicialmente, em torno de 110 mil homens, chegando posteriormente, talvez, a algo em torno de 200 mil. De qualquer forma, uma força invasora pequena, quando se tem em conta a magnitude da população conquistada, que atingia dezenas de milhões de pessoas.

O primeiro fator favorável ao sucesso da invasão mongólica é que a China se encontrava subdivida em três impérios: o Minyak, a noroeste, controlando o comércio da Rota da Seda;[7] o Jin ou Jurchen, ao norte, abrangendo as terras em torno do rio Amarelo (Hoang Ho); e o império Song, ao sul, responsável por forte desenvolvimento técnico e militar, inclusive com o uso da pólvora.

A luta foi travada inicialmente contra o Minyak, com expedições entre 1205 e 1209. Ali os mongóis depararam-se pela primeira vez com um Estado sedentário, com exército regular e cidades fortificadas, o que tornou a conquista muito mais lenta e sujeita a reveses momentâneos. Entretanto, Gêngis Khan revelava-se grande estrategista e sabia esperar o momento certo para atacar, só o fazendo quando tinha certeza de sua vantagem sobre o inimigo, e recuando sempre que sua posição fosse vulnerável.

Um recurso utilizado várias vezes pelos mongóis era simular uma retirada, atraindo o inimigo para longe de suas bases e, em seguida, lançar-se sobre ele com a totalidade das forças da cavalaria. Também costumavam usar animais como cães e bois, aos quais atavam lanças pelos flancos ou incendiavam os pêlos, enviando-os para as fileiras inimigas. Contra as cidades, usavam aves, às quais atavam mechas em fogo. Desesperadas para voltar aos seus ninhos, acabavam incendiando os telhados das casas e o restante da cidade.

Por outro lado, para manter cercos prolongados os homens recorriam aos saques contra as aldeias rurais, devastando os campos, escravizando e matando seus habitantes. Em pouco tempo, não só o rei do Myniak teve dificuldade para manter unidas suas forças, como o desejo de resistir aos invasores reduziu-se sensivelmente e o reino acabou aceitando prestar vassalagem a Gêngis Khan. A Rota da Seda caiu sob domínio mongol e, com ela, um mundo de produtos e contatos com povos e regiões abriu-se aos nômades da Ásia Central. Ciente de ter controlado a retaguarda, Gêngis Khan lançou-se sobre o Império Jin (ou Jurchen).

Para começar, organizou cuidadosamente a operação enviando espiões que traziam informações sobre a situação interna, as brigas e divisões, os possíveis traidores, além de criar uma base de colaboradores/tradutores constituídos de elementos locais capazes de informar sobre estradas, situação defensiva das cidades etc. Estabeleceu-se uma logística ligeira baseada em carroças para transporte de víveres e armas, e haras de cavalos de substituição, indicando a perspectiva de cercos prolongados.

Os mongóis atingiram as terras ancestrais da civilização chinesa, na bacia do rio Amarelo (Hoang Ho), onde o desenvolvimento agrícola propiciara, havia milênios, a formação de grandes impérios. Entretanto, a história chinesa seria marcada por períodos de estabilidade e crescimento alternados com períodos de guerras civis e/ou invasões (geralmente originárias da Mongólia), que resultavam em fragmentação do poder central, como era o caso desse início de século XIII. Com frequência, os invasores do norte, após chegarem ao poder, assimilavam gradualmente a cultura chinesa perdendo a agressividade e o ímpeto conquistador inicial, o que resultava no seu enfraquecimento e queda.

Foi contra essa ameaça de invasão constante que os chineses ergueram, ao longo de séculos, os complexos sistemas de defesa que integram a Muralha da China. Essa imensa linha de cerca de 6 mil quilômetros era um conjunto de fortificações com muros duplos e triplos de até 8 m de altura, fortins e torres de vigia, casernas e arsenais. Nas cercanias, estacas e espinhos dificultavam a aproximação. E um complexo sistema de sinalização ótica e sonora que interligava as torres de vigia permitindo, em poucas horas, uma mensagem percorrer cerca de 500 km. Mas, quando as tropas de Gêngis Khan chegaram, nada disso adiantou: a traição franqueou-lhes a passagem.

Embora o exército jin fosse superior em infantaria, a agilidade da cavalaria mongol impôs-se durante as batalhas. No inverno de 1211-1212 iniciou-se o longo cerco a Pequim, que demoraria meses para cair em função de suas imensas muralhas, dentro das quais se abrigavam alguns milhares de habitantes e amplas forças militares. Nessa oportunidade os mongóis ressentiram-se da falta de material e técnicas de cerco. Enquanto isso o imperador e os generais jin começaram a brigar entre si à procura de culpados para a sucessão de derrotas, enfraquecendo ainda mais a capacidade de resistência.

Para sustentarem-se durante a demorada campanha, os mongóis passaram a atacar e saquear as vilas camponesas, o que os levou até as planícies do rio Amarelo, onde depararam com uma realidade nova e surpreendente: campos quadriculados e cultivados, canais de irrigação cuidadosamente desenhados, quilômetros sem fim de natureza domesticada. Incapazes de valorizar o que aquela imagem representava, começaram a destruir sistematicamente os campos e canais, inundando vastas áreas. Destruindo os campos, o poder de resistência das cidades reduzia-se sensivelmente.

Os camponeses eram escravizados para servir como mão de obra, cuidando dos animais, consertando carroças, construindo pontes – quando tinham sorte. Os mongóis desenvolveram a tática de usar escudos humanos nos ataques às cidades, colocando os escravos na linha de frente para serem alvejados até encherem os fossos, que depois eram cruzados pelos atacantes. Os camponeses preferiam fugir a aceitar o alistamento obrigatório, pois, além de encararem os jin também como dominadores estrangeiros, sabiam que as tropas não seriam usadas para defender suas terras e famílias mas apenas os alvos estratégicos determinados pelos generais. O destino eram as terras do império Song, ao sul, que passaria a sofrer problemas com essa enorme massa de refugiados.

Pequim acabou capitulando em 1215, após pagar um imenso butim. Semanas depois, o imperador decidiu abandonar a cidade e transferir a corte para Kaifeng, mais ao sul, de onde pretendia reorganizar a luta. Quando a notícia da fuga chegou a Gêngis Khan, os mongóis desferiram o ataque final contra a velha capital, agora totalmente desprotegida. Violência desenfreada. Saques, estupros, durante um mês a cidade arde num incêndio, milhares morrem. Segundo relatos, os mongóis foram obrigados a abandoná-la porque o cheiro dos cadáveres tornou-se insuportável com o calor do verão e, meses mais tarde, o local ainda era evitado porque as pestes se sucediam entre ossos e corpos em putrefação.

O povo não perdoou a fuga do imperador, vista como sinal de fraqueza extrema. Enquanto rebeliões de camponeses e generais se sucediam, os mongóis retornaram à Mongólia, pois graves acontecimentos na Ásia Central chamaram a atenção de Khan. Ao mesmo tempo, Muqali, um dos generais mongóis, agia nas terras da Manchúria e Coreia conquistando-as; a primeira numa guerra devastadora, a segunda, pela submissão do imperador, que preferiu aceitar a vassalagem enviando riquíssimos presentes ao novo senhor. Muqali continuaria a guerra contra os jins até 1234.

O AVANÇO PARA O OESTE

Os altos planaltos da Ásia Central eram dominados, nessa época, pelos impérios Kara-Khitai e Carezm, cujas populações adotavam majoritariamente o islamismo. Valendo-se da fragilidade do Califado de Bagdá, o xá Mohammed deu um golpe de Estado e assumiu o poder no Carezm instalando-se em Samarcanda em 1212. Seu poder estendia-se sobre uma rede de cidades em torno de oásis irrigados, com intensas atividades artesanais e comerciais, além de centros de estudos religiosos e filosóficos.

O Império Kara-Khitai havia estabelecido relações pacíficas com os mongóis até que um rei usurpador assumiu o poder e tentou forçar os súditos, turcos islamizados, a se converterem à seita cristã nestoriana,[8] provocando grande revolta da população. A instabilidade local, que ameaçava diretamente o fluxo de comércio na Rota da Seda, provocou a intervenção de tropas mongóis sob o comando de Djebe.

A intervenção foi bem recebida pela população, pois Djebe impôs o respeito às pessoas e bens, impedindo os saques. Em 1218 o Império Kara-Khitai deixara de existir e o Turquestão oriental integrava-se ao Império Gengiscânida. Nessa mesma época, Gêngis Khan tentara estabelecer laços diplomáticos e comerciais com o Carezm, para onde enviou duas embaixadas com ricos presentes. A resposta foi a morte dos enviados e declarações expressas de hostilidade, fato que provocou a guerra, iniciada em 1219.

Khan preparou um exército de cerca de 150 mil cavaleiros, com a incorporação de mercenários turcos (os números apresentados pelos estudiosos variam entre 100 mil e 200 mil combatentes). Antes da partida, Boerte, a primeira esposa, alertou para a questão sucessória. Os dois filhos mais velhos – Djoetchi e Djaghatai – começaram a brigar, levando o imperador a escolher o terceiro filho, Ogedei, considerado mais ponderado. De qualquer modo, ficou definido também que as terras do império seriam partilhadas em principados entre os quatro filhos (Tului era o caçula). Ao ser informado da aproximação mongol, o xá do Carezm decidiu espalhar suas tropas pelo vasto território, acabando por enfraquecer um exército que, na verdade, era maior e mais forte. Especula-se que decisão tão imprudente se devesse ao temor do xá, pouco estimado pelos súditos, de acabar sendo vítima de um golpe praticado pelos seus generais. Mais uma vez, a divisão do inimigo ajudaria os mongóis.

A favor dos invasores, agora, contava a aquisição de tecnologias de cerco obtidas na China, de onde trouxeram técnicos para construir e manusear morteiros de bombas fumígenas que atrapalhavam a visão das tropas inimigas; os fogos voadores (nafta) para incêndio das muralhas e casas; as balestras para lançamento de potentes flechas capazes de romper as muralhas; as catapultas; as torres rolantes com escadas dobráveis que abrigavam os sapadores e serviam para o assalto das muralhas. Enfim, uma máquina de guerra quc sc aperfeiçoava com as armas dos inimigos vencidos. Na Ásia Central houve a incorporação dos camelos.

Repete-se a cena chinesa: devastação das áreas rurais, destruição dos campos irrigados, cerco das cidades, cujos destinos variam de acordo com suas escolhas. Para os que resistiam, a completa destruição humana e material; para os que se rendiam, pilhagens e pagamento de pesados resgates.

Na lista das cidades cujas populações foram passadas a fio de espada constam: Otrar, reduzida a escombros e descoberta pelos arqueólogos apenas 800 anos mais tarde; Djend; Benaket; Khodjend; Samarcanda; Bukhara, tão rica que rivalizava com Bagdá e onde, segundo o cronista persa Juwaini (1226-1283), Gêngis teria dito aos governantes da cidade: "Eu sou o flagelo de Alá, e se não fosseis grandes culpados Alá não teria me lançado sobre vossas cabeças." Urgench, a capital do Carezm, foi submersa após a destruição dos diques que continham as águas do Amu-Daria e, segundo cronistas, cada soldado – eram 50 mil – teria assassinado 24 pessoas, perfazendo o inacreditável total de 1,2 milhão de mortos de uma só vez! A grande Nichapur teve o mesmo destino. Muitas outras cidades ainda poderiam ser citadas.

Enquanto o xá Mohammed fugia para o ocidente adotando, ele próprio, a "terra arrasada", espiões e delatores informavam aos mongóis, liderados por Subotei e Djebe, que seguiam no seu encalço até que ele morresse em 1221, numa pequena ilha do Cáspio. Simultaneamente, Gênghis e Tului dirigiam-se para as terras do atual Afeganistão, onde cidades de mais de 3 mil anos foram completamente arrasadas, bem como os campos. Numa das mais importantes, Merv, os cronistas, com evidente exagero, estimam os mortos entre 700 mil e 1,3 milhão; até hoje só há escombros no local. Em Herat, os números dos cronistas variam de 1,6 milhão a 2,4 milhões de mortos. A famosa cidade de Bamyian (que abrigava os dois Budas gigantes destruídos em 2001 pelo Taleban) também teve sua população eliminada e foi totalmente pilhada num ato de vingança, pois ali o grande Khan perdera um de seus netos.

Os cronistas persas que registraram essas histórias fazem referência a revoltas posteriores nas cidades destruídas, seguidas de novos morticínios, deixando claro o exagero com que relatam aqueles acontecimentos. Tentativas recentes de calcular o número de mortos, baseadas nas populações atuais e em censos e estimativas da época, apresentam de qualquer modo um percentual de 30% de mortos num período de dois a três anos (aproximadamente 1,25 milhão de pessoas), o equivalente à redução da população europeia durante a Peste Negra.

Enquanto o xá do Carezm se escondia, seu filho, Mohammed Jalal ad-Din, organizou um pequeno exército e instalou-se nas terras afegãs. Gênghis perseguiu-o incansavelmente com seus homens, ultrapassando o passo de Khyber, até atingir o rio Indo, onde Jalal ad-Din, após perder todos os seus soldados, num ato que encheria o líder mongol de admiração, atirou-se com seu cavalo nas águas do rio, reaparecendo centenas de metros adiante sobre uma pequena ilha fluvial, e daí continuando a fugir até atingir as terras firmes e seguras do sultão de Delhi, na Índia.

Esse foi o limite do avanço meridional dos mongóis, curiosamente no mesmo ponto em que Alexandre, o Grande, havia parado no século IV a.C. A explicação para o fato não é segura, mas a chegada mongol ocorreu no verão, quando as monções costumam provocar grandes inundações, o que dificultaria muito a travessia de um grande exército, além do problema operacional com os cavalos, que perdem eficácia na lama e precisam de grandes pastos, um aspecto sempre cuidadosamente observado pelos mongóis. Fosse qual fosse a causa, os mongóis retornaram à Ásia Central.

O exército mongol voltou-se para a Mesopotâmia atraído pelas rotas de comércio do Carezm e pela possibilidade de o Califado de Bagdá enviar ajuda militar aos persas. Mas essa preocupação era infundada, porque nessa época as atenções do califado estavam voltadas para o oeste – mais precisamente para a costa do Mediterrâneo e do Egito, onde se desenrolava o movimento das Cruzadas. Entretanto, apesar das razias praticadas pelo exército mongol, eles não avançaram além do alto curso dos rios Tigre e Eufrates, desviando-se para o norte. É provável que a falta de grandes áreas de pastagens para os cavalos tenha repelido, temporariamente, os invasores.

Já ao norte, na área do Cáspio, os generais Subotei, Djebe e Djoetchi continuavam a avançar para o Cáucaso, que separava a Rússia da Ásia Menor, em incursões facilitadas pela rendição das cidades e pagamento de tributos, como no caso de Tabriz (no atual Azerbaijão), que posteriormente se converteria numa das capitais mongólicas. As informações sobre um povo guerreiro e comercialmente muito próspero, que mantinha importantes trocas com o Carezm, despertaram a curiosidade dos mongóis, atraindo-os para as terras russas. Eram os búlgaros – originariamente turcos islamizados – que ocupavam as planícies do rio Volga.

Campanhas no tempo de Gêngis Khan (1206-1227)

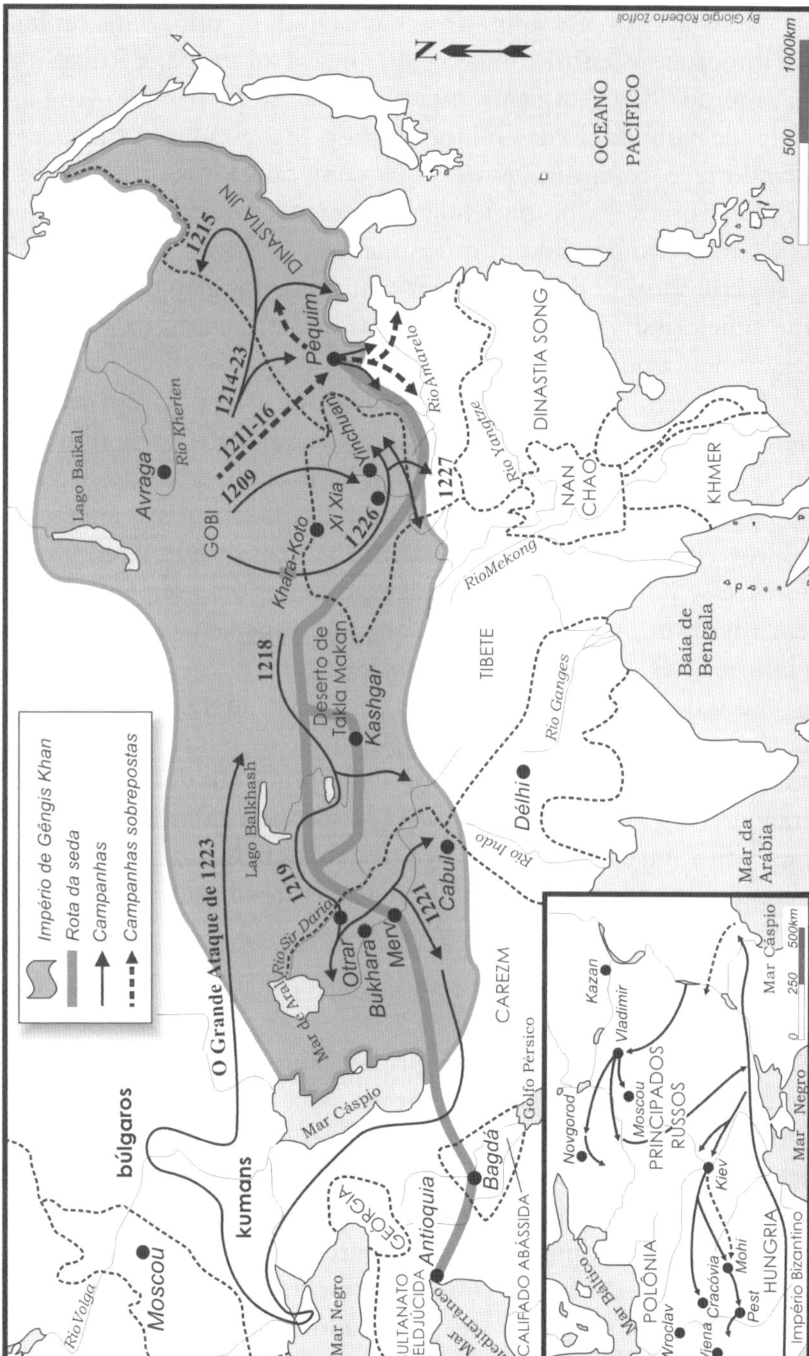

Nesse avanço, atacaram o reino cristão da Geórgia, cuja capital, Tbilissi, um importante centro comercial que ligava a Europa, a Rússia e o Carezm, foi saqueada. Os georgianos estavam então se preparando para atender aos apelos de mobilização da Quinta Cruzada, organizada por franceses e alemães, quando receberam uma notícia que começava a se espalhar pelo Ocidente cristão: o preste João, um lendário rei cristão muito poderoso que vivia na Ásia, vinha combatendo os muçulmanos pelo leste e preparava para juntar-se aos cruzados. Pode-se imaginar a surpresa dos georgianos ao descobrirem que aqueles estranhos homens vindos do leste eram, na verdade, bárbaros pagãos bem pouco amistosos.

Os mongóis seguiram em frente levando as populações da região a pedir ajuda aos príncipes russos, que organizaram um exército de aproximadamente 80 mil homens. Os generais de Khan deslocaram-se para a bacia inferior do rio Don, aproximando-se do mar Negro, pois seu efetivo era muito inferior. É surpreendente pensar que, a essa altura, mais de 8 mil quilômetros de suas terras, esse nômades tivessem conseguido deslocar-se com tanta eficiência, sem a ajuda de mapas ou bússolas, seguindo apenas a orientação de batedores e informantes.

Seguidos pelos russos, em maio de 1223 os mongóis usaram a velha tática de simular uma retirada apenas para atrair os inimigos para longe de suas posições, desferindo em seguida um ataque brutal que destroçou as forças cristãs. Franqueado o caminho, realizaram incursões pela Crimeia e começaram a subir o rio Volga, em cujas margens encontraram os búlgaros, tão ferozes quanto eles e capazes de impor a primeira derrota ao exército gengiscânida.

MORTE E SUCESSÃO DE GÊNGIS KHAN

Gêngis Khan não participou das campanhas na Europa. Com cerca de 65 anos, preferiu permanecer na Ásia Central. Pode-se supor que a percepção da idade lhe trouxe a inquietação da morte, pois mandou buscar na China um renomado monge taoista, Chang Chun, de quem se dizia possuir a fórmula da imortalidade. Encontraram-se em terras afegãs e durante um ano o imperador mongol travou longas conversas com o sábio, que anunciou não poder conferir a imortalidade a ninguém, mas apenas aconselhar condutas mais adequadas à longevidade, como o celibato, coisa que Gêngis Khan abominou.

De volta à Mongólia, o imperador dedicou-se aos prazeres da caça, que adorava. Participou de uma última campanha em 1224, no norte da China, contra o reino XiXia. Naquela região, durante uma caçada, caiu de seu cavalo e foi atingido por um javali. O ferimento foi tratado, mas uma provável hemorragia interna o matou. Segundo a fonte chinesa *Yuan Shi* (*História dos Yuan*), era 18 de agosto de 1227 e ele contava 72 anos. Como era de se esperar num personagem de tal dimensão, outras versões surgiram posteriormente explicando sua morte, entre as quais a de que ele teria sido ferido por uma jovem concubina com uma lâmina envenenada.

Sua morte foi mantida em segredo enquanto a sucessão era efetivada. O sepultamento ocorreu nos planos do maciço do Monte Kentei, na Mongólia, mas o lugar exato foi mantido em segredo e até hoje expedições de exploradores e cientistas tentam localizá-lo. Antes de morrer, Gêngis Khan confirmou que Ogedei seria seu sucessor, ao mesmo tempo em que dividiu as terras do império entre os filhos. A extensão de suas conquistas, da China à Pérsia, representava mais de quatro vezes o império de Alexandre Magno e o dobro do Império Romano.

Segundo a tradição mongol, a partilha entre os filhos atribuía ao mais velho as posses mais distantes do núcleo familiar (o *ordu*), enquanto as mais próximas eram dadas ao caçula. Então, para Djoetchi ficaram as terras a oeste do mar de Aral e tudo o que viesse a ser conquistado ao ocidente. O grande Khan não soube, mas esse filho morrera em fevereiro, poucos meses antes do pai, lutando nas terras do oeste que pretendia anexar aos seus domínios. Sua parte foi dividia entre seus filhos Orda e Batu, que conquistaria a Rússia.

Para Djaghatai, o segundo filho, a Ásia Central (do Aral ao Tibete). Para Ogedei, além de boa parte do norte da China e das terras xixias acrescidas posteriormente do Império Jin, o título de *Khagan* – o khan dos khans. Tului, o caçula, ficou com as terras em torno das "nascentes sagradas" dos rios Onon, Tuul e Cherlen e poder militar para conquistar a China do Império Song. Três filhos de Tului se destacariam como grandes generais e governantes: Mongka, Hulagu e Kublai, todos filhos de uma princesa chamada Sorgactani, descrita como muito inteligente e politicamente perspicaz, além de seguidora do rito cristão nestoriano.

Apesar de divido em principados (khanatos), todos os príncipes deviam vassalagem ao *khagan* e, portanto, nominalmente, havia sempre um único imperador. Para confirmar a nova ordem, foi convocada uma assembleia (*quriltai*) em julho de 1228, em Karakorum, uma antiga e abandonada cidade que Gêngis Khan havia escolhido para capital do império. A princípio com um modesto palácio, sob o governo de Ogedei a cidade receberia muitas melhorias. Posteriormente Karakorum deixou de ser capital, perdeu importância e desapareceu, até ser redescoberta por arqueólogos soviéticos em 1948.

O IMPÉRIO AVANÇA

Sob o comando de Ogedei, os mongóis retomaram os ataques ao Império Jin, na China. Dessa operação participou Tului, que morreu misteriosamente. Auxiliado pelo general Subedei, cercaram a capital Kaifeng até conquistá-la, em 1234, quando todos os homens da cidade foram mortos. Iniciou-se então uma longa discussão na corte mongol sobre o que fazer com aquele vasto território devastado, pois muitos propunham eliminar as pessoas e os campos cultivados para abrir espaço às pastagens. Mas, graças a Yehlu Chu-tsai (o aristocrata jin perdoado por Gêngis e transformado em conselheiro), Ogedei convenceu-se das vantagens de reorganizar o império para cobrar impostos da população.

Chu-tsai começou a organizar um sistema administrativo baseado na separação entre a autoridade civil e a militar; dividiu o território em distritos para organizar a coleta de impostos; resgatou do cativeiro nobres e letrados para auxiliar na administração; criou escolas confucionistas para formar os filhos da nova elite, ensinando-os a administrar; realizou censos. Como era de se esperar, ele acabou se tornando alvo da oposição da elite mongol, que o acusava de querer "sinizar" o império, causando seu afastamento em 1340.

Enquanto isso, em Karakorum, uma assembleia realizada em 1235 decidira retomar as expedições na Europa Oriental. Com um exército de 150 mil homens sob o comando de Batu, os mongóis cruzaram o Volga em 1237 desferindo ataques às cidades russas, que haviam se desenvolvido a partir do século XI, quando o comércio com os alemães no Báltico suplantara em importância as velhas ligações do reino de Kiev com o Império Bizantino, especialmente após a Quarta Cruzada (1204).

Moscou, Souzdal, Wladimir, Yaroslav, Tver e a riquíssima Novgorod foram saqueadas e submetidas à vassalagem, e o desenvolvimento russo que já começava a perder força em decorrência dos particularismos políticos, foi interrompido. Em 1240 caiu Kiev. Iniciava-se a *tartachina*, como a literatura russa descreve esse período de dominação tártara – termo atribuído aos mongóis e posteriormente aplicado aos turcos islamizados, que fazia a associação fonética com o Tártaro grego, o inferno.

No norte da Ucrânia o exército invasor dividiu-se; parte deslocou-se para o norte e atacou a Polônia, parte dirigiu-se à Hungria – ambos os reinos, segundo relatavam os espiões, estavam muito enfraquecidos por divisões internas, o que era uma característica da ordem feudal que dominava a Europa. Houve uma tentativa de conter o avanço mongol nas fronteiras do Sacro Império Romano Germânico, com a organização de um grande exército cristão liderado pelo duque Henrique, o Piedoso, da Silésia. Embora numericamente superiores, as forças cristãs eram inferiores em armas, táticas (simulação de recuo), unidade de ação e ferocidade, e o resultado foi a derrota na Batalha de Liegnitz (atual Legnica) em 9 de abril de 1241, com a morte de mais de 40 mil cavaleiros.

Seguem-se as pilhagens, morticínios e devastação de campos cultivados. Os mongóis só foram contidos às portas de Viena – e esse foi o ponto máximo de seu avanço pela Europa, pois Batu recebeu a notícia da morte de Ogedei e retornou à Mongólia. O acaso salvou a Cristandade latina. Nas terras que conquistou, Batu instituiu seu Principado (Khanato) da Horda de Ouro. Com o tempo sua população converteu-se ao islamismo e turquizou-se, até que no século XV subdividiram-se em três khanatos, dois deles destruídos por Ivan III e Ivan IV, fundadores do Império Russo, e o da Crimeia mantendo-se até 1783, subordinado ao Império Otomano.

A disputa pela liderança imperial dividiu os clãs mongóis e gerou instabilidade por aproximadamente dez anos, até que em 1251 o filho mais velho de Tului, Mongka, foi escolhido. Mas foram seus irmãos, Hulagu e Kublai, que empreenderam novas conquistas.

Hulagu dirigiu-se para a Pérsia e de lá foram retomados os ataques à Mesopotâmia, com a conquista e saque de Bagdá em 1258 e a destruição do Califado Abácida. Depois realizaram incursões na Ásia Menor, Cilícia e Geórgia, submetendo-as de forma direta ou por meio de vassalagem. Foram derrotados pelos mamelucos egípcios em 1260 na Batalha de Ain Yalut, na Síria. A fronteira entre o Islã e os mongóis era uma larga faixa de terra entre o Alto Tigre e o Meio Eufrates, tornada semidesértica pelas expedições anteriores e onde o pastoreio e o nomadismo se expandiram. Para controlar essas regiões, Hulagu nomeou os *Ilkhans* (khans subordinados). Mais tarde um bisneto de Hulagu converteu-se ao islamismo, tentando aumentar seu poder e sua aceitação sobre as populações locais. Por volta de 1340 morreu o último soberano de origem mongol na região, sem deixar herdeiros.

Já nas terras do Turquestão, originariamente atribuídas a Djaghatai, as tradições nômades e o ímpeto conquistador foram mantidos, com a realização de diversas incursões para o sul, visando principalmente as terras do Afeganistão e da Índia. Esta, por sua vez, recebendo grande número de refugiados persas, assistiu à difusão do islamismo na sua porção oriental, especialmente a corrente sunita, pois os mongóis tendiam a favorecer os xiitas. Sob influência turca, os mongóis acabaram islamizando-se, mas, como se observa ainda hoje, a unidade religiosa não foi suficiente para promover a unidade política entre os clãs locais.

O MAIOR IMPÉRIO DO MUNDO

Mongka faleceu em 1260 e o título de Grande Khan passou a seu irmão Kublai, que se transferiu para Pequim marcando o afastamento das raízes mongólicas. De lá partiu para conquistar o sul da China, onde reinava a dinastia Song, definitivamente derrotada em 1279. A China reunificava-se sob o comando da nova dinastia Yuan, que, de acordo com Kublai, tinha como fundador original a figura já mítica de Gêngis Khan.

Nominalmente, o poder de Kublai estendia-se por 28 milhões de quilômetros quadrados, o equivalente a um quinto da área do globo. Por duas vezes Kublai tentou atacar o Japão, mas violentas tempestades destruíram suas embarcações. A influência de seu império estendeu-se a todo o sudeste asiático, graças ao próspero comércio desenvolvido entre todas as regiões, agora estabilizadas pela *pax mongólica*, numa consequência paradoxal daquele vasto processo de guerras e destruições.

A Rota da Seda foi reaberta e laços comerciais regulares ligaram pela primeira vez o Extremo Oriente à Europa. Todos os viajantes do período concordam que a segurança e a ordem nas terras do império eram admiráveis, como não se via em nenhuma outra parte. A China de Kublai recebia comerciantes árabes, persas, cristãos orientais, indianos e malaios, que fundaram colônias e acumularam muitas riquezas. Acordos comerciais entre Kublai e rajas indianos permitiram que o comércio de seda atingisse a Índia, enquanto musselina, algodão e pedras preciosas chegavam à China. Intensificaram-se as relações com a Pérsia de Hulagu. Diversas rotas estabeleceram-se entre a desembocadura do rio Don e Pequim, entrelaçando-se com outras, que partiam de Trebisonda ou do Mediterrâneo oriental, passando por Tabriz e Samarcanda e os oásis do Turquestão. Veneza e Gênova criaram feitorias na Crimeia e na Pérsia. A China difundiu o uso do papel-moeda, facilitando tremendamente a expansão comercial – embora, com o tempo, a emissão descontrolada acabasse provocando inflação, afetando negativamente as relações econômicas durante o século XIV, com especial prejuízo para os governantes Yuan.

Além das trocas comerciais, as trocas religiosas também foram muito beneficiadas pela tolerância que sempre grassou no Império Mongol. Missões de cristãos chineses chegaram a Roma, nestorianos espalharam-se na Pérsia, muçulmanos avançaram pelo sul da Ásia. Kublai chegou a enviar missões para os reis europeus propondo alianças contra os mamelucos egípcios, mas eles não aceitaram. Por outro lado, os papas começaram a prestar atenção ao Extremo Oriente, para onde foram enviados vários missionários e criados bispados.

Mas os imperadores Yuan nunca foram completamente assimilados pela população chinesa, que se ressentia, por exemplo, do uso de estrangeiros para governar a China, como no caso de Marco Polo. Com o tempo, a elite mongol absorveu os valores sedentários, apegando-se ao luxo e reduzindo sua disposição para a guerra, enquanto a massa de cavaleiros empobrecidos preservava os valores nômades e afastava-se das lideranças tradicionais. E, como era constante na história chinesa, a acomodação restabeleceu a velha rivalidade entre a elite comercial e a elite burocrática, a corrupção voltou a crescer, e o descontentamento popular foi ampliado pela crise inflacionária.

No início do século XIV foi fundada a sociedade secreta do Lótus Branco, que passou a desafiar o poder central. Seu principal líder, Chu Yuan-chang, organizou um exército revolucionário baseado na rígida disciplina dos soldados e na proibição de atos de pilhagem, o que lhe assegurou forte apoio popular. Em 1368 esse exército entrou em Pequim e destituiu o último imperador mongol, Toghon Temur, além de assassinar todos os mongóis. Yuan-chang fundou a dinastia Ming, que se caracterizou por forte "nacionalismo", isto é, pela rejeição de todos os elementos estrangeiros – humanos, materiais e culturais – e pela retomada das tradições chinesas. Sob os Ming, a China se fecharia ao mundo pelos séculos seguintes.

GÊNGIS KHAN E A "RODA DA HISTÓRIA"

Para entendermos o fenômeno da expansão mongol comandada por Gêngis Khan e seus descendentes devemos destacar dois fatores que os favoreceram. Em primeiro lugar, a conjuntura política do século XIII na Ásia e na Europa, marcada por grande fragmentação do poder, com dezenas de dinastias locais, mesmo quando aparentemente havia uma unidade imperial ligando esses governos. Para sua sorte, os mongóis não foram confrontados por nenhuma força suficientemente coesa a ponto de contê-los e, em mais de uma oportunidade, os governantes dos reinos ameaçados optaram por não se aliar aos antigos rivais para enfrentar o novo perigo, contando que poderiam evitar sozinhos, pelas armas ou pela diplomacia, o avanço sobre suas terras.

Em segundo lugar, os mongóis foram beneficiados pelo "choque de civilizações", isto é, pelas profundas diferenças culturais entre nômades e sedentários, que tornavam suas ações imprevisíveis e incompreensíveis, dificuldade que transparece nas fontes chinesas, persas e eslavas para as quais aquela violência arrasadora não fazia sentido. Note-se que a primeira derrota que os mongóis sofreram, a ponto de bater em retirada, foi contra os búlgaros do Volga, um grupo em transição para o sedentarismo que ainda guardava traços bastante agressivos de luta.

O contraste entre nômades e sedentários aparece claramente quando se compara a expansão mongol às recomendações do livro chinês *A arte da guerra* (escrito possivelmente entre 320 a.C. e 400 a.C.), cuja autoria é atribuída a Sun Tzu. De acordo com o manual chinês, a guerra não é um fim em si mesmo mas um meio para alcançar um objetivo específico, claramente definido, de modo a ser executada com rapidez e eficiência. Isso porque a guerra, para um Estado sedentário, implica tanto a cobrança de mais impostos como a mobilização de civis. Estes, por sua vez, valorizam a paz e veem a guerra como uma ameaça à estabilidade e à prosperidade e, portanto, tendem a rebelar-se contra uma guerra prolongada, podendo causar a derrota pela oposição interna que enfraquece o governante e, em extremo, levar à sua queda. A derrota da dinastia Jin na China exemplifica a pertinência dessa análise.

Ainda de acordo com Sun Tzu, uma vez alcançada a vitória, os generais deveriam conter rapidamente seus soldados, a fim de evitar morte e destruição desnecessária nas terras conquistadas, impedindo-se assim grandes ressentimentos e futuras revoltas. Na lógica sedentária, as terras conquistadas e incorporadas ao Estado ampliam sua disponibilidade de recursos humanos e materiais. Como ensinou Nicolau Maquiavel (1469-1527): o bem se faz aos poucos, mas o mal deve ser feito de uma só vez.

Mas Gêngis Khan, um líder nômade de uma sociedade sem Estado, não era guiado por essas considerações. Em primeiro lugar porque suas muitas guerras forjaram um sentimento de unidade antes desconhecido entre os mongóis, fazendo deles uma elite conquistadora; em segundo lugar, a sucessão de vitórias trazia riquezas e escravos em quantidade abundante, suprindo com folga as necessidades familiares; terceiro, a tática de dizimar o inimigo justificava-se pelo fato do exército mongol ser uma força de conquista, mas não de ocupação, ou seja, era um meio de evitar rebeliões em terras já submetidas e a dispersão das tropas por várias regiões.

Quanto à preocupação em preservar as áreas conquistadas bem como seus habitantes para convertê-los em fonte de tributação, ela era, como vimos, estranha a Gêngis Khan e apenas parcialmente compreendida por seus sucessores. A percepção nômade só entendia a terra como pastagem e muita gente como obstáculo; a solução tantas vezes aplicada foi a da *tabula rasa*, limpando o caminho para o avanço do nomadismo. Pode-se imaginar o atordoamento das populações conquistadas mediante tão vastas e aparentemente desnecessárias destruições.

Não há dúvida de que esse *modus operandi* foi o maior responsável pelas profundas transformações que as sociedades dominadas sofreram, para muito além do domínio político mongol. Alguns estudiosos denominam de *urbicídio* a estratégia dos nômades gengiscânidas. Ora, desde a origem das civilizações, as cidades representam o espaço da organização – leis, moedas, sistemas de crenças, estruturas defensivas, escrita e administração. Elas são instrumentos do convívio, meios de integração: o Estado nasceu nas cidades. A destruição sistemática dos centros urbanos resulta, portanto, num retrocesso civilizacional, desorganizando profundamente as bases do relacionamento social, reforçando as ordens clânicas assentadas no sangue e na tradição.

Tal situação foi particularmente prejudicial para o Islã, onde o grau de devastação física e humana interrompeu um processo de desenvolvimento que, apesar das frequentes crises políticas, fora marcado por séculos de prosperidade econômica e cultural. As Cruzadas também contribuíram para esse retrocesso trazendo muitos prejuízos, mas não se comparam à invasão gengiscânida. Aliás, a pressão mongol sobre os turcos intensificou seu deslocamento para o oeste e sua conversão ao islamismo, na mesma época em que o Califado de Bagdá desmoronava, abrindo o caminho para a instalação das dinastias turcas no poder, dinastias essas responsáveis pela expulsão dos europeus da Palestina e Egito.

A força do império islâmico residia na extensa rede de comércio que ia da Ásia Central à África, interligando inúmeras cidades. A expansão mongol na Ásia interrompeu esse circuito com seu *urbicídio*, não somente pelo saque ou assassínio de grande parte de seus habitantes, mas pela destruição de seu entorno rural. As cidades turcas, persas e mesopotâmicas, muitas delas com origens bem anteriores à expansão muçulmana, desenvolveram-se graças à agricultura praticada às margens de rios e oásis domesticados ao longo de séculos pelo árduo trabalho de construção de diques, barragens, comportas, terraços para plantio etc. Tudo isso foi tão completamente arrasado num espaço tão curto de tempo que a "roda da história" andou para trás.

Um ciclo de morte instalou-se, pois, não havendo mão de obra suficiente para reconstruir o que fora destruído, os rendimentos agrícolas reduziram-se sensivelmente, dificultando a própria retomada do crescimento populacional. A partir do século XIII observa-se o avanço das áreas de pastoreio e das práticas nômades em regiões da Ásia Central e da Pérsia. Como foi apontado durante o capítulo, a apreciação numérica entre o citado nas fontes e a realidade é bastante difícil, mas os historiadores estimam uma redução cada vez mais intensa dos percentuais demográficos, na faixa de 30% a 50%. De certo modo, a superação do Império Islâmico pelos Estados europeus durante a Idade Moderna está diretamente relacionada a esse fato.

Embora excluído desse capítulo, devemos ter em mente que, entre 1360 e 1405, o conquistador Timur Lenk, conhecido no Ocidente cristão como Tamerlão e que se dizia descendente de Gêngis Khan, partiu da Ásia Central avançando sobre a Pérsia, a Mesopotâmia e a Europa Oriental, num novo ciclo de destruições que reforçou todo esse quadro.

Efeitos negativos também se estenderam sobre a Europa do Leste, onde o persistente clima de insegurança provocou o recrudescimento das relações servis e o que se costuma denominar de "segunda idade feudal", marcada pela interrupção do movimento de urbanização e expansão da economia de mercado, e pelo fortalecimento das aristocracias feudais. Tal retrocesso afetou o desenvolvimento das relações capitalistas nas áreas eslavas e húngara, que acabaram se inserindo no circuito econômico europeu como área periférica aos reinos atlânticos, dos quais se tornaram fornecedoras de cereais e consumidoras de manufaturados.

Por outro lado, apesar da violência da conquista mongol, parte das populações eslavas tendeu a encará-la como um mal menor, uma vez que vinham sendo pressionados pela expansão germânica (*drang nach osten*) sobre suas terras, num processo que mesclava anexação territorial, subordinação de mão de obra servil e conversão ao catolicismo, quando parte deles, e os russos em particular, já haviam se convertido ao rito cristão oriental. O clero ortodoxo, em primeiro lugar, preferiu a liberdade de culto representada pelos mongóis que, inclusive, souberam ampliar esse apoio isentando a Igreja de impostos. Já as cidades que impuseram menor resistência às conquistas foram beneficiadas com maior autonomia, como Moscou.

O historiador Gavin Hambly contesta a visão russa da *tartachina* – o período negro de domínio mongol – mostrando que a prosperidade das cidades destruídas já não era a mesma do século XII e que essa percepção se insere num quadro mental tipicamente russo, que tende a ver o mundo externo como fonte de ameaças. Por outro lado, Hambly também analisa e rejeita certas interpretações sobre a história russa que atribuem a uma "herança mongol" a tendência ao caráter despótico de seus governantes.

Por fim, o conjunto de avaliações acima permite-nos conjecturar que, indiretamente, a Europa Ocidental foi a grande beneficiária dos ciclos de expansão mongol, pois suas terras foram preservadas, seu desenvolvimento comercial não foi interrompido e, quando os portugueses completaram a ligação com a Ásia, o poder islâmico estava demasiadamente enfraquecido no Oriente para barrar-lhes o avanço, bem como a China Ming, afastada do mundo exterior.

Enfim, tenta-se entender hoje a figura de Gêngis Khan e suas conquistas sob a ótica dos valores nômades e das necessidades práticas impostas pelas guerras. Gêngis não era apenas um conquistador bruto e sanguinário. Ele se revelou muito perspicaz no comando de suas tropas, com operações militares muito bem preparadas, emprego de táticas de simulação e o aprimoramento das técnicas de conquista assimilados aos povos conquistados. Se matou muitas vezes de forma brutal, isso reflete a consciência de que não poderia sustentar longas guerras de ocupação.

O fundador do Império Mongol valorizou as tradições nômades, priorizando sempre o grupo e não se deixando seduzir por um poder que poderia isolá-lo da comunidade ou embriagá-lo de riquezas. Ele valorizava a lealdade, a coragem e a lei, que instituiu para todos os súditos, com especial destaque para a tolerância religiosa.

É interessante compararmos, nesse sentido, a expansão mongol com a expansão do Islã e vermos que a guerra de conquistas serviu em ambos os casos para eliminar as rivalidades tribais e produzir um sentimento de unidade e coletividade que se sobrepôs à lealdade ao clã. Mas, no Islã, havia forte conteúdo ideológico justificando as conquistas: a Guerra Santa para difundir o monoteísmo corânico. A base religiosa contribuiu para formar uma civilização que partilhava uma ética comum, independentemente das diferenças culturais e linguísticas regionais, favorecendo a centralização política e ajudando a unir as pessoas em torno dos governantes. Já no caso mongol, faltou o fundamento ideológico: a tolerância religiosa, que se revela positiva num primeiro momento, a longo prazo não ajudou a forjar uma unidade ética capaz de manter unidos povos tão distintos, favorecendo a fragmentação política que acabou destruindo o império.

NOTAS

(1) A grafia do nome do conquistador mongol encontra muitas variações, bem como todos os nomes de pessoas e lugares citados neste capítulo. Isso se deve às diferentes fontes consultadas e aos sistemas de transliteração adotados pelos estudiosos. Optamos pelo emprego das grafias mais comuns em português, ou cuja sonoridade torna mais fácil a fixação do nome.

(2) Escrito provavelmente logo após a morte de Khan para registrar suas origens e feitos, e conhecido graças a uma versão chinesa de 1263, e outra, persa, de 1303.

(3) Dessa segunda fonte sabe-se menos ainda: ignora-se quando foi escrita – existem diferentes estimativas – e em qual língua. Sabemos apenas que seu conteúdo foi parcialmente preservado pelos cronistas chineses, que o utilizaram para escrever a *Yuan chao bishi [História secreta da dinastia Yuan]*, por sua vez revelada ao Ocidente apenas no século XIX pelas mãos do sinólogo russo Kafarov. Os três livros – *Altan Debtèr*, *Mongol-um Ni' uca Tobci' na* e *Yuan chao bishi* – foram escritos apenas para consumo dos descendentes de Gêngis Khan, daí serem "secretos".

(4) A fim de facilitar a leitura optamos por não citar cada um dos muitos grupos existentes, procurando tratá-los de modo genérico.

(5) Apud Michel Hòang, *Gêngis Khan*, p. 174.

(6) Idem, op. cit., p. 203.

(7) A chamada Rota da Seda surgiu na Antiguidade, atingindo o Ocidente na época do Império Romano. Sua origem é a China do Norte, por onde avança para o Ocidente através dos vales estreitos entre as cadeias do Himalaia e Pamir até o Afeganistão, Pérsia e Síria. A Rota da Seda é fruto da articulação de muitas rotas, cujos fluxos refletem as oscilações políticas nos territórios que ela cruza, especialmente a China. Foram os imperadores chineses os empreendedores dessas grandes caravanas, que avançaram para o Oeste com as fronteiras do império, cruzando aquelas terras vastas e desérticas para comerciar seda, especiarias, joias, armas, peles etc.

(8) A Igreja Nestoriana surgiu no século V, como desdobramento da discussão travada no Império Romano sobre a natureza de Cristo. Para Nestor, patriarca de Constantinopla entre 428 e 431, a natureza humana de Cristo impedia que ele fosse visto como expressão da mesma substância de Deus, o que também implicava rejeitar a concepção de Maria como a "mãe de Deus". Tais ideias foram condenadas pelo Concílio de Éfeso, em 431, e Nestor foi acusado de heresia. Perseguido e banido, ele fugiu para o Oriente e continuou a pregar. O nestorianismo difundiu-se pela Síria, Pérsia, Turquestão e chegou à China.

BIBLIOGRAFIA

BARCKHAUSEN, Joachim. *L'Empire jaune de Genghis Khan.* Paris: Payot, 1935.

GIL, Juan. *En demanda del Gran Kan.* Viajes a Mongolia en el siglo XIII. Madrid: Alianza, 1993.

GROUSSET, René. *L'Empire du Levant.* Histoire de la question d'Orient. Paris: Payot, 1949.

_______________. *L'Empire des steppes.* Attila, Gengis Khan, Tamerlan. Paris: Payot, 1952.

_______________. *Le conquérant du monde.* Vie de Gengis Khan. Paris: Albin Michel, 1983.

HAMBLY, Gavin. *Ásia Central.* México: Siglo XXI, 2004.

HOÁNG, Michel. *Gêngis Khan.* São Paulo: Globo, 2002.

MAN, John. *Gêngis Khan.* Rio de Janeiro: Ediouro, 2004.

PERROY, Edouard (org.). *Historia general de las civilizaciones. La Edad Media. La expansion del oriente y el nacimiento de la civilizacion occidental.* La Habana: Edicion Revolucionaria, 1966.

PHILLIPS, E. D. *Os mongóis.* Lisboa: Verbo, 1971.

POLO, Marco. *As viagens.* São Paulo: Martins Fontes, 1997.

TZU, Sun. *El arte de la guerra.* México: Coyoacán, 1999.

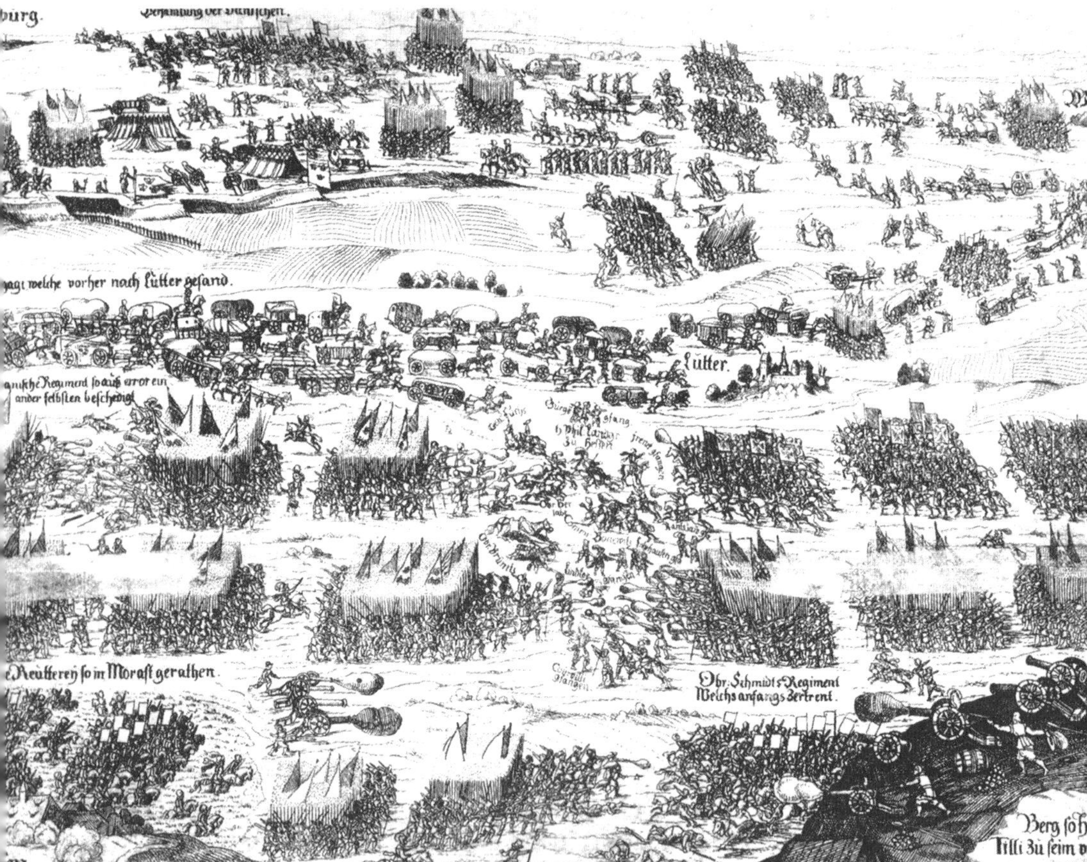
bürg.
welche vorher nach Lutter gesand.
Lutter.
anische Regiment so aus error ein
ander selbsten beschedigt
Reutterey so in Morast gerathen
Obr. Schmidts Regiment
Welchs anfangs zertrent.
Berg so h
Tilli zu seim v
eingen

GUERRA DOS TRINTA ANOS

Henrique Carneiro

Durante séculos, a pior guerra da Europa sempre foi lembrada como tendo sido a Guerra dos Trinta Anos (1618-1648). Alguns historiadores, como Franz Mehring, chegavam a afirmar que "semelhante destruição nunca foi suportada por nenhum grande povo civilizado. A Alemanha foi conduzida a um retrocesso de duzentos anos em seu desenvolvimento".[1] O número de vítimas dessa catástrofe nunca pôde ser calculado com precisão, mas as estimativas de perda foram desde metade da população da Europa Central até as atuais, mais ponderadas, de uma quinta parte, ou seja, quase 4 milhões de mortos (um retrocesso de 20 milhões para cerca de 16 milhões de habitantes), expressando um grau de morticínio e destruição que só viria a ser superado com as duas guerras mundiais do século xx. Em muitas partes da Alemanha, nem mesmo a Segunda Guerra Mundial teve efeitos tão devastadores, com uma perda, em certas regiões, de mais da metade da população e a quase totalidade da colheita e do rebanho.

Para alguns autores, mais do que uma guerra, foi uma crise geral que marcou o século xvii como um século de estagnação ou até mesmo decrescimento demográfico e econômico, discutindo-se apenas se a guerra teria sido uma das causas ou a maior consequência dessa situação de declínio e decadência gerais. O século xvii, na historiografia, ficou como que "comprimido" entre as glórias do século xvi – momento de expansão marítima e de descobertas, como dos metais preciosos da América – e as luzes do século xviii, período de florescimento dos movimentos da ilustração e das grandes revoluções democrático-burguesas, como a Revolução de Independência Americana de 1776 e a Revolução Francesa de 1789.

Visto tradicionalmente pela historiografia europeia como um século de atraso e regressão, guerras e pestes, marcado por deflação, colapso monetário,[2] queda de produção e de população, o século XVII foi anunciado, em Roma, em 1600, com a execução na fogueira de Giordano Bruno, um filósofo que ousara proclamar a existência de um universo infinito onde existiriam infinitos mundos, e a expulsão do astrônomo Kepler da Universidade de Graz. Em meio a um clima geral de crise econômica, de reação cultural contra as inovações do Renascimento e da Reforma, de fortalecimento da Inquisição e das perseguições à bruxaria, de proibições de livros e repressão a sábios como Galileu, as catástrofes geradas pela Guerra dos Trinta Anos só intensificaram um clima de desespero, de intolerância e de violência e destruição generalizadas, embora na segunda metade do século XVII tenha desabrochado, especialmente na Inglaterra e na Holanda, a Revolução Científica da física de Newton e da ótica de Huyghens e, na corte francesa, a opulência do reinado do "rei-sol", Luís XIV.

O século barroco, inquisitorial, da Contrarreforma e da guerra de religiões, alcançou seu momento mais baixo com a Guerra dos Trinta Anos, marcado com o dilaceramento de milhões de mortos, como resultado de um uso empresarial da guerra com métodos modernos, usados por todos os estados, tanto os pequenos principados como as grandes nações, católicas ou protestantes, especialmente a França, Espanha, Suécia e o Sacro Império Romano Germânico. Mas a justificativa religiosa dos conflitos, que estava presente inicialmente tanto entre os rebeldes protestantes como entre os defensores católicos da autoridade religiosa e política do imperador do Sacro Império Romano Germânico, tornou-se mais difusa durante a guerra, com a entrada da França.

No fim, estabeleceu-se novo tipo de regulamentação das relações internacionais em que o princípio do interesse nacional substituiu a confissão religiosa. A entrada da França na guerra, ao lado dos protestantes, favorecia o interesse nacional francês, pois permitia-lhe incorporar as regiões da Alsácia e da Lorena, além de enfraquecer o principal inimigo dos Bourbon, a casa Habsburgo da Áustria e Espanha.

Como consequência do término da guerra, estabeleceu-se não só um novo equilíbrio de poder, mas uma nova regra do jogo das relações internacionais. Por isso, os Tratados de Westfália, cuja assinatura em 1648 encerrou a Guerra dos Trinta Anos, são vistos como o marco na construção da ordem europeia moderna em que a "razão de Estado" sobrepõe-se aos princípios religiosos medievais da soberania universal do Papado, que haviam sido a base das grandes monarquias nacionais. O período medieval conhecera, no seu crepúsculo, no

Sacro Império Romano Germânico ao iniciar-se a Guerra dos Trinta Anos

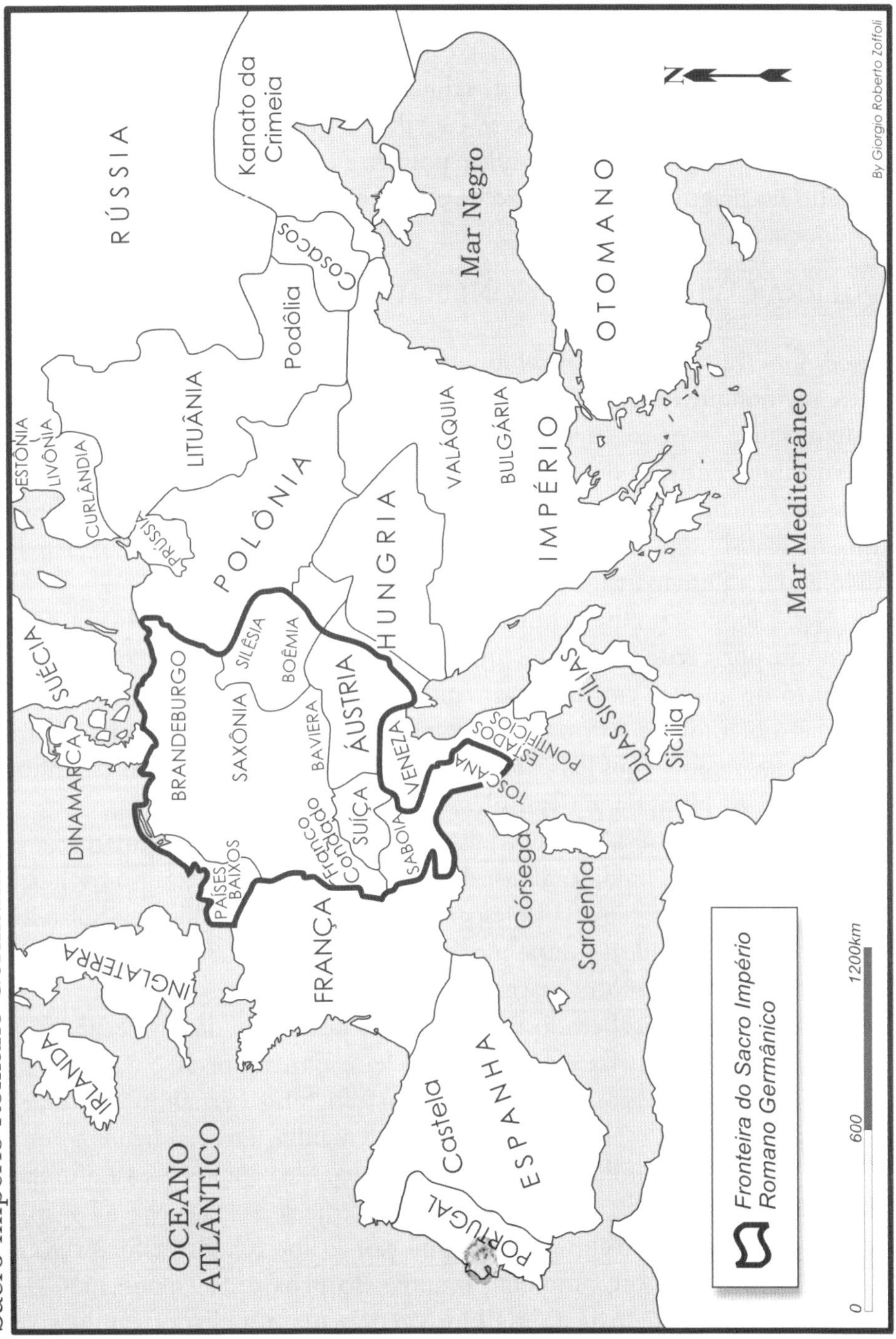

século XV, o nascimento dos novos Estados modernos de tipo absolutista, que continuaram a ter o tema da religião no centro de sua política. O resultado foi mais de um século de guerra de religiões. A última delas, a dos trinta anos decorridos no início do século XVII, foi talvez a mais destrutiva, mas encerrou um período ao constituir novo edifício político e jurídico para a ordem europeia, baseado no pragmatismo da razão de estado e do interesse nacional.

GUERRA CIVIL ALEMÃ E CONFLITO INTERNACIONAL

A Guerra dos Trinta Anos foi, por um lado, uma guerra civil alemã, entre regiões que queriam autonomia diante do poder imperial e outras que sustentavam o Império, cuja capital estava em Viena. Por outro, foi um conflito internacional entre os defensores católicos do imperador austríaco do Sacro Império Romano Germânico aliado a seu parente espanhol, Felipe III, ambos da dinastia Habsburgo, contra uma coligação protestante de principados alemães, a Holanda, a Dinamarca, a Suécia e mais a católica França.

Nesse longo conflito, com uma geração inteira nascida sob sua égide, chegando por vezes a acreditar que a guerra seria "eterna", ocorreram um conjunto de guerras em distintas regiões, com fases diversas de campanhas travadas sobretudo no centro da Europa: Boêmia, Saxônia, Palatinado, Bavária, Áustria, mas também nos Países Baixos, na Itália, na fronteira franco-espanhola, na Polônia, na Hungria, na Transilvânia, na Dinamarca.

Os lados em conflito possuem dois polos claros, mas as alianças internacionais no centro da Europa modificaram-se durante o conflito e obedeciam a rivalidades bilaterais específicas, como a franco-espanhola, franco-austríaca, hispano-holandesa, além de uma infinidade de outras menores entre os principados alemães.

Os dois grandes blocos eram:

- Um bloco encabeçado pela dinastia Habsburgo do rei Fernando da Estíria, da Áustria e da Hungria, eleito imperador do Sacro Império Romano Germânico (e depois por seu filho Fernando III), que se aliava com as regiões católicas da Alemanha, especialmente o rei da Bavária, Maximiliano I, e se unia, por laços de parentesco e de afinidade política e religiosa, à maior potência internacional da época: a Espanha, governada por Felipe III (e depois por Felipe IV). Esse bloco católico recebia também, em geral, o apoio do papa e da Polônia. De uma maneira esquemática, esse bloco representava a aliança católica, que chegou a sonhar, num espírito jesuíta e contrarreformista, em abolir a heresia protestante da Europa. Mas durante longos períodos ele recebeu também o apoio dos luteranos, como a Saxônia, e até mesmo dos calvinistas de Brandemburgo.

- Um bloco com os rebeldes protestantes da Boêmia e de diversas regiões germânicas, especialmente o Palatinado de Frederico v, apoiado pelos Países Baixos, pela Suécia, pela Dinamarca, pela Inglaterra e pela França católica. Embora esse bloco lutasse pelo direito dos protestantes, a "liberdade da Alemanha", como declaravam, ele contou com apoio fundamental da França, que, ao ingressar diretamente no conflito em sua fase final, decide com a Suécia o resultado da guerra.

A França evitou, durante muito anos, a entrada efetiva na guerra, praticando uma "guerra coberta", com apoio financeiro mas sem envolvimento direto até 1635. Sua intenção sempre foi de criar um "terceiro polo" entre a aliança espanhola-imperial e o bloco dos protestantes alemães, suecos e holandeses. Para isso, a França estabeleceu relações com o principal estado católico alemão, a Bavária, e os principais estados protestantes, especialmente a Saxônia luterana, buscando garantir os direitos católicos e protestantes e descaracterizar a guerra como um conflito religioso.

O principal objetivo da França era neutralizar o poderio espanhol e austríaco, em que dois ramos da mesma dinastia Habsburgo se uniam na missão de restaurar a "monarquia universal" representada pela união de interesses entre o Império e a Contrarreforma. Por isso, em função do seu interesse nacional, a França defendeu os direitos religiosos dos protestantes alemães, embora enfrentasse, no mesmo período, em seu próprio território, rebeliões protestantes em La Rochelle.

Pode-se dizer que os dois grandes vencedores foram a França e a Suécia, mas também os Países Baixos, a Suíça e as regiões protestantes alemãs obtiveram conquistas. As maiores derrotadas foram a Espanha, praticamente excluída da política centro-europeia, e a Áustria, com a diminuição do poder do imperador do Sacro Império Romano Germânico. Mas, acima de tudo, foi definitivamente derrotado o projeto da Contrarreforma católica de restaurar o domínio do Papado e reverter o protestantismo na Europa Central e do Norte.

Mas a Guerra dos Trinta Anos não era um só conflito com dois lados definidos. Os protestantes também estavam divididos: os luteranos da Saxônia e mesmo os calvinistas de Brandenburgo permaneceram bastante tempo aliados com o imperador católico contra a Boêmia e o Palatinado. Cada país envolvido, além disso, possuía seus próprios e particulares interesses e estava em guerras específicas com seus inimigos: Espanha *versus* França (uma guerra que continuou até a assinatura da Paz dos Pirineus, em 1659), Espanha *versus* Países Baixos (guerra que já durava desde 1568), Suécia *versus* Polônia, Suécia *versus* Dinamarca. E, nos limites externos da Europa, espreitava um inimigo comum, a Turquia otomana, que nem por isso deixava de influir no conflito, buscando apoiar o lado protestante, inimigo do imperador contra quem os turcos lutavam nas fronteiras da Hungria.

Além da guerra entre príncipes, exércitos e senhores, também ocorreram durante esse período diversas revoltas camponesas como a de 1626 na alta Áustria, contra os impostos e a opressão das tropas bávaras. Com o desenrolar da guerra e a espoliação sistemática dos camponeses, tornou-se uma questão de sobrevivência a prática de uma guerrilha defensiva, estocagem de produtos, e sistemas de alerta e fuga entre as aldeias e populações. Revoltas urbanas também foram importantes: a mais significativa, talvez, seja a insurreição antiespanhola de Nápoles, liderada por um vendedor de peixe, Masaniello, em 1647, que foi derrotada, no entanto, deixando Nápoles sob controle espanhol até 1707, quando passou para a esfera da Áustria e, depois, para a da França.

As muitas guerras – pelo controle do mar do Norte e do Báltico, dos passos alpinos entre Suíça e Itália, das cidades fortalecidas, do tráfego do rio Reno e dos pôlderes e pântanos do seu estuário nos Países Baixos, dos assuntos franco-espanhóis nos Pirineus, dos rebeldes na Transilvânia, assim como a fronteira defensiva diante da pressão turca – reuniam-se nos territórios alemães, que concentraram as tensões de toda a Europa, do Báltico ao Mediterrâneo.

As consequências da guerra atingem Portugal e o Brasil, pois a retomada da independência portuguesa, em 1640, inseriu-se no debilitamento espanhol, que sofria também as revoltas na Catalunha e em Nápoles, além de Portugal. As tomadas holandesas de partes do Brasil eram, da mesma forma, eventos que se definiam movimentos no múltiplo e complexo jogo de xadrez no centro da Europa.

Nos anos posteriores aos tratados de Westfália, do ponto de vista comercial, naval e militar, a grande potência emergente é a Holanda ou, mais precisamente, as Províncias Unidas dos Países Baixos. Em poucas décadas, entretanto, a Holanda será deslocada de sua posição pelas França e a Inglaterra, as grandes nações em desenvolvimento, que, em torno de sua rivalidade, constituirão um sistema de disputas e alianças, por mais de um século, na busca de hegemonia no sistema europeu.

GUERRA DE RELIGIÕES E TAMBÉM GUERRA ECONÔMICA

A Guerra dos Trinta Anos foi, em parte, uma guerra de religiões; na verdade, foi a última sequência de uma série de guerras religiosas entre protestantes e católicos que ocorreram desde que Martinho Lutero, em 1519, desafiou o papa e o imperador, recebendo a proteção do poderoso príncipe da Saxônia. Logo após a revolta de Lutero, cujos defensores, unificados em torno da Confissão de Augsburgo, em 1530, passaram a ser conhecidos com "protestantes", houve uma sequência de conflitos que redundaram, finalmente, na Paz de Augsburgo, em 1555. Naquele mesmo ano, Carlos v, imperador do Sacro Império, abdicou para não ter de assinar o tratado, que representou uma derrota para seu projeto de impedir a rebelião reformista.

Com a Paz de Augsburgo, estabeleceu-se uma relativa trégua entre católicos e protestantes e garantiu-se um importante espaço para a prática do protestantismo na Alemanha – desde que fosse da vertente luterana, pois os calvinistas continuaram proibidos. Cada governante territorial das centenas de unidades políticas alemãs passou a poder escolher sua religião e, assim, decidir a religião de seus súditos, segundo o princípio do *cuius regio, eius religio* ("conforme cada rei, sua religião"), permitindo-se a emigração dos descontentes.

Admitia-se, pela primeira vez, como uma lei do Império, a existência legal de duas religiões, um príncipe podendo exercer o *jus reformandi* (direito de reforma) e erguer outra igreja em seus domínios, e um bispo podendo romper com o papa e assim, além de converter-se, podia secularizar as propriedades eclesiásticas do seu bispado, que passavam a ser consideradas legítimas, se ocorrido até 1552. A partir dessa data, vigoraria a "reserva eclesiástica" que impedia que novas propriedades clericais fossem secularizadas, um limite que não chegou a ser aceito pelos protestantes, permanecendo como um dos focos do conflito. Assim, a pátria do protestantismo, a Alemanha de Lutero, conseguiu adiar sua guerra de religiões para o século seguinte, enquanto a França e a Inglaterra consumiram-se em lutas sangrentas, da qual a Noite de São Bartolomeu, em 1572, é só um auge , com milhares de protestantes huguenotes franceses assassinados pelos católicos.

Mas, se a guerra de religiões poupou relativamente a Europa Central no século xvi, no século seguinte ela eclodiria com toda a fúria. Nesse momento, entretanto, já haveria outras nações protestantes estabelecidas, como os Países Baixos, a Inglaterra e a Suécia, que veriam na luta entre os alemães um assunto europeu. Colocava-se, para elas, a necessidade de um sistema de alianças internacional contra a ameaça hegemonista das monarquias católicas da Espanha e Áustria, unidas na mesma família dos Habsburgo, que se lançavam numa cruzada inquisitorial e imperial para restaurar a unidade da fé, impondo a submissão ao papa e extirpando a heresia protestante.

A exuberância da expansão do capitalismo mercantil europeu no século XVI levou a uma crescente disputa por interesses comerciais, especialmente ligados ao tráfico marítimo, ao controle de rotas e de fontes de arrecadação de tributos. Os Estados tornavam-se enormes máquinas fiscais, financeiras, burocráticas e militares. A guerra era o comércio por outros meios. A independência dos Países Baixos representa, assim, além de um anseio nacional e de uma dissidência religiosa, um interesse específico de nova camada da burguesia ascendente que se chocava contra os interesses dinásticos e religiosos medievais da Coroa espanhola, do Sacro Império e do Papado. Essa burguesia mercantil tornou-se muito influente, especialmente na Holanda, na Inglaterra, nos portos do mar do Norte, em Genebra, e adotou em todos esses lugares o protestantismo, especialmente na sua versão mais radical, o calvinismo.

Diferentemente dos luteranos, que acreditavam que os homens devem se conformar com seu lugar e sua condição de nascimento, os calvinistas viam no sucesso e na ascensão econômica e comercial um sinal de predestinação à salvação. Nos conflitos políticos e militares dos séculos XVI e XVII, os luteranos, em geral, colocaram-se do lado do poder oficial, condenando qualquer tipo de rebelião. Os calvinistas, ao contrário, representaram as posições que justificaram a revolta contra o poder do Papado, do Império e dos reis. A presença entre eles de muitos comerciantes e burgueses bem-sucedidos é uma evidência de quais setores representavam. As potências dominantes – especialmente a Holanda, numa primeira fase, e a Inglaterra, numa fase posterior – tornaram-se os mais poderosos países em termos econômicos, navais e militares.

No contexto da Guerra dos Trinta Anos, a vitória do lado dos protestantes, especialmente para holandeses, suecos e alemães, representou a conquista de uma preponderância comercial dos países do Norte, diante da derrota da supremacia espanhola e mediterrânica.

O SACRO IMPÉRIO E A FRAGMENTAÇÃO DA ALEMANHA

O que se chamava de Alemanha, no século XVII, era uma complexa colcha de retalhos formada por mais de mil unidades políticas distintas onde se falavam

Secundum et ultimum Prælium à Meridie usq; ad Noctem apud Ianckau 24. Feb. 6. Mart. A°. 1645. factum, in quo Cæsarianos et Bavar. relicto campo Suecis Victoriã concedere oportuit.
Das Andere vnd Letste Treffen so nachmittag biß in die nacht den 24. Febr. 6. Merts Anno 1645. bey Jancowitz geschehen, dabey die Schwedischen das feldt erhalten.

diversos dialetos germânicos. O Sacro Império Romano Germânico não era um Estado territorial nem possuía fronteiras definidas, e abrangia, além das regiões alemãs, diversas nacionalidades eslavas (na verdade, haveria maior população eslava do que alemã no seio do Império), além da Hungria. Numa estrutura de tipo feudal, sobrepunham-se suseranias e soberanias em múltiplas entidades políticas; algumas grandes regiões, como a Bavária e a Saxônia, outras sem sequer contiguidade territorial. Isso sem falar de uma série de pequenos principados, ducados ou cidades autônomas e regiões eclesiásticas controladas por bispados, arcebispados e abadias, além de pequenos feudos de algumas centenas de cavaleiros imperiais. Entre todas essas regiões erguiam-se obstáculos como cobranças de pedágio, postos de aduana, inclusive nos rios, com dezenas de lugares onde canhões e barreiras garantiam a cobrança de passagem.

Numa população total de cerca de 20 milhões, os maiores estados eram Saxônia, Brandemburgo e Bavária, com 1 milhão cada um; a seguir o Palatinado (dividido em duas grandes partes, uma luterana ao norte e outra calvinista ao sul), Hesse (dividido em quatro), Trier e Württemberg. Esse conjunto amplo de pequenos, médios e grandes estados dividia-se segundo lealdades político-religiosas. De um lado, a Liga Católica, liderada por Maximiliano I, da Bavária, fiel ao imperador e ao papa. De outro, a União Protestante, liderada por Frederico V, do Palatinado, defensora da liberdade dos cultos reformados.

A influência do calvinismo no Palatinado Renano, que se une por matrimônio com a Casa de Nassau (Holanda), e o envio de oficiais alemães para a escola militar holandesa fortalecem as relações entre a mais arrogante adversária do imperador Habsburgo na Alemanha e a principal província rebelde da Espanha. Em Heidelberg, no Palatinado Renano, os calvinistas alemães encontram um de seus bastiões universitários (ao lado das universidades de Genebra e Basileia). A universidade local foi acusada pelo imperador Fernando de representar uma "subversiva escola calvinista onde os nobres do reino embeberam-se, em sua juventude, no espírito de rebelião e oposição à autoridade legítima".[3]

A região eslava (tcheca) da Boêmia também havia sido um dos berços da Reforma protestante, antes mesmo da rebelião de Lutero, quando João Huss, no século XV, promoveu uma revolta que levaria à constituição de uma Igreja Hussita, também conhecida como "utraquista", pois praticavam a "comunhão em duas espécies", com pão e vinho, chamada em latim de *sub utraque specie*. Essa Igreja Hussita e outras menores uniram-se sob a chamada Confissão Tcheca, que o imperador Rodolfo II havia aceitado com o documento conhecido como Carta de Majestade, de 1609.

Acima de todos os pequenos e grandes estados estava o Sacro Império Romano Germânico, que desde o final do século XV se sucedia dinasticamente na Casa da Áustria dos Habsburgo. O Sacro Império Romano Germânico fora constituído em 962, com a coroação do imperador Otto pelo papa João XII, e durou até 1806, com a invasão napoleônica da Prússia. Ao ser criado, sua pretensão era reivindicar a sucessão de Carlos Magno e, antes ainda, do antigo Império Romano do Ocidente, o que significava se considerar a herança direta da civilização romana e cristã, que entrara em colapso com as invasões bárbaras e nunca mais se reorganizou. As tentativas dos reis germânicos em proclamar-se imperadores foram apoiadas e legitimadas pelo Papado, mas nunca conseguiram, de fato, constituir um estado imperial centralizado e poderoso. O Império, desde Viena (ou de Praga ou de Gratz), representava a unidade temporal dos católicos, assim como o Papado, desde Roma, representava a sua unidade espiritual.

Nas palavras do grande jurista Pufendorf, o Império era um corpo político desregrado e monstruoso. Sua estrutura complexa compreendia três colégios representados na Dieta Imperial (*Reichstag*): dos 7 eleitores imperiais, dos 150 príncipes e das 52 cidades, e podia decidir sobre tributos. Desde o século XIV, segundo a chamada "Bula de Ouro" de 1356, definira-se que apenas sete príncipes seriam os eleitores do imperador. Três desses príncipes eram eclesiásticos: os arcebispos de Mogúncia (Mayence), de Colônia e de Trèves, e quatro eram eleitores leigos: o rei da Boêmia, o duque da Saxônia, o marcgrave de Brandemburgo e o conde palatino do Reno.

O Império sempre mantivera uma relação de disputa com o Papado, não só no sentido de primazia espiritual sobre os católicos, como de controle de territórios e áreas de influência na Itália. Depois da tolerância religiosa conquistada com a Paz de Augsburgo, houve uma época em que variantes do protestantismo chegaram até mesmo a quase atrair os imperadores católicos como Maximiliano II e Rodolfo II. Este último, tendo sido mais um curioso pela magia e protetor das ciências, foi chamado de "imperador alquimista". Seu irmão, entretanto, o imperador Matias, inclinou-se pelo catolicismo e, sobretudo desde 1619, Fernando II foi um católico fervoroso influenciado pelos jesuítas, devoto extremado a tal ponto que a historiografia designou seu governo como "absolutismo confessional".

Mas tal fanatismo católico imperial, que chegava a ser mais irredutível e radical do que o próprio papa, intensificou a tradicional disputa com o Vaticano, especialmente após a eleição do papa Urbano VIII, em 1623. Além de já enfrentar a pressão turco-otomana na sua fronteira oriental, o Império viu na rebelião da Boêmia, do Palatinado e de outras regiões um desafio que, para ser enfrentado, devia contar com o apoio espanhol, como aconselhava a Fernando II seu confessor jesuíta.

ESPANHA: O IMPÉRIO EM DECADÊNCIA

A Espanha era a principal herdeira do maior império que já existira no mundo, o de Carlos V, o primeiro a abranger todos os continentes, do México às Filipinas. Na Europa, esse império apoiava-se na unidade da monarquia ibérica dos "reis católicos", Fernando e Isabel, com os Habsburgo da Casa da Áustria. Após a renúncia de Carlos V ao Império, no mesmo ano de 1555 da Paz de Augsburgo, seus domínios dividiram-se entre diferentes ramos da mesma família Habsburgo: por um lado, entre o Império Filipino, incluindo, além da Espanha e Portugal unificados, partes da Itália, a Flandres e as colônias ultramarinas na América, África e Ásia; por outro, a Áustria que ocupava o trono do Sacro Império (o rei da Áustria era o imperador).

As lutas da Espanha com sua província holandesa rebelde (1568-1648) não foram objeto de intervenção ou apoio austríaco, mas quando irrompeu a guerra entre os príncipes alemães e o imperador, a Espanha ficou colocada diante do dilema de intervir ou não no conflito centro-europeu. A decisão pela intervenção levou-a a uma situação de esgotamento de recursos, endividamento, derrotas militares, isolamento e fragmentação, com diversas revoltas em Portugal, Catalunha e Nápoles ocorrendo no período final da guerra, em que a Espanha se sentou à mesa de negociações na Westfália claramente em desvantagem, tendo de aceitar a independência holandesa, após 80 anos de luta, e perdendo definitivamente qualquer capacidade de interferir na política centro-europeia.

Após prosseguir em guerra com a França, mesmo depois das negociações de Westfália, até 1659, quando foi firmada a Paz dos Pirineus, a Espanha tornara-se uma potência de segunda classe, subordinada cada vez mais à influência francesa e, além das Províncias Unidas, teve de aceitar a perda de Portugal e suas colônias. O século XVII, que tinha sido o barroco "século de ouro" espanhol, foi se tornando cada vez mais um "século francês" (e holandês). O "grande drama do século", nas palavras do historiador Eduardo d'Oliveira França, foi a "conjuração das nações ocidentais para a liquidação do sáurio peninsular", pois era na Península Ibérica que ainda subsistia um grande estado baseado na defesa intransigente da unidade católica. O "dinossauro" espanhol, velho império de caráter medieval, juntava-se à outra potência em extinção, governada pela mesma família Habsburgo, o

Sacro Império Romano Germânico, cuja fragmentação vai abrir espaço para a emergência das novas potências europeias: França, Holanda e Inglaterra.

A Península Ibérica, que quase permanecera imune ao Renascimento, também pouco assimilou da Ilustração e, assim como careceu de uma verdadeira revolução burguesa democrática, também não acompanhou a revolução industrial, permanecendo como uma economia essencialmente agrária e pastoril até o século XX. As raízes desse atraso residem, em grande parte, nas batalhas perdidas pela Espanha na Guerra dos Trinta Anos, na qual participou para tentar fazer a Europa retroceder a um estado de coisas já impossível de ser restaurado.

HOLANDA: A PROVÍNCIA RICA E REBELDE

A luta pela independência das sete Províncias Unidas dos Países Baixos, numa longa guerra com a Espanha iniciada em 1568, já vinha concentrando na Europa um desafio bem-sucedido ao domínio de Felipe III. A resistência holandesa, perseverante e prolongada, apoiava-se numa forte identidade religiosa calvinista e numa rede de alianças internacionais.[4]

A interferência holandesa na Guerra dos Trinta Anos foi decisiva, fornecendo não só tropas bem treinadas e apoio financeiro como um conjunto de novas técnicas e procedimentos militares formalizados pela academia militar de Maurício de Nassau. Com o término da guerra, a República das Províncias Unidas encontrou-se na condição de um dos países mais poderosos, com a maior frota naval militar e comercial, com o controle da maioria das colônias asiáticas e parte das americanas e com um imenso desenvolvimento urbano e cultural. Era o chamado "século de ouro" holandês.

O novo direito internacional que decorre dos Tratados de Westfália incorpora grande parte das concepções de Hugo Grotius (1583-1645), político e jurista holandês que escrevera uma importante obra sobre a "liberdade dos mares" como princípio necessário das relações internacionais, garantindo por meio da liberdade de comércio a expansão desse novo e poderoso estado emergente que resultara da aliança entre "Marte e Mercúrio", ou seja, da guerra com o comércio. De Amsterdã, com o fechamento do porto concorrente de Antuérpia, nos Países Baixos espanhóis, as Províncias Unidas conseguiram tornar-se, por várias décadas, até as guerras anglo-holandesas, a mais rica e promissora nação mercantil do mundo.

A expulsão dos espanhóis dos Países Baixos criava, entretanto, o problema da convivência com a França, incômodo definido pelo provérbio holandês

Gallus amicus non vicinus ("amizade com os franceses, mas não vizinhança"). Para evitar uma fronteira comum com tão grande e poderoso vizinho que poderia facilitar tentativas de invasão, surgiu a política de criação de um "Estado-tampão", que se tornou, mais tarde, a Bélgica.

FRANÇA: A MAIOR NAÇÃO CATÓLICA AO LADO DOS PROTESTANTES

Após sua vitória na Guerra dos Trinta Anos, a França entrou num dos seus períodos de maior opulência e força. Iniciada durante o reinado de Luís XIII, e comandada por seu chanceler, o cardeal Richelieu, com a habilidade estratégica de impedir seus maiores rivais, a Espanha e a Áustria, de estabelecerem controle sobre a Alemanha e a Europa Central, a Guerra dos Trinta Anos só terminou na época do início do longo reinado de Luís XIV e do governo de seu chanceler, Mazarino.

A França vinha enfrentando a Espanha e a Áustria coligadas desde o século XVI, quando Francisco I perdeu o trono imperial para Carlos V. As maiores monarquias católicas da Europa distanciavam-se entre si e o Papado aliava-se preferencialmente com os espanhóis que já ocupavam grande parte da Itália, como Nápoles e a Sicília. A França, sob a dinastia Bourbon, havia conseguido uma trégua interna na guerra de religiões, desde a concessão do Edito de Nantes, por Henrique IV, em 1598. Seu filho, Luís XIII, orientado pelo chanceler, o cardeal Richelieu, continuou uma política de relativa tolerância interna para com os protestantes e uma orientação externa baseada nos interesses nacionais franceses, rompendo com o pressuposto do alinhamento confessional nas alianças internacionais.

A intervenção francesa na guerra, concentrada em sua metade final, iniciou-se diretamente em 1624, quando Richelieu assume a chancelaria e a França ocupa, com as tropas suíças, os vales alpinos e o passo em Valtellina, expulsando as tropas papais e oferecendo ajuda ao duque da Saboia em seu assédio a cidade de Gênova. Dessa forma, corta-se o contato entre os territórios espanhóis da Itália e a Flandres.

A França vacilou durante anos, buscando construir um terceiro polo que atraísse tanto os príncipes católicos alemães, o mais importante dos quais era Maximiliano da Bavária, como os luteranos da Saxônia, para um distanciamento do imperador. Como estava cercada por territórios de seu maior inimigo, a

Espanha, buscava sobretudo controlar suas regiões de fronteira, absorvendo a Alsácia, expulsando os espanhóis dos Países Baixos e, até mesmo, se possível, anexando a Catalunha. Finalmente, em 19 de maio de 1635, após concluir tratados de aliança com a Suécia e as Províncias Unidas, declarou oficialmente a guerra à Espanha e ao arquiduque governador dos Países Baixos espanhóis.

OUTROS PAÍSES

A Suécia, em conflito com a Dinamarca e a Polônia, encontrou na Guerra dos Trinta Anos a oportunidade de consolidar seu domínio sobre o Báltico, estabelecendo-se na margem alemã da Pomerânia. Para isso, contou com o apoio de um inimigo histórico, a Rússia, interessada em neutralizar a Polônia. A morte de Gustavo Adolfo, na batalha de Lützen, em 1632, levou ao trono a rainha Cristina, com apenas 6 anos, mas o comando do país e da guerra permaneceu nas mãos do chanceler Axel Oxenstierna, o principal colaborador do rei falecido.

A Inglaterra, envolvida durante quase todo o conflito na guerra civil interna entre os apoiadores do rei Carlos I, executado em 1649, e o Parlamento defendido pelo exército de Oliver Cromwell, não desempenhou nenhum papel de destaque na guerra continental. De maneira distante, a Inglaterra apoiou, nas primeiras fases da guerra, o lado dos protestantes, por razões religiosas e político-dinásticas, pois Frederico V, do Palatinado, era casado com Elizabeth Stuart, filha de Jaime I.

Na Península Itálica havia territórios espanhóis (Milão, Nápoles, Sicília e Sardenha), territórios do papa, que apoiavam o lado imperial e espanhol na guerra, e estados livres, entre os quais o Ducado de Saboia, a Toscana, Veneza e outros ducados menores. Estes últimos oscilaram em suas alianças, mas aliaram-se, como foi o caso da Saboia, preferencialmente com a França contra o domínio espanhol e austríaco sobre a Itália. Veneza manteve-se em relativa neutralidade, a ponto de servir como mediadora nas conferências de Westfália que encerraram a guerra.

A GUERRA E SUAS FASES

A guerra começou em 23 de maio de 1618, quando ocorreu a chamada "defenestração de Praga". Defenestrar é atirar pela janela, e foi exatamente o que se deu com os representantes do imperador, quando tentaram impor em Praga, capital da Boêmia, suas decisões de encerrar a assembleia dos estados do reino da Boêmia e fechar duas igrejas protestantes. Dois representantes do imperador e um secretário foram atirados por uma janela do castelo de Hradschin. Desde então, os protestantes majoritários na Boêmia romperam com o imperador Habsburgo, Fernando II, e coroaram Frederico V, do Palatinado, como rei da Boêmia. Essa revolta, embora tivesse apoio popular, foi liderada pelos grupos da alta burguesia e da baixa nobreza, contra uma alta nobreza católica.

O novo imperador Fernando II, eleito pelos sete eleitores em 28 de agosto de 1619, reuniu da capital imperial em Viena o apoio dos católicos alemães, especialmente Maximiliano I, da Bavária, mas também da Saxônia luterana, e com as tropas bávaras e espanholas invadiu a Boêmia e ocupou o Baixo Palatinado, derrotando os rebeldes boêmios em 8 de novembro de 1620 numa batalha na montanha Branca, próxima de Praga. Com essa vitória, o imperador tornou o catolicismo a religião oficial, abolindo as garantias de liberdade de culto da Paz de Augsburgo (1555).

Os espanhóis instalaram-se no Baixo Palatinado, na região do rio Reno, expulsando Frederico V, que se exilou na Holanda, e lá buscaram consolidar seu poderio europeu através desse "corredor" entre a Itália e a Flandres. O título de eleitor imperial de Frederico V do Palatinado foi transferido para Maximiliano I da Bavária. Ao mesmo tempo, a partir de 1621, rompia-se uma trégua de 12 anos entre Espanha e Países Baixos.

Esse fortalecimento dos católicos ligados ao Império atemorizou muitos principados alemães protestantes e, especialmente, os países que eram rivais da Espanha e da Áustria, como as nações protestantes – Suécia, Dinamarca, Holanda e Inglaterra. Mas também a França, que como maior nação católica da Europa disputava a supremacia na cristandade diante da Espanha, do Império e do Papado. O que era uma controvérsia entre alemães se tornou uma questão internacional que envolvia o controle do centro da Europa e também das rotas comerciais marítimas e terrestres. A luta entre os principados alemães protestantes e o Império Habsburgo não era apenas uma disputa religiosa, mas estava em jogo o controle da Europa num contexto estrutural de crise e estagnação.

O que era uma guerra civil no Império Germânico desdobrou-se no mais agudo conflito bélico na Europa moderna devido à conjunção de diferentes disputas (rivalidade franco-espanhola, luta holandesa contra a Espanha pela independência nacional, Reforma e Contrarreforma) que de forma paralela e depois conjugada se somaram para uma deflagração generalizada. A Guerra dos Trinta Anos desenvolveu-se em cinco fases distintas:

- da Boêmia, de 1618 a 1621;
- do Palatinado, de 1621 a 1624;

- dinamarquesa, de 1625 a 1630;
- sueca, de 1630 a 1634;
- francesa, de 1634 a 1648.

Em todas elas, cada um desses países enfrentou a força coligada do imperador e da Espanha, além dos estados germânicos católicos, como a Bavária.

A fase da Boêmia (1618-1621) começa com a rebelião de Praga, a ruptura com o imperador Matias, a formação do Diretório boêmio, cuja ata de confederação, em 21 de janeiro de 1619, representa a união da Boêmia, da Morávia, da Silésia e das duas Lusáceas. Quase simultaneamente, a coroação de Frederico v, do Palatinado, como rei da Boêmia, o "rei de um inverno", desafia o novo imperador eleito. Essa fase termina com o isolamento dos rebeldes e sua derrota diante dos espanhóis e das tropas imperiais na Batalha da montanha Branca.

Os príncipes protestantes alemães em sua maioria – até mesmo a Saxônia, que havia sido a protetora de Lutero – unem-se ao imperador, que conta também com o apoio do papa e do rei da Polônia. Os países protestantes aliados dão ajuda financeira aos revoltosos boêmios mas não se envolvem militarmente. Frederico v, derrotado, busca abrigo em Haia, para onde transfere sua corte no exílio. O novo imperador Fernando II, imbuído de um espírito contrarreformista, confisca domínios, abole privilégios políticos e a liberdade de culto e condena à morte os revoltosos.

A fase do Palatinado (1621-1624) ocorre devido à ocupação dessa região, após a expulsão de Frederico v, porque o Império e a Espanha, embriagados com seu sucesso, resolvem acabar com os direitos até então gozados pelos protestantes – o que inquieta não apenas aos protestantes alemães, como a Suécia, a Dinamarca, a Inglaterra e as Províncias Unidas. O avanço dos espanhóis e das tropas do papa na Suíça, por onde atravessa o eixo vertical da Europa que une o mar do Norte e o Mediterrâneo por terra, seguindo o percurso fluvial do rio Reno até sua foz, preocupou a França que, retomando os Alpes, abriu novo *front* da guerra.

A fase dinamarquesa (1625-1630) representa o primeiro envolvimento direto de um país protestante que vai, financiado pela França, em apoio da Boêmia e do Palatinado, para enfrentar o Império e os espanhóis. O rei Christian IV, da Dinamarca, no entanto, também é derrotado pela coligação imperial-espanhola, chefiada por Wallenstein, um nobre tcheco que reúne um exército de 30 mil soldados e se torna o principal empresário militar do lado católico.

O imperador, ainda mais fortalecido, proclama o Edito da Restituição, em 1629, retomando todas as terras e concessões feitas aos protestantes desde

1555. Em contraste com essa atitude, Richelieu, nesse mesmo ano, na França católica, repetindo a anterior política de tolerância relativa do Edito de Nantes, concede, com a Graça de Alais, a liberdade de culto aos protestantes franceses, chamados de huguenotes, após derrotar sua cidade rebelde de La Rochelle com longo cerco e obrigá-la a derrubar sua fortaleza.

Na fase sueca (1630-1634), o rei Gustavo Adolfo lidera pessoalmente um poderoso e modernizado exército que entra na Pomerânia em 1630, quando a guerra realmente se internacionaliza com dezenas de milhares de soldados estrangeiros no território alemão. Já em disputas com a Polônia católica, Gustavo Adolfo dedica-se a enfraquecer o poder espanhol e imperial, e recebe apoio russo.

Em 1631, a cidade protestante de Magdeburgo, com 20 mil habitantes, é massacrada pelo exército imperial do general Tilly, mas, alguns meses depois, ocorre a primeira importante vitória militar protestante na guerra. Na batalha de Breitenfeld, próximo a Leipzig, a aliança de 40 mil soldados suecos e brandemburgueses derrota os imperiais entrando, em seguida, em Praga, e chegando finalmente a ocupar Munique. Essa expedição vitoriosa é interrompida em 16 de novembro de 1632, com a morte de Gustavo Adolfo na batalha de Lützen. Frederico V, do Palatinado, também morre nesse outono de 1632.

Somente na fase francesa (1634-1648) a balança, pela primeira vez, pende claramente contra o lado imperial e espanhol. A divisão religiosa atenuava-se também, pois a Saxônia luterana e Brandemburgo calvinista negociaram a Paz de Praga com o Império, em 1635, enquanto a França somava-se, com mais de 120 mil soldados, à Suécia e à Holanda na guerra contra a Espanha e o Império. A intervenção de uma nação católica no lado protestante da guerra foi uma hábil decisão geopolítica da diplomacia francesa de Luís XIII, por meio de seu chanceler, Richelieu, e, após 1643, Luís XIV e Mazarino. A França busca, por meio de negociações separadas com a Suécia, a Bavária e os Países Baixos, obter seus territórios ambicionados, especialmente a Alsácia, e conseguir a derrota da Espanha.

Nessa fase, a guerra alcança um pico de destruição e de despovoamento. Devastadas por campanhas sucessivas, as regiões pilhadas esgotam-se, os campos não são cultivados e a peste se alastra. O novo imperador, Fernando III, acuado pelos poderosos exércitos sueco e francês, recua cada vez mais e começa a fazer concessões, como a retirada, em 1641, do Edito de Restituição. O poderio de seu aliado espanhol, Felipe IV, entra em colapso, com rebeliões eclodindo a partir de 1640 na Catalunha e em Portugal, enquanto os holandeses controlam o Nordeste brasileiro e importantes entrepostos africanos e asiáticos.

A guerra civil aberta na Inglaterra desde 1642 também era uma advertência de que rebeliões podiam desafiar as monarquias absolutistas. Uma guerra de dois anos entre Suécia e Dinamarca (1643-45) retarda o avanço sueco na Alemanha, mas em 1645 as disposições para negociações generalizam-se, preparando o terreno para os tratados de paz. As conferências de paz na Westfália prolongam-se por vários anos. Os católicos reúnem-se em Münster e os protestantes em Osnabrück.

O CONTEXTO MILITAR

A "revolução militar" de Maurício de Nassau e Gustavo Adolfo foi a adoção de métodos racionalizados de combate, com tropas altamente treinadas em exercícios complexos com novos tipos de arma (mosquetões, canhões móveis), novos tipos de soldado (em fileiras menos compactas e mais ágeis, treinadas na "ordem unida" que coordenava salvas de tiros).

A academia militar de Maurício de Nassau, fundada em 1618, e seus manuais foram a maior expressão de uma racionalidade militar em que nasceu a forma moderna de combater, com grandes exércitos de infantaria treinados para enfrentar cargas de cavalaria com armas de fogo usadas sincronicamente e cercar cidades e fortalezas amuralhadas com nova arquitetura de defesa. O que os holandeses iniciaram e teorizaram foi levado a uma escala superior pelo exército muito maior de Gustavo Adolfo, da Suécia. Os modernos recursos militares abrangiam também a indústria de guerra. A metalurgia, em especial na Suécia, obteve os melhores resultados, com destaque para a artilharia, o que fez do exército sueco um dos mais bem preparados militarmente.

Desde o século XV demonstrara-se a eficiência do uso de lanças no confronto com cargas de cavalaria. Com o desenvolvimento das armas de fogo, a cavalaria, que fora imbatível das hordas de conquistadores asiáticos, tornou-se menos eficaz. Consolidava-se a era das armas de fogo. O uso dos mosquetões, armamento de um tiro que precisavam ser recarregadas, exigia a operação de complexa coreografia de salvas repetidas dadas por fileiras de atiradores em pé, de cócoras e deitados, que eram revezados por outros que estavam atrás. O uso da artilharia móvel também foi realizado como nunca antes.

Uma batalha que exemplifica as condições da revolução militar aplicada por holandeses e suecos é a que ocorreu em Breitenfeld (ao norte de Leipzig), em 17 de setembro de 1632, que foi considerada como a primeira vitória esmagadora dos protestantes. O exército imperial, do general Tilly, com cerca de 31 mil soldados, enfrentou-se com o exército sueco de Gustavo Adolfo aliado às forças da Saxônia, totalizando cerca de 41 mil homens. A diferença em favor dos protestantes não era apenas no número de soldados, mas na sua formação ágil de atiradores coordenados, que disparavam balas de 20 milímetros com razoável pontaria até 50 metros, além de equipes especiais de atiradores de precisão, e na capacidade de sua artilharia móvel, que lançava, a cada seis minutos, bolas de ferro de 9 kg a uma distância de 1.700 metros. O resultado foi a destruição, em menos de duas horas, de dois terços do exército imperial, com a morte de quase 8 mil dos seus soldados e a captura de quase 10 mil prisioneiros.

Mas a revolução militar teve diversas outras repercussões. A técnica do cerco de cidades e fortalezas aprimorou uma arquitetura específica de fortificações que, diante do fogo dos canhões, adotou muralhas baixas e espessas em lugar dos altos muros dos castelos medievais. As novas fortificações, em forma de estrela, marcaram a época, sobretudo nos territórios dos Países Baixos onde a topografia cheia de canais e pântanos colaborava naturalmente para as linhas de defesa.

A existência de exércitos de dezenas de milhares de soldados criou uma situação caótica durante décadas. No auge da guerra, entre 1625 e 1635, houve cerca de 1 milhão de soldados entre todos os exércitos em luta. Ao final da guerra, ao menos 200 mil permaneciam mobilizados. Mesmo com as assinaturas dos tratados que finalizaram o conflito, continuaram os problemas para a desmobilização desses imensos contingentes, o que tardou ainda vários anos após o término dos combates, com a necessidade de tratados específicos apenas para efetivar a desmobilização dos exércitos.

Os maiores exércitos eram o imperial, o sueco, o espanhol e o francês, mas cada principado, cada cidade, cada região possuía suas forças bélicas. Havia até mesmo um estado protestante, Hesse-Kassel, que ficou durante 18 anos com seu território ocupado pelas forças imperiais, o que não o impediu de manter um exército de 10 mil soldados em luta em diversos lugares. Cada exército era acompanhado de contingentes de seguidores, criados, mulheres, crianças, além de milhares de cavalos que também precisavam ser alimentados.

O aparato logístico para o abastecimento da soldadesca era quase nulo, seus pagamentos atrasavam, ocorriam motins e buscava-se o que comer e onde se alojar entre as populações dos territórios ocupados ou atravessados. Essas pilhagens revestiram-se de grande crueldade e causaram talvez mais vítimas do que as próprias batalhas. Embora a maioria fosse de soldados voluntários, havia muito recrutamento forçado e prisioneiros libertados para lutar, e o pagamento, muitas vezes, era apenas a própria pilhagem. As batalhas eram sangrentas. Nas maiores, enfrentavam-se dezenas de milhares de combatentes e morriam milhares de homens, às vezes até metade ou mais dos envolvidos. Após o saque sueco de Francfort do Oder, em 1631, o enterro de todos os cadáveres demorou seis dias.

A carência de uma estrutura de exércitos nacionais permanentes fez com que o uso de mercenários se tornasse uma parte estrutural da força recrutada e, muitas vezes, esses mercenários mudavam de lado, amotinavam-se por falta de pagamento, tomavam seus generais como reféns ou, simplesmente, desertavam. Como já escrevera Maquiavel, um século antes, em *O Príncipe*, "sem ter armas próprias, nenhum principado está seguro [...] se alguém tem seu Estado apoiado nas tropas mercenárias, jamais estará firme e seguro, porque elas são desunidas, ambiciosas, indisciplinadas, infiéis [...]." Na Guerra dos Trinta Anos, as tropas mercenárias foram amplamente usadas e os estragos por elas causados foram, muitas vezes, mais destrutivos para os territórios dos Estados que as contratavam do que as próprias ações das tropas inimigas.

De qualquer modo, diante dos perigos e da desolação geral da guerra, era mais prudente estar dentro de um exército do que fora. Os empresários militares cresceram como grandes agenciadores dos exércitos e caudilhos militares tornaram-se os principais chefes da guerra, entre os quais se destaca, do lado imperial e espanhol, o general Alberto de Wallenstein, que depois de várias campanhas foi morto em 1634. A carreira dos chefes militares de êxito estimulava ambições maiores, numa época em que um soldado como Cromwell se tornaria chefe de um Estado, e o nobre tcheco Wallenstein foi destruído por seus próprios companheiros, frustrando-lhe seu sonho de ficar com a coroa da Boêmia.

Outros aspectos limitavam a eficiência dos exércitos, especialmente do francês, como a existência da venalidade dos cargos: os comandos militares eram vendidos ou concedidos a uma nobreza inexperiente em guerras longas e sistemáticas. Os soldados, recrutados de forma anônima, sem uma identificação, desertavam e não podiam ser localizados; as estatísticas com que o comando podia contar eram bastante falhas.

Entre alguns dos significados culturais da guerra, vale sublinhar a difusão do uso de bebidas alcoólicas pelos soldados, com destaque para a popularização dos destilados de cereais. Como escreveu o historiador militar John Keegan, "tomar bebida alcoólica antes da batalha é uma prática quase universal onde há vinho ou bebidas destiladas".[5] Naquele século, ampliou-se muito o uso dos destilados, principalmente o gim, inventado pelos holandeses com o acréscimo aos cereais (cevada e centeio) de uma planta aromatizante, o zimbro (também chamado de junípero, cujo nome em holandês é *genever*). O gim recebeu o apelido de "coragem holandesa" e tornou-se a bebida destilada mais consumida pelas populações germânicas e, mais tarde, pelos ingleses.

O FIM DA GUERRA E OS TRATADOS DE WESTFÁLIA

O término da guerra foi sendo negociado no curso de anos, durante os quais centenas de negociadores de 149 unidades políticas representadas, com séquitos de milhares de pessoas, realizaram duas conferências simultâneas mas em cidades diferentes, exigindo que uma vasta rede de correspondência se organizasse entre ambas cidades westfalianas e o conjunto das capitais envolvidas. Considerando que as distâncias entre as capitais exigiam dias e até semanas de viagem, o curso das negociações evoluiu muito lentamente, acompanhando os desenvolvimentos nos teatros de operação militar e nas intrigas entre facções cortesãs.

O custo da conferência foi enorme, superando em alguns casos até mesmo o gasto militar. Finalmente, em 1648, logo em janeiro, concluiu-se a paz do conflito mais antigo que estava imbricado na Guerra dos Trinta Anos, que era a guerra da independência das Províncias Unidas da Espanha. Pela primeira vez em 80 anos, a Espanha reconheceu de forma definitiva a independência holandesa e, em seguida, abandonou a conferência de paz, prosseguindo a guerra com a França até 1659.

Os maiores significados do final da guerra para países e blocos de países foram, principalmente: o fim do Império Habsburgo e da Espanha como potências centrais (que disputam hegemonia), a emergência da hegemonia holandesa e depois britânica e o advento do máximo esplendor do absolutismo francês (o rei Sol, Luís XIV). Para o sistema europeu, o mais importante foi o sistema interestados não ser mais governado por um arcabouço medieval.

Sem dúvida, o mais importante resultado do final da guerra foi o surgimento de um sistema internacional de Estados. Estabelece-se um pressuposto de reciprocidades, um direito internacional com pactos regulando relações internacionais, com a livre navegação nos mares e a busca do não comprometimento do comércio e de civis na guerra. Os Estados deixam de sujeitar-se a normas morais externas a eles próprios e impõem uma lógica de dominação pragmática, que passou a ser conhecida desde então pela expressão "razão de Estado". As relações internacionais são secularizadas, ou seja, estabelecidas em função do reconhecimento da soberania dos Estados, independentemente de sua confissão religiosa. Toda a política moderna e contemporânea, baseada no reconhecimento da legitimidade dos Estados e na constituição de um conjunto político de nações que se reconhecem como parte de um sistema em que rege um direito internacional, deriva do modelo criado e formalizado a partir da Paz de Westfália.

Os Tratados de Westfália compõem um conjunto de 11 tratados, dos quais o primeiro foi entre a Espanha e os Países Baixos (30 de janeiro de 1648), em Münster. Alguns meses mais tarde firmou-se o tratado entre o Império (Fernando III), os príncipes germânicos (especialmente Brandemburgo e Bavária), a França, a Suécia e o Papado, em Osnabrück e Münster (24 de outubro de 1648).

Proclamou-se uma anistia geral e os vitoriosos receberam concessões territoriais. A França ganha a Alsácia, estabelece sua fronteira na margem oeste do Reno e também ganha Metz, Toul e Verdun. A Suécia ganha o controle do Báltico e dos estuários dos rios Oder, Elba e Weser, assim como a Pomerânia ocidental, incluindo Stettin, o porto de Wismar, o arcebispado de Bremen e o bispado de Verdun. As Províncias Unidas e a Confederação Suíça são confirmadas como repúblicas independentes.

Brandemburgo ganha a Pomerânia Oriental e mais alguns pequenos territórios, o que alicerça as base do surgimento do principal Estado germânico, desde sua fusão com o ducado da Prússia, que irá liderar, mais tarde, no século XIX, a Unificação Alemã. A Bavária ganha o Alto Palatinado e dignidade eleitoral no Império. Cerca de mais de trezentos Estados-membros do Império têm sua soberania fortalecida, com aumento do federalismo. Várias cláusulas visam garantir a "liberdade de comércio", especialmente no rio Reno, que deveria permanecer aberto a todas as nações.

A Paz de Augsburgo é confirmada, não só na Boêmia como em todo o Império, e estendida aos calvinistas, garantindo devoção privada, liberdade de consciência e direito de emigração. Tais disposições têm exceção e não se aplicam nas terras hereditárias dos Habsburgo, onde os príncipes devem abandonar suas terras se mudarem de religião.

Além da destruição, da crise social e demográfica, das pilhagens, dos mercenários, o fim da guerra produziu um armistício na guerra de religiões, com a derrota da Espanha, do Papado e do Império. Este último, após a emergência da Prússia fortalecida e governada pela dinastia dos Hohenzollern, reduziu-se praticamente à Áustria e à Hungria, que continuaram sob o domínio

Habsburgo. A unidade germânica fragmentou-se entre a Áustria imperial e os muitos estados da Alemanha, cuja unificação nacional foi bloqueada e retardada até o final do século XIX.

A Espanha, além de ter de reconhecer a independência holandesa após uma guerra de 80 anos, passa a sofrer outras revoltas separatistas. Para Portugal, a Guerra dos Trinta Anos serviu para enfraquecer a União Ibérica, facilitando a retomada dos anseios de independência. A restauração nacional, com a dinastia de Bragança, por meio de D. João IV, proclamando a separação de Portugal da Espanha, foi garantida pelo enfraquecimento espanhol, derrotado nos Países Baixos e na Alemanha e obrigado a assinar os Tratados de Westfália.

À derrota da corte ibérica seguiram-se várias rebeliões em regiões de sua dominação, particularmente na Catalunha, em Portugal e em Nápoles. A capacidade de Portugal enfrentar militarmente a Espanha e terminar vencendo, preservando sua autonomia nacional, deveu-se também ao apoio dos inimigos da Espanha, em especial a Inglaterra e os Países Baixos, que sustentaram o esforço da independência portuguesa finalmente reconhecida pela Espanha em 1652.

A prática de um "equilíbrio de poder" passou a estabelecer-se entre as potências europeias e a garantia de uma Alemanha plurirreligiosa conformou um novo regime de tolerância negociada que encerrou finalmente, após mais de um século de guerra religiosa, a hostilidade bélica entre as diferentes confissões reformadas e o catolicismo. A reconversão religiosa de dissidentes por meios militares deixou de ser colocada como um objetivo viável.

O modelo do pacto federativo que consegue estabilizar as diversas regiões e religiões da Alemanha é o mesmo que vai inspirar as relações entre as nações europeias. Desde essa época, o destino da Alemanha já era uma peça-chave do destino europeu e seu ordenamento, ao término da Guerra dos Trinta Anos, fundamentou a ordem europeia. Jean-Jacques Rousseau, em 1766, escrevia que "a Paz de Westfália pode seguir muito bem para sempre como a base de nosso sistema político". Em 1866, o francês Alfonse Thiers afirmava que "o mais elevado princípio da política europeia é que a Alemanha deve estar formada por estados independentes reunidos apenas por um tênue tratado federativo. Tal foi o princípio proclamado por toda Europa na conferência de Westfália".[6] Não obstante essas esperanças continuístas, foi um francês, Napoleão, quem questionou na prática, pela primeira vez, os princípios westfalianos, ao invadir a Prússia e abolir, em 1806, o Sacro Império.

A Guerra dos Trinta Anos, travada sobretudo na Alemanha, envolveu toda a Europa e mudou a regra do jogo político internacional. A entrada da França na guerra, em aliança com a Suécia e a Holanda, estabeleceu a base da hegemonia continental francesa e do predomínio naval e comercial da Holanda. A fragmentação da Alemanha e sua unificação nacional tardia, só obtida sob Bismarck na segunda metade do século XIX, está na raiz dos grandes conflitos europeus do século XX. Sob a liderança da Prússia e no momento culminante da sua trajetória de unificação, a Alemanha derrota a França, em 1871, e recupera a Alsácia perdida desde o Tratado de Westfália. Esse evento, por sua vez, é uma das fontes decisivas da ruína do equilíbrio europeu e do desencadeamento das duas guerras mundiais no século XX.

NOTAS

(1) Fritz Hartung, Historia de Alemania en la epoca de la Reforma, de la Contrarreforma y de la Guerra de los Treinta Años, México, Editorial Hispano-Americana, p. 149.

(2) No texto *República da Boêmia*, de Pavel Stánsky, publicado em 1633, declara-se: "Foi então quando aprendemos pela primeira vez que nem a peste, nem a guerra, nem incursões hostis, nem a pilhagem nem o fogo podiam fazer tanto dano à boa gente como as frequentes mudanças de valor da moeda." Em Goeffrey Parker (ed.), La guerra de los treinta años, Madrid, Antonio Machado Libros, 2003, tomo IV, 1964, p. 115.

(3) Idem, p. 59.

(4) A República das Províncias Unidas estabeleceu os seguintes tratados durante sua guerra com a Espanha: Inglaterra (1585); França (1589); Palatinado (1604); Brandemburgo (1605); Império Otomano (1611); Argel (1612); protestantes alemães (1613); cidades hanseáticas e Suécia (1614); Saboia (1616) e Veneza (1619). Idem, p. 4.

(5) John Keegan, Uma história da guerra, São Paulo: Companhia das Letras, 1996, p. 263.

(6) Geoffrey Parker (ed.), op. cit., p. 283.

BIBLIOGRAFIA

ANDERSON, Perry. *Linhagens do Estado Absolutista*. 2ª ed. São Paulo: Brasiliense, 1989.

ARRIGHI, Giovanni; SILVER, Beverly. *Caos e governabilidade no moderno sistema mundial*. Rio de Janeiro: Contraponto/Editora UFRJ, 2001.

FRANÇA, Eduardo d'Oliveira. *Portugal na época da restauração*. São Paulo: Hucitec, 1997.

GAXOTTE, Pierre. *Histoire de l'Allemagne*. Paris: Flammarion, 1963, v. I.

HARTUNG, Fritz. *Historia de Alemania en la epoca de la Reforma, de la Contrarreforma y de la Guerra de los Treinta Años*. México: Editorial Hispano-Americana, tomo IV, 1964.

INGRAO, Charles W. *The Habsburg Monarchy 1618-1815*. 2ª ed. Cambridge: Cambridge University Press, 2000.

KEEGAN, John. *Uma história da guerra*. São Paulo: Companhia das Letras, 1996.

PAGÈS, Georges. *L'Allemagne et La Guerre de Trente Ans*. Paris: Les Cours de la Sorbonne, Centre de Documentation Universitaire, s/d/e.

PARKER, Geoffrey (ed.) *La guerra de los treinta años*: Madrid: Antonio Machado Libros, 2003.

GUERRAS NAPOLEÔNICAS

Marco Mondaini

Talvez não consista em exagero a afirmação de que o nascimento do mundo contemporâneo deu-se a fórceps, e menos ainda a de que as Guerras Napoleônicas tenham sido a forma desse instrumento cirúrgico que trouxe à luz nova realidade societária. Dito de outra maneira, as Guerras Napoleônicas foram uma "guerra de transição", a última guerra do "velho mundo" e a primeira guerra do "novo mundo".

Assim, a importância histórica das Guerras Napoleônicas vai além do restrito plano militar, tendo sido a sua experiência não desprezível até mesmo para o desenvolvimento do pensamento político contemporâneo. Dentro desse contexto ampliado, não foram poucas as frases que se tornaram clássicas na literatura política mundial tendo como referência histórica a obra política de Napoleão Bonaparte e as ações do seu Grande Exército.

Através das célebres expressões do general prussiano Karl von Clausewitz em *Da Guerra*, de 1832 ("a guerra não é mais que a continuação da política por outros meios") e do filósofo alemão Karl Marx em *O 18 Brumário de Luís Bonaparte*, de 1852 ("todos os fatos e personagens de grande importância na história do mundo ocorrem, por assim dizer, duas vezes: a primeira vez como tragédia, a segunda como farsa"), o pensamento político do século XIX foi sendo progressivamente marcado pela obra de Napoleão, seus seguidores e herdeiros.

Das reflexões surgidas a partir da sua luta contra Napoleão nos campos de batalha, Clausewitz, em especial, não se limitou a inovar a arte da guerra. Sob a pressão dessa dura experiência, o general prussiano começou a observar guerra e política de uma maneira mais sintonizada, passando a primeira a ser pensada não apenas como "um ato político", mas sim como "um verdadeiro instrumento da política".[1]

Dessa forma, muito mais que um conjunto de sangrentos combates, as Guerras Napoleônicas foram o marco histórico de uma grande mudança rumo a um outro mundo.

A "DUPLA REVOLUÇÃO" E O NASCIMENTO DA CONTEMPORANEIDADE

O mundo contemporâneo é resultado direto de longo período de transição compreendido entre os séculos XIV/XV e XVIII/XIX. No decorrer dessa larga fase histórica, a sociedade feudal é substituída de forma progressiva pela sociedade capitalista. Então, três espécies de transformações pré-capitalistas começam a gestar muito lentamente nova estrutura social, a saber: a) a acumulação de capital; b) a liberação de mão de obra; c) os progressos da técnica aplicada à produção.[2]

Em outras palavras, de maneira lenta, somas crescentes de capitais começavam a se concentrar nas mãos de um conjunto de indivíduos que viria a constituir o futuro empresariado capitalista, ao mesmo tempo que grandes contingentes de camponeses eram forçados a migrar rumo às cidades na expectativa de conseguirem sobreviver vendendo a única riqueza que lhes restara – sua força de trabalho –, e que eram dados os primeiros passos na direção do desenvolvimento científico-tecnológico voltado para o aumento da produção de mercadorias.

Localizadas nos marcos de um mundo ainda pré-capitalista, essas três transformações sofreriam um impulso monumental a partir da década de 1780. Nela, uma "dupla revolução"[3] começa a fazer nascer de maneira irreversível uma nova sociedade – a sociedade urbana, industrial e capitalista.

Com a Revolução Industrial (inglesa) e a Revolução Democrático-Burguesa (francesa) – os dois polos da "dupla revolução" –, o tempo histórico sofreu impressionante aceleração, fazendo com que o arrastado ritmo da medievalidade fosse despedaçado, como que se o mundo estivesse sendo virado de ponta-cabeça.

Com a Revolução Francesa, o Antigo Regime é atingido em cheio, abrindo espaço para o sepultamento das estruturas feudais pelas forças do capital em formação, alinhadas momentaneamente aos reclamos antifeudais mais amplos oriundos das camadas mais empobrecidas da sociedade. Nas suas jornadas revolucionárias, os 22,5 milhões de franceses que pertenciam ao Terceiro Estado (o povo), questionaram de forma radical a iniquidade contida no domínio exercido por parcos 500 mil indivíduos pertencentes ao clero e à nobreza.

O resultado das lutas iniciadas em 1789 não poderia ser mais subversivo. A noção mofada de soberania real é substituída pela renovada ideia de soberania popular. A velha ordem política assentada na realização dos desígnios divinos (o monarca como "eleito de Deus na Terra") sai de cena, entrando no seu lugar um ordenamento fundado na capacidade racional do homem de intervir na história de maneira autônoma.

Com a Revolução Industrial inglesa da segunda metade do século XVIII, abre-se espaço para a constituição da base material de novo modo de produção fundado no horizonte do lucro, que para ser alcançado em uma escala cada vez maior necessita de um aumento constante da produtividade. É uma situação muito longe de ser imaginada pela cultura do ócio da nobreza imperante na Idade Média, a qual era devidamente complementada pelo discurso religioso católico do sofrimento que purifica, direcionado para o homem pobre do campo.

Assim, as "forças da transformação" lideradas pela burguesia estabeleceram, tanto no campo político como no campo econômico, uma guerra de vida ou morte contra as "forças da conservação" dirigidas pela aristocracia, o que não excluía o estabelecimento de acordos provisórios entre as duas forças quando o horizonte da mudança começasse a se projetar longe demais em sua radicalidade, ultrapassando assim seus limites históricos liberais.

No entanto, ao revolucionarem seus países, respectivamente nos campos da economia e da política, Inglaterra e França acabaram por dar forma a uma espécie de duelo entre Estados que dominou o cenário mundial até 1815. Nessa conjuntura, não foram poucas as ocasiões em que se recorreu ao estabelecimento de alianças com a Rússia, Áustria e Prússia, as forças mais implacavelmente favoráveis à reação. Isso, a fim de inviabilizar as tentativas hegemônicas do adversário.

Mesmo tendo uma significativa história de conflitos anteriores, a disputa entre França e Inglaterra ganha nova natureza após a "dupla revolução". Até mesmo os embates anteriores travados entre ingleses e franceses em função do controle do mercado internacional ganham novas expressões a partir de 1789.

O conflito anglo-francês deixa de limitar-se às duas nações diretamente envolvidas e passa a envolver todo o continente europeu, com reflexos significativos no além-mar. Do outro lado do oceano Atlântico, as Américas sentiram com vigor os abalos provocados por uma guerra que começava a se aproximar perigosamente da "guerra total" (que viria a caracterizar as duas

Guerras Mundiais travadas no século XX), na qual não apenas os corpos militares são atingidos, mas também as populações civis.

Entretanto, a fim de se compreender as razões e a trajetória de cerca de 25 anos quase ininterruptos de guerras, é preciso voltar o olhar para as vicissitudes do processo revolucionário francês e sua influência sobre a realidade política atravessada pelos outros países europeus. Faz-se necessário, em suma, analisar as inúmeras revoluções ocorridas dentro de um único processo revolucionário, suas várias eras e as diversas fases das suas relações com a Europa.

A REVOLUÇÃO FRANCESA E A EUROPA

Muito da originalidade histórica que perpassa a Revolução Francesa deve-se ao fato de existirem, nas suas origens, três espécies de revolução, como se a Grande Revolução tivesse sido fruto de três revoluções menores que convergiram com todas as suas potencialidades de classe distintas entre si. Em outras palavras: três revoluções vinculadas a diferentes classes sociais, como que num cadinho no qual se misturaram interesses socioeconômicos e projetos político-ideológicos de natureza histórica diversificada.

Dessa forma, explodiram na França quase que simultaneamente, no final da década de 1780, três revoluções: a) uma "revolução aristocrática" que objetivava a descentralização além da autonomia local; b) uma "revolução burguesa" que visava extirpar os obstáculos existentes para a produção e afirmar o direito inalienável à propriedade privada; c) uma "revolução popular", de um lado urbana, voltada para a imediata melhoria das condições de existência e da situação do trabalho, e de outro lado rural, direcionada para a conquista da posse da terra e a erradicação da servidão.[4]

A visualização dessas três revoluções perpassando o processo revolucionário francês é de fundamental importância para a compreensão das idas e vindas que caracterizaram o curso mesmo daqueles acontecimentos que romperam de maneira tão radical com as arcaicas estruturas do Antigo Regime – acontecimentos esses que podem ser reunidos em três eras:[5]

1) a "era das constituições" (1789-1792);

2) a "era das antecipações" (1792-1794);

3) a "era das consolidações" (1794-1815).

A caracterizar a primeira era, encontra-se a tentativa de estabelecimento de uma monarquia constitucional à moda inglesa, que acabará por desembocar na elaboração da Constituição de 1791, depois que os Estados Gerais do Antigo Regime se transformaram em Assembleia Nacional Constituinte. O objetivo central das suas principais lideranças consistia na reforma do Antigo Regime, destruindo os obstáculos feudais e os privilégios dos nobres e clérigos. Nesse período, a faceta civil dos direitos de cidadania prevalece sobre os aspectos políticos e sociais. Assim, enquanto a igualdade formal de todos os cidadãos perante a lei e o conjunto das liberdades e garantias individuais (liberdade de expressão, liberdade religiosa, liberdade de ir e vir etc.) são proclamados de maneira universal, a igualdade política é restringida em função da existência do voto censitário e da proibição do direito à associação.

No melhor estilo do pensamento liberal, a dar as cartas estão o individualismo possessivo e a defesa intransigente da propriedade privada. Esse é o momento da "revolução burguesa", que acontece simultaneamente à "revolução popular camponesa". Na verdade, uma "revolução burguesa-aristocrática" que via com grande medo o avanço das pressões camponesas.

Na segunda era, o eixo burguês-aristocrático desloca-se para o burguês-popular. Esse é o momento da revolução dos *sans-culottes*, portadores da tentativa de radicalização de um processo ainda sob a égide burguesa, na direção da construção de uma sociedade igualitária em termos políticos e sociais, ou seja, colocando na ordem do dia conquistas que só começariam a ser concretizadas no decorrer dos séculos XIX e XX, por meio das lutas de democratas e socialistas. Nos anos de 1792-1794, são os jacobinos – precursores da causa socialista – a lutarem pela eliminação de todos os resquícios de natureza nobre ou burguesa, em meio a uma situação de guerra civil, na qual a "santa guilhotina" começa a alastrar o terror por todo o território francês. A paranoia crescente do período político conhecido como Convenção, arrastada pela política de purificação comandada pelo Comitê de Salvação Pública – instituição criada pelos jacobinos com o objetivo perseguir os supostos culpados pelos insucessos econômicos e reveses bélicos da Revolução –, não poderia resultar em outra coisa senão na eliminação física dos revolucionários pela própria Revolução.

A interrupção do Terror acontece em 27 de julho de 1794 (o 9 Termidor), quando a opção pela consolidação dos interesses burgueses derrota jacobinos e contrarrevolucionários. A fim de garantir a afirmação definitiva da sociedade burguesa na França, o Diretório (1795-1799), o Consulado (1799-1804) e o Império (1804-1815) – as três fases políticas da Revolução Francesa que sucederam os períodos da Assembleia Nacional Constituinte e a Convenção, tendo em comum o objetivo de consolidar as instituições burguesas na França – fazem o chamamento a nova instituição com o intuito de manter a todo custo a ordem num país exausto de tanta desordem revolucionária, mas que parece não ter se dado conta de que no lugar das revoluções entrariam sucessivas guerras. A partir de então, é o Exército a tornar-se o corpo responsável pela unificação e pacificação da nação francesa. Um corpo que tem na figura do general/cônsul/imperador Napoleão Bonaparte sua mais perfeita expressão.

Articuladas com essas três eras, ainda que não coincidentes cronologicamente, encontram-se as três etapas das relações estabelecidas entre a Revolução Francesa e a Europa.

1) Entre o estouro revolucionário, em julho de 1789, e a declaração de guerra à Áustria, em abril de 1792, a revolução deixa progressivamente de ser apenas francesa em virtude da forte expansão de movimentos inspirados pelos ideais revolucionários de liberdade, igualdade e fraternidade por toda a Europa. A luta contra a série quase interminável de privilégios de príncipes, senhores feudais e bispos alastra-se a ponto de se poder falar de uma revolução da Europa Ocidental.

2) De abril de 1792 até o golpe de Estado dado por Bonaparte, em novembro de 1799 (o 18 Brumário), a França revolucionária concretiza aquilo que já se encontrava no âmago do seu projeto histórico, isto é, a ruptura com os soberanos europeus. Vive-se, então, uma guerra entre revolucionários e déspotas, uma guerra ideológica que atravessa o interior de cada povo com uma linha divisória própria entre revolucionários e contrarrevolucionários, batendo-se pela abolição ou manutenção do Antigo Regime.

3) Com o "18 Brumário", a forte personalidade de Bonaparte passa a dominar o cenário europeu por completo, através da conjugação de guerra e administração, presença de tropas e ação de prefeitos. Até sua derrota final, na Batalha de Waterloo, em junho de 1815, Bonaparte conseguiu levar para além da margem esquerda do rio Reno e da península itálica os princípios e instituições revolucionários, construindo assim um novo Grande Império.[6]

Foi exatamente nessa terceira etapa das relações entre a Revolução Francesa e a Europa que, de uma maneira arrebatadora, o general Bonaparte se transformou no imperador Napoleão, ao mesmo tempo em que a República Francesa se transmutou em Império Francês, o Império Napoleônico. Então, os ideais libertadores inicialmente presentes no projeto dos revolucionários franceses cedem espaço aceleradamente à vontade expansionista de conquistar o maior número possível de territórios, submetendo suas populações ao jugo francês.

Europa em 1789

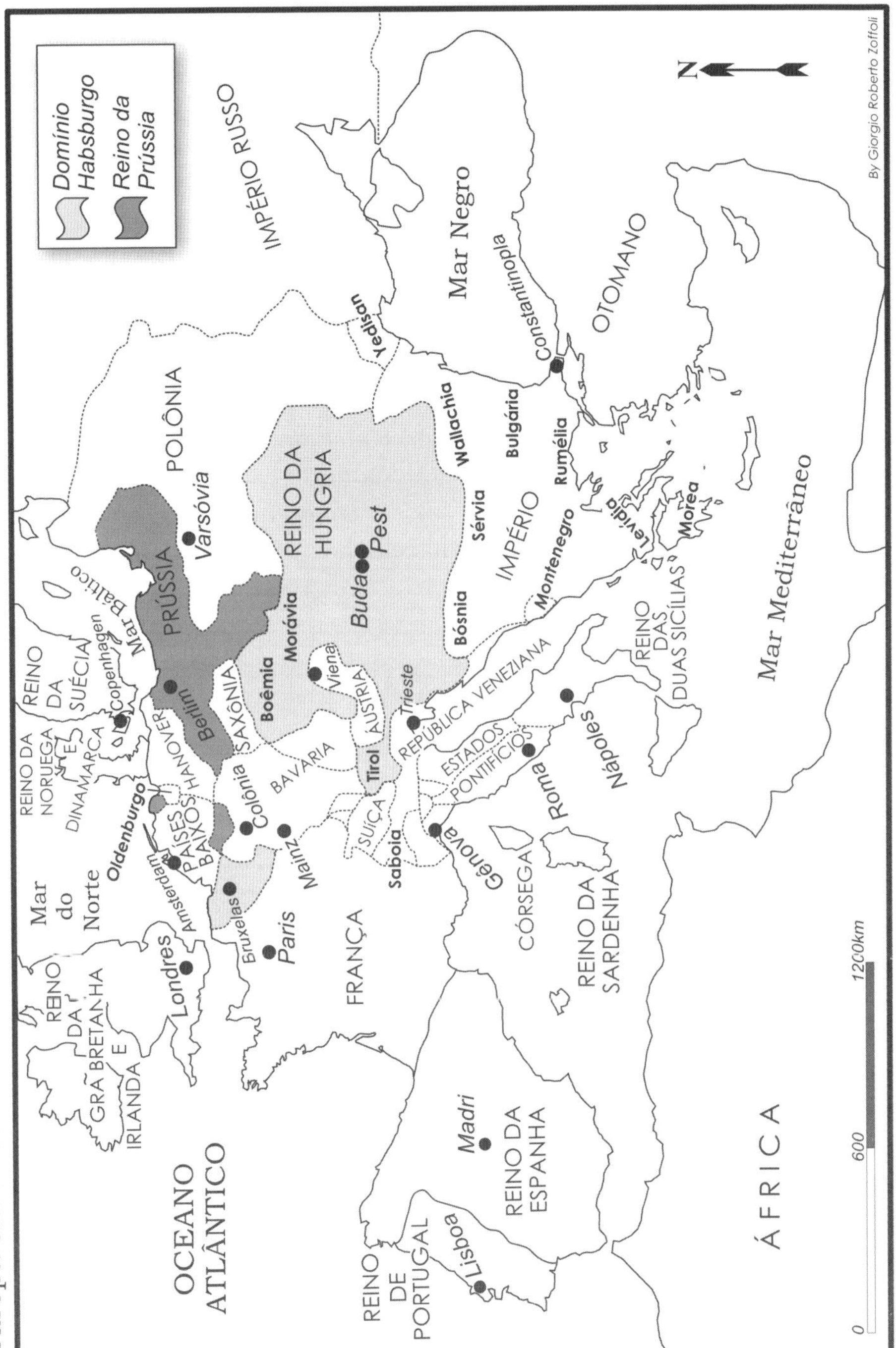

Nesse momento, Napoleão pôs em prática toda a sua incontrolável ambição pessoal e política. A vontade de dominar toda a Europa, até seus últimos confins, levou-o não apenas à tentativa de reconstituir a obra de Carlos Magno, mas também à superação dos projetos expansionistas deste que foi o grande rei dos francos por mais de 45 anos (768-814), chegando a ser coroado imperador de Roma pelo próprio papa, no Natal de 800.

Porém, a fim de ultrapassar o projeto de Carlos Magno, Napoleão teve de despedaçar a ordem geopolítica internacional fundada pelos tratados de Münster e Osnabrück, os quais deram um ponto final à Guerra dos Trinta Anos, em 1648. Comumente conhecidos pelo nome de Paz da Westfália, esses tratados assinalaram o término das guerras religiosas na Europa, ao mesmo tempo em que realizavam um reajuste do mapa do Velho Continente, delimitando suas fronteiras em função de nova balança de poder (veja o capítulo "A Guerra dos Trinta Anos"). Nesse sentido, ao colocar em prática seu empreendimento expansionista imperial, Napoleão jogou pelos ares um arranjo continental que se mantinha de pé há quase 150 anos.

AS "FRONTEIRAS NATURAIS" E OS ANTECEDENTES DO IMPÉRIO FRANCÊS

Ao tomar o poder em 10 de novembro de 1799 (18 Brumário do ano VIII da República Francesa), o general Bonaparte nada mais fez que cortar pela raiz os problemas que afligiam a burguesia chegada ao poder com o Diretório, em 27 de julho de 1794 (9 Termidor do ano II da República Francesa). Para a burguesia diretorial, era muito pouco agradável recolocar em discussão a estabilidade governamental alcançada na difícil luta contra o Terror jacobino, mantendo-se no poder indefinidamente sob as vestes de uma ditadura disfarçada.

Com Bonaparte como primeiro-cônsul, o Poder Executivo – investido de enormes poderes – submete por completo um Legislativo excessivamente incômodo, realizando magistralmente o princípio básico da constituição do ano VIII da República, enunciado por Sieyès: "a autoridade vem de cima e a confiança de baixo." Com isso, realiza-se o desejo inicial do Diretório de "repor a ordem social no lugar do caos inseparável das revoluções". Em poucas palavras, do Diretório ao Consulado, uma relação de continuidade se afirma, diferenciada apenas pelo grau de concentração de poderes necessário a fim de garantir a consolidação social da burguesia. Substituindo uma República de

Notáveis, a Ditadura Consular Napoleônica levará a níveis antes impensáveis o projeto de expansão das "fronteiras naturais" da França.[7]

Apesar das acaloradas discussões sobre o fato, é pouco plausível descartar por completo certa inspiração do projeto absolutista monárquico francês de expansão das suas fronteiras sobre o expansionismo implementado por Bonaparte durante os 15 primeiros anos do século XIX. Definida como "a extremidade de um reino, de uma província, que os inimigos encontram pela frente quando nele querem penetrar", a ideia de fronteira legitimava plenamente as ações do rei que, por suas conquistas, ampliava as fronteiras do seu reino. Assim, Bonaparte levou até as últimas consequências a direção já indicada pela monarquia absolutista francesa, desde o século XVI.

Para os europeus, em especial os governantes alemães, durante anos foi recorrente o temor pelo impulso francês rumo à conquista das suas "fronteiras naturais": os Pireneus como fronteira com a Espanha; os Alpes como fronteira com a Itália; e o Reno como fronteira com a Alemanha. No entanto, no início da Revolução Francesa, não fazia parte do projeto dos revolucionários a expansão do território francês.

O pacifismo dos revolucionários franceses é visível no decreto da Assembleia Constituinte de 22 de maio de 1790, intitulado "a paz para o mundo". Nele, "a nação francesa renuncia a empreender qualquer guerra cujo objetivo seja a conquista e não empregará jamais suas forças contra a liberdade de qualquer povo". Como corolário desse decreto, desenvolve-se muito rapidamente a defesa do direito dos povos à autodeterminação.

A virada de posicionamento dos revolucionários franceses dar-se-á a partir de 20 de setembro de 1792, após a célebre vitória na Batalha de Valmy, primeiro grande sucesso dos exércitos franceses na defesa contra os inimigos da Revolução. A partir de então, começa-se a falar sobre a necessidade da realização de anexações territoriais em nome das "fronteiras naturais", com vistas à edificação de uma trincheira de "repúblicas irmãs", que se alinhassem à França na cruzada pela liberdade que se formava.

Desde então, a ideia das "fronteiras naturais" triunfa, passando a República Francesa a praticar uma política de anexação e ocupação. A proclamação de Danton perante a Convenção, em 31 de janeiro de 1793, parece retratar perfeitamente os novos tempos da política externa francesa: "Os limites da França são marcados pela Natureza. Atingi-los-emos pelo lado do Reno, pelo lado do oceano, pelo lado dos Alpes. Aí devem situar-se as fronteiras da nossa República".[8]

Então, depois de uma primeira série de anexações pelas tropas republicanas (Saboia, Nice, Bélgica e Renânia), entre o final de 1792 e o início de 1793, a República Francesa avança sobre a República Batava e principalmente sobre a península itálica, quando, já sob a influência decisiva do general Bonaparte, são criadas várias "Repúblicas irmãs": a Cisalpina, a Liguriana, a Romana e a Partenopiana.

Desenvolvida entre abril de 1796 e abril de 1797, a "campanha da Itália" representou o grande trampolim da carreira de Bonaparte. No seu decorrer, o jovem general de apenas 27 anos demonstra toda a sua genialidade na arte militar, recuperando um exército quase que limitado à infantaria, formado por infantes tornados saqueadores em função da situação de penúria em que se encontravam. Ao sair vitorioso de uma situação completamente adversa, Bonaparte acabou se impondo como a solução para os males que a Revolução não conseguia resolver. A partir de então, o comandante em chefe do Exército da Itália passa a ser considerado o "filho pródigo" da Revolução, passando a intervir não somente nas questões militares, mas, cada vez mais, no plano político e na vida de todo um povo.[9]

No entanto, esse primeiro impulso rumo à conquista das "fronteiras naturais" sai do centro do palco provisoriamente, no início do Consulado de Bonaparte, em 1799, em função do desejo da maioria dos franceses de restabelecer a paz exterior no encerramento dos conflitos civis internos. Para tanto, o ainda jovem primeiro-cônsul de 30 anos obtém a confiança dos franceses devido a sua imagem de pacificador armado, conquistada na Campanha da Itália.

Já no início de 1801, a pacificação política interna é alcançada por meio do combate ao duplo extremismo de jacobinos (à esquerda) e de realistas (à direita). Alguns meses depois, em julho, chega-se à pacificação religiosa por intermédio de uma Concordata com o papa Pio VII, responsável pela reconciliação provisória entre Igreja e Revolução.

No plano externo, após a vitória sobre os russos (1799), austríacos (1800) e napolitanos (1801), só restava a Bonaparte o acerto de contas com os ingleses a fim de que a paz voltasse a reinar na França e na Europa, superando o trauma de 1789. Para tanto, contaram a favor os acontecimentos políticos da Inglaterra.

Como fruto de uma crise política interna, o primeiro-ministro inglês, William Pitt, adversário implacável da Revolução Francesa, pede demissão em 3 de fevereiro de 1801. No lugar do "homem da guerra", entra o liberal Addington, um "homem da paz". O derradeiro obstáculo para o entendimento entre França e Inglaterra é afastado e, em 25 de março de 1802, a paz é assinada na cidade de Amiens.

Com isso, Bonaparte honrara a fé depositada nele pelos franceses. Finalmente, a paz retornava ao lar dos franceses. Mas, por quanto tempo?[10]

Muito rapidamente, logo que é encerrada a tripla pacificação, Bonaparte revela por completo sua ilimitada ambição pelo poder. Com uma popularidade extremamente elevada, ele vai revelando cada vez mais sua personalidade despótica quando propõe a transformação do Consulado Decenal em Consulado Vitalício, em meados de 1802 – proposta acoplada à sugestão de novo reforço dos poderes do Executivo em relação ao Legislativo.

No plano internacional, a "paz de Amiens", fundada na colaboração franco-britânica, não chegaria a completar quinze meses de vida. De fato, essa foi apenas uma pausa para a retomada enérgica da política externa de construção da "Grande Nação" francesa, levada a cabo entre 1794 e 1799.

Durante a pacificação, a França expressa claramente seus desejos de expansão colonial, de concorrência marítima com a Inglaterra, fato que obviamente inquietava a "grande senhora dos mares".

Concomitantemente, Bonaparte explicita suas reais intenções para com as "Repúblicas irmãs". Por um lado, com sua eleição para a presidência da recém-formada República Italiana – nova denominação dada à República Cisalpina. Por outro lado, com a incorporação do Estado do Piemonte à República Francesa, e sua divisão em seis departamentos.

A essa intervenção na Itália, seguiriam-se outras tantas nas demais Repúblicas irmãs: na República da Helvécia (Suíça) e na República Batava (Holanda), principalmente. Mas aquilo que maior indignação gerou entre as potências europeias – em especial, a Inglaterra – foi a intervenção francesa nas questões alemãs e na bacia mediterrânea.

Não restavam mais dúvidas. Com a agressiva política externa implementada por Bonaparte, a retomada da guerra era inevitável.

Ademais, agindo como "fiel discípulo" de Maquiavel, Bonaparte soube como ninguém "agir de acordo com as circunstâncias", mesclando, como só os grandes líderes sabem fazer, "oportunismo político" e "grande política". Assim, se com a conquista da paz ele se tornou cônsul vitalício, com o reinício da guerra o homem vindo da Córsega transforma-se em imperador.

De maneira acelerada, revelava-se por completo a grande novidade advinda com o Consulado (e, principalmente, com o Império): a França do general Bonaparte, transformado em imperador Napoleão I, não se limitava mais a buscar a "fronteira natural" francesa na direção do Reno, Alpes e Pirineus – agora, ela deveria ser buscada por todo o continente europeu.[11]

Ao realizar a ultrapassagem desses três limites espaciais na direção de toda a Europa, Bonaparte tornava-se cada vez mais Napoleão, e a República francesa, cada vez mais um Império. Como que a encerrar toda uma sequência de ciclos monárquicos e republicanos anteriores, a França napoleônica se assume plenamente como um Império, um novo Império, no qual as anexações de territórios seguem uma lógica própria. Orientada pelos interesses estratégicos da França e pelas ambições pessoais de Napoleão Bonaparte, o tempo das idas e vindas entre busca das "fronteiras naturais" no Reno, Alpes e Pirineus, por um lado, e, reconhecimento da "soberania dos povos", por outro, fica definitivamente para trás. Os novos tempos napoleônicos são de extensão irrestrita dos limites das "fronteiras imperiais", tempos de conquista imperial, tempos de expansão imperialista.

Entretanto, para realizar de maneira vitoriosa este projeto de expansão das suas "fronteiras naturais" rumo às novas "fronteiras imperiais", Napoleão necessitava de uma instituição solidamente coesa capaz de difundir o medo por todas as terras por onde passasse e formada por homens dispostos a dar a vida em nome da causa da Revolução e da nação francesa. Napoleão necessitava de novo exército, um Grande Exército.

O GRANDE EXÉRCITO

A formação de um exército novo – construído sob uma perspectiva mais democrática, com uma hierarquia mais móvel e aberta aos setores mais subalternos da sociedade – não foi uma invenção dos revolucionários franceses. Em meio à Revolução Inglesa de 1640, o deputado Oliver Cromwell e o general Thomas Fairfax já haviam levado a cabo uma experiência revolucionária de remodelação do Exército Real, dando vida a um Exército de Novo Tipo (*New Model Army*), uma corporação de onde foram excluídos do comando todos os lordes e a maioria dos deputados, e cuja tônica organizacional passou a ser o valor e mérito pessoais dos soldados.

O Exército de Novo Tipo inglês não era mais um exército formado por mercenários recrutados nas prisões ou entre arruaceiros de toda espécie, mas sim uma corporação em grande medida constituída de voluntários. Ele era o povo comum em uniforme – o povo em armas –, no qual a liberdade de organização e discussão vinha propiciando uma rápida conscientização política dos seus membros, transformando-o numa verdadeira incubadora de ideias radicais.

No decorrer da Guerra Civil, travada entre o Parlamento e o rei, os soldados sempre estiveram dispostos a lutar contra Sua Majestade, mas após a derrota das tropas reais de Carlos I, em Naseby, no ano de 1645, sua radicalidade foi crescendo de tal forma que o próprio parlamento começou a temer pela sua integridade. A ameaça de um exército democrático cada vez mais próximo das propostas igualitaristas do grupo político dos *niveladores sociais* ingleses rondou a Inglaterra até que, em 1649, seus regimentos mais radicais foram esmagados por aqueles que achavam que a Revolução já havia ido longe demais.[12]

Porém, se a experiência original do Exército de Novo Tipo inglês não ultrapassou a "infância", o mesmo não se deu com aquele exército que viria a ser considerado imbatível por quase duas décadas: o Grande Exército francês (*Grande Armée*).

Enquanto a Europa dos soberanos continua a fazer uso de tradicionais métodos militares como a utilização de exércitos profissionais muito bem treinados e pouco numerosos, a França revolucionária começa a adotar meios inovadores e mais eficazes. Entra em cena de forma inédita um exército formado a partir do recrutamento de toda uma nação, assentado em massas mobilizadas e motivadas.

O espírito da Revolução sempre esteve presente no âmago do exército francês, sendo este a parte da nação mais vinculada à luta contra o Antigo Regime. Nele, a bravura contava mais que o saber como instrumento de ascensão hierárquica, critério condizente com um exército que nunca parava na caserna, vivendo do combate no *front*.

Nada mais diferente do exército francês pré-1789. Baseada numa rígida separação entre, por um lado, soldados que se alistavam em função de uma vida miserável e, por outro lado, oficiais em sua totalidade pertencentes aos quadros da nobreza, a estrutura do exército regular do Antigo Regime teve curta sobrevida no pós-1789. Ainda que as tropas herdadas do exército monárquico se destacassem pelo treinamento da arte militar, faltava-lhes o fundamental para a defesa de um país que precisava cada vez mais se proteger dos inimigos internos e externos: a vontade política revolucionária, a consciência de que se lutava para transformar a história.

Assim, no decorrer de 1791/92, a nova ordem política começa a gerar novo exército – um exército de voluntários, recrutados nas mais variadas categorias sociais, e capaz de resguardar a pátria dos seus adversários. Entretanto, para que esse novo exército revolucionário se transformasse no Grande Exército que Napoleão Bonaparte comandou nas guerras travadas até 1815 foram necessárias duas medidas.

Em primeiro lugar, através da "lei do amálgama", de 21 de fevereiro de 1793, é instituída a fusão entre o velho batalhão de tropas regulares (envaidecidos pelas suas aptidões técnicas) e o novo batalhão de voluntários (orgulhosos do seu entusiasmo pela Revolução). Com essa medida, o exército francês mesclava capacidade técnica e disposição ideológica.

Em segundo lugar, depois de iniciativas nem sempre bem-sucedidas, por meio da "lei Jourdan", de 5 de setembro de 1798, é declarado permanentemente obrigatório o serviço militar dos jovens entre os 18 e 24 anos. Com essa imposição legal, o exército francês tornava-se um exército de massa, um exército baseado cada vez mais no recrutamento forçado devido ao declínio dos alistamentos espontâneos, mas que mantinha cuidadosamente o discurso do voluntariado.[13]

Juntos, esses três elementos (técnica, entusiasmo e número) foram decisivos, ainda que não exclusivos, na série quase ininterrupta de vitórias obtidas pelos franceses nas campanhas e batalhas terrestres até 1812.

Assim, a esses três elementos, devem ser acrescidas duas outras características centrais do Grande Exército francês.

De um lado, a impressionante juventude dos quadros militares franceses, fato facilmente constatável pela simples observação da data de nascimento de quatro dos seus mais destacados generais: Napoleão Bonaparte (1769), Joachim Murat (1767), Michel Ney (1769) e Louis Davout (1770). Se quando da explosão revolucionária, em 1789, giravam em torno dos 20 anos, no momento da eclosão das Guerras Napoleônicas, em 1803, não passavam dos 36. Definitivamente, esse era um exército de jovens. Tal fato explica, em parte, porque "no que tange à organização improvisada, mobilidade, flexibilidade e acima de tudo pura coragem ofensiva e moral de luta, os franceses não tinham rivais".[14]

De outro lado, sobre um corpo de soldados altamente politizados, verdadeiros soldados-cidadãos, foi aplicada uma estratégia de guerra de fato revolucionária, considerada a grande contribuição dos exércitos franceses ao desenvolvimento das estratégias a serem utilizadas nos campos de batalha modernos.

O ponto central da estratégia do Grande Exército francês consistia na utilização da massa de soldados como um corpo coeso capaz de movimentar-se com o máximo de velocidade em seus deslocamentos, recorrendo sempre à ofensiva como elemento- surpresa – uma ofensiva pautada decisivamente na força da infantaria, na luta travada corpo a corpo, tendo como arma fundamental a baioneta.

Nas Guerras que acabaram entrando para a história com seu nome, Napoleão sempre teve como objetivo fazer com que, através do deslocamento rápido das suas tropas para uma posição estratégica, o exército inimigo fosse atraído para uma guerra de grandes proporções. Em se destruindo as forças contrárias – fato comum até o desastre da Campanha Russa, em 1812 –, ocupava-se sua capital impondo-lhe os termos de uma paz quase sempre humilhante para os derrotados.

Para alcançar esse objetivo, a velocidade dos deslocamentos dos seus exércitos era algo essencial. Eram esses velozes deslocamentos que conseguiam inverter a correlação de forças entre os dois contendores. Não foram poucas as ocasiões em que os exércitos napoleônicos se anteciparam de maneira surpreendente à mobilização e posicionamento de exércitos inimigos muito superiores em termos numéricos.

A velocidade também esteve presente de forma efetiva nas ocasiões em que o Grande Exército teve de lutar contra mais de um exército adversário. Porém, nessas circunstâncias, a velocidade era complementada pela iniciativa de combater os vários exércitos separadamente, antes que pudessem se unir num único corpo organizado, antecipando-se assim a uma certeira condição de inferioridade numérica. Tal estratégia foi de fundamental importância na luta contra os vários exércitos coligados que se formaram, sob o comando da Inglaterra, a fim de derrotar primeiro a Revolução Francesa e depois o Império Napoleônico.

A grande inovação dos exércitos napoleônicos não se deu no plano da tática. Aqui, os movimentos clássicos eram amplamente reproduzidos de acordo com as circunstâncias: cercos, ataques pela retaguarda e emboscadas.

Como dito acima, a inovação do Grande Exército se deu no campo da estratégia, com o "simples" plano de atacar sempre, manter-se na ofensiva em todas as ocasiões. Isso, por intermédio de um procedimento geral não muito padronizado: em primeiro lugar, uma imensa barragem de **artilharia** formada por canhões postados o mais próximo possível das linhas inimigas; em segundo lugar, atrás dos canhões, uma **cavalaria** pronta para atacar sobre os pontos mais débeis dos adversários depois que os disparos de canhão cessassem; por fim, a finalizar a refrega, o avanço da **infantaria**, essencial para a dominação e conservação do campo de batalha, em um acelerado passo, impulsionada pelo rufar dos tambores, pelo toque dos clarins e pelos gritos de guerra ensaiados.

Formada por uma "velha guarda" composta pelos infantes mais experientes e por uma "jovem guarda" integrada pelos melhores recrutas de cada ano, a infantaria francesa fez história, ainda que, depois da instauração do Consulado e do Império na França, a serviço de um projeto eminentemente despótico e expansionista.[15]

Contra tal projeto, cerca de 15 anos de guerras quase ininterruptas foram combatidas no continente europeu, tendo sido formadas cinco coligações de países antinapoleônicos. No decorrer desse período, a França deixa progressivamente de ser a República da Liberdade para transformar-se no Império da Opressão; o que eram Repúblicas irmãs viram Estados vassalos. Em poucas palavras, a Guerra da Revolução Francesa torna-se a Guerra do Estado francês.

DE AUSTERLITZ AO BLOQUEIO CONTINENTAL

O pretexto para o início da longa sequência de guerras que se arrastaria até 1815 dá-se na passagem de 1802 para 1803. Então, diante da expansão cada vez maior da França no mar Mediterrâneo, a Inglaterra recusa-se a fazer cumprir um artigo do Tratado de Amiens que a obrigava a retirar suas tropas do arquipélago de Malta, em prol da ordem de São João de Jerusalém.[16] Como nenhuma das duas partes cogitou voltar atrás nas suas posições, a guerra entre França e Inglaterra recomeça a 12 de maio de 1803, com a ordem para que o embaixador inglês deixasse Paris.

Por detrás do pretexto encontrado em torno da questão de Malta, no entanto, encontrava-se um problema de fundo, de amplitude incomparavelmente maior. Para os ingleses, era inconcebível que se lhe tirassem a liberdade de movimentação nos oceanos, ameaçando, com isso, seus interesses comerciais marítimos. Em suma, sua vontade de fazer a guerra, ou de manter a paz, era, em grande medida, um problema de ordem econômica, que girava em torno da manutenção, ou não, do seu poder marítimo. Muito mais que ambições territoriais, a Inglaterra desejava o controle dos mares, pois, por meio disso, alcançaria o predomínio comercial não apenas no comércio europeu, mas também no comércio colonial e ultramarino. Dessa forma, quando a ameaça francesa a esse poder desponta no horizonte, o reinício da guerra faz-se necessário.

De outra parte, a fim de preparar-se para o longo conflito que se aproximava, Bonaparte dá sua última cartada rumo à instalação de uma ditadura pessoal. Em 2 de dezembro de 1804, na Catedral de Notre-Dame, com a tenra idade de 35 anos, é coroado imperador da França, recebendo a coroa das mãos do próprio papa Pio VII. A revolução que acabara com o Antigo Regime volta a ter de conviver com o princípio da hereditariedade.

O agora imperador Napoleão I tinha plena ciência de que, para fundar o Império francês, era necessário dominar a Europa. Mas, para que isso ocorresse, primeiro teria de demonstrar a superioridade do seu Grande Exército em relação à poderosa Marinha britânica.

Em linhas gerais, o plano de Napoleão consistia em desembarcar suas tropas terrestres nas ilhas britânicas, através de um rápido deslocamento das suas forças navais, auxiliadas pela Marinha da aliada Espanha. Juntas, as naves franco-espanholas surpreenderiam a frota inglesa na travessia do canal da Mancha. Ocupada Londres, pensava Napoleão, o exército inglês seria derrotado em questão de dias.

Porém, o sonho napoleônico de desembarcar seu Grande Exército em Londres desapareceu para sempre depois da arrasadora vitória inglesa na Batalha de Trafalgar, em 20 de outubro de 1805. Sob o comando do lendário almirante Nelson, 27 navios ingleses dispostos de maneira inovadora em colunas, e não na tradicional formação em fila, destruíram 18 embarcações francesas e 15 espanholas comandadas pelo almirante Villeneuve. A manobra vitoriosa de Nelson – capaz de reverter a superioridade numérica do inimigo – consistiu em atacar a frota franco-espanhola furando sua linha no centro, com o intuito de isolar os navios uns dos outros, assaltando-os depois bem de perto, em certos casos até mesmo através da tática da abordagem.

Apesar de morto em combate, Nelson conseguiu reduzir a pó os esforços franceses de construção de uma marinha minimamente preparada para as batalhas navais com os ingleses. Entretanto, a desforra dos franceses não tardaria a acontecer em terra, e, como em Trafalgar, de maneira arrasadora.

Não dispondo de um exército que fizesse frente ao francês, a Inglaterra sempre procurou construir coalizões antinapoleônicas com aquelas monarquias temerosas em relação à expansão da Revolução Francesa, com intuito de lançar seus exércitos em conjunto – com o devido apoio financeiro inglês – contra o Grande Exército francês. Entre 1792 e 1797 (Primeira Coalizão) e entre 1798 e 1801 (Segunda Coalizão), a Inglaterra já havia tentado, sem êxito, derrotar a Revolução Francesa dessa maneira. Em 1805, mais uma vez, os britânicos recorreram a essa fórmula, e, também dessa vez, sem a obtenção de êxito.

Baseada no eixo russo-austríaco e com a participação do Reino de Nápoles e da Suécia, a Inglaterra constituiu uma Terceira Coalizão, em agosto. Então, antecipando-se aos fatos e colocando em prática a estratégia de esmagar as forças coligadas antes que elas se reunissem, Napoleão entra em Viena em 13 de novembro. Alguns dias depois, na comemoração de um ano da sua coroação como imperador hereditário, em 2 de dezembro de 1805, Napoleão impõe aos coligados aquela que é considerada sua maior vitória. Contra 80 mil russos e 25 mil austríacos, 75 mil franceses vencem a Batalha de Austerlitz, forçando o imperador da Áustria, Francisco II, a assinar um tratado de paz humilhante.

Assistida pelos imperadores da França, Áustria e Rússia, a Batalha de Austerlitz acabou por se tornar, para Napoleão, um misto de sagração imperial e apogeu do estrategista militar. Conhecida também como a Batalha dos Três Imperadores, Austerlitz teve como armamentos básicos: os fuzis adaptados com baionetas em suas pontas (infantaria), os sabres (cavalaria) e os canhões com caixa de munição do sistema desenvolvido pelo general Gribeauval, na década de 1770 – armamento que seria utilizado durante todo o período das Guerras Napoleônicas, tendo sido mantido em uso até as décadas de 1820 e 1830.

No entanto, a fazer a distinção entre vitoriosos e derrotados nessa batalha estava a astúcia militar do general/imperador eternizado na sua montaria branca. Como num jogo de xadrez, inicialmente Napoleão retirou suas tropas da posição de ataque dos exércitos austro-russos rumo à Viena, como se estivesse recuando do enfrentamento. Enquanto os exércitos inimigos chegavam às proximidades do platô de Pratzen, Napoleão preparava um segundo lance com o intuito de demonstrar a fraqueza das suas tropas: o envio de um emissário a Alexandre I, da Rússia, para tomar conhecimento das suas exigências.

Então, quando austríacos e russos imaginavam-se donos da situação, Napoleão ordena que suas forças militares partam para o ataque tomando o platô de Pratzen de assalto. O desastre foi completo para os adversários dos franceses. Mas o pior ainda estava por vir. Num terceiro e decisivo movimento, diante da insistência de lutar até o fim contra os exércitos napoleônicos, as forças russas são atraídas para os lagos congelados da região. E eis que, numa tacada de mestre, Napoleão ordena que sua artilharia bombardeasse as camadas de gelo, fazendo com que os soldados russos e suas armas afundassem para a morte nas águas geladas do Leste europeu.

A essa altura, a contenda entre França e Inglaterra (com o apoio dos seus aliados) parecia empatada: uma grande vitória na terra para a primeira e uma igualmente grande vitória no mar para a segunda. Assim, as batalhas de Trafalgar e Austerlitz assinalam não apenas o início de nova fase das Guerras Napoleônicas, mas também a atualização histórica do clássico conflito bélico entre "potências continentais" e "potências marítimas". Herança da luta entre Atenas (cidade comercial e democrática) e Esparta (cidade militar e aristocrática), entre 431 e 404 a.C., na Guerra do Peloponeso, tal distinção fez-se presente outra vez mais na disputa entre Inglaterra e França, ainda que com destinos diferenciados para "senhores das terras" e "senhores dos mares".

Derrotados os austríacos em Austerlitz, Napoleão dá início à construção de uma rede de novos Estados vassalos a fim de se defender dos russos com uma espécie de cinturão territorial de proteção: nasce a Confederação do Reno.

Separando a Confederação do Reno do Império Russo, ainda em guerra com a França, encontrava-se a Prússia, a única das potências europeias a ainda não tomar parte do conflito. Porém, após alianças feitas e desfeitas com franceses e ingleses, num curtíssimo período, uma guerra-relâmpago é empreendida pelo Grande Exército contra o também poderoso exército prussiano. Uma Quarta Coalizão é formada sob a liderança dos ingleses, mas em 15 dias a destruição das tropas inimigas dos franceses se repete nas Batalhas de Iena e Auerstaedt, sendo a capital Berlim ocupada em 27 de outubro de 1806.

Fechando esse primeiro ciclo de batalhas, em 7 de fevereiro de 1807, em Eylau, o exército russo, somado aos restos das tropas prussianas, trava um conflito mortífero com as tropas francesas. Sem vencedores nem vencidos, a melhor opção encontrada por ambos os lados foi a conclusão de um armistício (a Paz de Tilsit), em 25 de junho, que representou um esboço da partilha da Europa entre os dois grandes impérios, o francês e o russo.[17]

Isolada a Inglaterra e sendo impossível para os franceses derrotá-la no mar, restava a opção do estabelecimento de uma "batalha econômica". Desde novembro de 1806, após a tomada de Berlim, Napoleão firmara um decreto ampliando as proibições de comercialização com a Inglaterra para todos os países aliados ou ocupados, ou seja, Espanha, Itália, Suíça, Holanda, Dinamarca e Alemanha, tendo a Rússia se comprometido a aplicar o decreto na Paz de Tilsit. Entrava em cena o "Bloqueio Continental".

Todavia, para que este alcançasse êxito, era necessário que sua aplicação se desse com rigor em todo o continente sem nenhuma espécie de brecha. Mas a brecha existia e chamava-se Portugal, que insistia em se manter ligado economicamente à Inglaterra.

A fim de resolver a insubordinação portuguesa, Napoleão atravessa a Espanha tomando facilmente Lisboa, no final de novembro de 1807. Temendo pelo pior, a família real portuguesa foge para o Brasil, onde viria a instalar a Corte. Agora, era a Península Ibérica inteira que se encontrava sob o poder francês.

Nada mais contentava a política expansionista de Napoleão. Conquistada a Península Ibérica, não restava outra coisa a não ser desafiar diretamente o poder do papa. Assim, em fevereiro de 1808, pouco tempo antes de a família real portuguesa desembarcar em solo brasileiro, Roma é invadida: Pio VII não é nada mais que uma sombra.

Completando o quadro asfixiante para a Inglaterra, uma Quinta Coalizão entra em falência depois de mais uma derrota dos exércitos austríacos, na Batalha de Wagram, em julho de 1809. O expansionismo napoleônico alcançava o seu ponto mais elevado.

Dessa forma, em 1810 e 1811, o Império francês alcança sua maior extensão territorial, contando com 130 *departamentos* (a forma político-administrativa de divisão do território francês). Ao seu redor, a formar o Grande Império estrutura-se uma miríade de Estados vassalos governados por parentes de Napoleão ou por príncipes estrangeiros. Além disso, a reforçar a sensação de que a Inglaterra se encontrava completamente isolada, a França conseguiu edificar uma rede de alianças que incluía a Rússia, Dinamarca, Suécia e, até mesmo, a Áustria, resultado de uma operação diplomática através da qual Napoleão se divorcia de sua primeira mulher, Josefina, casando-se em seguida com a filha do imperador austríaco, Maria Luísa, com quem teria um filho: Napoleão II, o famoso *Aiglon* (o "filho da águia").

Em suma, Napoleão conseguira construir uma estrutura de poder formada por três círculos concêntricos: o Império com seus 130 departamentos; o Grande Império com seu conjunto de Estados vassalos reunidos sob a forma de uma federação imperial; e o Sistema Continental com todos os seus Estados aliados.[18]

Todo o continente europeu parecia estar sob o domínio napoleônico, mas por quanto tempo?

DA CAMPANHA RUSSA A WATERLOO

No meio das sucessivas vitórias alcançadas pelo Grande Exército francês até 1811, algo de diferente começou a despontar, minando muito lentamente sua condição de força imbatível. Em alguns países ocupados, movimentos de resistência popular são formados, rompendo com a tradicional marca dos exércitos rivais dos franceses. Isto é, no lugar de exércitos mercenários compromissados com o Antigo Regime e desprovidos de uma vontade política ou força moral, surgem forças progressistas inspiradas pelas ideias de nação, liberdade e igualdade, dispostas a lutar por uma constituição livre da influência francesa.

Assim, entre 1808 e 1812, os espanhóis travam feroz guerra contra o ocupante francês. Iniciada em maio com um movimento insurrecional que

Europa em 1810

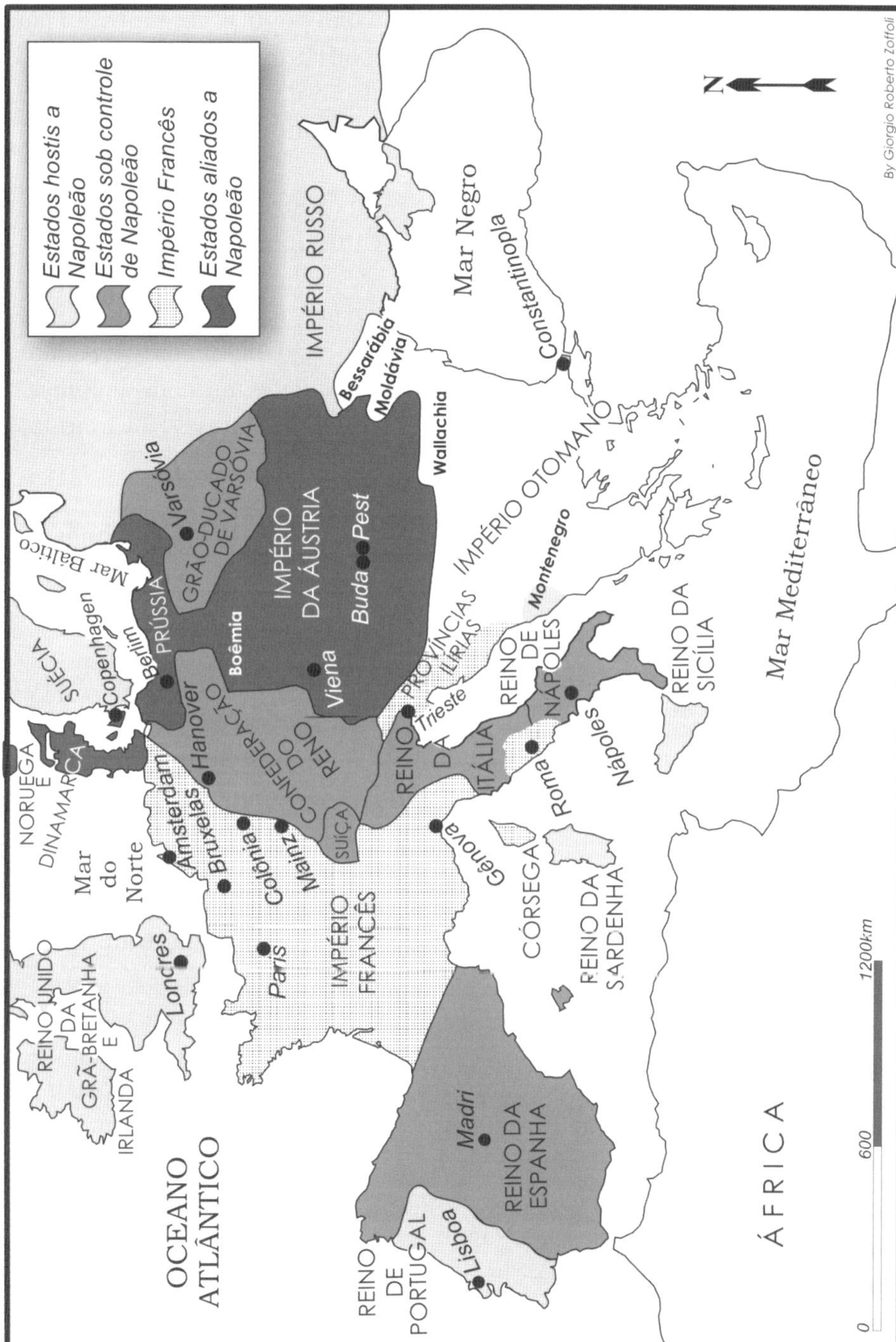

se alastra por todo o território espanhol, a revolta popular contra os soldados franceses foi responsável pela maior derrota imposta ao Grande Exército desde o início das Guerras Napoleônicas: a Capitulação de Bailén, em 21 de julho de 1808, quando 10 mil soldados franceses cercados por 40 mil espanhóis depuseram as armas em campo aberto.

Com esse precedente, caiu por terra o mito da invencibilidade do exército francês, encorajando assim todos os movimentos de resistência nacional e as tentativas de insubordinação contra os ocupantes franceses. Somado ao fracasso do Bloqueio Continental imposto contra a Inglaterra – esgotado rapidamente a partir de 1809 em função da retomada do comércio inglês nos mares Báltico e do Norte, por um lado, e com os Estados Unidos e inúmeras colônias da América espanhola e portuguesa, inclusive o Brasil, por outro –, a Capitulação de Bailén assinala o germe da reviravolta na guerra.

Mas, ainda em 1811, Napoleão achava-se imbatível e capaz de em muito pouco tempo derrotar a "aliada" Rússia e a inimiga visceral Inglaterra, conturbada em função de grave crise de natureza socioeconômica que se agravava. Todas as circunstâncias pareciam-lhe favoráveis para empreender uma gigantesca campanha militar contra o czar Alexandre.

Então, a 24 de junho de 1812, um impressionante exército composto de algo em torno de 650 mil homens, de 20 nações, falando 12 línguas, dá início à longa marcha sobre a Rússia, encontrando pelo caminho imensas planícies desertas, totalmente queimadas pelos *mujiques* (camponeses pobres) russos. Diante dessa política deliberada de terra arrasada, um esfomeado exército napoleônico entra em 14 de setembro numa Moscou em chamas, com um czar não disposto a qualquer espécie de negociação.

Diante disso, e com a sombria perspectiva de aproximação do rigoroso inverno russo, Napoleão ordena a retirada dos seus já esgotados exércitos. Esse retorno passaria a ser lembrado como um dos maiores desastres da história militar mundial. Cercados pelos exércitos russos, com um suprimento de víveres totalmente inadequado e sob um frio precoce de -20º C, apenas 100 mil conseguiram ultrapassar a fronteira russa. Do total de mortos, apenas um quinto havia morrido nos campos de batalha. O restante padecera de fome, frio, doenças, exaustão, além dos desertores e capturados.

Na verdade, o mito de que Napoleão teria sido derrotado pelo "General Inverno" foi, em grande parte, obra do próprio Napoleão a fim de justificar sua gigantesca derrota. Gigantesca derrota essa, diretamente proporcional a sua ilimitada ambição. Ademais, nas intermináveis planícies russas, a revolucionária estratégia da ofensiva veloz era completamente inócua, e tal fato foi muito bem percebido pelo marechal Kutuzov, comandante das tropas russas. Depois de derrotado no avanço do Grande Exército, Kutuzov "recorreu ao tempo, ao espaço e ao clima como aliados para exaurir Napoleão, como uma alternativa a derrotá-lo em combate". Com o auxílio dessas "forças naturais", restava apenas perseguir as esgotadas tropas napoleônicas transformadas em verdadeiros "farrapos humanos".[19]

Desde então, a situação do Império Francês e do poder napoleônico entra em declínio acelerado. Por um lado, na volta da desastrosa Campanha Russa, Napoleão teve de concentrar suas energias na repressão à tentativa de golpe de Estado encabeçada pelo general Malet. Por outro lado, a partir de junho de 1813, teve mais uma vez de se contrapor militarmente a uma coligação de países inimigos. Dirigidos pela velha rival Inglaterra, Prússia, Rússia e Áustria formam a Sexta Coalizão antinapoleônica.

Diante da recusa da proposta de paz feita pelos coligados, não restou alternativa a não ser o campo de batalha. E, mais uma vez, dois gigantescos exércitos entram em choque nos arredores de Leipzig, entre 16 e 18 de outubro. Na "Batalha das Nações", 320 mil soldados da Sexta Coalizão derrotam 160 mil franceses, passando diretamente à ofensiva sobre o território francês.

Dessa vez, porém, cansados das guerras ininterruptas patrocinadas por um imperador que se revelara tirano, os franceses não se mobilizam para defender a nação. Iniciada em dezembro de 1813, a Campanha da França termina com a Capitulação de Paris, em março de 1814. Resignado com a situação, não restava a Napoleão outra coisa a fazer que não abdicar. Em 6 de abril, a Europa estava temporariamente livre da Águia, enviada pelos aliados para a ilha de Elba.

Mas, como uma fênix que renasce das cinzas, Napoleão regressa de forma fulminante à França a partir de 26 de fevereiro de 1815, apoiado pelo marechal Murat. Numa verdadeira epopeia que contou com um desembarque em território francês, no golfo Juan, em 1º de março, e longa marcha através de Lyon, Napoleão entra em Paris, no dia 20, ainda com a simpatia popular e forte reconhecimento dos membros do exército, incluindo-se aí até mesmo aqueles que o haviam abandonado, como o marechal Ney. Isso, com o intuito de destronar Luís XVIII, rei Bourbon exilado na Inglaterra há cinco anos, que assumira o posto deixado vago com a abdicação de 6 de abril.

Como de hábito, o retorno foi fulminante, expulsando Luís XVIII e obrigando pela sétima vez as nações antinapoleônicas a formarem uma coalizão.

Então, liderados pelo general Wellington, os exércitos ingleses, auxiliados pelas tropas prussianas, derrotam definitivamente aquilo que restava dos exércitos napoleônicos, na Batalha de Waterloo, na Bélgica, em junho de 1815. Era o ponto final das Guerras Napoleônicas.

Exilado na ilha de Santa Helena, Napoleão teria um trágico fim de vida até a sua morte em 1821, aos 52 anos. Apesar disso, é inquestionável a constatação de que sua biografia se cruza com a própria história dos quase 25 anos que sacudiram o continente europeu, na passagem do século XVIII para o século XIX. Talvez mais do que qualquer outro personagem da história contemporânea, Napoleão Bonaparte tem sua vida cruzada com a guerra, já que ele nasceu da guerra, chegou ao poder por meio da guerra, manteve esse poder por meio da guerra e o perdeu por meio da guerra. Por isso, ele estava condenado a nunca fazer a paz, e se o fez, foi pensando na retomada breve da guerra.

Como seu destino acabou se cruzando com a história da França e de todo o continente europeu, para o bem e para o mal, enquanto Napoleão Bonaparte teve o poder ao seu lado, a guerra se fez presente de maneira constante entre seus povos.

Em suma, Napoleão Bonaparte tinha plena consciência de que sua ditadura era oriunda da guerra e sobre ela se fundamentava. Por isso, a paz só retornaria ao continente europeu com sua derrota definitiva.

Mas, de toda a destruição ocasionada por um quarto de século de guerras – das travadas em torno da defesa da Revolução Francesa e das disputadas em torno da expansão do Império Napoleônico –, o que restou como herança para o mundo novo que se abria no século XIX? Que novo século é este que se inaugura com o desaparecimento da Águia napoleônica?

AS HERANÇAS DA GUERRA

Com a derrota final de Waterloo e a segunda abdicação de Napoleão depois do Governo dos Cem Dias, em 22 de julho, a experiência do expansionismo imperial francês chega ao fim com uma situação de desastre nacional. Porém, por mais catastrófica que tenha sido a derrota, ela não conseguiu anular aquela que talvez tenha sido a principal obra do Império Napoleônico, apesar das graves contradições presentes no seu projeto.

Não obstante seu despotismo, a empresa napoleônica conseguiu espalhar por todo o mundo ocidental os princípios fundamentais da Revolução, em grande parte graças à difusão do seu Código Civil. A retomada das ideias centrais da Revolução após o fechamento do ciclo restaurador da ordem política monárquica na Europa, entre 1815 e 1830, está a comprovar seu enraizamento nas consciências e instituições ocidentais.

Na verdade, até mesmo a Restauração do princípio monárquico guardou certa dose de respeito pela obra revolucionária, resguardando-se do papel de destruição da arquitetura social e política construída pela Revolução, exatamente devido ao recuo feito por Napoleão em relação aos pontos mais radicais presentes no ideal revolucionário, ou seja, a luta pela igualdade política e social.

De fato, a luta entre as "forças da transformação" e as "forças da conservação" tem continuidade mesmo após as derrotas napoleônicas, entre 1812 e 1815, e a consequente constituição do Congresso de Viena, que reuniu os representantes das dinastias reais europeias, em 1814 e 1815, com o intuito de restaurarem seu poder político fortemente abalado a partir de 1789.

Dentro desse contexto, a reação conservadora que se segue a Waterloo teve de se debater com duas ideologias que saíram extremamente reforçadas dos quase 25 anos de guerras pós-1789, e, mais ainda, do ciclo de Guerras Napoleônicas: o liberalismo e o nacionalismo.

Entre 1815 e 1830, o desejo dos soberanos destronados pela Revolução e por Napoleão – retornados ao trono sob o espírito restaurador de Viena – era fazer triunfar completamente o pensamento contrarrevolucionário e as estruturas do Antigo Regime. No entanto, um retorno dessa espécie já não era mais possível diante do que já havia sido realizado com o auxílio decisivo das balas de canhão e das baionetas: por intermédio dos Códigos Napoleônicos, "a servidão é abolida, os privilégios suprimidos, a mão-morta eclesiástica[20] desapareceu". Além disso, "a igualdade civil de todos diante da lei, diante da justiça, diante dos impostos, para o acesso aos cargos públicos e administrativos, é agora a regra para boa metade da Europa".[21]

Assim, os 15 anos de domínio do Congresso de Viena, entre 1815 e 1830, representaram uma solução de compromisso entre os "ultras" adeptos de uma restauração integral e os "liberais" que não aceitavam a ideia do fim da experiência revolucionária. A mediar esse compromisso nem sempre estável, encontra-se a fórmula mágica da monarquia constitucional – espaço dos múltiplos conflitos que ocorrerão até as explosões revolucionárias nacionalistas e liberais de 1830 e 1848.

Grande vitoriosa do conflito contra Napoleão, a Inglaterra foi uma das principais responsáveis pela difusão do pensamento liberal pelo continente europeu, saindo do longo ciclo de guerras contra a França de posse de um poder político e econômico incomparável, passando a assumir o posto de nação mais poderosa do planeta no século XIX. Isso, firmemente assentada nos princípios filosóficos elaborados, no século XVII, por John Locke (liberalismo político) e, no século XVIII, por Adam Smith (liberalismo econômico) – princípios que se encontram, por um lado, na defesa do mercado e da propriedade privada como instituições intocáveis, não passíveis de sofrerem nenhuma espécie de regulação externa, e, por outro lado, na apologia da preservação das liberdades e garantias individuais diante das tentativas tirânicas do aparelho estatal.

Dessa forma, a grande premiação recebida pelos ingleses (principais vitoriosos das Guerras Napoleônicas) em virtude da sua persistente resistência ao expansionismo francês foi ter-se tornado a primeira economia do mundo no século XIX, com um capitalismo extremamente dinâmico e arrebatador. Uma nação capaz de ter um domínio sobre o mundo só comparável às experiências históricas da Antiguidade.

Ademais, coube ao Império Britânico (nação plenipotenciária do século XIX) a difusão da fórmula política sacramentada na Revolução Gloriosa de 1688: a monarquia constitucional. Pensada como o único meio possível de garantir de maneira absoluta a segurança da propriedade, a monarquia constitucional chegaria aos nossos dias incorporando até mesmo os princípios da igualdade política e social.

Entretanto, à época, a fórmula da monarquia constitucional representava o antídoto ideal para os supostos males igualitaristas causados pela República com sufrágio universal. Com isso, a monarquia constitucional conseguiria catalisar as forças de uma burguesia cada vez menos revolucionária e cada vez mais temerosa do avanço político dos trabalhadores industriais das grandes cidades em formação.

Com o liberalismo, o nacionalismo foi a segunda grande mola propulsora de todas as ondas revolucionárias que se levantaram contra a reação imposta pelo Congresso de Viena, até a irrupção da revolta popular da Comuna de Paris, em 1871, quando a ideologia socialista começa a ocupar o posto de matriz revolucionária central das "forças da transformação", pondo em cena a preocupação com a resolução da "questão social", através da retomada dos princípios igualitaristas antecipados pelos jacobinos nos curtos anos da Convenção Republicana.

Em verdade, sendo uma das filhas mais disputadas da Revolução Francesa, a ideologia nacionalista atravessou todas as três grandes ondas revolucionárias da Europa, entre 1815 e 1848, mesclando-se progressivamente aos ideais democráticos de igualdade política, centrados na luta pelo sufrágio universal e pela liberdade de associação: a) a mediterrânea (1820-24); b) a irradiada por toda a Europa desde a queda dos Bourbons na França (1829-34); c) a "Primavera dos Povos" (1848).[22]

Em linhas gerais, essas três ondas revolucionárias demonstraram claramente que – além da impossibilidade histórica de fazer renascer o feudalismo e sua estrutura política descentralizada – com a Revolução Francesa e toda a sua enorme sequência de guerras, havia sido descoberto que a transformação radical da ordem política e social era possível. Os governados/dominados passam a conviver com o fato de que a resignação era apenas uma expressão possível perante os governantes/dominantes e não a única. Ao lado dela, e apresentando-se como alternativa subversiva, passa a dar sinal pleno de vida a ideia de Revolução, sob a forma típica da Tomada da Bastilha, em 14 de julho de 1789, e das lutas nas barricadas que atravessaram grande parte da cena histórica do século XIX – ou seja, sob o modelo insurrecional explosivo: "uma nova experiência que revelava a capacidade do homem para a novidade."[23]

Na civilização inaugurada, em 1815, após o Congresso de Viena, e encerrada em 1914, com o início da Primeira Guerra Mundial, convivendo de maneira conflituosa com movimentos revolucionários nacionalistas e de trabalhadores, encontravam-se quatro instituições centrais, também envoltas por um ar de novidade histórica: 1) o Estado liberal; 2) o mercado autorregulável; 3) o padrão internacional do ouro; 4) um sistema de equilíbrio de poder capaz de evitar o desencadeamento de longas e destruidoras guerras entre as grandes potências mundiais.[24]

Por meio desse novo sistema de equilíbrio de poder, "o século XIX produziu um fenômeno sem precedentes nos anais da civilização ocidental, a saber, uma paz que durou cem anos" – "cem anos de paz" em que Inglaterra, França, Prússia, Áustria, Itália e Rússia (recorrentes participantes dos conflitos militares até então) empreenderam guerras entre si apenas durante parcos dezoito meses. Filha de um "pacifismo pragmático", essa longa paz foi, em boa medida, patrocinada pela *haute finance*, o sistema bancário internacional. Não que o capital financeiro internacional fizesse do pacifismo uma profissão de fé. De fato, sua religião girava em torno da perseguição constante da maior soma de lucros e dividendos, e, para alcançá-los, já haviam sido capazes de financiar guerras dos mais variados tipos. Mas, nesse momento, a eclosão de uma guerra generalizada poderia interferir prejudicialmente nos seus valiosos negócios.

Isso, até o surgimento de uma ocasião em que a guerra voltasse a ser a solução para nova rodada de lucros.[25]

Quanto a Napoleão Bonaparte – personalidade central dos "25 anos de guerra" atravessados pela Europa, – era inevitável o ódio nutrido contra ele pela maioria dos franceses e europeus em geral, no período imediatamente posterior à derrota de junho de 1815, em virtude dos sofrimentos impostos às nações e aos povos europeus como um todo. Porém, aos poucos, a recordação do homem que havia transposto os Alpes e o Reno vencendo todos os reis da Europa, fazendo tremular a bandeira tricolor da República, começava a se fazer presente outra vez mais, voltando a ser associada, nem sempre corretamente, à Revolução e à libertação das nações oprimidas pelo Antigo Regime. Nos meios intelectuais, a tensão entre o exemplo maior de soldado-cidadão e filho predileto da Revolução, por um lado, e último dos déspotas esclarecidos e traidor-mor dos ideais de Liberdade, Igualdade e Fraternidade, por outro, começa a inspirar os debates acadêmicos. Mas, entre a gente comum, depois de morta, a Águia nascida na Córsega nunca mais deixaria de sobrevoar os céus da França e da Europa, ainda que na condição de mito.

NOTAS

(1) Sobre o princípio de Clausewitz e sua inversão crítica pelo filósofo francês Michel Foucault, ver, deste último: Em defesa da sociedade, São Paulo, Martins Fontes, 2002, pp. 22-3.

(2) Francisco Falcon e Gerson Moura, A formação do mundo contemporâneo, Rio de Janeiro, Campus, 1989, pp. 13-25.

(3) Eric Hobsbawm, A era das revoluções, Rio de Janeiro, Paz e Terra, 2000, pp. 15-20.

(4) Georges Lefebvre, A Revolução Francesa, São Paulo, Ibrasa, 1966, pp.103-36.

(5) Ernest Labrousse, *apud* Francisco e Gerson Moura, op. cit., pp. 56-60.

(6) René Rémond, O antigo regime e a revolução (1750-1815), São Paulo: Cultrix, 1976, pp. 124-7.

(7) Albert Soboul, A Revolução Francesa, Rio de Janeiro, Bertrand Brasil, 1989, pp. 91-7.

(8) As passagens do decreto de 22 de maio de 1790 e a proclamação de Danton encontram-se em François Dreyfus, O tempo das revoluções (1787-1870), Lisboa, Dom Quixote, 1981, pp. 92 e 94.

(9) Denis Richet, "A campanha da Itália" , em François Furet e Mona Ozouf, Dicionário crítico da Revolução Francesa, Rio de Janeiro, Nova Fronteira, 1989, pp. 3-16.

(10) Jacques Godechot, Europa e América no tempo de Napoleão (1800-1815), São Paulo, Pioneira/Edusp, 1984, pp. 95-108.

(11) Denis Richet, "Fronteiras naturais" em François Furet e Mona Ozouf, op. cit., pp. 729-37.

(12) Christopher Hill, O mundo de ponta-cabeça, ideias radicais durante a Revolução Inglesa de 1640, São Paulo, Companhia das Letras, pp. 72-86.

(13) Alain Forrest, "Exército" em François Furet e Mona Ozouf, op. cit., pp. 557-66.

(14) Eric Hobsbawm, op. cit., p. 104.

(15) Paul Johnson, Napoleão, Rio de Janeiro, Objetiva, 2002, pp. 64-89.

(16) Firmado em 1802 entre França e Inglaterra, o Tratado de Amiens estabelecia que as forças britânicas instaladas na ilha de Malta desde 1800 deveriam se retirar logo que possível, em favor da ordem religiosa de São João de Jerusalém, fundada em 1099, e instalada em Malta desde 1518. Em contrapartida, as tropas francesas deveriam abandonar os portos do Reino de Nápoles e dos Estados Pontifícios, também ocupados desde 1800.

(17) Jacques Godechot, Europa e América no tempo de Napoleão (1800-1815), São Paulo: Pioneira/Edusp, 1984, pp. 161-77.

(18) Ibid., pp. 179-93.

(19) Nigel Nicolson, Napoleão 1812, Rio de Janeiro, Nova Fronteira, 1987, pp. 246-56.

(20) Referência à posição parasitária ocupada pela Igreja Católica no Antigo Regime.

(21) René Rémond, O século XIX (1815-1914), São Paulo, Cultrix, 1997, pp. 17-24.

(22) Eric Hobsbawm, op. cit., pp. 127-49.

(23) Hannah Arendt, Da revolução, São Paulo, Ática, 1990, p. 27.

(24) Karl Polanyi, A grande transformação, as origens da nossa época, Rio de Janeiro, Campus, 1980, pp. 23.

(25) Ibid., pp. 23-37.

BIBLIOGRAFIA

ARENDT, Hannah. *Da revolução*. São Paulo: Ática, 1990.

DREYFUS, François. *O tempo das revoluções* (1787-1870). Lisboa: Dom Quixote, 1981.

BALDET, Marcel. *A vida quotidiana nos exércitos de Napoleão*. Lisboa: Livros do Brasil, s/d.

FALCON, Francisco e MOURA, Gerson. *A formação do mundo contemporâneo*. Rio de Janeiro: Campus, 1989.

FOUCAULT, Michel. *Em defesa da sociedade*. São Paulo: Martins Fontes, 2002.

FURET, François e OZOUF, Mona. *Dicionário crítico da Revolução Francesa*. Rio de Janeiro: Nova Fronteira, 1989.

GODECHOT, Jacques. *Europa e América no tempo de Napoleão* (1800-1815). São Paulo: Pioneira/Edusp, 1984.

HILL, Christopher. *O mundo de ponta-cabeça*. Ideias radicais durante a Revolução Inglesa de 1640. São Paulo: Companhia das Letras, 1987.

HOBSBAWM, Eric. *A era das revoluções* (1789-1848). Rio de Janeiro: Paz e Terra, 2000.

JOHNSON, Paul. *Napoleão*. Rio de Janeiro: Objetiva, 2002.

LEFEBVRE, Georges. *A Revolução Francesa*. São Paulo: Ibrasa, 1966.

NICOLSON, Nigel. *Napoleão 1812*. Rio de Janeiro: Nova Fronteira, 1987.

POLANYI, Karl. *A grande transformação*. As origens da nossa época. Rio de Janeiro: Campus, 1980.

RÉMOND, René. *O antigo regime e a revolução* (1750-1815). São Paulo: Cultrix, 1976.

________. *O século XIX*. (1815-1914). São Paulo: Cultrix, 1997.

SOBOUL, Albert. *A Revolução Francesa*. Rio de Janeiro: Bertrand Brasil, 1989.

GUERRA DE SECESSÃO

André Martin

[...] *somente o sangue apagará o grande crime deste país pecador.*
John Brown

Existem basicamente duas linhas de interpretação em torno do grande conflito que, entre 1861 e 1865, ensanguentou a América do Norte cobrando a vida de cerca de 620 mil soldados, além de deixar outros 400 mil feridos ou mutilados. A primeira, difundida pelos vitoriosos logo após o final da guerra, e que mais tarde se tornaria predominante, defende a ideia de que se tratou antes de mais nada de um conflito social, opondo classes sociais antagônicas em torno da questão da escravatura. Lida de maneira sintética, a conclusão dessa corrente, que chamaríamos de "sociológica", é de que a guerra foi travada em torno de princípios inconciliáveis, isto é, a luta da liberdade contra a escravidão.

Para outra corrente de pensamento, no entanto, a qual denominaríamos de "geopolítica", o confronto assemelhou-se mais a um embate clássico entre Estados soberanos, e menos a uma "revolução social" no estilo "luta de classes", como eram os exemplos europeus das Revoluções Inglesa e Francesa, ou da "Insurreição dos Povos", de 1848. Por essa razão, ele deveria ser interpretado sumariamente como sendo uma "guerra entre regiões", na qual o Norte teria lutado contra o Sul.

Ainda que se possa argumentar que essas explicações não sejam necessariamente excludentes, a verdade histórica é que cada uma delas, além de colocar sua ênfase em aspectos distintos da realidade social – identidade "territorial" ou "de classe" –, expressa objetivos políticos bem específicos, os quais, ademais, tiveram seu sentido original alterado ao longo do tempo. Assim, durante o contexto da própria guerra, a explicação "geopolítica" serviu aos desígnios dos conservadores, posto que para os sulistas, assim como para seus apoiadores na Grã-Bretanha, a responsabilidade pelo início das hostilidades cabia inteiramente aos "federais", uma vez que estes não respeitaram o direito constitucional de autogoverno dos estados. Nessa perspectiva, o Norte aparecia como uma espécie de "potência invasora", visão que, diga-se de passagem, seria reforçada ao final do conflito, por causa do programa de "Reconstrução" (1867-1877) implementado pelo governo da União nos estados do Sul. Ao longo daqueles anos, a análise "sociológica" respondeu aos interesses dos grupos mais progressistas, os quais identificavam a "causa do Norte" como sendo a da abolição da escravatura em todo o país, e, portanto, a da criação de uma sociedade mais justa e igualitária.

No século XX, à medida que os Estados Unidos iam se tornando a principal potência mundial, as duas versões concomitantemente adquiriram novos significados. Para a "esquerda", que criticava as intervenções de caráter "imperialista" de seu país no exterior, como na Guerra do Vietnã, a tese "geopolítica" tornava-se atraente. Ela deixava claro como, na verdade, a Guerra Civil tinha apenas precipitado a dominação do capitalismo industrial sobre o agrário dentro dos Estados Unidos, repelindo dessa forma qualquer intenção libertadora por parte dos monopolistas *yankees*.[1] Em consequência, a luta pela igualdade racial estaria longe de estar terminada, como atestavam as mobilizações lideradas por Malcolm X e Martin Luther King na década de 1960. Em contrapartida, e curiosamente, a tese "sociológica" passou pouco a pouco a interessar aos mais conservadores, uma vez que indicava que a igualdade já havia sido conquistada durante a Guerra Civil, e portanto novos movimentos nessa direção representariam um anacronismo.

Essa simples troca de papéis entre as duas teorias assegura a perpetuação do interesse em torno do tema tanto para os acadêmicos, como para a classe política e os cidadãos americanos em geral. Com efeito, até hoje a Guerra de Secessão representa o maior evento da história americana, uma vez que ali foram fincadas as bases daquilo que se tornaria, mais tarde, o Estado mais poderoso na face da Terra. E é precisamente por essa razão que se pode atribuir a esse conflito um significado de valor universal. Nada mais lógico, portanto, que iniciar este estudo pelo exame da situação internacional às vésperas do conflito.

O MUNDO EM 1860

Vista numa perspectiva de longa duração, a década de 1860 aparece como grande divisor de águas na história universal. É possível mesmo admitir-se que o mundo, tal qual o conhecemos, foi esboçado ao longo dela, e que a sociedade de hoje e a de 1870 guardam mais semelhanças entre si do que a dessa década em relação à vigente vinte anos antes.

Com efeito, as mudanças políticas, econômicas e culturais operadas nesse curto período foram tão extraordinárias que não parece exagerado se concluir que a história contemporânea começou ali. Se é lícito julgar, como fizera Karl Marx, que "a violência é a parteira da História", então faz todo o sentido compreender-se a década de 1860 como sendo aquela em que a humanidade vivenciou as contrações que precederam o nascimento da sociedade atual. A criação daquilo que os sociólogos convencionaram chamar de "sociedade urbano-industrial", da qual a revolução informacional constitui apenas um desdobramento, configurou-se precisamente durante essa importante década de transição.

Até 1850, vivia-se num ritmo muito mais lento do que o atual, com as viagens terrestres sendo feitas à base da tração animal, e os barcos sendo movidos pela força dos ventos. Tambores, tochas e sinais de fumaça eram os únicos meios de conseguir-se uma comunicação rápida a distância, limitando geograficamente seu alcance à capacidade da visão humana. As pessoas de modo geral eram muito religiosas, "tementes a Deus", e entre as classes populares o analfabetismo era a regra. Em muitas partes do mundo, como na Rússia, ainda vigia o estatuto da servidão, e a maioria das pessoas, mesmo na Europa Ocidental mais urbanizada, obtinham seu sustento no trabalho direto com a terra. Em suma, é possível assegurar, com alguma dose de cautela, que a paisagem feudal ainda não fora apagada inteiramente em quase nenhum canto da superfície terrestre.

Vinte anos mais tarde, a situação havia se modificado inteiramente. O entusiasmo em torno do desenvolvimento científico e tecnológico fez com que a mecânica se transformasse numa espécie de religião, de modo que o dinheiro, a máquina e o consumo de bens passaram a corresponder a uma nova "Santíssima Trindade". A velocidade dos contatos multiplicava-se com o advento dos trens, dos barcos a vapor e do telégrafo, e essas novidades tecnológicas começaram a penetrar mesmo no interior de áreas até então remotas, na América Latina, na África, na Ásia e na Oceania. Com isso, não apenas muitas comunidades foram retiradas do seu isolamento, como o próprio conhecimento geográfico melhorou bastante, a ponto de os países mais avançados passarem a colocar à disposição do grande público mapas bastante detalhados, que além de oferecerem uma imagem bem mais exata da configuração do espaço planetário, conferiam um sentido de pertencimento das populações a certos territórios bem definidos, reforçando assim o sentimento patriótico, o que era sabiamente explorado pelos Estados-maiores.

As principais mudanças em termos de comportamento e ritmo da vida diária, bem como da economia em seu conjunto, deveram-se às transformações tecnológicas trazidas pelo advento da grande indústria. Essa "Segunda Revolução Industrial", bem mais abrangente e profunda que a "Primeira", foi provocada antes de mais nada pelo advento de novo processo de fabricação do aço, surgido em 1856, mas também pelo aperfeiçoamento do dínamo, e pela invenção do motor de combustão interna, surgido em 1873. Desde então, assistiu-se a uma rápida substituição do ferro pelo aço, como material industrial básico. O vapor, pouco a pouco, cederia lugar em seguida à eletricidade e aos derivados de petróleo na geração de força motriz, cuja aplicação se estenderia aos novos inventos do início do século XX: o automóvel e o avião.[2] O calçamento com macadames, sistema inventado pelo escocês John MacAdam ainda em 1825, encontrava finalmente todas as justificativas para espalhar-se pelas ruas e estradas dos quatro cantos da Terra.

O historiador Eric Hobsbawm sintetiza bem o período quando lembra que o livro *A volta ao mundo em 80 dias*, de Julio Verne, surgido em 1872, não poderia ter sido escrito, digamos, em 1848. De fato, será somente nesse intervalo que uma rede de ferrovias, linhas regulares de navios a vapor, telégrafos e cabos submarinos se estenderá ao redor da Terra, embora cobrindo o espaço planetário de forma muito desequilibrada. Em 1850, havia menos de 24 mil milhas de trilhos ferroviários instalados no mundo, número que seria quase dez vezes superior em 1880, quando chegaram às 230 mil milhas. Desse total, porém, apenas cerca de 30 mil milhas encontravam-se fora da Europa e da América do Norte.[3]

Recorde-se, ainda, que 1869 é um ano histórico para a engenharia mundial, pois duas obras extraordinárias foram entregues naquele ano: em 9 de maio, os trilhos da Central Pacific e da Union Pacific encontraram-se em Promontory Point, no Utah, completando assim a ligação ferroviária entre o Atlântico e o Pacífico.[4] Alguns meses depois, em 16 de novembro, inaugurava-se com grande pompa, por meio de um desfile de iates monárquicos e vasos de guerra das mais variadas potências, o canal de Suez. E, para terminar, registre-se que durou apenas cinco minutos a ansiedade dos apostadores em Londres até saberem o resultado do Derby de Calcutá de 1871, no qual arriscaram seu dinheiro no dia em que se comemorou a inauguração do cabo submarino entre as duas cidades.[5]

Ao longo da década de 1860, em suma, ocorreu uma verdadeira revolução tecnológica, e consequentemente os engenheiros adquiriram enorme prestígio social. Por seu intermédio, uma sucessão de redes de transporte e comunicação disseminou-se pelo globo terrestre, gerando a sensação de encolhimento do espaço e de aceleração do tempo. Muitas pessoas, com bons motivos, sentiram-se bastante atordoadas com tudo isso, e para piorar ainda mais as coisas, não menos turbulento se encontrava o panorama das relações internacionais. A "Ordem da Santa Aliança", solenemente instaurada pelo Congresso de Viena em 1815, e que pôs fim às aventuras napoleônicas, ficara abalada em razão da Guerra da Crimeia, iniciada em 1853. Era a primeira vez em que a Baleia, poder marítimo representado pela Grã-Bretanha, enfrentava o Urso, poder terrestre simbolizado pela Rússia.

O acordo de 1815 entre as duas potências havia sido a chave para a conclusão de um tratado de paz que, contemplando também os interesses da Prússia e da Áustria, não excluíra a presença da própria França entre as principais potências mundiais. O modelo da "Pentarquia", que muitos preferem chamar de "*Pax* Britânica", foi relativamente bem-sucedido, ao garantir o equilíbrio de forças no continente europeu por cerca de quatro décadas. Ocorre, porém, que nesse ínterim a Grã-Bretanha se fortaleceu vigorosamente, implantando o livre-cambismo onde pôde e se industrializando rapidamente.

Em contrapartida, o Império Turco-Otomano não conseguiu acompanhar as mudanças em andamento, não respondendo adequadamente aos desafios do nacionalismo e da industrialização. Desde a derrota para os gregos, em 1832, os quais haviam contado com apoio da "Pentarquia" na sua luta pela independência, o Império Turco-Otomano mergulhara em profunda crise, abrindo espaço para a cobiça de potências rivais. Ciente do risco que o acesso da Rússia ao mar Mediterrâneo poderia representar para ambas, França e Grã-Bretanha preferiram quebrar a unidade de ação até então vigente na "Pentarquia", e aliaram-se aos turcos contra os russos, desde o momento em que estes últimos exigiram passagem livre entre o mar Negro e o Egeu.

A Guerra da Crimeia, encerrada em 1856, não chegou a apresentar um claro vencedor, embora os russos estivessem isolados e solicitassem o fim das hostilidades com a queda da fortaleza de Sebastopol. Eles renunciaram à intenção de controlar o estreito de Dardanelos, mas mantiveram seu prestígio com os povos eslavos e ortodoxos, que se batiam contra a dominação turca. Esses conflitos se transformariam, mais tarde, numa das causas da Primeira Guerra Mundial.

A velha ordem geopolítica também estremecia no centro da Europa, onde crepitavam as rivalidades austro-prussianas no interior da Confederação Germânica. Ainda que estivessem aliados contra os dinamarqueses na curta guerra de 1864, dois anos mais tarde prussianos e austríacos bater-se-iam pela liderança entre os alemães, num confronto que guarda muitas semelhanças com a Guerra Civil Americana. Na Europa, a década se encerrará com os Impérios Turco-Otomano, Russo e Austríaco enfraquecidos devido à ascensão de duas novas potências: a Alemanha e a Itália. A França, humilhada pela derrota na guerra contra a Prússia, em 1870-71, aguardaria uma oportunidade para dar a desforra.

Fora da Europa, a turbulência não era menor. No continente americano, além da Guerra de Secessão, ocorreram ainda os confrontos da Tríplice Aliança (Argentina, Brasil e Uruguai) contra o Paraguai, entre 1865 e 1870, e a guerra patriótica dos mexicanos contra a ocupação franco-austríaca, entre 1864 e 1867. Na Ásia, o grande acontecimento foi a Revolução Meiji, iniciada em 1861, que seria responsável pela destruição do feudalismo no Japão e sua rápida transformação numa grande potência industrial. No mesmo ano, a Rússia, de forma idêntica ao Japão, abolia a servidão e começava a industrializar-se.

Os dois novos gigantes continentais – os Estados Unidos e a Rússia – já prenunciavam a rivalidade que viria mais tarde a dominar a política mundial. O filósofo Alexis de Tocqueville, em 1835, após visitar os Estados Unidos, detectou com antecipação genial o que estava por vir. Ele escreveu:

> Existem hoje sobre a terra dois grandes povos que, partindo de pontos diferentes, parecem avançar para o mesmo objetivo: são eles os russos e os anglo-americanos. Ambos cresceram na penumbra, e, enquanto a atenção dos homens se voltava para outros setores, colocaram-se repentinamente na primeira linha das nações: ficou mundo tendo conhecimento, ao mesmo tempo, de seu nascimento e de sua grandeza [...]. Seu ponto de partida é diferente e seus caminhos não são os mesmos; no entanto cada um deles parece marcado pelo desejo dos céus para modificar os destinos da metade do globo.[6]

As aspirações imperialistas da Rússia e dos Estados Unidos, se ainda pareciam latentes no início do século XIX, e só podiam ser percebidas por um observador astuto como Tocqueville, ao seu final já se encontravam plenamente visíveis aos olhos do grande público.

OS ESTADOS UNIDOS EM 1860

Embora ainda uma potência periférica, relativamente isolada e com pouco peso nos acontecimentos mundiais, os Estados Unidos nem bem haviam saído da grande Guerra Civil e já davam mostras de aspirar à condição de grande potência. Ao comprarem o Alasca do czar da Rússia, em 1867, e no mesmo ano exigirem a saída das tropas francesas do México, deixavam claro que a Doutrina Monroe, de 1823, deveria ser encarada pelas potências europeias como algo bastante sério. Afinal, o que tal política exterior visava assegurar, acima de tudo, era a proteção do próprio país, por meio da defesa dos interesses americanos nas áreas limítrofes do Canadá, Caribe e Pacífico. Compreender como foi possível a um país arrasado por um conflito interno comportar-se de forma tão ousada no plano externo requer uma análise mais detalhada de sua estrutura.

Ao iniciar-se a década de 1860, os Estados Unidos chamavam a atenção do mundo em função do seu dinamismo. Qualquer europeu que desembarcasse em Boston, Nova York ou Filadélfia se impressionaria com o tamanho e a agitação dessas cidades. Os altos edifícios já começavam a marcar a paisagem nova-iorquina, enquanto na Filadélfia destacavam-se as praças, as casas de tijolos de ótimo padrão e as ruas muito limpas.

Nova York já era a terceira maior cidade do mundo e Filadélfia superava o número de habitantes de Berlim. Em todo o Leste do país multiplicavam-se as indústrias, e as cidades enchiam-se de novos moradores, ao passo que no Centro e no Sul a agricultura se desenvolvia rapidamente.[7] Na costa Oeste, a exploração do ouro, iniciada em 1848, começava a dar seus frutos. Povoados surgiam da noite para o dia, e a imigração tanto de nacionais quanto de estrangeiros era intensa. Finalmente, também por essa época, o "mito do Oeste" passou a fixar-se no imaginário de toda a nação, fazendo corresponder a ideia de "fronteira em movimento" ao processo real de guerra permanente contra os índios. Tidos como "inimigos da civilização", os índios serviram de bode expiatório para se tentar dar coesão no Oeste a uma formação social que cada vez mais se esgarçava no Leste, opondo abolicionistas e escravistas ou nortistas e sulistas.

A contradição Norte-Sul nos Estados Unidos apoiou-se, inicialmente, em razões climáticas. De fato, partindo-se do golfo do México rumo ao norte, tem-se uma vasta região dominada por massas de ar mais aquecidas, conformando assim um clima de tipo subtropical. Essa região depara-se com a zona de clima temperado, dominante desde os Grandes Lagos e que avança para o sul, precisamente ao redor do paralelo 36,30°, o qual mais tarde seria tomado como linha divisória entre diversos estados da Federação. A divisão política reforçava, dessa maneira, a divisão geográfica original, contribuindo para aprofundar o distanciamento econômico e social que se ia produzindo entre os granjeiros do milho e do trigo da zona temperada e os grandes fazendeiros do algodão e do tabaco da porção subtropical.

Tal oposição era antiga, e deitava suas raízes no passado colonial. Mas, mesmo depois da Independência, nortistas e sulistas continuaram importando produtos manufaturados da Grã-Bretanha, até que o Bloqueio Continental de Napoleão induzisse os comerciantes do Norte a aplicarem seus capitais na produção de manufaturas. Com seus navios paralisados nos portos, resolveram investir na fabricação do que até então importavam. Daí para a frente, a necessidade de produzir-se sucedâneos às mercadorias europeias iria mobilizar a criatividade do inventor americano, que precisava resolver o problema do aumento da produção ao mesmo tempo em que enfrentava o da falta de braços. Com efeito, com tantas terras livres no Oeste, era difícil convencer um jovem trabalhador a aceitar as duras condições das fábricas do Leste, e este tornar-se um operário.

Para contornar essa situação, criaram-se numerosos dispositivos voltados à economia de tempo, os quais eram introduzidos nas mais variadas máquinas, resultando daí forte aumento na produtividade do trabalho. Por volta de 1860, calculava-se que um operário americano fazia o trabalho equivalente ao de três mil indianos.[8] Na mesma época, o número de patentes solicitadas ao Escritório de Patentes dos Estados Unidos situou-se em torno das 2,3 mil por ano, em contraste com os cerca de 77 pedidos anuais da década de 1810.

Essa sociedade nortista, em franco processo de industrialização, atraía grandes levas de imigrantes europeus, os quais iam ocupando aos poucos o espaço deixado pela saída dos pioneiros para o Oeste, dada a impossibilidade de trazer os escravos desde o Sul. Já nessa última região, em franco contraste com o que vinha ocorrendo no Norte, a importação continuou sendo o hábito. Os sulistas achavam mais produtivo empregar seus escravos na produção de arroz, algodão e fumo, e viam com maus olhos as tarifas protecionistas exigidas pelos industriais do Norte para limitar as importações.

As posições conflitantes ecoavam no Congresso. Uma síntese dos pontos de vista dos sulistas encontra-se na crítica do senador John Randolph à tarifa de proteção, que poderia perfeitamente ter sido subscrita por Adam Smith: "Por que pagar a um homem mais do que ele vale para transformar o nosso próprio algodão em roupas se, vendendo a matéria-prima, eu posso comprar minha própria roupa muito mais barato, e de qualidade melhor, de Dacca?"[9]

Para os *yankees* entretanto, essa postulação parecia não fazer sentido. Acostumados a fiar e tecer as próprias roupas desde os tempos coloniais, compreenderam precocemente que a importação de produtos era, além de uma imposição da Metrópole, um caminho para a estagnação econômica. As palavras indignadas do governador nova-iorquino Beverly Moore, ainda em 1767, em visita à Virgínia, evidenciam as reservas das lideranças nortistas ao comportamento "acomodado" dos seus vizinhos do sul. Ele dizia: "Têm roupas de todo o tipo, vindas da Inglaterra [...]; embora o país seja inundado de madeiras, fazem vir da Inglaterra os objetos feitos de madeira; os armários, cadeiras, mesas, banquinhos, baús, caixas, carrocinhas e outros artigos, e até mesmo as tigelas e vassouras".[10]

O problema das taxas de importação tornou-se tão grave após a Independência, que em 1832 a Carolina do Sul ameaçou deixar a União por considerá-las abusivas. Só não o fez porque o Congresso aceitou diminuir progressivamente os valores cobrados. De qualquer modo, a questão dos impostos de importação, um problema de âmbito nacional, permaneceria como foco de tensão entre o Norte e o Sul até a eclosão da guerra civil. Para agravar as divergências entre os grupos dominantes das duas regiões, só restava o tema da escravidão também alcançar uma dimensão nacional. O que era apenas uma questão de tempo, pois a colonização do Oeste vinha acirrando as disputas em torno de qual modelo deveria prevalecer nas novas áreas que estavam sendo desbravadas: assalariamento ou trabalho compulsório.

Soam por isso proféticas, hoje, as palavras de Ralph Waldo Emerson, quando da Guerra Mexicano-americana, em 1847: "O México nos envenenará",[11] advertia o filósofo, sublinhando a gravidade das dissidências entre nortistas e sulistas em torno do projeto de recolonização das terras subtraídas ao México. De fato, completada a formação territorial da jovem República quando esta chegou ao Pacífico, as disputas em torno do Oeste acenderam-se.

Inicialmente, registrou-se uma tendência de alinhamento entre o Oeste e o Sul, fácil de ser explicada uma vez que a via de desenvolvimento do capitalismo no Sul se apoiava numa oferta elástica de terras, e numa oferta inelástica de trabalho escravo. As grandes plantações eram, em consequência, tocadas sem muitos cuidados com a preservação dos solos. Quando estes se esgotavam, partia-se para a incorporação de novas terras, aproveitando-se assim a fertilidade natural dos solos virgens. O processo, em seu conjunto, valorizava as novas terras do Sudoeste, simultaneamente à queda de preços das terras cansadas do Sudeste.

Na via oposta, o escravo se tornava cada vez mais valorizado, pois só um grupo numeroso podia dar conta das tarefas relacionadas à monocultura do algodão. Além disso, uma lei aprovada pelo Congresso em 1808 proibira a importação de novos escravos, levando alguns plantadores do Sul a se dedicarem exclusivamente à reprodução dos mesmos. Apesar do contrabando nunca ter sido reprimido de fato, a falta de braços gerou um encarecimento do escravo, tornando a sua propriedade mais importante do que a propriedade da terra. A situação favorecia, portanto, a concentração de riquezas nas mãos dos grandes proprietários de escravos, os quais passaram a dominar também a política nos estados sulistas. É óbvio que o passo seguinte corresponderia a alguma espécie de coordenação entre eles.

O grito de secessão estava, portanto, parado no ar; mas naquele momento muitos ainda acreditavam na possibilidade de se evitar o pior. Afinal de contas, havia também um sentimento nacionalista no Sul. A língua inglesa e o protestantismo eram comuns, e duas difíceis guerras contra a maior potência da época, a Grã-Bretanha, haviam forjado uma irmandade política e de armas que parecia difícil de ser quebrada. De mais a mais, todos confiavam no Congresso como foro representativo da vontade nacional, e ali os conflitos de interesse vinham sendo democraticamente resolvidos. Infelizmente, uma sucessão de eventos desafortunados terminou por precipitar a tragédia, dando razão aos que, como o senador nova-iorquino William H. Seward, acreditavam que a Guerra Civil representava "um conflito irrefreável entre forças adversas e permanentes".[12]

COMEÇA A GUERRA

Uma análise mais precisa exige que se interrogue quando a guerra se tornou realmente inevitável, e por quê. Uma forma de organizar a resposta é subdividir o problema em quatro ordens de considerações: jurídicas, políticas, diplomáticas e militares.

No plano jurídico, é possível sustentar a tese de que foi a quebra do assim chamado "Compromisso Missouri" a principal razão de ordem constitucional a suscitar o apelo às armas. Surgido em 1820, esse ato jurídico expressou o compromisso federal em torno das formas de incorporação política dos novos estados que se iam formando no Oeste. Uma Ordenação mais antiga, datada de 1787, previa que, quando a população de um novo território alcançasse a cifra de 60 mil pessoas, esta poderia escrever livremente sua Constituição

O "Compromisso do Missouri" (1820-1860)

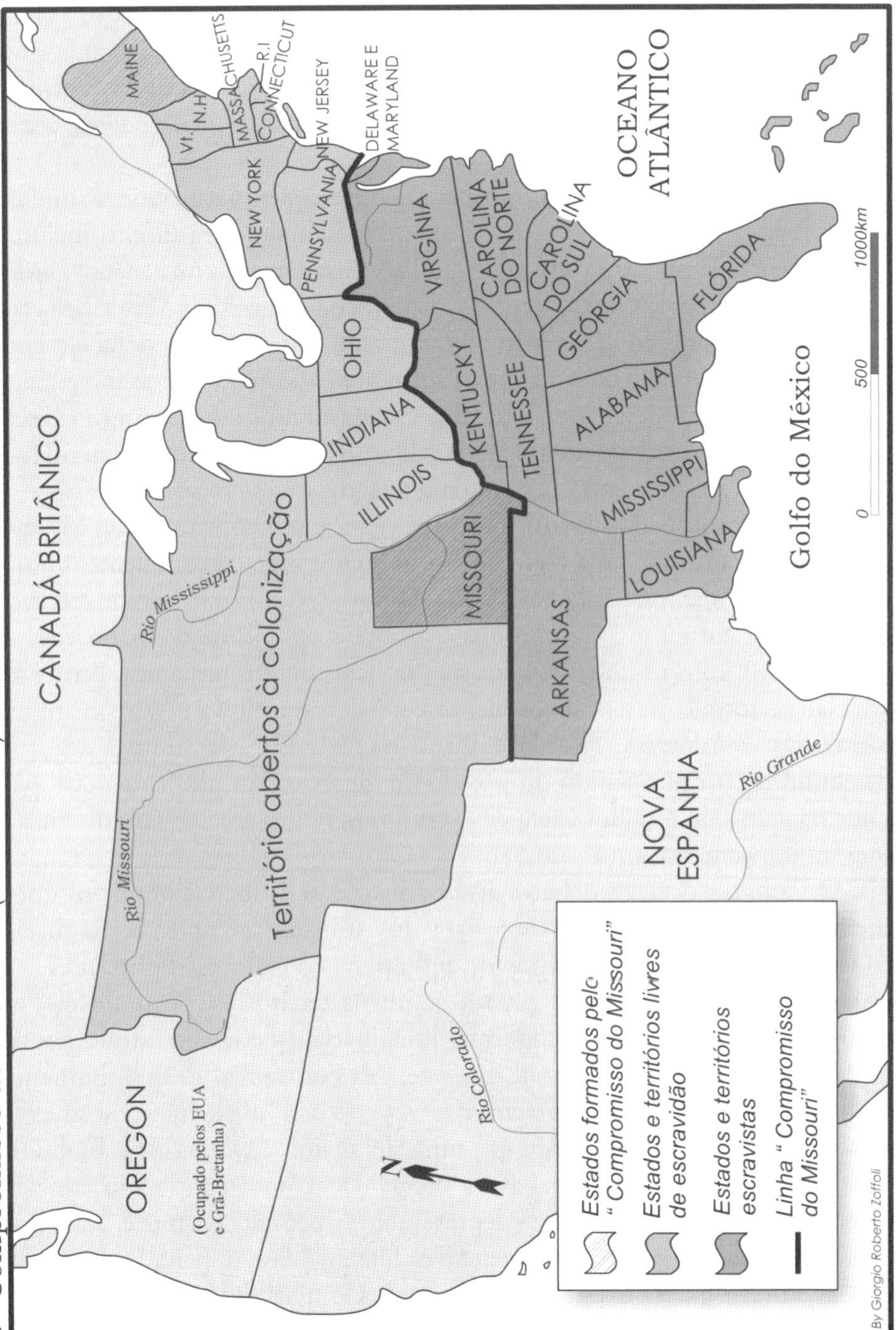

estadual e pedir ingresso como membro federado da União.[13] Em 1820, a União contava 22 estados, sendo 11 escravistas e 11 antiescravistas, o que mantinha um equilíbrio de representação no Senado. Na Câmara, os estados nortistas, mais populosos, tinham uma vantagem de 105 deputados antiescravistas contra 85 escravistas.[14]

Os sulistas acompanhavam com atenção o crescimento paulatino do número de deputados abolicionistas e, em 1819, consideraram seu direito incluir o Missouri entre os estados escravistas, o que lhes daria a maioria no Senado. Devido à ruidosa reação dos nortistas, aceitou-se o desmembramento de Massachussets e, dessa maneira, surgiu o Maine como novo estado não escravista, restabelecendo o equilíbrio no número de senadores. Outro ponto acordado foi fixar o paralelo 36,30° como limite setentrional da área escravista no Oeste. A única exceção seria representada exatamente pelo Missouri que, em contrapartida, se comprometia a nunca barrar a entrada de negros livres em seu território.

O "Compromisso Missouri" pareceu, à época, um bom acordo, mas estava claro que ele continha uma contradição ao incluir uma lei complementar que considerava crime, punível com a pena de morte, o contrabando de escravos. De qualquer forma, o "Compromisso" sobreviveu ao longo das décadas de 1830 e 1840, com os novos estados sendo incorporados um a um. Em 1848, a União contava com seis novos membros: Michigan, Iowa e Wisconsin, não escravistas; e Arkansas, Flórida e Texas, escravistas.[15] Mas nova ameaça de desequilíbrio surgiu quando do pedido de ingresso da Califórnia, local para onde haviam sido atraídos cerca de 80 mil imigrantes em apenas dois anos, e que era francamente antiescravista.

O Congresso viveu debates acalorados. O senador Calhoun foi quem melhor expressou os pontos de vista dos sulistas, ao defender o direito constitucional dos proprietários de migrarem com suas propriedades – e, portanto, com seus escravos – para os novos territórios. Segundo ele, era o voto dos colonos, e não uma linha imaginária, que deveria decidir sobre onde localizar o trabalho servil ou livre. Na contramão desse argumento, William Seward, líder dos *consciense whigs,* isto é, a "aristocracia esclarecida" concentrada no Leste, defendeu que uma "lei maior, a Divina" se sobrepunha à Constituição – e ela condenava a escravidão como um pecado contra a humanidade. Isso enfureceu os representantes pró-escravismo e, não fosse a providencial intervenção do venerável Henry Clay, respeitado pelos dois grupos, talvez a guerra tivesse sido iniciada ali. Com habilidade, Clay conseguiu costurar novo acordo que deu sobrevida ao "Compromisso Missouri", que ficaria conhecido mais tarde como o "Compromisso de 1850". Graças a ele, o país ganhou mais uma década de paz, adiando assim o enfrentamento decisivo entre as duas posições.

Segundo o "Compromisso de 1850", a Califórnia seria aceita como estado não escravista, fazendo pender portanto a maioria do Senado a favor da abolição. Nos demais territórios conquistados ao México – Utah e Novo México –, a entrada na União ficou assegurada "com ou sem escravidão", uma declaração um tanto vaga, mas que assinalava a vitória do princípio da vontade popular nessas decisões, ideia longamente defendida pelos sulistas. Por fim, em mais uma concessão aos sulistas, a punição aos escravos fugitivos tornou-se mais severa.

Pesadas bem as coisas, no entanto, o grande vencedor do "Compromisso de 1850" não foi o Sul, mas sim a União, pois, ao manter a integridade do país por mais uma década, o acordo fez diminuir significativamente as chances de vitória dos separatistas. Ao longo daquela década, o Norte cresceu muito mais rapidamente que o Sul, tanto em população como em poderio econômico, vantagens que, durante a guerra, se mostrariam decisivas para que a União fosse mantida.

A prática demonstrou que a Lei sobre os Escravos Fugitivos era muito difícil de ser cumprida, já que grupos abolicionistas se esforçavam para burlá-la. Eles incursionavam em fazendas do Sul, libertavam os negros e os levavam para locais "seguros" ao norte do paralelo 36,30°, num procedimento que ficou conhecido como "ferrovia subterrânea", a qual se estendeu até o Canadá. Os fazendeiros sulistas, como é óbvio, não aceitavam tais incursões pacificamente, e organizavam batidas policiais até os estados do Norte para recuperar seus "pertences", o que, por sua vez, irritava sobremaneira os abolicionistas.

A luta política radicalizava-se, descambando para enfrentamentos armados que tiveram no Kansas seu palco principal. As desavenças iam deslocando-se assim, do campo jurídico para o militar. Para piorar as coisas, em 1854, o governo central resolveu colonizar as duas únicas áreas que restavam em mãos dos indígenas: o Nebraska e o Kansas. Previa-se, de início, que o primeiro entraria na União como estado livre e o Kansas, como escravista. Uma vez, porém, que o "Compromisso de 1850" aceitara a tese da "soberania popular", ficou estabelecido que esse seria o instrumento que decidiria sobre o escravismo ou o trabalho livre no Kansas. Como observaram acidamente dois historiadores, "os partidários e adversários da escravidão andaram aos atropelos para ver quem chegava lá primeiro".[16]

O governo federal abriu um escritório territorial no Kansas, procurando antecipar-se à provável entrada de colonos escravistas vindos do vizinho

Missouri. Uma empresa *yankee* foi constituída a fim de financiar os colonos nortistas que quisessem se instalar no novo território, provocando a reação da gente de Missouri que, armada, bloqueou a transposição de seu estado pelos imigrantes. A Companhia de Auxílio dos Imigrantes reagiu, armando, por sua vez, os colonos dos estados livres com o fuzil Sharps, nova arma de precisão e retrocarga que assegurava uma vantagem bélica aos seus protegidos.

Daí para frente, os enfrentamentos armados tornaram-se constantes. Num desses encontros, o grupo liderado pelo colono abolicionista radical John Brown liquidou vários "facínoras da fronteira", nome que davam às milícias pró-escravidão. A adoção da "soberania popular" havia acirrado os ânimos a tal ponto que o mais provável era ver a violência do Kansas se espalhar para o resto do país.

Uma última e desastrada tentativa de se colocar "água fria na fervura", foi precisamente o julgamento de John Brown, depois que este liderou nova ação armada em defesa da abolição. Em 16 de outubro de 1859, Brown, comandando um grupo de 22 homens entre os quais se achavam dois de seus filhos e cinco negros, tomou de assalto o arsenal federal de Harper's Ferry, na Virgínia, fazendo sessenta reféns. Seu objetivo era armar os negros e provocar um levante nacional contra a escravidão. O governador Wise, da Virgínia, imediatamente convocou toda a milícia estadual, pedindo também o reforço de tropas federais para combater o grupo de Brown. Quando caiu a noite e chegou o reforço federal formado por uma companhia de marinheiros comandada pelo coronel Robert Lee, apenas quatro dos homens de Brown não exibiam ferimentos. Um dos seus filhos havia tombado ao seu lado e o outro encontrava-se ferido. Nem assim Brown esmoreceu, mas, extenuado, acabou capturado.

Seu julgamento comoveu a nação. Os sulistas, tendo ainda na memória a lembrança dos apavorantes episódios da revolta dos escravos no Haiti, aguardavam uma punição exemplar do "bandido". A opinião pública do Norte, ao contrário, torcia por Brown, embora a imprensa, em sua totalidade, censurasse suas atitudes. Corajosamente, Brown repudiou a estratégia de seus advogados de defesa, que queriam apresentá-lo como perturbado mental. Selou assim seu destino. Na noite de 1º de dezembro de 1859, às vésperas de seu enforcamento, escreveu um sinistro presságio: "Eu, John Brown, estou agora completamente certo de que somente o sangue apagará o grande crime deste país pecador".[17]

A causa abolicionista possuía agora um mártir. Restava, porém, encontrar uma liderança política que se mostrasse à altura das novas necessidades. A oportunidade veio na convenção do Partido Republicano que escolheu o candidato a presidente nas eleições de 1860. Nela, o velho Seward abriu espaço para o jovem e enérgico Abraham Lincoln, natural de Illinois, e que se havia destacado por sua oposição à lei Kansas-Nebraska, o adendo ao "Compromisso de 1850" que abrira a possibilidade de a escravidão se estender para o norte do paralelo divisório. O redator da lei havia sido o senador Stephen Douglas, também de Illinois e que pouco a pouco ia ganhando destaque no Partido Democrata. Os dois jovens líderes em ascensão travaram debates célebres, o que preparou o terreno para transferir a rivalidade do plano estadual para o plano nacional.

É preciso situar com mais precisão, no entanto, o quadro partidário da época, pois a polaridade Douglas/Lincoln não tem correspondência com o atual bipartidarismo da política americana, e tampouco o Partido Republicano de Lincoln, era o mesmo do de Jefferson. No primeiro período após a Independência, o debate político girou entre os Federalistas, liderados por Alexander Hamilton, que defendiam um governo central forte, e os republicanos, comandados por Thomas Jefferson, cuja principal bandeira era a defesa do *self government* dos estados. Ao findar a década de 1820, o Partido Federalista havia desaparecido e o Republicano dividira-se entre uma ala "democrata-republicana" e outra "republicana-nacionalista". Esta última receberia mais tarde o apelido de "*whig*", em correspondência ao partido britânico de mesmo nome que representava os interesses da alta burguesia.

Os democratas-republicanos, por sua vez, em 1828, transformaram-se simplesmente em democratas e representaram, de início, os interesses de certas frações da burguesia, dos granjeiros e da pequena burguesia urbana. Aos poucos, verificou-se um deslocamento de posições e eles passaram a identificar-se mais com os grandes plantadores do Sul e os financistas do Norte.[18] A Lei Kansas-Nebraska de Stephen Douglas acabaria dividindo os democratas, e uma parte de seus membros do Norte e parte dos "*whigs*" resolveram fundir-se para criar o Partido Republicano. Os "*whigs*" sulistas, por sua vez, transferiram-se para o Partido Democrata, de modo que o sistema partidário assumiu, perigosamente, feições regionais.

Abraçando sem hesitações a causa da abolição, o Partido Republicano em apenas seis anos credenciou-se para disputar a Presidência da República. Para as eleições de 1860, com Lincoln à frente, os republicanos dispunham de forte coesão interna e um programa firme, porém não radical, contra a escravidão. Eles não pretendiam imiscuir-se nos assuntos internos dos estados escravistas, mas queriam barrar a expansão da escravidão para o Oeste. Além disso, projetavam incentivar a indústria e integrar o país de costa a costa com ferrovias, iniciativas que os sulistas rejeitavam, pois entendiam que eram gastos inúteis do governo, os quais serviam, no fundo, apenas para justificar o aumento de impostos.

Os democratas, por seu turno, dividiram-se. Para os escravistas mais radicais, Douglas era quase um republicano, e eles preferiram ir para o pleito com um candidato próprio, John Breckinridge, do Kentucky, cuja plataforma previa não apenas a extensão da escravidão para todo o país, como também a anexação de Cuba. Uma derradeira candidatura surgiu de última hora reunindo o que restava de "*whigs*" conservadores, mas não necessariamente escravocratas, e os antigos "não sei nada", uma agremiação xenófoba e anticatólica que teve vida efêmera. Escolheram para representá-los a John Bell, do Tennessee, e intitularam-se Partido da União Constitucional.

Lincoln saiu vitorioso do pleito, somando quase 2 milhões de votos populares, que lhe garantiram a folgada maioria de 180 votos eleitorais contra 72 de Breckinridge. Este, apesar de receber menos votos populares do que Douglas, concentrou sua campanha no Sul, arrematando a maioria dos delegados da região. Como muitos previam, a Carolina do Sul não aceitou os resultados da eleição, e, numa convenção estadual, declarou rompidos seus laços com a União. A ideia secessionista encontrava certa resistência entre outros estados algodoeiros, mas diante da agitação popular que se seguiu, a Geórgia, o Alabama, a Flórida, o Mississippi, a Louisiana e o Texas acabaram aderindo à Carolina do Sul. Em 8 de fevereiro de 1861, era criada oficialmente nova nação: os Estados Confederados da América.

A posse de Lincoln estava marcada para 4 de março, de modo que fevereiro transcorreu em meio a muita confusão. Alguns parlamentares ainda tentaram desesperadamente um acordo com os separatistas, mas a questão da extensão da escravidão nos territórios continuou dividindo as opiniões. No seu discurso de posse, Lincoln foi bastante incisivo: prometeu aos sulistas que o governo não os atacaria, mas fez questão de insistir que sua obrigação era fazer com que as leis da União fossem "fielmente cumpridas em todos os Estados [...]."[19]

Embora algumas lideranças nortistas ainda considerassem a proclamação secessionista um blefe, a verdade é que a vitória de Lincoln significara uma virada histórica na política americana. Ela interrompia a tradicional primazia dos sulistas sobre o governo federal, e, dado que o Norte já detinha o poder econômico, a separação pareceu ser a única alternativa para que o Sul conservasse seu modo de vida e cultura peculiares. Como julgavam a secessão um direito, não esperavam que a União reagisse militarmente à sua decisão. Mas o presidente tinha, diante de si, dois novos e gravíssimos problemas a resolver. De um lado, no terreno exclusivamente militar, havia a questão do abastecimento dos fortes e arsenais de marinha que, pertencentes ao governo federal, se encontravam agora em território confederado. De outro, era preciso agir rápido no campo diplomático a fim de evitar o reconhecimento internacional dos Estados Confederados da América.

William H. Seward fora escolhido por Lincoln para ocupar o estratégico posto de secretário de Estado. Ele alimentava a perigosa ideia de que uma guerra contra uma potência estrangeira era o último recurso para manter o país unido. Confundindo a política externa com a interna, chegou a propor ao presidente que os Estados Unidos provocassem uma guerra contra a Espanha e a França, ao mesmo tempo, e se fosse necessário, também contra a Rússia e a Grã-Bretanha, como o único "meio de unir novamente o Norte e o Sul a fim de irem juntos para a glória e a conquista!"[20]

Felizmente, Lincoln não levou adiante o desatinado plano de Seward. Ao contrário, preferiu concentrar-se no tema do abastecimento dos fortes federais, que se encontravam em situação delicada. Esse era o caso dos fortes Sumter e Pickens, já que os demais se haviam rendido sem luta às tropas da Confederação. O caráter e a astúcia de Lincoln podem ser medidos pelo que se seguiu. Sabedor de que o Norte só aceitaria a guerra se fosse atacado, repassou o problema para Jefferson Davis, presidente da Confederação, ao indicar que enviaria um comboio apenas com alimentos, mas não com munições, para o Forte Sumter. Essa informação gerou confusão entre os sulistas. A falta de luta estava arrefecendo o ânimo dos mais exaltados, mas atacar um comboio que só transportava provisões pareceria um ato vil.

Finalmente, para sair do impasse, Davis acabou ordenando que o Forte Sumter fosse atacado apenas no caso da chegada de reforços. O Alto Comando sulista, no entanto, temia que Davis estivesse tramando um acordo com Seward e ordenou a rendição imediata da guarnição de Sumter. Diante da recusa do major Anderson, comandante do forte, que pedia um prazo de mais dois dias aos seus sitiadores, até que se esgotassem os víveres e ele pudesse assim se render com honra, o exército confederado resolveu abrir fogo. Antes da alvorada de 12 de abril de 1861, foi dado o primeiro tiro de canhão que iniciou a Guerra de Secessão.

A EVOLUÇÃO DOS COMBATES

Os dois lados lançaram-se à luta na esperança de uma guerra de curta duração. Jefferson Davis, em particular, ansiava por rápida vitória, o que lhe possibilitaria o reconhecimento internacional, sobretudo da Grã-Bretanha e da França, grandes compradoras do algodão do Sul. Além disso, como a Virgínia havia se decidido a favor da Confederação, isso significava que a capital da União, Washington, se encontrava à mercê das tropas confederadas, e, diante da possibilidade de ser capturada, quem sabe Lincoln solicitasse um armistício.

Do lado da União, no entanto, o presidente mostrou-se determinado a levar a guerra até as últimas consequências, e como quase toda a marinha e boa parte do exército se manteve ao seu lado, imaginou que um bloqueio naval imposto ao Sul logo arrefeceria o desejo de lutar dos rebeldes. Nada disso aconteceu. As potências europeias mantiveram-se neutras, Washington resistiu à tentativa de cerco das tropas confederadas, os sulistas demonstraram enorme tenacidade, e a guerra arrastou-se por quatro longos e terríveis anos.

Em retrospectiva, parece que as probabilidades de vitória da Confederação eram bastante remotas. O Norte contava com 22 milhões de habitantes, possuía uma economia muito mais dinâmica que a do Sul e podia contar com a simpatia dos quase 4 milhões de escravos presentes em território inimigo. Tinha a seu lado 22 estados, incluindo cinco estados escravistas da zona de fronteira que preferiram perfilar ao lado da União. Os confederados, por seu lado, somavam apenas 5 milhões de brancos, distribuídos em 11 estados, e dependiam das armas importadas das potências europeias. Mas, por razões históricas, a maioria dos oficiais era de origem sulista, inclusive os dois mais destacados generais do país – Robert Lee e Thomas Jackson – e, como lutavam em seu território, não tinham o problema, que afligia o Norte, de deslocar suas tropas e seus navios para dentro do território inimigo.

Em termos puramente militares, a vantagem demográfica nortista acabou sendo minimizada, já que o Sul conseguiu recrutar cerca de 1 milhão de homens, ao passo que o exército *yankee*, mesmo contando com 200 mil escravos sulistas ao seu lado, não ultrapassou os 3 milhões de homens. A vantagem populacional dos abolicionistas que em tese era de cinco para um, foi portanto reduzida para três por um, algo ainda significativo, mas que revela o esforço maior de mobilização dos confederados.

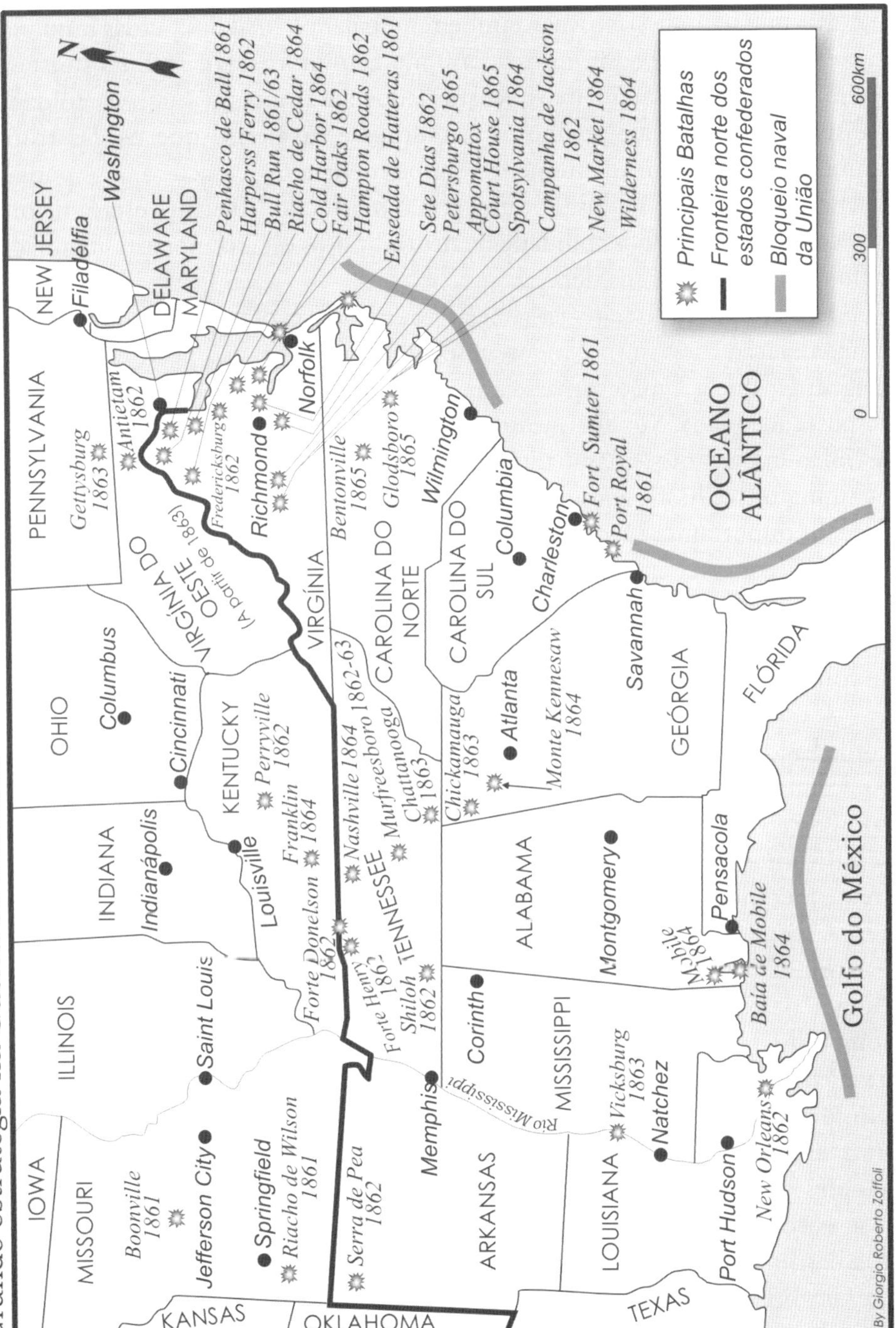

Grande estratégia na Guerra de Secessão

É o que se pode confirmar também no balanço final das perdas humanas: entre os 620 mil soldados mortos, 360 mil eram nortistas e 260 mil sulistas.[21] Além disso, por estarem mais acostumados ao ambiente rural, os soldados sulistas em geral eram melhores atiradores e cavaleiros que os das tropas unionistas, embora evidentemente também entre os "casacos azuis" podiam se encontrar bons soldados. Por fim, como o delta do Mississipi estava na mão dos confederados, a possibilidade de neutralizar os estados nortistas banhados pelo grande rio era considerável.

Essas vantagens estratégicas iniciais foram bem exploradas pelos generais da Confederação. Eles simplesmente resolveram assumir uma postura defensiva, e aguardar que a União tomasse a iniciativa das ações, para só então darem a resposta adequada. Sabiam que uma guerra prolongada era mais vantajosa para a União e, portanto, imaginaram um contra-ataque fulminante que tomasse Washington e lhes assegurasse uma rápida vitória. Vale ainda registrar um aspecto importante: como os sulistas escolheram a cidade de Richmond, na Virgínia, para sua capital, e o distrito de Columbia, onde está Washington, situa-se em terras do vizinho estado de Maryland, a distância entre as sedes dos dois governos cobria apenas cerca de 160 km, o que fez com que os combates se concentrassem nessa zona.

A estratégia nortista, depois de alguma hesitação, foi a de cercar os confederados e apertar o nó pouco a pouco, o que lhe valeu o apelido de "Plano Anaconda", pois lembrava o comportamento dessa serpente com suas presas. A consecução desse plano exigia a abertura de três frentes: uma oriental, dirigindo-se a Richmond; outra ocidental, visando controlar a bacia do Mississippi; e uma frente meridional, representada pelo cerco naval aos portos sulistas.

A sequência dos combates revelaria algumas falhas na estratégia nortista. Em primeiro lugar, o cerco naval não se mostrou tão eficiente como se supunha. Apesar de ter podido contar com a neutralidade das potências europeias, sobretudo da Marinha inglesa, que resolveu não forçar a ruptura do bloqueio, a vigilância de 5.600 km de litoral sulista mostrou-se bastante problemática. O Norte não contava com barcos suficientes e, aos poucos, o Sul foi desenvolvendo uma marinha adaptada às suas necessidades. Eles construíram uma série de vapores rápidos de pequeno calado, que furtivamente furavam o bloqueio e se encontravam com os navios europeus que os esperavam nas cercanias das Bahamas e demais ilhas do Caribe.[22] Além disso, compraram da França e da Grã-Bretanha alguns destroieres que causaram pesadas perdas à marinha mercante nortista. Todos sabiam contudo que a guerra não seria decidida no mar. Como veremos, o que a guerra naval trouxe foi, isso sim, uma revolução tecnológica que modificaria completamente o conceito de construção de barcos de guerra, através da introdução da blindagem.

Com o passar do tempo, as vantagens logísticas da União impuseram-se também no mar, aumentando a eficácia do bloqueio naval. O Norte era rico em minério de ferro, ao contrário do Sul, e possuía muitas fundições, ao passo que os confederados só contavam com uma, próxima a Richmond. A União acumulava uma capacidade de reposição das perdas materiais, e também humanas, muito superior à dos secessionistas. Na primeira fase da guerra, a única vantagem significativa dos confederados foi a maior experiência e o ardor dos seus soldados, além da maior capacidade tática de seus comandantes, mas mesmo neste caso é prudente não subestimar o preparo dos oficiais nortistas.

A primeira batalha terrestre ocorreu junto ao riacho Bull Run, a apenas 35 km de Washington. Antecipando-se a um possível ataque confederado à capital da União, os nortistas resolveram surpreender o inimigo, com o intuito de se apossarem de um importante entroncamento ferroviário, que lhes poderia abrir o acesso a Richmond. A expectativa de vitória era tão grande, entre os *yankees*, que uma plateia de civis, vinda de Washington a cavalo, se postou próxima ao local onde se daria a refrega a fim de assistir ao "espetáculo". Tudo parecia correr bem até que, repentinamente, chegaram reforços dos confederados, desbaratando em pouco tempo as fileiras unionistas. O que era para ser um animado convescote se transformou numa desorganizada e humilhante debandada de militares e civis de volta a Washington.[23]

Na frente ocidental tampouco os primeiros embates foram favoráveis às tropas da União. Numa batalha no Missouri em que cada lado perdeu mais de mil homens, travada em 10 de agosto de 1861, as tropas confederadas livraram ligeira vantagem, mas não o suficiente para retirar esse estado das mãos dos unionistas. A guerra começava a demonstrar que as tropas nortistas necessitavam, urgentemente, de melhor treinamento. Sobretudo na frente oriental, foram inúmeras as vitórias confederadas no primeiro ano de guerra. Para sorte dos nortistas, o outono e o inverno de 1861 apresentaram condições climáticas muito desfavoráveis para o combate e nenhuma operação de grande porte foi levada adiante por qualquer um dos lados.

Na primavera do ano seguinte, o general nortista McClellan elaborou um plano de ataque a Richmond que incluía o apoio naval pelo rio Potomac. Um formidável contingente de 175 mil homens reuniu-se nas cercanias de Washington e Frederiksburg, visando simultaneamente proteger a capital federal e atacar o coração do poder sulista. Robert Lee, diante do perigo que se avizinhava, ordenou às tropas comandadas por Jackson a tomarem a iniciativa. Marchando cerca de 500 km durante um mês de campanha, e com muita habilidade para evitar o choque direto com forças numericamente superiores, Jackson conseguiu vencer várias batalhas contra três exércitos da União e imobilizar outros 60 mil soldados que ficaram impedidos de se juntar ao resto das tropas que pretendiam cercar Richmond. Em outra frente, as tropas do general Lee conseguiram barrar as de McClellan numa sucessão de batalhas, a maioria delas vencida pelos confederados. Apesar das pesadas baixas dos dois lados, a capital do Sul havia saído ilesa.

Começava a ficar claro que a estratégia da "Anaconda" era defeituosa. Ela fora concebida com base nos ensinamentos militares advindos da experiência europeia, e tanto as condições do terreno como a própria natureza da guerra de secessão se mostravam muito diferentes de tudo o que se conhecia até então. A questão social começava a emergir de forma inexorável, e, se no início do conflito o governo federal encarou-a apenas sob um ponto de vista constitucional, as primeiras derrotas nortistas levaram alguns políticos mais radicais a pressionar Lincoln no sentido de transformar a libertação dos escravos num objetivo de guerra. McClellan era declaradamente contrário a essa ideia, como também não escondia seu desprezo pela classe política. Em contrapartida, no Congresso, muitos deputados e senadores passaram a desconfiar que McClellan desejava, no fundo, uma solução de compromisso com os sulistas, de modo a que estes viessem a reintegrar a União, conservando a escravidão em seus domínios.

Tais desconfianças foram reforçadas por ocasião da batalha de Antietam, uma das mais importantes de toda a guerra e que, para muitos, assinala a reviravolta da qual o Norte começou a levar a melhor. Essa batalha decorreu da tentativa de Lee de invadir o Norte, depois da bem-sucedida campanha de defesa de Richmond.

Em 15 de setembro de 1862, às margens do riacho Antietan, 50 mil "casacos cinzentos" liderados por Lee prepararam-se para enfrentar 90 mil "casacos azuis" comandados por McClellan. A demora do comandante nortista em dar início aos combates permitiu às tropas de Lee reforçarem suas defesas, bem como receberem reforços de Jackson. A iniciativa acabou sendo dos sulistas, que na alvorada do 17 de setembro deram início ao dia mais sangrento da história dos Estados Unidos. Quando caiu a noite, havia 26 mil baixas de ambos os lados e Lee, diante do impasse, retirou suas tropas sem ser molestado pelas forças do

Norte. Essa vacilação do comando nortista impediu uma vitória decisiva da União, custando também o posto de comandante a McClellan.[24]

Apenas quatro dias após a batalha de Antietam, o presidente Lincoln promulgou uma Declaração de Emancipação que estipulava o fim do trabalho escravo nos Estados Confederados, a partir de 1º de janeiro de 1863, a menos que antes disso eles retornassem à União. Meses antes, em maio, o presidente já havia promulgado outra lei de grande impacto social, o Homestead Act, que previa a entrega de lotes de terra a todos os cidadãos que não tivessem empunhado armas contra o governo, bastando apenas aos interessados, o pagamento de 10 dólares para custear o registro da transação.

Ainda que não provocassem resultados econômicos imediatos, essas leis tiveram grande impacto psicológico na opinião pública, conferindo caráter popular ao esforço de guerra da União. Conforme os legalistas avançavam sobre território inimigo, iam libertando os escravos e recrutando muitos deles para as tropas nortistas. Cerca de 200 mil negros se somaram aos "casacos azuis", e embora tivessem de lutar sob o comando de oficiais brancos e, muitas vezes, com equipamento de segunda mão, mostraram seu valor, fazendo diminuir o preconceito que vigorava contra os de sua "raça". Registre-se que, entre os regimentos formados por ex-escravos e por operários brancos, como os liderados pelo general Sherman, era comum se ouvir uma canção que dizia: "O corpo de John Brown está apodrecendo na terra, mas a sua alma vai marchando para a frente".[25]

Parece lícito argumentar que as iniciativas políticas de Lincoln tiveram impacto maior sobre o resultado da guerra do que a mera destituição de McClellan do comando das tropas legalistas. Os generais que o sucederam não tiveram melhor sorte nas duas tentativas que se seguiram de tomar Richmond. Numa delas, em Fredericksburg, Lee impôs uma humilhante derrota ao general Burnside, que quebraria o ânimo dos nortistas por um bom tempo, levando em seguida o comandante sulista a tentar nova investida sobre o território inimigo. Quando suas tropas começavam a penetrar na Pensilvânia, no início de julho de 1863, o exército de Lee foi interceptado pelas tropas do general Meade, na altura de Gettysburg, travando-se aí a maior batalha de toda a guerra. Em apenas três dias, os unionistas perderam 23 mil homens, entre mortos e feridos, e os confederados, 28 mil. O uso intenso da artilharia nessa batalha deixou claro como seu emprego poderia ser letal. Lee saiu derrotado e desistiu de novas ações ofensivas contra o Norte.

Apenas um dia após a importante vitória em Gettysburg, Lincoln receberia outra boa notícia, esta agora proveniente da frente oeste. Depois de impor longo sítio que obrigou os habitantes de Viksburg, a "cidade invencível" dos confederados, a se refugiarem em cavernas e se alimentarem de mulas, o general Grant conseguiu subjugar esse porto estratégico no baixo curso do Mississipi, o que levou Lincoln a vislumbrar, pela primeira vez, a possibilidade de rendição dos secessionistas. No entanto, de forma análoga ao que já havia ocorrido em Antietam, os generais nortistas deixaram escapar a oportunidade de perseguir as tropas do Exército da Virgínia Setentrional, o que permitiu a Lee se organizar novamente. Lincoln, desgostoso com seus generais da frente oriental, decidiu, em março de 1864, trazer Grant do oeste, para torná-lo comandante geral das forças da União.

A primeira providência de Grant foi precisamente colocar o Exército de Potomac, comandado por Meade, no encalço de Lee. A segunda foi elaborar novo plano de ataque à capital confederada, em que suas tropas irromperiam por Petersburg, no flanco sul, enquanto as de Sherman, no oeste, tentavam se apoderar de Atlanta, capital da Geórgia e centro geoestratégico dos Estados Confederados da América. Substituía-se assim o "Plano Anaconda", de cerco, por uma estratégia de ataque em profundidade. Tanto Atlanta quanto Petersburg eram importantes entroncamentos ferroviários, e a ideia principal era controlar ou destruir as ferrovias que abasteciam Richmond. Quando as tropas de Grant começaram a marchar novamente para o sul, sofreram pesadas perdas e Lincoln temeu por sua reeleição. Mas a vitória de Sherman foi providencial, garantindo-lhe um segundo mandato. A superioridade logística da União tornou-se visível e a rendição dos confederados passou a ser uma questão de tempo.

A Batalha por Petersburg foi uma longa guerra de trincheiras de cerca de dez meses, que representaria uma espécie de prelúdio do que viria a ser a Primeira Guerra Mundial. Quando, finalmente, a cidade caiu nas mãos de Grant, Lee tentou retirar-se para oeste, a fim de salvar o que restava do Exército da Virgínia Setentrional. Mas deixou Richmond desprotegida, e a capital confederada amargou grande incêndio antes de render-se formalmente, a 3 de abril de 1865. Houve ainda alguma resistência dos confederados porém, em 9 de abril, Grant e Lee reuniram-se numa casa em Appomattox, para assinar os termos da rendição. Em 26 de maio, as últimas tropas confederadas renderam-se. O presidente Lincoln, contudo, não pôde comemorar a vitória. Em 14 de abril, quando assistia a uma peça de teatro em Washington, foi alvejado por um ator simpatizante da Confederação.[26] A grande tragédia americana estava assim consumada.

AS ARMAS EMPREGADAS

Os historiadores costumam considerar a Guerra de Secessão como o primeiro conflito moderno da história. Parte da responsabilidade por esse julgamento cabe ao tipo de material bélico empregado nos combates. Mas o sentido mais completo da palavra "moderno" reúne outros significados, e é preciso não superestimar a extensão e a importância que a utilização de novos armamentos teve ao longo da contenda, e sobretudo para seu resultado final.

As inovações mais revolucionárias foram experimentadas pelo lado perdedor, e isso se deve provavelmente mais à inferioridade logística do Sul do que à suposta superioridade intelectual de seus comandantes. Desse ponto de vista, é inescapável traçar um paralelo com a situação vivida pela Alemanha nazista ao final da Segunda Guerra Mundial. Ali também as ideias mais originais não puderam ser aplicadas em grande escala e por duas razões: ou chegaram muito tarde, ou a base industrial era insuficiente para uma grande produção em série. Nos dois casos, os novos armamentos propostos acabaram servindo ao inimigo, que os utilizou nas guerras seguintes (como foi o caso da blindagem dos navios na Guerra de Secessão) ou se serviu deles para estabelecer nova correlação de forças (como se viu na bipolaridade nuclear da Guerra Fria).

O significado de "moderno", portanto, deve ir além do aspecto tecnológico. Do ponto de vista de uma sociologia da guerra, convém registrar que a Guerra Civil Americana foi a primeira em que os combatentes, dos dois lados, eram cidadãos comuns e não soldados profissionais. Além disso, existiu um componente ideológico que transformou o conflito numa espécie de "guerra total", na qual nenhum armistício era possível e só a rendição incondicional do inimigo poderia colocar termo aos enfrentamentos. Finalmente, embora nem toda a economia tivesse sido canalizada para o esforço de guerra, ela foi a primeira em que a vitória dependeu, de forma exclusiva, da capacidade de produção e, consequentemente, do poderio da indústria.

Tendo sido o maior conflito ocorrido entre as Guerras Napoleônicas e a Primeira Guerra Mundial, a Guerra de Secessão representou, em termos estritamente militares, a transição entre uma maneira de guerrear que se baseava apenas na estratégia, para outra em que a logística se tornou o elemento decisivo. Excluindo-se o aspecto psicológico, que pode conferir maior ou menor disposição para a luta, em todas as guerras, desde a Antiguidade, os comandantes tiveram sempre de levar em consideração aspectos táticos, estratégicos, logísticos e de inteligência. Mas, antes que a pólvora operasse a possibilidade de grande afastamento entre os combatentes, a tática – isto é, "a arte da guerra", ou a astúcia no campo de batalha – representava o elemento determinante. Aos poucos, porém, a tática foi sendo substituída pela estratégia – isto é, pela "ciência da guerra" – ou, mais precisamente, pelo planejamento integral de uma série de batalhas.

Essa era, ao menos, a teoria predominante quando eclodiu a Guerra de Secessão e se deve ao famoso general prussiano Karl von Clausewitz.[27] Com base nela, é possível compreender porque os confederados ganharam maior número de batalhas, devido à habilidade tática de seus comandantes, e porque os nortistas demonstraram superioridade estratégica no campo de operações.

A logística, por sua vez, refere-se ao suporte material necessário à obtenção do êxito tático, e é fácil concluir que quanto maior for a distância entre os combatentes maior deverá ser a importância da organização logística na retaguarda para definir a vitória. Uma vez que a Guerra Civil Americana representou a entrada em cena da indústria na guerra, é compreensível que o componente logístico começasse a adquirir maior destaque, já que a precisão, rapidez e capacidade dos armamentos também aumentou.

Por outro lado, dado que a teoria militar em que se apoiavam os oficiais americanos era ainda aquela surgida nos campos de batalha europeus dos tempos de Napoleão, foi notável no início da guerra o descompasso entre as táticas e estratégias empregadas, e a capacidade dos armamentos. Os rifles representaram, a esse respeito, uma inovação mortífera, pois passaram a permitir tiros precisos a longa distância, depois que a "alma lisa" deu lugar à "alma raiada" (estrias no interior do cano da boca de fogo). Como os batalhões ainda se perfilavam de forma compacta, as baixas foram numerosas até que se adotasse a tática de dispersar as formações de combate. Pelo mesmo motivo, os ataques de cavalaria revelaram-se inúteis, as trincheiras e fortificações foram valorizadas, e também as manobras – o componente estratégico por excelência – acabaram substituindo os ataques frontais.[28]

Outro aspecto que demonstra esse hiato entre as novas condições da guerra e a mentalidade ainda tradicional dos comandantes está ligado à rapidez com que surgiam novos inventos e aperfeiçoamentos bélicos, e à relutância dos comandantes em empregá-los no campo de batalha. Seja como for, não se pode negar que a utilização pioneira dos trens, telégrafos, observação aérea por meio de balões, da fotografia, das minas, dos torpedos e embarcações blindadas conferiram à Guerra de Secessão um surpreendente halo de contemporaneidade.

Entre as armas leves, merecem ser mencionados em primeiro lugar os famosos revólveres Colt, utilizados pelos oficiais, e as não menos lendárias carabinas Sharps, cujo sistema inovador de retrocarga ofereceu grande rapidez aos disparos. Foi a arma preferida da cavalaria. Já entre os infantes, os mosquetes Allin foram os mais populares no início da guerra. Mas seu carregamento era difícil, chegando a apenas três tiros por minuto. A introdução dos rifles Henry, mais tarde, multiplicou essa capacidade, pois já não era mais necessário juntar a bala e a pólvora a cada disparo. Com a inovação dos cartuchos, os Henry chegaram aos 25 disparos por minuto, algo realmente revolucionário.[29]

Merece ser registrado ainda o avanço extraordinário na manufatura dos canhões, o que levou à introdução, também neles, da alma raiada, multiplicando a precisão dos tiros. Também a rapidez foi perseguida, e, nesse quesito, os canhões Gatling se destacaram. Contudo, eles eram pesados demais (900 kg), exigindo rodas e carroças para movê-los. Não chegaram a ser muito utilizados durante a Guerra Civil, mas depois dela tornaram-se a arma-padrão da artilharia americana.

Foi na guerra naval que surgiram, porém, as maiores surpresas. Os confederados mostraram-se muito engenhosos para "furar" o bloqueio imposto pela União. As minas e um predecessor dos torpedos foram empregados pela primeira vez, como também teve grande sucesso um tipo de embarcação leve e rápida que combinava o motor a vapor com as tradicionais velas. Essas naus ainda apresentavam baixo perfil acima da linha d'água, o que as tornava um alvo difícil. Mas sem dúvida as duas inovações mais espetaculares foram a introdução do couraçado e do submarino. Os confederados construíram o CSS Virgínia, o primeiro navio de guerra blindado a tornar-se operacional em toda a história. Invulnerável às balas dos canhões nortistas, foi responsável pela destruição de inúmeros barcos de madeira da União, o que exigiu que esta também tivesse seu próprio encouraçado, o USS Monitor. A batalha entre as duas embarcações tornou-se memorável, embora não tenha tido um vencedor.

Para finalizar, não há como deixar de fazer uma menção ao CSS Hunley, o primeiro submarino da história a atacar um navio inimigo com sucesso. Embora também tenha afundado, por razões desconhecidas, antes de retornar de sua missão, o torpedo que levava à frente num esporão atingiu e afundou a corveta unionista Housetonic.

O "INFERNO LOGÍSTICO"

A fotografia, o telégrafo, os foguetes de sinalização, os balões de observação e os trens também tiveram sua estreia como artefatos de uso militar na Guerra de Secessão. Mas nenhum desses inventos pode aqui ser classificado como arma, pois foram empregados antes como meios de inteligência ou logística. As demandas da linha de frente exigiram, de fato, um esforço logístico extraordinário. Desde as minas de ferro, carvão e enxofre, passando pelas fundições, forjarias e fábricas de pólvora, até os trens e carroças que abasteciam as tropas de víveres, armas e munições, os volumes utilizados foram tão incrementados em relação ao período de paz, que é justo se concluir que a Guerra Civil Americana conduziu a logística a um novo patamar. Com isso, não apenas o campo de batalha, mas também a retaguarda logística, passou a assemelhar-se a um "inferno", tanto em função da atividade febril que leva os homens a se extenuarem ao máximo, como também pela aparência caótica e sem sentido de tanta atividade.

Quando afirmamos que a Guerra de Secessão foi um "inferno logístico"[30] estamos fazendo referência, de um lado, às estradas de terra transformadas em lodaçais no outono, às ferrovias sabotadas que tinham seus trilhos arrancados, à confusão produzida por centenas de carroças em vaivém constante, muitas vezes tendo de abrir caminho em meio à mata, ao odor nauseabundo produzido pela mistura de pólvora queimada, sangue e esterco. Mas também, e principalmente, à falta de padronização de todos os produtos requeridos para dar suporte material à luta. Quando a guerra estourou, havia, por exemplo, grande variedade nos uniformes, quase todos importados da Europa. Esse foi um dos primeiros itens a exigir maior padronização, e à medida que o bloqueio naval foi se impondo, o Sul passou a produzir seus famosos uniformes cinzentos de lã, que suportaram bem os rigores do inverno. Quanto aos calçados, as tropas da União foram sempre melhor providas, e já mais perto do fim da guerra, tornou-se comum ver soldados sulistas lutando descalços. Sempre que possível, os confederados aproveitaram as sobras de equipamento deixadas pelas tropas da União em suas frequentes retiradas, e, a bem da verdade, os generais nortistas nunca se caracterizaram por um enfoque que visasse a economia, tanto de equipamentos quanto de homens.

A superioridade logística do Norte pode também ser medida pela alimentação das tropas. Os currais de Chicago sustentaram bem os homens na linha de frente, com substanciais rações de carne salgada ou enlatada. Já os homens do Sul não puderam contar com os rebanhos do Texas, desde que Grant cortou as ligações desse estado com a frente oriental, quando passou a controlar o rio Mississippi, em 1863. Uma dieta de farinha de milho, amendoim seco e maçãs foi o que muitas vezes evitou que o soldado confederado viesse a morrer de fome; mas houve ocasiões em que nem isso havia.[31] Para se ter uma ideia mais precisa dos volumes mobilizados, considere-se que um exército de 100 mil homens consumia mais de 600 toneladas de suprimentos por dia, o que exigia 2,5 mil carroças e 35 mil animais de tração, os quais também precisavam ser alimentados. Cada grupo de 80 carroças, carregando munições e víveres, e contando com algumas ambulâncias, cobria 1 km de extensão,[32] de modo que o abastecimento do exército de 100 mil homens exigia uma fila de carroças de mais de 30 km.

Apesar da boa malha ferroviária existente sobretudo no Norte, a carroça manteve-se como o veículo básico para se fazer chegar, nos dois exércitos, as provisões consumidas na linha de frente. E isso se deveu simplesmente ao fato de que, como regra, a linha de frente se encontrava bastante afastada dos trilhos. Mas os sulistas, apesar de terem conseguido acumular bom volume de provisões, como seus inimigos, tiveram muito mais dificuldade de fazê-las chegar aos seus soldados do que os nortistas – e aí a vantagem logística da União pesou.

Dos cerca de 50 mil km de ferrovias, perto de 35 mil estavam no Norte, e é preciso lembrar que o teatro de operações foi basicamente o Sul. Assim, enquanto a sabotagem nortista diminuía a malha ferroviária dos confederados, nos territórios controlados pela União esta só crescia, pois a cada mês novos trilhos eram colocados. As ferrovias levavam os suprimentos – armas, munições e víveres – das fábricas até as estações mais próximas à linha de frente, e depois eles eram transferidos para as carroças que os faziam chegar aos acampamentos e aos campos de batalha. Não é preciso insistir no fato de que, para as tropas da União, esse fluxo foi ininterrupto, ao contrário do que ocorreu com os confederados. Como sintetiza apropriadamente o pesquisador John Keegan: "As estradas de ferro revolucionaram a guerra terrestre e a Guerra Civil Americana foi a primeira a demonstrar essa tendência".[33]

O que, no entanto, constituiu a melhor definição do "inferno logístico" foi a enorme dispersão dos calibres utilizados, o que tornava o problema do municiamento algo insuportável. Além do atraso dos comboios, as tropas podiam deparar-se com a inadaptação entre armas e munições, visto que perto de duzentos calibres diferentes foram empregados nos cinco anos de luta. A necessidade de racionalização e estandardização na produção de armamentos acabou sendo reconhecida como uma das maiores contribuições da Intendência americana ao aprimoramento da arte da guerra.[34]

CONSEQUÊNCIAS DA GUERRA

Os Estados Unidos foram preservados e ao mesmo tempo profundamente transformados pela Guerra Civil. Do ponto de vista político, a Federação fortaleceu-se, o que significou maior peso do governo central nos processos de tomada de decisão, em detrimento do poder dos estados. Em termos jurídicos, foram aprovadas três novas emendas à Constituição que representaram o sepultamento definitivo da herança colonial: pela 13ª Emenda, os negros tornaram-se homens livres. Pela 14ª, todos os cidadãos do país foram equiparados em direitos e deveres, mesmo que isso pudesse eventualmente contrariar as constituições estaduais. Pela 15ª, foi garantido o direito de voto a todos os cidadãos, sem distinção de raça, cor ou condição social.

A equiparação jurídica entre brancos e negros não foi, porém, assimilada pelos derrotados. O preconceito continuou, e ainda hoje, embora sem a mesma visibilidade de outrora, subsiste a organização racista Ku Klux Klan, surgida em 1866, que se notabilizou por executar linchamentos de negros insubmissos e brancos considerados "traidores" de sua raça.

O ressentimento dos sulistas para com a União ainda não desapareceu totalmente, e não se pode deixar de levar em consideração que, ao menos em parte, ele tem nítido fundamento histórico. Até 1877, o governo federal aplicou um programa de reconstrução que visava, no fundo, erradicar a cultura sulista – aristocrática, romântica e cavalheiresca – e substituí-la por outra – individualista, competitiva e racionalista –, que constitui até hoje a marca externa do *yankee* em todo o mundo.

Em termos econômicos, o "rei algodão" foi destronado e os países industrializados da Europa passaram a comprar o produto em outros mercados, como Índia, Egito e Brasil. Mas a transformação da base produtiva sulista não foi tarefa simples, e os latifundiários conseguiram conservar suas propriedades. Os ex-escravos não puderam ser imediatamente assalariados e o sistema de parceria tornou-se corriqueiro. As tarefas de reconstrução do Sul devastado eram imensas, e só podiam ser realizadas com apoio do governo federal. Isso gerou o surgimento de nova casta de funcionários públicos, e a marginalização das velhas lideranças em relação ao governo federal fez com que o Partido

Republicano fosse repudiado entre o eleitorado branco sulista até o início da década de 1970.

Por outro lado, as três grandes regiões geoeconômicas do país passaram a trabalhar de forma integrada, transformando o mercado interno americano no maior do mundo, o que dinamizou tremendamente sua indústria. Se, em 1860, os Estados Unidos eram a quarta potência industrial do planeta, atrás da Grã-Bretanha, França e Alemanha, em 1894 haviam se transformado na primeira, multiplicando por cinco o valor dos seus produtos manufaturados, enquanto a Alemanha conseguiu apenas duplicá-lo. Com isso, o capitalismo industrial deixava de ser uma construção exclusivamente europeia, para transformar-se numa manifestação da liderança do Ocidente sobre o resto do mundo.

Para concluir, registre-se que, entre as grandes inovações tecnológicas desenvolvidas em função da guerra, os Estados Unidos aparelharam-se com uma vasta rede de 24 mil km de telégrafos, com o Departamento de Guerra instalando, pela primeira vez, um escritório telegráfico na Casa Branca, de onde Lincoln recebia notícias e enviava decisões. Tratou-se, sem dúvida, de um precursor da rede internet, e de um modelo de trocas sinergéticas entre empreendimentos militares e civis, que é uma característica dos dias que correm. Mas se essas inovações tecnológicas, por um lado, trouxeram inegavelmente tantos benefícios, não se pode deixar de refletir sobre o fato de que, a partir da Guerra de Secessão, também a morte passou a ser produzida em escala industrial.

NOTAS

(1) Existem controvérsias sobre a origem do termo *yankee*, mas a mais aceita indica que seria corruptela de *janke* – ou *joãozinho* em holandês –, forma pejorativa com que os soldados ingleses se referiam aos milicianos americanos durante a Guerra de Independência. Na Guerra Civil, designou os nortistas e hoje, sem perder a conotação negativa, é utilizado para nomear os americanos em geral.

(2) Cel. Int. Aer. Antonio Celente Videira, Logística: história e evolução, Rio de Janeiro, mimeo, 2003, p. 13.

(3) Eric Hobsbawn, La era del capitalismo, Barcelona, Punto Omega/Guadarrama, v. 1, 1977, p. 81.

(4) William C. Davis, The american frontier: pioneers, settlers, and cowboys 1800-1899, London, Salamander Books, 1992, p. 43.

(5) A informação sobre o canal de Suez foi obtida na Enciclopédia Delta de História Geral, coordenada por Hugo Weiss, Rio de Janeiro, Delta, v. 5, 1966, p. 1109. Já o derby de Calcutá é mencionado por Eric Hobsbawn, op. cit., p. 89.

(6) Alexis de Tocqueville, Democracia na América, São Paulo, Edusp, 1969, p. 26.

(7) Francis Firedman, Sinopse da História dos Estados Unidos, Serviço de informação dos Estados Unidos, reimpressão, 1952, p. 42.

(8) Léo Huberman, Nós, o povo: a epopeia norte-americana, Ação e pensamento, 1966, p. 133.

(9) Idem, p. 155.

(10) Idem, pp. 126-127.

(11) Maldwin A. Jones, Historia de Estados Unidos, Madrid, Catedra, 1996, p. 176.

(12) Idem, p. 187.

(13) Peter Louis Eisenberg, Guerra Civil americana, São Paulo, Brasiliense, 1982.

(14) Karl Marx e Friedrich Engels, La guerra civil en Los Estados Unidos, México, Roca/Colección R, v. 31, 2 tomos, 1973, p. 21.

(15) Eisenberg, op. cit., p. 51.

(16) Samuel Eliot Morison e Henry Steele Commager, História dos Estados Unidos da América, São Paulo, Melhoramentos, tomo II, p. 54.

(17) N. Efímov, História Moderna, São Paulo, Novos Rumos, 1986, p. 194.

(18) Marx e Engels, op. cit., p. 20.

(19) Firedman, op. cit., p. 46.

(20) Morison e Commager, op. cit., p. 76.

(21) Aurélio M. G. de Abreu e Mário Carvalho, "Armas Confederadas", em *Magnun,* São Paulo, set/out 1988, ano II, p. 47. Neste mesmo artigo os autores trazem a interessante informação de que o Brasil forneceu pólvora, minério de ferro e outros itens aos Confederados.

(22) Eisenberg, op. cit. p. 68.

(23) Hugo Weiss (coord.), op. cit. v. 4 , p. 1051-1052.

(24) Adrian Gilbert, Enciclopédia das Guerras – conflitos mundiais através dos tempos, São Paulo, M. Books do Brasil, 2005, pp. 156-159.

(25) Eisenberg, op. cit., p. 61.

(26) Mary A. Junqueira, Estados Unidos: a consolidação da nação, São Paulo, Contexto, 2001, p. 85.

(27) Clemente Ancona, Táctica e estratégia, em Enciclopédia Einaudi, Lisboa, Casa da Moeda, vol. 14, 1989, pp. 378-379.

(28) Gilbert, op. cit., p. 150.

(29) Aeragon, The US Civil War: the first modern war, em Site Index US Civil War.

(30) A expressão "inferno logístico" foi sugerida por Aldo Barbieri, um *expert* em armamentos, que utilizou o conceito de "pesadelo logístico" pare descrever a Guerra de Canudos. Em Aldo Barbieri, O apocalipse de Antonio ou Annus Irae, em Revista Magnum, São Paulo, ano 10, n. 55, nov/dez 1997, pp. 26-33.

(31) John Keegan, Uma história da guerra, São Paulo, Companhia das Letras, 1995, pp. 318-319.

(32) Adam Goodheart, O legado da Secessão em Mapa-pôster: campos de batalha da Guerra de Secessão, National Geograpchic (Br.), maio 2005.

(33) Keegan, op. cit., p. 319.

(34) As necessidades logísticas da Guerra de Secessão, que podem ser sintetizadas em padronização e produção em larga escala, impulsionaram decisivamente a transformação do capitalismo, de concorrencial para monopolista.

BIBLIOGRAFIA

ABREU, Aurélio M. G. de; CARVALHO, Mário. Armas confederadas, In *Revista Magnun,* São Paulo, set/out 1988, ano II.

AERAGON, A. The US Civil War – the first modern war. *Site Index US Civil War.*

ANCONA, Clemente. *Táctica e estratégia. Enciclopédia Einaudi.* Lisboa: Casa da Moeda, vol. 14, 1989.

BARBIERI, Aldo. O apocalipse de Antonio ou Annus Irae. *Revista Magnum,* n. 55, São Paulo, nov/dez 1997, ano X.

DAVIS, William C. *The american frontier:* pioneers, settlers, and cowboys 1800-1899. London: Salamander Books, 1992.

EFÍMOV, N. *História Moderna.* São Paulo: Novos Rumos, 1986.

EISENBERG, Peter Louis. *Guerra Civil americana.* São Paulo: Brasiliense, 1982.

FIREDMAN, Francis. *Sinopse da História dos Estados Unidos.* Serviço de informação dos Estados Unidos, reimpressão, 1952.

GILBERT, Adrian. *Enciclopédia das Guerras:* conflitos mundiais através dos tempos. São Paulo: M. Books do Brasil, 2005.

GOODHEART, Adam. O legado da Secessão. *Mapa-poster*: campos de batalha da Guerra de Secessão. National Geograpchic (Br.), maio de 2005.

HOBSBAWN, Eric. *La era del capitalismo.* Barcelona: Punto Omega/Guadarrama, vol. 1, 1977.

JONES, Maldwin A. *Historia de Estados Unidos.* Madrid: Catedra, 1996.

JUNQUEIRA, Mary A. *Estados Unidos*: a consolidação da nação. São Paulo : Contexto, 2001.

MARX, Karl; ENGELS, Friedrich. *La guerra civil en Los Estados Unidos.* México: Roca/Colección R, vol. 31, 2 tomos, 1973.

KEEGAN, John. *Uma história da guerra.* São Paulo: Companhia das Letras, 1995.

HUBERMAN, Léo. *Nós, o povo:* a epopeia norte-americana. Ação e pensamento, 1966.

MORISON, Samuel Eliot; COMMAGER, Henry Steele. *História dos Estados Unidos da América.* São Paulo: Melhoramentos, Tomo II.

TOCQUEVILLE, Alexis de. *Democracia na América.* São Paulo: Edusp, 1969.

VIDEIRA, Cel. Int. Aer. Antonio Celente. *Logística:* história e evolução. Rio de Janeiro: mimeo, 2003.

WEISS, Hugo. *Enciclopédia Delta de História Geral.* Rio de Janeiro, Delta, vol. 5, 1966.

GUERRA DO PARAGUAI

Francisco Doratioto

A Guerra do Paraguai foi o conflito internacional de maior duração e, possivelmente, o mais mortífero travado na América do Sul. Teve características inéditas, quer devido às condições geográficas do território paraguaio, onde ocorreram os combates a partir de 1866; quer pela utilização de novos tipos de arma e munição, resultado de inovações tecnológicas decorrentes do avanço da industrialização na Europa e nos Estados Unidos; quer, ainda, pelas condições políticas em que se desenvolveu a guerra. Nesse aspecto, destacam-se as dificuldades de relacionamento no alto comando aliado e o caráter ditatorial do Estado paraguaio, o que permitiu a Francisco Solano López vincular o destino da sociedade paraguaia à sua trajetória pessoal. Os cinco anos de guerra influenciaram a configuração e o destino das sociedades que a travaram.

A partir da década de 1970, predominou a teoria de que a Guerra do Paraguai fora causada pelo imperialismo britânico. Por essa explicação, o Paraguai era um país governado, desde a sua Independência, por homens autoritários – José Gaspar Rodríguez de Francia, Carlos Antonio López e Francisco Solano López –, que não se submeteram ao domínio das grandes potências e promoveram o bem-estar do povo. A Grã-Bretanha seria a responsável pela guerra, quer para pôr fim a um precedente perigoso, de desafio a seu domínio sobre a América do Sul, quer para abrir o mercado paraguaio, tanto o consumidor para os produtos industriais britânicos quanto o fornecedor de algodão para a indústria têxtil britânica. Portanto, o governo britânico teria usado o Império do Brasil e a Argentina para levar a guerra ao Paraguai e destruir a tentativa de desenvolvimento autônomo paraguaio. Nas palavras de um dos autores que defendem essa teoria, "o modelo de libertação que nos propunha com grande eficiência o Paraguai da metade do século XIX, os sabujos do imperialismo inglês destruíram".[1]

Essa teoria carece de lógica, além de não ter relação com a realidade histórica e inventar um Paraguai que se desenvolvia sob a liderança de um ditador "progressista", Francisco Solano López, em desafio ao domínio britânico. Tal teoria é resultado do momento histórico das décadas de 1960 e 1970, quando o mundo vivenciava a Guerra Fria e o Cone Sul tinha governos militares. Predominou, então, na análise da Guerra do Paraguai, uma vertente de pensamento marxista que desprezava a democracia ("burguesa"), por associá-la ao capitalismo, e tinha como referências as ditaduras "socialistas" (União Soviética, China e Cuba).

Compreende-se, portanto, o ataque dessa teoria à "ação imperialista" e a crítica ao desempenho dos chefes militares, pois um deles, Bartolomé Mitre, foi expoente do liberalismo argentino e, no Brasil, Caxias e Tamandaré tornaram-se, respectivamente, patronos do Exército e da Marinha. Por outro lado, a apresentação positiva do Paraguai totalitário, supostamente progressista, quase "socialista", de Solano López, tem paralelismo na Cuba da ditadura de Fidel Castro, isolada no continente americano e hostilizada pelos Estados Unidos. O regime cubano, naquelas duas décadas, contava com a simpatia de boa parte dos intelectuais da esquerda latino-americana, a qual via quase exclusivamente na exploração imperialista a causa da pobreza da América Latina.

Essa interpretação não se sustentou, diante de pesquisas de diferentes historiadores. Em 1983, os paraguaios Juan Carlos Herken Krauer e Maria Isabel Gimenez de Herken demonstraram que, ao contrário, a Grã-Bretanha se beneficiara do limitado processo de modernização paraguaio, implementado a partir de fins da década de 1850 e restrito a aspectos militares. O Paraguai importava produtos manufaturados e técnicos britânicos para operar a única ferrovia do país – ligava Assunção, a capital, ao grande acampamento militar de Paraguari –, e para outras construções de caráter militar (arsenal, fundição e obras de defesa).

Os governos de Carlos Antonio López e de seu filho Francisco Solano López tinham contratado a empresa inglesa Blyth & Co. como seu agente para comprar armamento na Europa, a fim de nela treinar jovens paraguaios e recrutar técnicos europeus para irem ao Paraguai. Por meio dela, o Estado paraguaio contratou, entre 1850 e 1870, cerca de 250 técnicos europeus, dos quais 200 britânicos. Destes, William K. Whytehead tornou-se engenheiro-chefe do Estado paraguaio, enquanto, no Exército, William Stewart se tornou cirurgião-chefe, e George Thompson engenheiro-chefe. Já o Império do Brasil rompeu, em maio de 1863, relações diplomáticas com a Grã-Bretanha devido à chamada Questão Christie, restabelecendo-as somente após receber pedido de desculpas da rainha Vitória, oito meses após o início da guerra. Como se vê, carece de lógica responsabilizar o imperialismo inglês pelo desencadear do conflito.

Na realidade, o Paraguai era um país agrícola atrasado; o regime autoritário não tinha "sentido social", mas, sim, o de uma ditadura para manter no poder Solano López. Este, com a família, utilizava o Estado como propriedade pessoal e, ainda, se apropriava de parte dos lucros gerados pelas atividades agropecuária e extrativista de particulares. O isolamento anterior do país, sob a ditadura de José Gaspar Rodríguez de Francia (1814-1840), resultou da recusa de Buenos Aires em aceitar sua independência, pois a burguesia mercantil dessa cidade almejava ser o polo rearticulador, na forma de uma república centralizada, do território do antigo Vice-Reino do Rio da Prata. O isolamento facilitou a manutenção da ditadura de Francia, mas seu sucessor, Carlos Antonio López, outro governante ditatorial, pôs fim ao isolamento absoluto do Paraguai, aproximando-se do Império do Brasil e, com o apoio deste, obteve o reconhecimento internacional da independência paraguaia. O início da abertura do Paraguai para o mundo foi facilitada por esse reconhecimento e pela liberação de navegação do rio Paraná pela Confederação Argentina, após a queda, em 1852, do ditador Juan Manuel de Rosas.

A partir de meados da década de 1850, o governo de Carlos Antonio López buscou modernizar o Paraguai. A modernização ocorreu basicamente no plano militar, utilizando-se principalmente da Grã-Bretanha, onde contratava técnicos e comprava equipamentos com libras obtidas pela exportação de produtos primários. A preocupação defensiva de López era em relação a seus dois maiores vizinhos, a República Argentina, Estado centralizado criado em 1862, e o Império do Brasil. Com esses dois países, o Estado paraguaio disputava territórios, além de existir um abismo político-ideológico a separá-los. Na Argentina e no Brasil, funcionavam instituições liberais, embora acessíveis apenas a parcelas minoritárias das respectivas populações. No Paraguai, nem esse mínimo, pois era impossível o indivíduo divergir do governo e inexistiam imprensa privada, partidos políticos, juízes independentes, e o Legislativo era uma ficção. Este não se reunia por anos a fio e, quando o fazia, era por convocação do Executivo para ratificar decisões governamentais.

AS PEÇAS DO TABULEIRO PLATINO

Em 1862, morreu Carlos Antonio López e sucedeu-o um de seus filhos, Francisco Solano López, ministro da Guerra, que se tornou o novo ditador. A política externa de Carlos López fora cautelosa e hábil, enquanto a de Solano López foi ousada e inábil, a ponto de colocar o Paraguai, simultaneamente, em posições conflitantes com os governos argentino e brasileiro.

Do lado argentino, nesse momento, decidia-se a consolidação do Estado nacional, após cinco décadas de instabilidade política e guerras civis, resultantes do esforço da burguesia mercantil de Buenos Aires de impor seu domínio sobre as províncias do interior. O projeto dessa burguesia era o da organização política nacional centralizada, enquanto as oligarquias regionais defendiam um Estado federalista, como forma de garantir sua dominação local e suas riquezas, evitando a criação de impostos nacionais.

Nesse contexto, Solano López estabeleceu relações com a oposição federalista ao presidente Mitre, principalmente das províncias de Corrientes e Entre Ríos; o expoente oposicionista era o caudilho entrerriano Justo José Urquiza.

O comércio exterior dessas províncias escapava ao controle de Buenos Aires ao utilizar-se de portos do Uruguai, governado pelo presidente Bernardo Berro, do Partido Blanco. Montevidéu era alternativa possível também para o comércio exterior paraguaio, o que facilitou a aproximação entre López e Berro. Este enfrentava, desde 1863, a guerra civil desencadeada por Venancio Flores, do Partido Colorado, o qual era apoiado por Mitre e, ainda, por fazendeiros gaúchos com propriedades no Uruguai, cujos interesses tinham sido prejudicados por medidas do governo blanco.

A independência do Uruguai havia sido viabilizada pela interferência britânica, após três anos de guerra (1825-28) entre o Império do Brasil e as Províncias Unidas do Rio da Prata pela posse desse território, que fora anexado por D. João VI ao império luso-brasileiro. Após a independência, surgiram no

Uruguai os partidos Colorado e Nacional ou Blanco. Os colorados tinham como base social principalmente os comerciantes de Montevidéu e defendiam o livre comércio e a livre navegação dos rios platinos. Estes eram princípios também defendidos pela política externa brasileira, pois a província de Mato Grosso estava isolada por terra do resto do Brasil e a única forma de o Rio de Janeiro manter contato regular com ela era por meio da navegação fluvial: navios penetravam no estuário do Prata, singravam os rios Paraná e Paraguai, passando por Assunção, até chegar a Cuiabá.

Compreende-se, assim, a convergência política entre o Império do Brasil e os colorados. Já os blancos representavam os grandes proprietários de terra, que tinham afinidades com os pecuaristas da outra margem do rio da Prata, nas províncias argentinas. Explica-se, portanto, Rosas haver apoiado militarmente e tutelado as forças do líder blanco Manuel Oribe, na guerra civil uruguaia que se estendeu de 1838 a 1851. A criação da República Argentina alterou esses eixos políticos regionais, pois seu primeiro presidente, Bartolomé Mitre, assim como outros liberais perseguidos por Rosas, exilara-se em Montevidéu nos anos 1840 e lutara ao lado dos colorados contra os blancos.

No Brasil, por outro lado, após duas décadas de governos conservadores, o Partido Liberal retornou ao poder em 1862. O governo liberal viu-se logo desmoralizado no plano externo, ao ser obrigado, sob a ameaça de bombardeio do Rio de Janeiro pela esquadra britânica, a pagar indenizações por saque a navio inglês naufragado no sul do Brasil ("Questão Christie"). Assim, o governo imperial estava fragilizado para resistir aos pecuaristas do Rio Grande Sul, base liberal na província, que pressionavam por uma intervenção brasileira em favor do rebelde Flores. O governo imperial temia perder o controle sobre essa província meridional que, entre 1836 e 1844, se separara do resto do país (foi a República Rio-grandense), bem como em deixar apenas o governo argentino recolher os benefícios de uma vitória colorada na guerra civil uruguaia. O Império promoveu a intervenção no Uruguai, iniciada com o envio, em maio de 1864, de José Antonio Saraiva em missão especial ao Prata, apoiada por uma esquadra de guerra comandanda pelo vice-almirante Tamandaré. Pela primeira vez, coincidiam os interesses de Brasil e Argentina nas questões platinas.

O presidente Berro, por sua vez, desde que chegou ao poder, em 1862, procurou se libertar das ingerências argentina e brasileira em seu país. Iniciada a sublevação de Flores, a diplomacia uruguaia buscou aliar-se com o Paraguai, uma iniciativa nunca aceita formalmente ou rechaçada por Solano López, à qual se associariam os federalistas argentinos.

Em agosto de 1864, o Império brasileiro ameaçou intervir militarmente no Uruguai para defender os brasileiros ali instalados, caso não fossem punidas autoridades locais autoras de supostas violências contra eles. O governo imperial buscava, na verdade, um pretexto para fazer essa intervenção e foi alertado por Solano López de que, se ela ocorresse, haveria reação paraguaia. O ditador paraguaio fora convencido pelas acusações fantasiosas da diplomacia uruguaia, segundo a qual a Argentina e o Império compartilhavam o plano secreto de pôr fim à independência do Uruguai, dividindo-o entre si e de que, em seguida, se voltariam contra o Paraguai. López colocava-se em posição de confronto com o Rio de Janeiro e Buenos Aires, confiando no pressuposto dos apoios de Urquiza e do governo blanco e na superioridade militar do Paraguai, que contava com um exército mais numeroso que os dos países vizinhos somados.

A essa altura, os governos brasileiro e argentino tinham se posto de acordo sobre o Uruguai. A afinidade ideológica inédita entre esses dois governos, pela primeira vez simultaneamente em mãos de liberais, facilitava a concordância, baseada em interesses políticos concretos. Do lado do governo brasileiro, considerava-se que a estabilidade política interna dependia também de atender os interesses da poderosa elite gaúcha no Uruguai. Na República Argentina, por sua vez, Mitre, para consolidar o Estado centralizado, deveria anular eventuais apoios externos aos federalistas. Para tanto, o presidente argentino pensava em uma aliança estratégica com o Império no Rio da Prata. A cooperação entre ambos facilitaria estabilizar politicamente a região, pondo fim às guerras civis que ameaçavam a unidade argentina. Mitre não podia, porém, defender essa política em público, pois daria o pretexto para uma rebelião federalista.

As diplomacias argentina e brasileira estavam de acordo entre si quanto à situação no Uruguai e avaliaram que o Paraguai não iria além do apoio retórico ao governo blanco. Enganavam-se. Em outubro de 1864, tropas brasileiras invadiram território uruguaio, enquanto o vice-almirante Tamandaré, comandando uma esquadra de guerra, apoiava ativamente a rebelião de Flores. No mês seguinte, o navio civil brasileiro Marquês de Olinda, que fazia a linha comercial até Cuiabá, foi aprisionado logo após partir do porto de Assunção e, no final de dezembro, tropas paraguaias atacaram o Mato Grosso, supreendendo o Império. O território tomado ia além daquele

A ofensiva paraguaia (1864-1865)

em litígio entre o Brasil e o Paraguai e fácil foi sua ocupação pelos 7.700 soldados paraguaios, pois a província mato-grossense dispunha de apenas 875 soldados do Exército e pouco menos de 3 mil guardas nacionais, sem capacidade de combate.

Garantida sua retaguarda ao norte, o plano de López era avançar sobre o Rio Grande do Sul, em direção ao Uruguai, onde suas forças derrotariam as tropas brasileiras que lá se encontravam, de pouco menos de 10 mil soldados (o efetivo total do Exército Imperial era de 18 mil homens). Essa vitória significaria para o Paraguai colocar o Império de joelhos, impondo-lhe fronteiras e arrancando-lhe outras concessões. Faria isso sob o argumento da defesa da independência uruguaia, e contando com o apoio do governo blanco, bem como dos federalistas argentinos.[2] Contudo, em fevereiro de 1865, o novo presidente uruguaio, o também blanco Tomás Villalba, pressionado pelos comerciantes da cidade, prejudicados pelo bloqueio de Montevidéu pela Marinha imperial, assinou acordo de paz com o enviado brasileiro José Maria da Silva Paranhos, futuro visconde do Rio Branco. Pelo acordo, Flores ascendeu à presidência.

Apesar das novas circunstâncias, López não alterou seu plano original. Em abril de 1865, a província de Corrientes foi invadida por 22 mil soldados paraguaios comandados pelo general Wenceslao Robles. Dois meses depois, outra coluna paraguaia, com 12 mil homens, comandada pelo coronel Antonio de la Cruz Estigarribia, invadiu o Rio Grande do Sul. López imaginava que seria visto como libertador, não como invasor, pelas populações de Corrientes e de outras regiões do interior argentino, que se levantariam a seu favor. A coluna de Robles deveria marchar para o sul, ajudar a depor Mitre e, em seguida, se unir à força de Estigarribia para atacar as forças brasileiras que estavam no Uruguai. Planejava-se uma verdadeira "guerra-relâmpago": a rapidez do avanço e a superioridade numérica permitiriam a vitória paraguaia sobre a tropa brasileira no Uruguai e sobre o próprio Império. Este estaria sem condições de reagir rapidamente, pois dispunha de apenas 8 mil soldados como força reserva e, ademais, espalhados pelo território brasileiro.

Não foi o que ocorreu, pois apenas parte da população de Corrientes viu com simpatia a força paraguaia. Urquiza também recuou no apoio a López, para evitar que Entre Ríos tivesse seu comércio paralisado ao ser submetida ao bloqueio naval imposto pela Marinha imperial ao Paraguai. O poderio naval brasileiro se impôs, definitivamente, em 11 de junho de 1865, quando a improvisada Marinha de Guerra paraguaia foi praticamente destruída na batalha travada no rio Paraná, próximo à foz do Riachuelo. Desde então, o Paraguai ficou submetido a eficiente bloqueio, impedido de receber armamento e munição pelo Prata e fazer comércio externo, exceto por precários contatos através da Bolívia.

A TRÍPLICE ALIANÇA E O RECUO PARAGUAIO

Até a invasão de Corrientes, o Império buscava alternativas para enfrentar militarmente o Paraguai. Era impossível fazer, a curto prazo, uma operação para desalojar os paraguaios do Mato Grosso, província quase isolada por terra. Não era viável agir contra os paraguaios em Mato Grosso a começar de São Paulo que, embora a mais de 2 mil km, era o local mais próximo da região invadida que contava com infraestrutura para se organizar um exército de milhares de homens. Essa hipotética força, quando atuasse em Mato Grosso, teria de reabastecer-se de suprimentos bélicos e víveres na capital paulista, por um precário e longo trajeto, atravessando sertões despovoados e desprovidos de recursos, em uma jornada que durava seis meses ou mais.[3]

Em março de 1865, o Império mandou ao Prata seu novo enviado especial, Francisco Octaviano de Almeida Rosa. Tinha instruções de colaborar para fortalecer o governo de Flores e de constatar de quais recursos dispunha o Uruguai para apoiar o Brasil na guerra contra o Paraguai. As instruções determinavam que o "objeto principal" de Almeida Rosa quanto à Argentina era o de conseguir que seu governo não dificultasse as operações do Império contra Solano López.[4]

Almeida Rosa foi surpreendido pela viabilidade de assinar uma aliança militar com a Argentina, como consequência da invasão paraguaia a Corrientes. Em 1º de maio de 1865, em Buenos Aires, os representantes da Argentina, do Brasil e do Uruguai assinaram o Tratado da Tríplice Aliança contra o Paraguai. O texto do acordo era secreto, mas tornou-se público em 1866 devido a uma cópia, obtida pela Chancelaria uruguaia e incluída em relatório sobre a situação no Rio da Prata apresentado pelo governo britânico ao Parlamento.

Esse tratado estabelecia a aliança militar contra o Paraguai, mas afirmava que a guerra era contra Francisco Solano López e não o povo paraguaio. Determinava que a luta terminaria somente com a retirada do ditador do país, que a paz não seria tratada isoladamente, mas em conjunto pelos três países aliados, e somente com o novo governo que se instalasse em Assunção. As fronteiras entre o Paraguai e os países aliados também eram estabelecidas pelo Tratado de 1º de Maio, sendo definidos como argentino todo o território do Chaco, a oeste do rio Paraguai – até a fronteira com Mato Grosso – e as Missões, enquanto seria brasileiro não só o território historicamente litigioso, como também entre este e o rio Igurei. No final das contas, terminada a guerra, o Império do Brasil conteve-se no limite que reinvidicava desde a década de 1840 e, mantendo sob virtual tutela os governos paraguaios, a diplomacia imperial trabalhou para que a Argentina não se apossasse de todo o Chaco.

O fracasso dos planos militares de López ocorreu não só pela rendição dos blancos de Montevidéu. pela defecção de Urquiza e pela assinatura da Tríplice Aliança. Parcela de responsabilidade coube à deplorável atuação dos comandantes das colunas invasoras de Corrientes e do Rio Grande do Sul. A invasão do território gaúcho foi verdadeiro passeio, tal a facilidade com que os paraguaios avançaram de São Borja até Uruguaiana. A frágil resistência brasileira decorreu do despreparo militar gaúcho, resultante das lutas políticas entre membros dos partidos Liberal e Conservador, das quais participavam os chefes militares locais. Tal era o caos político e militar em que se encontrava o Rio Grande, que Pedro II foi à província: somente com sua presença a situação foi controlada, contando, para tanto, com o reforço de tropas argentinas e uruguaias.

O coronel Estigarribia, porém, desobedeceu as instruções de não entrar nas cidades gaúchas e de avançar diretamente para o Uruguai. Necessitava de mantimentos e ingressou em Uruguaiana, onde sua tropa se imobilizou, pois, deslumbrada com os produtos do comércio local, dedicou-se ao saque, dando tempo às forças brasileiras de sitiá-lo. Enquanto isso, a tropa paraguaia de vanguarda, comandada pelo major Duarte, que descia pela margem direita do rio Uruguai, foi batida na batalha de Jataí pelas forças do general Flores. Foi a primeira derrota terrestre paraguaia desde o início da guerra, e Estigarribia rendeu-se a Pedro II, em setembro, à vista das forças aliadas.

Em Corrientes, Robles também desobedeceu as instruções recebidas e, em lugar de marchar para o sul, rumo ao Uruguai, acabou se imobilizando. Era um general inexperiente e, especula-se, ficou aterrorizado com o fato de ser comandada pelo lendário Urquiza a tropa argentina que teria de enfrentar. Inseguro, Robles imobilizou suas tropas, mergulhou no álcool e passou os dias embebedando-se; foi destituído em 23 de julho de 1865 e fuzilado por traição em 8 de janeiro do ano seguinte. Robles tinha sido incompetente, mas não traidor.

Fracassado seu plano ofensivo, Solano López ordenou o retorno de suas forças de Corrientes para o Paraguai, o que ocorreu entre 31 de outubro e 3 de novembro. A travessia deu-se na confluência dos rios Paraná e Paraguai, conhecida como Três Bocas, sem que os paraguaios fossem incomodados pela Esquadra imperial, comandada por Francisco Manuel Barroso da Silva. Este foi alvo de críticas, o mesmo ocorrendo com seu superior, Tamandaré, que permanecia em Buenos Aires. A inação decorreu de Barroso não dispor de carta hidrográfica da calha fluvial do rio Paraná nem ter um prático que conhecesse o leito do rio. Nessas condições, subir com os navios até aquela confluência seria arriscar encalhá-los ou a serem destruídos pela artilharia inimiga.

As campanhas do Uruguai e de Corrientes redundaram em verdadeiro desastre para o Paraguai. Foram perdidas tropas bem treinadas, e as que se retiraram de Corrientes o fizeram desmoralizadas e doentes. Ao norte, porém, os invasores permaneceram em Mato Grosso, pois não podiam ser eficazmente atacados. Prova-o a tentativa do governo imperial de socorrer a província, com uma coluna enviada de São Paulo, que, ao ingressar em Mato Grosso, em meados de 1865, contava com 2.080 soldados e chegou a invadir território paraguaio. A coluna foi rechaçada e perseguida pelos paraguaios até começo de junho de 1867, quando eles se deram por satisfeitos: restavam apenas setecentos combatentes brasileiros. Esse acontecimento foi descrito no clássico *A retirada da Laguna*, do visconde de Taunay. Os paraguaios retiraram-se de Mato Grosso somente em abril de 1868, para reforçar a frente sul, onde se decidia o resultado da guerra.

O SISTEMA DEFENSIVO PARAGUAIO

Em fins de 1865, o sentido da guerra estava invertido: aos aliados cabia a ofensiva. Não era fácil, porém, aos países da Tríplice Aliança organizar, treinar e levar um grande exército até a fronteira com o Paraguai. A maior responsabilidade cabia ao Império do Brasil, por ser, entre os aliados, o país com maior população, mais recursos materiais e financeiros, bem como o único a possuir uma verdadeira Marinha de Guerra. Apesar de ser o Brasil o aliado mais poderoso militarmente, ainda assim o comando em chefe do Exército da Tríplice Aliança coube ao general Mitre, por considerações de ordem política. Para o Império, o comando do presidente argentino era uma forma de demonstrar, aos demais países, que não havia na guerra intenção expansionista brasileira.

Mitre, porém, nunca foi aceito de forma plena pelos chefes militares brasileiros, que desconfiavam, injustamente, de sua lealdade. Hábil na política, conviveu com essa realidade. A situação se tornava ainda mais complicada porque as forças brasileiras careciam de unidade de comando; eram divididas em dois corpos de Exército, comandados pelos generais Osório que, ferido em combate, foi substituído por Polidoro Quintanilha Jordão, e pelo marquês de Porto Alegre; e pela Esquadra, comandada por Tamandaré. Eles tinham a mesma patente, não havendo cadeia hierárquica, e os três se dirigiam, mas nem sempre obedeciam, ao comandante em chefe aliado. Tamandaré e Porto Alegre pertenciam ao Partido Liberal e eram avessos a Mitre, que tinha o apoio de Polidoro, do Partido Conservador.

Essas circunstâncias retardaram a invasão aliada do Paraguai e, mais tarde, dificultaram o rompimento do sistema defensivo de Humaitá. As características geográficas paraguaias restringiam as opções de invasão dos aliados, pois faziam com que a navegação do rio Paraguai fosse a única via de acesso a Assunção. A conquista da capital inimiga normalmente significava o fim de uma guerra e foi esse o objetivo militar principal da estratégia aliada. O plano consistia em aproveitar a superioridade da Marinha imperial para utilizar os rios Paraná e Paraguai como vias de transporte de tropas e suprimentos, de modo a penetrar no território inimigo. A infantaria e a cavalaria invadiriam o sul paraguaio, na confluência desses dois rios, e marchariam em direção a Assunção, mantendo-se próximas da margem do rio Paraguai, de modo a viabilizar seu reabastecimento e o apoio dos canhões da Marinha imperial.

A navegação do rio Paraguai era, porém, controlada pela fortaleza de Humaitá e a estratégia aliada exigia que os navios brasileiros e as tropas aliadas anulassem a poderosa fortificação. Ela se encontrava a cerca de 20 km do Passo da Pátria, ponto onde se daria a invasão aliada, e a aproximadamente 10 m acima do nível do rio, contando com mais de uma centena de canhões. Possuía, ainda, uma trincheira de cerca de 13 km a protegê-la. À sua volta havia, ainda, dois pântanos (Bellaco e Rojas), profundas lagunas e carriçais, difíceis de serem penetrados. Somente na época da seca os pântanos e lagunas baixavam, aparecendo um pequeno trecho de terreno sólido, que se estendia da fortaleza a Tahí, mais ao norte. Do outro lado do rio, em frente à fortaleza, encontrava-se o Chaco, que próximo da margem do rio era pantanoso, com vegetação espessa. Havia um sistema defensivo, que tinha Itapiru, às margens do Paraná, no Passo da Pátria, como primeira fortificação, e ao norte, já no rio Paraguai, estavam dispostas, em sequência, as posições de Curuzu, Curupaiti, Humaitá (a mais poderosa e centro de operações), Timbó e Tahí.

O plano de ataque adotado pelos aliados foi o mais lógico, embora de difícil execução. De um lado, exigia coordenação entre as forças naval e terrestre – o que, à época, era uma novidade para a qual os oficiais comandantes não possuiam treinamento – e uma inexistente harmonia no comando aliado. Esses oficiais e seus congêneres paraguaios também tiveram de aprender a travar a guerra com a tropa entrincheirada, valorizando a infantaria e artilharia, quando, até então, os conflitos internacionais no Prata duravam meses, no máximo, e eram decididos principalmente por cargas de cavalaria. Também tiveram de combinar, nem sempre com êxito, antigas formas de combate, que vinham das Guerras Napoleônicas, com o impacto das inovações tecnológicas no armamento e nas comunicações. Assim, a artilharia aliada possuía os novos canhões raiados, mais precisos e com maior alcance, que utilizavam munição cônica, explosiva, em lugar de bolas de ferros. O mesmo tipo de munição era utilizado pelos fuzis aliados, enquanto parte da tropa paraguaia utilizava fuzis mais antigos, menos eficientes.

A superioridade tecnológica da artilharia aliada era em parte anulada, pois, devido à escassez de terrenos secos, suas baterias dificilmente podiam ser colocadas nas melhores posições. O sul e o sudeste do Paraguai eram territórios com extensos trechos alagados, o que favoreceu a ação defensiva dos soldados paraguaios, que conheciam as trilhas e podiam entrincheirar-se nas posições mais favoráveis para emboscar e resistir aos invasores. Ademais, após décadas de isolamento paraguaio do exterior, inexistiam mapas detalhados do interior do país, obrigando os chefes militares aliados a travarem a guerra às cegas, baseando-se em informações imprecisas ou errôneas. Por fim, outra dificuldade era a de que uma força atacante deveria ter o dobro – ou, em condições mais difíceis, como no caso do território paraguaio, o triplo – dos soldados inimigos, e os aliados chegaram a ter, no máximo, o dobro de tropas em condições de combate. Essas vantagens defensivas explicam, em grande parte, a longa duração do conflito.

No início de 1866, López já não podia vencer a guerra, pois estava bloqueado no interior do continente, sem acesso aos centros fornecedores de armas e enfrentando três países superiores demográfica e economicamente, que, além disso, dispunham de acesso marítimo ao resto do mundo. A única possibilidade de López evitar a derrota seria o rompimento da Tríplice Aliança, o que isolaria o Brasil, privando-o do reforço das tropas argentinas e do acesso aos portos no rio Paraná. Graças à sua sólida posição defensiva, à disposição de combate de suas tropas e ao férreo controle sobre a população paraguaia,

López persistiu nas apostas de aguardar o rompimento da aliança ou – esperança desesperada! – de ocorrer algo imponderável que alterasse a seu favor a guerra. Ele se equivocou nas duas apostas.

O IMPASSE DIANTE DE HUMAITÁ

Em 17 de abril de 1866, as forças aliadas, aproximadamente 65 mil soldados, invadiram o Paraguai, atravessando o rio Paraná, pelo Passo da Pátria. A primeira tropa a passar, brasileira, era comandada pelo general Osório, que se expôs – aliás, como em outros momentos – de forma quase imprudente. Os aliados ocuparam a posição de Itapiru e avançaram sobre o acampamento paraguaio em Tuiuti, onde esperavam enfrentar por volta de 30 mil inimigos.

López, porém, ordenou sua evacuação sem combate, permitindo que parte do Exército aliado ali se instalasse, enquanto outra parte ficou no Passo da Pátria. O acampamento de Tuiuti era uma pequena área seca, com menos de 10 km^2, cercado por solo pantanoso, coalhado de juncos com mais de 2 m de altura, onde o inimigo podia se esconder. Não era local propício para o acampamento de um grande exército, quer por razões sanitárias, quer por falta de espaço para manobras; mas era o único disponível próximo de Humaitá. Nesse pedaço de terra, por quase dois anos, viveram, perderam as esperanças e morreram milhares de soldados aliados. Benjamin Constant, que lutou na guerra entre 1866 e 1867, assim resumiu as condições aliadas em Tuiuti:

> Não podes fazer ideia dos imensos e variados recursos de que o Paraguai dispõe contra nós. Não falo dos recursos bélicos, que não são muitos, posto que muito bem aproveitados: falo dos recursos naturais. Além de ser o território coberto de mato, de banhados, e de pântanos imensos, temos as epidemias, as águas péssimas, o calor excessivo que queima, que asfixia no verão e o frio que gela no inverno. Não há aqui meio-termo. Além disso, reuniram-se aqui numa íntima aliança contra nós todas as pragas do mundo.[5]

Foi em Tuiuti que ocorreu a maior batalha travada na América do Sul. Na alvorada de 24 de maio de 1866, antecedido por fogo preparatório de artilharia, cerca de 24 mil paraguaios atacaram 32 mil aliados, compostos de 21 mil brasileiros, 9.700 argentinos e 1.300 uruguaios. A cavalaria dos atacantes estava em número de 8.500, muito superior às poucas centenas de aliados montados. Por outro lado, a superioridade da artilharia aliada era esmagadora e foi vital para a vitória sobre os atacantes.

O plano de ataque de López era inovador, uma vez que usou a cavalaria na fase inicial da batalha, para dar uma vantagem que pudesse ser decisiva, quando o pensamento militar da época era de que essa arma fosse utilizada para finalizar os combates. Em Tuiuti, havia um obstáculo de terreno entre o atacante e os aliados, e, para contorná-lo, López executou a manobra de ataque em quatro colunas, de modo a contar com a rapidez e a vantagem da surpresa. O resultado de cinco horas e meia de combate foi desastroso para o lado paraguaio, que teve cerca de 6 mil mortos e 7 mil feridos, enquanto do lado aliado, os mortos foram 996 e os feridos, 3 mil.

Em Tuiuti, o Paraguai perdeu o melhor de seu Exército, os soldados mais fortes e experientes. A derrota resultou de falhas de comando: a distribuição de forças entre as colunas foi desproporcional à tarefa planejada para cada uma; seus comandantes eram corajosos, mas inexperientes e não sabiam manobrar em campo de batalha, o que permitiu aos aliados manterem suas posições; os atacantes ficaram entregues à própria sorte, sem coordenação, pois faltava um comando unificado; uma das colunas paraguaias atrasou-se na marcha, fazendo com que o ataque tivesse início com cinco horas de atraso, já durante o dia, o que reduziu o fator-surpresa.

Os aliados não aproveitaram a vitória de Tuiuti para promover ação rápida e decisiva contra o inimigo desarticulado, perseguindo-o e, talvez, alcançando seu quartel-general. Impediram-na as divergências no comando aliado e o desconhecimento do terreno. Somente em setembro de 1866, após várias deliberações entre Mitre, os comandantes brasileiros e o general Venancio Flores, decidiu-se por uma ação de grande envergadura, contra Curupaiti.

Localizada logo abaixo de Humaitá, a fortaleza de Curupaiti era defendida por uma trincheira, com fosso de 4 m de largura por 2 m de profundidade, além de um muro com 2 m de altura. No seu interior havia entre 4 e 5 mil soldados e cerca de noventa canhões, parte deles apontados para o rio e parte para a terra. Em 22 de setembro de 1866, a Esquadra brasileira bombardeou, durante horas, essa posição, cuja artilharia permaneceu ilesa, uma vez que, por estar 9 m acima do nível do rio, as bombas brasileiras caíram além dela, devido ao ângulo de tiro dos navios. Contudo, acreditando ter sido bem-sucedido no bombardeio, Tamandaré deu o sinal liberando para o ataque os 20 mil aliados, com os efetivos de argentinos e brasileiros quase equivalentes. Eles avançaram lentamente, retardados pelo barro – chovera na noite anterior –, tornando-se alvos fáceis; durante horas, sucessivas colunas atacantes foram dizimadas. Os números sobre as perdas aliadas variam, conforme a fonte consultada, entre

Operações aliadas em torno de Humaitá (1866-1868)

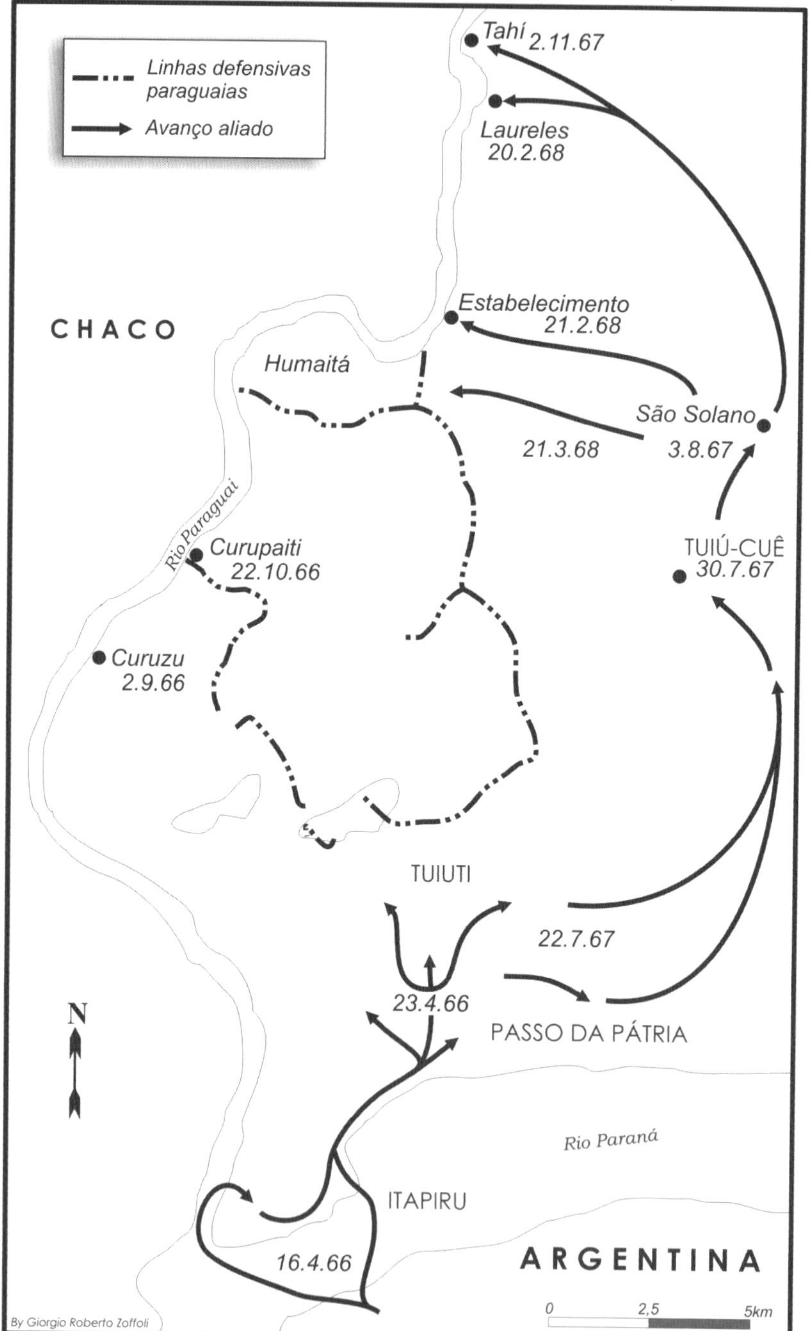

4 mil e 9 mil mortos, divididos igualmente entre brasileiros e argentinos. O certo é que o número de mortos paraguaios não chegou a cem.

A retumbante derrota em Curupaiti expôs as divisões do comando aliado e inviabilizou de vez a relação entre Mitre e Tamandaré. O governo imperial, chefiado pelo liberal Zacarias de Góes e Vasconcellos tomou, então, decisões drásticas: unificou o comando brasileiro e nomeou o marquês de Caxias para o cargo de comandante em chefe do Exército brasileiro no Paraguai e o vice-almirante José Ignácio substituiu Tamandaré no comando da Esquadra. Caxias tinha feito bem-sucedidas carreiras militar e política – na realidade, ambas costumavam andar juntas à época –, sendo o general de maior prestígio do Império e, ainda, um dos senadores mais influentes do Partido Conservador. Era um sacrifício pessoal para ele, já sexagenário, que poderia optar por permanecer no conforto do Rio de Janeiro, aceitar o comando de um exército que vinha de fragorosa derrota, desorganizado e desmoralizado.

Caxias chegou ao Paraguai em 17 de novembro de 1866; formalmente, subordinava-se a Mitre. Desde sua chegada e durante todo o ano de 1867, o marquês ocupou-se principalmente de reorganizar a força terrestre brasileira, reequipando-a, restabelecendo a disciplina, substituindo o critério político pelo profissional ao nomear os comandantes de tropas, e treinando, em plena frente de batalha, civis recém-incorporados ao Exército. Estes não aumentaram o efetivo, apenas substituíram os mortos em Curupaiti e outros 4 mil que faleceram em decorrência da epidemia de cólera que atingiu o acampamento aliado até maio de 1867.

Conseguir homens para ir ao Paraguai foi um problema, não só no Brasil como também na Argentina e no Uruguai. No Império, havia uma força de reserva do anêmico Exército, a Guarda Nacional, cujos membros, oriundos de setores sociais com renda, fugiram ao cumprimento do dever utilizando-se dos mais variados subterfúgios. Já o recrutamento para o Exército era dificultado por um sistema de isenções legais que impedia o alistamento militar de vários setores, como os próprios guardas nacionais e, entre outros, empregados públicos, comerciários, arrimos de família, funcionários dos telégrafos e religiosos. Para o serviço militar, seguiam os indivíduos considerados socialmente indesejáveis. Os governos provincial e central careciam de condições para impor o recrutamento, "dependendo da boa vontade dos chefes locais, que procediam à seleção dos recrutas segundo as conveniências políticas regionais".[6]

Como consequência da dificuldade em recrutar, o governo imperial criou, já em janeiro de 1865, os corpos dos Voluntários da Pátria, oferecendo vantagens financeiras aos que se apresentassem para a guerra. Em 1865, não faltaram voluntários, como resultado da indignação popular contra os ataques a Mato Grosso, vistos como traiçoeiros e injustificados, bem como pela convicção de que o conflito seria breve. Quando este se mostrou mais difícil, os verdadeiros voluntários escassearam e as autoridades brasileiras tomaram medidas adicionais para obtê-los, entre elas a de conceder a liberdade a escravos dispostos a irem para a guerra. Nas províncias, para atender às solicitações do governo imperial de envio de mais homens para o Paraguai, foi comum a situação política promover verdadeira caça aos membros da oposição, enviando-os para a guerra como se fossem voluntários.

Soldados negros, ex-escravos ou não, lutaram nos exércitos brasileiro, argentino, paraguaio e uruguaio. Para o pesquisador Roberto Salles, o número de ex-escravos combatentes, os libertos, não ultrapassou 10% do conjunto das tropas. A imagem de que o Exército imperial era composto por escravos resulta do equívoco de pensar que todo negro era escravo. (A população escrava no Brasil era minoritária em 1864; o primeiro censo brasileiro, de 1872, registrava no país 8 milhões de homens livres – dos quais 3,8 milhões brancos e 4,2 milhões negros ou mulatos – e em 1,5 milhão o número de escravos)[7].

Até meados de 1867, não ocorreram operações militares de envergadura, pois paraguaios e aliados não tinham condições de promovê-las. No lado aliado, o Exército argentino perdera boa parte de seu efetivo, que acompanhara Mitre, em fevereiro desse ano, para sufocar uma rebelião na Argentina. No Exército brasileiro, era grande o número de doentes nos hospitais e de soldados recém-incorporados que ainda estavam sendo treinados. Além disso, aguardava-se a chegada de reforço, do novo 3º Corpo de Exército, que estava sendo organizado pelo general Osório no Rio Grande do Sul.

Caxias, comandante em chefe aliado interino, tinha colocado as forças brasileiras em condições razoáveis de combate e recebera o reforço do 3º Corpo de Exército. Em 22 de julho, avançou com 28 mil soldados – 21.521 brasileiros, 6.016 argentinos e 600 uruguaios – pela retaguarda inimiga, buscando uma brecha para atacar Humaitá. Deixou em Tuiuti, defendendo a base de operações, 11.031 homens. Nesse momento, o efetivo do Exército brasileiro no Paraguai era de 50.526 homens, estando 35.831 prontos para o combate; outros 10.557 estavam doentes e 4.118 ocupavam posições administrativas.

A marcha aliada não levou, porém, a um ponto vulnerável do inimigo. Descobriu-se, então, a linha contínua de fortificações que defendia Humaitá, formando um grande campo entricheirado com forma geométrica de quadrilátero. Após marcha de 60 km, Caxias ocupou, em 29 de julho, Tuiu-Cuê, ao norte dessa fortaleza. Dois dias depois, Mitre retornou à frente de batalha, reassumiu o comando aliado e constatou que as tropas aliadas tinham praticamente cercado Humaitá, ao buscar a brecha que permitisse atacá-la. Para completar o cerco, ordenou a continuação do avanço até a posição paraguaia de Tahí, às margens do rio Paraguai. Ao mesmo tempo, para isolar Humaitá também por água, planejava que a Esquadra imperial subisse o rio, enfrentando o fogo de sua artilharia. Os movimentos das forças terrestres e fluviais seriam simultâneos e seu encontro em Tahí finalizaria o cerco.

Caxias discordou do plano e defendeu que a passagem da Esquadra por Humaitá deveria ser antecedida pelo movimento das forças terrestres. Desse modo se garantiria, acima dessa posição, apoio logístico aos navios, os quais, em caso contrário, estariam isolados e vulneráveis aos inimigos emboscados nas margens. Decidiu-se, afinal, que se faria a passagem, mas, devido à vulnerabilidade do navios de madeira, somente os encouraçados o fariam, levando víveres suficientes para atender às necessidades das tripulações por dois meses e munição para as forças terrestres.

O vice-almirante José Ignácio acreditava que se a Esquadra passasse por Humaitá, sem que as forças terrestres pudessem assegurar-lhe, mais acima, uma base de reabastecimento, seus navios ficariam bloqueados. Tal qual Tamandaré anteriormente, também José Ignácio desconfiava que Mitre desejava expor a Esquadra ao fogo inimigo, causando sua destruição, de modo a facilitar, no futuro próximo, a supremacia argentina no Prata. Foi com essa convicção que, em 15 de agosto, esse almirante ultrapassou Curupaiti, sem maiores dificuldades, com dez encouraçados. Constatou-se, então, que na altura de Humaitá três correntes se estendiam de uma margem a outra do rio, com a finalidade de impedir a passagem das belonaves brasileiras. Em lugar de cumprir a ordem de Mitre e ultrapassar essa posição, José Ignácio ancorou seus navios numa enseada, fora do alcance dos canhões dessa posição inimiga. Durante seis meses os encouraçados brasileiros permaneceram entre Curupaiti e Humaitá, bombardeando-as sem grandes consequências.

Tahí foi ocupada em 2 de novembro de 1867, e, no dia seguinte, López tentou conter o avanço dos aliados, com ataque audacioso a Tuiuti. O objetivo era o de tomar canhões raiados, dos quais os paraguaios não dispunham, e obrigar os sitiadores de Humaitá a recuarem para socorrer sua retaguarda. Na madrugada de 3 de novembro de 1867, entre 8 mil e 9 mil paraguaios atacaram Tuiuti, surpreendendo militares e civis comerciantes dormindo, e avançaram até o centro do acampamento, onde se encontrava a tropa brasileira. Após duro combate, os atacantes tiveram 2.734 mortos e 155 deles foram aprisionados, enquanto os aliados tiveram 294 mortos. Como sempre, a ousadia de López custava a vida de seus bravos soldados, sem reverter o destino da guerra. A segunda derrota paraguaia em Tuiuti pôs fim à possibilidade de romper-se o cerco aliado a Humaitá.

Em janeiro de 1868, o general Mitre partiu do Paraguai para reassumir a presidência na Argentina, uma vez que o vice-presidente, Marcos Paz, havia morrido. Caxias tornou-se, então, comandante em chefe aliado, cargo que poucos meses depois deixaria de existir. No início de 1868, os aliados continuavam sitiando Humaitá, cujos defensores ainda podiam sustentar a posição por receberem suprimentos através do território do Chaco, do lado oposto do rio Paraguai. Foi necessária ordem expressa do governo imperial para, afinal, o comando da Esquadra enviar, contra sua vontade, uma divisão naval para ultrapassar a fortaleza e impor seu domínio sobre o rio até Assunção. Isso ocorreu em 19 de fevereiro de 1868, sem perdas para os navios encouraçados, comprovando que Mitre tinha razão na polêmica que travara com os chefes militares brasileiros. Os navios, em missão de reconhecimento, chegaram no dia 28 desse mesmo mês à baía de Assunção, que fora evacuada de sua população, trocaram alguns tiros com a artilharia que defendia a cidade e se retiraram.

Em março de 1868, Humaitá foi evacuada por López e o grosso de seus defensores partiu, em brilhante operação, sem serem detectados pela Esquadra brasileira. Permaneceram na fortaleza 3 mil homens, comandados pelo coronel Martínez, o qual, sem meios para continuar a resistir, evacuou-a em julho. Humaitá não foi, portanto, tomada pelas armas e os aliados, ao entrar, constataram que haviam sido exageradas as avaliações sobre sua capacidade defensiva.[8] Talvez essa fortaleza tivesse sido ocupada antes, com desdobramentos favoráveis ao encurtamento da guerra, não fossem os problemas de relacionamento entre os chefes militares brasileiros e Mitre.

Após evacuar Humaitá, seus últimos defensores instalaram-se no Chaco. Foram cercados por tropas brasileiras e combateram, entre 26 de julho e 5 de agosto, com grande bravura. Renderam-se, no final, 1.324 homens, que foram levados de volta a Humaitá, permitindo-se aos oficiais prisioneiros manterem suas espadas, em sinal de reconhecimento de sua coragem. López, porém, em lugar de admitir a superioridade aliada, culpou o coronel Martínez pela perda de Humaitá, sob o argumento de que poderia resistir até outubro, e acusou-o de traição por se render. Retaliou contra a esposa de Martínez, Juliana Insfrán, que se encontrava no acampamento do ditador e que se recusou a renegar o marido. Também acusada de traição, Juliana foi chicoteada e fuzilada.[9]

A "DEZEMBRADA"

Em meados de 1868, no Brasil, em meio a grave crise política, Pedro II, no exercício de suas prerrogativas constitucionais, chamou o Partido Conservador para assumir o governo. Sentindo-se à vontade com seus companheiros de partido no poder, Caxias escreveu ao barão de Muritiba, novo ministro da Guerra, expondo que o Paraguai não constituía mais ameaça militar ao Império e que somente poderia fazer a "pequena guerra". Esta, argumentava, obrigaria o Exército imperial a marchar pelo interior do país, devastado e despovoado pela política de López de retirar a população civil frente aos avanços aliados. As forças brasileiras, raciocinava seu comandante, não poderiam contar com fontes locais para obter alimentos, obrigando o Império a ter mais gastos com os fornecedores argentinos de víveres, que cobravam preços inflacionados. Para Caxias, a honra do Brasil e seus aliados já estava vingada com as vitórias sobre López e a destruição do seu poderio militar. O marquês concluiu sua correspondência com a defesa de que se buscasse negociar a paz, mesmo com o ditador permanecendo no poder.[10]

As premissas de Caxias eram corretas. No plano militar, o Paraguai não mais representava ameaça. No aspecto financeiro, parte significativa dos gastos brasileiros com a guerra decorria da aquisição de mantimentos para as tropas, alfafa para os cavalos, carvão para as caldeiras dos navios de guerra e de outros suprimentos. Essas compras eram feitas nas fontes mais próximas da frente de batalha, ou seja, na Argentina, principalmente em Corrientes, Entre Ríos e Buenos Aires; essas regiões foram regadas com o ouro brasileiro, enriquecendo seus comerciantes e criando mercado para seus fazendeiros. No caso da alimentação dos soldados, o Exército imperial não possuía serviço de intendência para tanto, e as refeições eram encomendadas a fornecedores, brasileiros até meados de 1866, quando foram substituídos pelos argentinos Lezica e Lanus. Os soldados de infantaria recebiam refeições diárias com carne fresca, farinha, café, açúcar, sal e fumo, enquanto para os da cavalaria, quase todos gaúchos, acrescentava-se erva-mate. Os oficiais tinham dieta mais variada, pois eram aquinhoados, nas refeições, com arroz, feijão, pão ou bolacha.[11]

O custo de sustentar Exército e Marinha longe do Brasil penalizava as finanças públicas. Era procedente o argumento de Caxias de que a paz pouparia vidas e recursos financeiros do Império. Sua proposta, inclusive, coincidia com o desejo da opinião pública brasileira e, mesmo, com a do novo presidente do Conselho de Ministros, visconde de Itaboraí, que, anteriormente, quando estava na oposição, lamentava que não se negociasse a paz. Pedro II, porém, comunicou a Caxias que a guerra terminaria somente com a expulsão de Solano López do Paraguai.[12] Afinal, desde o início da guerra, o discurso oficial era o da derrubada de López e, após tantos sacrifícios, negociar a paz comprometeria a Monarquia perante a população brasileira e, ainda, manteria na fronteira um inimigo em potencial.

Para o Estado Monárquico brasileiro, vencer López deixara de ser somente uma necessidade militar, adquirindo significados políticos e simbólicos. Lendo-se a documentação e a imprensa dos países aliados, constata-se que no discurso guerreiro não havia rancor contra os paraguaios; o ódio era canalizado contra a figura de López. André Toral, ao estudar a iconografia produzida sobre a Guerra do Paraguai e constatar que havia, nas nações aliadas, um mercado consumidor de imagens do conflito, observa que o inimigo era "conhecido pelas fotos de prisioneiros que [...] tinham rosto, fisionomias sofridas que inspiravam mais piedade que ódio".[13] A febre anti-López se disseminou entre os brasileiros e foi instrumento de mobilização popular no esforço de guerra.[14] Nessas condições, a paz com López, sem tirá-lo do poder, representaria uma derrota para o Império e a erosão do poder monárquico, no momento do acirramento da crise política brasileira.

Perdida Humaitá, López recuou para trás do rio Tebicuarí e instalou-se em San Fernando. Entre março e setembro de 1866, o ditador organizou simulacros de julgamentos contra pessoas acusadas de participar de uma suposta conspiração contra ele, que teria surgido em Assunção, sob o impacto da presença de navios de guerra brasileiros na baía da cidade. Os irmãos e irmãs de López foram acusados de conspiradores, assim como todos os homens com condições intelectuais para substituí-lo no poder.

Essas vítimas, após serem torturadas, confessavam-se culpadas e, geralmente, acabavam mortas por lanças ou tiros. Um dos fuzilados foi o general Barrios, cunhado do ditador. López indultou três irmãos – Venancio, Inocencia e Rafaela –, mas manteve a condenação de outro, Benigno, executado após ser chicoteado. Benigno era o mais preparado intelectualmente dos irmãos López e, em 1862, Carlos López o tinha indicado para, após sua morte, ocupar o cargo de presidente provisório. Ao saber da notícia, Solano López fez o pai moribundo alterar o testamento e nomeá-lo para essa função, que se tornou permanente. Entre 31 de maio e 14 de dezembro de 1868, das pessoas que morreram nas prisões paraguaias – os cálculos variam de 400 a 2 mil –, três quartos tinham sido acusadas de traição.

Para George Thompson, testemunha das execuções, López tinha não só objetivos políticos mas, também, o de apoderar-se de todo o dinheiro que existia no país, público e de particulares, inclusive de comerciantes estrangeiros. A apropriação de dinheiro do Tesouro paraguaio foi relatada aos aliados por testemunhas locais. Uma delas, Ángel Benítes, aspirante da Marinha, presenciou a entrega de 28 mil patacões em prata e 600 onças de ouro, feita ao representante diplomático americano, general Martin MacMahon, às vésperas deste retirar-se do Paraguai.[15] MacMahon teria partido do Paraguai com esse ouro e prata distribuídos em "trinta e tantos caixões pesadíssimos", para os quais obteve a proteção da força brasileira, que, a essa altura, ocupava Assunção.[16] Os baús não poderiam ser revistados por autoridades aliadas sem causar grave incidente diplomático com os Estados Unidos, cujo governo foi simpático ao Paraguai durante a guerra.

Além desse dinheiro, López enviou outras quantias e, ainda, joias para o exterior, muito provavelmente por meio de dois navios de guerra, um francês e outro italiano. Entre outubro e novembro de 1868, essas belonaves iam e vinham diariamente entre Palmas, ocupada pelos aliados, e a posição paraguaia de Angostura, na tentativa de retirar seus nacionais que ainda permaneciam no Paraguai. Parte dos bens enviados por López ao exterior ficou com a irlandesa Elisa Alicia Lynch, sua companheira que, após sua morte, se retirou para a Europa. Outra parte, ao que tudo indica, foi desviada por aqueles que tinham servido de instrumento para retirá-las do Paraguai.

Em meados de setembro de 1868, López recuou para o rio Piquissiri e fortificou sua desembocadura no Paraguai, construindo o fortim de Angostura. Primeira posição do novo sistema defensivo paraguaio, Angostura era cercada por terrenos úmidos e bosques, enquanto seus canhões dominavam trecho estreito do rio Paraguai, dificultando a ação da Esquadra brasileira. O lado paraguaio buscava repetir as condições de guerra em torno de Humaitá, isto é, imobilizar os aliados com base em sólidas posições defensivas e com a vantagem do terreno hostil. A essa altura, novembro de 1868, os aliados eram 31 mil soldados – 25 mil brasileiros, 5 mil argentinos e mil uruguaios –, contra não mais que 18 mil paraguaios.

Os grandes combates de dezembro de 1868

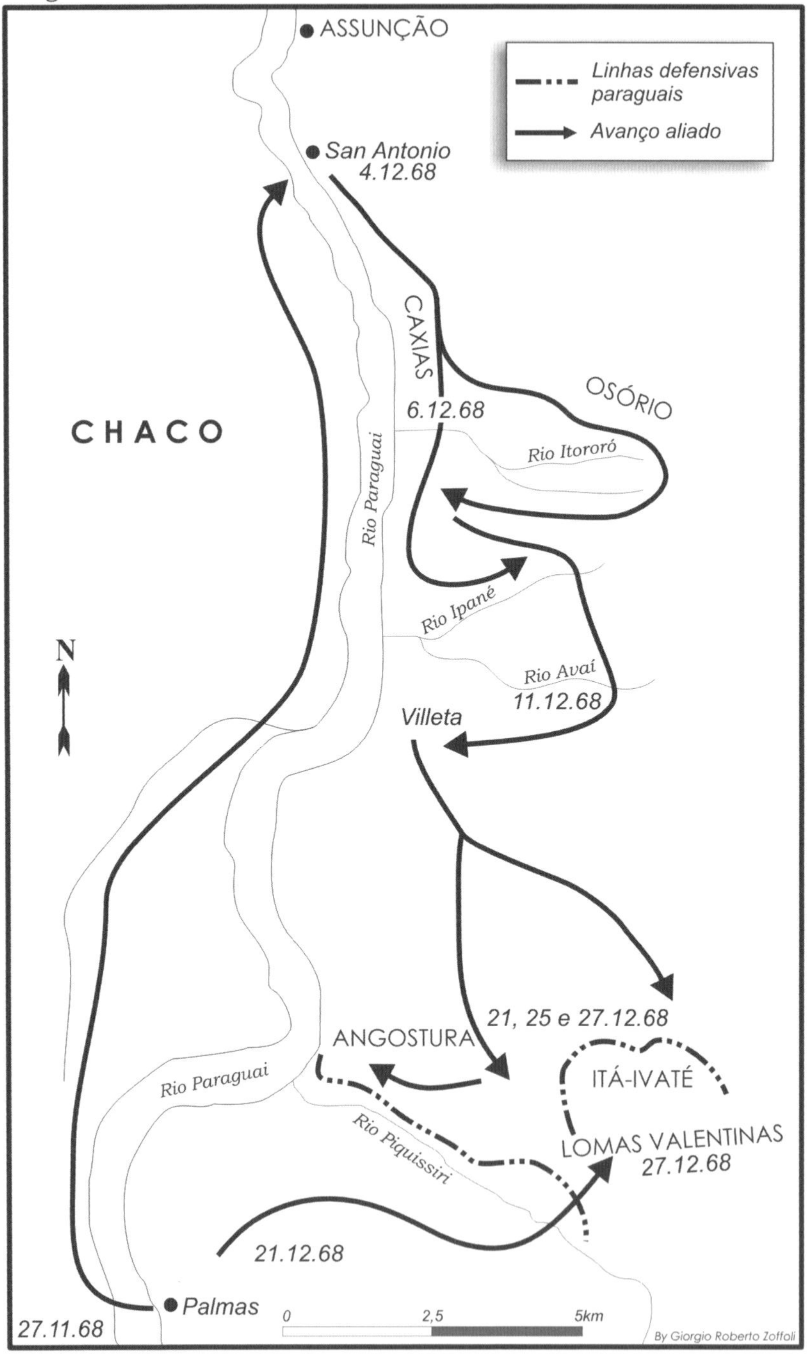

Caxias não se deixou dominar pela lógica do inimigo e implementou ousada estratégia para atacá-lo pela retaguarda. O Exército imperial marcharia pelo pantanoso terreno do Chaco, do outro lado do rio Paraguai, e retornaria para a margem seca do rio Paraguai, na altura de Villeta, atrás das posições paraguaias. O Chaco, principalmente naquela época do ano, era um terreno alagadiço tão hostil que López não se preocupou em fortificá-lo, por não parecer possível os aliados passarem por ali com milhares de homens e armamento pesado. A engenharia militar brasileira tornou isso possível ao construir, em 23 dias, uma estrada de 11 km, usando troncos de 6 mil palmeiras como pavimento e montando 5 pontes.

Os navios da Marinha transportaram, em 3 de dezembro, os soldados brasileiros de Palmas, base aliada ao sul do rio Piquissiri, para o Chaco. Eles marcharam durante 48 horas, praticamente sem descanso, sob chuva, e em muitos trechos do percurso com água pela cintura. Na manhã do dia 5 foram reembarcados, cruzaram o rio Paraguai e desembarcaram em San Antonio, pouco acima de Villeta. Essa tropa deveria marchar em direção ao quartel-general de López, em Itá-Ivaté, nas Lomas Valentinas, completando o cerco feito pelas forças argentinas e brasileiras, baseadas em Palmas, e pela Esquadra imperial.

No trajeto das forças brasileiras até Lomas Valentinas ocorreram as grandes batalhas de Itororó (dia 6), Avaí (11) e Itá-Ivaté (de 21 a 27), uma dessas lomas. Tal sequência de combates ficou conhecida como "dezembrada". Foram batalhas tão sangrentas e duras que a tropa brasileira tentou fugir da luta, sendo necessário, escreveu Caxias, "que eu abandonasse minha posição de general em chefe para conduzir ao fogo e à carga batalhões inteiros, e corpos de cavalaria, que ainda assim nem todos chegaram às fileiras inimigas". Segundo ele, muitos oficiais brasileiros morreram nos combates, como consequência da indisciplina e falta de combatividade de suas tropas.[17]

A maior e mais decisiva dessas batalhas foi a de Itá-Ivaté, iniciada pelas forças brasileiras comandadas por Caxias. As forças aliadas em Palmas, comandadas pelo general argentino Gelly y Obes, fizeram uma ação diversionista contra cerca de 3 mil paraguaios em Piquissiri, para evitar que socorressem o ditador. Em Itá-Ivaté, 19.415 brasileiros enfrentaram 9.800 paraguaios, parte destes anciãos, inválidos e crianças. A superioridade era relativa, considerando-se que os defensores, instalados em trincheiras no meio de matas, ocupavam posição vantajosa em relação aos atacantes, obrigados a escalar a colina e fazendo-o pelos dois desfiladeiros melhor fortificados.

No auge da luta, caiu violento temporal, obrigando o ataque a ser suspenso. Para manter o espírito de luta da tropa, evitando a debandada,

Caxias teve de arriscar-se em demasia. Durante a noite de 21 para 22 de dezembro, foi obrigado a conservar-se a cavalo, sob chuva, percorrendo as linhas para que as tropas não debandassem.[18] Os soldados brasileiros estavam abatidos e desorganizados e não sem razão, pois marchavam e combatiam há quinze dias, em meio a barro e chuva, sob calor intenso e sufocante, "mal alimentados, pior assistidos [por socorro médico] e combatendo valorosamente, como testemunham os 8 mil homens fora de combate [...] era para acovardar até um soldado de ferro".[19]

As duas partes aproveitaram a trégua para receber reforços. Buscando evitar a mortandade que se anunciava, Caxias e Gelly y Obes, agora também em Itá-Ivaté, intimaram, no dia 24, López à rendição; o que foi recusado por este com uma resposta altiva e corajosa. No dia 27, às 6 horas, iniciou-se o ataque aliado; os paraguaios resistiram bravamente, o que não os impediu de serem aniquilados e, três dias depois, em 30 de dezembro, renderam-se os 1.300 defensores de Angostura. Nos grandes combates de dezembro de 1868, o Exército paraguaio foi destruído, enquanto do lado aliado praticamente metade do efetivo brasileiro foi posto fora de combate, com 2.099 mortos e 7.980 feridos; os argentinos tiveram 99 mortos e 464 feridos. Solano López, porém, fugiu à vista do Exército aliado. Persiste a dúvida se a fuga foi acidental ou se resultou de acordo secreto – para o qual, contudo, não se encontra motivação – entre Caxias e o general MacMahon. Na documentação conhecida, há elementos para defender-se uma ou outra explicação.

A PERSEGUIÇÃO A LÓPEZ

Em 1º de janeiro de 1869, Assunção, deserta, foi ocupada e saqueada pelas tropas brasileiras e, também, por aventureiros civis. Nesse mesmo mês, Caxias, enfermo, retirou-se do Paraguai, sem aguardar autorização superior, atitude que foi imitada, em fevereiro, pelas cúpulas do Exército e da Marinha. A retirada de Caxias, bem como o esgotamento físico das tropas e as perdas humanas e de material bélico levaram à imobilização militar aliada até meados de 1869. Também houve certa relutância, durante parte de janeiro, quanto a se López continuava a guerra ou se estaria se retirando para o exterior.

Foi difícil a escolha do sucessor de Caxias para o comando brasileiro no Paraguai. Os generais com capacidade para sucedê-lo pertenciam quer ao Partido Conservador, quer ao Partido Liberal, e, no ambiente político exaltado em que se encontrava o Brasil, não era viável nomear um comandante com vínculos partidários. A única exceção seria Osório, um liberal que gozava de grande popularidade, mas que fora seriamente ferido na batalha de Avaí – uma bala arrancara parte do seu maxilar inferior – e, como consequência, carecia de condições físicas para assumir o comando.

Na busca de um nome aceito pelos dois partidos políticos chegou-se ao do conde d'Eu, marido da princesa Isabel, herdeira do Trono. Ele tinha alguma experiência militar, visto que estudara na Escola Militar de Segóvia (Espanha) e lutara no Exército espanhol na Guerra do Marrocos. Não era, na verdade, experiência suficiente para ocupar o cargo de comandante em chefe, mas seu nome era o único disponível e, ademais, reforçaria o abalado ânimo da tropa, pois reafirmaria que o Império levaria a guerra até o final. Anteriormente, d'Eu apresentara-se, por duas vezes, para ir à guerra e o governo imperial recusara ambas as ofertas. Na primeira vez, em 1865, porque a presença do príncipe no Paraguai poderia causar desconfianças de objetivos expansionistas do Império. Na segunda, em 1866, por não ser digno o marido da futura rainha subordinar-se a Caxias, inferior na hierarquia nobiliárquica. Em 1869, porém, era o conde que não queria ir para a guerra, sem término previsível, e acabou por fazê-lo praticamente forçado por Pedro II.

O conde d'Eu assumiu o comando das forças brasileiras em 16 de abril de 1869. Nesse momento, o Exército brasileiro no Paraguai contava com 26.620 soldados, dos quais 14.793 compunham os dois corpos de Exército, o 1º comandado pelo general Osório e o 2º chefiado pelo general Quintanilha Jordão. Osório, embora convalescente, havia cedido aos reiterados apelos do conde d'Eu para que o acompanhasse. Outros 2.748 soldados brasileiros permaneciam em Assunção e os demais estavam distribuídos por diferentes pontos. Os argentinos eram em número de 4 mil, comandados pelo general Emílio Mitre, irmão do ex-presidente, e os seiscentos uruguaios, liderados pelo general Enrique de Castro.

A imobilidade militar brasileira permitiu a López instalar-se a leste, em Peribebuí, no coração da cordilheira. Ele improvisou um exército de 12 mil a 14 mil pessoas, composto de soldados sobreviventes, bem como de garotos e de velhos. Em 7 de julho de 1868, um conselho de guerra dos chefes aliados aprovou plano para cercá-lo nessa localidade, defendida por 2,4 km de trincheiras, 18 canhões e 1.800 homens. Os aliados atacaram-na com quase 21 mil soldados, dos quais 19 mil brasileiros, 900 argentinos e mil uruguaios. López retirou-se antes da chegada dos aliados à vila, evitando expor-se no combate.

Na manhã de 12 de agosto, a artilharia brasileira bombardeou Peribebuí por duas horas, preparando o terreno para o ataque. A desproporção de forças permitiu que em pouco tempo os aliados se apoderassem das trincheiras inimigas, mas o combate continuou por outras duas horas; velhos, mulheres e crianças atiravam paus, pedras, terra e qualquer outro objeto que pudesse ferir os atacantes. Não encontra justificativa militar López sacrificar esses civis, uma vez que se até dezembro de 1868 ele ainda podia pensar em retardar o avanço do inimigo na remota esperança de um acontecimento imponderável que mudasse o curso do conflito, o mesmo não ocorria nesse momento.

Em Peribebuí, ao final dos combates, os prisioneiros passaram a ser degolados, por ordem, segundo várias testemunhas, do conde d'Eu. Os degolamentos somente terminaram devido à interferência do general Mallet com o príncipe. Por outro lado, o incêndio do hospital de Peribebuí, no qual morreram muitos feridos e pelo qual vários autores responsabilizam d'Eu, foi acidental, tendo ocorrido como consequência do fogo causado pelo bombardeio da vila pelos canhões brasileiros, no início do ataque.

López penetrara ainda mais no interior, com alguma tropa. Em sua perseguição, tropas do 2º Corpo do Exército brasileiro, no qual havia soldados argentinos, marcharam em direção a Caraguataí e encontraram a retaguarda do inimigo em retirada. Travou-se, então, em 16 de agosto, a batalha de Campo Grande, conhecida no Paraguai como Acosta-Ñú, tristemente famosa por dela terem participado, do lado paraguaio, grande número de adolescentes, muitas vezes disfarçados de adultos, com barbas postiças, misturados a alguns soldados verdadeiros. Na batalha enfrentaram-se 20 mil aliados e cerca de 6 mil paraguaios, comandados por Bernardino Caballero.[20] Estes lutaram com a habitual bravura, embora quase todos fossem inexperientes em combate; a parte composta de adolescentes não tinha sequer estatura física para enfrentar o inimigo, e, ademais, portava armas obsoletas. O resultado de oito horas de luta foi, do lado paraguaio, 2 mil mortos e 1.200 prisioneiros, enquanto os aliados tiveram 26 mortos e 259 feridos.[21] Um incêndio na mata seca, inicialmente provocado pelos paraguaios para encobrir, com fumaça, suas posições defensivas, espalhou-se, devido à pólvora de munição que ficara pelo terreno durante o combate, matando feridos tombados no chão.[22]

A partir de agosto de 1869, a guerra tornou-se, na verdade, uma caçada a López, o qual tinha a seu favor unicamente a ignorância dos aliados da geografia do interior paraguaio. O inimigo principal do Exército imperial, nas semanas seguintes, foi, porém, a fome. Em virtude do fim de contrato de fornecimento de mantimentos com comerciantes argentinos, os soldados brasileiros ficaram sem receber comida, causando graves problemas de disciplina.

O fim da guerra estava próximo e López acusou a existência de uma nova suposta conspiração para assassiná-lo. Essa informação foi obtida mediante tortura de seu irmão Venancio, que há cerca de um ano era prisioneiro e, na longa retirada para o interior, era arrastado nu, pelo chão, com uma corda amarrada na cintura. Este apontou como conspiradores, entre outros, as irmãs, Inocencia e Rafaela, e a própria mãe, Juana Carrillo López. Desde então, Rafaela passou a ser torturada por se recusar a confirmar a participação da mãe, enquanto esta foi espancada com pancadas de sabre. Houve execução de dezenas de supostos traidores. Venancio López morreu antes de ser fuzilado, de exaustão, após semanas em que foi açoitado diariamente, enquanto suas irmãs foram salvas pelo final da guerra.

No início de 1870, o general Câmara, que se encontrava em Concepción, soube que López estava em Cerro Corá e deslocou suas tropas para esse ponto. Nele, em 1º de março de 1870, a Cavalaria e a Infantaria brasileiras lutaram contra duas ou três centenas de soldados paraguaios. López tentou fugir a galope, mas foi ferido mortalmente por um golpe de lança, no ventre, dado pelo cabo Francisco Lacerda, conhecido por Chico Diabo. O ditador caiu nas margens do arroio de Aquidabã, com os pés dentro d'água e, estando nessa posição, o general Câmara intimou-o a render-se, obtendo como resposta a frase "não lhe entrego a minha espada; morro com a minha espada e pela minha pátria". Um soldado brasileiro tentou tomar a espada, caindo o ditador na água e, nesse momento, outro soldado, que estava atrás de Câmara e à sua revelia, disparou um tiro, acelerando a morte de López.[23]

CUSTOS E CONSEQUÊNCIAS

Os números sobre o custo humano da Guerra do Paraguai ainda são polêmicos. Os mais aceitos são que, do lado aliado, 139 mil brasileiros estiveram na guerra, dos quais 50 mil morreram, dois terços como consequência de doenças e não de combates.[24] Dos 5.583 uruguaios que lutaram no início do conflito, morreram 3.120, enquanto dos 30 mil argentinos que participaram dos combates, 18 mil morreram ou foram feridos. Sobre o Paraguai, em 1988 Vera Blinn Reber publicou estudo afirmando que o país tinha entre 285.715 e 318.144 habitantes em 1864 e que suas perdas, durante o conflito, foram de no máximo 58.857 pessoas. Estudo mais recente, publicado em 1999 por

Whigham e Potthast, afirma que o Paraguai tinha entre 420 mil e 450 mil habitantes antes da guerra. A partir da descoberta de um censo realizado em 1870, esses autores concluem que a população paraguaia nesse ano seria algo entre 141.351 e 166.351 pessoas, uma redução entre 60% a 69% em relação a 1864. Esse número deve ser visto com cautela, quer porque o censo de 1870 foi realizado por um Estado desorganizado e com escassos recursos para tal tarefa, quer por não considerar pessoas ainda refugiadas nas matas ou, ademais, a grande migração de paraguaios fugindo da miséria para a Argentina e, em menor escala, para o Mato Grosso.

Para o Império do Brasil, a guerra causou gastos de 614 mil contos de réis, valor equivalente a onze vezes o orçamento do governo brasileiro para 1864. O conflito irrompeu quando a economia brasileira se encontrava em crescimento, o que demandava a modernização e ampliação de sua infraestrutura de comunicações e, ainda, mais mão de obra para satisfazer às necessidades da agroexportação. A guerra desviou recursos humanos e financeiros das atividades produtivas, fato que levou o barão de Cotegipe, importante político conservador da época, a lamentar que ela atrasava o Brasil em "meio século".[25]

A Guerra do Paraguai representou um marco na história dos quatro países que a travaram. No Brasil, o Estado Monárquico mostrou-se no auge do seu poderio, constituindo-se no principal sustentáculo militar, diplomático e financeiro da Tríplice Aliança. Esse esforço, porém, catalisou as contradições políticas e sociais da sociedade monárquica, como o demonstram o desenvolvimento do republicanismo e a crise do sistema escravocrata. Criou, ainda, um Exército forte, que adquiriu, nos campos de batalha, identidade própria, desvinculada da Monarquia, depondo-a com o golpe republicano de 15 de novembro de 1889.

Por outro lado, a dificuldade em socorrer militarmente o Mato Grosso também levou à tomada de consciência da situação de isolamento físico do Oeste brasileiro, o que resultou, a longo prazo, no esforço de integração física dessa região com o Sudeste do país.

Quanto à Argentina, o conflito contribuiu para a consolidação do Estado centralizado, enquanto o Uruguai emergiu dos anos de luta com instituições mais fortes.

O Paraguai, derrotado, perdeu os territórios que disputava com Argentina e Brasil e assistiu ao fim do Estado autoritário e patrimonial, o que não significou, porém, que as novas instituições, supostamente liberais, contribuíssem para o desenvolvimento do país. O Brasil manteve sob sua influência os governos paraguaios até 1904, quando uma revolução liberal afastou o país da órbita brasileira, vinculando-o politicamente à Argentina, cuja economia havia satelizado a paraguaia na década de 1870. Ademais, o Paraguai e o Uruguai consolidaram-se como Estados-tampões entre a Argentina e o Brasil, que continuaram a rivalizar no Prata.

Os personagens principais da guerra foram, de algum modo, vítimas dela, mesmo os do lado vencedor. Francisco Solano López morreu, Bartolomé Mitre viu seu candidato, Rufino de Elizalde, ser derrotado nas eleições presidenciais de 1868 e, nesse mesmo ano, Venancio Flores foi assassinado em Montevidéu. No Brasil, Caxias voltou amargurado do Paraguai e Pedro II foi deposto. Foram vítimas, além dos mortos em combate, os ex-combatentes que não conseguiram se readaptar à vida civil e os milhares de inválidos, de diferentes nacionalidades, que foram, no máximo, objeto de piedade, mas não da proteção e do respeito de que eram merecedores. Os grandes ganhadores com a guerra foram os comerciantes, principalmente os fornecedores argentinos de mantimentos e víveres para as forças aliadas, particularmente ao Exército brasileiro, e os fabricantes europeus de armas.

NOTAS

(1) Julio José Chiavennato, Genocídio americano: a Guerra do Paraguai, São Paulo, Brasiliense, 1979, p. 165.

(2) Hélio Lobo, Antes da guerra: a Missão Saraiva ou os preliminares do conflicto com o Paraguay, Rio de Janeiro, Instituto Histórico e Geográfico Brasileiro, 1914.

(3) Divate Garcia Figueira, Soldados e negociantes na Guerra do Paraguai, São Paulo, Humanitas FFLCH/USP/ Fapesp, 2001, p. 110.

(4) Almeida Rosa para o chanceler brasileiro Dias Vieira, ofício confidencial, Buenos Aires, 20.4.1865. Rio de Janeiro, Arquivo Histórico do Itamaraty, pp. 272-1-21.

(5) Benjamin Constant para Veiga, Tuiuti, 26.1.1867 em Renato Lemos, Cartas da guerra: Benjamin Constant na Campanha do Paraguai, Rio de Janeiro, Iphan, 1999, p. 95.

(6) Vitor Izecksohn, Recrutamento militar no Rio de Janeiro durante a Guerra do Paraguai, em Celso Castro, Vitor Izecksohn, Hendrik Kraay, Nova História Militar Brasileira, Rio de Janeiro, Editora FVG, 2004, p. 183.

(7) Ricardo Salles, Guerra do Paraguai: escravidão e cidadania na formação do Exército, Rio de Janeiro, Paz e Terra, 1990, pp. 66-70; 76-77.

(8) Evangelista de Castro Dionisio Cerqueira, Reminiscências da campanha do Paraguai: 1865-1870, Rio de Janeiro, Biblioteca do Exército, 1980, p. 205.

(9) Juan Crisóstomo Centurión, Memórias: reminiscencias históricas sobre la Guerra del Paraguay, Asunción, El Lector, 1987, v. III, pp. 135-136.

(10) Caxias para o Barão de Muritiba, ofício confidencial, "Paré-cué, em frente a Humaytá", 14.8.1868, Rio de Janeiro, Arquivo Nacional, códice 924, Reservadas e Confidenciais – Correspondência do Comandante em Chefe, v. 4, pp. 131-134.

(11) Divate Garcia Figueira, op. cit., p. 145.

(12) Caxias para Muritiba, particular, sem local, 26.9.1868, Rio de Janeiro, Arquivo Nacional, 924, v. 4, p. 265.

(13) André Toral, Imagens em desordem: a iconografia da Guerra do Paraguai (1864-1870), São Paulo, Humanitas/ FFLCH/USP, 2001, p. 154.

(14) Renato Lemos, op. cit., p. 14.

(15) George Thompson, La Guerra del Paraguay, Asunción, RP Ediciones, 1992 [1a. ed. 1869], p. 231. Visconde de Taunay, Recordações de guerra e de viagem, São Paulo, Weiszflog, 1920, p. 101.

(16) Fausto de Queiróz Guedes, encarregado de negócios interino português no Brasil, para o ministro dos Negócios Estrangeiros de Portugal, Rio de Janeiro, 23.6.1869, Arquivo do Ministério dos Negócios Estrangeiros, Lisboa, "Legação de Portugal no Rio de Janeiro", caixa 212.

(17) Caxias para Muritiba, ofício confidencial e reservado, Villeta, 13.12.1868, Rio de Janeiro, Arquivo Nacional, códice 924, v. 5, pp. 136-137.

(18) Caxias para Muritiba, ofício confidencial, Lomas Valentinas, 26.12.1868, Rio de Janeiro, Arquivo Nacional, códice 924, v. 5, p. 158.

(19) José Ignacio Garmendia, Recuerdos de la Guerra del Paraguay, 4. ed. corregida y aumentada, Buenos Aires, Casa Editora, 1890, p. 383.

(20) Augusto Tasso Fragoso, op. cit., v. IV, p. 343.

(21) Juan Crisóstomo Centurión, op. cit., v. IV, p. 89. Augusto Tasso Fragoso, op. cit., v. IV, p. 342.

(22) Evangelista de Castro Dionisio Cerqueira, op. cit., p. 324. Visconde de Taunay, op. cit., p. 69.

(23) Câmara para a esposa Maria Rita, Paso Negla, 7.3.1870, em Rinaldo Pereira da Câmara, O General Câmara, Porto Alegre, Globo, v. II, pp. 428-430.

(24) Ricardo Salles, porém, levanta a hipótese de que o Brasil teria enviado 146.173 militares ao teatro de guerra, dos quais 101.642 teriam morrido. Em Guerra do Paraguai: memórias & imagens, Rio de Janeiro: Fundação Biblioteca Nacional, 2004, p. 159.

(25) Barão de Cotegipe para o Barão de Penedo, s/l., 12.5.1866, em Francisco Doratioto, Maldita guerra, São Paulo, Companhia das Letras, 2002, p. 264.

BIBLIOGRAFIA

CÂMARA, Rinaldo Pereira da. *O General Câmara.* Porto Alegre: Globo, v. II, 1970.

CENTURIÓN, Juan Crisóstomo. *Memórias:* reminiscencias históricas sobre la Guerra del Paraguay. Asunción: El Lector, 1987, 4 v.

CERQUEIRA, Evangelista de Castro Dionísio. *Reminiscências da campanha do Paraguai; 1865-1870.* Rio de Janeiro: Biblioteca do Exército, 1980.

CHIAVENNATO, Julio José. *Genocídio americano:* a Guerra do Paraguai. São Paulo: Brasiliense, 1979.

DORATIOTO, Francisco. *Maldita guerra*: nova história da Guerra do Paraguai. São Paulo: Companhia das Letras, 2002.

FIGUEIRA, Divate Garcia. *Soldados e negociantes na Guerra do Paraguai.* São Paulo: Humanitas FFLCH/USP/Fapesp, 2001.

GARMENDIA, José Ignacio. *Recuerdos de la Guerra del Paraguay.* 4. ed. corregida y aumentada. Buenos Aires: Casa Editora, 1890.

HERKEN KRAUER, Juan Carlos; GIMENEZ DE HERKEN, Maria Isabel. *Gran Bretaña y la Guerra de la Triple Alianza.* Asunción: Arte Nuevo, 1983.

LOBO, Hélio. *Antes da guerra.* A Missão Saraiva ou os preliminares do conflicto com o Paraguay. Rio de Janeiro: Instituto Histórico e Geográfico Brasileiro, 1914.

IZECKSOHN, Vitor. *O cerne da discórdia.* A Guerra do Paraguai e o núcleo profissional do Exército. Rio de Janeiro: E-papers, 2002.

_______. Recrutamento militar no Rio de Janeiro durante a Guerra do Paraguai. CASTRO, Celso; IZECKSOHN, Vitor; KRAAY, Hendrik. *Nova história militar Brasileira.* Rio de Janeiro: FVG, 2004.

LEMOS, Renato. *Cartas da guerra:* Benjamin Constant na Campanha do Paraguai. Rio de Janeiro: Iphan, 1999.

PLÁ, Josefina. *The British in Paraguay, 1850-1870.* Oxford: The Richmond Publishing, 1976.

RODRÍGUEZ ALCALÁ, Guido. *Residentas, destinadas y traidoras.* Asunción: RP/Criterio, 1991.

REBER, Vera Blinn. The Demographics of Paraguay: A Reinterpretation of the Great War, 1864-1870. *Hispanic American Historical Review,* v. 68, nº 2, may/1988, pp. 289-319.

SALLES, Ricardo. *Guerra do Paraguai*: escravidão e cidadania na formação do Exército. Rio de Janeiro: Paz e Terra, 1990.

_______. *Guerra do Paraguai:* memórias&imagens. Rio de Janeiro: Fundação Biblioteca Nacional, 2004.

TASSO FRAGOSO, Augusto. *História da guerra entre a Tríplice Aliança e o Paraguai.* Rio de Janeiro: Imprensa do Estado-Maior do Exército, 1934-1935, 5v.

TAUNAY, Visconde de. *Recordações de guerra e de viagem.* São Paulo: Weiszflog, 1920.

THOMPSON, George. *La Guerra del Paraguay.* Asunción: RP Ediciones, 1992 [1ª ed. 1869].

TORAL, André. *Imagens em desordem:* a iconografia da Guerra do Paraguai (1864-1870). São Paulo: Humanitas FFLCH/USP, 2001.

WHIGHAM, Thomas; POTTHAST, Barbara. The Paraguayan Rosetta Stone: new insights into de demographics of the Paraguayan War, 1864-1870. *Latin American Research Review,* v. 34, nº 1, 1999.

GUERRAS DA UNIFICAÇÃO ALEMÃ

Armando Vidigal

O Congresso de Viena (1815), que estabeleceu os parâmetros de uma nova ordem mundial após as Guerras Napoleônicas, foi principalmente obra do príncipe Von Metternich, chanceler austríaco. A nova ordem foi fundamentada, em particular, no equilíbrio de poder mas, paradoxalmente, pouco se apoiava em poder para sua manutenção. A razão mais importante para seu sucesso era o fato de que os países europeus estavam unidos por um senso de valores compartilhados: o equilíbrio não era apenas físico, mas moral. O balanço do poder reduzia a oportunidade de uso da força assim como um senso de justiça compartilhado reduzia o desejo de se usar a força.[1]

A Guerra da Crimeia (1854-6) – envolvendo de um lado a Rússia e do outro a Turquia, logo apoiada pela França e Inglaterra – indicou a fragilidade do sistema, mas foram as guerras pela unificação da Alemanha e da Itália que acarretaram seu fim, acabando com o sistema de equilíbrio de poder e estabelecendo uma política de poder.

Para Napoleão III, além do fato de o sistema ter sido desenvolvido de forma expressa para conter a França, a repressão aos nacionalismos e aos valores liberais, ambos caracteristicamente franceses, impunha um freio às suas pretensões de ganhos territoriais, impossíveis com uma Europa unida por um senso de justiça compartilhado. Já para o chanceler prussiano Bismarck, o sistema prendia a Prússia numa associação com a Áustria na Confederação Germânica, estabelecida em 1815, na qual a Prússia era o parceiro menor; a manutenção da

Confederação permitia a existência de diversos pequenos Estados germânicos, impedindo a Prússia de promover a Unificação da Alemanha sob sua liderança.

Os resultados obtidos pelos dois políticos foram diversos. Napoleão III, pretendendo ser o destruidor do sistema de Metternich e o inspirador do nacionalismo francês, lançou a Europa num turbilhão e não obteve nada do que pretendia. Pelo contrário, ele tornou possível a Unificação da Itália e contribuiu, ainda que involuntariamente, para a Unificação Alemã, enfraquecendo a França do ponto de vista geopolítico, que, dessa forma, perdeu sua condição de potência de maior influência na Europa Central. Embora seja verdade que a França não seria capaz de impedir qualquer um desses acontecimentos, a política do imperador francês acelerou o processo e tirou da França a capacidade de influir na nova ordem estabelecida.

Ele não compreendeu que a Confederação Germânica, criada pelo Congresso de Viena, representava uma eficiente proteção para a fronteira francesa do Reno. A Confederação foi projetada para somente unir-se no caso de uma ameaça externa comum e nunca para uma ação ofensiva, o que, na realidade, nunca ocorreu nos seus cinquenta anos de existência, conforme reconhece o imperador austríaco Francisco José em carta a Napoleão III: "[...] a Confederação Germânica, organizada com motivos puramente defensivos, nunca, durante o meio século de sua existência, foi motivo de alarme para seus vizinhos".[2] Em 1870, a França estaria mais isolada e mais vulnerável que durante toda a vigência do sistema de Viena.

Com relação a Bismarck, poucos estadistas contribuíram como ele para mudar o curso da história. Antes de sua posse como ministro-presidente, em 1862, acreditava-se que a Unificação da Alemanha seria uma consequência do estabelecimento de um governo constitucional, parlamentarista, como haviam pretendido os revolucionários de 1848. Entretanto, esse processo, que esteve na pauta por três gerações de germânicos, foi obtido não por um processo democrático, constitucional, mas através do aumento do poder da Prússia. A obra de Bismarck foi feita apesar de ele nunca ter tido o apoio de nenhum grupo significativo.

Segundo o estudioso das relações internacionais Henry Kissinger:

> Demasiado democrática para os conservadores, demasiado autoritária para os liberais, demasiado orientada pelo poder para os legitimistas, a nova Alemanha foi desenhada por um gênio que se propôs a comandar as forças que ele havia liberado, tanto estrangeiras como domésticas, pela manipulação de seus antagonismos – uma tarefa na qual ele era mestre mas que provou estar acima da capacidade de seus sucessores.[3]

Europa de 1815 a 1848

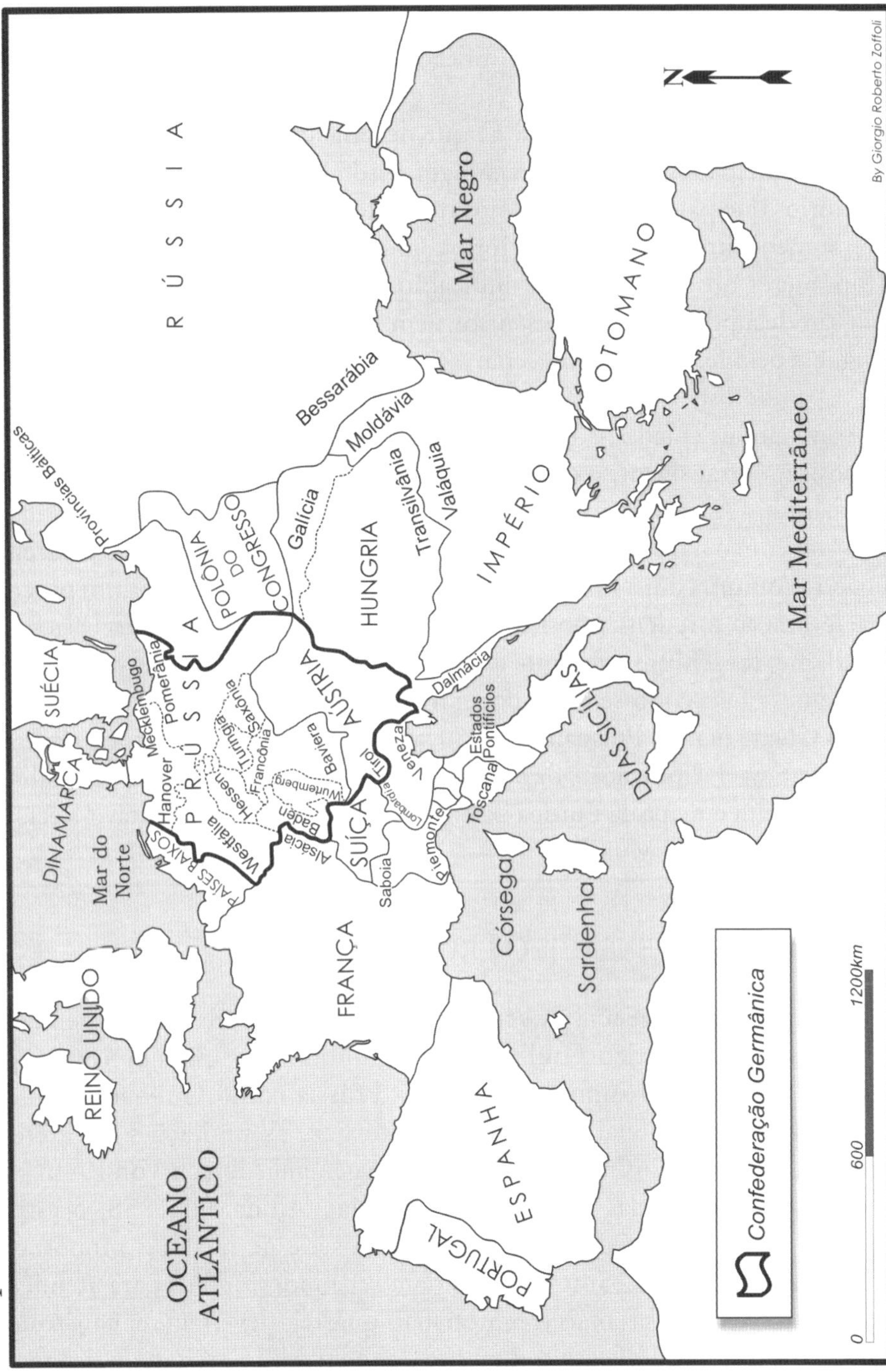

A complexidade da questão alemã era evidente. Conforme comenta o historiador Eric Hobsbawm, a Unificação alemã suscitava três questões. Que Alemanha deveria ser unificada? As duas grandes potências germânicas – Áustria e Prússia – deveriam integrá-la? O que deveria acontecer com os numerosos outros principados, que compreendiam desde reinos médios até minúsculos territórios que pareciam mais reinos de opereta?[4]

Somente uma personalidade forte como a de Bismarck seria capaz de vencer os inúmeros obstáculos para a unificação. Segundo ele, "as grandes questões não são decididas nem por discursos nem por votos majoritários – mas pelo sangue e pelo ferro".[5] E assim seria.

O poderoso Império Austríaco compreendia diversas nacionalidades frouxamente articuladas, e, para sobreviver, adotou como essência de sua política a oposição intransigente a qualquer nacionalismo; contudo, na Confederação Germânica, a Áustria, que participava apenas com parte de seu império, tinha de conviver com o nacionalismo prussiano. Desde o momento em que ela aceitou a guerra comum com a Prússia pelos ducados (1864), deu início a um processo que levaria ao fim de sua posição como grande potência. Seu erro básico, daí em diante, foi sempre o mesmo: a tentativa "de aplacar seus autoproclamados oponentes oferecendo-se para cooperar com eles".[6]

A Guerra Franco-Prussiana de 1870 faz parte de uma série de acontecimentos que levaram à Unificação da Alemanha, contribuíram para a da Itália, e redesenharam o mapa da Europa de uma forma que tornaria inevitável a eclosão da Primeira Guerra Mundial.

A REFORMA DO EXÉRCITO PRUSSIANO

Assumindo a regência da Prússia em 1858, após constatada a demência de seu irmão Frederico Guilherme IV, Guilherme – que em 1861, após a morte do irmão, assumiria a coroa da Prússia como Guilherme I – era um soldado profissional, que, conhecendo bem as limitações do exército prussiano, queria eliminá-las. Encarregou o general Albrech Von Ronn para preparar um plano das mudanças necessárias. Ainda em 1858, o estudo de Von Ronn foi entregue ao rei, com uma série de medidas propostas: a artilharia e certos equipamentos deveriam ser modernizados para atender às mudanças tecnológicas mais recentes; mais quartéis deveriam ser construídos para permitir um significativo aumento dos efetivos do exército; o sistema de conscrição que, ao longo dos anos, deixou de levar em conta o aumento da população, deveria ser atualizado para evitar que um número considerável de jovens capazes deixassem de ser chamados para o serviço enquanto homens mais velhos, membros do *Landwehr*, seriam obrigados a participar de operações de guerra (ele propunha um período total de serviço de sete anos, entre ativa e reserva). Finalmente, e esse era o ponto mais sensível da reforma, o *Landwehr* deveria ter sua importância diminuída para garantir que o Exército fosse totalmente leal à Monarquia, o que não era possível com um sistema em que os oficiais eram eleitos entre os civis notáveis.[7]

O *Landwehr*, criado em 1813, era uma milícia de cidadãos, uma espécie de guarda nacional, que dispunha de sua própria organização e de seu armamento, cujos efetivos eram constituídos não só pelo pessoal que, após passar três anos no Exército e dois na reserva, era transferido para o *Landwehr*, onde serviria por mais alguns anos, mas também pelos civis que não tinham sido chamados para o Exército (excedentes) devido às falhas do sistema de conscrição.

A Câmara Baixa, a quem competia constitucionalmente autorizar as despesas do governo – a eleição de 1858 resultara numa surpreendente derrota dos conservadores, ficando uma coalizão liberal com o controle da Câmara – queria preservar o *Landwehr*, símbolo do liberalismo e das lutas pela libertação durante as Guerras Napoleônicas. Quando o ministro da guerra de Guilherme I também se opôs às mudanças relativas ao *Landwehr*, o rei destituiu-o nomeando Ronn para seu lugar.[8]

A Câmara Baixa passou então a negar a autorização para os gastos militares do governo. Embora os liberais concordassem, em princípio, que era necessário fortalecer o exército prussiano, temiam que o novo Exército pudesse ser usado para suprimir as liberdades constitucionais no país, temor agora reforçado pela maneira com a qual o regente formulou seu plano de reforma e pelas propostas específicas sobre a duração do serviço militar e a posição do *Landwehr*.[9]

Em 1862, o rei dissolveu a Câmara rebelde, mas a nova Câmara eleita continuou negando a autorização para os gastos militares. Era chegada a hora de Bismarck: por sugestão de Ronn, o rei convidou-o para tornar-se ministro-presidente, em setembro de 1862. Bismarck contornou a dificuldade constitucional afirmando que, se o orçamento devia ser aprovado pelas duas Câmaras e pelo rei e a Câmara Baixa, não concordava com a Câmara Alta e o rei no que diz respeito à sua aprovação, havia um "fosso constitucional" e, portanto, o rei poderia gastar o dinheiro sem a existência de um orçamento até que houvesse acordo. Essa situação precária se manteria até 1866, quando o entusiasmo nacionalista com a vitória sobre a Áustria levaria à aprovação retroativa dos gastos militares realizados.

O significado do conflito entre o rei e a Câmara Baixa é claro: "[...] as forças do liberalismo organizado prussiano fizeram sua última tentativa consistente para tentar ganhar uma influência significativa sobre a estrutura militar do Estado".[10] Como Helmut von Moltke era chefe do Estado-Maior prussiano desde 1857 – confirmado em 1858 pelo regente –, estavam agora no poder na Prússia os homens que seriam responsáveis pela transformação do exército prussiano na máquina de guerra que iria mudar o equilíbrio de poder europeu.

As reformas de Ronn começaram a ser implementadas: a parcela civil do *Landwehr* foi abolida, sendo criados "comandos de área" guarnecidos por pessoal do Exército regular, onde seriam treinados os homens do *Landwehr*, agora todos oriundos do Exército regular após sete anos de serviço, como efetivos e como reserva. O *Landwehr* era assim transformado numa segunda reserva, à qual caberiam tarefas mais simples em caso de guerra, como ocupar posições nas fortalezas, defesa das linhas de suprimento e depósitos etc.[11] O propósito de diminuir a importância do *Landwehr* era assim alcançado e o Exército, com uma constituição compreendendo sete classes de idade, muito reforçado.

Outras reformas foram decorrentes das novas tecnologias. A Revolução Industrial, que teve início no final do século XVIII na Inglaterra, só teve repercussões importantes na arte da guerra na segunda metade do século XIX. As mudanças nos meios de comunicação (as ferrovias e o telégrafo elétrico), o desenvolvimento das armas (tanto dos canhões como dos fuzis, que passaram a adotar a alma raiada e o carregamento pela culatra), além da evolução dos projéteis (do projétil sólido até o projétil com alto explosivo) iriam causar uma transformação revolucionária na tática e estratégia militares.

As novas armas permitiam o combate a maiores distâncias e determinaram mudanças na tática da infantaria, da artilharia e da cavalaria. Os novos meios de comunicação asseguraram o emprego de maiores efetivos, que podiam ser distribuídos por áreas de grande extensão.[12]

O Exército prussiano adotou o fuzil de carregamento pela culatra a partir de 1843, usando-o com êxito nas campanhas de 1848 e de 1864, esta última contra a Dinamarca. Todavia, foi somente em 1866, diante de um exército de primeira classe como o austríaco, mas equipado ainda com fuzis de carregamento pela boca, que o novo fuzil mostrou toda a sua superioridade: para cada seis tiros prussianos, apenas um tiro austríaco foi dado, e, além disso, o fuzil de carregamento pela culatra permitia o carregamento rápido e fácil na posição de deitado enquanto no caso do fuzil de carregamento pela boca o infante tinha de se levantar para carregar.[13]

Até 1866, a melhor artilharia europeia era a francesa: embora seus canhões fossem ainda de carregamento pela boca, o que lhes dava baixa rapidez de tiro, eram todos de alma raiada e, portanto, de grande precisão de tiro. Essa artilharia mostrou-se muito eficaz na campanha da Itália. Já a artilharia prussiana, ainda na época da campanha contra a Áustria, era formada em parte por canhões novos, de alma raiada e carregamento pela culatra, e noutra parte por velhos canhões de alma lisa; em 1866, entretanto, por falta de adestramento e de doutrina, a artilharia prussiana não teve grande desempenho contra os austríacos. Por causa dessa fraqueza, nos quatro anos seguintes a Prússia faria reformas profundas: as baterias de campanha foram totalmente reequipadas com canhões de aço, o que permitia maiores cargas de projeção e portanto maior alcance, e de alma raiada e carregamento pela culatra, fabricados nas instalações da Krupp. O emprego dessas armas foi estudado de forma cuidadosa, sendo criada a Escola de Artilharia para esse fim. O desempenho extraordinário da artilharia prussiana na Guerra Franco-Prussiana foi a maior surpresa tática da campanha.

Em 1866, era evidente a todos que as novas armas davam uma vantagem considerável a uma posição defensiva bem estabelecida. Embora Moltke concordasse com isso, julgava fundamental combinar essa tática defensiva com uma estratégia ofensiva – isto é, o ataque decisivo deveria ser buscado por meio do envolvimento: "Pouco sucesso pode ser esperado de um mero ataque frontal, a não ser muito provavelmente um grande número de perdas Devemos, portanto, procurar o flanco da posição inimiga".[14]

O envolvimento das forças inimigas, pensava ele, faria com que elas, procurando recuperar sua liberdade de manobra, atacassem frontalmente, com todas as desvantagens daí decorrentes.[15] Para ele, as posições defensivas inimigas deveriam ser contornadas e deixadas para trás sempre que possível; caso elas tivessem de ser atacadas, só deveriam sê-lo após pesado bombardeio de artilharia, o que implicava trazer a artilharia para a frente do combate, com a infantaria.

Em 1870, os franceses já dispunham da metralhadora de Reffeye, com 25 canos paralelos, alcance de 1.200 m e que podia disparar 125 tiros por minuto.

A fim de manter este segredo, ela só foi distribuída às tropas alguns dias antes do início das hostilidades, sendo, pois, utilizada de "maneira perfeitamente idiota" já que a tropa não tinha sido instruída no seu emprego.[16]

No novo tipo de guerra, o papel da cavalaria teria de ser repensado: ela não mais poderia, a não ser em circunstâncias excepcionais, participar da batalha de forma decisiva como durante as Guerras Napoleônicas. O emprego que os americanos haviam dado a ela durante a Guerra de Secessão – ataque às linhas férreas e aos depósitos de suprimento do inimigo, além das operações clássicas de reconhecimento – não fazia o estilo europeu, pois forças que se consideravam a elite dos exércitos não se conformariam com um papel menor para si.[17] Na Guerra Franco-Prussiana, a única carga de cavalaria coroada de sucesso foi a executada por uma brigada prussiana em Vionville, e, embora os franceses estivessem com pouca munição, a brigada perdeu metade de seus homens.[18]

O aparecimento das ferrovias foi bem compreendido por Moltke, um dos primeiros a apreciar a importância delas para o posicionamento e posterior movimentação das tropas e para seu suprimento em grande escala. As rodovias, até então usadas para esses fins, não só impunham um limite ao tamanho dos exércitos pela morosidade dos deslocamentos, mas aumentavam muito as dificuldades de suprimento (carroças), fazendo com que em geral as atividades militares fossem interrompidas ao fim do outono, quando as tropas iam para os quartéis de inverno, só retornando na primavera.

Para Moltke, o advento da ferrovia permitia que muito mais homens e equipamentos fossem posicionados, bem mais rapidamente, em frentes mais amplas que anteriormente. Ele não hesitou em trazer as estradas de ferro e o telégrafo sob controle do governo, adaptando-os para uso militar.[19] O ataque de flanco por uns pouco batalhões daria lugar, segundo Moltke, a grandes movimentos de envolvimento por exércitos de grande porte; as tropas, transportadas e supridas por uma rede de ferrovias, poderiam manter suas posições no campo de batalha, qualquer que fosse a estação, por largos períodos.

A mais importante reforma de Moltke diz respeito à função do Estado Maior-Geral. Para ele, a condução da nova guerra exigiria a existência de um excelente grupo de oficiais, altamente treinados para a exploração das novas técnicas e da rede ferroviária, colocados num Estado-Maior com poderes para interferir de forma direta sobre os comandantes no campo de batalha. Em junho de 1866, em plena campanha contra a Áustria, ele conseguiu que o gabinete real expedisse uma ordem estabelecendo que desde então as determinações do Estado-Maior fossem comunicadas diretamente às tropas, não mais por meio do Ministério da Guerra.

A maior influência de Moltke com o rei, substituindo Ronn, causaria inúmeros problemas futuros: Ronn tinha um senso político altamente desenvolvido, reconhecendo a primazia da política mesmo em tempo de guerra, e entendia as necessidades diplomáticas que, em algumas ocasiões, levaram Bismarck a intervir na esfera das operações militares. Já Moltke nunca foi capaz de se reconciliar com as leis elementares que regem o governo dos Estados. Embora reconhecendo a supremacia civil e a primazia da política, Moltke, acostumado a pensar em termos de pura estratégia e ao traçado de planos de exatidão quase matemática, irritava-se com a interferência em seus planos causada por desagradáveis realidades políticas. Para ele, a política deveria ser decisiva antes do começo e depois do fim das hostilidades, mas não no período intermediário. Os desentendimentos entre Moltke e Bismarck eram, pois, inevitáveis.[20]

Para Moltke, outra revolução era necessária: nas guerras do passado, os comandantes procuravam manter seus subordinados sob estrito controle, a fim de lhes transmitir instruções precisas. Isso, porém, já não era possível com relação a um exército de talvez milhões de homens, envolvidos em batalhas ao longo de uma frente que poderia se estender por centenas de milhas. Assim, ele instituiu o sistema de "diretivas gerais" para substituir as rígidas "ordens de operação" – o subordinado passaria a receber uma tarefa de longo prazo expressa em termos gerais, o que lhe dava considerável liberdade de ação, permitindo-lhe usar todo empenho e iniciativa na execução da sua tarefa.

Outro importante conceito de Moltke foi a necessidade de os exércitos manterem-se dispersos durante os deslocamentos, deixando para se concentrar no momento do combate. Com isso, ele conseguia muito mais rapidez no deslocamento e a concentração no momento em que ela era efetivamente necessária. Com o auxílio da ferrovia e do telégrafo, Moltke acreditava que seria possível realizar manobras de uma amplitude antes nunca vista, envolvendo, como uma tenaz, a linha frontal inimiga e sua reserva.[21] Baseado nesses pontos, Moltke desenvolveu novo conceito de Estado-Maior, que se tornou um modelo para todos os exércitos modernos.

Com muita propriedade, explica o coronel Almerino Raposo:

> À medida que a conjuntura político-militar europeia se agrava, tornando iminente a Guerra da Prússia com unidades políticas vizinhas, Moltke atualiza, nos menores detalhes, os diferentes planos operacionais. O planejamento para uma campanha contra a Dinamarca, que veio a ser posto em execução em 1864, é ultimado em 1862; plano essencialmente

> ofensivo, prevendo uma estratégia militar rápida e visando aos flancos e à retaguarda, para isolar o exército inimigo e impedir a retirada.[22]

Talvez um dos maiores méritos de Moltke tenha sido o de aprender com os próprios erros. A campanha de 1866 foi um teste particularmente importante para suas ideias. Apesar da estrondosa vitória em Sadowa – a Áustria perdeu 45 mil homens e a Prússia, apenas 9 mil – Moltke não se mostrou satisfeito e avaliou a campanha com espírito crítico: falta de preparo de alguns oficiais do Estado-Maior e deficiência dos serviços de inteligência. Para a campanha contra a França, ele se valeria das lições aprendidas na guerra contra a Áustria.

Os métodos de Moltke, antes desacreditados e até mesmo contrariados pelos velhos generais, passaram a ser respeitados e atendidos prontamente pelos seus subordinados. Em 1871, ficou patente que o Exército francês, que lutou bem e obteve mesmo algumas notáveis vitórias pontuais, foi derrotado completamente pelo moderno sistema de comando e controle alemão e pelo superior trabalho do Estado-Maior de Moltke.

A GUERRA DOS DUCADOS

Na região que separa o curso inferior do rio Elba da península dinamarquesa da Jutlândia, estão os ducados de Schleswig e Holstein, desde séculos sob o governo da Dinamarca. O Congresso de Viena manteve essa situação, acrescentando ainda à Dinamarca o pequeno ducado de Lauenburgo.

Tanto no Holstein como no Lauenburgo, a população era esmagadoramente germânica – a região fora parte integrante do Sacro Império Romano Germânico – e, por essa razão, o soberano dinamarquês se fazia representar na Confederação Germânica.[23] Em 1846, os nacionalistas dinamarqueses quiseram anexar os ducados, o que gerou forte reação dos membros da Confederação. Pelo Tratado de Londres, de 1852, os principais países europeus comprometeram-se a manter a integridade da Dinamarca, mas, em troca, exigiram que os ducados mantivessem seus direitos e privilégios tradicionais.

Como o rei Frederico VII da Dinamarca era o último remanescente da Casa de Oldenburgo, no Tratado de Londres foi reconhecido o direito do príncipe Cristiano de Glücksburgo à sucessão. Porém, como sua ligação com os Oldenburgo fosse pelo lado feminino e os ducados reconhecessem a lei áulica – que não reconhece o direito à sucessão pelo lado feminino –, Cristiano não era apoiado por eles, que indicavam Frederico, duque de Augustenburgo, para suceder a Frederico VII.

Unificação Alemã

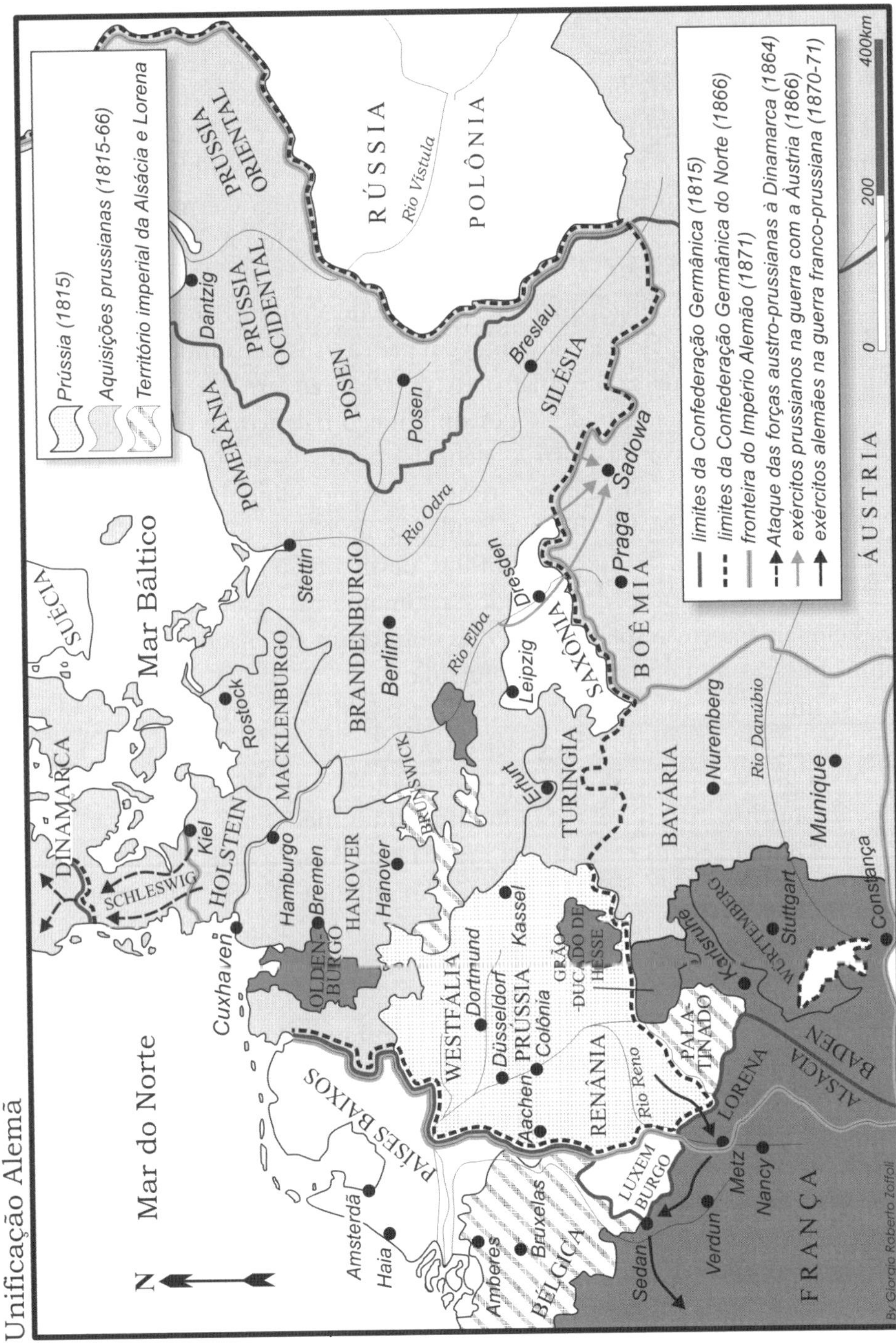

Em 1863, o rei dinamarquês anunciou nova constituição para a Dinamarca, em que os três ducados tinham seus direitos reduzidos. Houve forte reação da Confederação e o rei, pressionado, não a referendou, vindo a falecer pouco depois. Cristiano assumiu então o trono dinamarquês como Cristiano IX e logo ratificou a constituição. A Assembleia do Holstein não o aceitou como rei e apelou para a Confederação Germânica para que reconhecesse Frederico de Augustenburgo como duque dos três ducados tornados independentes.

Bismarck achava inadequado ser empurrado à guerra contra a Dinamarca pelas razões erradas; ele não via vantagem para a Prússia na independência dos ducados, cujas fronteiras chegariam à foz do Elba e aos arredores de Hamburgo. Para ele, o novo estado poderia desequilibrar o balanço de poder dentro da Confederação a favor da Áustria, além de, devido à sua posição geográfica, vir a prejudicar o comércio marítimo prussiano, dificultando o acesso da Prússia ao mar do Norte. Bismarck julgava ainda que a Prússia e a Áustria, como signatárias do Tratado de Londres, deveriam ater-se à letra do Tratado, reconhecendo a ligação dos ducados à Dinamarca, desde que seus direitos tradicionais fossem respeitados, o que deixaria os defensores da Dinamarca numa posição moralmente comprometida.

O imperador austríaco Francisco José e seu ministro do exterior Rechberg, embora não pudessem ignorar o alarido popular dentro da Confederação, não queriam apoiar o que era de fato um movimento de autodeterminação nacional, algo totalmente inaceitável para um império multiétnico.

Em novembro, os enviados da Prússia e da Áustria defenderam na Dieta (assembleia legislativa da Confederação Germânica) a estrita observância do Tratado de Londres, com os ducados vinculados à Dinamarca mas mantendo seus privilégios tradicionais. Embora aceitando a posição de Bismarck, a situação não fazia sentido para o rei Guilherme: a atuação conjunta dos Hohenzollern (dinastia que governava a Prússia) e dos Habsburgo (dinastia que governava a Áustria) em defesa de um tratado humilhante para a maioria dos povos germânicos fugia à sua lógica; ele não percebia que, com extrema habilidade, Bismarck havia atrelado a política externa austríaca à da Prússia e que, daí em diante, conduziria os acontecimentos.

Apesar da posição das suas duas maiores potências, a Confederação, pressionada pela grande manifestação popular ocorrida em Frankfurt em apoio a Augustenburgo, resolveu agir: aprovou um mandato executivo contra Cristiano IX, autorizando a ocupação do Holstein e Lauenburgo por tropas da Confederação. Na última semana de 1863, em cumprimento ao mandato, tropas da Saxônia e do Hanover ocuparam Holstein; para evitar o confronto, as tropas dinamarquesas retiraram-se para Schleswig. As duas grandes potências nada fizeram para impedir a decisão da Dieta, mantendo suas tropas estacionadas no Elba. Frederico de Augustenburgo, recebido afetuosamente pelo povo de Holstein, instalou-se em Kiel.

Bismarck não dava grande importância ao que chamava "a gritaria geral dos democratas" em favor de Augustenburgo. Para ele, o problema crucial era determinar se a Prússia devia "atuar como Grande Potência ou comportar-se como um estado da Confederação Alemã". Ele afirmava que a Prússia devia agir independentemente e com senso de responsabilidade; o apoio a Augustenburgo para satisfazer a opinião pública alemã comprometeria a Prússia "por uma causa errada". O destino da Prússia, concluía ele, devia ser conduzir e não ser conduzida.[24]

Ainda no final do ano, Bismarck recebeu em Berlim um enviado pessoal de Napoleão III e fez com ele um exame geral da situação, procurando mostrar sua moderação através da defesa do fiel cumprimento do Tratado de Londres. Mostrou-se disposto a discutir o destino dos ducados numa conferência internacional presidida pelo imperador francês e insinuou que a França, em bons termos com a Prússia, poderia vir a obter ganhos territoriais na margem esquerda do Reno. Era tudo o que Napoleão queria ouvir. Em troca, o emissário garantia que a França não interviria nas ações da Prússia na questão dos ducados. Era tudo o que Bismarck queria ouvir. Conforme a expectativa de Bismarck, a ideia da anexação dos ducados à Prússia começava a firmar-se.

Em janeiro de 1864, Bismarck assinou um tratado com a Áustria estipulando, em linhas gerais, que, caso a disputa pelos ducados levasse a uma situação de conflito, o destino deles seria decidido por acordo entre as duas potências. Pouco depois, com sua habitual astúcia, ele conseguiu que Rechberg lhe desse garantias de que o exército austríaco auxiliaria o prussiano a atuar contra quaisquer forças alemães que apoiassem Augustenburgo, ou contra os dinamarqueses, caso o rei Cristiano não recuasse da constituição unitária.

Na última semana de janeiro, não havendo recuo da Dinamarca, as tropas prussianas penetraram no Holstein, juntando-se às tropas saxônicas e hanoverianas que já ocupavam o ducado. A 1º de fevereiro, as forças prussianas e austríacas penetraram no Schleswig, com as forças dinamarquesas recuando para a posição fortificada de Düppel, logo cercada pelas tropas prussianas sob o comando do príncipe Frederico Carlos, irmão do príncipe herdeiro Frederico

Guilherme. Nem Frederico Carlos nem os austríacos desejavam atacar a fortaleza, o que assinalaria o avanço contra a Jutlândia conforme queria Moltke. A 18 de abril, convencidos os austríacos e vencidas as hesitações do príncipe, Düppel foi tomada de assalto, tendo as tropas prussianas se comportado com grande galhardia.

A ocupação da Jutlândia teve início e os dinamarqueses pediram um armistício. O armistício deixou as tropas prussianas de posse da maior parte da Jutlândia, mas proibiu que se levantassem contribuições da população que permanecia sob a autoridade do governo dinamarquês. Nem Ronn nem Moltke aprovaram essa condição negociada por Bismarck, que, entretanto, não levou as ponderações dos dois militares em consideração afirmando que ao Exército não cabia expressar opinião em questões políticas, o que levou Ronn, apesar de todo o seu senso político, a declarar: "Nunca houve, e ainda não há, um exército que se veja e se aceite como um puro instrumento político, uma lanceta para o cirurgião diplomata".[25]

Para Moltke, todo exército tem opiniões e ignorá-las é correr o risco de comprometer sua eficácia: "Quanto mais desenvolvido for o senso profissional de um exército, mais sensível e mais atingido ele se sente com qualquer coisa que fira, ou pareça ferir, os seus interesses e prerrogativas".[26]

A única ação naval da guerra ocorreu em maio de 1864, quando um esquadrão austro-prussiano – à época, a Prússia não tinha praticamente nenhum poder naval, de modo que tanto o comando quanto os principais navios dessa frota eram austríacos –, sob o comando do almirante austríaco Wilhelm Von Tegertthoff, enfrentou forças dinamarquesas inferiores, sob o comando do comodoro Swenson, no mar do Norte. Devido à supremacia da artilharia dinamarquesa, o esquadrão austro-prussiano foi derrotado. Entretanto, apesar da derrota, a simples presença desse esquadrão na área impediu que os dinamarqueses mantivessem o bloqueio da costa dominada por austríacos e prussianos; aliás, pela insuficiência dos meios dinamarqueses para o bloqueio, este já era bastante deficiente.[27]

A Conferência de Paz instalada em Londres para estabelecer as condições para um acordo de paz fracassou, como previa Bismarck, e, em julho de 1864, foi reiniciado o avanço austro-prussiano através da Jutlândia. O governo dinamarquês, sem alternativa, solicitou a paz. A 1º de agosto, Cristiano IX cedeu seus direitos sobre os ducados à Áustria e à Prússia, esperando conseguir numa futura conferência internacional a restituição à Dinamarca da áreas do Schleswig onde a predominância da população era dinamarquesa. Pelo Tratado de Viena, de outubro de 1864, os ducados passaram à administração conjunta da Áustria e da Prússia.

Para Bismarck, uma coisa ficara clara: a dificuldade das demais potências europeias de interferir no conflito. Antes da invasão da Jutlândia, a Grã-Bretanha ameaçou intervir a favor da Dinamarca, mas logo ficou claro que, sem o apoio de uma potência continental, ela nada podia fazer. Nem os franceses nem os russos queriam sacrificar seus bons entendimentos com Bismarck pela causa dinamarquesa: os franceses tinham esperanças de se beneficiar com a situação, e os russos não estavam preparados para antagonizar as duas potências que tinham favorecido a Rússia com sua neutralidade durante a revolta polonesa de 1863.[28] Nessa altura dos acontecimentos, Bismarck já definira sua posição: os três ducados deveriam ser anexados à Prússia para consolidar sua posição ao norte do rio Main. As gestões com esse objetivo não tardaram.

Num encontro em Viena, ainda durante as operações militares, Bismarck havia proposto à Áustria que desse carta branca à Prússia nos ducados em troca do apoio prussiano aos interesses austríacos noutros pontos da Europa, especialmente no norte da Itália. A Áustria, porém, não concordou com a proposta prussiana, pois a julgava demasiado vaga e tentou amarrar Bismarck a um compromisso mais específico. O fracasso de Rechberg em conseguir algo de positivo com sua política pró-prussiana levou à sua exoneração, em outubro, sendo ele substituído pelo "ameno e ineficiente general Mensdorff-Poully".[29]

Daí em diante, durante um ano, aumentou a tensão entre os dois países, mas, como garantiu Bismarck, a Áustria sob pressão faria concessões para evitar a guerra entre os dois Estados mais poderosos da Confederação. E essas não tardaram: a Áustria aceitava, sem "ideias preconcebidas quanto ao direito de ambas as Potências à integra dos ducados" que o Schleswig seria provisoriamente cedido à Prússia e Holstein à Áustria, que, entretanto, venderia sua parte de direitos sobre Lauenburgo à Prússia, que, então, poderia incorporá-lo ao seu território. Além disso, os austríacos fariam ainda concessões militares aos prussianos no Holstein, inclusive o direito de usar e fortificar o porto de Kiel como base naval. Os austríacos concordaram também com a construção de um canal, através do território de Holstein, ligando o mar Báltico ao mar do Norte. O acordo estabelecia ainda que não se cogitaria mais das pretensões do duque de Augustenburgo ao trono dos ducados. Esse convênio, ratificado em Salzburgo Gastein a 20 de agosto de 1865, pôs fim, provisoriamente, à disputa.[30]

Durante toda a crise, Bismarck contava com a tensão crescente entre austríacos, italianos e franceses. Desde a guerra da França contra a Áustria (abril de 1859), promovida por Napoleão III com o propósito de expulsar os austríacos da Itália e de lá estabelecer uma confederação de estados sob a presidência do papa Pio IX, a tensão entre os três países vinha aumentando. Napoleão III, horrorizado com o derramamento de sangue causado pelo conflito e assustado com a preparação militar da Prússia, assinou inopinadamente – sem nenhuma consulta a seus aliados italianos – a paz com a Áustria, em Villafranca (julho de 1859). Com isso, ele perdeu o controle sobre o movimento nacional italiano, que se mostrou insatisfeito com a França por esta ter assinado a paz sem que Roma e Veneto tivessem sido incorporados ao reino da Itália, e, além do mais, ele teve de se haver com uma monarquia italiana unida, muito diferente da fraca confederação que ele havia planejado. Por outro lado, o papa e os clérigos franceses voltaram-se também contra Napoleão, porque ele concordara com a anexação dos Estados papais ao reino da Itália.

A questão dos ducados é um exemplo completo dos colossais erros praticados pela Áustria, que levaram à erosão de sua posição como grande potência. Ficava criada a possibilidade de um acerto de contas com a Prússia num território a centenas de milhas da Áustria e próximo às terras prussianas, o que era tudo que Bismarck queria.[31] Catorze anos mais tarde, Bismarck diria, com razão: "Schleswig-Holstein – a campanha diplomática de que mais me orgulho".[32]

A GUERRA AUSTRO-PRUSSIANA

Em outubro de 1865, no episódio que ficou conhecido como "a visita de Biarritz", Bismarck encontrou-se por duas vezes com Napoleão III – a corte francesa estava em Biarritz – e, mais tarde, na primeira semana de novembro, uma vez em St. Cloud, procurando obter o apoio francês no caso de uma guerra contra a Áustria. Como era sua tática, em conversas totalmente informais, acenava com possíveis ganhos territoriais para a França. Ele tinha de vencer as resistências do ministro do Exterior francês Drouyn de Lhuys, que considerava a Convenção de Gastein,[33] assinada a 14 de agosto de 1865, uma cínica barganha e não escondia sua preferência pela liderança austríaca nos assuntos alemães.

Para o imperador Napoleão III, a questão do Veneto era muito mais importante que a do Holstein, e Bismarck aproveitou-se disso para obter sua não intromissão num eventual conflito. Bismarck acreditava ainda que uma Itália unida, anexado o Veneto, seria um aliado natural da Prússia no caso do conflito com a Áustria.[34]

A neutralização da França deu a Bismarck a possibilidade de explorar todo e qualquer incidente no Holstein para desconceituar a Áustria. Para ele, a presença do duque de Augustenburgo no Holstein era incompatível com a dupla soberania sobre os ducados; ele não aceitava que o representante austríaco na Dieta não se juntasse ao da Prússia na condenação às provas de simpatia pró-Augustenburgo na Dieta. Após uma manifestação de massa a favor do duque no Holstein, em janeiro de 1866, provavelmente estimulada pelo governador austríaco, Bismarck enviou uma nota dura para Viena, alertando que se a Áustria "não acabasse com a perigosa agitação democrática e revolucionária no Holstein, a cooperação entre os dois governos chegaria ao fim".[35]

Tanto Guilherme I como toda a família real se opunham à guerra entre irmãos, mas a política de Bismarck acabou convencendo a todos da inevitabilidade do conflito, transferindo para a Áustria a responsabilidade do aumento das tensões. Tanto Ronn quanto Moltke, cuja competência impressionara o rei durante a campanha de 1864, contribuíram para o convencimento real. Guilherme pensava usar Moltke como um contrapeso para Bismarck.

No Conselho da Coroa, que reunia o rei e os principais ministros, realizado em Berlim, a 28 de fevereiro, Bismarck usou toda a sua competência para justificar a guerra. A ambição totalmente justificada da Prússia de unificar a Alemanha sob sua liderança era frustrada pelas posições egoístas e interesseiras da Áustria; as condições internas da Alemanha e da Europa nunca haviam sido tão favoráveis como no momento e, sendo a guerra travada em função dos ducados, as vantagens seriam todas da Prússia e, inevitavelmente, a Unificação seria alcançada de acordo com os interesses prussianos. Bismarck, secundado por Moltke, apontava a necessidade de uma aliança com a Itália que, assim, abriria uma segunda frente contra a Áustria atacando o Veneto, dividindo dessa forma os exércitos austríacos. Para Moltke, a ação da Prússia deveria ser rápida de modo a não dar tempo para a mobilização completa da Áustria e da Saxônia e da Bavária, que certamente se bateriam do lado austríaco.

O príncipe real Frederico Guilherme – futuro imperador Frederico III da Alemanha – opôs-se à guerra, pois, na sua opinião, ela só aproveitaria a Napoleão III. Apesar da divisão de opiniões, o rei autorizou Bismarck propor a Napoleão um entendimento político e aprovou os preparativos para um acordo militar com a Itália que comprometesse Vitor Emanuel com a guerra.

A chegada de uma missão militar da Itália a Berlim, na segunda semana de março, alarmou a Áustria, que, com relutância, enviou tropas para a muito desprotegida Boêmia. Esse fato permitiu que Bismarck mostrasse ao rei as intenções hostis da Áustria, fazendo com que ele autorizasse o deslocamento de tropas para as fronteiras. A 27 de abril, a Áustria decretou a mobilização do exército do norte; a mobilização prussiana logo se seguiu.

Desde então ficou claro que Bavária, Württemberg, Baden, Hesse-Darmstadt apoiariam a Áustria e que dificilmente Saxônia e Hesse-Cassel permaneceriam neutros. Contando com esse apoio, os austríacos, por meio de seu representante na Dieta, anunciaram que, não tendo sido possível um acordo com a Prússia sobre os ducados, o futuro deles ficaria nas mãos da Dieta e de uma assembleia popular que se reuniria no Holstein. Guilherme considerou essa atitude um insulto, já que contrariava o Tratado de Viena de 1864, e autorizou que os prussianos, partindo do Schleswig, atacassem o Holstein. As tropas austríacas recuaram sem combater, atravessando o Elba em direção ao Hanover.

A Dieta de Frankfurt reuniu-se para deliberar. Antes que o representante prussiano apresentasse o plano de Bismarck – a criação de um Estado Federal Alemão com a exclusão da Áustria –, o representante austríaco conclamou os Estados-membros a mobilizarem-se contra a Prússia, já que esta, ao atacar o Holstein, havia desrespeitado a Constituição da Confederação. A 14 de junho, a Dieta condenou a Prússia e, segundo instruções de Bismarck, o delegado prussiano leu uma declaração recusando-se a reconhecer o direito da Dieta de agir daquela maneira contra um dos seus membros e declarou dissolvida a Confederação.

No dia seguinte, a Prússia apresentou um ultimato aos reis da Saxônia e de Hanover, e ao eleitor de Hesse,[36] exigindo a aceitação do plano prussiano e o direito de o exército prussiano passar livremente pelos respectivos territórios. Tendo o ultimato sido rejeitado por todos, no mesmo 15 de junho, à meia-noite, os prussianos invadiram a Saxônia e o Eleitorado de Hesse, que, sem maiores dificuldades, foram ocupados. Apesar de uma tentativa de resistência por parte do rei George, de Hanover, já a 24 de junho toda a Alemanha setentrional estava firmemente sob controle prussiano.

No *front* sul, os prussianos, empregando com máxima eficiência suas ferrovias – pela primeira vez usadas com propósitos militares na Europa – concentraram suas tropas num arco de 270 milhas, ao longo da fronteira da Saxônia para leste até a Silésia. No flanco direito prussiano, o Exército do Elba, depois de rechaçar as forças saxônicas para a Boêmia, juntou-se ao Primeiro Exército que, sob o comando do príncipe Frederico Carlos, avançava pela Boêmia ao longo de toda a linha; no flanco esquerdo, posicionava-se o Segundo Exército sob o comando do príncipe herdeiro.

Como os italianos abriram uma segunda frente no Veneto, os austríacos, conforme previra Bismarck, tiveram de dividir suas forças: 74 mil homens ficaram na frente italiana e cerca de 240 mil na frente prussiana. A 24 de junho, os austríacos derrotaram os italianos em Custoza.

Na tentativa de dominar o Adriático, os italianos planejaram capturar a ilha de Lissa para usá-la como base de operações contra os portos austríacos de Pola e Trieste. A força naval austríaca, mais uma vez sob o comando de Tegertthoff, que nessa época ainda não tinha 40 anos, composta de oito navios encouraçados, nove não encouraçados e mais dez pequenos navios, partiu, a 27 de junho, para Ancona, onde estavam as forças italianas, superiores, sob o comando do sexagenário conde Carlo Persano, com 19 navios encouraçados e 15 sem couraça.

Os italianos fugiram do combate, permanecendo no porto. Quando a força austríaca teve de se retirar para carvoar, Persano deixou o porto com sua força e partiu para bombardear as fortificações de Lissa. A força austríaca, a 20 de julho, voltou para proteger a ilha, exatamente quando a situação dos defensores era crítica, e engajou-se com a força italiana; apesar de os navios italianos terem aríete e os austríacos não, foram esses que se lançaram contra aqueles procurando abalroá-los. Durante o "*mêlée*"[37] resultante, o capitânea italiano Re d'Italia foi abalroado pelo capitânea austríaco Erzherzog Ferdinand Max afundando com quase toda a tripulação. Ao final, os italianos haviam perdido dois navios encouraçados, 612 oficiais e marinheiros e os austríacos tiveram apenas 38 homens mortos, a maioria a bordo do Kaiser, um navio de madeira que pegou fogo, mas que apesar da avaria continuou flutuando.[38]

Os três exércitos prussianos avançando na Boêmia convergiram para a vila de Sadowa, 12 km a noroeste da fortificação de Königgratz onde, a 3 de julho, teria lugar a batalha decisiva da guerra.[39] O rei Guilherme, Bismarck e Moltke posicionam-se numa elevação próxima para observar a batalha.

Os confiantes austríacos pensavam derrotar o Primeiro Exército e o Exército do Elba, este comandado pelo general Herwath Von Bittenfeld, com os quais estava engajado, antes da chegada do Segundo Exército, exatamente como previsto por Moltke quando idealizou a armadilha. Desde alguns dias, o Segundo Exército vinha progredindo na Silésia, tendo feito contato com a retaguarda do Primeiro Exército a 30 de junho, não havendo perigo de se atrasar para a batalha e surpreender os austríacos.

O Primeiro Exército iniciou o ataque contra as posições austríacas ao longo do rio Bistritz. Naquele dia, de 440 mil a 460 mil homens entraram em combate, um recorde de efetivos envolvidos numa batalha que só seria batido na Primeira Guerra Mundial. Após cinco horas de combate, o Segundo Exército chegou ao local e lançou-se na batalha; com mais três horas de engajamento, Moltke pôde dizer ao rei: "Viena jaz aos pés de Vossa Majestade".[40] Ao cair da noite, o exército austríaco estava destroçado, tendo perdido 24 mil homens entre mortos e feridos e, ainda, 13 mil prisioneiros, embora tenha conseguido evitar o cerco e atravessar o Elba, fugindo, de forma totalmente desestruturada, em direção ao Danúbio.

O emprego, pelos prussianos, de fuzis modernos com carregamento pela culatra, enquanto os austríacos só dispunham de fuzis de carregamento pela boca, de muito menor cadência de tiro, foi um dos fatores decisivos para a vitória, além, é claro, da estratégia superior de Moltke. A vitória foi decisiva e, mesmo que os austríacos tivessem podido transferir tropas do Veneto após a vitória sobre os italianos, não mudariam a sorte da batalha.

Moltke receava que a França ou a Rússia, preocupadas com a mudança no equilíbrio de poderes europeu, pudessem interferir nos acontecimentos. Como queria que a paz fosse assinada em Viena, determinou que seus exércitos avançassem o mais rapidamente possível, abandonando para tanto suas colunas de suprimento e passando a viver das requisições no território por onde avançavam. Um funcionário britânico observou que os três exércitos prussianos, com suas incessantes ordens de requisição, tinham transformado a Áustria ao norte do Danúbio num "vasto deserto".[41]

Os austríacos queriam um armistício imediato, mas consideraram as condições impostas por Moltke demasiado duras e Francisco José apelou para a intermediação de Napoleão, o que acarretou a continuação da guerra ainda por três semanas. Desse momento em diante, houve uma mudança radical de posições: Bismarck, que fora o grande artífice da guerra, agora insistia na necessidade de um armistício, que era a posição do príncipe herdeiro. Guilherme I, Moltke e o príncipe Frederico Carlos queriam agora anexar todos os Estados alemães à Prússia e permitir que os exércitos ocupassem Viena. Bismarck queria evitar a todo custo a humilhação da Áustria e não queria que os termos de paz fossem tão draconianos que transformassem os austríacos em inimigos mortais no futuro: "Um dia vamos precisar do poderio da Áustria a nosso favor".[42]

Graças à interveniência de Napoleão e às pressões do príncipe Frederico Guilherme, as pretensões do rei foram reduzidas: a Prússia anexaria territórios até o limite de 4 milhões de novos súditos para o rei da Prússia, com exceção da Saxônia – o equivalente a anexar Hesse, Nassau, Hanover, Schleswig-Holstein e a cidade livre de Hamburgo. Isso representava a unificação do território da

Prússia, antes separado em duas partes divididas pelo Hanover. O Veneto era cedido à Itália, embora a Áustria permanecesse com o sul do Tirol e com Trieste. A Áustria seria excluída de qualquer união germânica e ela e seus aliados pagariam indenizações à Prússia. Outros acordos foram feitos: com a Bavária, que cedeu à Prússia os pequenos distritos de Gersfeld e Orb; com Hesse-Darmstadt, que cedeu Hesse-Hamburg; e, ainda, com Württemberg, Baden e Saxônia.

Em 26 de julho, Áustria e Prússia assinaram o documento preparatório para o tratado formal de paz, o Tratado de Praga, assinado em 23 de agosto. A Prússia pôde então organizar a Confederação Germânica do Norte[43] – Os estados do norte que ainda se mantinham independentes ficavam sob a liderança da Prússia em tudo, desde a legislação de comércio até a política externa.[44] Além disso, resolveu um velho problema interno: a Câmara Baixa, em conflito com o governo desde 1862, chegou a um acordo com Bismarck aprovando a Lei de Indenização. Pela lei, a Câmara dava autorização retroativa aos gastos realizados – o que era um reconhecimento de que o governo agira até então inconstitucionalmente –, pondo fim ao problema. Não sem razão, o historiador alemão Heinrich von Treitschke declarou que "as vitórias do Exército haviam rejuvenescido a pátria".[45]

Os Estados do sul da Alemanha, ao sul do Main – Bavária, Baden, Hesse-Darmstadt e Württemberg –, embora mantendo sua independência, tiveram de assinar tratados com a Prússia pelos quais seus exércitos ficariam sob comando prussiano em caso de uma guerra externa. As negociações com a Bavária prolongaram-se até outubro, quando foi possível dar início aos trabalhos de redigir uma constituição unitária. A total unificação da Alemanha estava agora na dependência de mais uma crise.[46]

A derrota do Império Austríaco na guerra contra a Prússia levou à dissolução da Confederação Germânica e, portanto, ao afastamento da Áustria da Alemanha e também ao seu afastamento da Itália, já que teve de abandonar o Veneto; mas, por outro lado, criou a oportunidade para a reestruturação do Império Austríaco, cuja grande fraqueza era a multiplicidade de etnias sob sua jurisdição. As Revoltas de 1848 mostraram nitidamente essa vulnerabilidade, em especial com relação aos magiares (Hungria). O Império era mais uma possessão doméstica da casa dos Habsburgo do que um estado com consciência e propósito comuns. O compromisso de 1867 entre o imperador e a Hungria, pelo qual foi criado o Império Austro-Húngaro, uma dinastia dual, unida apenas nas questões relativas à guerra e às relações exteriores, foi uma tentativa para minorar as dificuldades do Império mas, por não terem sido ouvidas as demais etnias nem consideradas as suas reivindicações, ineficaz.

ENTREATO

O grande problema de Bismarck, agora, era a preparação da Constituição para a Confederação Germânica do Norte. Antes de fazê-lo, porém, tinha de acalmar as inquietações russas e francesas com o novo arranjo dos Estados alemães e encaminhar o problema da unificação total, sua próxima meta.

Foi fácil convencer a Rússia de que a Confederação era uma solução melhor que a volta do liberalismo revolucionário de 1848, que poderia agitar a Alemanha e também a Polônia. A possibilidade de contar com o apoio da Prússia para uma futura revisão do Tratado de Paris, assinado após a Guerra da Crimeia, contribuiu para tranquilizar a Rússia, que não aceitava as cláusulas da desmilitarização do mar Negro. As reivindicações francesas, muito exageradas, foram sendo recusadas por Bismarck – principalmente a volta às fronteiras de 1814 – que, bem a seu estilo, deixava Napoleão III sem nenhuma posição clara da Prússia em relação às suas pretensões.

A 9 de dezembro de 1866, Bismarck apresentou um proposta da Constituição, com 64 artigos. Pela proposta, todo o poder verdadeiro permanecia nas mãos do rei prussiano; o primeiro-ministro a ser eleito pelo Parlamento era um cargo quase honorífico; a responsabilidade pela política externa, por declarar a guerra e fazer a paz, era do rei da Prússia na sua qualidade de presidente da Confederação, e a ele cabia também o comando das Forças Armadas integradas.

Ouvido o Conselho da Coroa, a única mudança de substância aceita por Bismarck dizia respeito às responsabilidades do primeiro-ministro (chanceler). Ele aceitou que este tivesse "poderes e responsabilidades para propor e sancionar leis federais", desde que fosse nomeado pelo rei e não eleito pelo Bundesrat (assembleia de representantes de todos os estados que compõem a Confederação Germânica do Norte). Tendo em vista essa mudança, Bismarck decidiu ocupar ele mesmo o posto de primeiro-ministro, acumulando também o cargo de ministro-presidente da Prússia. Em fevereiro de 1867, tendo o Conselho aprovado, embora relutantemente, o anteprojeto, foram realizadas eleições nos Estados-membros da Confederação para eleição do parlamento (*Reichstag*) da Confederação. O parlamento eleito, com predominância aristocrática, aprovou, com algumas emendas, a Constituição.

Ainda em fevereiro, Napoleão abriu o Parlamento francês com uma arrogante fala do trono, dizendo que os franceses haviam detido os prussianos às portas de Viena sem movimentar um só regimento. A irritação alemã foi enorme.

As divergências entre Bismarck e Moltke sobre a oportunidade da guerra deviam-se às diferentes visões que tinham sobre o comportamento dos quatro estados do sul (Saxônia, Bavária, Württemberg, Baden e Hesse-Darmstadt): para Bismarck, eles não apoiariam a Prússia numa guerra contra a França; Moltke partia da suposição de que eles lutariam ao lado da Prússia. Enquanto Moltke queria a guerra imediatamente, Bismarck queria protelá-la até que as relações com o Sul se tornassem mais sólidas. Em 1869, dizia Bismarck: "A questão da unidade alemã está fazendo progresso, mas requer tempo – talvez um ano, ou cinco, quem sabe até dez anos. Não posso fazê-la andar mais depressa".[47]

A crise da sucessão da Espanha – em 1868, a despótica e desacreditada rainha Isabel II foi deposta por um movimento popular, tendo se refugiado na França – levaria à guerra entre a Prússia e a França. O convite por um dos grupos monarquistas para que o príncipe Leopoldo, filho mais velho do príncipe Carlos Antonio Hohenzollern-Sigmarigen, assumisse o trono espanhol, em princípio foi rejeitado por ele e pelo rei Guilherme, seu parente. Como Leopoldo, além de oficial do Exército prussiano era um Hohenzollern, portanto estreitamente ligado à Prússia, ele e o rei temiam as repercussões em toda a Europa da sua presença no trono da Espanha.[48]

Depois de muitas negociações, conduzidas secretamente, foram vencidas as resistências do rei e de Leopoldo. Por uma série de contratempos, antes que as cortes espanholas pudessem eleger Leopoldo e, portanto, apresentar ao mundo um fato consumado, a notícia vazou; surpreendidos, os franceses reagiram indignados, atribuindo o fato a uma maquinação prussiana. Querendo evitar o agravamento da crise, Guilherme fez Leopoldo desistir da Coroa, num encontro na cidade de Ems, e comunicou esta decisão imediatamente ao embaixador francês que, então, pediu ao rei garantias de que Leopoldo jamais aceitaria a retomada de sua candidatura. Enfurecido com a exigência que implicava falta de confiança na sua palavra, Guilherme recusou-se a fazê-lo e autorizou Bismarck a divulgar o encontro. Bismarck, embora mantendo-se fiel à essência dos fatos, deu publicidade a um relato, em nota preparada com a mais apurada técnica jornalística, pondo em relevo a insolência do embaixador francês e a altiva resposta do rei.

A notícia do Encontro de Ems, como relatado por Bismarck, chegou a Paris a 14 de julho, exaltando os ânimos franceses; o mesmo ocorreu na Alemanha, inclusive nos Estados do Sul, criando-se as condições desejadas por Bismarck para a guerra com a França. A 19 de julho de 1870, o encarregado de negócios francês entregou no Ministério do Interior da Prússia uma declaração formal de guerra. Ambos os países deram início à movimentação de suas tropas para a fronteira. No dia seguinte, a Bavária, Württemberg, Baden e Hesse-Darmstadt comprometeram-se a lutar ao lado da Prússia.

A GUERRA FRANCO-PRUSSIANA

As ações não tiveram lugar imediatamente. Franceses e alemães levaram praticamente uma quinzena para desdobrarem suas forças na fronteira, apesar do uso das ferrovias numa escala sem precedentes. Somente no último dia de julho, Guilherme deixou Berlim para assumir o comando do Exército em campanha.

Houve, porém, diferenças consideráveis no processo de mobilização. A Alemanha, graças a cuidadoso planejamento e esmerada organização do sistema de transporte, especialmente ferroviário, pôde colocar 3 exércitos em posição – cerca de 380 mil homens – em 18 dias. Por outro lado, na França a confusão foi enorme: unidades chegaram ao *front* sem suprimentos e sem meios de transporte, e os atrasos foram frequentes. Quando Napoleão III juntou-se ao Exército em Metz, a 28 de julho, nenhum corpo estava em condições de dar início às operações. Em consequência, perdeu-se a vantagem inicial que seria da França, com maior proporção de tropas profissionais e melhores armas portáteis. A vantagem alemã era numérica – além dos prussianos, contava com tropas de outros Estados da Confederação (inclusive da Saxônia e do Hesse) e também dos Estados do Sul (Bavária, Württemberg e Baden) –, além da superioridade da artilharia, em organização e mobilidade.

A constituição inicial do Exército alemão era a seguinte:

- Primeiro Exército, sob o comando do indiciplinado e arrogante general Steinmetz, organizado em três corpos, com um total de 50 mil homens;
- Segundo Exército, sob o comando do príncipe Frederico Carlos, organizado em seis corpos além da Guarda, com um total de 134 mil homens;
- Terceiro Exército, sob o comando do príncipe herdeiro Frederico, organizado com dois corpos de prussianos, dois de bavarianos, uma divisão de Baden e uma de Württemberg, com um total de 125 mil homens.[49]

Uma das primeiras batalhas de envergadura foi a de Wörth, a 6 de agosto de 1870. O Terceiro Exército alemão, que apenas dois dias antes obtivera uma boa vitória num ataque de surpresa perto de Wissemburgo, envolveu e derrotou o flanco direito francês, sob o comando do marechal MacMahon. Os alemães perderam 10 mil homens entre mortos e feridos contra 7 mil mortos e feridos franceses além de 4 mil prisioneiros. A retirada francesa após a batalha caracteriza a vitória alemã.

Os Primeiro e Segundo Exércitos alemães, deslocando-se ao sul de Metz, depararam-se com as forças principais francesas. Duas sangrentas mas indecisivas batalhas tiveram lugar – em Vionville, a 16 de agosto, e Gravelotte, a 18. Apesar da superioridade numérica alemã (3 x 2), suas perdas foram maiores; contudo, a vitória estratégica e moral lhes pertenceu, pois as forças francesas, sob o comando do marechal A. F. Bazaine, se retiraram para trás das defesas de Metz.

A principal dificuldade de Moltke era a incompreensão de alguns de seus generais das suas ideias; mas, graças à eficácia dos oficiais de seu Estado-Maior e à disciplina das tropas:

> [...] ele conseguiu que seus exércitos continuassem avançando como uma massa ordeira e articulada, suficientemente dispersos para fins de movimento e suprimento, embora concentrados o bastante para apoio mútuo: um conjunto de tentáculos movendo-se para diante através das planícies da França, qualquer um deles podendo pegar e prender sua vítima enquanto os outros a envolviam para destruí-la.[50]

Depois de Wörth, MacMahon retirou-se para o Marne e, em Châlons, improvisou uma força correspondente a quatro corpos de Exército. Tendo em vista o novo quadro estratégico, Moltke reorganizou os exércitos alemães. Ele tinha de conter o até então intacto exército de Bazaine em Metz e de perseguir e destruir as forças que agora estavam se concentrando em Châlons. O Terceiro Exército não era suficientemente forte para enfrentar MacMahon sozinho; se um dos Exércitos que assediavam Metz fosse destacado para ajudá-lo, o outro não seria capaz de conter Bezaine.

Moltke decidiu então abandonar a organização tripartite, dividindo o Exército alemão em dois grupos praticamente iguais. Para isso, o Segundo Exército foi dividido em dois: a Guarda e dois corpos de Exército, além de duas divisões de cavalaria, constituiriam o Exército do Meuse, sob o comando do príncipe Alberto da Saxônia (o que era não só politicamente correto, mas também certo sob o ponto de vista militar, pois o príncipe já havia dado provas de sua competência); os quatro corpos de Exército restantes ficariam em Metz no Primeiro Exército, com o príncipe Frederico Carlos assumindo o comando de toda a força sitiante.[51]

A 22 de agosto, MacMahon recebeu um despacho de Bazaine do qual inferiu que este teria de abandonar Metz, o que, para a opinião pública francesa, era inaceitável. A pressão política para que MacMahon abandonasse seu plano de ir para Reims e corresse em socorro de Bazaine tornou-se irresistível e ele tomou a decisão fatal de marchar para o Meuse, sendo suas forças cercadas em torno de Sedan.[52] Moltke não pôde se conter: "Agora estão na ratoeira".[53]

A certeza da vitória levou a uma situação hoje totalmente impossível: instalados numa encosta na vila de Frénois, Guilherme I, Bismarck, Ronn, Moltke, e seus respectivos Estados-maiores, e grande número de observadores de países estrangeiros e de correspondentes de guerra puderam assistir, através de seus binóculos, a batalha que estava decidindo os destinos da Europa. Mais uma vez, Bismarck usara a diplomacia para conquistar vantagens para a Prússia. Tão logo ele percebeu que as forças francesas poderiam ser cercadas e encurraladas contra a fronteira belga, informou aos governantes da Bélgica que, caso os franceses atravessassem a fronteira e não fossem imediatamente desarmados, os alemães os perseguiriam dentro do território belga.

A Batalha de Sedan teve início com o bombardeio cerrado das tropas francesas pela artilharia alemã e o ataque pelas tropas de infantaria e cavalaria; os franceses, espremidos contra a fronteira belga, foram obrigados a render-se a 2 de setembro. Entre mortos e feridos, perderam 17 mil homens e tiveram de ceder 104 mil prisioneiros, entre os quais o próprio imperador Napoleão III e o marechal MacMahon; os alemães perderam menos de 9 mil homens, entre os quais 460 oficiais.

Como o Exército de Bazaine permanecia cercado em Metz, a guerra estava decidida, apenas cinco semanas após seu início. Entretanto, ela ainda se arrastaria por mais cinco meses. A 4 de setembro de1870, assumiu o poder em Paris um governo de defesa nacional republicano que logo depôs Napoleão III, ainda prisioneiro dos alemães, e estabeleceu a Terceira República.

A resistência francesa em Paris foi heroica. A máquina de guerra alemã não estava preparada para lidar com forças irregulares como as dirigidas pelo líder popular e radical republicano Léon Gambetta – um prenúncio das guerras de guerrilha do século XX – e apelou a retaliações selvagens para impedir a difusão das guerrilhas pela França ocupada. Uma guerra de objetivos indefinidos e ações altamente dispersas era tudo o que os alemães não queriam.

Depois de Sedan, a Alemanha, inclusive os Estados do Sul, foi tomada por um fervor patriótico extraordinário. Até na Bavária, onde sempre predominou o sentido de independência, o nacionalismo alemão prevaleceu e o rei Ludwig reconheceu a necessidade de união de toda a Alemanha. Bismarck quis aproveitar a situação e iniciou as negociações para que Württemberg, Baden, Bavária e Hesse se unissem à Confederação, e os resultados não tardaram: Hesse e Baden ingressaram na união a 15 de setembro, a Bavária a 23 e Württemberg a 25. A grande vitória de Bismarck foi a proclamação em Versalhes, a 18 de janeiro de 1871, de Guilherme da Prússia como imperador da Alemanha.

A 27 de outubro, Bazaine rendeu-se em Metz, mas a 9 de novembro os alemães foram expulsos de Orléans, que haviam tomado no mês anterior. No começo de dezembro, os alemães retomaram Orléans. O ataque a Paris começou a 5 de janeiro de 1871, com o canhoneio alemão. A 19, os defensores lançaram uma ofensiva com 90 mil homens contra as linhas alemães diante de Versalhes. Ela falhou e quatro dias depois os franceses pediram um armistício, assinado a 28, com a duração de três semanas, tempo necessário para a realização de uma eleição para formar uma assembleia geral, em Bordeaux, que estabeleceria as condições para a paz.

A 17 de fevereiro, Adolphe Thiers foi indicado chefe do poder executivo, logo iniciando as negociações de paz. Os termos do tratado foram ratificados pela assembleia a 1º de março. A 18, entretanto, ocorreu a revolta da Comuna de Paris[54] e, por cerca de dois meses, os franceses envolveram-se numa luta fraticida na capital, com os exércitos alemães apoiando as "forças da ordem" francesas para esmagar a Comuna. O Tratado de Frankfurt, que pôs fim ao conflito, foi completado a 10 de maio e ratificado a 23.

Os termos do armistício e do Tratado foram duros, pois o objetivo prussiano era deixar a França enfraquecida por muitos anos. A Alemanha anexou a Alsácia e a Lorena germânica (incluindo Metz); a França comprometeu-se a pagar uma indenização de 5 bilhões de francos e a arcar com os custos da ocupação alemã das províncias do norte até que a indenização fosse paga. Paris não chegou a ser ocupada, mas sofreu a humilhação de uma marcha triunfal alemã ao longo dos Campos Elísios.

RUMO À GUERRA MUNDIAL

A completa derrota da França, que culminou com o fim do Segundo Império Francês, criou novo equilíbrio de poder na Europa, com a Alemanha substituindo a França como potência hegemônica no continente europeu. É verdade que o equilíbrio era apenas aparente, já que o poder da Alemanha representava, definitivamente, o fim do sistema criado com o Congresso de Viena. A política de poder (*realpolitik*) levaria o mundo no início do século XX irremediavelmente rumo à Primeira Guerra Mundial.

O poder temporal do papa, mantido somente devido à presença de tropas francesas em Roma desde 1867, não sobreviveu à nova situação. Com a retirada dos franceses, os italianos ocuparam Roma a 20 de setembro de 1870. A Unificação da Itália seria ratificada a 2 de outubro, quando um plebiscito realizado em Roma determinou sua união com o reino da Itália.

Alexandre II, imperador da Rússia, aproveitou o momento e repudiou as cláusulas do Tratado de Paris, que pôs fim à Guerra da Crimeia em 1856 e proibia a Rússia de militarizar as margens do mar Negro. Apesar dos protestos da Grã-Bretanha e da Alemanha, nada foi feito para deter a Rússia.

De uma forma nunca vista desde 1815, a política internacional passou a ser dominada por ameaças de violência, com os Estados europeus tratando a guerra como um instrumento de sua política nacional, tornando cada vez mais real o aforismo de Clausewitz – o grande estrategista militar que analisou as guerras napoleônicas – de que "a guerra é uma continuação da política por outros meios".

A paz só poderia ser preservada através da sutil manipulação do equilíbrio de poder entre os Estados ou entre sistemas de alianças. A Guerra de 1914 seria uma consequência direta dessa visão. Os quarenta anos de paz europeia depois de 1871 não podem ser vistos como resultado de estabilidade existente mas como um equilíbrio instável resultante de tensões que não foram eliminadas pelos estadistas da época.

A Alemanha unificada tornou-se foco de instabilidade, ainda que, indiretamente, passasse a ditar a política europeia. Em busca da segurança absoluta para seu país, os líderes alemães, após Bismarck, passam a ameaçar os demais países europeus, desencadeando assim coalizões contra a Alemanha quase automaticamente e gerando insegurança total.[55] A Entente Cordiale – acordo diplomático de 8 de abril de 1904 que estabeleceu relações amistosas entre a França e a Grã-Bretanha e definiu suas respectivas zonas de influência no mundo – foi uma consequência dessa política alemã, e daria origem à Tríplice Entente, assinada em 1907 incluindo a Rússia – a França, já tinha com a Rússia um tratado de entendimento desde 1893 –, além da França e da Grã-Bretanha. Como desde 1882, a Alemanha, a Áustria e a Itália já tinham um tratado de cooperação e amizade, ficavam delineados os campos opostos que se defrontariam na Primeira Guerra Mundial (1914-18).

NOTAS

(1) Henry Kissinger, Diplomacy, New York: Simon & Schuster, p. 79.

(2) Kissinger, op.cit., p.109.

(3) Idem, Ibid. p. 105.

(4) Eric Hobsbawn, A era do capital, 1848-1875, Rio de Janeiro: Paz e Terra, p. 88

(5) Apud Palmer & Calton, A History of the Modern World, New York: Alfred A. Knopf Inc., p. 521.

(6) Kissinger, op.cit., p. 114.

(7) Gordon Craig, The Politics of the Prussian Army, 1640-1945, New York: University Press, pp. 138-139.

(8) Hobsbawm, op.cit., p. 88.

(9) Craig, op. cit., p. 137.

(10) Idem.

(11) Wawro, The Austrain-Prussian War: Austria's War With Prussia And Italy In 1866, Cambridge: Cambridge University Press, p. 16 e Craig, op.cit., p. 139.

(12) Howard, The Franco-Prussian War, London: Richard Clay Ltd., pp.4-8.

(13) Fuller, A conduta da guerra, Rio de Janeiro, Bibliex, p. 108.

(14) Apud Fuller, op. cit., p. 108.

(15) Jeremy Beach, War and the World: Military Power and the Fate of Continents – 1450-2000, p. 175.

(16) Fuller, A conduta da guerra, Rio de Janeiro, Bibliex, 1966, p. 110.

(17) Howard, op. cit, pp. 4-8.

(18) Fuller, op. cit., p. 111.

(19) Wawro, op. cit., p. 17.

(20) Pflantze, Bismarck and the Development of Germany: The Period of Unification, 1815-1871, Princeton: Princeton University Press, pp. 462-468 e Craig, op. cit., pp. 195-216.

(21) Wawro, op. cit., pp. 18-9.

(22) Raposo, Dimensões da Estratégia, 2º v., Rio de Janeiro: Bibliex, p. 322.

(23) Howard, op. cit., p. 88.

(24) Alan Palmer, Bismarck, Brasília: Ed. Universidade de Brasília p. 94.

(25) Craig, op. cit., p. 121.

(26) Idem.

(27) Oliver Warner and Others, Sea Warfare, London: Salamander Books, p. 14.

(28) Kissinger, op. cit., p. 113.

(29) Palmer, op. cit., p. 99.

(30) Idem, pp. 103-4.

(31) Kissinger, op. cit., p. 114.

(32) Palmer, op. cit., p. 91.

(33) A Convenção de Gastein determinou o fim da administração conjunta dos ducados pela Áustria e pela Prússia e sua substituição por uma divisão provisória: a Áustria administraria o Holstein, enquanto a Prússia assumiria a responsabilidade sobre o Schleswig e adquiriria os direitos da Áustria sobre o Lauenburgo por certa quantia.

(34) Na guerra de 1859, a Áustria, lutando contra o Piemonte e a França, tinha perdido a Lombardia para o Piemonte – em 1861, Lombardia e o Piemonte constituíam o núcleo em torno do qual se formaria a Itália – mas ainda retinha o Veneto. A França, porém, não ganhou em 1859 o reconhecimento da Itália porque, sem consultá-la, assinou a paz com a Áustria em Vilafranca. Em 1866, quando a Áustria foi derrotada pela coalizão Prússia-Itália, teve de ceder o Veneto para a Itália, que atribuiu essa conquista à vitória da Prússia e não à mediação da França.

(35) Palmer, op. cit., p. 107.

(36) Eleitor de Hesse – governante de um dos pequenos reinos – o Eleitorado de Hesse – que compunham a Confederação Germânica.

(37) *Mêlée* - expressão francesa que define um combate que não se processa de forma ordenada já que os diversos elementos de combate (unidades de tropas, navios ou pequenos grupos de navios etc.) se engajam de forma desordenada, sem seguir um princípio tático facilmente identificável. O termo é usado nos nossos meios militares, sem ser traduzido.

(38) Warner, op. cit., p. 14 . A tática do "abalroamento", que já tinha sido usada com sucesso por Barroso na Batalha Naval do Riachuelo, em junho de 1865, quando da Guerra da Tríplice Aliança (1864-70), criou a falsa ideia da potencialidade do aríete. O crescente alcance e a cada vez maior eficiência da artilharia naval tornaram o uso do aríete muito limitado.

(39) Alemães e austríacos referem-se à batalha como "de Königgratz" mas na Grã-Bretanha e na França ela é conhecida como Batalha de Sadowa, penso que com mais propriedade. Após a batalha, Königgratz continuou de posse dos austríacos; o nome Königgratz foi usado pelo rei Guilherme porque a cidadela fora o quartel-general de Frederico, o Grande, nome, portanto, significativo na história militar da Prússia. Hoje Königgratz é conhecida pelo nome tcheco Hrádec Králove.

(40) Palmer, op. cit., p. 119.

(41) Wawro, op. cit., p. 276.

(42) Palmer, op. cit., p. 121.

(43) Confederação Germânica do Norte não é o mesmo que Confederação Germânica. Ela não incluía a Áustria nem os estados ao sul da Confederação Germânica muito ligados à Áustria.

(44) Kissinger, op. cit., p. 117.

(45) Palmer, op. cit., p. 124.

(46) Kissinger, op. cit., p. 117.

(47) Palmer, op. cit., p. 135.

(48) Aparentemente, não era de esperar um veto de Napoleão III: o irmão de Leopoldo tinha recentemente sido feito dirigente do novo Principado da Romênia com apoio francês; seu cunhado, rei de Portugal, era parente de Napoleão III pois sua avó era filha de Eugênio Beauharnais e, portanto, prima-irmã do imperador.

(49) Howard, op. cit., p. 82.

(50) Idem, p. 127.

(51) Idem, p. 190. Deixando o general Steinnetz sob as ordens do príncipe, Moltke tirava-o do comando direto e não tardou a acontecer o que Moltke queria: o convívio entre os dois tornou-se insuportável e Steinmetz foi retirado e aposentado.

(52) Idem, p. 196.

(53) Palmer, op. cit., p. 144.

(54) A Assembleia Nacional – eleita em substituição ao Governo de Defesa Nacional instituído após a capitulação do imperador e do exército francês em Sedan – tinha entre as suas primeiras tarefas a assinatura de um tratado de paz com o Império Alemão – o rei da Prússia assumira o título de imperador, em janeiro de 1871, em Versalhes, então ocupada pelos alemães. Para a Assembleia Nacional foi eleita uma expressiva maioria de deputados monarquistas; Luís Adolfo Thiers foi eleito "chefe do executivo da República Francesa", devendo governar "sob o controle da Assembleia Nacional e com o apoio de ministros, por ele escolhidos e por ele presididos".

Quando a Assembleia decidiu sair de Bordéus, onde se instalara a sede do Governo de Defesa Nacional, e instalar-se em Versalhes, e não em Paris, os republicanos mais radicais, temendo que isto fosse um prenúncio da volta da monarquia, rebelaram-se e estabeleceram uma Comuna com sede em Paris, cujo principal objetivo era opor-se a essa possibilidade, por meio de uma ação revolucionária que empolgasse o país. Embora a possibilidade do retorno à monarquia fosse a centelha que fez detonar o movimento, suas causas mais profundas estavam ligadas à frustação da derrota militar para os alemães e também às dificuldades por que a cidade passara durante os quatro meses em que os exércitos alemães a cercaram.

Apesar de a Comuna de Paris ter tido algum êxito, especialmente em Lions, Marselha e St. Étienne, a revolta foi esmagada e as tropas francesas vindas de Versalhes – Thiers negociara a libertação do exército francês com Bismarck – ocuparam a cidade e dizimaram as forças da Comuna, a 21 de maio. A violência da repressão, que eliminou os radicais, abriu caminho para uma república mais conservadora.

(55) Kissinger, op. cit., p. 172.

BIBLIOGRAFIA

BLACK, Jeremy. *War and the World.* Military Power and the Fate of Continents (1450-2000). New Harem/London: Yale Universty Press, 1998.

CRAIG, Gordon A. *The Politics of the Prussian Army, 1640-1945.* New York: University Press, 1955.

ENCYCLOPAEDIA BRITANNICA. London: Willian Benton Publisher, 1968. vol. 9 – verbete "Franco-German War", pp. 793-6; vol. 10 – verbete "Germany-History", pp. 314-8; vol. 12 – verbete "Italian Independence, War of", pp. 709-11; vol. 15 – verbete "Moltke, Helmunt Thomas Ludwig von", pp. 675-7; vol. 18 – verbete "Prussia", pp. 700-1; vol. 19 – verbete "Ronn, Albrecht Theodor Emil", p. 599 e verbete "Schleswig-Holstein Question', pp. 1167-9; vol. 20 – verbete "Seven Weeks"War", pp. 270-1.

FULLER, John Frederick Charles. *A Conduta da Guerra (de 1789 aos nossos dias).* Rio de Janeiro: Biblioteca do Exército Editora (Bibliex), 1966.

HOBSBAWM, Eric J. *A era do capital, 1848-1875.* Rio de Janeiro: Paz e Terra, 1988.

HOWARD, Michael. *The Franco-Prussian War.* London: Richard Clay Ltd., 1961.

KISSINGER, Henry. *Diplomacy.* New York: Simon & Schuster, 1994.

PALMER, Alan. *Bismarck.* Brasília: Ed. Universidade de Brasília, 1976.

PALMER, R. R.; COLTON, Joel. *A History of the Modern World.* New York: Alfred A. Knopf Inc., 1950.

PFLANTZE, Otto. *Bismarck and the Development of Germany:* The Period of Unification, 1815-1871. Princeton: Princeton University Press, cap. 20, 1963.

RAPOSO FILHO, Almerino. *Dimensões da Estratégia*, 1º v. Rio de Janeiro: Biblioteca do Exército Editora (Bibliex), 1990.

WARNER, Oliver et al. *The Encyclopedia of Sea Warfare.* London: Salamander Books, 1977.

WAWRO, Geoffrey. *The Austrian-Prussian War: Austria's War With Prussian and Italy In 1866, Cambridge: Cambridge University Press, 1996, cap.1, p. 6025, cap. 2, pp. 36-49, cap. 11.*

PRIMEIRA GUERRA MUNDIAL

Luiz de Alencar Araripe

Em 28 de junho de 1914, em Sarajevo, capital da província da Bósnia-Herzegóvina, o estudante bósnio Gavrilo Princip matou a tiros o sucessor do trono da monarquia Austro-Húngara e sua mulher. Percepções errôneas, avaliações de crise desastradas sucederam-se, e a massa crítica que era a Europa entrou em reação em cadeia, levando o mundo à Grande Guerra, de 1914-18, e à Paz de Versalhes. A reação continuou: Segunda Guerra Mundial (1939-45), Guerra Fria (1945-89), conflito árabe-israelense, Guerra da Bósnia (1992-95), guerras do Golfo Pérsico... Historiadores acreditam não se terem esgotado as consequências da Grande Guerra, mais tarde conhecida como a Primeira Guerra Mundial. A História Militar na universidade, os *think-tanks* ("tanques de pensamento"– instituições votadas à pesquisa interdisciplinar), os institutos de estudos estratégicos provam que a guerra há muito deixou de ser assunto privativo de militares. A Grande Guerra foi a mãe das guerras dos séculos XX e XXI. Vale recordá-la.

A Primeira Guerra Mundial pôs fim à *belle époque,* nome dado aos primeiros anos do século XX, que teriam sido felizes e despreocupados. Quando se fala em *belle époque* tem-se em vista os privilegiados da fortuna, a gozar as custosas amenidades das grandes cidades, particularmente Paris. O fato é que também o europeu comum já desfrutava de melhores condições de vida e tinha esperanças de dias ainda melhores, trazidos pela Revolução Industrial e pelas transformações sociais. Mas havia acontecimentos a apontar em sentido contrário e que deram lugar ao atentado de Sarajevo, o estopim da guerra.

Em 1908 a Austria-Hungria anexou formalmente a Bósnia-Herzegóvina, capital Sarajevo, província eslava que vinha ocupando desde 1848. (Hoje, com a fragmentação da Iugoslávia, seguida da "purificação étnica" e combates entre nacionalidades, a Bósnia-Herzegóvina é uma república federativa tripartite de muçulmanos, croatas e sérvios).

O estudante Gavrilo Princip, patriota sérvio (terrorista, segundo o ponto de vista de Viena), subiu ao estribo do automóvel do arquiduque Francisco José, herdeiro do trono da Áustria-Hungria, e matou-o a tiros de revólver. Foi imediatamente preso. Nunca provadas, levantaram-se suspeitas sobre a participação do Reino da Sérvia no atentado.

A Áustria, depois de obter o aval da Alemanha, enviou um ultimato à Sérvia. Os sérvios atenderam a todas as exigências, menos a que abria seu território à investigação dos austríacos. O kaiser Guilherme II julgou isso justo, mas os austríacos, não. A 29 de julho declararam guerra à Sérvia e bombardearam sua capital, Belgrado. A 30, a Rússia e a Áustria decretaram a mobilização geral e a 31 os russos rejeitaram o ultimato alemão para voltar atrás. Estava dado o sinal de partida, e daí por diante tratava-se conquistar a vantagem de sair à frente. Dos dois lados, todos – militares, intelectuais, imprensa, o povo nas ruas – queriam, pediam a guerra. Todos pensavam que ela seria curta e gloriosa.

A GEOGRAFIA

A Galeria dos Espelhos, magnífica como todo o Palácio de Versalhes, com 70 metros de largura, 10 de comprimento e uma cúpula que se eleva a 13 metros, estava repleta de uniformes de oficiais alemães que se haviam distinguido nas batalhas da Guerra Franco-Prussiana (1870-71) em que os exércitos franceses havia sido derrotados e o imperador Napoleão III, feito prisioneiro. O rei da Prússia, Guilherme I, ostentava uma condecoração russa e o Kronprinz, o príncipe herdeiro, a ordem da jarreteira, simbolizando a união entre o império que ali nascia e os dois velhos impérios da Rússia e da Alemanha. Ainda se podiam ouvir os canhões que participavam do cerco de Paris, cuja rendição e ocupação eram iminentes. Culminando a pompa da cerimônia, o chanceler da Prússia, Otto von Bismarck, destacou-se dos presentes e, com voz gutural, proclamou a existência do II Reich, o Império Alemão. Ele escolhera esse símbolo do poderio da França de Luís XIV como cenário da fundação do império construído com seu talento de estadista. Quase meio século depois, a França escolheria esse mesmo cenário para a ratificação do Tratado de Versalhes, que extinguiu o Império Alemão, pôs fim à Grande Guerra e, segundo muitos, deu origem à Segunda Guerra Mundial.

A criação do Império Alemão importou em muito mais do que modificação do mapa político da Europa. Bismarck, chanceler, formou em 1872 a Liga dos Três Imperadores (Alemanha, Áustria-Hungria e Rússia). Concertou uma aliança defensiva com a Áustria, em 1889, à qual a Itália aderiu em 1892, formando-se a Tríplice Aliança. Com a Rússia, assinou o Tratado de Resseguranca, de 1887, pelo qual os dois países prometiam cada um permanecer neutro em caso de guerra com um terceiro país, a não ser que a Alemanha atacasse a França, ou a Rússia atacasse a Áustria. Em 1888, o imperador Guilherme II (1859-1941) sobe ao trono, entra em choque com Bismarck e, dois anos depois, demite-o. Foi o primeiro grande erro do último imperador alemão, agravado pela má escolha de sucessores do grande chanceler. Pouco depois da demissão de Bismarck, Guilherme II recusou-se a renovar o original Tratado de Resseguranca.

A França de 1914 ansiava pela revanche e a restituição da Alsácia-Lorena, perdida na humilhante derrota de 1870. "Não falar, e não esquecer", era o lema do oficial francês. Note-se que, na França e na Alemanha, os grandes comandos de 1914-18 estavam em mãos de tenentes de 1870-71 (e algo semelhante aconteceu na Segunda Guerra Mundial em relação a grande número de generais europeus, que haviam combatido como tenentes em 1914-18) o que estabelecia um vínculo guerreiro entre os militares europeus.

Frustrando o isolamento que o chanceler Bismarck pretendeu impor-lhe, a França lançou-se a intenso trabalho diplomático, e em 1892-93, assinou o Tratado de Aliança Franco-Russo. Em seguida, acertou suas pendências coloniais com a Grã-Bretanha na África, e em 1894 os dois países celebraram a chamada Entente Cordiale. Em 1907, Grã-Bretanha e Rússia uniram-se por um tratado. Estava constituída a Tríplice Entente.

À Alemanha só restara a aliança com a fraca Áustria-Hungria, onerada pelo envolvimento nas questões dos Bálcãs, onde seus interesses se chocavam com os do Império Russo, aliado da Sérvia. Em 1887 a aliança recebeu a duvidosa adesão do Reino da Itália que, em 1902-3 assinaria um tratado secreto com a França, sob promessa de futuras concessões territoriais. Tratados secretos faziam parte do arsenal diplomático, o que não contribuía para a construção de uma boa ordem internacional. Assim, o presidente americano Woodrow Wilson (1856-1924), ao postular a proibição daquele tipo de instrumento, até vê-la incluída no Tratado de Versalhes, foi um realista, e não um ingênuo como pretendem alguns. (A proibição não impediu que o Pacto Germano-Soviético de 1939, um salvo-conduto dado por Stalin a Hitler para deflagrar a Segunda Guerra Mundial, contivesse um protocolo secreto dispondo sobre a partilha da Polônia.)

O Atlântico a oeste, o mar do Norte a leste e o canal da Mancha ao sul deram à Grã-Bretanha condições privilegiadas para constituir-se em grande potência naval, cabeça da extraordinária construção política, o Império Britânico, possuidora de colônias nos cinco continentes. Nos princípios do século XX, britânicos, franceses, russos e alemães disputavam os restos do agonizante Império Turco-Otomano no Oriente Médio. Segura da verdade do verso *Britania rules the waves* (a Inglaterra governa as ondas), a rainha dos Mares vivia na Europa seu "esplêndido isolamento" imperial. Isolamento ameaçado quando a Alemanha unificada, formidável potência continental, se lançou num vasto programa de construção de navios de guerra.

O equilíbrio de poder, como sistema de forças destinado a evitar a hegemonia de um Estado, informou a política britânica em relação ao continente europeu nos séculos XVIII e XIX. Uma Alemanha unificada, afirmando-se com forte potência industrial e militar, colocava em cheque essa política. Para preservá-la haveria que, pelo menos, fazer hibernar o esplêndido isolamento da Inglaterra – e a Entente Cordiale era um meio para esse fim.

Ainda na margem sul do canal da Mancha, estavam os pequenos reinos da Bélgica e da Holanda, caminhando numa corda bamba, sabendo que qualquer compromisso de defesa com a França ou a Grã-Bretanha implicaria problemas com a Alemanha, e vice-versa.

Os alemães perderam o artífice de suas vitórias militares, o marechal Moltke, o Velho (1800-1891), e seu grande estadista, o chanceler Bismarck. Nunca mais na história a Alemanha teria uma associação de tão grandes competências para conduzi-la na guerra; ou para impedi-la de ir à guerra. Guilherme II queria um lugar ao sol para seu vigoroso Império e acreditava possuir talentos necessários para conquistá-lo.

Duas fotografias de Guilherme bem ilustrariam a teoria de Jung sobre a *Persona.* A primeira, tirada em Berlim, em 1877, é de um homem em vistoso uniforme, de botas, a couraça com reluzentes ornatos dourados, agressivos bigodes em forma de guidão de bicicleta (que passaram a ser conhecidos como bigodes à kaiser), olhar furibundo, o *Pickelhaube* (capacete de couro) encimado não por uma ponta de lança, mas por uma águia coroada de asas abertas, pronta para o ataque, as mãos apoiadas no copo de respeitável espada: eis a *Persona*, a máscara para impressionar adversários, aliados, o povo alemão e principalmente o próprio Guilherme. A outra foto, esta de fins da década de

1930, é a de simpático senhor de fisionomia suave, o olhar risonho, brancos os cabelos anelados e um tanto despenteados, os bigodes caídos e o cavanhaque pontudo, lencinho no bolso, um cigarro na mão: é Guilherme de Hohenzollern, refugiado na Holanda, o lenhador de Dorn, como era chamado pela imprensa. Do arrogante imperador alemão, nada.

A imaginação de Guilherme II foi excitada pela leitura do clássico *The Influence of Sea Power upon History* (1890) (A Influência do Poder Naval na História) do almirante americano Alfred Thayer Mahan (1840-1914), considerado por muitos o Clausewitz dos mares. "A força do poder naval é ilimitada: quem controla a economia mundial, congrega com ela os neutros, estrangula o adversário pelo bloqueio, obrigam-no a dispersar esterilmente suas tropas, sobre o litoral para evitar o desembarque [...]", escreveu Mahan. Era esse o caminho para firmar o poder militar alemão na Europa e projetá-lo além-mar. Os alemães possuíam moderna marinha mercante e a segunda marinha de guerra do mundo; se a Grã-Bretanha pudesse fazer qualquer coisa a respeito, esse segundo lugar jamais escalaria para primeiro. O programa naval, aprovado por leis votadas pelo Reichstag, o Parlamento alemão, entre 1898 e 1912, foi executado em detrimento da produção de armamento para o Exército, cuja expansão era vital para o êxito das operações terrestres de invasão da Bélgica e da França previstas no audacioso Plano Schlieffen.

Fronteiriço com Alemanha, estava o adversário da Prússia de muitas guerras, feito aliado desde 1879: o Império Austro-Húngaro, sob o imperador Francisco José. O império, de população predominantemente germânica, administrava mal a diversidade étnica, o que favoreceu o movimento pan-eslavista, originário da Sérvia e apoiado pela Rússia. A nordeste dos impérios Alemão e Austro-Húngaro estendia-se, até o extremo leste da Ásia, um império ainda maior, do czar Nicolau II. Gigantesco mas enfraquecido pela Guerra da Crimeia (1854-56), o Império Russo sobrevivera à derrota na Guerra Russo-Japonesa (1904-5) e, apesar da inépcia do governo czarista, experimentava certo grau de progresso.

Um quarto império era o Turco-Otomano (do qual hoje resta a Turquia). A partir do século XIX não cessou de perder território, pela guerra, por movimentos de independência e, sobretudo por extraordinária incapacidade. Chamaram-no "o homem doente da Europa", tão evidentes eram os males a afligi-lo. Aflições agravadas pela presença, ao norte, do Império Russo, patrono do pan-eslavismo, ansiando pelo controle do estreito de Dardanelos, território otomano, a interpor-se ao acesso russo às águas quentes do Mediterrâneo.

Duas guerras mundiais e as guerras iugoslavas dos anos 90 modificaram radicalmente a divisão política dos Bálcãs de 1914. Hoje ainda não se pode dizer que a região seja estável, mas está longe de ter o nível de volatilidade que, no início do século XX, lhe fazia merecer a alcunha de "barril de pólvora da Europa". Em 1914, guerras de independência (da Sérvia, da Bulgária e da Grécia), choques de minorias étnicas e guerras regionais apresentavam alta taxa de risco de envolverem a participação de grandes potências e de escalarem para um conflito maior.

Sincronizados com esse balé de alianças, programas de armamento evidenciavam que a guerra viria, discutindo-se apenas quando. O Estado-Maior Alemão falava em *Der Tag*, "o dia", e estava certo de que a guerra seria travada em duas frentes. Certo estava, também, de que ela seria curta. Dessa certeza participaram estados-maiores, estadistas, políticos, jornalistas de toda a Europa. O socialista e pacifista francês Jean Jaurés (1859-1914), um dos poucos a discordar da guerra, terminou assassinado. Em 1914, os europeus partiram alegremente para o *front*, seguros de que em poucos meses estariam de volta para comemorar a vitória da causa de sua pátria. Os soldados eram aplaudidos nas ruas e colocavam nos vagões placas indicativas de destino: *a Berlin*; ou *nach Paris*.

Ao acontecer o atentado de Sarajevo, a Europa estava em equilíbrio instável, dividida em duas enormes alianças, conhecidas por diversos nomes:

- Aliados (Tríplice Aliança ou Entente ou Tríplice Entente): França, Grã-Bretanha e Rússia.
- Impérios Centrais (Potências Centrais): Alemanha, Áustria-Hungria, Itália e Império Turco-Otomano.

A Alemanha, a 1º de agosto, declarou guerra à Rússia e no dia 3, à França e à Bélgica. As alianças defensivas não têm resposta automática. No caso da França e da Grã-Bretanha, a entrada na guerra foi precedida de movimentada ação político-diplomática. Os franceses chegaram até a invocar *l'honneur* (a honra) para estimular os aliados britânicos. No dia 4, a Grã-Bretanha entrou em guerra com a Alemanha. Muito mais tarde, Guilherme II deixaria escapar o queixume: *Das habe ich nicht gewollt* ("Eu não queria isso"). Provavelmente não queria, mas deu um aval desastroso ao ultimato austríaco. Vestiu a máscara do homem forte e não teve coragem de tirá-la.

TECNOLOGIA

A Grande Guerra foi travada no ambiente resultante do salto tecnológico da Revolução Industrial que, da Grã-Bretanha, se irradiou pela Europa continental e pelos Estados Unidos, e os meios e os processos de combate de 1914-18

O mundo e o agrupamento das potências na Grande Guerra

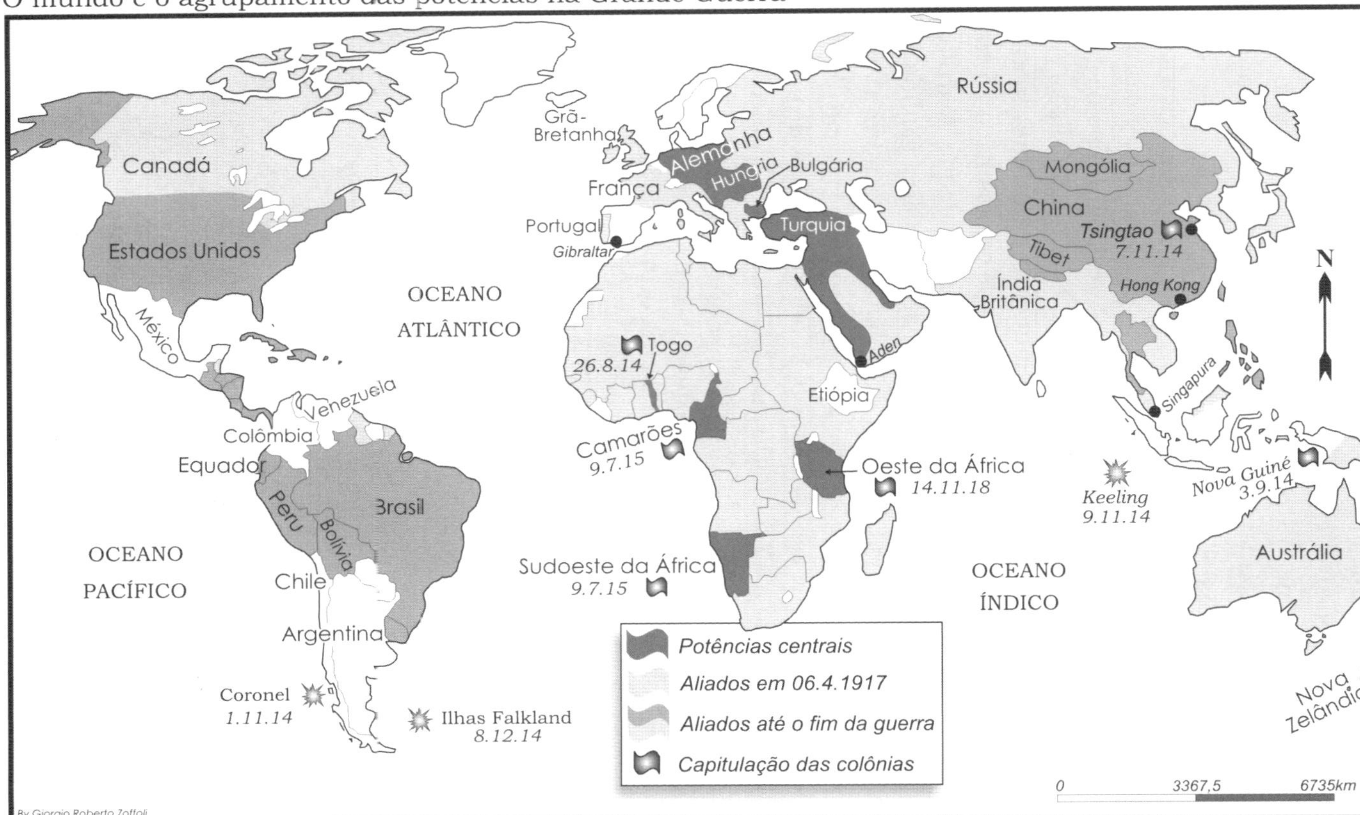

refletem necessariamente esse fato. Tais reflexos são tantos e tão profundos que somente é possível citar alguns. A estrada de ferro e a telegrafia sem fio (a TSF), presentes na Guerra de Secessão e na Guerra Franco-Prussiana, são extensivamente utilizadas na Grande Guerra, permitindo transportar, controlar e abastecer grandes massas de homens e de materiais.

O desenvolvimento do motor a explosão e do motor elétrico respondem pelo aparecimento do automóvel, do avião e do tanque, o carro de combate na terminologia militar. O submarino, em fase de protótipo na guerra entre os Estados, tornou-se arma temível no ataque à navegação aliada. Aços especiais e mecânica pesada possibilitaram o aumento de calibre da artilharia e da blindagem dos navios de guerra. O canhão de campanha, o 75 francês e o 77 alemão, gozaram de grande prestígio no apoio ao ataque. A artilharia pesada, até 1914 exclusiva das fortalezas e dos navios de guerra, ganhou mobilidade e chegou ao *front*, montada em vagões e rebocada por tratores a vapor. O *Grosse Bertha* (Grande Bertha), "delicada" homenagem a Fräulein Bertha, filha do famoso fabricante de canhões Krupp, bombardeou Paris de uma distância de 100 km, causando mais comoção mundial que dano. Os processos de controle e centralização do tiro evoluíram consideravelmente, permitindo aumentar a rapidez e a quantidade de granadas que é possível fazer cair sobre o inimigo. "A artilharia conquista o terreno, a infantaria ocupa", dizia-se – o que explicaria os ferozes bombardeios a preceder o ataque. O soldado de infantaria, alemão ou francês, teria dificuldade em acreditar nisso.

A guerra começou com armamentos convencionais semelhantes aos de 1870. A cavalaria, dos dois lados, entrou em campanha armada de lança. Calça garance (vermelha), capote com as abas dobradas (para facilitar a marcha), gorro de pano, faixas de lona envolvendo as pernas, mochila pesando 50 kg era o uniforme do Exército Francês, somente em fins de 1915 substituído pelo *bleu horizon*, o azul- claro, e capacete de aço. Do lado alemão, o uniforme era o *feld grau*, o cinza de campanha, as botas de couro ferradas, o capacete de couro com guarnição metálica encimado por uma ponta de lança, o *Pickelhaube*, adotado pelo Exército Prussiano em 1842; com a guerra, ele foi coberto de lã cinzenta, para camuflagem.

A metralhadora, a Gatling disparada por uma manivela, surgiu na Guerra de Secessão e esteve presente na Guerra de 1870, com canos múltiplos. Na Grande Guerra, mais leves, já automáticas, com grande velocidade de tiro, a Hotckiss francesa e a Maxim alemã, entre outras, ao lado da artilharia, se fizeram eficientes máquinas de moer carne. O desenvolvimento da indústria química levou à produção dos gases de combate, que fizeram sua estreia em Ypres, em 1915, eficientes no matar e causar sofrimento. Surgiu também o lança-chamas (que teria extenso emprego na Segunda Guerra Mundial, particularmente no Pacífico).

A crescente presença da observação aérea e da aerofotogrametria facilitou a tarefa do artilheiro, mas obrigou a desenvolver a camuflagem, para ocultar posições de artilharia e de ataque, postos e comando, depósitos de suprimentos. Os americanos haviam interceptado e decifrado mensagens durante a Guerra de Secessão. Os alemães, na Frente Oriental, não precisaram decifrar as mensagens do inimigo: os russos as transmitiam em linguagem clara. Já no cerco de Paris não tiveram a mesma facilidade para ler os textos franceses expedidos para fora da cidade.

Os processos de combate evoluíram e generais, como Ludendorff, escreveram diretrizes inovadoras. O padrão de maciça e demorada preparação de artilharia seguida do assalto foi sendo aperfeiçoado. Os alemães desenvolveram táticas de infiltração, de emprego de tropas de assalto. Surgiu a barragem rolante, a sincronização do tiro de artilharia com a progressão da infantaria; e o ataque sem preparação da artilharia, "para assegurar a surpresa", diziam os planejadores; em muitos casos, a surpresa foi do atacante, ante a violenta reação do inimigo. "Um exército de leões comandado por asnos", diziam críticos britânicos a propósito das gigantescas baixas e da incapacidade de sua Força Expedicionária de romper a frente alemã.

O tanque (carro de combate, na terminologia militar) fez sua entrada em força na Batalha de Cambrai, em novembro de 1917, quando os britânicos lançaram 300 Mark VI contra os alemães. Daí por diante, a quantidade de tanques no combate foi crescendo e a doutrina sobre seu emprego, evoluindo. Algo semelhante aconteceu com o avião. Em 1914, as missões eram de observação, ampliaram-se para a regulagem do tiro de artilharia, o apoio às forças de terra, até o bombardeiro estratégico. Em 1914 a Alemanha tinha 204 aviões e a França, 162; em 1918 a primeira possuía 5 mil e os Aliados, 10 mil. A capacidade de transporte de bombas passou de alguns quilos em 1914, para 1 tonelada em 1916 e 4 toneladas em 1918 quando, por sorte das cidades europeias, a guerra terminou. Todos esses e outros instrumentos de matar e causar sofrimento não diminuíram o prestígio da *Rosalie*, como os *poilus* (*peludos*, carinhoso apelido dos soldados franceses, de barba e cabelos abundantes) chamavam a baioneta. Um general imaginoso chamou-a de sábia.

PLANO SCHLIEFFEN

O chefe do Grande Estado-Maior Alemão, conde Alfred von Schlieffen, encontrou em Cannae "a obra-prima das batalhas", inspiração para o plano que leva seu nome. Um centro que cede, duas alas que se vão fechando, até envolver o inimigo, esmagá-lo entre duas tenazes, numa batalha de aniquilamento; a cavalaria, desabando sobre os flancos do inimigo destroçado, completa a matança. Eis as grandes linhas da manobra com que o cartaginês Aníbal aniquilou os exércitos romanos em 216 a.C. (veja o capítulo "As Guerras Púnicas"). O conde esboçou seu Plano no chamado Grande Memorando de 1905, foi precisando suas ideias até deixar a chefia do Estado-Maior, em 1906, e continuou a fazer isso em correspondência com o sucessor, Moltke, o Moço.

O Plano prescrevia uma manobra de envolvimento executada por uma fortíssima ala direita, girando velozmente para oeste, através de Luxemburgo e da Bélgica, e depois para o sul, pela França, envolvendo Paris por oeste; enquanto isso, a ala esquerda alemã atacaria ao sul, na fronteira da Alsácia-Lorena, atraindo os franceses para fora de suas fortificações. As duas alas se encontrariam, fechando uma gigantesca pinça de 600 km de raio, comprimindo dentro dela o que restasse do Exército Francês. Colhido numa manobra de duplo envolvimento, à semelhança dos romanos em Cannae, os franceses seriam aniquilados e a guerra na Frente Ocidental, ganha. Os exércitos alemães seriam, então, transportados para a frente oriental, para destruir os russos.

A condição essencial para o êxito era a velocidade do avanço da ala direita, extremamente forte em relação à esquerda, na proporção de 7:1. Quanto à frente russa, estabelecida a premissa da demora na mobilização do exército czarista, o Plano previa uma atitude defensiva, até a vitória no Ocidente. "Fortifiquem a ala direita", foram as palavras de Schlieffen em 1913, às vésperas da guerra e à beira da morte. Helmuth Graf von Moltke (1848-1916) tinha sobre os ombros o fardo do nome de um grande homem, sem nem de longe lhe ter a estatura. Conhecido como Moltke, o Moço, era sobrinho do marechal Helmuth Karl Bernard Graf von Moltke, o Velho (1800-1891). Modificar o feito pelo antecessor é tentação difícil de resistir. Moltke, o Moço, deslocou tropas da ala direita para a esquerda, para fazer frente a um ataque francês vindo do sul, e para reforçar a Frente Oriental. Decisões até hoje discutidas, que teriam sido fatais para o Plano.

Os refinados planejamentos do Grande Estado-Maior prescindiram da colaboração civil e da Marinha de guerra. É curioso, mas não é raro. Há que lembrar a força do Estado-Maior do Exército na Alemanha imperial.

O "Plano Schlieffen" e o ataque alemão na frente ocidental

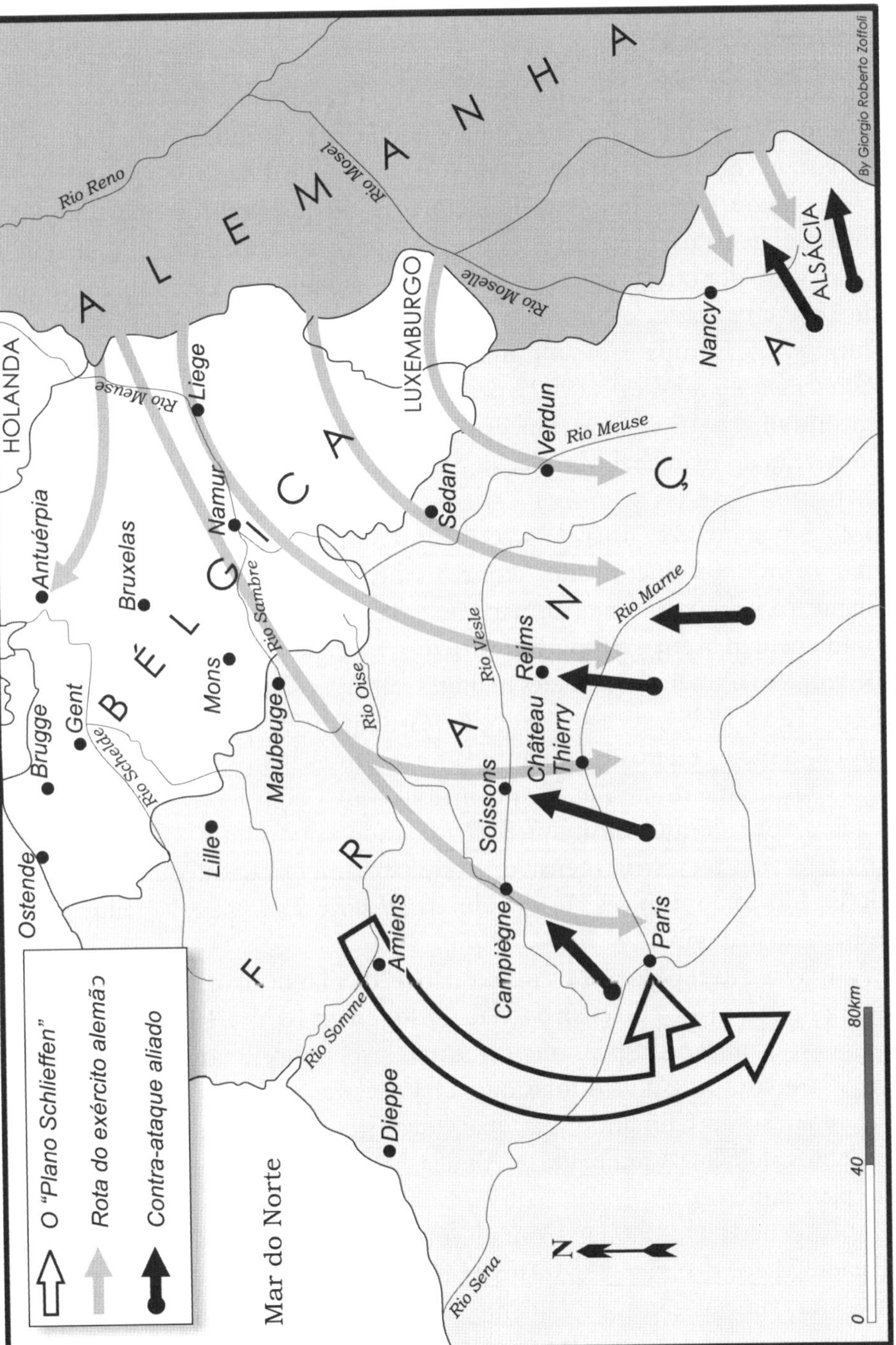

O general Jacques Césaire Joffre (1852-1931), chefe do Estado-Maior francês, era um voluntarista: "A guerra virá, e vou vencê-la. Sempre venci", dizia, sintonizado com a crença de largo curso no Exército Francês: *La victoire c'est la volonté* (A vitória é a vontade). Chefe inteligente, arguto, senhor dos próprios nervos, enérgico e capaz de dominar os dos subordinados nos momentos de crise. Nos três primeiros meses de guerra demitiu quase cem generais. "Eu iria me livrar dos generais incapazes e substituí-los por outros mais jovens e enérgicos."[1]

Morto por uma granada de artilharia prussiana, antes mesmo que a Guerra de 1870 começasse, o coronel francês Ardant du Picq, combatente de muitas guerras, na Europa e no ultramar, deixou pensamentos reunidos no livro *Estudos sobre o combate*[2] (1902); depois do *Guerra e Paz* de Tolstoi, o livro mais encontrado nas trincheiras francesas da Grande Guerra. Du Picq inspirou-se na convicção do marechal Maurice de Saxe de que "o coração humano é o ponto de partida de todas as coisas da guerra". Acreditava que "não é o número que decide, o combate é uma questão de moral [...]. Igual o poder de destruição, inferior mesmo, quem vence é quem sabe, por sua resolução, marchar para diante [...] numa palavra, tomar posse da ascendência moral". Essas ideias, fundamentadas em exemplos históricos e na experiência militar de Du Picq, penetraram na mente dos chefes militares franceses. Opinou o general Ferdinand Foch (1851-1929), sucessor de Joffre: "Ardant du Picq foi o expoente da força moral, o mais poderoso elemento da força dos exércitos."

O pensamento de Du Picq coincidia com a crença dos franceses no *élan* vital, a vontade que, ensinava Bérgson, tudo conquista. O *élan*, em termos militares, era o espírito ofensivo, e esse pensamento permeou o pensamento do Estado-Maior francês. As virtudes da *offensive à outrance*, a qualquer custo, tornaram-se dogma.

O Plano XVII pertence a uma sequência de planos ofensivos, precedida por outra de seis planos defensivos, elaborados entre 1875 e 1881, o que dá uma ideia da evolução do pensamento estratégico francês. Votado a 18 de abril de 1914, continha pouco mais que uma declaração de princípios, afirmando ser intenção do Comando, em quaisquer circunstâncias, avançar e atacar os exércitos alemães. A retomada da Alsácia-Lorena, assinale-se, estava subjacente ao planejamento.

O general Franz Graf Conrad von Hotzendorf (1852-1925), chefe do Estado-Maior do Exército Austro-Húngaro, lançou-se à guerra para destruir a Sérvia como nação independente, sem se dar conta de quão despreparado estava seu exército. Como (fraca) atenuante diz-se ter sido ele induzido em erro

Teatros de operações secundários

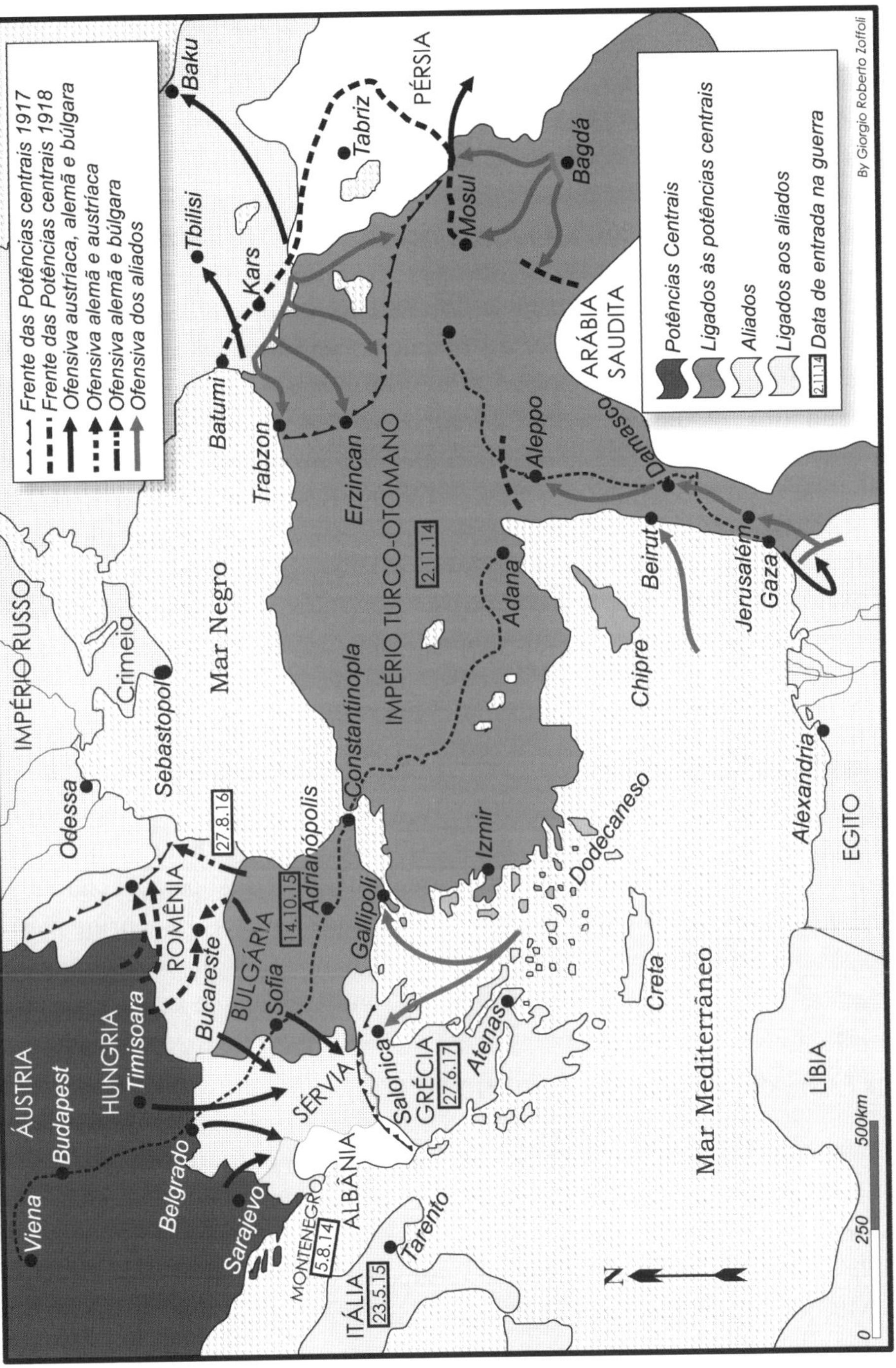

pela garantia do colega alemão, Moltke, o Moço, de que a guerra no Ocidente estaria terminada antes que o Império Russo completasse a mobilização. Moltke deu a garantia, até porque lhe interessava que os russos tivessem de combater em duas frentes, na Prússia Oriental e na Galícia, contra a Áustria.

FASES E TEATROS DE OPERAÇÕES

A Grande Guerra alastrou-se por 28 países, entre eles o Brasil, e além de operações terrestres, envolveu operações navais e aéreas. Travou-se em seis frentes ou teatros de operação (TO) terrestres, dois principais e quatro secundários. As duas principais foram a Frente Ocidental, compreendendo o território invadido da França e da Bélgica, do mar do Norte à fronteira da França com a Suíça; e a Frente Oriental, que abrangia os territórios russos, poloneses e a Prússia Oriental, então território alemão. Em 1915 a Itália entrou na guerra ao lado dos Aliados, criando-se a Frente Italiana, na fronteira com a Áustria-Hungria. As frentes secundárias estendiam-se pelos Bálcãs, o Oriente Médio e a região de fronteiras do Império Turco-Otomano com a Rússia.

Na Frente Ocidental começaram e desenvolveram-se as operações de vulto e nela se decidiu a guerra. É defensável, até por economia de espaço e tempo, que a memória de 1914-18 se concentre na Frente Ocidental, a despeito das críticas ao que se considera o "afrancesamento" da Grande Guerra. Considerados a atitude estratégica dos contendores e o quadro geral das operações na Frente Ocidental, a guerra de 1914-18 pode ser dividida em duas fases principais:

- 1ª Fase (agosto a novembro de 1914): Guerra de Movimento.
- 2ª Fase (1915 a 1918): Guerra de Posição e Batalhas Finais.

1ª FASE: GUERRA DE MOVIMENTO

A Guerra de Movimento começa em agosto, com a invasão de Luxemburgo e da Bélgica pela Alemanha, e termina em fins de dezembro de 1914, com primeira Batalha do Marne e Corrida para o mar. A 3 de agosto, desabou sobre a Bélgica o furor teutônico: Comandante Superior do Exército, o general Moltke, o Moço, e comandante do I Exército, na ala direita, o general Alexandre von Kluck (1846-1934).

Sob a liderança de seu bravo rei Alberto I, não apenas o exército, mas todo o povo belga resistiu à invasão. Atiradores fustigavam os alemães por toda parte, e estes empregaram a artilharia pesada, os gigantescos morteiros de 420 mm, para neutralizar resistências. Bombardearam cidades e aldeias, do que resultou grande número de civis mortos, feridos e desabrigados. Não atingido o objetivo, tomaram e fuzilaram reféns. Procedimento brutal, reconheceu Moltke em carta ao general Von Hötzendorf; "mas estamos lutando por nossa sobrevivência e todos quantos se oponham em nosso caminho terão de sofrer as consequências", justificou.

Durante a Grande Guerra surgiu a propaganda sistematizada, à qual a conduta dos alemães na Bélgica forneceu excelente base. "Nas modernas condições da guerra, o ódio tornou-se tão essencial como a munição, e o ódio é manufaturado", escreveu o historiador americano John Truslow.[3]

A propaganda não recua ante a mentira e a crueldade, e não raro chega ao ridículo. As divergências com os franceses sobre a Guerra do Iraque (2003), por exemplo, levaram alguns americanos a excessos de patriotismo, como propor que as *french fries*, as apátridas batatas fritas, passassem a ser chamadas *liberty fries*. A ideia não é exatamente nova: na Primeira Guerra Mundial, antepassados desses patriotas extremados apedrejaram cãezinhos *Dachshund*, cujo corpo lembra a salsicha, iguaria especialmente cara aos alemães, e os crismaram de *liberty pups*; por motivos semelhantes, o chucrute – o *Sauerkraut* – virou *liberty cabage* – repolho da liberdade. Aliás, *Kraut* era outro apelido insultuoso, suplementar ao *boche*, para designar o alemão. A propaganda na Grande Guerra foi administrada com rara competência pelos Aliados e combatida com rara inépcia pelos alemães.

Dominada a área fortificada da fronteira, os exércitos alemães prosseguiram pela Bélgica e pelo norte da França até as proximidades de Paris. Sempre previdentes – e, no caso, excessivamente otimistas –, os alemães cunharam uma medalha, com o as imagens do Arco do Triunfo e da Torre Eiffel, e a legenda que recordava a Guerra Franco-Prussiana: "1871-1914 – Entrada das tropas alemãs em Paris".

No sul, a 14 de agosto de 1914, os exércitos franceses cruzaram a fronteira na direção de Sarreburgo. Os alemães recuaram, e passaram à contraofensiva. Foi a chamada Batalha das Fronteiras, um desastre francês. Mas os alemães não conseguiram com suas duas alas fechar a pinça que representaria o êxito do Plano Schlieffen. "Uma batalha perdida é uma batalha que se acredita ter perdido", diria o general Foch, citando Joseph de Maistre. O soldado francês provou não se tratar apenas de uma frase. Nunca se considerou batido, conservou o *élan*, atributo que lhe ensinaram ser seu. O mesmo aconteceu com a Força Expedicionária Britânica, sob o comando do general Sir John French

(1852-1925). Franceses e britânicos mantiveram alto o moral. (Bem diferente do que sucedeu com os franceses em 1940.)

A 30 de agosto de 1914, o I Exército do general Von Kluck, com soldados exaustos por contínuas marchas, prosseguia no seu avanço para o sul, recalcando os Aliados. Em Paris, a proximidade dos alemães pôs a cidade em polvorosa. O presidente Poincaré e seus ministros transferiram-se para Bordéus, e os parisienses compuseram músicas ridicularizando a fuga do governo. O general Joseph Gallieni (1849-1916), um sexagenário de vigor e determinação invejáveis, foi nomeado governador militar da cidade, com a missão de defendê-la *à outrance*, deixando-a em ruínas, se necessário.

O I Exército deveria envolver Paris por oeste, mas a 30 de agosto o general Von Kluck, acreditando que a Força Expedicionária Britânica não mais representava ameaça, tomou a iniciativa de infletir para sudeste, em direção ao rio Marne; atravessou-o, e prosseguiu, com o propósito de travar a batalha decisiva, que destruiria os exércitos franceses. A decisão de Von Kluck é muito discutida.

Em 3 de setembro, um solitário avião de reconhecimento aliado confirmou informações sobre a mudança de direção de Von Kluck. Gallieni persuadiu Joffre a montar uma operação de maior vulto sobre o flanco exposto do inimigo, com a participação dos britânicos do marechal de campo Sir John French. Da ação participaria a 7ª Divisão de Infantaria francesa, que, transportada por estrada de ferro, chegara a um ponto a 50 km da área de emprego, mas que não podia ir adiante por falta de capacidade da ferrovia. O visitante do Museu dos Inválidos pode ver um dos 600 famosos táxis parisienses utilizados por Gallieni, entre 6 e 7 de setembro de 1914, para transportar 4 mil homens daquela tropa para o *front*. Orgulhosos do feito, os taxistas diriam: "Cumprimos o nosso dever!" E não cobraram a corrida.

Joffre desfechou o contra-ataque, Moltke deu ordem para romper o combate e os alemães retiraram-se para o corte do rio Aisne. Paris foi salva, o Plano Schlieffen desfez-se, Moltke, o Moço, foi substituído pelo general Erich von Falkenhayn (1861-1922). Os franceses falam no "milagre do Marne". Acabaram os sonhos de uma guerra curta. Substituiu-os a realidade das trincheiras.

Na Frente Oriental, o exército czarista surpreendeu pela rapidez da mobilização. Os generais russos Von Rennekampf e Samsonov puseram em apuros o VIII Exército, do general Von Prittwitz. Prittwitz telefona para o QG alemão em Coblença, e anuncia intenção de retrair para a linha do rio Vístula. Moltke o substitui pelo general Hindenburg, que passa a ter como chefe de Estado-Maior o general Ludendorff.

Os generais Paul von Beneckendorf e Von Hindenburg (1847-1934), um *junker*, nobre prussiano, e Erich Ludendorff (1865-1937), oriundo de família burguesa, não se conheciam, mas durante quase todo o resto da guerra constituíram um binômio de excelência. Ludendorff fornecia a competência, Hindenburg o prestígio. Com eles serviu o coronel Hoffmann, figura singular de oficial de Estado-Maior, em que raro talento militar convivia com também raro senso de humor, espírito crítico e irreverência. Deixou memórias da guerra, e dele o escritor inglês Godspeed conta passagens deliciosas na sua excelente biografia de Ludendorff.[4]

Os alemães tinham melhor comando, melhor tropa e melhor serviço de escuta telefônica, interceptando comunicações que os russos transmitiam sem codificação. Seguiram-se as devastadoras derrotas russas nas batalhas de Tannenberg e Lagos Masurianos. Os russos tiveram 300 mil baixas e perderam 650 canhões, parâmetros à época usados para medir o vulto de uma batalha. Hindenburgo e Ludendorff foram condecorados com a Cruz de Ferro e festejados como heróis na Alemanha imperial. Hoffmann comentaria: "Desde que soube que Hindenburg venceu a batalha de Tannenberg, deixei de acreditar em Aníbal e César." A 1º de novembro de 1917, o Império Turco-Otomano entrou na guerra ao lado dos Impérios Centrais.

2ª FASE: GUERRA DE POSIÇÃO E BATALHAS FINAIS

A fracassada ofensiva franco-britânica em Artois, em junho de 1915, marca o início da Guerra de Posição; a vitória aliada na Batalha de Amiens, em agosto de 1918, é seu fim.

Nos últimos meses de 1915, do mar do Norte à fronteira suíça, numa linha geral de 800 km, de Ostende-Ypern-Lille-Soissons-Reims-Verdun-Nancy-Belford, a Frente Ocidental está estabilizada. Os dois lados cavam trincheiras, para passar o inverno, até que a chegada da primavera permitisse retomar a guerra de movimento. As trincheiras ficaram por três anos, até o fim, marca inesquecível da Grande Guerra. Os que viveram nelas se foram, mas suas provações estão registradas nas cartas de combatentes, na literatura, no cinema. A presença constante da morte, do ferimento, do gás tóxico, do medo, enfim, coexistia com a miséria da lama, dos piolhos, dos ratos, da imundície.

À frente a "terra de ninguém", termo cunhado durante a Grande Guerra, 500, 200 m de terreno, às vezes apenas 50. Os combatentes vão melhorando suas trincheiras, aumentando-lhes a capacidade de defesa com sacos de areia, redes de arame farpado onde penduram latas para alertar sobre a presença inimiga, posições de tiro e de escuta, sapas para ligação com a retaguarda, nichos laterais para abrigarem-se durante os bombardeios, depósitos de munição. Ao mesmo tempo, minoram-lhes as miseráveis condições de habitabilidade. Os franceses chamavam os habitantes dessas cavernas de *poilus*, peludos, se compatriotas seus; se alemães, continuavam a ser os *prussianos*, os *boches*, os *hunos*, os *krauts*.

O auge da provação na vida nas trincheiras não era atingido durante os bombardeios de artilharia, quando sempre presente estava o medo de ser estraçalhado pelos estilhaços de uma granada, morto pela concussão de seu arrebentamento ou, pior ainda, soterrado. Grande número dos listados como desaparecidos está nesse caso. Mais angustiante ainda era a hora da verdade, anunciada pelo comando "*over the top*" (para cima!). Equipamento ajustado, baioneta calada, o soldado transpõe o parapeito da trincheira e, seguindo seu comandante, se lança em direção à do inimigo, sob o fogo de canhões, metralhadoras e granadas de mão, até o assalto final. Então, é a hora da baioneta, da faca e da pá de trincheira, de tudo o que possa matar, ferir, eliminar o inimigo.

Complemento à trincheira era a patrulha, lançada na "terra de ninguém", para colher informações sobre o inimigo, se possível trazer alguns prisioneiros. Diferente da patrulha era a incursão, de efetivo e armamento mais pesado, com a missão de causar danos ao inimigo, destruindo depósitos, posições de armas, desviando-lhe a atenção de ataque em outro lugar. As trincheiras também existiram, durante certos períodos, nas frentes oriental e ítalo-austríaca, nos Alpes.

Ofensivas dos dois lados sucedem-se e fracassam. Fracassa, também, uma operação contra a península de Galipoli, visando ao domínio do estreito de Dardanelos, pertencente ao Império Turco-Otomano. Galipoli, com seu meio milhão de mortos, "uma das maiores tragédias da história", foi projeto do então jovem Primeiro Lorde do Almirantado, Winston Churchill (1874-1965), monumentalmente mal executado. Churchill manteve com o almirante John Arbutnot Fisher (1841-1920), Primeiro Lorde do mar, uma relação de amor e ódio. Fischer demitiu-se por não concordar com a operação dos Dardanelos, depois de ter se associado a Churchill na modernização da esquadra. Fisher era chamado de *Oil Maniac* (maniaco por óleo), tal era seu empenho em substituir o carvão por óleo combustível na propulsão de navios da esquadra, conversão retardada pela escassez das fontes de petróleo. Escassez que contribuiu para

O curso da guerra na frente ocidental

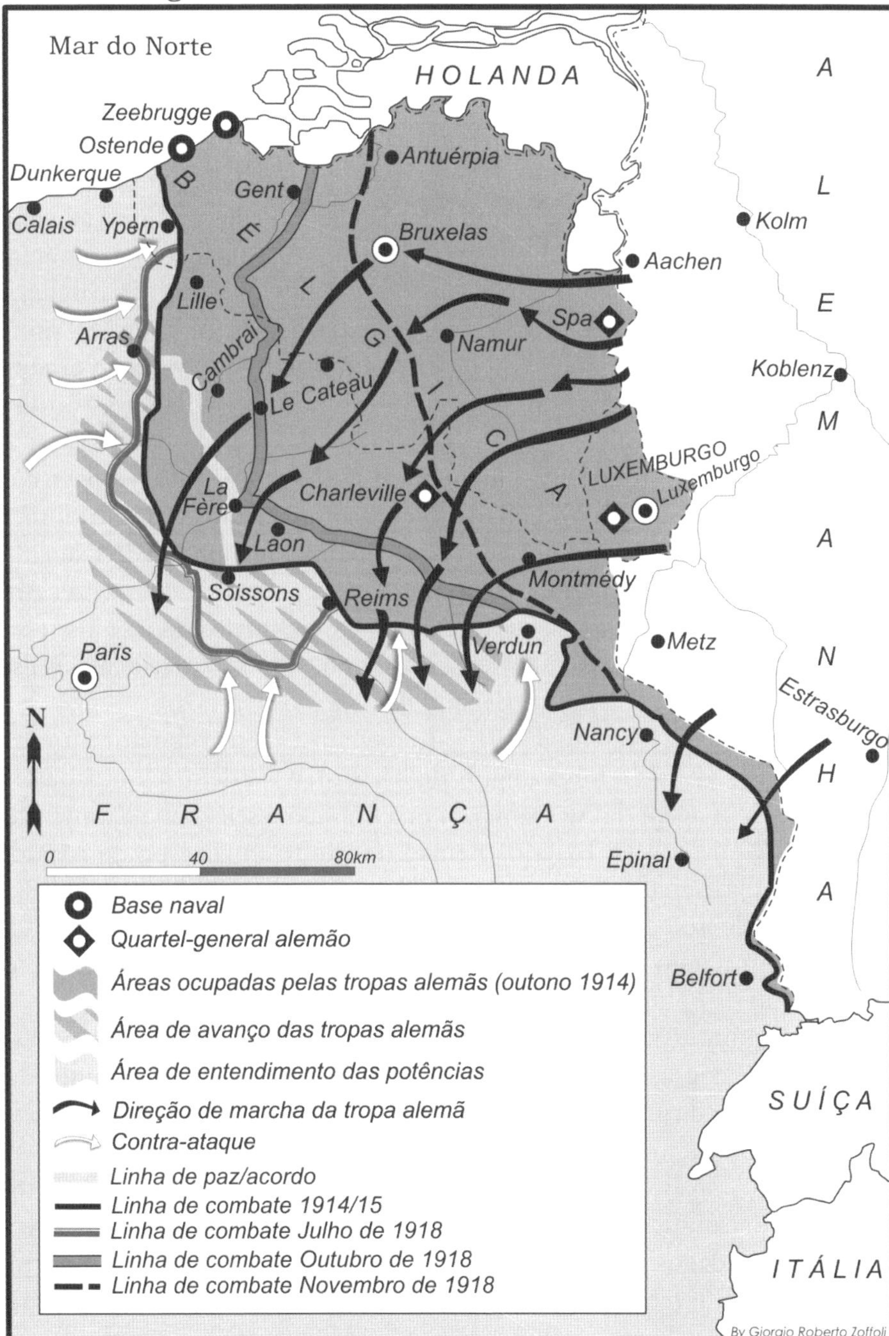

que a Grã-Bretanha, em 1913, assinasse um tratado com a Pérsia e, em 1916, invadisse a Mesopotâmia, em busca do petróleo.

Em fevereiro de 1916, o chefe do Estado-Maior alemão e do Comando Supremo do Exército, general Von Falkehayn, numa ofensiva com gigantesco apoio de artilharia, pretendeu literalmente sangrar o Exército Francês, por meio de um ataque ao bastião fortificado Verdun. A batalha de aniquilamento preconizada por Clausewitz e buscada por Schlieffen falhara; Von Falkenhayn não teria melhor resultado com a batalha de atrito. Alarmado, o governo francês confiou ao general Pétain a defesa de Verdun. Os números da batalha são imponentes: 22 milhões de granadas de artilharia alemãs (cerca de 150 mil por dias), e 21 milhões de francesas. Fotografias mostram a devastação completa causada pela batalha, numa era em que aviação ainda não suplantava a artilharia na capacidade de destruir.

O fracasso em Verdun levou Guilherme II a substituir Von Falkenhayn como chefe de Estado-Maior por Von Hindenburg, acompanhado por Ludendorff, em agosto de 1916. Ludendorff, além de ser o comandante supremo do Exército de fato, dirige o esforço de guerra, constituindo-se em virtual ditador da Alemanha. Nem toda a mortandade e destruição fez com que algum dos lados se interessasse pela paz. Não por "uma paz sem vitória", como propôs o presidente Wilson, em janeiro de 1917, falando no Senado dos Estados Unidos.

Os alemães, em fevereiro de 1917, decretaram a guerra submarina irrestrita. A propaganda adversa reforça a figura do bárbaro, o vândalo, o huno, o boche. Para piorar a imagem da Alemanha, vem a público o telegrama Zimmerman, em que o Ministério do Exterior alemão transmite ao governo do México o oferecimento de ajuda militar em caso de guerra com os Estados Unidos. Os alemães, excelentes soldados no campo de batalha, davam novas demonstrações de nenhum respeito pela célebre máxima de Clausewitz, sobre ser a guerra a continuação da política por outros meios.

Uma figura extraordinária de político francês volta à chefia do governo, Georges Clemenceau. Aos 74 anos, atesta a energia que lhe vale a alcunha de "o Tigre" e, ao fim da guerra, "Pai da Vitória". O corpo sólido metido em roupas folgadas, nada elegantes, o rosto ocupado por viçosos bigodes caídos, às vezes apoiado num cajado, na cabeça um improvável barrete frígio, o "barrete de *Mariane*", personificação da França republicana, ele frequentemente percorre o *front*. Os soldados logo perceberam que essas visitas são para ver, informar-se, falar, enfim, fazer a guerra, como diz. De Clemenceau é a frase: "A guerra é assunto demasiado sério para ser confiado só a generais".

Na frente italiana, em outubro de 1917, em Caporetto, os austríacos derrotam o general Luigi Cadorna (1850-1928), forçando seu exército a um recuo de 100 km. Trezentos mil italianos são feitos prisioneiros e cem mil desertam.

Em novembro de 1917, triunfa a revolução em São Petersburgo, os bolcheviques iniciam negociações de paz e, a 3 de março de 1918, Lenin assina o Tratado de Brest-Litovsk, celebrando a paz com os Impérios Centrais. Aliviados do fardo de lutar em duas frentes, os alemães transferem setenta divisões para o Ocidente.

Os incentivos para tentar uma vitória decisiva sobre franceses e britânicos antes da chegada em força dos americanos eram grandes, apesar de o almirante Von Capelle, secretário de Estado para a Marinha, ter declarado perante o Reichstag, em janeiro de 1917, que os americanos não chegariam ao continente, pois seriam afundados pelos submarinos alemães. Chegaram, e nenhum transporte de tropa foi afundado. Em março de 1918, mais de 300 mil e, em agosto, mais de 1 milhão de americanos, sob o comando do general John Pershing (1860-1948), estavam na Europa e muitos mais eram preparados nos Estados Unidos. Tropas frescas, de homens bem treinados, bem equipados e com um apoio logístico que nem os alemães nem Aliados haviam visto.

Os Aliados poderiam ter adotado uma defensiva estratégica, poupando homens e material, até que a massa de soldados e de equipamento dos Estados Unidos fosse despejada na Frente Ocidental. Preferiram continuar cultivando a ofensiva, para decidir a guerra antes da chegada em força dos americanos, que adquiririam condições para ditar a paz.

Em julho de 1917, numa sequência de batalhas conhecidas como a Terceira Batalha de Ypres, os Aliados atacam com o apoio de 2 mil peças de artilharia, 500 carros de combate e 1.200 aviões. Retomam terreno, mas a vitória não é decisiva. Os generais Foch e Haig preparam novo golpe, que esperam seja decisivo. Não foi. As batalhas sucediam-se, máquinas de moer carne, sempre com perdas de seis dígitos e pouco ou nenhum ganho de terreno ou estratégico.

Na madrugada de 8 de agosto de 1918, 2 mil peças de artilharia desencadearam o tiro de contrabateria e de neutralização das posições alemãs, seguido de uma barragem rolante à frente dos tanques e da infantaria atacante. Começava a Batalha de Amiens. Os Aliados rompem a frente alemã e chegam às proximidades da Linha Hindenburg. A 15 de agosto a batalha foi dada por terminada e feito o balanço das baixas. Os alemães perderam 75 mil homens, os franceses, 24 mil e os britânicos, 22 mil. Ao rompimento da posição alemã deveria ter se seguido o aproveitamento do êxito, operação que os Aliados deixaram de executar por falta de meios. Tal falta de meios para explorar a ruptura foi uma constante nas batalhas da Frente Ocidental. Mesmo sem a exploração do êxito, a vitória aliada em Amiens foi devastadora para os alemães. Ludendorff chamou o 8 de agosto de 1918 o "dia negro" do Exército Alemão. "A guerra deve terminar", afirmou o general.[5]

As Potências Centrais desmoronam, mas continuam a lutar. Em setembro, a Bulgária capitula, e em outubro é a vez do Império Turco-Otomano. Em fins de outubro Ludendorff recomenda ao imperador o pedido de armistício e pede demissão. Os marinheiros da frota de Kiel se rebelam. A 9 de novembro, revolução em Berlim. Guilherme II abdica, exila-se na Holanda neutra e a república é proclamada na Alemanha. A 11 de novembro de 1918, depois de 52 semanas de guerra, o armistício é assinado em Rothonde, num vagão, na floresta de Compiègne. O mesmo vagão, o mesmo lugar onde, em 1940, a França e a Alemanha assinariam um segundo armistício, pondo fim à guerra entre os dois países.

GUERRA NO AR E NO MAR

Roland Garros, piloto francês que hoje dá nome a um torneio de tênis, fez a primeira tentativa, e o holandês Anthony Fokker, trabalhando para a Alemanha, projetou uma metralhadora sincronizada com o hélice. Seguem-se os combates aéreos e os azes, título adquirido com um mínimo de aviões abatidos: cinco para os franceses, dez para os alemães. Os cavaleiros alados batem-se bravamente, cercados de uma aura de romantismo, tornados famosos, celebrados pelo público. René Fonk, francês, 75; Mannock, britânico, 73; Bishop, canadense, 72; o americano Eddie Rickenbacker, com 26. E o maior de todos, Manfred von Richthofen, o barão Vermelho (cor do seu avião), com o recorde de 80 aviões derrubados. Afinal abatido na Batalha do Somme, em 1916, mais de cem aviadores aliados compareceram ao seu enterro. Os britânicos lançaram sobre as linhas alemãs um *container* com uma foto do funeral e a mensagem que diz bem de um capítulo romântico da guerra nos ares: "O Rittmeister[6] barão Manfred von Richthofen, do Corpo Aéreo Alemão, foi morto em combate aéreo a 21 de abril de 1918. Foi enterrado com todas as honras militares. Da Força Aérea Real Britânica."

Os alemães utilizaram os dirigíveis zepelim, nome do seu inventor, Ferdinand Graf von Zeppelin (1838-1917), para o bombardeio de longo alcance. No princípio da guerra, Antuérpia e Varsóvia, e depois as cidades costeiras da

Inglaterra, foram atacadas por zepelins. O Royal Flying Corps e o Royal Navy Air Service deram origem à RAF, a Royal Air Force, em 1918. O emprego da aviação foi-se ampliando: ajustagem do tiro, fotografia aérea, metralhamento e bombardeio em apoio às forças terrestres, bombardeio de cidades.

A 31 de maio de 1916 travou-se a Batalha da Jutlândia, a oeste da costa dinamarquesa. A esquadra alemã perdeu mais navios que a britânica e se tornou uma esquadra em potencial, imobilizada em sua base de Wilhemshaven, valendo na medida em que exigia ser vigiada. Sobre o comandante britânico, almirante Jellicoe, disse Churchill: "Foi o único homem, dos dois lados, que poderia perder a guerra numa tarde".

Comandantes navais britânicos e alemães contribuíram para a história da guerra nos mares com episódios fascinantes.[7] Os britânicos utilizaram navios artilhados e camuflados como velhos cargueiros, os navios Q, para atrair e destruir submarinos. Os alemães empregaram navios que percorriam os mares afundando barcos mercantes aliados, e dando às suas tripulações e passageiros tratamento de cruzeiro turístico, o que os tornou lendários na crônica dos feitos marítimos. Um desses corsários, o *See Adler*, sob o comando do capitão Felix Graf von Luckner, aprisionou o vapor britânico Horngarth ao largo da costa do Brasil, dele retirando centenas de garrafas de champanhe Veuve Cliquot, para regalo de seus hóspedes forçados, requinte à cozinha francesa que lhes servia.

A Alemanha investiu enormes somas na construção de sua Esquadra de Alto-mar, imobilizada em Wilhelmshaven. Teria feito melhor concentrando-se numa força submarina? Os recursos tecnológicos dos submarinos nem de perto aproximavam-se dos existentes na Segunda Guerra Mundial, e suas bases no Atlântico reduziam-se a duas – Ostende e Zeebruge, na Bélgica ocupada. Ainda, assim, ao fim da guerra, 5.234 navios afundados por submarinos alemães jaziam no fundo dos mares; com eles, 178 U-Boote (*Unterseeboote – submarinos*) e suas guarnições, exclusivamente de voluntários, que nunca faltaram. Na Segunda Guerra Mundial, a Alemanha insistiu nos navios de superfície, e seus modernos "couraçados de bolso" foram rapidamente neutralizados pela Royal Navy e pela RAF, como aconteceu com o *Admiral Graf Spee* ao largo de Montevidéu.

O BRASIL NA GUERRA

Em 1914, os Estados Unidos já eram a maior potência econômica mundial e maior parceiro comercial do Brasil, permanecendo os britânicos como grandes investidores em estradas de ferro, usinas elétricas e indústria manufatureira. O bloqueio britânico redundou na perda da Alemanha como parceiro comercial, e a campanha submarina alemã tornou perigosas as águas da Europa, onde aconteceram quase todos os torpedeamentos de navios brasileiros. Ainda mais a construção de estradas de ferro foi interrompida e a taxa cambial caiu. Como contrapartida, a substituição de importações deu lugar ao nascimento de uma indústria de manufaturados.

As elites brasileiras, como as de toda a América do Sul, buscavam na França a literatura e a formação artística. Da Europa vinham, também, a manteiga e a moda, ternos e camisas feitos em Londres, por intermédio de representantes no Brasil. Na Vila Militar, no Rio de Janeiro, até hoje se podem ver as estruturas de metal e as telhas de ardósia vindas da França. Em Paris, sul-americanos ricos encontravam tudo, principalmente alegrias que nenhuma outra cidade pode dar iguais.

O café respondia por mais de 60% de nossas exportações, seguido de longe por minerais e produtos diversos. A economia brasileira estava bem à retaguarda da argentina. A opinião pública nacional recebeu bem a neutralidade proclamada pelo governo e nos primeiros anos da guerra não mostrou inclinação em favor de qualquer dos contendores. O jornalista Sidney Garambone[8] acompanha a evolução do humor dos jornais do Rio de Janeiro, durante a Grande Guerra: de um neutralismo desinteressado para o alinhamento com os Estados Unidos.

Em 3 de abril de 1917, um navio mercante americano é torpedeado e os Estados Unidos rompem relações diplomáticas com a Alemanha. Nesse mesmo dia, outro navio mercante, este brasileiro, é torpedeado no canal da Mancha. Uma semana depois, o presidente Wenceslau Braz rompeu relações com a Alemanha, em solidariedade aos Estados Unidos e com fundamento na Doutrina de Monroe.[9] Mais navios brasileiros são torpedeados, e em outubro é a vez do Macau, afundado ao largo da costa francesa. A indignação dos jornais e da opinião pública cresce. A 26 de outubro de 1917, o Congresso brasileiro decreta e o presidente sanciona resolução proclamando a existência de um estado de guerra entre o Brasil e o Império Alemão. Santos Dumont, o Pai da Aviação, vai ao Palácio do Catete, sede do governo, oferecer seus conhecimentos profissionais e serviços.[10] Em 1918, mais dois navios brasileiros são torpedeados nas costas da Europa.

A participação brasileira na guerra, modesta que foi, estendeu-se além da facilitação do uso de nossos portos por embarcações aliadas e a cessão à França de 30 navios alemães apreendidos. A 7 de maio de 1918, zarpou para

Gibraltar, onde se reuniria à esquadra britânica, para participar da guerra antissubmarina, a Divisão Naval de Operações de Guerra, composta de dois cruzadores e cinco contratorpedeiros, um navio auxiliar e um rebocador, sob o comando do contra-almirante Pedro Max Fernando de Frontin. A Divisão só chegou a Gibraltar em novembro de 1918, retida que foi na costa africana pela terrível pandemia que foi a gripe espanhola.

Aviadores brasileiros combateram ao lado dos pilotos britânicos e franceses. Oficiais do Exército serviram na Frente Ocidental, em unidades do Exército Francês. Um deles, o tenente José Pessoa Cavalcanti de Albuquerque, como general, foi o grande reformador da Escola Militar de Realengo, criador da mística do cadete de Caxias.[11] Oitenta e seis médicos, incluindo dezessete professores de Medicina, quase todos civis, comissionados oficiais, integraram a Missão Médica que partiu do Brasil a 18 de agosto de 1918 e até o fim da guerra trabalhou no hospital Franco-Brasileiro, mantido pelos brasileiros residentes em Paris.

O Brasil participou da Conferência de Paz, foi signatário do Tratado de Versalhes, membro da Liga das Nações e pretendeu ocupar uma vaga em seu Conselho de Segurança, pretensão que lhe foi negada. Antes mesmo de terminar, a Grande Guerra influenciou o Brasil no campo militar. O poeta, escritor e jornalista Olavo Bilac despertou o sentimento cívico e patriótico nacional, liderando a campanha que resultou na instituição do serviço militar obrigatório.

No governo do marechal Hermes da Fonseca, oficiais brasileiros, à semelhança de oficiais de outros exércitos, como o argentino e o chileno, foram mandados estagiar no Exército Alemão. Quando se levantou a hipótese de uma missão militar de instrução, a opção pelos alemães estava sobre a mesa. A vitória na Grande Guerra foi decisiva para a contratação da Missão Francesa. "Antes" e "depois" da Missão, diz-se, evidenciando seu marcante papel na modernização do Exército.

Em tempo de guerra, o patriotismo virulento e a xenofobia prosperam; e, com eles, a síndrome do espião. Na Europa e nos Estados Unidos, inocentes foram presos e espancados, por mera suspeita de espionagem. No Brasil, cartazes com tipos caricaturados por Raul, o Caruso da época, difundidos pelo governo eram severos: "Alerta! Palavras do Chefe da Nação: Estejam todas as atenções alerta aos manejos da espionagem, que é multiforme. Emmudeçam todas as boccas quando se tratar de interesse nacional." (sic)

Monteiro Lobato (1882-1948), de sua promotoria em Areias, em 1916, glosou a onda de paranoia que saltou da Europa para os Estados Unidos e respingou nessa longínqua parte das Américas. No seu delicioso conto *O espião alemão*, o personagem é identificado e detido pelos patrióticos moradores de Itaóca, uma Tarascon do vale do Paraíba. Uma escolta de bravos itaoquenses leva-o para o Rio de Janeiro, onde seria encontrado tradutor para a frase repetida pelo espião alemão: "Ai éme inglix". Frase denunciadora, não entendida pelo monsenhor Acácio, por se tratar de "alemão turíngio da baixa germanidade valona", como explicou o douto prelado.[12] E o conto vai mais longe.

DEPOIS

Dois meses depois do armistício, em janeiro de 1919, a Conferência de Paz de Paris elaborou o tratado que pôs fim à Grande Guerra e criou a Liga das Nações, ou Sociedade das Nações. A base do tratado seriam os *catorze pontos de Wilson*. Tornar o "mundo seguro para a democracia", frase que soa familiar nos dias de hoje, era o grande objetivo. "Paz sem vingança", pregou Wilson em Versalhes. O primeiro-ministro Georges Clemenceau tinha projetos mais pragmáticos.

"O Tigre" considerava a Alemanha o "inimigo hereditário, responsável pela guerra". Devia ser definitivamente neutralizada, colocada em situação de nunca mais constituir ameaça para a França. Preconizava a constituição de estados-tampões, a começar pela Polônia, e a Renânia, desmembrada da Alemanha. Responsáveis pelo conflito, os alemães deveriam pagar pesadas reparações de guerra. A França teve de volta a Alsácia-Lorena e ganhou da Alemanha as colônias do Togo e de Camarões, na África. Mas a guerra devastou-lhe o território e rebaixou-a à categoria de potência de segunda classe. O culto da ofensiva *à outrance*, a exaltação do *élan* foram substituídos pela valorização da defensiva, traduzida na construção da custosa Linha Maginot, de inutilidade provada pelas divisões *panzer*, as formações blindadas alemãs que desbordaram a linha fortificada francesa em 1940.

O ministro Vittorio Emanuele Orlando representou a Itália na Conferência. Negadas as compensações territoriais na Dalmácia, na costa do Adriático, prometidas no tratado secreto de Londres, de 1915, retirou-se dramaticamente da Conferência. Mudou de ideia e voltou um mês depois. O primeiro-ministro Sir Lloyd George não poderia concordar com os rigores de Clemenceau nem com a cobrança de Orlando. "A Grã-Bretanha não tem amigos nem inimigos; tem interesses, e esses são permanentes", ensinara um seu antecessor. Até bem recentemente, a França fora inimiga e tornara-se necessária a paciente arquitetura da Entente Cordiale para que séculos de enfrentamentos fossem deixados de lado. Padrinho involuntário da Entente fora o Império Alemão, e tendo ele desaparecido, não interessava à Grã-Bretanha uma Europa com França fortalecida, nem com uma Alemanha demasiadamente enfraquecida. Além do mais, a Alemanha democrática e republicana seria um dique ao comunismo implantado na Rússia. Finda a guerra, a Grã-Bretanha retomou sua histórica linha de favorecimento do equilíbrio europeu. O cientista político e estadista americano Henry Kissinger registra o processo de evolução da política de equilíbrio do poder para a política de apaziguamento de Hitler, no fim da década de 1930.[13]

A diversidade de interesses entre os aliados e o medo do parceiro russo, feito inimigo potencial, pouparam a Alemanha de rigores ainda maiores que os impostos em Versalhes; e o idealismo wilsoniano concorreu para moderar o pragmatismo dos aliados europeus. Mesmo assim, os alemães haveriam de se referir ao *diktat* (ditado, tratado imposto pela força) de Versalhes. (Benefício semelhante teriam eles após a derrota na Segunda Guerra Mundial, em decorrência da Guerra Fria.) O Tratado de Versalhes, o mais importante dos cinco tratados de paz que puseram fim à Grande Guerra, foi assinado a 28 de junho de 1919, na Galeria dos Espelhos do Palácio, o mesmo cenário que a inabilidade alemã havia escolhido, meio século antes, para a criação do Império da Alemanha.

A guerra de 1914-18 provocou profundas modificações territoriais na Europa. Pelo Tratado de Versalhes, a Alemanha perdeu um sétimo de seu território e 10% de sua população, para a França, a Bélgica, a Polônia, o Japão e a Grã-Bretanha. A França explorou o carvão do Sarre por 15 anos, após o que um plebiscito decidiria sobre sua volta à Alemanha. Danzig, hoje a polonesa Gdansk, tornou-se "cidade livre", separada da Prússia Oriental pelo corredor polonês, criado para dar à Polônia acesso ao mar Báltico. Os dois impérios, alemão e austríaco, tornaram-se repúblicas, proibidas de se unirem. (A Anexação da Áustria – *Anschluss* – promovida por Hitler em 1938 e convalidada por um plebiscito passou por cima da proibição, revigorada após a Segunda Guerra Mundial.)

O orgulhoso poderio alemão cedeu lugar à miséria e à frustração da guerra perdida, agravadas pelas reparações impostas pelo vencedor – o que facilitou que prosperasse o mito da *Dolchstoss*, a punhalada nas costas, explorado por dois ex-combatentes: um deles, general e notável chefe da Grande Guerra, Erich Ludendorff. O outro, o cabo da Boêmia, como o chamava Hindeburg aludindo a seu nascimento na Áustria, agitador, demagogo, mestre em discursos inflamados, Adolf Hitler. A paz de Versalhes facilitou a ascensão do nazismo e a preparação da nova guerra.

No terreno militar, o Reno teve trechos da margem esquerda ocupados pela França e uma faixa da margem esquerda desmilitarizada. A Alemanha extinguiu o serviço militar, limitou seu exército a 100 mil homens e proibiu-se de equipá-lo com tanques e artilharia pesada. A marinha de guerra foi extinta. Os alemães assumiram o compromisso de entregar aos Aliados navios mercantes, locomotivas, barcaças, entre outros equipamentos. Os bens de alemães residentes fora do país foram confiscados. As reparações em dinheiro, inicialmente fixadas em 132 bilhões de marcos-ouro, diminuíram sucessivamente, até chegaram a 3 bilhões.[14] Que a Alemanha não pagou.

Os *Catorze Pontos* apresentados pelo presidente Wilson incluíram o estabelecimento de fronteiras segundo o critério da nacionalidade, e o Tratado de Versalhes prescreveu "a criação de Estados com base no princípio da autodeterminação". O Império Austro-Húngaro desapareceu, fragmentando-se em países desenhados no mapa pelos vencedores. Esses novos países, cuja criação teria atendido ao princípio das nacionalidades, tinham dentro de suas fronteiras populações que invocavam o benefício desse mesmo princípio. Na Tchecoslováquia, por exemplo, além de tchecos e eslovacos, existiam 3 milhões de sudetos (alemães), 700 mil húngaros e 30 mil poloneses. A União Soviética continuou a ser a "prisão de nações", como era chamada a Rússia czarista. Os anos entre as duas guerras confirmaram ser bem mais fácil formular princípios do que aplicá-los. O princípio da nacionalidade, mal aplicado e bem explorado pela Alemanha nazista, foi um importante componente do cenário em que se processou o desencadeamento da Segunda Guerra Mundial. Sua aplicação continua a desafiar diplomatas e estadistas.

O Império Turco-Otomano faleceu, dando lugar à República da Turquia. A França e a Grã-Bretanha partilharam os despojos otomanos no Oriente Médio. Os franceses assumiram o controle da Síria e do Líbano. Os britânicos, em 1917, divulgaram a Declaração Balfour, em favor da instalação de um "lar nacional judeu na Palestina", e prometeram aos árabes apoio à formação de Estados independentes: promessas conflitantes, germes do conflito árabe-israelense. O Império Britânico, debilitado, ainda duraria até o segundo pós-guerra, mas os dias gloriosos da Era Vitoriana não mais voltariam e a *Pax Britânica*, relembrada com certa saudade, passaria a ser termo para citações de história. Os centros de poder econômico e financeiro já haviam migrado da Europa e cada vez mais se firmariam nos Estados Unidos.

O vulto das transformações políticas é pelo menos igual ao das modificações territoriais: na Grande Guerra encontram-se as raízes dos totalitarismos comunista, fascista e nazista. O primeiro deles foi viabilizado pela Revolução Russa de 1917, para a qual contribuíram dois "estranhos companheiros de cama" – o czar Nicolau II (1868-1918), com sua desastrosa conduta da guerra, e o general Ludendorff, ao ajudar o revolucionário Vladimir Ilych Lenin a chegar à estação Finlândia, em São Petersburgo, em abril de 1917. De lá, a golpes de audácia e de talento, ele tomaria o poder e, colocando acima de tudo a vitória da Revolução Russa, assinaria com a Alemanha o humilhante Tratado de Brest-Litovsk.

A feroz ditadura implantada na União Soviética resistiu à intervenção das potências aliadas e à formação do "cordão sanitário" que a separou do resto dos paises europeus. Em 1922, com a assinatura do Tratado de Rapallo, inicia-se a integração da União Soviética ao sistema europeu. Segundo o tratado, Alemanha e União Soviética cancelaram mutuamente as dívidas bilaterais, renunciaram a reparações de guerra e celebraram amplos acordos comerciais. Outros acordos, secretos, possibilitaram aos alemães desenvolver na União Soviética armas proibidas pelo Tratado de Versalhes, um longínquo prenúncio do Pacto Germano-Soviético de 1939, que permitiria a Hitler deflagrar a nova guerra. A integração completou-se em 1924, com a maioria dos países ocidentais, excetuados os Estados Unidos, reconhecendo a União Soviética.

Na instauração do segundo dos totalitarismos nascidos da Grande Guerra, em 1922, Mussolini fez do medo do comunismo a bandeira do fascismo, e explorou as frustrações dos italianos por não verem cumpridas as promessas de compensações territoriais. Adolf Hitler, por sua vez, explorou o mito da "punhalada nas costas" e as injustiças do *diktat* de Versalhes para incendiar o ressentimento dos alemães.

Durante a Guerra Franco-Prussiana morreram 250 mil, e na Guerra de Secessão americana, cerca de 420 mil. A Grande Guerra bateu todos os recordes de perdas humanas, girando as estimativas de mortos em combate em torno de 10 milhões. As seis maiores batalhas – a do Somme em primeiro lugar, com 1 milhão de mortos – respondem por mais de 30% do total de vítimas fatais em combate. O número de feridos foi a 20 milhões.

Os mortos da guerra estavam na faixa de 19 a 40 anos. A população envelheceu, a proporção de mulheres aumentou. A guerra deixou 630 mil viúvas na França e um número ainda maior na Alemanha. A mulher libertou-se: fora chamada a trabalhar nas fábricas e na agricultura e, quando terminou a guerra, não seria mais apenas "do lar". Porém, são óbvias as consequências negativas da guerra sobre os índices de crescimento demográfico e de produtividade.

Na guerra, a cavalaria e a maior parte dos transportes era hipomóvel, e os cavalos – cuja proporção era de um para três homens, deram sua contribuição à morte e ao sofrimento. Ainda maior que a mortandade causada pela guerra foi a trazida pela gripe espanhola de 1917-18, pandemia que matou 20 milhões em 28 países, neles incluído o Brasil. Só no Rio de Janeiro, causou 17 mil óbitos.

O serviço de saúde dos exércitos em campanha, excetuado o caso das forças americanas, foi extremamente precário, tendo sido enorme o número de feridos que poderiam ter escapado à morte. Entre os inválidos de guerra, destacam-se os multiamputados e os horríveis "*gueule cassées*", os "caras quebradas", cujo sofrimento foi minorado graças ao desenvolvimento da cirurgia plástica decorrente da Grande Guerra.

A Grande Guerra começou e desenvolveu-se com cada lado seguro de defender a boa causa e de que o inimigo era a encarnação do demônio. A propaganda encarregou-se de fortalecer e difundir esse pensamento. Assim, não há de se estranhar que tenha sido uma guerra total, com o emprego de todos os recursos para alcançar a vitória. Quando ela terminou, houve quem assegurasse ter sido a última – a "guerra para acabar com todas as guerras", introdutora de uma paz justa e eterna. O Tratado de Versalhes tem sido culpado por, em lugar disso, ter lançado o germe da Segunda Guerra Mundial, devido ao rigor de suas cláusulas. Excessivo, para uns, insuficiente para outros.

Logo após assinada a paz, França, Grã-Bretanha e Estados Unidos escolheram o 11 de novembro para o culto dos mortos na guerra, chamando-o o Dia do Armistício. No segundo aniversário do armistício, em 1920, os franceses transferiram para o Arco do Triunfo os restos mortais de "um soldado cujo nome só Deus sabe", o Soldado Desconhecido: uma imponente cerimônia, entre as muitas de culto da memória da guerra, que se alastraram pela França. Não menos importante para o amor-próprio nacional é o contraste entre os melancólicos dias de 1940, repetição em grande escala de 1870/71, e *la gloire* de 1914-18, nunca suficientemente exaltada.

Quatro anos de guerra, 1,4 milhão de mortos, ocupação de um terço do país pelos alemães, destruição de cidades, no caso da França; 1 milhão de mortos, no caso da Grã-Bretanha. Para franceses e britânicos, o que estava em jogo era a condição de país respeitável, ameaçada por um Império Alemão decidido a conquistar um lugar ao sol, um vasto lugar ao sol, cujos melhores pedaços já estavam ocupados. A ameaça, embora não iminente, foi percebida em círculos responsáveis pela segurança dos Estados Unidos. Em 1914, a neutralidade trouxe enormes benefícios econômicos e financeiros, em especial os decorrentes da substituição da Alemanha bloqueada como parceiro comercial na Europa e no resto do mundo. Mas os Estados Unidos terminaram entrando na guerra para "salvar os valores da civilização", como afirmou o presidente Wilson.

A afirmativa dever ser recebida com um grão de sal. O general De Gaulle, mestre em dizer verdades inconvenientes, costumava repetir: "Os ingleses que morreram libertando a França deram a vida pela Grã-Bretanha e pelo rei. Os americanos que morreram libertando a França morreram pelos Estados Unidos e por ninguém mais." Corroborando esse óbvio, o filho do general, almirante Philippe de Gaulle, cita trecho de opúsculo distribuído pelo Exército Americano após a Liberação: "Assim como aconteceu em 1917, em 1944 nós não viemos à França para salvar os franceses [...]. Viemos porque nós, os americanos, estávamos ameaçados por uma potência hostil, agressiva e muito perigosa".[15] Os torpedeamentos, a divulgação do telegrama Zimmermann, a pressão da opinião pública são a parte visível da decisão americana de abandonar a neutralidade e entrar na guerra; sua parte racional foi avaliação de que o risco de uma vitória alemã atingira patamar intolerável para a segurança global dos Estados Unidos – na Europa, nos mares e no mundo. Após o Tratado de Versalhes, os americanos rejeitaram a constituição da Liga das Nações e voltaram a hibernar no isolacionismo, resistindo a todos os esforços do presidente Franklin D. Roosevelt para participar do que julgavam ser mais um conflito europeu. Foi preciso o ataque japonês à base aeronaval de Pearl Harbor (7 de dezembro de 1941) para provar-lhes o engano. Os Estados Unidos, ao fim da Guerra da Coreia (1950-53), crismaram o 11 de novembro: ele passou a chamar-se Dia dos Veteranos, no qual homenageiam os veteranos de todas as guerras. Estava-se em plena Guerra Fria e os Estados Unidos se haviam constituído em defensores da liberdade e dos "valores da civilização", como afirmara Wilson.

MEMÓRIA

A Grande Guerra, a vida nas trincheiras, forneceu ambiente para muitos romances – alguns deles feitos filmes, poucos traduzidos para o português. Os espectadores de tarde da noite conhecem bem as mais famosas dessas películas. Do lado francês, *A grande ilusão* (*La Grande Illusion*, Jean Renoir, 1937), um pungente libelo contra a guerra; do lado americano, *Adeus às armas* (*A Farewell to Arms*, Charles Vidor, 1957), baseado na obra de Ernest Hemingway, sobre o tempo em que o escritor foi motorista de ambulância na frente italiana, com cenas do desastre da Caporetto. Erich Maria Remarque toma para título de antológico livro o fecho de comunicados de guerra da Alemanha, que combatia em duas frentes: *Nada de novo na frente ocidental*. Hollywood fez do livro um filme julgado o melhor de 1930 (*All Quiet on the Western Front*, Lewis Milestone), premiado com o Oscar e um extraordinário sucesso mundial de bilheteria.

A Primeira Guerra Mundial continua presente no imaginário atual. Que fazer para o *"der des der"*? Trata-se do *dernier des derniers*, o último dos últimos combatentes franceses da guerra de 14-18, como são chamados. Quando do sepultamento do último *poilu*, que a homenagem da França seja a uma geração de homens, e não apenas a um deles, propôs um deputado francês. O lugar para sepultá-lo é discutido. Nos Inválidos, ao lado de Napoleão? No Somme, cenário da batalha mais mortífera? Ou Verdun, da heroica e sangrenta resistência, onde o presidente da França, François Mitterrand, e o primeiro-ministro da Alemanha, Helmut Kohl, apertaram as mãos em sinal da reconciliação entre os povos?

Ao se comemorar os 80 anos do armistício, o primeiro-ministro Lionel Jospin, enfrentando protestos da oposição, inaugurou um monumento "reintegrando à memória coletiva os soldados que, em 1917, no Chemin des Dames, se haviam amotinado após a ofensiva desastrosa do general Nivelle". Tribunais militares ditaram centenas de condenações à morte por fuzilamento mas, graças à interferência do general Pétain, somente 49 sentenças foram executadas. O presidente Jacques Chirac censurou a homenagem e acusou Jospin de meter-se em algo que era da competência da Presidência.

O que levou os soldados, dos dois lados, a matar com tanto furor e a enfrentar a morte com tanta bravura? A pergunta procede mais ainda em relação aos membros da comunidade britânica e cidadãos das colônias francesas, britânicas e alemãs que combateram por suas metrópoles. Revisões da História e a Psicologia explicam que a propaganda de guerra, a disciplina militar, o "senso de pertencer" a uma organização, antes que o decantado patriotismo, respondem pelo número reduzido de combatentes que desertaram ou se recusaram a cumprir a ordem para *go over the top*.

Ainda há quem considere a História Militar província exclusiva dos militares, mas o número dos que pensam assim é cada vez menor. Por outro lado, existe nos meios intelectuais quem negue à História Militar a condição de História. Sob muitos aspectos, a imagem da lanterna de popa, que só ilumina para trás, aplica-se à experiência colhida na Grande Guerra. A lembrança da guerra de posição levou à supertrincheira de 1939, a Linha Maginot, feita inútil pela *Blitzkrieg*, a guerra-relâmpago, promovendo audaciosas ações de ruptura e desbordamento das defesas do inimigo por velozes formações blindadas apoiadas pelos Stuka, aviões de bombardeio em mergulho. O pensamento militar conservador alemão acreditou que esses novos meios permitiriam dar a uma ala direita atacante a impulsão e a velocidade que faltaram na execução do Plano Schlieffen. Foi preciso a criatividade do general Erich Manstein para conceber manobra ainda mais ousada que a de Schlieffen – o ataque pelas Ardenas. O Plano Manstein caiu sob os olhos de Hitler, que mandou executá-lo, do que resultou a vitória alemã de 1940. A Alemanha voltou a cometer a temeridade da guerra em duas frentes, atacando a União Soviética. Repetiu temeridade maior, que foi desencadear a Segunda Guerra Mundial.

Quase 90 anos depois de haver terminado a Grande Guerra, Niall Ferguson, um professor de história americano, da Universidade de Harvard, faz instigante paralelo entre o período que vai de fins do século XIX até o início da Guerra de 1914-18 e os dias de hoje. Ferguson assinala que, naquele tempo, a circulação de bens de capital e de pessoas era livre; as rotas de navegação e as comunicações telegráficas no Atlântico eram então intensamente utilizadas; difundiam-se inovações tecnológicas como o telefone, o rádio e as estradas pavimentadas; a economia mundial crescia em ritmo comparável ao de hoje e os Estados Unidos já eram a mais pujante potência econômica. O cenário, que lembra a globalização, desabou com a Primeira Guerra Mundial, uma guerra deflagrada pelo atentado terrorista de Sarajevo. Poderia aquele episódio se repetir com ingredientes atualizados, o 11 de setembro correspondendo a Sarajevo?[16]

SE...

Wilson reelegeu-se presidente dos Estados Unidos em 1916, apoiado no *slogan* "ele nos conservará fora da guerra". O isolacionismo respondia à vontade do povo de permanecer fora das confusões dos europeus e à conveniência do *big business* em explorar novas oportunidades de transações com a Europa em guerra. O rompimento de relações, quando da declaração de guerra submarina irrestrita pela Alemanha, foi a resposta graduada com que Wilson anunciou o início de uma escalada cujo patamar seguinte seria a declaração de guerra.

O gradualismo do presidente americano era inspirado por uma combinação de idealismo e pragmatismo. Os Estados Unidos vinham colhendo vantagens materiais com o comércio com os Aliados e não havia porque custear uma guerra e mandar americanos morrer nos campos de batalha da Europa. Além disso, a neutralidade reforçaria a estatura política da América quando chegasse o momento de tratar da paz. No entanto, tornou-se inevitável a entrada dos americanos no conflito. Às vésperas de entregar a declaração de guerra ao Congresso, em abril de 1917, Wilson previu em diálogo com o jornalista Frank Cobb, do jornal *World*, de Nova York, que ela "significaria que a Alemanha seria batida, e tão duramente batida que haveria uma paz ditada, uma paz vitoriosa". E acrescentou: "Isto significa uma tentativa de reconstruir uma civilização de paz segundo padrões de guerra. Por fim, só haverá padrões de guerra."[17] Trazendo suas reflexões para o cenário nacional, Wilson previu que seria esquecido o significado da tolerância e que o espírito de implacável brutalidade entraria em todas as fibras da vida nacional, infeccionando o Congresso, os tribunais, o policial de serviço, o homem da rua.

Ao reproduzir o que lhe fora narrado por Frank Cobb, J. Fuller é de opinião que, com a Rússia praticamente fora da guerra e a Alemanha capaz de concentrar forças na Frente Ocidental, França e Grã-Bretanha teriam sido forçadas à defensiva. Por outro lado, o sistema de comboios começava a ter êxito na luta antissubmarina. Assim, os Estados Unidos teriam sido capazes de patrocinar uma paz negociada "antes que Lenin estivesse na sela".

Linha de raciocínio também não convencional é atribuída a Churchill, a propósito do que teria acontecido se os Estados Unidos não tivessem entrado na guerra em 1917. "Os Estados Unidos deveriam ter cuidado de suas coisas e ficado fora da guerra mundial", teria declarado em 1936 ao editor do jornal *Enquirer*, de Nova York, segundo narra Fuller. "Os Aliados teriam feito a paz com a Alemanha na primavera de 1917. [...] não teria acontecido o colapso da Rússia seguido do comunismo, nem a queda da Itália, seguida do fascismo [...] e a Alemanha não teria assinado o Tratado de Versalhes, que entronizou o nazismo." Continua a entrevista: "se a Grã-Bretanha tivesse celebrado a paz em princípios de 1917, teria salvado 1 milhão de vidas britânicas, francesas, americanas e outras vidas".[18]

Se...

NOTAS

(1) Apud John Keegan, História ilustrada da Primeira Guerra Mundial, trad. Renato Rezende, Rio de Janeiro, Ediouro, 2003, p. 101.

(2) Coronel Ardant Du Picq, Estudos sobre o Combate, tradução do original francês, Études sur le combat, pelo Coronel Luiz de Alencar Araripe, Biblioteca do Exército Editora, Rio de Janeiro, 2000.

(3) *Life International* – The First World War: Part v- Songs, Spies, Liberty Pups, 1964.

(4) D. J. Godspeed, Ludendorff, Trad. Eloyvaldo Chagas de Oliveira, Rio de Janeiro, Biblioteca do Exército-Editora/Saga, 1968, p. 125.

(5) Major General J. F. C. Fuller, The decisive battles of the Western World, 1792-1944, special abridged and revised edition, London, Granada Publishing, 1970, p. 387.

(6) Posto mais alto da arma de Cavalaria alemã, de onde o Barão (Freiherr) Richthofen era oriundo.

(7) *Life International* – vol. 35, nº 11 – *The Last Burst of Splendor: 1913.*

(8) Sidney Garambone, A Primeira Guerra Mundial e a imprensa brasileira, Rio de Janeiro, Mauad, 2003.

(9) A Doutrina Monroe foi formulada em 1823 pelo presidente dos Estados Unidos de mesmo nome, condenando a colonização e a intervenção por parte de Estados europeus na América.

(10) Garambone, op. cit. (Notícia do Jornal do Comércio de 9 nov. 1917), p. 93.

(11) Referente ao Duque de Caxias e Marechal do Império, Patrono do Exército.

(12) Monteiro Lobato, "O Espião Alemão", em Urupês – 2ª Parte, Cidades Mortas, 1943, p. 235.

(13) Henry Kissinger, Diplomacy, New York, Simon & Schuster, 1994, pp. 306-311.

(14) O *Goldmark* foi a moeda-ouro criada após 1918 estabelecendo uma relação firme entre as moedas inflacionárias e as estáveis do após-guerra.

(15) Philippe De Gaulle, De Gaulle, mon pére, entretiens avec Michel Tauriac, Paris, Plon, 2003, p. 149.

(16) Niall Ferguson, *Sinking Globalization*, em Foreign Affairs, March/April 2005, p. 64.

(17) Fuller, op. cit., p. 358.

(18) Fuller, op. cit., p. 359.

BIBLIOGRAFIA

ARON, Raymond. *Penser la guerre*. Clausewitz. Vol. 2. L'age planétaire. Paris: Gallimard, 1976.

BOUVET, Christian (dir.) *3ᵉ Histoire Géographie*. Livre du professeur. Paris: Hachette Éducation, 2003.

DE GAULLE, Philippe. *De Gaulle, mon pére*. Entretiens avec Michel Tauriac. Paris: Plon, 2003.

DTV-ATLAS ZUR WELTGESCHICHTE. Karten und chronologisher Abriss. Band 2. München: Deutscher Taschenburch Verlag, 1976.

DU PICQ, Ardant. *Estudos sobre o combate*. Tradução do original francês, *Études sur le combat*, pelo Coronel Luiz de Alencar Araripe. Rio de Janeiro: Biblioteca do Exército Editora, 2000.

EARLE, Eward Meale. *Les maîtres de la stratégie*. 1- De la Rénaissance à la fin du XIXᵉ siècle. Prefácio de Raymond Aron. Paris: Flamarion, 1980.

FULLER, J. F. C. Major General, C. B. *The Decisive Battles of the Western World 1792-1944*. Ed. John Terraine. Special abridged and revised edition. London: Granada Publishing, 1970.

GARAMBONE, Sidney. *A Primeira Guerra Mundial e a imprensa brasileira*. Rio de Janeiro: Mauad, 2003.

GODSPEED, D. J. *Ludendorff*. Trad. Eloyvaldo Chagas de Oliveira. Rio de Janeiro: Biblioteca do Exército-Editora/ Saga, 1968.

GORLITZ, Walter. *O Estado-Maior Alemão:* Sua história e estrutura, 1657- 1945. 2 vols. Rio de Janeiro: Biblioteca do Exército Editora, 1956.

SKIDMORE, Thomas E. *Uma história do Brasil*. São Paulo: Paz e Terra, 2000.

TUCHMAN, Barbara. *Canhões de agosto*. Trad. Eliana Sabino. Rio de Janeiro: Biblioteca do Exército Editora, 1998.

PERIÓDICOS

LIFE INTERNATIONAL: 1964. The Last Burst of Splendor: 1913; The First World War: parts I to VI.

NEW YORK TIMES. Front Page History of World Wars as reported by The New York Times. Ed. Arno De Mirjian Jr./ Eve Nelson. New York: Arno Press, 1976.

PARIS MATCH. 1964 – 50 ans après lês pages heroiques de notre histoire. Números tricolores 14/ 18: La Grande Guerre; 1ère Guerre Mondiale.

STERN. Ich habe es nicht gewollt - Der Kaiser hatte Angst vor dem Krieg; Erschossen in Sarajewo; Die 7 Tod Sünden des Deutsches Reiches.

SEGUNDA GUERRA MUNDIAL

Pedro Tota

Ao final da famosa Batalha de Stalingrado, travada entre 1942 e início de 1943, os alemães perderam cerca de 2 mil tanques, mais de 2 mil aviões, 10 mil canhões e 70 mil veículos motorizados.

Na Batalha de Kursk, travada em meados de 1943, os alemães pretendiam retomar a iniciativa perdida em Stalingrado, em fevereiro. O ataque preparado contava com uma força de 900 mil soldados, 2.700 tanques e cerca de 1.800 aviões.

Em 13 de fevereiro de 1945, já no final da guerra, em pleno inverno europeu, a temperatura subiu bastante em Dresden, cidade alemã situada às margens do rio Elba, próxima à fronteira tcheca. 873 bombardeiros da RAF (a Royal Air Force, Força Aérea Britânica) despejaram milhares de bombas incendiárias sobre a cidade. No dia seguinte foi a vez de mais de 500 B-17 da United States Army Air Force (a USAAF, Força Aérea do Exército Americano). Ao todo, foram mais de 1.300 aviões despejando toneladas de bombas que mataram, segundo uma testemunha alemã, quase 200 mil pessoas, a maioria calcinada por ventos e chamas de 500 graus centígrados.

Em um livro especializado da História da Segunda Guerra Mundial estão registrados os números de aviões produzidos pelos Estados Unidos entre 1940 e 1945. Das fábricas da Boeing, da Ford, da General Motors, da Martin, da Douglas, da North American, da Lockheed, da Courtiss, da Bell, da Grumman, espalhadas pelo território americano, saíram 304.887 aviões. Na mesma época, os alemães produziram 109.601 aeronaves.

Os números, não exatamente frios, indicam a capacidade de mobilização material e humana para o maior conflito da história da humanidade. A isso chamamos de guerra total.

Na Guerra da Secessão (1861-65), a maior guerra civil de que se tem notícia, já havia sido aplicado o princípio de guerra total (veja o capítulo "Guerra de Secessão"). Para o general Sherman, um dos grandes líderes militares das forças da União, a guerra total significava que qualquer indivíduo do outro lado devia ser considerado um combatente, e não uma simples pessoa. Qualquer meio para se fazer a guerra devia ser considerado legítimo. Por exemplo, no Mississipi, ele elaborou uma diretiva que pode ser resumida da seguinte forma: para cada barco da União atingido eram escolhidas dez famílias por sorteio. Essas famílias tinham de abandonar suas casas e propriedades e entregá-las ao exército do Norte. Cidades que porventura tivessem mostrado alguma simpatia pela causa rebelde eram destruídas. A destruição da cidade de Atlanta, no estado da Geórgia, pode ser considerada o ponto alto da teoria da guerra total.

A Segunda Guerra Mundial foi uma guerra total no sentido lato da palavra. A política nazista de destruição dos judeus (a "solução final") contava com sofisticada organização de busca, seleção, transporte, concentração e assassinato nos campos de extermínio (o chamado Holocausto), para onde também foram enviados ciganos, oposicionistas e até prisioneiros de guerra. Já em 1945, os americanos jogaram bombas atômicas em Hiroshima e Nagasaki, ameaçando o mundo com nova tecnologia de morte em massa. Essa foi a guerra total no último conflito mundial. Daí a mobilização de recursos simplesmente fabulosos.

A imensa capacidade industrial dos Estados Unidos, considerado "o arsenal da democracia", foi percebida pelo almirante Yamamoto, o mais importante estrategista naval do Japão. Ele conhecia bem os Estados Unidos e disse, logo depois do ataque a Pearl Harbor: "Podemos crescer sem freios por seis meses a um ano mas, depois disso, os poços de petróleo do Texas e as fábricas de Detroit darão os meios para uma contraofensiva irresistível dos americanos no Pacífico".[1]

A Segunda Guerra, por sua mobilização e por sua crueldade, foi única na história da humanidade. Mas foi também uma guerra que proporcionou a união de antigos inimigos figadais. A grande aliança formada pela União Soviética, de regime socialista, com a Grã-Bretanha e os Estados Unidos, estados capitalistas, liberais e anticomunistas, só foi possível porque a Alemanha não era tão somente um opositor que encarnasse conflitos de interesse econômicos, mas um Estado cuja política e ambições eram determinadas por sua ideologia.

A Segunda Guerra Mundial teve como característica determinante o fato de que os países em conflitos visavam pretensões ilimitadas. Em outras palavras, tinham como objetivo a submissão absoluta do adversário. Se na Primeira Guerra Mundial o objetivo das nações em combate era a derrota do inimigo no campo de batalha e a imposição de condições de paz, isso não era exatamente válido para a Segunda Guerra Mundial. A Alemanha de Hitler, por exemplo, pretendia dominar a Europa e transformar os países do Ocidente em estados vassalos. O plano nazista para o lado oriental era reduzir a União Soviética à condição de colônia e transformar sua população em serviçais dos "senhores" germânicos. Do lado dos Aliados, isto é, da Grã-Bretanha, Estados Unidos e União Soviética, os objetivos não eram limitados: só a rendição incondicional é que valeria. Não se aceitaria uma paz negociada, não haveria condições. O inimigo seria combatido até a última bala.

Por tudo isso, tanto um lado como o outro estavam destinados a lutar até o fim, empregando o máximo das suas forças. Por tudo isso, também, o máximo de recursos precisavam ser mobilizados para a guerra. A centralização e a consequente planificação da economia tinham como único objetivo a produção para repor as necessidades militares. De gigantescos porta-aviões aos próprios aviões, do simples pneu à complicada peça de um radiotransmissor. Do revólver ao grande canhão de 120 mm. Tudo era feito em massa, em série. E também destruído em massa. Destruição em massa não só material, mas também humana. Pesquisas recentes apontam que só na União Soviética o número de mortos é muito maior do que os 20 milhões anunciados oficialmente.

Guerra de massas que mobilizou milhões de combatentes e trabalhadores. Em 1933, no auge da crise econômica, os Estados Unidos tinham quase 15 milhões de desempregados. Dez anos depois, isto é, em plena guerra, não havia praticamente nenhum americano fora das fábricas ou dos campos de cultivo. Todos os países mobilizaram 20% da população masculina para os combates ou atividades diretamente ligadas às questões militares. A Alemanha não teve problemas morais em usar mão de obra escrava de prisioneiros. Os Estados Unidos, a Grã-Bretanha e a União Soviética usaram a mão de obra feminina na produção para suprir a falta de operários que haviam se transformado em soldados.

Esse esforço de guerra exigiu o máximo de criatividade no sentido de aumentar a eficiência produtiva. Por isso, os métodos de produção e engenharia mecânica tiveram notáveis avanços, que foram úteis depois para os tempos de paz. Ganhou a guerra quem venceu a batalha da produção.

ORIGENS DA SEGUNDA GUERRA

A Primeira Guerra Mundial terminou em novembro de 1918, quando os alemães finalmente reconheceram a inutilidade de qualquer tentativa de vencer as forças aliadas (França, Grã-Bretanha, Itália e Estados Unidos). A Alemanha estava arruinada, com suas fábricas paralisadas, as cidades tomadas por soldados e operários insuflados pela revolução e o exército em retirada. Na Rússia, a Revolução havia derrubado uma monarquia secular e estabelecido um governo comunista num país literalmente arruinado pela guerra e pela pobreza. O fantasma do comunismo estava assustando o mundo.

O mapa da Europa havia mudado. Pelos acordos firmados em 1919, surgiram novos países: Polônia, Tchecoslováquia, Áustria, Hungria, países bálticos. Mas o centro determinante da política europeia era realmente a Alemanha. Com a criação da Tchecoslováquia, por exemplo, a Alemanha perdeu parte de seu território e mais de 3 milhões de habitantes. O mesmo se deu com a Polônia, que se formou dividindo o território alemão pelo famoso "corredor polonês". Os países vitoriosos encontraram-se e firmaram o célebre Tratado de Versalhes, que foi imposto à Alemanha. Pelo tratado, a Alemanha foi considerada a grande responsável pela guerra.

A Primeira Guerra Mundial não havia resolvido os problemas que a geraram. Entre 1919, ano da assinatura do Tratado de Versalhes, e 1925, quando foi assinado o Tratado de Locarno, uma ratificação do tratado de 1919, reinou uma calma aparente entre os países europeus. No entanto, a superfície de calmaria escondia tensões e contradições que começaram a aflorar ao longo da década de 1920. A Alemanha continuava insatisfeita.

Na União Soviética, Stalin conseguia, na época, dominar a fração política liderada por Trotski. Stalin entendia que o Tratado de Versalhes era, na verdade, uma simples trégua. A Alemanha, dizia ele, não podia continuar a suportar tamanhas limitações e condições aviltantes. A União Soviética era, de certa forma, um Estado marginalizado em relação aos outros países europeus. O mesmo pode-se dizer da Alemanha, pelo menos até 1925. Por isso, a Alemanha firmou acordos secretos com a União Soviética que permitiam à Wehrmacht (Forças Armadas alemãs) fazer testes com novos armamentos e treinar algumas de suas unidades em território soviético – isso porque o Tratado de Versalhes proibia o rearmamento da Alemanha.

Os Estados Unidos haviam saído da guerra como o país vencedor. Vencedor no campo militar e vencedor, principalmente, no campo econômico. Como potência distante dos conflitos, o país pôde fornecer material bélico, alimentos e matérias-primas para os aliados europeus. Depois da guerra os americanos haviam acumulado riquezas fabulosas. Até a Crise da Bolsa de 1929, os americanos viveram numa euforia que fazia com que todos vissem os Estados Unidos como "modelo" a ser imitado. Ao mesmo tempo, os Estados Unidos procuravam manter-se longe dos conflitos políticos europeus. Esse posicionamento ficou conhecido como isolacionismo.

O isolacionismo na política americana havia nascido depois de 1918. Os críticos americanos diziam que os Estados Unidos haviam entrado na guerra e oferecido o sangue de mais de 130 mil jovens só para enriquecer as grandes empresas. Nascia, no seio da sociedade americana, um forte pacifismo, compartilhado, por diferentes razões, tanto por intelectuais e críticos de esquerda quando por direitistas como o famoso piloto Charles Lindberg.

Quando Franklin Delano Roosevelt tomou posse, em 1933, a política externa americana ainda estava marcada pelo espírito de que os Estados Unidos nunca mais iriam se envolver nos problemas europeus. Por isso, entre 1935 e 1937, o Congresso americano aprovou a Lei de Neutralidade. Roosevelt, no entanto, conseguiu que as novas leis permitissem algum tipo de ajuda, em caso de guerra na Europa, aos países considerados amigos. Em setembro de 1939, quando a Segunda Guerra já havia começado, Roosevelt conseguiu resumir numa famosa frase a futura política americana com relação à Europa: "Esta nação permanecerá neutra, mas eu não posso exigir que todos os americanos tenham um posição de neutralidade também".[2] Era como se falasse dele mesmo.

Se os Estados Unidos pretendiam manter uma política de neutralidade, no Oriente o Japão começou a expandir-se em busca de matérias-primas para alimentar sua crescente industrialização. Por isso, podemos dizer que o primeiro tiro da Segunda Guerra Mundial foi desferido pelo Japão quando, em 1931, invadiu a China.

A Alemanha permaneceu, até 1933, aparentemente afastada das grandes questões europeias. Em janeiro de 1933, Adolf Hitler, líder do Partido Nacional-Socialista dos Trabalhadores Alemães, subiu ao poder. O programa do Partido Nazista, como ficou conhecido o partido de Hitler, não escondia a ideia de transformar a Alemanha numa potência militar e restaurar os tempos áureos do Império em que o país ditava, em grande parte, as regras na política europeia.

Deutschland Erwash, ou "Alemanha Desperta!" Assim, os nazistas começaram a reconstruir a Alemanha. A Alemanha havia ficado paralisada entre 1919 e 1933, mas agora ela despertaria da letargia para mostrar a todos, sob a liderança do Führer, que era um país destinado a liderar o mundo. *Gleichschautung*, conceito de difícil tradução, deve ser entendido como coordenação de um Estado sob a autoridade total de um só líder. Foi dentro dessas perspectivas "filosóficas" que a ditadura se impôs e a Alemanha começou a reconstrução. Hitler havia, direta e indiretamente, recebido o apoio dos grandes conglomerados industriais. O rearmamento da Alemanha foi a base da sua reconstrução.

Assim que Hitler subiu ao poder, o patriarca da família Krupp percebeu a importância do projeto de governo dos nazistas. Reprimir os movimentos operários, ao mesmo tempo em que desenvolvia uma política de cooptação dos trabalhadores. Os nazistas iniciaram, secretamente, o rearmamento do Exército, a criação de uma força aérea e o reaparelhamento da Marinha. Não é coincidência que as grandes corporações ficassem satisfeitas com a ascensão dos nazistas. A Krupp e a Thyssen, grandes fabricantes de armas, por exemplo, passaram a receber encomendas lucrativas. Alguns números demonstram que, entre 1933 e 1939, houve rápido crescimento na indústria de aviões de combate e no efetivo militar das Forças Armadas: em 1934 foram construídos 840 aviões; em 1936, 2.530; em 1918, 3.350 e, em 1939, 4.733. A produção bélica em geral havia aumentado mais de 22 vezes entre 1933 e 1940. Os efetivos das Forças Armadas também cresceram assustadoramente: de pouco mais de 100 mil soldados em 1933, para cerca de 3,8 milhões em 1939, ou seja, mais de 35 vezes.

Interessante notar que o mesmo fenômeno acontecia na Itália e no Japão. A Itália sob a ditadura de Benito Mussolini e o Japão sob os governos de ministros militaristas. Ambos os países, cada um a seu modo, modernizaram a indústria pesada e construíam armas, aviões e navios para suas respectivas Forças Armadas.

Embora continuasse a preparar a Alemanha para a guerra, Hitler dava todos os sinais de que era um novo líder em busca da paz europeia: "Aquele que acender a chama da guerra na Europa não quererá outra coisa senão o caos. A Alemanha Nacional-Socialista deseja a paz em virtude de suas convicções. E também quer a paz porque nenhuma guerra seria essencialmente adequada para alterar as angústia da Europa".[3] E dizia também que "como ex-combatentes, a maioria dos membros do NSDAP não desejam ver seus jovens morrerem na guerra".[4]

No plano interno, isto é, para seus mais íntimos colaboradores ligados às Forças Armadas, Hitler apontava exatamente em direção oposta. Em 3 de fevereiro de 1933, fez um pronunciamento para o comando da Reichswehr: "[precisamos] conquistar um novo *Lebensraum* no leste e germanizá-lo sem piedade".[5] Na verdade, já nos anos 20, quando Hitler começou sua carreira política e escreveu o conhecido livro *Minha Luta*, havia uma clara reivindicação, nos seus projetos, de mais territórios para acolher a população alemã. Para a ideologia nazista, os alemães, por serem uma raça superior, tinham o direito de conquistar o "espaço vital" (*Lebensraum*) destinado a acomodar os germânicos.

Em outubro de 1933, a Alemanha retirou-se da Liga das Nações, em 16 de março de 1935 foi introduzido no país o serviço militar compulsório com 550 mil conscritos. Nesse mesmo ano, a Alemanha retomou o Sarre, região mineira que estava sob a jurisdição da Liga das Nações.

A França e a Grã-Bretanha agiam como se não tivessem lutado como aliados na Primeira Guerra Mundial. A Grã-Bretanha, por exemplo, havia assinado um tratado naval que deixava Hitler, na prática, em liberdade para reconstruir a Armada alemã. A França, sentindo-se isolada, assinou um tratado, ainda que precário, com a União Soviética.

A União Soviética, por sua vez, tinha sido admitida na Liga das Nações em 1934 e procurava, por todos os meios, fazer valer o princípio da paz coletiva na Europa. O que, na verdade, se mostrava quase impossível. As nações, especialmente a Alemanha nazista, tentavam por todos os meios assinar acordos bilaterais, ajudando a desacreditar a Liga das Nações. Ainda em 1934, os alemães assinaram, em separado, um tratado de paz com a Polônia, país que nas premissas nazistas continuava a ser considerado responsável pela separação da Prússia Oriental do resto do território alemão.

Um dos projetos mais acalentados pela ideologia nazista era o de anexar a Áustria, país de etnia germânica. Era o *Anshluss*, ou seja, a anexação "natural" de um país que deveria fazer parte do que eles chamavam de Grande Alemanha. Em 1934, os alemães fizeram uma primeira tentativa de colocar em prática o *Anshluss,* mas sob a pressão da Itália, que ainda não estava totalmente alinhada com a política da Alemanha, o projeto foi postergado.

Um passo claramente belicoso tomado pela Alemanha foi a declaração da política do rearmamento. Em outras palavras, Hitler tornava público, em

1935, o que já vinha fazendo secretamente. O Tratado de Versalhes era claro quanto à proibição do rearmamento da Alemanha. No entanto, nada se fez para impedir tal iniciativa.

Assim, a Alemanha sentiu-se em condições de romper mais um importante item do Tratado de Versalhes, qual seja, a remilitarização da Renânia. Pelo tratado, a margem esquerda do rio Reno era região desmilitarizada. Embora ali já não houvesse tropas estrangeiras, pois o exército francês havia deixado a região alguns anos antes, as cláusulas do tratado eram bem claras: não era permitida a permanência de tropas do Exército alemão na região. No entanto, Hitler iniciou seu plano de vingança contra o tratado que havia aviltado o orgulho nacional alemão. Determinou aos comandantes da Wehrmacht que atravessassem as pontes do Reno e tomassem a margem esquerda. Sob protestos de alguns comandantes, soldados alemães invadiram a região renana em 7 de março de 1936 e foram recebidos com flores e delirantes aplausos da população local. A expansão nazista parecia não ser notada pelos dirigentes franceses.

A situação internacional ficou mais tensa quando a Itália iniciou, em maio de 1936, a invasão da Etiópia. A Liga das Nações registrou um pálido protesto, enquanto a Alemanha deu total apoio a Mussolini. Dessa forma, começava-se a selar uma aliança entre a Itália fascista e a Alemanha nazista. Essa aliança se completou a partir de meados de 1936, durante a Guerra Civil Espanhola. Os dois países ajudaram as forças conservadoras de Franco contra os republicanos de esquerda. Os republicanos foram ajudados pela União Soviética. Por tudo isso, costuma-se dizer que tantos os fascistas como os comunistas testaram suas armas nos campos de batalha da Espanha e ensaiaram a Segunda Guerra Mundial. Firmava-se assim uma aliança anticomunista entre a Itália e a Alemanha, da qual também fazia parte o Japão militarista.

Em março de 1938, a Alemanha realizava a tão sonhada anexação da Áustria. Sem disparar um tiro, os soldados alemães foram recebidos por uma significativa parcela da população austríaca como restauradores da união dos povos germânicos. Mais uma vez, França e Grã-Bretanha nada fizeram. Na verdade nutria-se a ideia de que o perigo real era representado pela União Soviética e não pela Alemanha nazista. A Grã-Bretanha começou a aplicar a política que ficou conhecida por apaziguamento, idealizada pelo primeiro-ministro conservador Neville Chamberlain. Tal política consistia em fazer concessões territoriais à Alemanha, em especial a leste. Dessa forma os nazistas consolidavam seu acalentado sonho de um "espaço vital".

O passo seguinte da política de constante busca do *Lebensraum* foi a conquista dos sudetos tchecos, como era conhecida uma faixa de terras da Tchecoslováquia habitada por maioria alemã. Hitler exigia sua volta ao domínio alemão. Pressionado, o pequeno país tcheco, que havia surgido depois da Primeira Guerra Mundial, pediu auxílio à França, com quem tinha acordos de ajuda militar. A França, sentindo-se superada pelo crescente poderio militar alemão, preferiu a linha diplomática. Tudo isso facilitou a aplicação da política do apaziguamento dos britânicos.

Em 29 de setembro de 1938, deu-se a Conferência de Munique, na capital da Bavária. Do encontro participaram Grã-Bretanha, França, Itália e, evidentemente, a Alemanha. Não foi permitida a presença da Tchecolslováquia. A União Soviética – que tinha interesses estratégicos na região – também não foi convidada. Uma Tchecoslováquia fragilizada permitiria a passagem de forças alemãs numa eventual invasão nazista ao território soviético. Pelo acordo firmado em Munique, a Alemanha ficou com os sudetos e a Tchecoslováquia desmembrou-se em duas. Uma parte ficou literalmente sob o domínio da Alemanha. A outra transformou-se em um Estado satélite.

A União Soviética sentiu-se preterida pela França e pela Grã-Bretanha. No ano seguinte, iniciou conversações com a Alemanha. Buscava proteger-se contra um possível ataque-surpresa. Os diplomatas soviéticos continuavam tentando dialogar com a França e Grã-Bretanha, mas os dois países respondiam com lentidão. Em 23 de agosto de 1939, os ministros das relações exteriores da União Soviética e da Alemanha, Molotov e Ribentropp, respectivamente, assinaram, sob o olhar de Stalin, o Pacto de Não Agressão Nazi-Soviético. A Alemanha estava assim livre para prosseguir, sem medo de enfrentar duas frentes de batalha, seu projeto expansionista. Hitler ordenou, ato contínuo, que seus comandantes se preparassem para invadir a Polônia. Para a estratégia da União Soviética, o protocolo secreto que garantia a anexação de parte do território polonês facilitava a transformação dos Países Bálticos (Lituânia, Estonia e Letônia) em repúblicas soviéticas.

O INÍCIO DA GUERRA

Por que a Polônia? Na época, a Polônia dividia o território alemão. A reivindicação da Alemanha era de ter o direito de livre passagem ligando a Prússia Oriental ao resto do território alemão. Em 1º de setembro de 1939, alegando conflitos na fronteira, Hitler ordenou a invasão do território polonês. As forças alemãs eram muito superiores às da Polônia. Uma aviação moderna, a força dos *panzers*, como eram conhecidas as divisões de tanques e blindados do Exército alemão, e uma infantaria bastante disciplina e bem treinada. Os poloneses foram pegos de surpresa e não puderam resistir à chamada *blitzkrieg*, ou seja, a guerra-relâmpago.

A França e a Grã-Bretanha tinham compromissos de ajuda aos poloneses. Os dois países enviaram um ultimato à Alemanha exigindo a imediata paralisação da invasão. Hitler não se deu ao trabalho de responder. Diante disso, a França e a Grã-Bretanha não tiveram outra saída senão declarar guerra à Alemanha, em 3 de setembro. Iniciava-se uma primeira fase da guerra com vitórias espetaculares das forças nazistas e manifestações de arrogância de Hitler. A União Soviética ocupou parte do território polonês, como havia sido acordado em protocolo secreto do tratado de 23 de agosto.

Depois de pouco mais de vinte dias do início da invasão, os comandantes poloneses assinavam a rendição. A Polônia deixou de existir como Estado independente. Era considerado um território anexado à Alemanha, cujos habitantes deveriam simplesmente trabalhar para os alemães. Daí em diante, iniciou-se a superexploração de mão de obra de trabalhadores judeus, poloneses e outras etnias. Nasciam também os famigerados campos de concentração, onde judeus e opositores dos nazistas eram internados. Posteriormente, aplicou-se a política da "solução final", ou seja, a pura e simples eliminação dos judeus.

Na frente ocidental, isto é, na fronteira da Alemanha com a França, praticamente não havia atividades militares. Os franceses estavam entrincheirados na Linha Maginot sem se mobilizar. Nenhuma tentativa de atacar as forças alemãs, entrincheiradas nas fortificações da Linha Siegfried. Alguns aviões britânicos chegaram a sobrevoar o território alemão e despejar panfletos com propaganda antinazista. Uma declaração de Hitler dá bem a medida do que ele pensava de seus inimigos: "A Grã-Bretanha e a França contraíram compromissos, mas nenhum desses Estados tem o desejo de cumpri-los [...] Em Munique, vimos esses miseráveis vermes do Chamberlain e Daladier [primeiro-ministro francês]. Eles não se decidirão a nos atacar."[6]

Em fins de 1939, houve combates navais e afundamentos de navios britânicos por submarinos alemães. Os franceses tiveram alguns mortos em pequenos incidentes de fronteira. Mas não havia grandes combates. Os britânicos tinham, sem dúvida, supremacia nos mares e, por isso, conseguiram bloquear o mar do Norte, impedindo assim que a Alemanha se abastecesse de matérias-

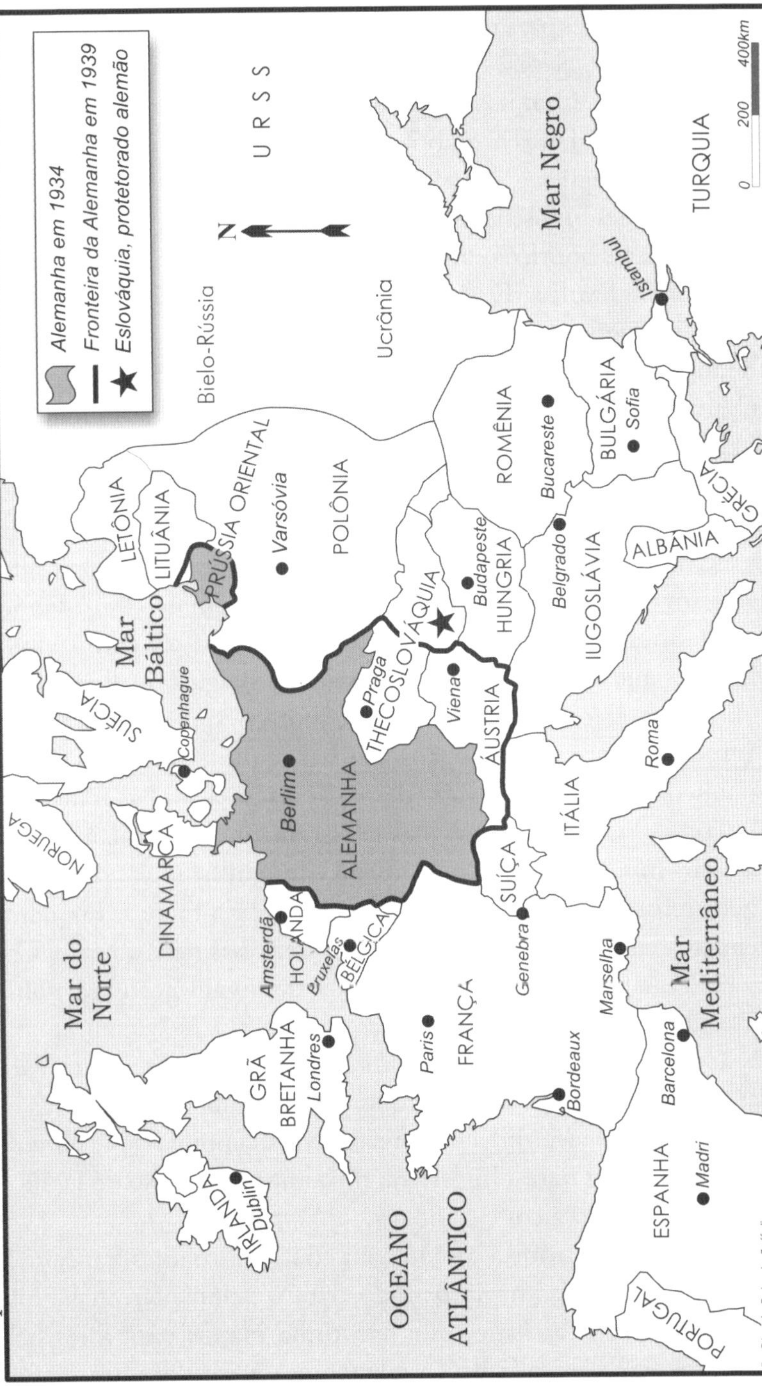

Europa em 1939

primas necessárias para manter suas indústrias funcionando. O minério de ferro, comprado pelos alemães na Suécia, era transportado pela estratégica passagem do mar Báltico. Ora, isso só seria possível se a Dinamarca e a Noruega fossem tomadas. Isso foi feito entre abril e maio de 1940, depois de combates, em especial contra os noruegueses. A Suécia, neutra, continuou fornecendo o precioso ferro para as grandes indústrias de armas alemãs.

Os líderes políticos e militares franceses tinham certeza de que o próximo alvo seria a França. O OKW (Alto Comando das Forças Armadas alemãs) pretendia repetir o que eles haviam feito em agosto e setembro de 1914: invadir a França através da Holanda e da Bélgica. Embora Hitler tivesse garantido publicamente que a neutralidade da Holanda e da Bélgica jamais seria violada, os alemães começaram os preparativos para a ação militar. Entre 10 e 14 de maio, a Luftwaffe (Força Aérea Alemã) começou a bombardear as cidades holandesas sem nenhum aviso. As vitimas eram civis. Não havia objetivos militares exatos. Desejava-se apenas impingir o medo e obter uma rendição dos dois países que serviriam de passagem para as tropas alemãs com destino à França.

O sistema de defesa dos franceses baseava-se, como vimos, na Linha Maginot, que se estendia até a fronteira da Bélgica. Dali em diante não havia fortificações. E foi exatamente por esse "buraco" que as forças alemãs começaram a invadir a França. A ação dos alemães contou também com uma força de paraquedistas que a Luftwaffe despejou atrás das linhas francesas.

Forças britânicas e francesas tentavam conter a avalanche alemã. O novo primeiro-ministro britânico, Winston Churchill, lutava contra o derrotismo de alguns setores políticos de seu país e da própria França. Enquanto o Exército alemão ia empurrando as forças anglo-francesas para o norte, Churchill voou para a França e ficou surpreso com a desorganização e a pouca resistência oferecidas pelos exércitos franceses.

Os alemães, em manobras muito bem articuladas, encurralaram os anglo-franceses nas praias de Dunquerque, próxima à Bélgica. Graças a um tremendo esforço feito pela Marinha britânica, auxiliada por navios e barcos voluntários, foram evacuados para a Inglaterra, no começo de junho de 1940, perto de 350 mil soldados britânicos e franceses.

O espírito derrotista tomou conta dos governantes franceses. O comando das Forças Armadas havia passado para o velho marechal Philippe Pétain, simpatizante do fascismo, que não tinha planos para a resistência. Alguns membros do Exército francês ainda tentavam esboçar uma organização contra a invasão, como era o caso do general Charles De Gaulle. O general já vinha se opondo às estratégias defensivas do Exército francês, que considerava ultrapassadas. Propunha uma remodelação das forças blindadas, com a modernização dos tanques e carros de combates, mas suas propostas não foram aceitas. De qualquer modo, era tarde demais. Os franceses jamais vão esquecer o que aconteceu em 4 de junho de 1940, quando as tropas nazistas marcharam pelos bulevares parisienses e a bandeira alemã com a cruz suástica foi afixada na Torre Eiffel.

Em 25 de junho, a luta cessou por força de um armistício assinado entre franceses e alemães. Pelo acordo, o norte da França e toda a costa atlântica ficaram sob ocupação da Alemanha. O sul transformou-se numa região não ocupada mas que deveria colaborar com os vencedores. A capital da parte sul ficou na cidade de Vichy, sob a direção do marechal Pétain e de Pierre Laval, que instauraram um regime semifascista.

Com a queda da França, Churchill sabia que o objetivo da máquina de guerra nazista era dominar a Grã-Bretanha. Hitler procrastinava. Ele achava que os britânicos iriam pedir a paz. Mas isso, sob a liderança de Churchill, não aconteceu. Em julho de 1940, Jodl, general-chefe do alto comando alemão, disse que a derrota da Grã-Bretanha era só uma questão de tempo.

Em setembro de 1940, a Luftwaffe recebeu ordens de iniciar os bombardeios do sul da Inglaterra, como primeiro passo preparativo da invasão das Ilhas Britânicas. Cerca de 1.400 bombardeiros e mais de 1.000 caças começaram o que se chamou Operação Leão-Marinho, despejando toneladas de bombas em instalações portuárias e aeródromos. Depois povoados e, em seguida, cidades. Londres foi atingida. No entanto, os aviões alemães encontraram tenaz resistência por parte da RAF (Royal Air Force), a Força Aérea Britânica. Os Spitfires, famosos caças, mesmo em inferioridade numérica enfrentaram os aviões alemães. Em pouco mais de três meses de batalha, a Grã-Bretanha perdeu cerca de 900 aviões e a Alemanha, 1.700. Os planos da invasão da Grã-Bretanha foram adiados e a chamada Batalha da Inglaterra terminou com a vitória dos britânicos, pelos menos no ar.

A INVASÃO DA UNIÃO SOVIÉTICA: A OPERAÇÃO BARBAROSSA

Quando o projeto de invadir a Grã-Bretanha falhou, Hitler voltou sua atenção para o leste. Já havia algum tempo que o líder nazista alimentava a intenção de invadir a União Soviética; secretamente, ele e o alto comando elaboraram um plano que ficou conhecido como Operação Barbarossa, em homenagem ao imperador Frederico I, Barbarossa, que havia reinado no antigo Império Germânico no século XII.

A expansão para o leste já havia começado por vias diplomáticas e por vias militares. Isso fazia parte da grande estratégia alemã para garantir o fornecimento de matérias-primas indispensáveis para manter a máquina de guerra funcionando. A Hungria, a Romênia e a Bulgária, por meio de acordos militares e econômicos, faziam parte da área de influência germânica. A Iugoslávia foi tomada militarmente, em abril de 1941, depois que o governo simpatizante dos nazistas foi deposto por um movimento pró-Grã-Bretanha. As tropas de Mussolini, que invadiram a Grécia quase na mesma época, precisaram ser auxiliadas pelos alemães. Com a tomada da região, o alto comando das Forças Armadas alemãs recebeu ordens para preparar a Operação Barbarossa.

Desde março de 1941 havia sinais claros de que Hitler estava se preparando para a guerra contra a União Soviética, considerada o verdadeiro grande inimigo da Alemanha nazista. Para a doutrina nazista, o comunismo e o socialismo, que haviam sido derrotados em solo alemão no começo dos anos 30, precisavam ser extirpados na sua origem. Além do mais, os nazistas associavam o regime comunista soviético ao judaísmo.

Embora houvesse claras evidências de que os alemães preparavam a invasão, Stalin parecia não lhes dar crédito. Temia enfrentar um inimigo com a melhor máquina de guerra do mundo. Por isso, não tomou medidas retaliatórias contra as várias violações do espaço aéreo soviético cometidas pela Luftwaffe. Stalin e outros líderes soviéticos apavoraram-se quando Rudolf Hess, o segundo na hierarquia nazista, voou solitariamente para a Grã-Bretanha com claros propósitos de conseguir a paz com Churchill, que, entretanto, nunca o recebeu. A iniciativa de Hess era sinal de que a Grã-Bretanha e a Alemanha poderiam se unir para combater a pátria do comunismo, imaginava Stalin.

Sem dar a menor satisfação a seus aliados japoneses e italianos, Hitler ordenou a concentração de tropas ao longo dos 3 mil quilômetros de fronteiras com a União Soviética. No começo de junho, já havia cerca de 150 divisões do Exército e um incontável número de blindados e canhões. Dois terços da Luftwaffe, num total de 2.770 aviões, estavam preparados em diversos aeroportos recém-construídos.

Toda essa formidável força iniciou, na madrugada de 22 de junho de 1941, a invasão da União Soviética. Três grupos de exércitos participaram da operação.

Operação Barbarossa (1941)

O grupo do centro, composto de quatro exércitos, seguiu em direção a Moscou; outro, que ia em direção ao norte, tinha como objetivo dominar Leningrado e nisso seria ajudado por forças finlandesas; um terceiro grupo de exército penetraria na região sudoeste e dominaria os campos de trigo da Ucrânia e a região petrolífera do Cáucaso. Alguns dias depois da invasão iniciada, foram incorporados às forças alemãs soldados italianos, romenos, húngaros e uma pequena força de voluntários espanhóis.

Em menos de um mês, as tropas nazistas penetraram por quase 800 km em território soviético. Com a invasão, foi posta em prática uma política especial para lidar com os russos soviéticos. Numa diretiva de março de 1941, Hitler já havia estabelecido algumas formas de tratar a população: como a União Soviética não havia assinado os acordos internacionais sobre prisioneiros de guerra, "todos os bolcheviques deverão ser eliminados imediatamente, sem julgamento; a *intelligentsia* stalinista deverá ser eliminada imediatamente; os russos remanescentes deverão ter o mesmo tratamento que tiveram os índios pele-vermelhas quando os americanos conquistaram o Oeste [...]".[7] As ordens foram cumpridas: exatamente assim é que foi tratada a maioria dos russos nas áreas invadidas pelos nazistas.

Durante os primeiros dias, Stalin e a liderança soviética pareciam não acreditar na realidade da invasão. O Exército soviético estava sendo batido. Os aviões da Força Aérea foram, em grande parte, destruídos antes mesmo de conseguirem levantar voo. Estimativas mais recentes calculam que cerca de 4 mil aviões soviéticos foram postos fora de combate nas primeiras semanas. Apesar da tentativa de resistência, muitos soldados do Exército Vermelho foram feitos prisioneiros logo nos primeiros dias. Em 3 de julho de 1941, o general Franz Halder, chefe do Estado-Maior do Exército Alemão, calculava que a União Soviética seria esmagada em mais duas semanas. Hitler chegou a dizer a seus amigos mais próximos que a nova fronteira da Alemanha seria nos montes Urais.

Mas o plano dos nazistas, que parecia estar dando certo, encontrou seu primeiro problema. Em 5 de setembro, o Exército Vermelho conseguiu barrar os alemães em uma pequena cidade ao sul de Smolensk. Foi uma pequena mas significativa vitória. Stalin já havia saído de seu torpor e fez uma famosa declaração, transmitida por toda a União Soviética. Ele lembrava que o país havia sido atacado traiçoeiramente e que o inimigo era cruel e pretendia transformar os russos em escravos. Por isso, pedia que resistissem aos invasores e, se não pudessem resistir, que se retirassem levando todos os seus pertences. E, se isso também não fosse possível, tudo o que pudesse ser usado pelos nazistas deveria ser destruído. Era a deflagração da "estratégia de terra arrasada".

Mesmo assim, por volta de novembro, os nazistas já haviam conquistado grande parte da União Soviética, uma região em que viviam cerca de 40% do total de sua população e concentrava a maior parte de sua riqueza. Em fins de outubro e começo de novembro, Moscou estava ameaçada. Cerca de 1 milhão de soldados nazistas, apoiados por mais de mil tanques e canhões, aproximavam-se da capital soviética. No entanto, os moscovitas iniciaram a resistência. A população da capital construiu obstáculos ao redor da cidade. A estação de chuvas transformou as estradas da região em verdadeiros pântanos. Logo em seguida a temperatura baixou violentamente. Os veículos alemães ficaram paralisados. Os tanques soviéticos T-34, pesadamente blindados, aproveitaram e desfecham grande contra-ataque dando apoio à infantaria. Os nazistas foram obrigados a afastar-se mais de 400 km. O mito da invencibilidade da Alemanha nazista havia sido quebrado.

A guerra contra a União Soviética, diz o historiador militar John Keegan, teve diferentes motivos. Alguns ideológicos, alguns estratégicos. Mas o que ele enfatiza são as motivações econômicas. Antes de tudo, Hitler temia o potencial industrial da União Soviética, ao mesmo tempo em que ambicionava os recursos naturais e a agricultura soviética. Mas paradoxalmente, quando se iniciou a Operação Barbarossa, a destruição provocada pelos soviéticos em retirada e pela própria violência das batalhas resultou na eliminação de muito dos campos em época de colheita. E o potencial industrial soviético foi em grande parte preservado quando o governo soviético realizou, com relativo sucesso, a transferência de indústrias para além dos Urais. Sem dúvida, outra importante motivação de Hitler era a necessidade das terras agrícolas, dos recursos minerais e dos campos de petróleo soviéticos. Sem aumentar a disponibilidade de alimentos e matérias-primas, não era possível sustentar a máquina de guerra nazista por muito tempo.

A União Soviética, apesar de ter conseguido manter uma produção fantástica de materiais militares durante a Segunda Guerra Mundial, precisou receber dos Estados Unidos, entre outras coisas, 300 mil caminhões para o transporte de tropas, material bélico e suprimentos.

AS AMÉRICAS EM GUERRA

Quase ao mesmo tempo em que os soviéticos conseguiam deter os nazistas, a atenção do mundo voltou-se para a região do Pacífico. Na manhã de 7 de dezembro, um domingo, os soldados e habitantes da base aeronaval dos Estados Unidos, situada em Pearl Harbor, no Havaí, foram atacados por levas de Zeros, o caça-bombardeiro japonês, que levantaram voo de seis porta-aviões. Mais de 2.400 soldados americanos morreram e vários navios de guerra foram afundados ou ficaram seriamente avariados. O presidente Roosevelt, num memorável discurso no Congresso americano, pediu a declaração de guerra ao Japão, que foi aceita por unanimidade. Os Estados Unidos abandonavam sua política de isolacionismo. Poucos dias depois, a Itália e a Alemanha declaravam guerra aos Estados Unidos, num ato de solidariedade ao Japão, integrante do Eixo, como ficou conhecida a aliança entre os países nazifascistas (Itália e Alemanha) e o Japão.

O ataque japonês a Pearl Harbor foi uma estupenda vitória tática, mas um grande desastre estratégico. O Japão atacou os Estados Unidos em grande medida porque não poderia continuar sofrendo os embargos de combustíveis e outros materiais estratégicos impostos pelo governo americano. Ao mesmo tempo, esperava afastar os Estados Unidos do domínio que exerciam, por exemplo, nas Filipinas. Em outras palavras, o Japão moderno, que se formou na segunda metade do século XIX, buscava fontes de matérias-primas para suas indústrias e entrou em choque direto como os Estados Unidos, que tinham grandes interesses nas mesmas áreas procuradas pelos japoneses. Eliminando a presença dos Estados Unidos, os japoneses teriam caminho aberto às ricas colônias holandesas e britânicas daquela região da Ásia. Contudo, o risco era muito grande. Como havia declarado o almirante Yamamoto, os Estados Unidos dispunham de fontes de recursos naturais quase inesgotáveis em seu próprio território e poderiam suportar um conflito duradouro.

Com a entrada dos Estados Unidos na guerra, formou-se a Grande Aliança, isto é, a Grã-Bretanha, os Estados Unidos e a União Soviética, que tinham como inimigos comuns os países que compunham o Eixo. Embora os Estados Unidos tenham entrado na guerra por força do ataque do Japão, em reuniões com Churchill, o primeiro-ministro britânico, e com representantes soviéticos, Roosevelt decidiu que o governo americano deveria centrar suas forças na Europa para derrotar o principal inimigo, que era a Alemanha. Mesmo assim, os porta-aviões americanos que estavam fora de Pearl Harbor no dia do ataque, puderam, nos primeiros meses do ano seguinte, derrotar algumas importantes forças japonesas nas Batalhas de Midway e do mar de Coral.

Outra decorrência imediata da entrada dos Estados Unidos na guerra foi a consolidação da preponderância americana sobre os países da América Latina. Em janeiro de 1942, realizou-se no Rio de Janeiro um encontro dos chanceleres americanos. Na ocasião, os Estados Unidos conseguiram que todos os países da América Latina rompessem relações diplomáticas com o Eixo. Duas exceções: a Argentina e o Chile, que só romperiam com o Eixo praticamente no final da guerra.

O Brasil desempenhou importante papel na estratégia americana na guerra. A região do Nordeste brasileiro está estrategicamente localizada em relação às costas africanas. Por isso, depois de longas conversações e acordos, o Brasil permitiu a construção de uma base aeronaval em Natal, no Rio Grande do Norte. Foi de tamanha importância a instalação da base que Natal ficou conhecida como o Trampolim da Vitória. Praticamente todos os materiais necessários à monumental tarefa de combater a Alemanha passavam por Natal.

"As Américas em guerra!!!" Era assim que os programas irradiados diretamente de Nova York para o Brasil, em português, buscavam apoio do povo brasileiro na causa da luta contra o fascismo. O magnata Nelson Rockefeller era o responsável por uma agência que tinha como objetivo manter uma imagem sempre simpática e amiga dos Estados Unidos, por meio de uma bem montada máquina de propaganda. Foi nessa época, por exemplo, que Walt Disney criou personagens latino-americanos, cujo melhor exemplo foi o Zé Carioca. Além disso, o Brasil enviou, em 1944, mais de 20 mil soldados para combater ao lado dos americanos nos campos de batalha da Itália.

O PESO DA GUERRA ESTAVA NO LESTE

Quando as tropas nazistas que estavam nos arredores de Moscou foram derrotadas, no fim de 1941, o moral do povo e das tropas soviéticas melhorou bastante. Isso não queria dizer que os nazistas haviam sido derrotados. Perderam a Batalha de Moscou, mas a força da máquina de guerra nazista continuava essencialmente intacta.

Como o maior peso das forças nazistas se encontrava na frente oriental, os dirigentes soviéticos pressionavam seus aliados ocidentais para abrir uma frente no oeste. Problema que, como veremos, foi de difícil solução. Numa visita que Churchill fez a Moscou em meados de 1942, Stalin reforçou a ideia de que os soviéticos precisavam de ajuda para aliviar a imensa pressão exercida pelos nazistas. O líder britânico sabia que suas forças, mesmo somadas com a fabulosa economia americana, ainda não tinham condições de abrir uma grande segunda frente no Ocidente. Mesmo assim, Churchill garantiu que os aliados iriam tentar invadir a Europa Ocidental pela Itália. Churchill usou uma metáfora singular para justificar o ataque à Itália. Ele dizia que ali estava localizado o ventre mole do monstro, do crocodilo, pois as costas francesas eram consideradas então muito bem fortificadas e de difícil acesso.

No verão de 1942, as forças nazistas haviam recuperado a iniciativa em várias frentes. As vitórias no norte da África haviam incentivado Hitler a retomar o plano para o avanço em direção aos poços de petróleo do Cáucaso. O líder nazista chegou a declarar, na ocasião, que, se não conseguisse o petróleo de Grozny e Maikop, teria de dar por terminada a guerra. Cortar a veia fluvial, simbolizada pelo rio Volga, era a grande jogada estratégica que Hitler esperava fazer para dobrar a resistência soviética. E ele não acreditava que Stalin tinha condições de reunir mais de 1 milhão de soldados na região e, muito menos, que as fábricas soviéticas tivessem a capacidade de produzir cerca de 1.200 tanques por semana. Chegou mesmo a destituir o general que disse que a produção soviética já estava conseguindo esse objetivo.

Uma imensa força alemã começou por dominar a região do mar Negro, tomando Sebastopol e subindo dali em direção a Stalingrado. A retirada dos soviéticos animava as forças nazistas. O 6º Exército, sob o comando do general Paulus, foi encarregado de tomar a cidade. Os habitantes de Stalingrado não estavam muito confiantes nas forças responsáveis por sua defesa. Além do mais, já tinham conhecimento suficiente das atrocidades cometidas pelas tropas nazistas. Em poucas palavras, o moral estava bastante baixo. Entre setembro e outubro, as forças alemãs já tinham alcançado as estradas para Stalingrado. Contudo, Hitler não se dava conta de que, quanto mais avançava, mais o 6º Exército aumentava sua vulnerabilidade ao longo do flanco norte. O outono chegava e, com ele, a estação das chuvas geladas prenunciando as nevascas que atingem o Cáucaso.

Hitler mudou seu quartel-general para a Ucrânia, a fim de acompanhar mais de perto o desenrolar da batalha que, para ele, tinha um significado não só estratégico, mas simbólico. Era a cidade com o nome de Stalin que, destruída, anunciaria a destruição do regime soviético e a subordinação da Rússia e dos povos eslavos.

O general Paulus falou pessoalmente, por rádio, com Hitler em 25 de outubro e garantiu ao Führer que Stalingrado estaria tomada até 10 de novembro. Já na cidade, lutando casa a casa, os alemães não se deram conta de que estavam entrando numa imensa armadilha. O comando geral das forças soviéticas, nas mãos do general Zhukov, iniciou a concentração de homens e tanques na região. Forças vindas do norte e do sul fecharam, como uma enorme pinça, os alemães dentro de Stalingrado. Qualquer tentativa de mandar reforços ou material para os mais de 250 mil alemães na cidade era inútil.

A luta prosseguiu durante dezembro de 1942 e janeiro de 1943. A temperatura chegou à cerca de 40º C abaixo de zero. Alguns membros do alto comando alemão chegaram a sugerir a Hitler que autorizasse o 6º Exército a empreender uma tentativa de retirada. Hitler proibiu. Os soldados deveriam morrer como exemplo de heroísmo. Ao mesmo tempo, promoveu Paulus a marechal de campo, dizendo que não constava nos registros da história das Forças Armadas da Alemanha a rendição de um marechal. No começo de fevereiro, o marechal Paulus rendeu-se às forças soviéticas. Terminava assim uma das grandes batalhas da história. Dos mais de 250 mil soldados alemães que se encontravam na cidade, sobreviveram cerca de 90 mil. A maioria foi internada em campos de prisioneiros e poucos conseguiram regressar à Alemanha depois da guerra.

O COMEÇO DO FIM

Quase ao mesmo tempo em que se desenrolava a batalha no Cáucaso, outra grande batalha entre aliados e as forças nazifascistas estava ocorrendo nos desertos da África. Os italianos haviam tentado expandir seus domínios avançando da Líbia em direção ao Egito e foram derrotados pelos britânicos. Hitler interveio com o envio de uma poderosa força de *panzers* comandada pelo famoso general Erwin Rommel, conhecido como "Raposa do Deserto", que derrotou as forças britânicas. No entanto, em agosto de 1942, com ajuda de farto material bélico americano, os britânicos iniciaram uma contraofensiva. Em outubro deu-se a chamada Batalha de El Alamein, com a derrota das forças de Rommel.

Em novembro, os reveses dos alemães e italianos iriam ser maiores. Uma enorme força naval anglo-americana desembarcou no Marrocos e, encontrando pouca resistência, dominou as tropas francesas teoricamente fiéis ao governo de

Vichy. Hitler, em represália, mandou que as tropas alemãs ocupassem o resto da França, violando o armistício assinado cerca de dois anos antes. A invasão da África pelas forças americanas era o começo da preparação para a invasão da Itália que, como veremos, foi o primeiro passo para a guerra na Europa Ocidental.

Na verdade, já se lutava na Europa Ocidental, nos mares e principalmente nos ares. Embora com grande perda de aviões, americanos e britânicos mantiveram as cidades alemãs sob constantes bombardeios. Colônia, Berlim, Hamburgo eram "visitadas" quase que diariamente pelas fortalezas-voadoras da Força Aérea do Exército Americano, a USAAF.

Na década de 1960, na capa de um disco de *jazz* de Thelonious Monk, o pianista aparece com uma boina, um paletó de couro e uma metralhadora a tiracolo. Atrás do pianista vê-se um soldado alemão da SS (guarda especial nazista) amarrado, perto de uma bandeira nazista amassada. Sobre o piano, garrafas de vinho francês. Sobre uma mesa e espalhado pelo chão, bombas, dinamites e granadas. Na parede está pregada uma foto do general Charles De Gaulle. O título do disco é *Underground*. Monk estava fazendo uma referência aos *maquis* franceses, integrantes da resistência na luta clandestina contra o domínio nazista.

Os movimentos de resistência dos países ocupados desempenharam papel importante na luta contra os nazistas. Na França, a resistência estava organizada em duas principais facções: uma liderada por De Gaulle, de tendência nacionalista, que havia formado um governo no exílio em Londres, e a outra organizada pelos comunistas. Na Polônia, na Iugoslávia ou em qualquer região dominada, cada movimento tinha suas especificidades. Muitas vezes havia conflitos entre as diversas facções. Na Iugoslávia, por exemplo, a liderança mais efetiva coube a um guerrilheiro comunista de nome Josip Broz Tito, que derrotou os nazistas com alguma ajuda dos soviéticos e dos britânicos.

Com a relativa estabilização da situação no norte da África, os aliados começaram a preparar a invasão da Itália. Em julho de 1943, forças britânicas e americanas invadiram a Sicília. As tropas italianas, ajudadas por soldados alemães, não conseguiram impedir que as ondas de soldados americanos e britânicos desembarcassem nas praias da Sicília e depois em Nápoles. Em decorrência das derrotas, o governo italiano, chamado Conselho Fascista, depôs Mussolini e iniciou a imediata negociação com os Aliados. No entanto, com ajuda de Hitler, Mussolini conseguiu estabelecer um governo no norte da Itália com o nome de Republica Social Fascista ou República de Saló.

Na frente oriental, os exércitos soviéticos, que pareciam agora imbatíveis, sofreram uma paralisação por força de um contra-ataque bem organizado pelos generais alemães na região de Kursk. No entanto, as forças soviéticas reagruparam-se e travou-se uma das maiores batalhas de tanques de que se tem notícia, com a vitória do Exército Vermelho. Após a perda do caminho para os tão desejados poços de petróleo, os nazistas tinham quase nenhuma possibilidade de manter o ritmo dos combates. Mesmo assim, revelaram uma capacidade enorme de resistência ao avanço do rolo compressor dos soviéticos.

Para coordenar a condução da guerra, os líderes dos três países aliados, Roosevelt, dos Estados Unidos, Churchill, da Grã-Bretanha, e Stalin, da União Soviética, reuniram-se, em novembro de 1943, em Teerã, a capital do Irã, para acertos relacionados à situação da Europa depois da guerra. Logo de início, Stalin pediu a urgência da abertura de uma segunda frente na França. Stalin considerava a invasão do sul da Itália insuficiente para a aliviar a tremenda pressão que as forças nazistas ainda exerciam sobre o Exército Vermelho. Além do mais, o líder soviético deixou claro que desconfiava, desde o inicio da guerra, de que havia uma intenção velada de Churchill de deixar a União Soviética e a Alemanha se exaurirem mutuamente numa guerra de desgaste.

O presidente americano tendia a concordar, em muitos pontos, com o líder soviético. Principalmente quando "Churchill expôs na conferência seu plano para uma invasão anglo-americana nos Bálcãs, o que retardaria ainda mais a invasão da França. De imediato, a animosidade entre Stalin e Churchill, que subsistia desde o encontro entre ambos em agosto de 1942, veio à tona com nova intensidade".[8] Stalin permaneceu firme em sua posição, exigindo a abertura da segunda frente com um desembarque na França. Ao final, sua proposta saiu vencedora. Até mesmo estrategistas militares britânicos discordaram de Churchill e o alto comando americano apoiou, com entusiasmo, as propostas do líder soviético.

Ao mesmo tempo, a União Soviética conseguiu que os Estados Unidos e a Grã-Bretanha reconhecessem as possíveis novas fronteiras da Europa Oriental, em especial no caso da Polônia, que servira de "trampolim" para a invasão nazista de 1941. Na verdade, o velho sonho soviético de colocar os Bálcãs sob sua influência parecia que ia se realizando. E a Europa já começava a ser dividida em duas esferas políticas e militares antagônicas. Por outro lado, Stalin assumiu o compromisso de declarar guerra ao Japão, após a derrota da Alemanha.

Os combates no Ocidente prosseguiram, com o avanço das tropas aliadas em direção ao norte da Itália. Os combates na Itália foram bastante violentos. Os alemães ali estacionados ofereciam tenaz resistência. No entanto, as forças americanas, britânicas, brasileiras, francesas e de outras nações eram ajudadas pelos *partisans*, movimento guerrilheiro coordenado pelo Partido Comunista Italiano.

Enquanto se combatia na Itália, o general Dwight Eisenhower, transformado em comandante supremo das forças anglo-americanas, preparava-se para o desembarque nas praias da França. Na madrugada de 6 de junho de 1944, o Dia D, mesmo com tempo instável, uma poderosa força de mais de 6 mil navios, 5 mil aviões e 36 divisões de infantaria, sem contar com os paraquedistas, iniciou o desembarque nas praias da Normandia.

As principais forças alemãs não esperavam o ataque na Normandia, considerada área inóspita, de difícil acesso. Rommel, que havia sido encarregado da defesa da região, vinha, há meses, montando o que ficou conhecido como a Muralha do Atlântico, isto é, um sistema de fortificações com poderosos canhões de longo alcance. As praias foram minadas e cobertas de obstáculos antitanques. Rommel estava tão confiante de que a invasão não se daria imediatamente que resolveu visitar a família na Alemanha. Quando a invasão começou, teve dificuldades para reunir as forças necessárias, que se encontravam dispersas por várias regiões da França.

Com grandes dificuldades e perdas, os americanos conseguiram consolidar uma base nas praias da Normandia. Uma semana depois, mais de 300 mil soldados lutavam na França. Eles eram auxiliados por forças da resistência que atuavam em coordenação com as forças aerotransportadas. Em 26 de agosto, as tropas aliadas (americanos, britânicos e franceses, entre outros) chegaram a Paris. As ruas da cidade, em festa, receberam em triunfo as tropas e o general De Gaulle.

O FIM DA GUERRA NA EUROPA

Diante da situação desesperadora, havia na Alemanha algumas manifestações de resistência ao regime nazista. O Partido Comunista alemão tinha poucos sobreviventes. Alguns ainda tentavam alguma atividade na difícil clandestinidade. No entanto, parte considerável dos alemães continuava fiel à liderança de Hitler. Uma carta escrita em 23 julho de 1944, citada pelo historiador Norbert Elias em seu admirável livro *Os alemães*, dá bem a ideia do que significou a Alemanha nazista para uma grande parte do povo:

> "Meu querido filho Wolf,
> Hoje é domingo e neste momento estou de volta à casa e completamente sozinha. Seu pai foi à uma reunião de associação de veteranos, e Annelise está com a tia Lina. [...] Meu querido filho, você escreve que até agora as coisas têm corrido bem para o seu lado, o que eu também posso dizer a nosso respeito. Sim, meu querido filho, você também está enfrentando o inimigo e eu sei que exercerá o seu dever como cumpre a um soldado alemão. Que Deus Todo-Poderoso o proteja. A Nossa querida pátria alemã está em grande perigo, atacada por todos os lados. E no dia 20 de julho aconteceu a pior coisa que se poderia imaginar – pessoas chegadas ao nosso amado Führer tentaram assassiná-lo. Mas Deus Todo-Poderoso não quis que tivessem êxito e estendeu Sua proteção sobre ele [...] sim meu querido filho, o que teria sido de todos nós se o Führer fosse levado em tempo de guerra? Tenhamos esperança que no final tudo acabará bem [...].
>
> Que Deus o proteja,
> São os votos de sua querida mãe."

O atentado que tentou tirar a vida do "amado Führer" havia sido planejado pelo alto oficialato *junker*/aristocrata do Exército alemão. A mesma aristocracia que, em 1934, havia jurado fidelidade ao Führer pensando poder controlá-lo. O coronel-conde Von Stauffenberg, herói de combates na África, ficou encarregado de pôr uma bomba no encontro que Hitler havia marcado com os oficias na Toca do Lobo, como era conhecido o quartel-general localizado na Prússia Oriental. Hitler saiu ileso. E a repressão foi simplesmente sangrenta. Todos os suspeitos foram executados.

O curioso é que alguns manuais soviéticos de História do período pós-guerra tentaram criar a mística da resistência organizada pelo Partido Comunista alemão. Qualquer estudo aprofundado do movimento operário alemão antes da ascensão dos nazistas ao poder mostra que tanto o Partido Comunista como o Social-Democrata desprezaram a organização do Partido Nazista, se ocupando mais combater um ao outro. Quando os nazistas tomaram o poder, o Partido Comunista alemão foi praticamente liquidado.

O ano de 1944 foi de grandes derrotas para os nazistas. Os exércitos soviéticos, desde a Ucrânia e a Crimeia, vinham empurrando os alemães. Leningrado, que havia sofrido um cerco de cerca de três anos, já estava livre das tropas nazistas. No entanto, o avanço soviético enfrentava tenaz resistência. O temor de vingança pode ser uma das grandes razões de resistência. Mas os acordos entre os Aliados para impor o princípio de rendição incondicional parece ter sido uma outra importante razão para tamanha resistência.

Na Polônia, o exército clandestino ligado ao governo liberal no exílio em Londres iniciou o Levante de Varsóvia. O levante foi violentamente reprimido pelos alemães. Uma grande controvérsia se estabeleceu. O marechal Rokossovski, comandante de um importante setor das forças soviéticas, estava próximo de Varsóvia e, contudo, não ajudou os rebeldes poloneses. Depois da guerra, os soviéticos garantiram que as forças alemãs na região ofereceram imensa resistência, principalmente no rio Vístula. O governo de Londres, porém, acusou os soviéticos de eliminar os possíveis membros de um governo não simpático à União Soviética. Hoje pode-se dizer que as duas versões fazem certo sentido.

Enquanto o Exército Vermelho avançava em direção ao sul, dominando a Romênia e a Bulgária, as forças anglo-americanas se aproximavam das margens do rio Reno. Hitler e o alto comando alemão planejavam deter os americanos antes que atingissem a fronteira da Alemanha. A essa altura da guerra, os alemães já haviam perdido cerca de 4 milhões de soldados. As promessas de Goebbels, o todo-poderoso ministro da Propaganda do governo nazista, de que novas armas derrotariam os Aliados já não convenciam muito. Claro que as famosas bombas voadoras V2 causaram alguns danos na Inglaterra, mas não havia mais condições de mudar o rumo da guerra.

Um plano idealizado por Hitler tinha por objetivo reverter a situação na frente ocidental. A ideia era irromper pelas Ardenas, região belga próxima da fronteira com Luxemburgo, e consolidar as forças alemãs ali para poder transferir parte do contingente para o Oriente e tentar retardar o avanço dos soviéticos. A estratégia alemã imaginava, também, que a coalizão entre tão diferentes aliados (liberais/capitalistas e socialistas/comunistas) não poderia durar tanto e apostava que uma ofensiva assim poderia acelerar algum tipo de dissidência profunda entre britânicos, americanos e soviéticos.

Em meados de dezembro de 1944, uma poderosa força alemã composta de divisões *panzer* e *panzer ss* irrompeu, em meio às baixas temperaturas, contra as forças americanas, que foram tomadas de surpresa e obrigadas a recuar. O impacto foi tão grande que provocou a separação entre as forças britânicas e as americanas. Porém, com a vinda de reforços de tropas descansadas e mais bem equipadas para a região de Bastogne, os americanos puderam resistir e iniciar um contra-ataque, por volta de 20 de dezembro. Em fins de dezembro e início de janeiro, os alemães começaram a retirar-se. As perdas, para ambos os lados, foram enormes. A Luftwaffe, que fez um dos últimos esforços de atuação na guerra, perdeu mais de 1.500 aviões. As divisões *panzer* tiveram mais de 600

Grande Estratégia (1944-1945)

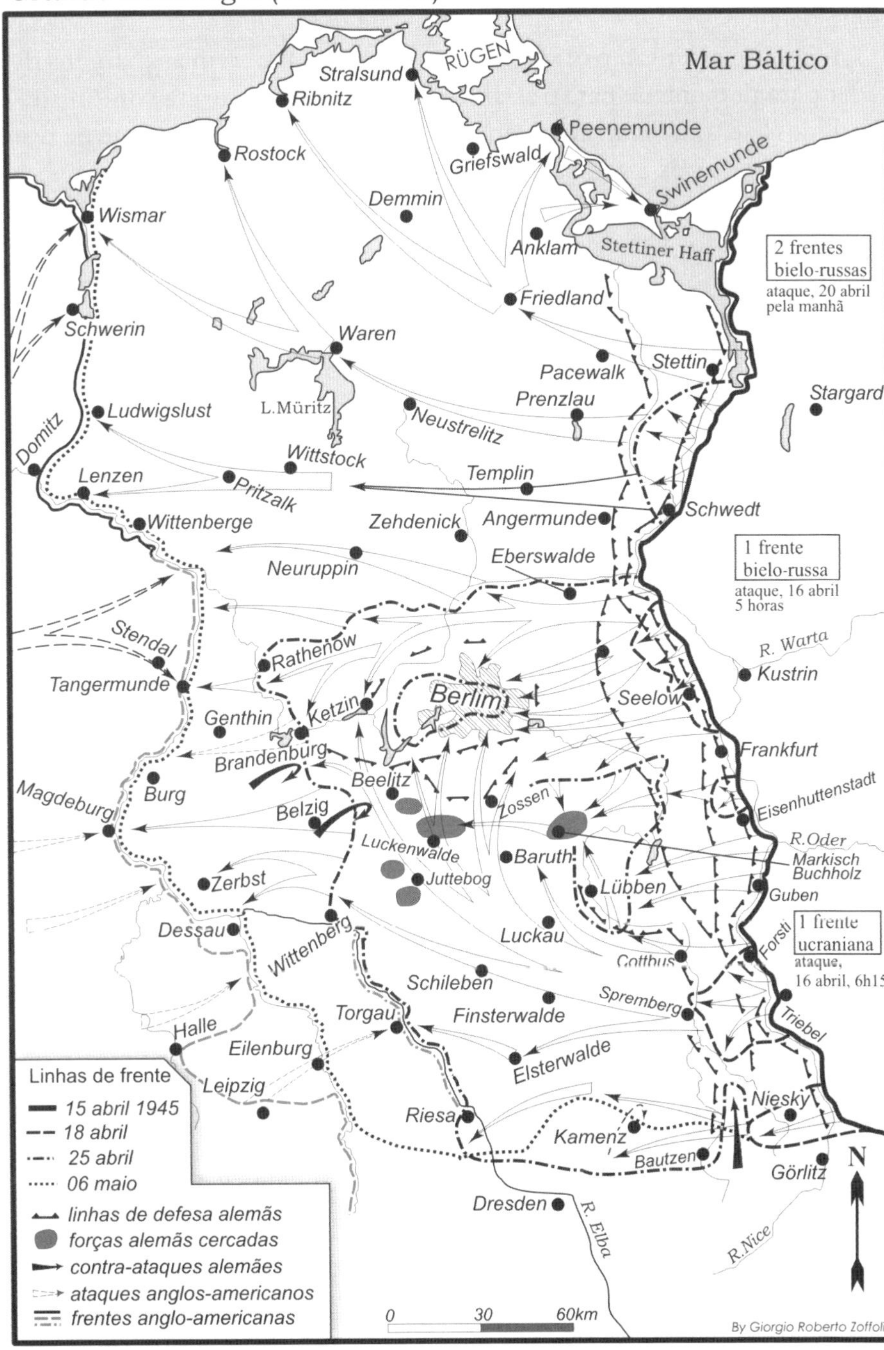

tanques destruídos. Encerrava-se assim a última tentativa alemã de mudar o rumo da guerra.

Na parte oriental, os exércitos soviéticos só pararam às margens do rio Oder para preparar-se para o assalto final a Berlim. Foi nessa conjuntura que os aliados fizeram outra importante reunião para decidir o destino da Europa e do mundo do pós-guerra. Iniciava-se a Conferência de Yalta, no balneário soviético localizado na Crimeia, às margens do mar Negro, em território recém-libertado. Em fevereiro de 1945, reuniram-se Churchill, Stalin e Franklin Delano Roosevelt, o já bastante doente presidente americano. Na pauta da reunião havia quatro principais pontos de discussão: a formação das Nações Unidas, a questão Alemanha, o Leste Europeu e o Extremo Oriente.

Os "Três Grandes" chegaram a razoáveis acordos quanto à formação das Nações Unidas e, ainda, quanto à punição dos nazistas e à divisão da Alemanha em quatro zonas de ocupação – isto é, uma zona soviética, uma americana, uma britânica e uma francesa. Esta última, Stalin aceitou com bastante relutância, pois, para ele, o país não havia contribuído para a vitória sobre os nazistas. Não houve acordo quanto às reparações de guerra exigidas por Stalin. Esse seria um dos motivos para conflitos quanto ao futuro do Leste Europeu como a insolúvel questão da Polônia. Roosevelt também insistia na completa independência do Leste Europeu. Yalta, depois da guerra, foi considerada por alguns críticos americanos como a "Munique do Ocidente", dadas as "concessões" que os Estados Unidos acabaram fazendo à União Soviética.

Enquanto se realizava a conferência em Yalta, os combates prosseguiam. Na frente oriental, os soviéticos aproximavam-se de Berlim. Na frente ocidental, os anglo-americanos já atravessavam o Reno em direção ao rio Elba distante cerca de 100 km de Berlim. A Alemanha agonizava.

Na região do rio Danúbio, os soviéticos enfrentaram tenaz resistência dos nazistas e dos húngaros durante a tomada de Budapeste. Quanto mais próximo de Berlim chegavam os exércitos Aliados, maior era a resitência dos nazistas. Hitler e seu séquito haviam decidido permanecer em Berlim e refugiaram-se no *Bunker* da chancelaria. Assim era chamado um sistema bastante fortificado, construído no subsolo da sede do governo, para suportar os ataques.

O alto comando alemão, sob a direção de Hitler, buscava solução para uma situação insolúvel. Ordenava reagrupamentos de exércitos que só existiam no papel. Goebbels continuava a publicar nos jornais nazistas que a Alemanha ainda iria virar o jogo. O sinal da sorte, disse ele, veio com a notícia da morte de Roosevelt, em 12 de abril de 1945. A cúpula nazista esperava que a morte do líder americano provocasse tamanha divergência entre os Aliados que um deles faria a paz em separado com a Alemanha. Nada disso aconteceu.

Hitler havia declarado alguns dias antes que tinha certeza de que os exércitos soviéticos estavam completamente esgotados e não conseguiriam chegar a Berlim. As poderosas bombas da artilharia soviética estavam, naquele exato momento, caindo nos arredores da outrora bela capital europeia. Para defender a capital da Alemanha nazista formaram-se os chamados *volksturm*, ou seja, batalhões compostos por crianças e velhos. Qualquer atitude que pudesse ser interpretada como derrotismo era punida com a morte pelos fanáticos da ss. Por exemplo, usar roupa ou pano branco que pudesse ser interpretado como símbolo de rendição.

Em16 de abril de 1945, mais de 40 mil canhões do Exército Vermelho, localizados em diferentes posições, abririam fogo, quase simultaneamente, sobre Berlim. A sensação, descrita tanto por testemunhas soviéticas quanto alemãs, era de que o mundo estava acabando em um grande terremoto de fogo e aço. Nesse momento, o Führer decretava a macabra política do *Gotterämmrung*, ou seja, a maldição dos deuses. Dos deuses das tribos germânicas, que castigariam o povo alemão que não havia merecido o Führer designado pelas divindades para transformar a nação alemã em senhora absoluta da Terra.

Norbert Elias analisou o momento, fazendo uma estranha projeção.

> Avaliar a magnitude da proporção entre a população de um império alemão, tal como os nazistas o contemplavam, e a população da Alemanha como planejado pelo estrato governante, não era tarefa fácil. As fronteiras do Reich do milênio não estavam definidas com precisão. Se somarmos a população austríaca à alemã e admitirmos a inclusão no império da Europa continental, Rússia e partes da África, pode-se dizer, em números redondos, que um grupo alemão de 70 ou 80 milhões teria formado a classe dominante de um império de 500 a 600 milhões de habitantes.

Como lidar com essa fantástica desigualdade numérica? Simples: a crença na superioridade mágica da "raça ariana" sobre as outras "raças". Deu no que deu. A "raça inferior dos eslavos" batia impiedosamente a "raça eleita" dos arianos.

O general Chuikov e seus chefes de Estado-Maior tiveram, em 16 de abril, uma amostra da tenaz resistência das forças alemãs na região entre o rio Oder e Berlim. Chuikov compreendeu como os alemães iriam resistir aos soviéticos que estavam para tomar a capital do Reich nazista. E, pela manchete escandalosamente grande do *Volkishbeobaker*, o jornal oficial do partido, pode-se ter uma noção das mensagens de Goebbels e Hitler: "Cerrem seus dentes, lutem como o diabo, não deixem um só centímetro do solo ser conquistado com facilidade. A hora da decisão exige o último grande esforço."[9]

Em 20 de abril, Hitler recebeu um presente especial de aniversário: os Aliados fizeram um dos maiores bombardeios da guerra sobre Berlim. Isso porque membros militantes de movimentos antinazistas que trabalhavam para o OSS (Office of Strategic Service) dos Estados Unidos haviam enviado mensagens garantindo a presença do ditador em Berlim. A confusão tomou conta das forças alemãs. Praticamente sem combustíveis, os tanques paravam, sem munição seus canhões não conseguiam responder à massiva chuva de bombas e balas do monstruoso Exército soviético.

Até o final de abril, a artilharia soviética martelou Berlim sem cessar. Os feridos, os velhos, as crianças e quem conseguia salvar-se dos bombardeios procuravam abrigo no que sobrou dos subterrâneos do metrô. Escombros por toda a parte. Marie Vassiltchikov, uma aristocrata russa que havia se refugiado na Alemanha na época da Revolução Russa, registrou em seu *Berlin Diaries 1940-1945* algumas impressões notáveis:

> 20 de abril (1945): aniversário de Adolf. Um ridículo discurso de Goebbels: 'O Führer está dentro de cada um de nós' disse ele. Até onde se pode ir? Ele acrescentou que reconstruir tudo o que está destruído não será problema. Enquanto isso, os Aliados estão avançando por todos os lados e os ataques aéreos não cessam um dia sequer. A esposa do coronel que nos hospeda acredita no que ouviu. Ela está convencida de que a Alemanha tem uma arma secreta que será usada no último minuto.[10]

Em 28 de abril, Hitler e sua amante, Eva Braun, casaram-se no *Bunker* da chancelaria sob o martelar das pesadas bombas soviéticas. Hitler soube, nesse mesmo dia, da morte de seu amigo e aliado Benito Mussolini. Dois dias depois, o homem que havia incendiado o mundo se matou com um tiro. A mulher seguiu o mesmo caminho, envenenando-se. Pouco antes, pelo seu testamento político, Hitler designou o almirante Dönitz chefe do governo do que restava da Alemanha.

O general Krebs foi encarregado pelo que restou do alto comando alemão de negociar com Chuikov, general-chefe de um dos exércitos soviéticos que estavam atacando Berlim. O diálogo foi bastante simples. O alemão disse que estava ali para negociar um cessar-fogo. Chuikov respondeu que nada era negociável. Somente a rendição incondicional era factível.

A luta continuou, principalmente na região do Jardim Zoológico, onde se concentravam alguns fanáticos ss. Aos poucos, esse foco de resistência foi dizimado. Em 2 de maio, o general alemão Weidling aceitou os termos soviéticos e rendeu-se incondicionalmente. Alguns dias depois, o general Jodl, chefe do Estado-Maior das forças alemãs leu o seguinte documento:

> Eu, abaixo assinado, coronel-general Jodl, transfiro todas as Forças Armadas ao Alto Comando das Forças Armadas Aliadas e simultaneamente ao Alto Comando soviético, nos termos da capitulação. O Alto Comando Alemão dará imediatamente a ordem para a cessação de todas as operações em curso a partir de 8 de maio às 23 horas.

A guerra havia acabado na Europa.

A GUERRA NO PACÍFICO E O FIM DO JAPÃO

Desde 1943 que as forças americanas, sob o comando do general Douglas MacArthur, com base na Austrália, combatiam os japoneses nas diversas ilhas da Oceania que eles haviam invadido. Ao mesmo tempo, a Marinha americana, sob o comando do almirante Chester Nimitz, aniquilava a Marinha japonesa na batalha naval do golfo de Leyte, nas Filipinas.

Os Estados Unidos tinham se utilizado dos mais avançados meios técnicos para derrotar o Japão. No final de 1944 os submarinos americanos já tinham afundado mais da metade da Marinha japonesa. Os gigantescos porta-aviões desempenharam importante papel na guerra, pois, no teatro de operações do oceano Pacífico, as bases aéreas ficavam muito distantes do principal objetivo, que era o arquipélago japonês. As superfortalezas voadoras da USAAF lançavam bombas incendiárias, calcinando as cidades japonesas. Mas havia uma séria dúvida no alto comando americano. Se os bombardeios sobre a Alemanha não haviam sido suficientes para derrotar os nazistas, o mesmo parecia estar acontecendo com o Japão.

E, para complicar ainda mais o quadro da análise, os estudos mostravam as dificuldades postas pelas qualidades pessoais do soldado japonês e previam lutas sangrentas até se chegar ao centro do poder nipônico. Para ficar num só exemplo, na batalha na ilha de Tarawa, dos 5 mil combatentes japoneses, restaram somente oito sobreviventes. Todos lutaram violentamente até o fim. Tudo isso mostrava ao comando americano que a conquista das ilhas centrais japonesas custaria muitos milhares de vidas de soldados americanos. Por isso a decisão de usar a mais nova arma de destruição de massa então desenvolvida – a bomba atômica.

O anúncio da existência dessa nova arma foi feito na conferência das três grandes potências realizada em Potsdam, nos subúrbios de Berlim, entre 17 de julho e 2 de agosto de 1945. A guerra na Europa já havia acabado. O novo presidente dos Estados Unidos, Harry Truman, Stalin e Churchill chegaram a uma cidade que praticamente havia sido varrida do mapa. O cheiro de corpos calcinados era, segundo testemunhas, sentido por toda a parte. Foi nesse ambiente que se traçaram as diretrizes para um novo mundo mais pacífico. Contudo, os resultados não foram bem os esperados. Em Potsdam delineou-se a arquitetura de um mundo dividido e ameaçador, que seria o cenário da Guerra Fria.

O sucessor de Roosevelt tendia a desconfiar dos comunistas soviéticos. O tratamento dispensado por Truman a Stalin foi sempre mais duro, se comparado ao de Roosevelt. Nessa conferência, o presidente americano comunicou a Stalin que os Estados Unidos possuíam nova e poderosa arma, e que pretendia utilizá-la contra o Japão. Stalin não demonstrou surpresa, sugerindo que já estava informado. Mesmo assim desejou boa sorte a Truman no uso da mais mortal arma até então produzida pela humanidade.

Duas bombas atômicas foram lançadas contra o Japão, uma sobre Hiroshima e outra sobre Nagasaki. Em 14 de agosto de 1945, o Japão rendia-se incondicionalmente, pondo fim ao mais sangrento conflito da história da humanidade. No entanto, ao que parece, a bomba não objetivava apenas acabar com que ainda restava da resistência japonesa. Truman esperava que os soviéticos compreendessem o novo poderio de destruição dos Estados Unidos e avaliassem suas repercussões sobre a geopolítica e a diplomacia do pós-guerra.

AS HERANÇAS DO MAIOR CONFLITO DA HISTÓRIA MUNDIAL

Os Três Grandes encontraram-se em Potsdam, numa Europa arrasada. Os americanos mudavam, paulatinamente, sua visão sobre o que fazer com a Alemanha derrotada. Inicialmente, pensavam em transformá-la num país sem indústria, mas Truman e seus assessores sabiam que uma Alemanha industrializada era importante para um mundo ocidental industrializado e para a manutenção da economia capitalista.

Stalin apresentava uma posição quase que oposta. Queria que a Alemanha pagasse a destruição provocada e só então apoiaria uma reconstrução germânica.

No subtexto das discussões apareciam claramente as divergências entre duas concepções de mundo. Stalin prometeu entrar na guerra contra o Japão e os líderes concordaram com muita relutância. Já não precisavam mais do colosso militar soviético. Em questões aparentemente menores, afloravam as divergências. Quando Truman propôs que o rio Danúbio fosse internacionalizado, o que afetava os interesses da União Soviética no mar Negro, Stalin perguntou por que, se a ideia era assim tão boa, não internacionalizar o canal do Panamá e o canal de Suez. O mar Negro, onde desemboca o Danúbio, era reivindicado pela União Soviética como sua área de influência.

A Polônia foi um dos mais palpitantes assuntos do encontro. A nova Polônia ficou com territórios da Alemanha e cedeu alguns para a União Soviética, como queria Stalin. Sem dúvida o "pavio curto" de Truman pode ter ajudado a pôr fim na chamada Grande Aliança entre o mundo capitalista ocidental e o soviético. Mas a Guerra Fria já havia começado durante a própria Segunda Guerra Mundial.

Em fevereiro de 1946, os americanos desconfiaram da existência de uma rede de espionagem de simpatizantes da União Soviética, que teriam passado informações sobre a bomba atômica para os soviéticos. A desconfiança parece ter sido confirmada depois que a União Soviética explodiu seu primeiro artefato nuclear, em 1949.

O conflito entre a União Soviética e o mundo capitalista era inevitável. Em vez de tentar uma acomodação com o mundo socialista, os Estados Unidos deveriam dedicar-se em conter a expansão do comunismo até que surgisse nova forma de governo mais moderado e não totalitário na União Soviética, diziam alguns líderes políticos e altos funcionários americanos.

No entanto, de uma forma ou de outra, os antagonismos tinham de ser resolvidos. E, preferencialmente, de forma pacifica. Daí a proposta da formação de organismos internacionais. Pensava-se no estabelecimento de uma paz duradoura para compensar os anos de sofrimento e horror que a humanidade havia passados nos 2.194 dias de guerra. O organismo pensado para coordenar as diretrizes para a manutenção da paz foi a ONU (Organização das Nações Unidas).

Já na Carta do Atlântico, assinada por Churchill e Roosevelt em agosto de 1941, encontrava-se a ideia de uma organização mundial mantenedora da paz. A paz entre Estados Unidos e União Soviética parecia improvável, mas uma guerra entre os dois gigantes era impossível. A formalização da ONU deu-se na Conferência de São Francisco, em junho de 1945. Roosevelt, um dos seus grandes arquitetos, havia morrido pouco antes. Na ocasião da formação da ONU, 50 nações assinaram uma carta com 11 artigos. Como órgão máximo da ONU, criou-se o Conselho de Segurança, composto por cinco membros permanentes (Estados Unidos, União Soviética, Grã-Bretanha, França e China) e dez membros rotativos, que exercem o cargo por dois anos e são eleitos pela Assembleia Geral. Ao Conselho de Segurança, cabe manter a paz e a segurança internacional. Aos cinco membros do Conselho, foi atribuído o direito individual de veto. Os Estados Unidos, com maioria no Conselho de Segurança e direito de veto, concentraram poder maior que o de qualquer outra potência no quadro das Nações Unidas.

O fim da Segunda Guerra Mundial marcou o encerramento da hegemonia europeia e deflagrou a disputa entre o mundo ocidental, liderado pelos Estados Unidos, e o bloco socialista, liderado pela União Soviética. A ruptura configurou-se claramente em 1947, quando ocorreram conflitos na Grécia, onde os comunistas estavam próximos de tomar o poder. A Grã-Bretanha informou aos Estados Unidos que não podia mais dar apoio ao governo conservador grego na luta contra as forças de esquerda. De certa forma, os britânicos estavam pedindo ajuda para conservar o Mediterrâneo oriental sob a influência do Ocidente. A resposta dos Estados Unidos foi rápida. Em março de 1947, Harry Truman dirigiu-se ao Congresso americano e proclamou a doutrina que seria batizada com seu nome: "A política dos Estados Unidos deverá ser de apoio total aos povos livres que lutam e resistem às tentativas de submissão de povos, pela força das armas ou não..." Era a Guerra Fria que se anunciava.

NOTAS

(1) Apud J. Keegan, Uma história da guerra, São Paulo, Companhia das Letras, 1995, p. 387.

(2) Apud T. Patterson, J. Clifford, K. Hagan, Managing an Extending the American Empire, American Foreign Policy: A History since 1900, Lexington, Heath and Company, 1988, p. 324.

(3) W. Shirer, Ascensão e queda do III Reich, Rio de Janeiro, Civilização Brasileira, 1967, vol. 2, p. 21.

(4) Idem, ibidem.

(5) Idem. p. 32.

(6) Apud W. Shirer, op. cit., p. 448.

(7) Apud Alan Bullock, Hitler, a study in tyrany, Harmondsworth, Middlesex, Penguin Books, 1962, p. 674.

(8) Isaac Deutscher, Stalin, a história de uma tirania, Rio de Janeiro, Civilização Brasileira, 1970, p. 461.

(9) Apud J. Keegan, The Battle for History: re-fighting World War II, London, Pimlico, 1995, p. 67.

(10) Marie Vassiltchikov, Berlin Diaries: 1940-1945, New York, Vintage Books, 1988, p. 282.

BIBLIOGRAFIA

DEUTSCHER. Isaac. *Stalin, a história de uma tirania*. Rio de Janeiro: Civilização Brasileira, 1970.

EKSTEINS, M. *A sagração da primavera*. Rio de Janeiro: Rocco, 1991.

ELIAS, Norbert. *Os alemães:* a luta pelo poder e a evolução do hábitos nos séculos XIX e XX. Rio de Janeiro: Jorge Zahar Editor, 1997.

KEEGAN, J. *Uma história da guerra*. São Paulo: Companhia das Letras, 1995.

______. *The Battle for History:* re-fighting World War II. London: Pimlico, 1995.

______. *Atlas of the Second World War*. London: Harper Collins Publishers, 2003.

PATTERSON, T.; CLIFFORD, J.; HAGAN, K. *American Foreign Policy:* A History since 1900. Lexington: Heath and Company, 1988.

SHIRER, W. *Ascensão e queda do III Reich*. Rio de Janeiro: Civilização Brasileira, 1967.

VASSILTCHIKOV, Marie. *Berlin Diaries*: 1940-1945. New York: Vintage Books, 1988.

GUERRAS DA INDOCHINA

Demétrio Magnoli

As Guerras da Indochina compreendem dois conflitos militares distintos, mas entrelaçados, que se desenrolaram ao longo de três décadas. A Guerra da Indochina (1946-1954) foi protagonizada pelo Vietminh, o movimento de libertação nacional do Vietnã, e pela França, potência colonial da Indochina. A Guerra do Vietnã (1960-1975) foi o conflito entre o Vietnã do Norte e seus aliados do Vietcong (comunistas sul-vietnamitas), de um lado, e os Estados Unidos e o Vietnã do Sul, de outro.

Na Guerra da Indochina, o que estava em jogo era o direito do povo vietnamita à soberania nacional. O evento é um elo da cadeia de lutas de libertação nacional que, desde o final da Segunda Guerra Mundial, desafiavam as potências imperiais europeias e terminaram por estender a todo o planeta o "princípio das nacionalidades" proclamado solenemente pelo presidente americano Woodrow Wilson, no estreito contexto europeu, nos tratados de paz de Paris, em 1919.

Na Guerra do Vietnã, estava em jogo a unidade do Estado vietnamita e a natureza do seu regime político e econômico. Do ponto de vista dos Estados Unidos, jogava-se nada menos que o futuro geopolítico da Ásia e a configuração geral da esfera de influência soviética no continente. O evento é um elo da teia da Guerra Fria, cuja lógica se impunha sobre as motivações nacionais, étnicas ou religiosas de diversos conflitos regionais.

Os vietnamitas interpretam as duas guerras como um único conflito, ou como etapas inseparáveis de uma mesma trajetória. E eles têm razão. A derrota e a retirada da França custaram a unidade do país. A guerra contra os Estados

Unidos e seu aliado, o Vietnã do Sul, inscrevia-se na longa luta de libertação nacional, que só poderia se concluir com a remoção da fronteira artificial que bipartia o país e a reunificação do Estado.

Os Estados Unidos também interpretaram a Guerra do Vietnã como uma continuação da Guerra da Indochina, mas por motivos diferentes. Sob a perspectiva de Washington, a guerra sustentada pelos franceses distinguia-se de outras guerras coloniais pois o inimigo era um movimento comunista, alinhado à União Soviética. Por esse motivo, o regime do Vietnã do Sul não foi definido como um remanescente do poder colonial europeu mas como um aliado regional do Ocidente na estratégia de contenção do expansionismo soviético.

Na história militar, as Guerras da Indochina ficaram registradas como ilustrações paradigmáticas do embate de forças assimétricas: exércitos regulares *versus* formações guerrilheiras. A guerrilha não foi inventada pelos vietnamitas, mas eles utilizaram magistralmente esse instrumento típico da luta do fraco contra o forte. Vo Nguyen Giap, o comandante do Vietminh e, depois, do Vietnã do Norte ganhou, com justiça, um lugar entre os gênios da estratégia militar.

A guerrilha derrotou as forças coloniais francesas. Contudo, contrariamente ao mito popular, os Estados Unidos não foram derrotados nas florestas do Vietnã mas no campo de batalha da opinião pública americana. Historiadores que, corajosamente, encaram as indagações contrafactuais sustentam com argumentos poderosos a tese de que a decisão política da retirada americana representou a renúncia à perspectiva realista de vitória militar. Qualquer que seja a verdade, o Vietnã assinalou a decadência e a crise daquilo que o historiador Russell Weigley batizou de "estilo americano de guerra".[1] Depois da retirada, os Estados Unidos substituíram seu exército de conscritos por forças armadas profissionais e deflagraram uma revolução militar baseada na plena incorporação das tecnologias da informação. Nas Guerras do Golfo, em 1991 e 2003, estabeleceu-se um novo "estilo americano de guerra" e o Pentágono, finalmente, acertou suas contas com o fracasso na Indochina.

As duas guerras indochinesas tiveram repercussões históricas profundas. A derrota francesa estimulou os movimentos de libertação nacional africanos, inaugurando a segunda fase do processo de descolonização. A derrota americana provocou a reformulação da estratégia asiática de Washington, a aproximação entre os Estados Unidos e a China, a abertura de uma nova fase na política internacional da Guerra Fria. Num horizonte mais amplo, a primeira nítida derrota militar da história dos Estados Unidos semeou angústias e incertezas que se tornaram elementos integrantes do ethos político da sociedade americana. A figura da atriz Jane Fonda, a "Hanói Jane", que confraternizou com os norte-vietnamitas em 1972, suscita até hoje paixões furiosas e amargas recordações de um tempo que se recusa a adormecer nos livros de História.

HO CHI MINH E O VIETMINH

No seu zênite, à época da Segunda Guerra Mundial, a expansão imperial japonesa originou o conceito geopolítico de Sudeste Asiático, reunindo pela conquista territórios fragmentados entre os impérios coloniais britânico, francês, holandês e americano. Esse "ângulo da Ásia",[2] situado entre a civilização chinesa e a indiana, compreende uma península (Indochina) e um arco insular entre os oceanos Índico e Pacífico (Insulíndia).

A península da Indochina é constituída pelos atuais Mianma, Malásia, Tailândia, Vietnã, Laos e Camboja. Apesar da diversidade das suas civilizações, a península compartilha um fundo cultural tecido por influências indianas e chinesas. O budismo difundiu-se pela região desde o primeiro século da era cristã, por influência de mercadores indianos, que viajavam acompanhados de brâmanes e monges budistas. A China dominou o norte do Vietnã durante mais de mil anos, entre os séculos II a.C. e X d.C.

O imperialismo francês produziu, entre 1862 e 1893, uma Indochina Francesa que abrangia a parte oriental da península, cujo eixo natural é o vale do rio Mekong. A administração colonial da União da Indochina conservou as estruturas territoriais dos reinos do Camboja e do Laos e dos três reinos vietnamitas do Tonquim (norte), Anã (centro) e Cochinchina (sul). A cultura de seringueira e a exportação da borracha natural integraram a Indochina Francesa aos fluxos internacionais de matérias-primas comandados pela indústria europeia.

O nacionalismo vietnamita surgiu cedo, entre os letrados que admiravam Montesquieu, Voltaire, Rousseau e a Revolução Francesa e que interpretavam a Restauração Meiji, no Japão, como um modelo de resistência à hegemonia das potências ocidentais e um caminho para a modernização econômica. A resistência moral da elite culta filtrou-se até as massas camponesas, principalmente depois das reformas administrativas de 1908 que generalizaram a cobrança de impostos. Revoltas no campo e em algumas cidades contestaram o empreendimento colonial de "civilizar a Indochina", mas os franceses não deram importância à insatisfação dos "nativos".

Nguyen Ai Quoc (Ho Chi Minh) estudou e militou na França, onde aderiu à Internacional Comunista. Ele fundou, em Cantão, que era o foco do movimento comunista chinês, um grupo de nacionalistas dispostos a ultrapassar a contestação intelectual dos letrados. Nos anos 30, seu grupo fundiu-se à Frente Democrática indochinesa, fundada por Pham Van Dong e Vo Nguyen Giap, que era a fachada pública do clandestino Partido Comunista vietnamita. A agitação política era intensa entre os intelectuais e surgiam, por todos os lados, partidos nacionalistas inspirados no Kuomintang chinês, seitas budistas antifrancesas alinhadas com o Japão, grupos de contestadores moderados que reivindicavam a entrega do poder efetivo a Bao Dai, o herdeiro do trono que cumpria funções apenas cerimoniais. Mas foi em torno dos comunistas que o nacionalismo vietnamita se estruturou.[3]

A ocupação japonesa, em 1940, e a humilhação do poder colonial francês destravaram o movimento revolucionário. Um ano mais tarde, os comunistas reuniram a resistência nacionalista na Liga Revolucionária para a Independência do Vietnã (Vietminh), sob a bandeira do combate ao "fascismo francês e japonês". Na moldura da Segunda Guerra Mundial, o Vietminh alinhou-se aos Estados Unidos e à China, desafiando a ocupação japonesa e seus aliados internos, que incluíam os franceses fiéis ao regime de Vichy, o imperador Bao Dai e os budistas liderados por Cao Dai. A "França Livre" de Charles De Gaulle declarou apoio ao Vietminh e emitiu sinais ambíguos sobre o futuro do Vietnã.

A queda do regime de Vichy, em agosto de 1944, colocou a França em guerra com o Japão. Em março de 1945, a administração francesa da Indochina recusa-se a receber ordens do Japão e seus integrantes são presos. Sob orientação japonesa, o governo fantoche de Bao Dai, instalado na antiga corte de Hué, em Anã, proclama o fim do protetorado francês e a independência, no que é seguido pelos reis do Laos e do Camboja. O Vietminh reage, proclamando a ilegalidade do governo de Hué.

Na Conferência de Potsdam, em julho, os Aliados dividem o Vietnã por meio do paralelo 17º N e projetam a criação de uma zona de ocupação chinesa ao norte e uma zona britânica ao sul. Mas, em agosto, depois de Hiroshima e da capitulação japonesa, Ho Chi Minh conclama à insurreição e o Vietminh instala um governo republicano em Hanói, no Tonquim. Bao Dai abdica e é nomeado para o posto cerimonial de conselheiro supremo do novo governo, controlado pelos comunistas. Os britânicos, por seu lado, comprometem-se a devolver a parte sul à França.

No discurso da independência, em setembro de 1945, Ho Chi Minh falou em francês. Ele invocou a Revolução Francesa e a Comuna de Paris para inscrever a soberania vietnamita no marco político dos princípios de liberdade e igualdade. Não mencionou o comunismo ou a União Soviética.[4] Nos meses seguintes, aceitou negociar um prazo de cinco anos para a independência e, contrariado, admitiu até mesmo a formação de uma Federação Indochinesa subordinada provisoriamente a Paris. Mas a França não negociava honestamente – ou, no mínimo, negociava sob um duplo comando.

Logo depois que De Gaulle deixou o poder, forças francesas desembarcaram em Hanói e Saigon e o governo francês anunciou o desmembramento da Cochinchina e a formação de uma república autônoma com capital em Saigon. O Vietminh reagiu por meio de atos de terror contra os franceses e seus aliados na Cochinchina. Em dezembro de 1946, as forças francesas bombardearam o porto de Haiphong, no Golfo de Tonquim, desalojando o governo de Ho Chi Minh de Hanói. A engrenagem da guerra tomava o lugar das artimanhas da diplomacia.

A GUERRA DA INDOCHINA

Giap descreveu a guerra contra os franceses, quando o conflito apenas se iniciava:

> Será a guerra entre um tigre e um elefante. Se acaso o tigre parar, o elefante o transpassará com suas poderosas presas: só que o tigre não vai parar; ele se esconde na selva durante o dia para só sair à noite; ele se lançará sobre o elefante e lhe arrancará o dorso por grandes nacos, depois desaparecerá e, lentamente, o elefante morrerá de exaustão e de hemorragia.[5]

E assim foi. A França convoca Bao Dai para servir de fantoche em Saigon, proclama uma república semiautônoma na Cochinchina e envia uma força expedicionária de 200 mil homens para combater o Vietminh. O "elefante" estabelece sua presença em Hanói e Haiphong, no Tonquim, e na maior parte da Cochinchina, mas é obrigado a ceder quase todo o restante do território vietnamita ao "tigre". A "guerra suja", como começava a ser qualificada na França, desenrola-se como conflito assimétrico, sangrento, mas de baixa intensidade. Entre os políticos e militares franceses, poucos acreditavam numa vitória, mas quase nenhum admitia a inelutável derrota.

O Vietnã tem a forma de um cordão – a extensa fachada marítima – que conecta duas glândulas, o delta do rio Vermelho, ao norte, e o delta do Mekong, ao sul. Hanói e Saigon são os focos dos deltas. A antiga capital imperial de Hué situa-se quase a meio caminho, um pouco ao sul do paralelo 17. Planícies estreitas acompanham a fachada marítima, abrindo-se um pouco ao norte e muito amplamente ao sul, na área do grande delta. A cadeia montanhosa das Anamíticas cerca as planícies costeiras, separando-as do longo e largo vale do Mekong, que percorre o Laos e o Camboja antes de drenar as terras baixas da Cochinchina.

Os vietnamitas configuraram, ao longo dos séculos, uma sociedade hidráulica. A população concentrou-se nas planícies, densamente povoadas e dominadas pela rizicultura intensiva, que se alicerça sobre uma rede de sofisticadas mas rudimentares obras de controle das águas e irrigação. Praticamente todos os centros urbanos intermediários situam-se no litoral, conectando-se entre si por uma única estrada principal que tem seus pontos focais em Hanói e Saigon (atual Ho Chi Minh). As montanhas interiores, infestadas mesmo em cotas baixas pelo mosquito da malária, permaneceram escassamente povoadas e seus habitantes desenvolveram misteriosa imunidade à doença.

A diversidade vietnamita está limitada às montanhas. Na guirlanda de planícies costeiras, ao longo de 2 mil km, do rio Vermelho ao delta do Mekong, o Vietnã exibe impressionante uniformidade cultural, que se manifesta nos domínios da língua, da organização familiar, dos costumes e da gastronomia. Essa unidade foi forjada pela corrente de povoamento formada por ondas de migrações seculares dos vietnamitas do Tonquim rumo ao sul. O povoamento da Conchinchina intensificou-se a partir do século XVIII e acelerou-se durante o período colonial. Esse é o cimento da identidade nacional do Vietnã.

As forças francesas conseguiram controlar as terras baixas em torno das capitais do norte e do sul, mas nunca se revelaram capazes de expulsar o Vietminh do cordão de planícies costeiras ou, muito menos, dos seus refúgios situados nas montanhas. Hué, a capital de Anã, permaneceu sob controle francês mas na difícil condição de enclave militar: os guerrilheiros agiam a poucos quilômetros da cidade, cortando suas conexões com a hinterlândia. No perímetro externo do delta do rio Vermelho, os franceses implantaram uma linha de fortificações defensivas, a Linha De Lattre, destinada a proteger a área polarizada por Hanói e pelo porto de Haiphong.

O apego doutrinário dos militares franceses às linhas fortificadas de defesa sobreviveu ao fracasso da Linha Maginot, circundada pela ofensiva alemã de 1940, na Segunda Guerra Mundial. No Tonquim, a Linha De Lattre revelou-se eficaz, não pelos méritos intrínsecos da doutrina, mas pelas condições assimétricas do conflito. A disparidade de poder de fogo entre a artilharia francesa e as unidades guerrilheiras do Vietminh assegurava a inviolabilidade do perímetro do delta. Em compensação, as forças convencionais da França

Guerra da Indochina (1946-54)

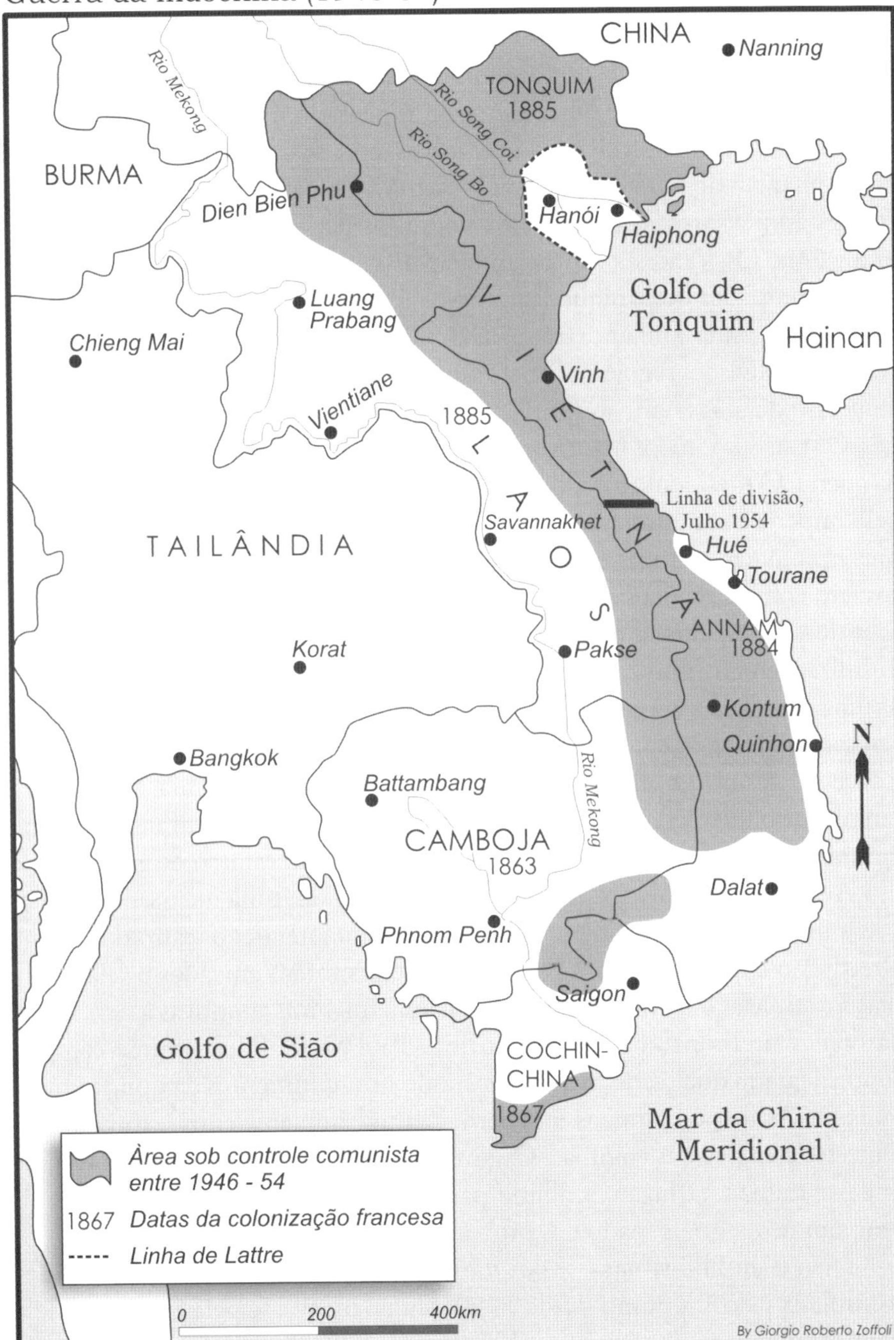

não podiam se aventurar com sucesso nos terrenos montanhosos e florestados onde imperava a guerrilha.

Depois da conclusão da Revolução Chinesa, em outubro de 1949, com a vitória dos comunistas de Mao Tsé-tung, o pêndulo militar oscila na direção do Vietminh, que passa a ser abastecido de armas modernas por trilhas que serpenteiam nas montanhas do norte e conectam o Vietnã à China. Giap organiza com sucesso ataques contra guarnições isoladas e contra os flancos de colunas enviadas para protegê-las. Os franceses procuram adaptar-se à mobilidade dos guerrilheiros usando unidades de paraquedistas e pequenas colunas móveis. No outono de 1950, Giap ganha confiança, ultrapassa o limite da guerra de guerrilhas e organiza ataques de divisões regulares contra guarnições francesas da Linha De Lattre. O insucesso dessas tentativas faz o Vietminh retroceder ao método da guerrilha.

Os Estados Unidos mantiveram uma postura ambígua durante a primeira fase da guerra. O presidente Franklin D. Roosevelt, que não tinha nenhuma simpatia pelo imperialismo europeu, chegara a sugerir a Winston Churchill e De Gaulle que as colônias asiáticas estavam perdidas. Ho Chi Minh, que trabalhara em contato com os serviços de inteligência americanos na luta contra os japoneses, agarrou-se à esperança de que Washington pudesse dissuadir os franceses de hostilizar seu governo e, entre 1945 e 1946, dirigiu cartas ao presidente Harry Truman pedindo apoio ao Vietnã independente, mas não teve resposta. O cenário modifica-se com a vitória dos comunistas na China e a instalação, pelos franceses, de um governo autônomo em todo o Vietnã, sob a autoridade do sempre disponível Bao Dai. Temendo uma expansão da influência chinesa, Truman passa a fornecer ajuda financeira e militar ao esforço de guerra francês.

A terceira e decisiva fase da guerra começou com uma incursão pioneira do Vietminh no Laos, em abril de 1953, ameaçando estender o teatro da guerra até o território colonial vizinho. Reforços franceses foram enviados e Giap retirou suas forças. Mas a ofensiva inimiga no Laos aumentou as críticas à permanência da França na Indochina. O filósofo Jean-Paul Sartre liderava uma campanha contra a guerra que começava a tocar fundo nos sentimentos da opinião pública francesa. As forças coloniais atingiam 450 mil homens, entre expedicionários franceses e tropas das colônias. O governo de Paris, acuado, decidiu romper o impasse militar. O lugar escolhido para deflagrar uma ofensiva foi Dien Bien Phu, um pequeno povoado nas proximidades da fronteira com o Laos.

Dien Bien Phu situava-se nas montanhas, em uma área majoritariamente controlada pelo Vietminh desde 1950. Singularizava-se pela existência de um bom campo de pouso, que possibilitaria o reforço contínuo e abastecimento

O teatro de Dien Bien Phu

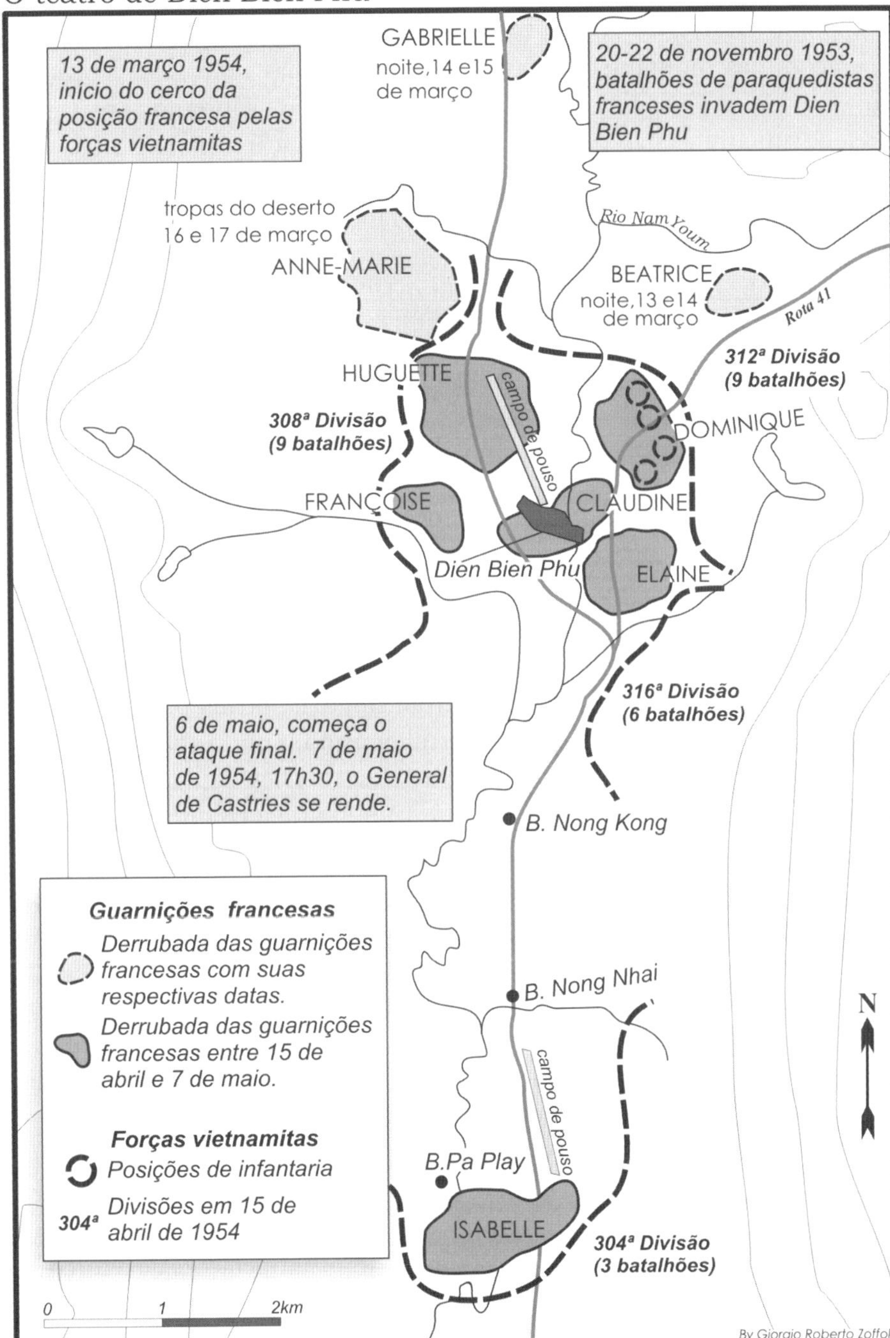

das forças francesas. De acordo com o planejamento militar, o controle sobre esse ponto estratégico abriria caminho para a gradual expansão do teatro de operações nas montanhas e para a interrupção das rotas do Vietminh que conectavam o Tonquim ao Laos e à China. Mas, sobretudo, os franceses pretendiam atrair Giap para uma grande confrontação convencional.

A Operação Castor, de ocupação de Dien Bien Phu, desenrolou-se entre 20 e 22 de novembro de 1953, com o lançamento de vários batalhões de paraquedistas sobre o sítio e o engajamento de combate com forças locais do Vietminh. As forças coloniais, com 4.195 soldados, assumiam o controle sobre o povoado e seus arredores imediatos. Imediatamente, os franceses entregaram-se ao reforço da posição, estabelecendo um perímetro interno de defesa e guarnecendo as rotas das imediações com fortificações rudimentares.

A posição francesa ocupava uma seção do vale do rio Nam Youm, servida por duas rotas terrestres e cercada por colinas florestadas e envoltas com frequência em neblina. A batalha que decidiu a sorte da guerra começou a 13 de março de 1954, com o início do cerco da posição pelas forças do Vietminh, e terminou no 7 de maio, antes do final da tarde. Giap não aceitou o convite francês a uma confrontação aberta sobre o eixo do vale do Nam Youm, optando por configurar de outro modo o teatro de operações. Os manuais de História Militar a registram como a maior derrota singular sofrida por uma potência industrial em conflito com forças guerrilheiras no mundo colonial.

No momento do início da batalha, a defesa de Dien Bien Phu contava com cerca de 3.000 soldados franceses e quase 13.000 tropas coloniais (indochinesas e africanas). Giap engajou 33 batalhões, num total de cerca de 100 mil homens no cerco e assalto da posição. As perdas totais dos defensores atingiram perto de 1.800 mortos e mais de 5.200 feridos. Estimativas grosseiras situam em cerca de 10 mil os mortos no lado do Vietminh.

O sítio a Dien Bien Phu realizou-se praticamente sem atrair atenção dos franceses. As forças de Giap usaram bicicletas reforçadas e trilhas nas colinas para transportar peças desmontadas de canhões fornecidos pela China. Os ninhos dos canhões e metralhadoras, envoltos pela vegetação, ficaram virtualmente a salvo da artilharia e da aviação francesas. Giap demonstrou sensibilidade aguçada para as condições do terreno e as circunstâncias logísticas. O sítio completou-se no início da temporada das monções de verão, caracterizadas por chuvas torrenciais e aumento da neblina que dificultaram as operações de reforço aéreo dos franceses. O apoio aéreo contava com 120 aviões de transporte e 227 caças e bombardeiros. Mas os aviões operavam no limite do combustível, pois suas bases situavam-se a 350 km, no delta do rio Vermelho. No total, 56 aeronaves foram destruídas por fogo antiaéreo.

Fogo pesado de artilharia sobre as guarnições de Beatrice e Gabrielle anunciou o início dos combates, na noite de 13 de março. A queda das duas fortificações e a deserção das tropas tailandesas da guarnição de Anne-Marie abriram a frente norte aos atacantes. Desde 23 de março foram suspensos os pousos de transporte de reforços, pois as perdas de aviões e homens tornaram-se intoleráveis. Os franceses ainda empreenderam contra-ataques eficazes no final de março, com o reforço de paraquedistas, mas o cerco apertou a partir de 15 de abril. Nos primeiros dias de maio, chuvas ininterruptas alagavam o campo de Dien Bien Phu e os defensores vagavam em lodaçais, enquanto poucos médicos e enfermeiras atendiam a centenas de feridos.

O assalto final começa com intensa barragem de artilharia, na noite de 6 de maio. Nas horas seguintes, forças do Vietminh infiltram-se nas trincheiras enlameadas da guarnição Elaine e combate-se corpo a corpo. Na clara aurora sem chuva, caem Elaine e Dominique. O general De Castries, no comando francês, ordena a destruição do material bélico e dos suprimentos remanescentes e envia a última mensagem a Hanói: "Estamos explodindo tudo. *Adieu*". No fim da tarde, os atacantes invadem o quartel-general. Isabelle, ao sul, resiste até a manhã do dia 8. Dien Bien Phu cai sem erguer a bandeira da rendição.

INTERLÚDIO: DE UMA GUERRA A OUTRA

Estimativas indicam que, na etapa derradeira da Guerra da Indochina, os Estados Unidos pagavam três quartos dos custos do esforço militar francês. Durante o cerco a Dien Bien Phu, Washington considerou a hipótese de uma intervenção direta para salvar a posição francesa, mas desistiu por avaliar que a guerra estava perdida.

A Conferência de Genebra instalou-se em 26 de abril de 1954, reunindo os cinco membros permanentes do Conselho de Segurança da ONU para negociar um acordo de paz sobre a Coreia e resolver o conflito colonial na Indochina. Não se chegou a acordo no tema coreano e, a 8 de maio, o dia da queda de Dien Bien Phu, a conferência recebeu representantes do Vietminh, do governo de Bao Dai e das monarquias semiautônomas do Laos e do Camboja, engajando-se nas negociações sobre a Indochina.

Os Acordos de Genebra, concluídos a 20 de julho, encerraram a presença colonial francesa em toda a Indochina e proclamaram a soberania dos Estados do Vietnã, do Laos e do Camboja. Nos termos dos acordos, o Vietnã era provisoriamente dividido pela fronteira do paralelo 17. O governo de Ho Chi Minh instalava-se em Hanói, a capital da República Democrática do Vietnã. O governo de Bao Dai, em Saigon, adquiria soberania formal sobre o Vietnã do Sul. Eleições gerais, previstas para 1956, deveriam reunificar o país.

Desde a retirada francesa, Bao Dai entrega-se à edificação de um Estado viável no Vietnã do Sul. Ngo Dinh Diem, um católico romano indicado para chefiar o governo, conclama os católicos do Vietnã do Norte a transferirem-se para o sul. Cerca de 1 milhão deles atravessam o paralelo divisório. No sentido inverso, 90 mil transferem-se para a República Democrática do Vietnã, mas Ho Chi Minh instrui 10 mil guerrilheiros a permanecerem, silenciosamente, no Vietnã do Sul. Nos primeiros meses de 1955, o governo de Diem passa a receber assistência financeira direta de Washington e conselheiros militares americanos começam a treinar o exército do Vietnã do Sul. A Indochina ingressava na grande estratégia da Guerra Fria.

A Guerra Fria havia sido deflagrada em março de 1947, quando Truman anunciou a estratégia americana de "contenção" da União Soviética. Mas a Doutrina Truman, como ficaria conhecida, tinha por referência a Europa, não a Ásia. O Plano Marshall, apresentado poucos meses depois, destinava-se a soldar a unidade entre os Estados Unidos e a Europa Ocidental, na conjuntura de enrijecimento dos blocos antagônicos na Europa. A crise do Bloqueio de Berlim, iniciada no verão de 1948 e concluída em maio de 1949 com a bipartição da Alemanha em dois Estados e a criação da Organização do Tratado do Atlântico Norte (Otan), elevou a níveis inéditos as tensões entre as superpotências. Mas a rivalidade estratégica continuava circunscrita, essencialmente, à Europa.

A Revolução Chinesa modificou radicalmente a percepção estratégica de Washington. A política da "contenção" adquiriu dimensões globais e a China, de aliada, tornou-se rival. A Guerra da Coreia (1950-53), com a consolidação do poder comunista na Coreia do Norte, e a derrocada da França na Indochina, foram interpretadas como sinais de um iminente desmoronamento das posições do Ocidente na Ásia. O governo Dwight Eisenhower reagiu aplicando o "modelo europeu" ao novo cenário de confrontação: assim como a segurança da Europa Ocidental era garantida pela Otan, a segurança asiática seria enraizada em tratados militares entre Washington e seus aliados regionais.

Os primeiros tratados de proteção militar, firmados logo após a tomada do poder pelos comunistas chineses ou durante a Guerra da Coreia, colocaram o Japão, Taiwan, a Coreia do Sul e as Filipinas sob o escudo protetor dos Estados Unidos. Em 1951, Washington firmou o Pacto Anzus, com a Austrália e a Nova Zelândia, estabelecendo uma plataforma de cooperação estratégica nos oceanos Pacífico e Índico. Os Acordos de Genebra funcionaram como senha para a constituição da Organização do Tratado do Sudeste Asiático (Seato), que reunia Estados Unidos, Grã-Bretanha, França, Austrália, Nova Zelândia, Filipinas, Tailândia e Paquistão. A Seato colocou sob sua proteção o Vietnã do Sul, o Laos e o Camboja, que tinham o estatuto de associados observadores. A rede de tratados completou-se, em 1955, com a formação do Pacto de Bagdá, firmado entre Grã-Bretanha, Iraque, Irã, Turquia e Paquistão. Os Estados Unidos não participavam formalmente desse tratado, mas integravam seu comitê militar.

O Pacto Anzus e a Seato, os núcleos dessa rede de tratados, simbolizavam uma "mudança de guarda" na ampla área da orla do Pacífico e do Índico. A Austrália e a Nova Zelândia, antigas colônias britânicas, deslocavam a esfera de influência de Londres para a de Washington. A Grã-Bretanha, que vivia seu declínio imperial, já não era capaz de defender a faixa estratégica. Os Estados Unidos assumiam a condição de potência marítima global, que por tanto tempo pertenceu aos britânicos.

O anel de tratados de segurança da orla asiática estendia-se do Japão e da Coreia do Norte, no mar da China Oriental, até o Irã, o Iraque e a Turquia, no Golfo Pérsico e no Mediterrâneo oriental. Sua aparência imponente ocultava as bases frágeis da aliança entre a superpotência do Ocidente e a coleção heterogênea de governos asiáticos clientes. No fundo, os sistemas de segurança asiáticos refletiam uma concepção estratégica amparada no pensamento geopolítico de Nicholas Spykman (1893-1943).[6]

Spykman construiu sua grande teoria como uma crítica à geopolítica do britânico Halford Mackinder (1861-1947), que elaborou o conceito de *Heartland* (a "terra-coração") para sustentar a noção da primazia do poder continental. A *Heartland* de Mackinder correspondia ao núcleo estratégico da Eurásia, situado nas planícies polonesas e russas. De acordo com sua tese, o domínio da *Heartland* conferia o controle sobre a Eurásia, que seria a base de um poder mundial incontrastável.

A teoria de Spykman virava de ponta-cabeça a geopolítica de Mackinder. Seu conceito-chave, a *Rimland* (o "anel interior"), sublinhava a importância do poder marítimo. O controle sobre o "anel interior", uma faixa-tampão entre a *Heartland* e a esfera oceânica exterior, asfixiaria a potência continental e asseguraria a hegemonia da potência marítima. Esse "anel interior" correspondia à faixa "peninsular" formada pela Europa Ocidental e pela orla asiática, desde o Oriente Médio até o Extremo Oriente. O sistemas de segurança asiáticos erguidos na década de 1950 projetavam, sob a forma de tratados militares, a estratégia de controle da *Rimland*.

O engajamento sempre crescente dos Estados Unidos na antiga Indochina Francesa deve ser entendido na moldura da grande estratégia asiática. No Vietnã do Sul, o governo Diem revela-se, cada vez mais, uma ditadura familiar corrupta e, em julho de 1955, Saigon anuncia a recusa em participar das eleições gerais de reunificação, sob o pretexto de que seria impossível conduzir eleições livres no Vietnã do Norte. Pouco depois, um plebiscito fraudulento, mas apoiado por Washington, depõe Bao Dai e extingue a Monarquia. A República do Vietnã, sob Diem, é reconhecida por mais de cem Estados.

Os dois Estados vietnamitas alinham-se às superpotências rivais e desencadeiam campanhas de repressão contra o "inimigo interno". No Vietnã do Norte, uma reforma agrária radical é acompanhada por julgamentos sumários, fuzilamentos em massa e confinamentos em campos de trabalho forçado. No Vietnã do Sul, a violência abate-se sobre supostos seguidores do Vietminh, que sofrem prisões, torturas e execuções clandestinas. Em 1957, Washington recusa uma proposta soviética de reconhecimento diplomático conjunto dos dois Estados e admissão de ambos na ONU.

Enquanto a partição do Vietnã se aprofundava, o Camboja e o Laos optavam pela neutralidade. O príncipe Norodom Sihanuk, do Camboja, abre mão da proteção da Seato e aproxima-se da China. No Laos, o príncipe Suvana Phuma forma um governo de coalizão neutralista, procurando uma acomodação com o movimento comunista Pathet Lao.

Desde o final de 1957, prepara-se ativamente nova guerra indochinesa. Guerrilheiros do Vietminh promovem campanhas de terror contra oficiais do Vietnã do Sul. No verão de 1958, os comunistas criam um centro de comando unificado no delta do Mekong e exigem negociações para a reunificação do país. Em março de 1959, Ho Chi Minh conclama uma "guerra popular" no Vietnã do Sul e ordena a construção de uma longa trilha pelas selvas conectando o

Vietnã do Norte às montanhas do Vietnã do Sul, através do Laos e do Camboja. Em julho, 4 mil guerrilheiros comunistas nascidos no Sul deixam seus campos de treinamento no Norte e infiltram-se no Vietnã do Sul.

A Guerra do Vietnã não foi deflagrada por uma declaração de guerra formal. Em abril de 1960, Hanói impõe o recrutamento militar universal. Em novembro, reagindo a uma tentativa de golpe militar, Diem aprisiona mais de 50 mil supostos opositores e milhares fogem para o Vietnã do Norte. Em dezembro, Ho Chi Minh estabelece a Frente Nacional de Libertação, o comando político da guerrilha no Vietnã do Sul. No outono de 1961, enquanto 400 boinas-verdes (forças especiais do exército americano) desembarcam como conselheiros das forças sul-vietnamitas, 26 mil guerrilheiros comunistas lançam dezenas de ataques contra as tropas governamentais.

UMA GUERRA EM TRÊS TEMPOS

A segunda guerra indochinesa prolongou-se por 15 anos. No Vietnã, envolveu as forças regulares do Vietnã do Norte e os comunistas sul-vietnamitas (Vietcong, na expressão criada pelo presidente Diem), de um lado, e o Exército do Vietnã do Sul e as forças de intervenção dos Estados Unidos, auxiliadas por sul-coreanos e australianos, de outro. A guerra propagou-se para o Laos e o Camboja, sob a forma de conflitos entre os governos e as guerrilhas comunistas desses países. Os Estados Unidos interferiram nesses dois países procurando impedir a vitória das guerrilhas.

Em toda a guerra, os Estados Unidos perderam 58 mil homens no Vietnã e o exército do Vietnã do Sul, quase 225 mil. O Vietnã do Norte e o Vietcong perderam, em conjunto, algo em torno de 1,1 milhão de combatentes. Mesmo suportando baixas numa proporção de quatro para um, o Vietnã do Norte e seus aliados do Vietcong venceram a guerra e reunificaram o Vietnã.

A primeira fase do conflito desenrola-se até o final de 1963, quando se encerram quase simultaneamente os governos Diem, no Vietnã do Sul, e Kennedy, nos Estados Unidos. Nessa fase, Washington acalentava a convicção de que o Vietnã do Norte poderia ser levado à mesa de negociações apenas pela demonstração da disposição americana de sustentar o esforço de guerra do Vietnã do Sul. A administração Lyndon Johnson conservou essa crença ainda por um ano, antes de tomar a decisão do envio de forças de terra regulares para o Vietnã, no final de 1964.

A "teoria do dominó" foi exposta pela primeira vez por Maxwell Taylor e Walt Rostow, que visitaram Saigon em outubro de 1961 na condição de altos conselheiros do presidente John Kennedy. A queda eventual do Vietnã do Sul repercutiria em toda a Indochina, derrubando o Laos, o Camboja, a Tailândia e a Malásia. Nas selvas e montanhas vietnamitas, jogava-se o futuro da Seato e da estratégia da "contenção" em toda a orla asiática. A força dessa tese originava-se da sua consistência com os fundamentos geopolíticos da política mundial de Washington.

Mesmo assim, Kennedy e, por algum tempo, Johnson resistiram à tentação da escalada. Logo após a visita de Taylor e Rostow, o secretário da Defesa Robert McNamara propõe o envio de seis divisões (200 mil soldados) ao Vietnã. Kennedy veta o plano, mas começa a providenciar helicópteros de transporte e permitir que os conselheiros atuem nas frentes de batalha. Em pouco mais de um ano, 16 mil oficiais americanos assumiam a direção das forças do Vietnã do Sul. No início de 1962, o exército sul-vietnamita já mobilizava 200 mil homens, mas o Vietcong controlava a maior parte das montanhas e selvas do Vietnã do Sul.

As dificuldades decorriam tanto de fatores militares quanto de circunstâncias políticas. Na Indochina, o governo sul-vietnamita começava a perder, irremediavelmente, os corações e as mentes dos camponeses. Em Genebra, Washington assinava, ao lado de 13 outras nações, uma declaração de neutralidade do Laos. Como resultado prático do tratado, as forças americanas e sul-vietnamitas ficariam impossibilitadas de interferir diretamente nos trechos laocianos da trilha Ho Chi Minh, que conectava a guerrilha Vietcong às suas bases e refúgios no Vietnã do Norte.

Em visita a Saigon, em maio de 1962, McNamara anunciou que "estamos vencendo a guerra". Era o Vietcong que vencia. Em janeiro de 1963, na batalha de Ap Bac, 350 vietcongs derrotavam uma força bem mais numerosa de soldados sul-vietnamitas equipados pelos Estados Unidos. Em maio, demonstrações budistas contra o governo Diem eclodem em cidades do Vietnã do Sul. Monges budistas ateiam fogo em si mesmos e morrem queimados protestando contra as restrições do regime às celebrações religiosas. As imolações, filmadas e fotografadas, chocam a opinião pública nos Estados Unidos. O governo Diem ingressava em crise terminal.

Nos meses seguintes, a Casa Branca distancia-se de Diem e estimula conspirações golpistas conduzidas nos altos círculos militares do Vietnã do Sul. O golpe acontece em 1º e 2 de novembro. Diem é preso e assassinado, possivelmente com a participação da CIA. Em Saigon, comemora-se a queda do regime, enquanto no interior a guerrilha se aproveita do vácuo de poder para reforçar suas posições. Três semanas depois, o assassinato de Kennedy conduzia Johnson à presidência dos Estados Unidos.

A segunda fase da Guerra do Vietnã desenrola-se entre 1964 e 1968. Essa foi a fase da escalada militar americana, conduzida por Johnson e McNamara. No final de 1965, um ano após a decisão do engajamento direto, os Estados Unidos tinham 184 mil tropas no Vietnã. No verão de 1966, as forças americanas chegaram a 429 mil tropas. O ponto mais alto seria atingido em abril de 1969, quando 543 mil americanos estavam engajados na guerra indochinesa.

Johnson resistiu durante todo o ano de 1964, antes de atravessar a fronteira conceitual do engajamento direto. Em março, autorizou bombardeios secretos contra a trilha Ho Chi Minh, em território do Laos, conduzidos por mercenários pilotando aviões antigos, mas não aceitou a proposta de bombardeios contra o Vietnã do Norte formulada pelo Conselho de Segurança Nacional. No verão, autorizou operações encobertas da CIA contra posições de radar no litoral do Vietnã do Norte. Essas operações tinham o suporte de embarcações de guerra americanas que, navegando no golfo de Tonquim, se encarregavam da vigilância eletrônica e localização dos radares inimigos.

O golfo de Tonquim foi o cenário dos episódios que culminaram com o engajamento direto. No início de agosto, barcos de patrulha norte-vietnamitas abrem fogo contra o destroier USS Maddox, que operava nas ilhas costeiras. No dia seguinte, um incidente misterioso envolve novamente o Maddox, que reporta um ataque de torpedos jamais comprovado. Sob pressão dos chefes militares, Johnson ordena bombardeios aéreos contra alvos costeiros, que resultam na derrubada de dois caças americanos. No dia 7, o Congresso americano aprova, com apenas dois votos contrários, a Resolução do Golfo de Tonquim, que conferia poderes quase ilimitados ao presidente para prevenir novos ataques contra forças americanas. A resolução abriu caminho para o prolongado engajamento americano numa guerra nunca declarada.

Mas a decisão de enviar tropas não estava tomada. No fim de agosto, deflagrando sua campanha eleitoral, Johnson prometia que "não enviaremos nossos rapazes a 9 mil ou 10 mil milhas de casa para fazer o que os rapazes asiáticos devem fazer por si mesmos". Em outubro, uma conspiração na cúpula soviética substituía Nikita Kruschev por Leonid Brejnev, dias antes da primeira explosão atômica da China e de uma simultânea concentração de tropas chinesas nas proximidades da fronteira do Vietnã do Norte. Em 3 de novembro, Johnson elegia-se com 61% dos votos populares, arrasando o rival republicano Barry Goldwater.

O candidato derrotado, um ultraconservador do Arizona, havia desafiado o tradicional controle do Partido Republicano pela elite da costa leste e sofreu as consequências eleitorais da divisão dos republicanos. Durante a campanha, Goldwater investiu pesadamente contra o que denominou de estratégia de "não vitória" de Johnson, propondo bombardeios contra Hanói e o bloqueio de Haiphong, iniciativas inconcebíveis naquele momento, mas que viriam a ser adotadas anos depois. Na hora da derrota, muitos vaticinaram o encerramento de sua liderança política. Contudo, Goldwater tornou-se um ponto de referência e agrupamento no partido, inspirando a corrente que sustentaria a candidatura vitoriosa de Ronald Reagan, em 1980. Sua figura encontra-se na raiz da "nova maioria" republicana e da plataforma política de George W. Bush, o filho.

No início de 1965, Johnson ainda resistia a extrair as conclusões lógicas das circunstâncias do campo de batalha. O Exército Revolucionário do Povo, formado pelo Vietcong e por tropas regulares do Vietnã do Norte, com 170 mil homens no Vietnã do Sul, ameaçava povoados próximos a Saigon. Em janeiro, McNamara e McGeorge Bundy, o assessor de Segurança Nacional, apresentam a alternativa de "escalar ou retirar". As decisões cruciais da escalada foram adotadas entre fevereiro e abril. A pedido do general William Westmoreland, o comandante americano no Vietnã, Johnson autoriza o envio de dois batalhões de marines para proteger a base aérea de Da Nang. Em seguida, inicia-se uma operação de bombardeios aéreos contra alvos no Vietnã do Norte que, prevista para durar dois meses, prosseguiria por três anos. Finalmente, numa decisão que permaneceu oculta da opinião pública até junho, tropas americanas passam a patrulhar o Vietnã do Sul.

Desde a deposição de Diem, o Vietnã do Sul conhecera diversos golpes e contragolpes palacianos, conduzidos pela cúpula militar. Em junho de 1965, estabelecia-se o décimo governo em vinte meses. Mas o novo governo começava a sedimentar o poder de Nguyen Van Thieu, a figura escolhida por Washington para estabilizar o país.

No terreno militar, os primeiros meses do engajamento direto de tropas americanas evidenciaram o paradigma da guerra. As forças do Vietcong realizavam ataques limitados e operações de sabotagem contra alvos secundários, enquanto os Estados Unidos conduziam bombardeios aéreos massivos contra fábricas, bases militares e a trilha Ho Chi Minh. As grandes batalhas esporádicas quase sempre resultavam de ofensivas americanas contra forças inimigas no Vietnã do Sul. Em agosto, na primeira ofensiva desse tipo, marines atacaram 15.000 guerrilheiros que se concentravam perto da base aérea americana de Chu Lai, matando mais de 600 soldados do Vietcong e perdendo apenas 45 homens.

Em novembro, na batalha do Vale de Ia Drang, o primeiro embate em grande escala de forças regulares, as tropas do Vietnã do Norte perderam cerca de 2 mil homens e mataram 79 americanos. Contudo, logo depois, uma emboscada guerrilheira contra 400 soldados da infantaria americana deixava 155 mortos e 124 feridos. O poder de fogo americano, baseado na estreita articulação da artilharia com o suporte aéreo de helicópteros de combate, caças e bombardeiros B-52, desequilibrava os confrontos abertos. Em compensação, as ofensivas limitadas, mas mortíferas, da guerrilha desgastavam as forças americanas e sul-vietnamitas. Em dezembro, o governo americano recebia relatórios que registravam a deserção de 90 mil soldados sul-vietnamitas durante 1965.

A estratégia seguida por Washington, de "busca e destruição" de forças inimigas no Vietnã do Sul, baseava-se no conceito de guerra defensiva. O paralelo 17 não deveria ser ultrapassado, pois uma guerra ofensiva poderia provocar o envolvimento direto de forças soviéticas e chinesas. As operações destinadas a interromper o fluxo de infiltrações por mar foram logo coroadas de sucesso, mas os pesados e incessantes bombardeios sobre a trilha Ho Chi Minh jamais alcançaram seus objetivos.

As críticas emergiram desde o início de 1966. O senador Robert Kennedy e o colunista Walter Lippmann profetizaram a cisão social nos Estados Unidos, decorrente das perdas crescentes de soldados. Em março, protestos populares contra a guerra pipocam em Nova York, Chicago, Washington, Boston e São Francisco, embora a guerra ainda contasse com o suporte da maioria da opinião pública.

Os bombardeios aéreos intensificaram-se ao longo de 1966 e 1967, atingindo alvos militares e de infraestrutura no Vietnã do Norte, forças inimigas na Zona Desmilitarizada ao longo do paralelo divisório, depósitos de petróleo nos arredores de Hanói e Haiphong e a trilha Ho Chi Minh. As bombas de gravidade lançadas pelos B-52, as chamadas "fortalezas voadoras", muitas vezes atingiam povoados e provocavam pesadas baixas civis. Os bombardeios químicos com napalm e o "agente laranja" abriam extensas clareiras nas florestas.

A Operação Junction City, conduzida entre fevereiro e maio de 1967, foi a maior ofensiva militar de toda a guerra. No total, 26 batalhões americanos e sul-vietnamitas atacam as forças comunistas no oeste do delta do Mekong, impondo pesada derrota à guerrilha e obrigando a transferência do quartel-general do Vietcong para o Camboja. Mais de 2,7 mil guerrilheiros são mortos. As baixas americanas não chegam a 300 soldados. Esse padrão desequilibrado repete-se em outubro, na Batalha de Con Thieu, onde as perdas da guerrilha ultrapassam 2 mil homens, e em novembro, em Dak To, nas montanhas próximas à fronteira do Laos, com perdas superiores a 1.600 homens.

Em novembro, McNamara anuncia, numa emotiva entrevista à imprensa, seu pedido de renúncia. Em 21 de janeiro de 1968, 20 mil soldados do Vietnã do Norte cercam 5 mil marines na base aérea americana de Khe Sanh, que guarnecia a passagem ocidental da Zona Desmilitarizada. O cerco perduraria por 77 dias, durante os quais a mídia se referiu sem cessar a um "novo Dien Bien Phu". A mídia estava errada, sob o ponto de vista da análise militar. O extraordinário poder de fogo aéreo americano transformou os arredores da base num matadouro de talvez até 10 mil norte-vietnamitas e assegurou a manutenção da posição americana. Contudo, o cerco a Khe Sanh combinou-se com a Ofensiva do Tet para provocar a crise política que geraria a decisão da retirada.

O Tet (Ano-Novo lunar) é o principal feriado vietnamita, e, como nos anos anteriores, vigorava uma trégua de 36 horas. Mas, na manhã de 31 de janeiro, a trégua foi rompida por ataques coordenados e simultâneos do Vietcong contra mais de uma centena de cidades e povoados do Vietnã do Sul. Os planejadores da Ofensiva do Tet imaginavam estar deflagrando insurreições populares incontroláveis. As insurreições não aconteceram e, no fim, a ofensiva representou um fracasso militar. Mesmo assim, as cenas de combates nas ruas de Saigon, Hué, Quang Tri, Da Nang e outros 32 centros provinciais, transmitidas para os Estados Unidos, destroçaram a propaganda da Casa Branca. A guerra não está sendo ganha – essa era a mensagem do Tet.

O foco principal da ofensiva foi Saigon, e entre os alvos mais destacados, estavam a embaixada americana e o palácio presidencial. Os ataques de comandos, amparados no fator-surpresa, provocaram pânico e caos, mas acabaram repelidos por reforços aerotransportados em questão de horas. Entretanto, os combates prosseguiram durante uma semana no eixo de

Ofensiva do Tet (jan/fev 1968)

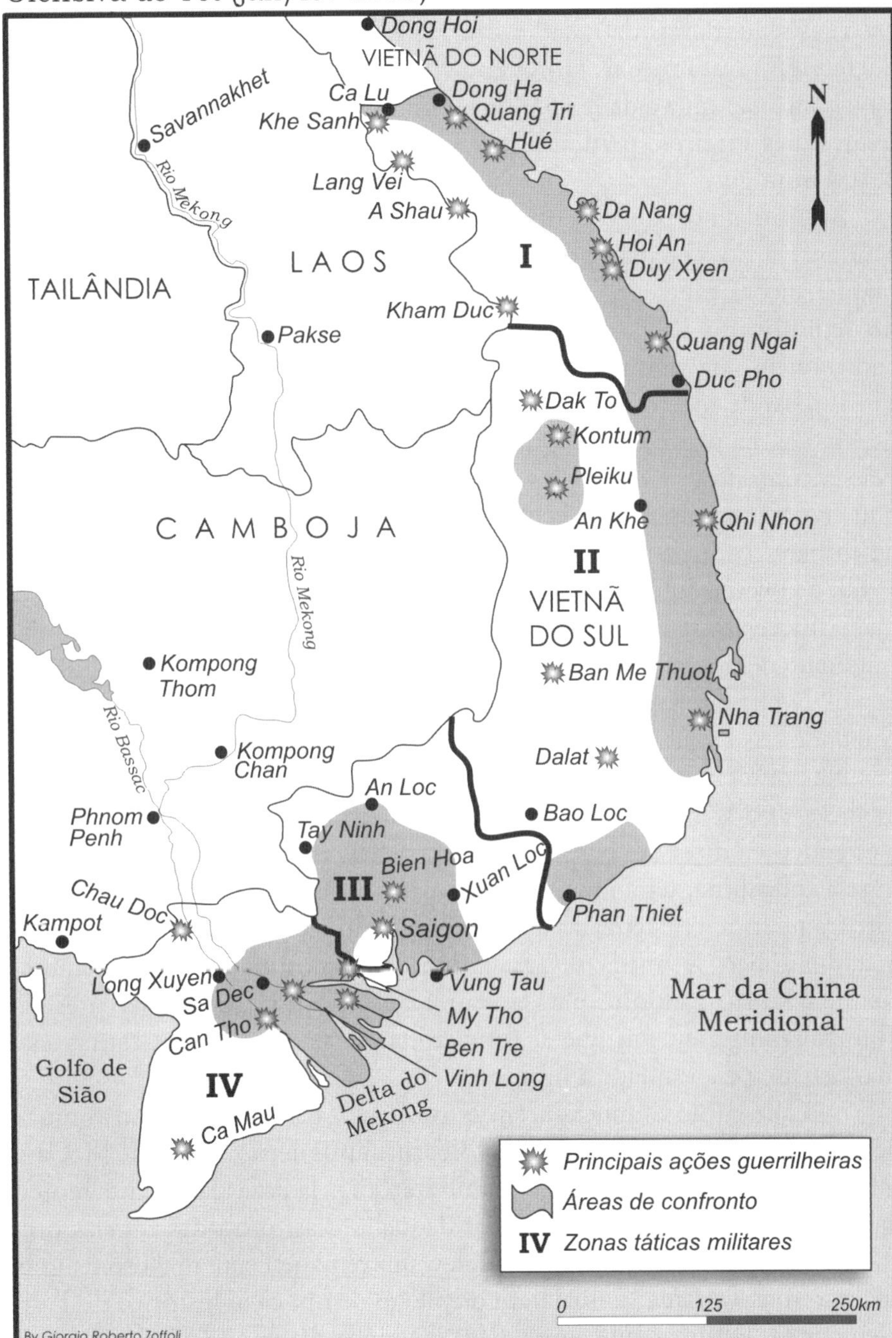

tráfego de Phu Tho, no centro nervoso da capital, e por mais duas semanas em ruas secundárias da cidade. Em Hué, ocupada por 12 mil soldados do Vietcong, travaram-se os piores confrontos urbanos da guerra. Os fuzileiros navais retomaram a cidade após quase um mês de fogo incessante, destruindo quarteirões inteiros, perdendo cerca de 150 soldados e matando mais de 5.100 inimigos.[7]

McNamara deixou o Pentágono em 29 de fevereiro, quando se encerrava a Ofensiva do Tet mas prosseguia a Batalha de Khe Sanh. Sua saída, as manifestações crescentes contra a guerra nos Estados Unidos e a eleição do republicano Richard Nixon, em novembro de 1968, assinalariam o encerramento da segunda fase da Guerra do Vietnã.

Em 16 de março, soldados da infantaria americana invadem o povoado de My Lai, na província de Quang Tri, em busca de guerrilheiros infiltrados. Não encontram vietcongs, mas massacram com tiros à queima-roupa mais de 300 civis vietnamitas. O episódio permaneceu oculto durante um ano, antes de tornar-se um dos símbolos trágicos da guerra. De março a outubro de 1968, o governo Johnson definhou, envolvido em crise política terminal. Em maio, iniciavam-se infrutíferas negociações de paz em Paris. Em 5 de junho, o candidato democrata Robert Kennedy era assassinado em Los Angeles. Pouco depois, Westmoreland era substituído pelo general Creighton W. Abrams no comando das forças americanas no Vietnã.

Na presidência, Johnson conduziu o programa da Grande Sociedade, que estabeleceu o *Welfare State* (política de bem-estar social) nos Estados Unidos, e estendeu os direitos civis, eliminando as leis de discriminação racial. Não fosse a Indochina, teria uma reeleição assegurada. Mas o Vietnã encerrou sua carreira política e ele retirou a candidatura no início das primárias democratas, quando Robert Kennedy se apresentou como postulante. O assassinato de Kennedy abriu caminho para a claudicante postulação do vice-presidente Hubert Humphrey, um liberal convicto, ardente defensor das causas sociais mas tisnado pela lealdade a Johnson.

Na Convenção Democrata, em agosto de 1968, Humphrey conseguiu uma penosa indicação, enfrentando a candidatura antiguerra de Eugene McCarthy, sob o pano de fundo de ruidosas manifestações pela paz e da violenta repressão da polícia de Chicago. Os tumultos daqueles dias, provocados pelas ordens ensandecidas do prefeito Richard Daley, um remanescente mafioso da grande coalizão rooseveltiana, assinalaram o epílogo de um ciclo histórico do Partido Democrata. Johnson, que completava 60 anos no segundo dia da convenção, preferiu celebrar o aniversário longe dos correligionários, em seu rancho no Texas. A retumbante vitória de Nixon, em novembro, inaugurou novo padrão eleitoral nos Estados Unidos, com a invasão republicana dos velhos bastiões democratas no sul.

A terceira fase da Guerra do Vietnã recobre o período de 1969 a 1973, quando são firmados os Acordos de Paris e os Estados Unidos retiram suas tropas da Indochina. Mas a guerra ainda prosseguiu até 30 de abril de 1975, quando as forças do Vietnã do Norte entraram vitoriosas em Saigon. Na sua campanha eleitoral, Nixon ergueu a bandeira da "paz com honra". Os anos seguintes caracterizaram-se pela combinação da redução gradual das tropas americanas no Vietnã do Sul com os mais pesados bombardeios aéreos contra o Vietnã do Norte de toda a guerra. A política americana, desenhada pelo conselheiro de Segurança Nacional Henry Kissinger, era a "vietnamização" do conflito, isto é, a retirada das forças dos Estados Unidos e a capacitação do Vietnã do Sul para travar a guerra sem assistência estrangeira.[8]

Nixon e Kissinger estenderam o teatro de guerra até o Camboja, autorizando bombardeios aéreos secretos de refúgios do Vietcong ao longo da fronteira com o Vietnã, logo revelados pelo *New York Times*. Aviões americanos também passaram a mirar suas bombas em pequenos diques centenários no Vietnã do Norte que controlam as cheias e regulam os sistemas de cultivo irrigado de arroz. Um artigo do geógrafo francês Yves Lacoste, publicado no *Le Monde* em agosto de 1972, denunciou a tática de bombardeios contra diques, que cessaram logo depois. Em maio de 1969, a derrota americana na Batalha de Hamburger Hill, uma colina de duvidosa importância militar próxima a Hué, custa 46 mortos e 400 feridos e transforma-se na última grande operação de "busca e destruição".

A morte de Ho Chi Minh, de ataque cardíaco, em setembro de 1969, ocorre quando já se iniciavam encontros secretos entre Kissinger e dirigentes do Vietnã do Norte. No seu testamento, Ho pedia a intensificação da guerra, "até a partida do último americano". No fim do ano, as tropas americanas tinham se reduzido em 115 mil homens.

Em março de 1970, um golpe militar articulado em Washington derruba o príncipe Sihanouk, no Camboja. O novo chefe de Estado, general Lon Nol, recebe apoio americano numa campanha contra o Khmer Vermelho (os comunistas do Camboja, organizados como exército guerrilheiro). Sihanouk une-se à guerrilha comunista, comandada por Pol Pot. Em maio tropas americanas e sul-vietnamitas cruzam a fronteira cambojana e atacam bases do Vietcong, deflagrando amplos protestos contra a guerra nas universidades dos Estados Unidos. Em Ohio, policiais atiram contra estudantes pacifistas, matando quatro.

A "vietnamização" fracassou no seu primeiro grande teste, a Operação Lam Son 719, uma ofensiva terrestre conduzida por 17 mil soldados do Vietnã do Sul na trilha Ho Chi Minh, em território do Laos, entre fevereiro e abril de 1971. Apesar do apoio aéreo americano, a ação terminou em amarga retirada, após 7.600 baixas sul-vietnamitas, 215 baixas americanas e a perda de mais de 100 helicópteros. As baixas do Vietnã do Norte podem ter atingido até 20 mil homens, mas o fracasso dos atacantes provocou o congelamento das grandes operações ofensivas até o fim da guerra.

Em junho de 1971, a Casa Branca anunciava a histórica visita de Nixon à China, que ocorreria oito meses depois. Os Estados Unidos deflagravam a política de aproximação com Pequim, destinada a reorganizar o cenário geopolítico da Ásia no pós-Vietnã.[9] A visita de Nixon causou profunda preocupação em Hanói, que temia que a China passasse a pressionar por um acordo de paz favorável às pretensões americanas. Para evitar essa mudança de cenário, em abril de 1972 o Vietnã do Norte lança a Ofensiva Onda do Leste, que mobilizou 200 mil soldados sob o comando de Giap. As forças norte-vietnamitas, aproveitando a redução do nível de tropas americanas, atravessam a Zona Desmilitarizada e iniciam ataques diretos contra as cidades de Quang Tri, Kontum e An Loc.

Nixon reage autorizando pesados bombardeios aéreos do Vietnã do Norte, incluindo a Zona Desmilitarizada, Hanói, a baía de Haiphong, rodovias, pontes e infraestruturas petrolíferas. Quang Tri cai no primeiro dia de maio. Os Estados Unidos minam a baía de Haiphong, interditando o principal porto norte-vietnamita. A 22 de maio, Nixon desembarca em Moscou e deflagra sua política da "distensão". Em agosto, as últimas tropas de combate americanas retiram-se do Vietnã, pouco após a célebre visita de Jane Fonda a Hanói. Em meados de setembro, o Vietnã do Sul recaptura Quang Tri, encerrando a ofensiva inimiga. Em seguida, bombardeios americanos contra pistas de pouso eliminam um décimo do poderio aéreo do Vietnã do Norte. Entre março e setembro, o Vietnã do Sul perde 40 mil homens. O Vietnã do Norte sofre baixas de 100 mil homens e metade de todos os seus tanques e artilharia. Giap, o gênio de Dien Bien Phu, é afastado do comando militar.

Os Acordos de Paris emergem nessa conjuntura, marcada pelo colapso da vontade política americana de prosseguir a guerra e pela eficácia dos bombardeios aéreos conduzidos nos meses anteriores. Nas negociações entre Kissinger e o vietnamita Le Duc Tho, o primeiro desiste da exigência de retirada das forças comunistas do Vietnã do Sul e o segundo, da exigência de afastamento do presidente Van Thieu e da formação de um governo de coalizão nacional em Saigon.

As negociações ainda se arrastam por alguns meses, durante os quais Nixon é esmagadoramente reeleito e, sob forte pressão de Van Thieu, tenta obter novas concessões. No Natal, Nixon ordena 11 dias de novos bombardeios, os mais intensos de toda a guerra, contra alvos na região de Hanói. A 27 de janeiro de 1973, apesar das amargas recriminações de Saigon, os Acordos de Paris são firmados pelos governos dos Estados Unidos, do Vietnã do Sul e do Vietnã do Norte, e por representantes do Vietcong. O tratado de paz determina o cessar-fogo, a retirada do pessoal militar americano remanescente e a futura reunificação do Vietnã. O Vietnã do Sul é tratado como um país com dois governos, o de Van Thieu e o do Vietcong.

Em junho, enquanto a fogueira do caso Watergate (a crise política deflagrada pela denúncia das escutas clandestinas usadas por Nixon contra os democratas) começava a arder, o Congresso americano aprovava uma emenda proibindo qualquer novo envolvimento militar no Sudeste Asiático. A decisão desmoralizou as promessas de Nixon a Van Thieu, de reagir pela força a uma eventual violação do cessar-fogo por parte do Vietcong. Menos de um ano e meio depois, forças do Vietnã do Norte entravam vitoriosas em Saigon, encerrando a segunda guerra indochinesa. O Vietnã foi reunificado em 1976 e a cidade de Saigon, rebatizada em homenagem a Ho Chi Minh.

O VIETNÃ E A HISTÓRIA

A Guerra do Vietnã, ainda tão próxima de nós, é objeto de extensa abordagem historiográfica. A historiografia da guerra é um fenômeno quase exclusivamente ocidental, e sobretudo americano, pois as narrativas e avaliações vietnamitas, soviéticas e chinesas carecem de conteúdo crítico. Os estudos americanos, pelo contrário, evidenciam os conflitos de pontos de vista e interpretação que se manifestaram tanto durante a Guerra Fria quanto após a queda do Muro de Berlim.

A historiografia revisionista, liberal e contrária à guerra, forneceu as interpretações hegemônicas sobre o conflito. Essencialmente, a visão estabelecida afirma que a escalada militar americana, decidida por Johnson, representou desastrosa ruptura com a orientação de Kennedy; que a guerra não podia ser vencida e, portanto, não deveria ter sido travada; que a "teoria do dominó" representava uma fantasia geopolítica ou mero pretexto usado pelos "falcões" de Washington; que Ho Chi Minh corporificava a vontade legítima da nação vietnamita e o Vietnã do Sul não passava de um experimento artificial sustentado pelas potências do Ocidente. Cada uma dessas conclusões é foco de um debate histórico legítimo.

A tese de que não teria ocorrido a escalada sem o atentado do Texas que vitimou Kennedy se tornou algo como um mito popular, sintetizado no filme *JFK* (dirigido por Oliver Stone, 1991). A documentação histórica não sustenta a célebre tese. Kennedy opunha-se à escalada, mas Johnson também resistiu a essa orientação durante meses, até render-se à lógica dos eventos no teatro de operações. Kennedy pretendia forçar negociações de paz, mas não admitia perder o Vietnã. Johnson conduziu uma escalada gradual e uma guerra limitada, acalentando sempre a crença de que Ho Chi Minh seria eventualmente levado à mesa de negociações. No fim das contas, Nixon perseguiu essa mesma meta, nas condições históricas desfavoráveis provocadas pelo esgotamento da vontade de combater dos Estados Unidos.

Os documentos mostram que Kennedy expressou, em conversas privadas, seu desejo de retirar os conselheiros militares americanos do Vietnã. Mas esses comentários precederam o golpe, tramado pela Casa Branca, que derrubou o governo Diem e eliminou o único líder nacional viável no Vietnã do Sul. O golpe representou o ponto de não retorno do engajamento americano na Indochina e deve ser interpretado como a verdadeira origem da escalada.[10]

Os Estados Unidos jamais ultrapassaram a fronteira da guerra limitada. O general Westmoreland sofreu críticas pertinentes sobre sua estratégia de uso de grandes unidades em operações de atrito, mas a alternativa de emprego de pequenas unidades não alteraria o cenário geral, de uma guerra travada nos termos do inimigo. Em agosto de 1967, testemunhando em audiências secretas no Senado, McNamara afirmou que a guerra só poderia ser vencida pela "completa aniquilação do Vietnã do Norte", mas essa opção foi descartada.

Numa entrevista concedida em abril de 1996 no Instituto de Estudos Internacionais, em Berkeley, McNamara confidenciou que os chefes do Estado-Maior americano recomendaram ações que "poderiam levar a uma confrontação com a China e a União Soviética", o que, por sua vez, "poderia exigir o uso de armas nucleares". Contudo, Johnson e McNamara nunca aceitaram as propostas de invasão do Vietnã do Norte, bombardeios irrestritos sobre Hanói e Haiphong ou bombardeios contra as rotas de suprimentos no sul da China, pois temiam provocar uma expansão incontrolável da guerra.[11] No quadro da guerra limitada, as forças americanas venciam batalha após batalha, tomando áreas ocupadas pelo inimigo apenas para vê-las recuperadas pelos guerrilheiros após a partida das tropas dos Estados Unidos.

O tempo e a vontade conspiravam a favor de Ho Chi Minh. Johnson interrompeu por seis vezes sua primeira grande campanha de bombardeios aéreos, que se desenrolou entre 1965 e 1967, na expectativa de abrir caminho para negociações. Hanói recusou todas as propostas de Washington, insistindo em nada menos que a retirada americana. Conseguiu o que queria quando a opinião pública americana se voltou decisivamente contra a guerra. Esse momento foi atingido logo após o final da Ofensiva do Tet, quando o general Westmoreland solicitou mais 206 mil soldados e, sem consegui-los, deixou o comando das forças americanas no Vietnã.

A estratégia da "paz com honra", de Nixon e Kissinger, não teve nenhum efeito senão o de prolongar a tragédia. Provou-se que os termos do acordo de paz de 1973 estavam disponíveis pelo menos desde 1969 ou talvez até mesmo no final da Ofensiva do Tet. Mas a obsessão dos donos do poder ceifou ainda as vidas de 20 mil americanos e centenas de milhares de vietnamitas. Nos anos finais da guerra, a desmoralização e a indisciplina contaminavam as tropas americanas e, mais ainda, as sul-vietnamitas. "Não se pode pedir a um ser humano que seja o último a morrer", na frase célebre de John Kerry, ex-combatente que aderiu ao movimento antiguerra e candidato democrata derrotado por Bush em 2004. Contudo, era exatamente isso que se ordenava aos soldados engajados na guerra perdida.

A derrota foi construída nas cidades dos Estados Unidos, não nas selvas e montanhas da Indochina. No Vietnã, travou-se a primeira guerra da "era da informação" e as câmeras, os fotógrafos e os repórteres praticamente não encontraram restrições na cobertura das batalhas. O retorno de corpos de soldados americanos mortos, os confrontos urbanos do Tet, a matança incessante nas selvas, o massacre de civis inocentes foram transmitidos pela TV, reproduzidos em fotos, narrados em reportagens. A publicidade recebida pelas investigações do massacre de My Lai deveu-se à ação de uma imprensa livre e vibrante.

O governo perdeu as batalhas decisivas que tentou conduzir contra a liberdade de informação. A maior delas foi o episódio dos Papéis do Pentágono, um relato ultrassecreto, de 7 mil páginas, sobre o envolvimento americano na Indochina desde 1945. Os segredos foram vazados em 1971 por um analista do Departamento de Defesa, Daniel Ellsberg, para o *New York Times* e publicados a partir de 13 de junho. Nixon conseguiu sustar a publicação durante 15 dias, invocando razões de segurança nacional e tentou condenar Ellsberg a uma pena de prisão, mas a Corte Suprema derrubou o veto presidencial. Os documentos escancaram para o público a litania de mentiras oficiais, aprofundando a crise de credibilidade que minava o esforço de guerra.

As imagens produziram impacto maior ainda que as palavras. Em 8 de maio de 1972, durante as operações aéreas deflagradas por Nixon, pilotos sul-vietnamitas bombardearam por acidente um povoado do Vietnã do Sul. A foto de uma menina nua, queimada por napalm, fugindo do povoado em chamas tornou-se um emblema da tragédia na Indochina. As dificuldades logísticas e, também, o viés político antiguerra dos jornalistas americanos evitaram uma cobertura similar das atrocidades cometidas pelo Vietnã do Norte e pelos seus aliados do Vietcong.

> Na avaliação de um historiador alinhado com os neoconservadores republicanos, a Primeira ou a Segunda Guerra Mundial poderiam ter tido um fim diferente caso os europeus houvessem assistido em primeira mão ao ataque da Batalha do rio Somme, ou se os cidadãos dos Estados Unidos houvessem visto a carnificina em Omaha Beach enquanto os repórteres comentavam no rádio a insanidade do ataque americano a posições fixas vindo de um mar revolto.[12]

Esse ponto de vista, adotado pelo Pentágono, explica as severas restrições impostas ao trabalho da imprensa na Guerra do Golfo de 1991.

O Vietnã representou, para o pensamento militar americano, uma guerra de transição. O "estilo americano de guerra", delineado na Guerra de Secessão, alcançou seu apogeu na Segunda Guerra Mundial. Esse "estilo" se baseava na mobilização geral das forças de uma poderosa economia industrial, numa rude estratégia de atrito, na superioridade oferecida por um poder de fogo arrasador, na tática de ofensivas diretas e decisivas. A Guerra da Coreia revelou, pela primeira vez, as limitações dessa tradição militar e a Guerra do Vietnã assinalou seu esgotamento.

Mas é preciso matizar a interpretação. O Vietnã foi o palco de uma evolução do "estilo americano de guerra" e, sob certos aspectos, antecipou tendências que encontrariam plena expressão décadas mais tarde. Na Indochina, só ocorreu uma batalha aérea digna de nota: a Operação Bolo, em 2 de janeiro de 1967, quando 28 caças F-4 Phantom atraem diversos MiG-21 norte-vietnamitas para o combate sobre Hanói, derrubando sete deles. O domínio absoluto dos ares pelos Estados Unidos resultou na redefinição do papel da Força Aérea, que passou a funcionar como elemento de apoio direto às forças de terra. A estreita coordenação entre forças de ar e terra, inaugurada no Vietnã, aprimorou-se mais tarde e evidenciou todo o seu poder letal no golfo Pérsico. Além disso, no Vietnã, os Estados Unidos ensaiaram o uso intensivo das ações de comandos que figurariam com destaque na fulminante operação militar americana no Afeganistão, em 2001.

Na Indochina, os Estados Unidos levaram às suas últimas consequências a tática de bombardeios aéreos de saturação. Durante toda a guerra, caças e bombardeios americanos realizaram 3 milhões de voos e despejaram 8 milhões de toneladas de bombas, quatro vezes o total empregado na Segunda Guerra Mundial. O poderio aéreo não foi inútil, como reza a lenda. A fase final de bombardeios, sob Nixon, derrotou a ofensiva geral deflagrada por Giap, na conjuntura de rápida retirada de tropas americanas.[13] Contudo, o mais brutal poder de fogo exibido na história militar não podia compensar a proibição de invadir o Vietnã do Norte e a carência de vontade política da nação americana de empreender uma guerra total.

A "teoria do dominó", que serviu como motivação para o engajamento americano no Vietnã, revelou-se verdadeira, mas apenas nos limites da antiga Indochina Francesa. Quase simultaneamente à queda de Saigon, os comunistas tomaram o poder no Laos e no Camboja. Sob o regime de Pol Pot, o Camboja conheceu o terror vermelho na sua versão mais trágica. Entre 1975 e 1979, mais de 2 milhões de pessoas morreram em fuzilamentos indiscriminados ou nos campos de concentração do regime ensandecido. O genocídio foi interrompido apenas pela invasão do Camboja por forças vietnamitas, que instalaram em Phnom Penh um regime alinhado com Hanói.

Entretanto, contrariando a lógica maniqueísta da "teoria do dominó", a queda do Vietnã não difundiu o comunismo pela Ásia. Em 1979, enquanto o Vietnã invadia o Camboja, tropas chinesas cruzavam a fronteira vietnamita para tentar impedir a queda do regime de Pol Pot. Uma guerra breve e sangrenta terminou com a retirada das forças chinesas. O "comunismo internacional" só existia no plano da ficção, pois as políticas externas da União Soviética, da China e do Vietnã não obedeciam a uma ideologia mas aos interesses singulares de cada um desses países.

Durante a segunda guerra indochinesa, o Vietnã perdeu algo em torno de 4 milhões de civis. Depois de 1975, o país conheceu sangrentos episódios de repressão política e religiosa, crises de fome, a diáspora de cerca de 1,5 milhão de pessoas e o desespero dos refugiados que tentaram a sorte se lançando ao mar em barcos rústicos. O Vietnã não serviu de exemplo a ninguém. A Indochina comunista permaneceu isolada, politicamente, do resto da Ásia.

Em 2000, Bill Clinton tornou-se o primeiro presidente americano a visitar o Vietnã reunificado. Ele encontrou um país pontilhado pelos sinais de uma reforma econômica, deflagrada na primeira metade da década de 1990, que não chegou a deslanchar mas também não foi revertida. Essa reforma parcial atraiu investimentos sobretudo para o sul e, em especial, para a Cidade de Ho Chi Minh. As indústrias dos arredores da antiga Saigon e os campos de arroz do Mekong comandam a economia vietnamita, embora o poder político esteja firmemente instalado em Hanói.

O sul do Vietnã beneficiou-se do espírito empreendedor e das redes de negócios da sua comunidade de chineses étnicos, de uma infraestrutura menos arruinada pela guerra e dos laços com o exterior criados pela onda de diáspora do imediato pós-guerra. Com a reunificação, restabeleceu-se o padrão secular de migrações do norte para o sul, interrompidas durante a guerra. O Citibank e o Sheraton, além de diversas empresas japonesas, estabeleceram-se em Ho Chi Minh bem antes da visita do presidente americano. No ano da visita de Clinton, a cidade ganhou a única bolsa de valores do país.

No trigésimo aniversário da queda de Saigon, as quatro províncias do delta do Mekong abrigavam 5 milhões de habitantes, enquanto as sete províncias do delta do rio Vermelho tinham o dobro dessa população. Mas as províncias meridionais exportavam cerca de oito vezes mais que as setentrionais e recebiam um volume cinco vezes maior em investimentos estrangeiros. Isoladamente, a cidade de Ho Chi Minh representava quase 20% do PIB vietnamita e 40% das exportações, mesmo concentrando apenas 9% da população. Ironicamente, no campo de batalha da economia, o sul acabou derrotando o norte. O revisionismo histórico neoconservador usa esse argumento para sustentar, em retrospecto, que o Vietnã do Sul era um Estado viável e só sucumbiu em virtude da carência de vontade política dos Estados Unidos.

A experiência do Vietnã deitou raízes profundas no imaginário americano. Uma extensa filmografia registra narrativas conflitantes sobre os significados da única grande derrota militar americana na história. *Os boinas verdes* (*The Green Berets*, Ray Kellogg, 1968), produzido quando a guerra perdia sustentação na opinião pública, foi estrelado por John Wayne e procurou ligar o conflito na Indochina à tradição da luta pela liberdade representada pela Segunda Guerra Mundial. *Corações e mentes* (*Hearts and Minds*, Peter Davis, 1974), documentário realizado logo após a retirada americana, deu voz às atitudes políticas contrastantes, nos Estados Unidos e no Vietnã, sobre o conflito indochinês. *O franco atirador* (*The Deer Hunter*, Michael Cimino, 1978), com Robert De Niro, não se preocupou com os vietnamitas, mas com a dor dos prisioneiros de guerra americanos. *Apocalipse Now* (*Apocalipse Now,* Francis Ford Coppola, 1979), com Marlon Brando, inspirou-se no Joseph Conrad de *Coração das trevas* para interpretar a guerra como perda da razão, loucura e caos. *Rambo: programado para matar* (*First Blood*, Ted Kotcheff, 1982), inaugurou a série protagonizada por Sylvester Stallone sobre um veterano ex-boina verde que retoma a luta pela liberdade, enfrentando os burocratas responsáveis pela derrota na Indochina e, no segundo filme da saga, retornando ao Vietnã para resgatar prisioneiros de guerra deixados para trás.

A passagem do tempo não reduziu o interesse pelo Vietnã. *Platoon* (*Platoon,* Oliver Stone, 1986) enxergou a guerra pelos olhos de um jovem recruta, propondo uma crítica moral da ação das tropas americanas. *Hanói Hilton* (*The Hanoi Hilton*, Lionel Chetwynd, 1987) retratou a infame prisão de Hoa Lo e o elo profundo de camaradagem forjado pelo sofrimento entre os soldados americanos. *Hamburger Hill* (*Hamburger Hill,* John Irvin, 1987) narrou a sangrenta batalha sem sentido, interpretando-a como símbolo de toda a guerra. A comédia dramática *Bom Dia, Vietnã!* (*Good Morning, Vietnam*, Barry Levinson, 1987), olhou a guerra pelas lentes de um DJ da rádio das Forças Armadas que, em 1965, tentava amenizar os horrores do conflito. *Nascido em 4 de julho* (*Born on the Fourth of July*, Oliver Stone, 1989) foi concebido como um manifesto político e tecido do ponto de vista de um veterano paralítico que adere ao movimento contra a guerra.

O Vietnã tornou-se uma síndrome política e cultural nos Estados Unidos. A substituição do exército de conscritos por forças armadas profissionais, anunciada logo após a retirada americana, iniciou a longa trajetória de reconstituição da credibilidade militar da superpotência. As guerras travadas mais tarde, no golfo Pérsico, nos Bálcãs e no Afeganistão, evidenciaram o sucesso do empreendimento social e tecnológico de transformação militar dos Estados Unidos. Mas o espectro de um "novo Vietnã" acompanhou, na imaginação das elites e da opinião pública, o desenrolar de cada uma dessas guerras. Esse espectro continuará vivo na sociedade americana.

AGRADECIMENTO

Agradeço a leitura e a crítica precisa do amigo Newton Carlos, que também disponibilizou valiosos documentos jornalísticos dos anos da Guerra do Vietnã. Obviamente, sou o único responsável pelas ideias aqui expressas.

NOTAS

(1) Ver R. F. Weigley, The american way of war: a history of United States military strategy and policy, Indianapolis, Indiana University Press, 1987.

(2) Na expressão de Paul Mus, L'angle de l'Asie, Paris, Hermann, 1977.

(3) Ver a biografia clássica do líder comunista vietnamita, *Ho Chi Minh*, de Jean Lacouture. (Paris, Sevil, 1967).

(4) M. Ferro, História das colonizações, São Paulo, Companhia das Letras, 1996, p. 305.

(5) Idem, pp. 315-316.

(6) Sua obra mais importante, publicada originalmente em 1942, é *America's strategy in world politics, the United States and the balance of power* (Handen, Archon Books, 1970).

(7) Sobre a Ofensiva do Tet e a Batalha de Khe Sanh, ver o capítulo 10 de V. D. Hanson, Por que o Ocidente venceu, Rio de Janeiro, Ediouro, 2002.

(8) Ver o capítulo 27 de H. Kissinger, Diplomacia, Rio de Janeiro, Francisco Alves, 1997.

(9) Idem, cap. 28.

(10) Ver H. Jones, Death of a generation: how the assassinations of Diem and JFK prolonged the Vietnam War, New York, Oxford University Press, 2003.

(11) Ver R. S. McNamara, In retrospect: the tragedy and lessons of Vietnam, New York, Knopf, 1996.

(12) V. D. Hanson, op. cit., p. 585.

(13) Ver W. Thompson, To Hanoi and back: the U. S. Air Force and North Vietnam, 1966-1973, Washington, Smithsonian Institute Press, 2000.

BIBLIOGRAFIA

FERRO, M. *História das colonizações.* São Paulo: Companhia das Letras, 1996.

FRANCHINI, P. *Les mensonges de la guerre d'Indochine.* Paris: Perrin, 2005.

HANSON, V. D. *Por que o Ocidente venceu.* Rio de Janeiro: Ediouro, 2002.

HUNT, M. H. *Lyndon Johnson's war:* America' s cold war crusade in Vietnam, 1945-1968. New York: Hill and Wang, 1996.

ISAACS, A. R. *Vietnam shadows:* the war, its ghosts, and its legacy. Baltimore: Johns Hopkins University Press, 1997.

JONES, H. *Death of a generation:* how the assassinations of Diem and JFK prolonged the Vietnam War. New York: Oxford University Press, 2003.

KAISER, D. *American tragedy:* Kennedy, Johnson and the origins of the Vietnam War. Cambridge: Harvard University Press, 2000.

KISSINGER, H. *Diplomacia.* Rio de Janeiro: Francisco Alves, 1997.

LACOUTURE, J. *Ho Chi Minh.* Paris: Seuil, 1967.

LOGEVALL, F. *Choosing war:* the lost chance for peace and the escalation of war in Vietnam. Berkeley: University of California Press, 1999.

MCNAMARA, R. S. *In retrospect:* the tragedy and lessons of Vietnam. Nova York: Knopf, 1996.

MUS, P. *L'angle de l'Asie*. Paris: Hermann, 1977.

SCHULZINGER, R. D. *A time for war:* the United States and Vietnam, 1941-1975. New York: Oxford University Press, 1997.

SPYKMAN, N. *America's strategy in world politics, the United States and the balance of power.* Hamden: Archon Books, 1970.

THOMPSON, W. *To Hanoi and back:* the U. S. Air Force and North Vietnam, 1966-1973. Washington: Smithsonian Institute Press, 2000.

WEIGLEY, R. F. *The american way of war:* a history of United States military strategy and policy. Indianapolis: Indiana University Press, 1987.

PERIÓDICOS

CARLOS, N. *A conspiração:* de Kennedy ao Vietnam. Edições Encontro, s.d.

Correio da Manhã. 11/10/1972.

Herald Tribune. 28/8/1972.

Jornal do Brasil. 14/3/1965; 24/1/1973; 25/1/1973; 30/4/1995.

Newsweek. 27/12/1971.

The New York Times. 1/5/1975.

GUERRAS ÁRABE-ISRAELENSES

Cláudio Camargo

O panorama do Oriente Médio e, dentro dele, o conflito árabe-israelense, não pode ser compreendido senão na moldura mais geral do colonialismo e do imperialismo ocidentais. Desde o início do século XX, o controle daquela região do mundo pelas grandes potências transformou-se numa âncora do comércio mundial e, depois, da geopolítica global.

> A expressão Oriente Médio é recente criação de cunho técnico e é marcada por nítida influência militar. Foi selecionada em 1902 para designar a área entre a Arábia e Índia, tendo como centro, do ponto de vista da estratégia naval, o Golfo Pérsico. É uma denominação que identifica o momento preciso em que os interesses petrolíferos entraram definida e definitivamente no planejamento estratégico dos estados-maiores das grandes potências. Faz parte do mapa-múndi desenhado pelo imperialismo no despontar do século XX.[1]

Assim, o chamado Oriente Médio viu-se engolfado pela disputa imperialista por matérias-primas e mercados e na definição de áreas de influência. Isso em grande medida determinou o surgimento de países – muitos deles artificiais, como a Jordânia e o Kuait – e de grande parte dos conflitos nos quais eles se veriam envolvidos ao longo do século XX. O processo tomou forma com o fim da Primeira Guerra Mundial, sob os escombros do Império Otomano, a potência que há séculos controlava grande parte da região. Nesse contexto, o Oriente Médio foi dividido em esferas de influência britânicas (Iraque, Palestina, Irã) e francesas (Síria e Líbano).

O advento da Segunda Guerra Mundial e a derrota do Eixo nazifascista criaram nova realidade geopolítica mundial, na qual o equilíbrio de poder internacional estabelecido pelas antigas potências coloniais europeias – França e Grã-Bretanha – deu lugar a um mundo bipolarizado, dominado pelos Estados Unidos e pela União Soviética. Na Guerra Fria, os conflitos entre árabes e israelenses ficaram inseridos no imenso campo de batalha travado por americanos e soviéticos.

Embora estabelecendo uma aliança muito estreita com Israel, o governo americano tinha o cuidado de manter como aliados as monarquias árabes produtoras de petróleo (Arábia Saudita e emirados do Golfo Pérsico). Moscou, por sua vez, dava apoio aos regimes árabes nacionalistas do Egito, da Síria e do Iraque. Mas nem americanos nem soviéticos controlavam inteiramente seus "peões" no tabuleiro; às vezes, estes agiam por conta própria, acionando os alarmes na Casa Branca e no Kremlin. Foi o que aconteceu com Israel, na Guerra de 1956, e com os árabes em 1973, quando o Egito desencadeou a Guerra do Yom Kippur, na terminologia israelense, ou Guerra de Novembro, na árabe.

O colapso da União Soviética, em 1990-1991, deixou os Estados Unidos como única superpotência mundial, o que lhes permitiu dar as cartas na região. A invasão do Iraque por uma coalizão liderada pelos americanos, em 1991, abriu caminho para a formulação dos Acordos de Oslo, uma frágil paz entre israelenses e palestinos. Israel estabeleceu tratados de paz com o Egito e a Jordânia mas a incapacidade política das lideranças palestinas e israelenses desencadeou, já em 2000, nova guerra civil. Na outra ponta, a presença americana na Arábia Saudita desatou forte reação árabe contra os americanos, que tem relação direta com os ataques terroristas a Nova York e Washington em 11 de setembro de 2001.

Apesar dessa moldura geral em que se inscreve, o conflito árabe-israelense não pode ser reduzido unicamente às maquinações das grandes potências. O que se pode dizer é que estas certamente potencializaram seus efeitos. Assim, ao lado do contexto da luta interimperialista pela conquista de matérias-primas, mercados e esferas de influência, é necessário entender que o conflito árabe-israelense tem um *leitmotiv* próprio e poderoso.

Uma parábola do historiador Isaac Deutscher (1907-1967) pode ser a síntese desse drama:

> Um homem pula do teto de uma casa em chamas, na qual muitos de sua família já morreram. Consegue salvar-se, mas na queda atinge uma pessoa, quebrando-lhe braços e pernas. Não havia escolha para o que saltou, mas o que ficou ferido culpa o outro por sua desgraça; e este, temendo vingança, surra-o cada vez que o encontra.[2]

DO SIONISMO À CRIAÇÃO DE ISRAEL (1882-1948)

Pouco depois do I Congresso Sionista, realizado na Basileia (Suíça) em 1897, alguns rabinos de Viena enviaram dois representantes à Palestina, que então era uma possessão do Império Otomano habitada majoritariamente por árabes. Era uma missão exploratória para verificar a viabilidade das decisões daquele Congresso, que havia aprovado a criação de um "lar nacional" na Palestina para o povo judeu. Em outras palavras, o Congresso decidiu lutar pelo estabelecimento de um Estado judeu no mesmo local onde os hebreus viveram na Antiguidade, antes de serem expulsos por babilônios e, depois, pelos romanos e dispersos pelo mundo na chamada "diáspora".

Para isso, os sionistas previam a aquisição de terras na Palestina e a emigração de judeus para lá (na verdade, a *aliya*, como é chamada em hebraico a emigração para a Palestina, começara bem antes, em 1882). Depois de algum tempo, os emissários dos rabinos enviaram o seguinte telegrama a Viena: "A noiva é bela, mas está casada com um outro homem".[3] Era uma referência explícita ao fato de que uma população árabe já vivia naquela terra que os judeus reivindicavam como suas. Tempos depois, em 1907, Yitzhak Epstein, professor judeu-russo que se estabelecera na Palestina, registrou as mesmas inquietações:

> Entre as graves questões suscitadas pelo conceito do renascimento do nosso povo em seu próprio solo, há uma que é mais importante do que todas as outras juntas: é a questão das nossas relações com os árabes. Essa questão não foi esquecida, mas permanece completamente oculta por parte dos sionistas e, em sua forma genuína, não encontrou quase nenhuma menção na literatura do nosso movimento.

O professor israelense Avi Shlaim, da Universidade de Oxford, autor do livro *A muralha de ferro: Israel e o mundo árabe*, completa: "A angústia de Epstein foi posta de lado pela maioria de seus contemporâneos sionistas. Porém, a questão oculta voltou a assombrar o movimento sionista e o Estado de Israel ao longo dos primeiros 50 anos de sua existência".[4]

A ideia do sionismo ganhara forma em 1896, quando o jornalista judeu húngaro Theodor Herzl (1860-1904) escreveu o livro *Der Judenstaat* (O Estado Judeu), defendendo a necessidade da criação de um Estado nacional judaico como resposta ao recrudescimento do antissemitismo na Europa Central e Oriental e ao fracasso da assimilação dos judeus nos países da Europa Ocidental. O curioso é que o próprio Herzl era um judeu assimilado – vivia em Viena, capital do Império Áustro-Húngaro –, que somente despertou para o problema judaico depois de ter presenciado, como jornalista, o virulento antissemitismo suscitado pelo *Affair Dreyfus* (1894-1906). Tratava-se do caso do capitão Alfred Dreyfus, oficial judeu do Exército francês que foi injustamente acusado pelos militares de traição, expulso, humilhado, condenado e enviado para o desterro na ilha do Diabo. Durante anos a fio, o episódio dilacerou a França, reabrindo feridas surgidas na Revolução de 1789, que opunham, de um lado, os defensores dos valores iluministas, como os republicanos, socialistas e democratas e, de outro, os nostálgicos do *ancien régime* (antigo regime), como o Exército, a Igreja Católica e os conservadores.

O sionismo, na verdade, inscreve-se no quadro dos nacionalismos europeus do século XIX. Corresponde a uma resposta dos judeus assimilados da Europa à imigração de judeus pobres da Rússia, fugindo das perseguições do czarismo.

> O sionismo é um movimento nacional, cunhado na Europa Ocidental por judeus emancipados, para responder a uma problemática da sociedade capitalista explicitada pelos judeus do Império Russo: "[...] em crise, o Império Russo estimula a ideologia antissemita, a ponto de as portas irem se fechando às camadas diferentes dentre os judeus [...]. Respondendo a esse antissemitismo, apoiando-se no nacionalismo europeu, desenvolve-se o sionismo, que é fruto das contradições do capitalismo russo que destruíra as bases do antigo regime.[5]

Um precursor de Herzl, Leon Pinsker, deixa explícita a ideia de criar colônias em outros países para os judeus pobres vindos da Rússia, os quais ele temia que abalassem o *status* dos emancipados na Europa Ocidental:

> [Ele] pensa numa entidade colonizadora, liderada pela elite que, de forma organizada – e sem preocupação com os eventuais habitantes do lugar –, instalaria o "excedente judaico" na Síria, na Palestina ou nos Estados Unidos. A atividade colonizadora, natural para o capitalismo europeu em expansão, parece ser o caminho/solução da "questão judaica"'.[6]

Os sionistas tiveram sua primeira grande vitória diplomática em meio à Primeira Guerra Mundial com a Declaração Balfour, de 1917, uma carta que o ministro do Exterior britânico Arthur James Balfour enviou ao lorde L. W. Rothschild, na qual expressava o apoio do governo de Sua Majestade Britânica ao projeto sionista. Na época da divulgação da declaração, a população judaica na Palestina era de cerca de 56 mil pessoas, contra uma população árabe nativa de 644 mil almas. Os sionistas acreditavam que os benefícios econômicos trazidos pela emigração judaica atenuariam a resistência árabe à entrada de judeus na Palestina.

Mas a Grã-Bretanha estava em plena guerra contra o Império Otomano e, como precisava do apoio das populações árabes que habitavam aqueles territórios controlados pelos turcos, prometeu-lhes também mundos e fundos. Por isso, antes da Declaração Balfour, o governo de Londres havia se comprometido com o emir Hussein ibn Ali, prefeito de Meca, a apoiar o estabelecimento de um reino árabe independente no Oriente Médio, em retribuição ao esforço árabe na guerra contra os otomanos. Pior: antes dessas vãs promessas, em 1916, os britânicos haviam firmado com os franceses os Acordos Sykes-Picot, que previam a divisão do Oriente Médio em esferas de influência anglo-francesas em caso de vitória dos Aliados da Tríplice Entente (França, Grã-Bretanha e Rússia) contra a Tríplice Aliança (Alemanha, Austro-Hungria e Império Otomano).

Da conferência de paz de Paris, em 1919, nasceu o sistema de mandatos, relativos a nações antes pertencentes ao finado Império Otomano, que deveriam ser administrados pelas potências aliadas vencedoras (leia-se França e Grã-Bretanha), em tese para preparar esses povos para se organizarem como países e, num futuro não definido, viverem como Estados independentes. Assim, o Tratado de San Remo, de 1920, criou os mandatos britânicos sobre os territórios da Mesopotâmia (Iraque), da Palestina e da Transjordânia (futura Jordânia), enquanto a França ficou com a Síria e o Líbano.

Em 1922, a Liga das Nações – antecessora da ONU – aprovou o sistema de mandatos, incluindo os termos da Declaração Balfour sobre o estabelecimento de um lar nacional judaico na Palestina. E, claro, isso provocou o ressentimento dos árabes. Afinal, de um elemento da política externa da Grã-Bretanha, o mandato britânico sobre a Palestina fez do patrocínio ao projeto sionista uma política oficial da Liga das Nações. E a Grã-Bretanha, em vez de impulsionar a independência da Palestina, passou a preocupar-se com a colonização judaica. Na verdade, a "pérfida Albion", como era chamada a Inglaterra, pretendia manter seu controle sobre a Palestina, uma região estratégica situada próxima ao Iraque, onde os ingleses tinham expectativa de encontrar petróleo – o que somente ocorreria em 1927.

Com isso, as organizações sionistas intensificaram a emigração de judeus da Europa Oriental e Central para a Palestina. Em 1931, já havia na região 174.600 judeus, numa população total de 1.035.800. A emigração era impulsionada pela crise econômica mundial desencadeada com o *crack* da bolsa em Nova York em 1929, que fortalecia na Europa os movimentos nacionalistas e antissemitas, de cunho fascista. O Fundo Nacional Judaico, braço da Organização Sionista Mundial, intensificou a compra de terras, que se tornavam "propriedade eterna do povo judaico", inalienável, que só poderiam ser arrendadas a judeus. Nesse ínterim, desenvolvia-se um movimento nacional palestino, liderado por Hajj Amin al-Husseini, o grão-múfti (principal autoridade legal dos muçulmanos) de Jerusalém. Rejeitando qualquer proposta de conciliação, Husseini liderou em 1936 uma grande revolta contra as autoridades britânicas e os judeus. "Nós e eles queremos a mesma coisa: ambos queremos a Palestina. E esse é o conflito fundamental", declarou na época David Ben-Gurion, futuro fundador e primeiro-ministro de Israel.

Essa escalada de violência obrigou o governo britânico a dar um giro na sua política em relação ao sionismo. Em 1937, uma comissão liderada por lorde Peel concluiu que o nacionalismo judaico era tão intenso e autocentrado quanto o nacionalismo árabe. Por isso, propôs um plano de partilha da Palestina entre dois Estados separados, um judeu e outro árabe. O plano foi rejeitado pelos dois lados e, em 1939, Londres abandonou a defesa do lar nacional judaico e editou o famoso *Livro Branco*. O documento propunha o fim da imigração judaica em cinco anos, limitando a 75 mil o total de imigrantes durante esse tempo; a criação de um Estado binacional para judeus e árabes e a exclusão da Transjordânia da área disponível para a ocupação judaica.

A mudança da política britânica coincidiu com o início da Segunda Guerra Mundial (1939-1945). A retirada do apoio do governo de Sua Majestade Britânica ao projeto sionista tinha a ver, mais uma vez, com a necessidade de Londres de contar com o apoio árabe, desta vez contra a Alemanha nazista. Então, para combater o poderio árabe, os judeus formaram suas milícias; a principal delas seria a Haganá (Defesa, em hebraico), embrião das futuras Forças de Defesa de Israel (FDI).

Essas milícias também lutaram ao lado dos britânicos contra os nazistas, mas as organizações de extrema direita judaica como o Irgun Zvai Leumi (organização militar nacional) e a Gangue Stern (também conhecida como Lohamei Herut Israel ou combatentes pela liberdade de Israel), lutaram principalmente contra os britânicos e os árabes. O Irgun, aliás, foi o responsável pela explosão do Hotel King David, em 1946 em Jerusalém, que causou a morte de 91 pessoas, entre britânicos, árabes e judeus. Seu principal líder era Menachem Begin (que anos depois, como primeiro-ministro de Israel, assinaria a paz com o Egito). Já o múfti Hajj Amin al-Husseini aliou-se a Adolf Hitler contra os britânicos e os judeus. Mas essas são outras histórias e ainda estamos falando da catástrofe na Europa.

A Segunda Guerra Mundial acabou criando condições políticas favoráveis ao projeto do sionismo. O principal motivo, que alinhou a opinião pública mundial ao lado da causa judaica, foi a revelação do maior genocídio da história, o extermínio de cerca de 6 milhões de judeus perpetrado pelo regime nazista, principalmente em campos da morte na Europa Oriental como Auchwitz-Birkenau, Chelmno, Majdanek, Treblinka e Sobibor. O horror do Holocausto acabou acelerando a imigração ilegal de judeus para a Palestina, principalmente daqueles oriundos da Europa Central e Oriental. A população judaica na região passou de 445 mil, em 1939, para 808 mil em 1946, de uma população total de 1,5 milhão e 1,97 milhão, respectivamente.

Com o fim da guerra, a Comissão Anglo-Americana na Palestina propôs em 1946 a continuidade do mandato britânico, decisão rejeitada pela Organização Sionista Mundial, que exigia o estabelecimento de um Estado judeu. O problema foi transferido para a recém-fundada Organização das Nações Unidas (ONU). Em novembro de 1947, a Assembleia Geral da ONU, presidida pelo brasileiro Oswaldo Aranha, votou a resolução 181, sobre a partilha da Palestina, estabelecendo a criação de um Estado judeu ao lado de um Estado Palestino. A resolução, aprovada por 33 votos (incluindo Estados Unidos e União Soviética) contra 13 e 10 abstenções, dava ao futuro Estado judeu, que tinha 30% da população, 53,5% do território, e ao Estado Palestino, com 70% da população, 45,4% das terras. Pela proposta, Jerusalém ficaria sob controle internacional.

A resolução foi aceita pela Organização Sionista Mundial, mas rejeitada pelos países árabes, àquela altura independentes. Nesse ínterim, Golda Meir, emissária de Ben-Gurion e futura primeira-ministra israelense, tentou um acordo com um monarca árabe moderado, o rei Abdullah, da Transjordânia, pelo qual judeus e jordanianos dividiram a Palestina às expensas dos palestinos. Tanto Ben-Gurion como Abdullah tinham laços com a Grã-Bretanha e interesse em aniquilar a resistência palestina liderada por Hajj Al-Husseini. Apesar da boa vontade recíproca, o acordo não prosperou devido à polarização que a partilha provocou entre árabes e judeus.

A violência entre as duas comunidades explodiu, antecipando a retirada britânica. Depois de ter submetido a região a seus caprichos durante mais de duas décadas, a Grã-Bretanha declarou-se incapaz de mediar os conflitos e antecipou a retirada de suas tropas de outubro para abril de 1948. Em 9 de abril, as milícias do Irgun e do Stern, lideradas pelos futuros primeiros-ministros Menachem Begin e Yitzhak Shamir, massacraram mais de cem civis árabes, inclusive velhos e crianças, em Der Yassin, uma aldeia na vizinhança de Jerusalém, provocando a fuga de mais de 100 mil palestinos. Era o início de um drama interminável, que até hoje envenena as relações entre as duas comunidades.

O Estado de Israel foi proclamado em 14 de maio de 1948 e imediatamente reconhecido pelos Estados Unidos e pela União Soviética. No dia seguinte, a nação recém-nascida foi atacada por forças regulares do Egito, da Síria, da Transjordânia, do Líbano e do Iraque, que reforçaram as forças irregulares palestinas e o Exército Árabe de Libertação, comandado pela Liga Árabe.

1948-1949: A GLÓRIA ISRAELENSE E A DESGRAÇA ÁRABE-PALESTINA

Ao contrário do que diz a historiografia oficial israelense, a Guerra da Independência de Israel não foi uma luta de Davi contra Golias. A vitória final dos israelenses refletiu o equilíbrio militar no campo de batalha, como hoje reconhecem muitos historiadores do país. A Haganá tinha cerca de 30 mil homens, incluindo 2.500 na Palmach, a unidade de elite, e 3.500 nas milícias do Irgun e da Gangue Stern. Durante a primeira trégua, a Haganá recebeu suprimentos ilegais de armas vindas da Tchecoslováquia. Parece incrível que um país da órbita soviética ajudasse os israelenses contra os árabes, mas naquela época as peças do tabuleiro do Oriente Médio ainda estavam sendo dispostas. A URSS foi o segundo país a reconhecer Israel, depois dos EUA, e na época da Independência nutria esperança de influenciar o Estado sionista. As raízes profundas do apoio soviético inicial a Israel encontram-se nas vertentes socialistas do movimento sionista e na concepção marxista de superioridade histórica das sociedades europeias.

Os soldados judeus também estavam muito bem treinados e motivados, tanto que os efetivos da Haganá triplicaram até o final dos conflitos, atingindo 94 mil homens em armas em dezembro de 1948. Do lado árabe, havia inicialmente uma superioridade numérica, cerca de 40 mil soldados e milicianos, mas escasso treinamento militar. As tropas mais bem preparadas eram as da Síria e do Egito.

O ataque árabe começou com o bombardeio de Tel-Aviv por aviões egípcios, em 14 de maio. No dia seguinte, as tropas sírias atacaram o vale do Jordão, capturando a cidade de Zemah. Em 20 de maio, capturaram a cidade de Degania, mas foram rechaçados pela Haganá. O Exército sírio retirou-se em 23 de maio. No norte, o Exército libanês atacou o norte da Galileia, mas foi detido por um contra-ataque israelense. Outras forças árabes conseguiram penetrar na Galileia central, onde foram recebidos por árabes palestinos. Simultaneamente, os sírios voltaram ao ataque, capturando a localidade de Mishmar Hayarden.

As forças do Iraque atacaram Gesher mas foram rechaçados por tropas israelenses, que, numa contraofensiva, conquistaram várias aldeias árabes e a cidade de Jenin. O Egito atacou pelo sudoeste, no deserto de Negev, mas foi contido no povoado de Yad Mordechai. Os egípcios foram atacados, pela primeira vez, por aviões da Força Aérea Israelense, quatro velhos Messerschmit BF-109 alemães. Já o Exército da Transjordânia cruzou o rio Jordão e atacou a cidade nova de Jerusalém, habitada majoritariamente por judeus, e a cidade velha, de maioria árabe. A Haganá resistiu ao cerco na cidade nova, mas a parte velha de Jerusalém caiu nas mãos dos transjordanianos. Sob os auspícios da ONU, um cessar-fogo foi assinado em 11 de junho de 1948. A trégua seria utilizada pelos dois lados para ganhar terreno.

Mas o cessar-fogo foi abalado por um conflito interno em Israel. Desde 28 de maio, a Haganá se havia transformado em Forças de Defesa de Israel (FDI), e o governo proibiu a existência de milícias como a Stern e o Irgun, que deveriam incorporar-se às forças regulares. Mas as milícias continuaram atuando de maneira independente. O Irgun designou até um navio, o *Altalena,* para trazer cerca de mil voluntários, armas e munições. O premiê David Ben-Gurion não permitiu que o Irgun ficasse com parte do armamento e, ante a recusa da organização, ordenou que a Palmach – a força especial da FDI comandada por Yigal Alon e Yithzak Rabin – impedisse a qualquer custo a captura das armas pelos rebeldes. O ataque ocorreu a 22 de junho em Tel-Aviv, quando a Palmach bombardeou o *Altalena*, que se incendiou, causando a morte de mais de cem pessoas. Muitos se jogaram no mar e foram salvos por botes, inclusive Menachem Begin, o líder do Irgun.

Enquanto isso, a guerra com os árabes continuava. O mediador enviado pelo Conselho de Segurança da ONU, o conde Folke Bernadotte, da família real sueca, propôs uma parceria entre a Transjordânia e Israel. Pelo plano, o rei Abdullah, da Transjordânia, ficaria com o controle da Margem Ocidental, conhecida como Cisjordânia, incluindo Jerusalém Oriental; os árabes ficariam com a região de Negev, ao sul, e Israel com a Galileia Ocidental. A imigração judaica seria ilimitada durante dois anos e depois ficaria sob controle de uma agência da ONU. E os refugiados palestinos teriam permissão para voltar às suas casas. A proposta era inaceitável para os israelenses, porque não refletia o equilíbrio de forças militares, e para os árabes, porque implicava demasiadas concessões aos israelenses e ao rei Abdullah – o chefe nominal das forças militares árabes –, mas que era tido pelos israelenses como "o melhor inimigo dos judeus".

Em 9 de julho, os árabes romperam a trégua e a luta recomeçou. Em dez dias, as forças israelenses, reforçadas, mantiveram a contraofensiva e conquistaram novas posições. Enquanto isso, a ONU fez nova proposta: a divisão da Palestina entre Israel e a Transjordânia. Israel ganharia a Galileia Ocidental e o Reino de Abdulah ficaria com Jerusalém e o Negev. Embora tivesse o apoio dos EUA e da Grã-Bretanha, a proposta foi derrotada, porque os outros países árabes e a URSS se opuseram. Enquanto isso, Israel ocupava militarmente o Negev. Em setembro, o conde Bernadotte foi assassinado por membros da Gangue Stern, entre os quais se incluía o futuro primeiro-ministro do Likud, Yitzhak Shamir. O terrorismo, como se vê, nunca foi instrumento exclusivo dos árabes e palestinos.

Em dezembro, as FDI lançaram uma ofensiva no sul, ocupando a Faixa de Gaza e o deserto do Sinai, mas se retiraram depois de intensa pressão dos americanos. Em 7 de janeiro de 1949, Israel e os países árabes aceitaram os apelos do Conselho de Segurança para iniciar as negociações para um armistício. Apesar de sofrer pesadas perdas humanas, Israel saíra-se vitorioso e confiante, enquanto os árabes estavam derrotados e exauridos. Entre novembro de 1947 e janeiro de 1949, mais de 5 mil judeus morreram e 2 mil civis ficaram feridos, de uma população de 650 mil – quase 1% da população. Os árabes provavelmente tiveram baixas numericamente ainda maiores, mas os números nunca foram divulgados.

As fronteiras foram estabelecidas ao longo das linhas que marcavam as posições existentes dos exércitos. A primeira guerra árabe-israelense terminou oficialmente em 20 de julho de 1949, quando foi assinado o último acordo, entre Israel e Síria. Depois da guerra, Israel tinha expandido muito seu território: de 55% da Palestina que lhe tinham sido atribuídos pelo plano de partilha da ONU, conquistou 79% dela pelas armas. Essas terras tornaram-se, de fato, território de Israel. Ficaram de fora a cadeia de baixas montanhas do centro e sul da Palestina, conhecidas como Margem Ocidental ou Cisjordânia, que ficou sob controle da Transjordânia, além da Faixa de Gaza, que ficou sob administração militar egípcia. Jerusalém foi dividida entre a parte oriental – a cidade antiga e o bairro extramuros, que foram ocupadas pelos jordanianos; e a parte ocidental extramuros, que ficou sob o controle de Israel.

O governo israelense proclamou Jerusalém como capital, decisão que foi ignorada pela comunidade internacional, pois violava a resolução 181 das Nações Unidas, que recomendava *status* internacional para a cidade. A parte oriental da cidade foi anexada pela Transjordânia, agora renomeada Reino Hachemita da Jordânia. O Estado de Israel foi admitido na ONU em 11 de maio de 1949.

As grandes vítimas da Guerra de Independência foram os palestinos que, como os judeus na Antiguidade, passaram a viver sua própria diáspora. Quando o conflito terminou, mais de 700 mil palestinos tinham fugido do território conquistado pelos israelenses. A maioria dos refugiados foi para a Cisjordânia e Transjordânia (350 mil); os demais foram para a Faixa de Gaza (190 mil), Líbano (100 mil), Síria (75 mil), Egito (4 mil), Iraque (4 mil). Israel jamais permitiu o retorno desses refugiados, que constituem até hoje um dos grandes obstáculos para a paz na região. A resolução 194 da ONU reconheceu o direito de os refugiados palestinos retornarem a seus lares ou serem indenizados, mas Israel sempre se recusou a aceitá-la. "De modo interessante, o acordo pós-guerra baseou-se no mesmo princípio com o qual o rei Abdullah e Golda Meir tinham concordado em novembro de 1947: a partilha da Palestina à custa dos palestinos."[7]

1956: DERROTA MILITAR, VITÓRIA POLÍTICA DO EGITO

Apesar dos armistícios, a convivência entre Israel e os Estados árabes estava longe de ser pacífica. A derrota teve consequências políticas graves no mundo árabe: golpes militares derrubaram os reinos da Síria (1949) e do Egito (1952), marcando a ascensão de regimes militares nacionalistas. O mais famoso deles seria o do coronel Gamal Abdel Nasser, do Egito, que em pouco tempo chamaria para si a bandeira do pan-arabismo.

Essa bandeira originou-se no processo de enfraquecimento do Império Otomano, no século XIX, ganhou impulso com a ascensão dos Jovens Turcos – os militares reformadores do Império – e tomou forma em oposição aos Acordos Sykes-Picot e aos Estados árabes formados na sua esteira. Seu líder mais expressivo foi Hussein ibn Ali, que lutava por unir os povos árabes num Estado árabe independente. Com a formação de Israel, o pan-arabismo centrou-se na luta pela expulsão dos sionistas da Palestina. A tentativa de Nasser de criar um embrião desse Estado – a união da Síria e do Egito na República Árabe Unida – fracassou em 1961.

Na Jordânia, o rei Abdullah, tido como "amigo de Israel", foi assassinado em 1951 em Jerusalém por um muçulmano fanático, que temia que o monarca fizesse uma paz em separado com os israelenses. Empenhados em "empurrar os judeus para o mar", os árabes tentaram construir um cerco ao nascente Estado judaico através de um boicote econômico total. Assim, o comércio entre Israel e o mundo árabe foi proibido e qualquer governo que estabelecesse laços comerciais com "a entidade sionista" seria excluído do comércio com as nações árabes.

Para os governantes de Israel, nova guerra contra os países árabes era uma questão de tempo. No gabinete do premiê Ben-Gurion, destacavam-se as posições do general Moshe Dayan, chefe do Estado-Maior das FDI – um "falcão" que queria provocar o Egito para a guerra antes que aquele país árabe estivesse militarmente preparado –, e o chanceler Moshe Sharett, que pretendia impedir a todo custo novo confronto. Ao mesmo tempo, Sharrett apostava no bom relacionamento de seu país com os EUA, inclusive para obter armas dos americanos.

Sob a presidência de Dwight Eisenhower, a Casa Branca acreditava que Israel deveria fazer concessões para buscar a paz com os países árabes. Washington queria evitar a polarização com os soviéticos na região, já que Moscou estava apoiando e armando os novos regimes árabes. Mas Dayan, com o apoio de Shimon Peres – outro futuro primeiro-ministro –, jogava suas cartas na hipótese de que se Israel se comportasse mal, poderia receber armas como "incentivo" para ter um comportamento mais adequado. O pano de fundo era a constituição de uma aliança estratégica dos EUA com Israel, em contraposição à aproximação do Egito com a URSS.

Com a complacência de Ben-Gurion, Dayan e Peres trabalharam para costurar uma aliança com a França, que pretendia atacar o Egito pelo apoio do Cairo aos guerrilheiros da Frente de Libertação Nacional (FLN) da Argélia, àquela altura ainda uma colônia francesa. "A França só nos dará armas se lhe dermos uma ajuda séria na questão argelina. Ajuda séria significa matar egípcios, nada menos", disse Dayan a Ben-Gurion.[8] O acordo foi possível depois que os EUA deixaram claro que não enviariam armas a Israel, de maneira a pressionar o governo de Ben-Gurion. Para contrabalançar o armamento dos egípcios pelos soviéticos, o governo francês forneceu 72 aviões Mystère e 200 tanques AMX, fazendo o equilíbrio militar pender novamente para o lado de Israel. Assim, do ponto de vista militar, o Egito não representava mais ameaça à segurança de Israel.

Em 26 de julho de 1956, Nasser anunciou a nacionalização do canal de Suez. A declaração veio em resposta à recusa dos americanos em financiar a construção da represa de Assuã. A nacionalização do canal atingia diretamente a França e a Grã-Bretanha, que eram as principais acionistas da Companhia do Canal. Paris e Londres começaram a discutir uma operação conjunta contra Nasser, embora o governo britânico quisesse manter Israel fora da questão.

Em outubro, Ben-Gurion, Dayan e Peres foram a Paris discutir com o primeiro-ministro francês, o socialista Guy Mollet, e com o secretário do Exterior britânico, Selwyn Lloyd. No encontro, os governos dos três países concordaram em realizar uma ação militar comum para retomar o controle do canal de Suez do Egito. De quebra, os israelenses conseguiram um acordo para a construção de um reator nuclear e o fornecimento de urânio enriquecido, conforme revelado em 1995 nas memórias de Shimon Peres.[9]

A campanha foi lançada em 29 de outubro, quando um destacamento de paraquedistas pulou no desfiladeiro de Mitla, na península do Sinai. Os egípcios mobilizaram suas tropas e os governos da Grã-Bretanha e da França, como combinado, exigiram a retirada de ambas as forças em conflito. A FDI retirou-se, mas as tropas de Nasser não, dando o pretexto esperado para a intervenção franco-britânica. A Royal Air Force e a Armée d'Air bombardearam os campos de aviação egípcios. Em poucos dias, as tropas israelenses avançaram no Sinai, empurrando os egípcios para a margem esquerda do canal de Suez.

Mas a vitória aplastada no campo militar sofreu um duro revés na arena diplomática. Os Estados Unidos e a União Soviética pressionaram duramente

Israel para se retirar, de imediato, da Faixa de Gaza e do Sinai. O governo soviético chegou a ameaçar atacar os israelenses. A administração Eisenhower ficou furiosa com a iniciativa anglo-francesa e levou o caso à Assembleia Geral da ONU, onde a operação foi submetida a duras críticas. Além disso, o presidente americano ameaçou cortar toda a ajuda oficial e privada a Israel, além de eventualmente apoiar a expulsão do país da ONU. Washington via seus interesses na região dentro do prisma maior da Guerra Fria e não podia permitir que seus aliados, em nome de interesses nacionais, se arriscassem a um confronto com os soviéticos. Em 9 de novembro, o governo israelense anunciava a retirada do Sinai e da Faixa de Gaza.

Do ponto de vista militar, Israel conseguiu seus objetivos na Campanha do Sinai. Afinal, a FDI derrotou o Exército egípcio, abriu o estreito de Tiran à navegação e pôs fim aos ataques de guerrilheiros palestinos fedayin, destruindo suas instalações baseadas na Faixa de Gaza. Mas a vitória militar não se traduziu em conquistas políticas. Israel não conseguiu derrubar o regime nasserista, expandir seu território ou estabelecer nova ordem política no Oriente Médio.

O prestígio de Nasser cresceu enormemente e ele despontou como a grande liderança árabe capaz de enfrentar Israel; em consequência, o discurso do pan-arabismo ganhou força. A campanha também foi desastrosa para o sionismo, que se viu associado aos interesses do decadente imperialismo anglo-francês no mundo árabe. Por fim, a Campanha do Sinai foi o canto de cisne da França e da Grã-Bretanha como grandes potências mundiais. Doravante, elas não se moveriam mais com tanta liberdade no cenário político internacional.

DA AUTODEFESA À EXPANSÃO: A GUERRA DOS SEIS DIAS, 1967

Israel e os Estados árabes viveram quase 11 anos de escaramuças, mas sem recorrerem à guerra. O líder egípcio Gamal Abdel Nasser sabia que o inimigo sionista tinha poderio militar superior a todos os países árabes juntos e, portanto, esperava o momento certo de, com a ajuda soviética, poder reverter o equilíbrio bélico para lançar uma ofensiva conjunta. Diplomaticamente, entretanto, a beligerância era total. Na Conferência do Cairo de 1964, a Liga Árabe declarou pela primeira vez que seu objetivo final era a destruição do Estado de Israel. Estabeleceu-se, também, a criação

Guerra do Sinai

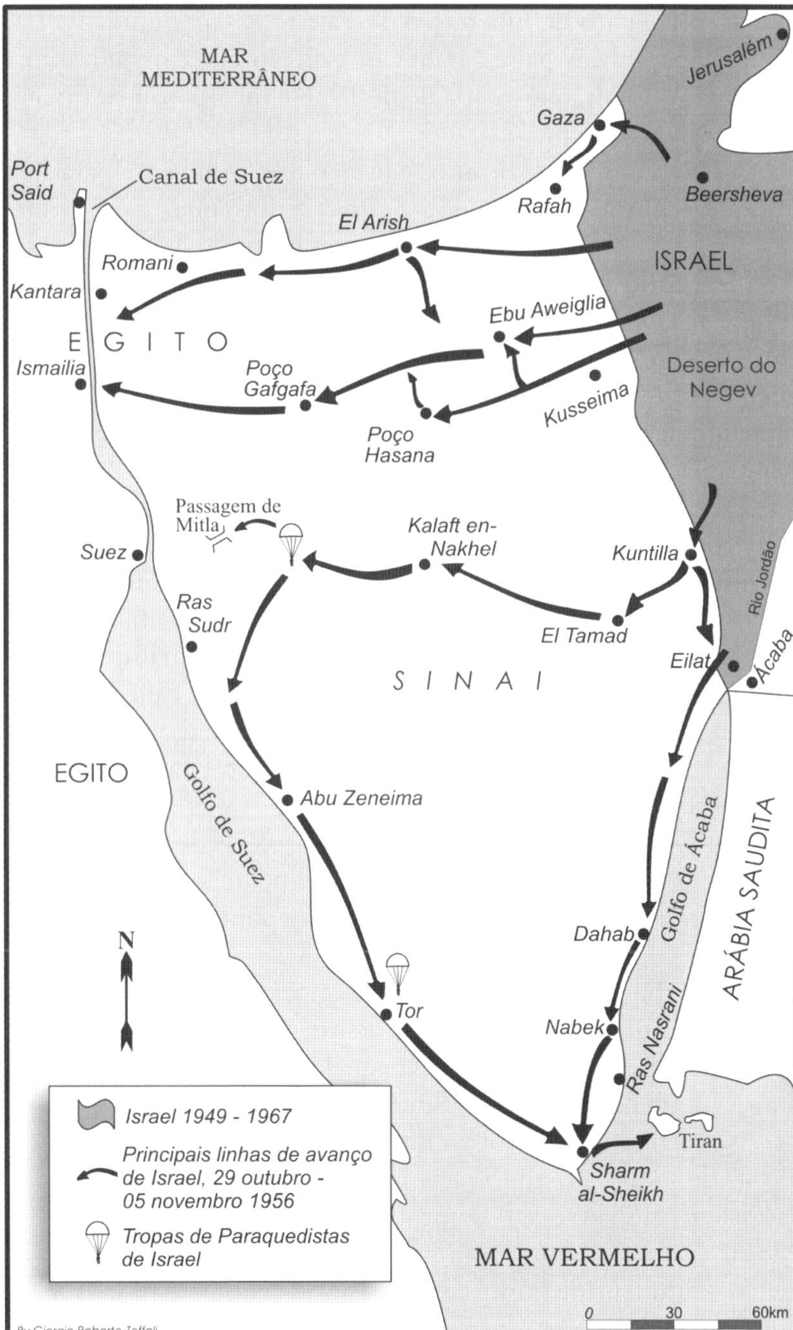

da Organização para a Libertação da Palestina (OLP). A OLP tinha um braço militar, o Exército de Libertação da Palestina, cujas unidades estavam sob o comando de vários países árabes. A exceção era a organização guerrilheira palestina Al Fatah, que existia desde 1958 e incorporou-se à OLP, mas agia de maneira independente.

A Fatah buscava utilizar os países árabes como base para suas operações militares contra Israel, mas o Egito e a Jordânia, para evitar represálias israelenses, impediam ações guerrilheiras partindo da Faixa de Gaza, do Sinai e do território jordaniano. Apenas a Síria, governada desde 1961 por um regime nacionalista e pró-soviético, dava cobertura às ações da Fatah. Em abril de 1967, Israel, que já vinha ameaçando atacar a Síria pelo apoio aos guerrilheiros palestinos, abateu seis MiGs-21 sírios nos céus de Damasco, num incidente que teve início numa zona desmilitarizada perto do lago Kinneret, mar da Galileia.

Pressionado pelos sírios e pelos jordanianos, Nasser, que não planejava a guerra contra Israel, teve de tomar atitudes para preservar sua liderança no mundo árabe. Assim, em maio, ele acionou a engrenagem que daria início à catástrofe árabe (Jordânia e Síria tinham assinados pactos de ajuda militar mútua em caso de guerra): enviou grande quantidade de tropas para o deserto do Sinai e exigiu a retirada da Força de Emergência da ONU, que desde o fim da guerra de 1956 policiava o local. Mais grave, o governo egípcio enviou barcos armados para fechar o estreito de Tiran, no Golfo de Ácaba, à navegação israelense.

Em 5 de junho de 1967, depois de receber luz verde da Casa Branca, o governo de Levi Eshkol – que pessoalmente se inclinava por uma saída diplomática – desencadeou uma *blitzkrieg* contra o Egito. Naquela manhã, em apenas duas horas, aviões da Força Aérea Israelense (FAI) destruíram no solo quase todos os aviões de combate egípcios – 309 dos 340. Quando aviões sírios e jordanianos atacaram alvos dentro de Israel, a FAI também destroçou a quase totalidade das forças aéreas daqueles países. Ao todo, cerca de 400 aviões árabes foram destruídos no primeiro dia de combate.

No segundo dia, as forças israelenses cruzaram a fronteira norte do Sinai. Em 7 de junho, paraquedistas israelenses conquistaram a cidade velha de Jerusalém, até então sob controle dos jordanianos. O ministro da Defesa, Moshe Dayan, que ordenara o ataque, e o chefe do Estado-Maior, Yitzhak Rabin – futuro primeiro-ministro de Israel –, entraram na cidade triunfalmente pelo Portão dos Leões.

Perto do Muro das Lamentações, Dayan declarou: "Esta manhã, a FDI libertou Jerusalém. Nós reunimos a Jerusalém dividida. Retornamos aos lugares sagrados de Israel, e voltamos com o objetivo de não sairmos nunca mais." Segundo o chefe do Comando Central, Uzi Narkis, o general Shlomo Goren, rabino-chefe da FDI, chegou a lhe sugerir que explodisse o Domo da Rocha – lugar sagrado dos muçulmanos por ser supostamente o local de onde o profeta Maomé subiu aos céus, construído sobre as ruínas do Segundo Templo judeu. No mesmo dia 7, paraquedistas israelenses saltaram em Sharm el-Sheikh, acima do estreito de Tiran, e encontraram a fortaleza egípcia abandonada. Em 8 de junho, chegaram a Rumani, perto do canal de Suez.

Quando iniciaram a ofensiva, os israelenses não tinham planos de capturar a Cisjordânia. Nas palavras de Yitzhak Rabin, "a guerra desenvolveu-se como uma consequência de sua própria lógica interna e esse desenvolvimento cercou todas as tropas do Exército jordaniano na Judeia e na Samaria e, para o bem ou para o mal, levou à captura da fronteira natural da Terra de Israel – o rio Jordão".[10]

Também em relação à Síria, não houve um planejamento prévio e a ocupação das colinas do Golã se deu durante o curso do conflito. Um grupo de colonos do norte de Israel fez grande pressão para que o governo agisse para que eles não fossem deixados à mercê das forças sírias do Golã. O ministro da Defesa, Moshe Dayan, era contra o ataque à Síria:

> Iniciamos a guerra com o objetivo de destruir a tropa egípcia e abrir o estreito de Tiran. No caminho, assumimos a Cisjordânia. Não acho que seja possível abrir uma outra campanha contra a Síria. Se a ideia é entrar na Síria e mudar a fronteira para facilitar a vida nos assentamentos, sou contra.[11]

Mas Dayan mudou de ideia e mandou a FDI atacar a Síria em 9 de junho, ocupando as colinas de Golã.[12] No final da guerra-relâmpago, Israel estava amplamente vitorioso, ocupando Cisjordânia, Gaza, Jerusalém oriental, as colinas do Golã e a Península do Sinai. O conflito custou a vida de 980 soldados israelenses e deixou 4.520 deles feridos e o país perdeu quarenta aviões e 394 tanques. Do lado árabe, morreram 4.300 soldados e 6.120 ficaram feridos. Egito, Jordânia e Síria perderam 444 aviões e 965 tanques.

A Guerra dos Seis Dias foi um conflito que nenhuma das partes desejava e que, ao contrário do que possa parecer, careceu de planejamento político e estratégico por parte de Israel, embora muitos analistas árabes acreditassem que o conflito fora deliberadamente provocado pelos israelenses para expandir seu território. Contudo, a conquista e ocupação da Cisjordânia e das colinas de Golã foram definidos ao longo das batalhas e não estavam nos planos iniciais dos estrategistas israelenses. Tanto é que, em 19 de junho, o gabinete israelense reuniu-se e decidiu propor um acordo de paz com o Egito e a Síria, retirando suas tropas das áreas ocupadas desde que fossem garantidas a liberdade de navegação no estreito de Tiran e no canal de Suez; a desmilitarização da península do Sinai e das colinas do Golã e a não interferência no escoamento de água das nascentes do rio Jordão. Em relação à Cisjordânia – que na época já tinha uma população de 1,2 milhão de palestinos –, o gabinete ficou dividido entre a opção de dar autonomia aos palestinos mas manter o território sob controle israelense ou devolver parte dele à Jordânia.

Mas a conferência de cúpula árabe que aconteceu em 28 de agosto, em Cartum, no Sudão, foi um banho de água fria em qualquer tentativa de conciliação, ao aprovar uma esdrúxula resolução dos "três nãos": não ao reconhecimento de Israel; não à negociação e não à paz. O resultado da conferência enterrou por muito tempo a possibilidade de trocar terra por paz e fez Israel fechar-se atrás das linhas conquistadas na guerra do deserto. Em novembro de 1967, o Conselho de Segurança da ONU votou a resolução 242, que pedia a "retirada das Forças Armadas israelenses dos territórios ocupados" e o "respeito ao direito de cada Estado na área de viver em paz dentro das fronteiras seguras e reconhecidas, livres de ameaças ou atos de força". A resolução agradou aos EUA e URSS, à Jordânia e ao Egito, mas não à Síria. Até Israel saiu ganhando com o texto, na medida em que ele não mencionava a saída de todos os territórios conquistados, mas de "territórios".

A cegueira política dos líderes árabes, no entanto, contribuiu para que os expansionistas defensores do "Grande Israel" ganhassem força. Assim, Jerusalém Leste foi anexada ainda em 1967, bem como as colinas de Golã, estas apenas em 1981. A Cisjordânia e a Faixa de Gaza permaneceram ocupadas e receberam vários assentamentos judaicos, numa anexação de fato dos territórios palestinos. O impasse começaria a ser rompido dez anos depois, quando Egito e Israel iniciaram conversações que terminariam num acordo de paz patrocinado pelos Estados Unidos no ano seguinte. Mas antes disso, árabes e israelenses teriam de se enfrentar em outro decisivo conflito.

YOM KIPPUR, 1973: A GUERRA PARA ROMPER O IMPASSE

Durante os anos em que Golda Meir chefiou o governo israelense (1969-1974), Israel viveu uma situação de imobilismo autoconfiante que só foi rompida quando os árabes atacaram o país de surpresa em outubro de 1973, durante os festejos sagrados do Yom Kippur (o Dia do Perdão para os judeus). A velha senhora era absolutamente intransigente, não considerava nenhuma possibilidade de mudança no *status quo* do Oriente Médio depois da Guerra dos Seis Dias, a não ser que os árabes aceitassem negociar nos termos de Israel. Com o firme apoio dos militares da FDI, Golda rejeitou qualquer negociação que não significasse um tratado de paz sem garantia de retirada israelense dos territórios ocupados, cuja primeira versão foi o chamado Plano Alon.

No início de seu governo, o Egito desencadeou uma "guerra de atrito" que consistia em bombardeio de artilharia às posições de Israel no canal de Suez, ataques aéreos e por terra, seguidos de rápida retirada. Na impossibilidade de vencer, a estratégia dos egípcios era deixar Israel permanentemente amedrontado e exaurido. Durante a guerra de atrito, o governo israelense iniciou a construção de um pequeno arsenal nuclear. A decisão foi do ministro da Defesa, Moshe Dayan, com o apoio de Shimon Peres, futuro primeiro-ministro que depois ganharia a fama de pacifista. Dayan temia que Israel não pudesse manter indefinidamente, apenas com armas convencionais, o equilíbrio militar a seu favor. Fazia parte da estratégia israelense jamais admitir em público a existência do arsenal atômico.

Para os Estados Unidos, Israel agora se tornara uma peça fundamental no tabuleiro da Guerra Fria na região, para contrabalançar a influência soviética sobre os países árabes. Afinal, o Egito e a Síria estavam recebendo modernos armamentos dos soviéticos, bem como assessoria militar. Por isso, o Departamento de Estado procurou elaborar um plano de paz nos termos da Resolução 242 da ONU. Mas o gabinete israelense rejeitou a proposta sob a alegação de que a sobrevivência de Israel não podia ser sacrificada por "nenhuma política de poder". A par disso, os "falcões" israelenses também tinham em mente a redução da dependência de Israel de fornecimento de armas dos americanos. Afinal, o embargo armamentista imposto pela França a Israel em 1967 deixou o país à mercê da boa vontade de Washington.

A morte do presidente egípcio Gamal Abdel Nasser e sua substituição por Anuar Sadat em 1970, sinalizou a disposição do Cairo em assinar um tratado de paz com Israel nos termos da resolução 242 da ONU. Fracassada a primeira tentativa, com a mediação dos americanos, os egípcios fizeram uma proposta de acordo parcial, com a reabertura do canal de Suez e a retirada parcial das tropas israelenses. Mas enquanto o Departamento de Estado via com bons olhos a iniciativa egípcia – chegou a suspender a venda de aviões Phantom para pressionar Israel –, Golda Meir aferrava-se às posições intransigentes. A única concessão que a primeira-ministra admitia fazer era em relação à Jordânia, cujo rei, Hussein, tinha grande interesse em cooperar com Israel.

Golda, como o monarca jordaniano, temia os palestinos e preferia que parte da Cisjordânia ficasse sob a administração de Aman. Para ela, o povo palestino não existia como nação. "Os palestinos não existem", dizia ela. O rei chegou a elaborar um plano para incluir a Cisjordânia e a Faixa de Gaza ao seu reino, com Jerusalém como capital. Israel rejeitou o plano e acabou fortalecendo a opção da OLP de Yasser Arafat, que lutava por um Estado palestino independente. Suspeitando que a Jordânia estivesse tentando fazer uma paz em separado com os israelenses a respeito do Sinai, o Egito acabou cortando suas relações com Aman.

Nas palavras de Henry Kissinger, o poderoso assessor de segurança nacional do presidente Richard Nixon e futuro secretário de Estado, Golda Meir

> [...] considerava Israel militarmente inexpugnável; não havia, rigorosamente falando, nenhuma necessidade de qualquer mudança. Porém, dada a incapacidade congênita dos americanos em não interferir no que está suficientemente bem, ela estava disposta a entrar em conversações, embora não a comprometer-se com um resultado.[13]

Moshe Dayan corroborava o raciocínio: "Nossos amigos americanos nos oferecem dinheiro, armas e conselhos. Pegamos o dinheiro, as armas e recusamos os conselhos".[14] O presidente Sadat concluiu que não tinha outra opção senão uma ação militar para romper o impasse. Ele não tinha nenhuma ilusão de que poderia vencer a FDI, mas calculou que um ataque surpresa poderia criar condições políticas para obrigar os israelenses a irem à mesa de negociações.

Às 14 horas de 6 de outubro de 1973, um sábado, enquanto Israel comemorava o Yom Kippur, as forças egípcias e sírias desfecharam um ataque conjunto contra Israel; as primeiras no Sinai e no canal de Suez

Israel e os territórios ocupados

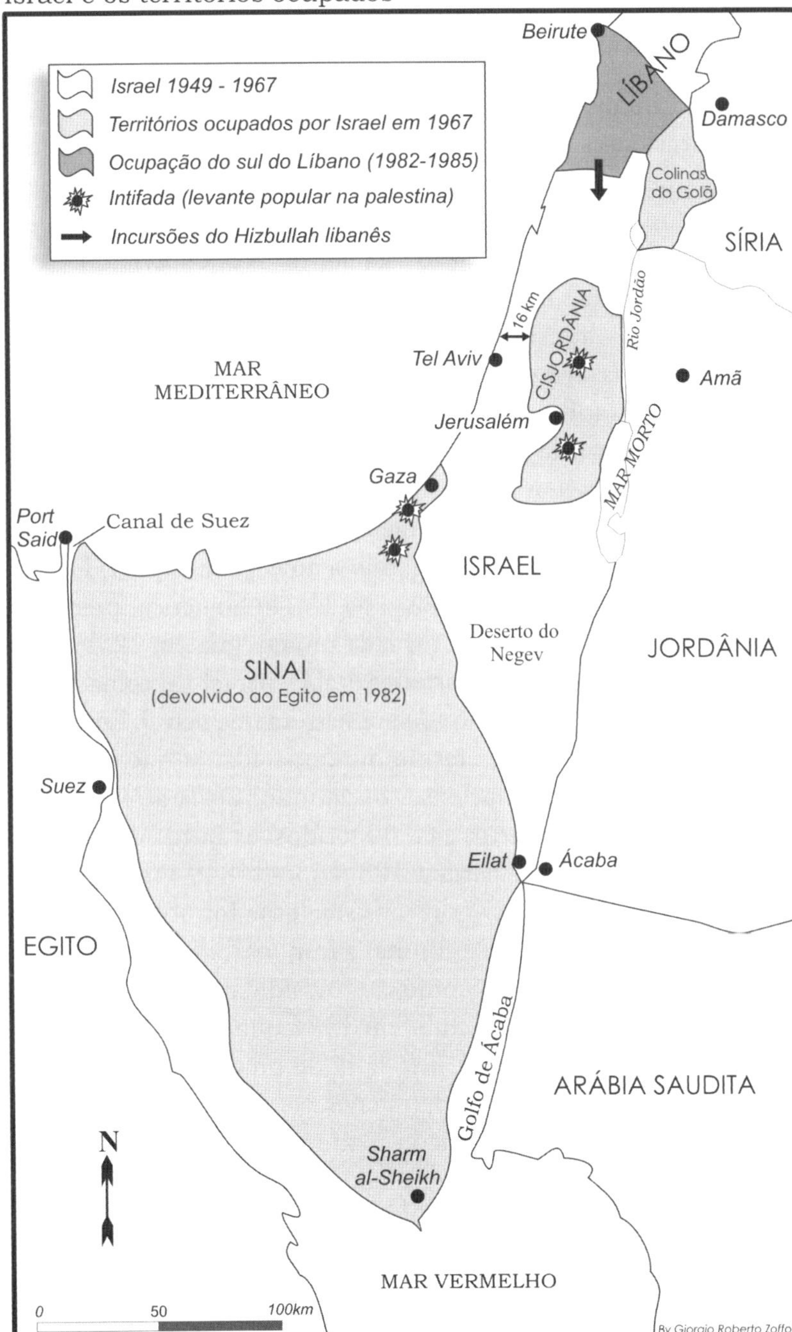

e as últimas nas colinas de Golã. Embora a inteligência israelense tivesse informações suficientemente precisas sobre os preparativos militares dos árabes, Moshe Dayan achou que não precisaria fazer um ataque preventivo como em 1967. Os egípcios romperam a Linha de Bar-Lev, uma fortificação que os israelenses tinham construído ao longo da margem leste do canal de Suez, que contava com poucas defesas. Armadas com modernos mísseis soviéticos antitanques e antiaéreos, os egípcios impuseram pesadas baixas às forças blindadas e à aviação israelense. Nas colinas do Golã, o avanço sírio foi duramente contido pela FDI.

O curso da guerra começou a mudar em 14 de outubro, quando a ofensiva egípcia avançou demais dentro do Sinai e foi contida por uma poderosa contraofensiva israelense. Grande parte das forças blindadas egípcias foi destruída e a FDI entrou na margem oeste do canal de Suez. Com isso, o Terceiro Exército egípcio ficou isolado na margem leste do canal e o Cairo ficou à mercê das tropas israelenses. Simultaneamente, a FDI conseguiu abrir caminho para a Síria, chegando a ameaçar a capital, Damasco. Com a intervenção dos Estados Unidos e da União Soviética, preocupados com a generalização do conflito, foi firmada uma trégua em 22 de outubro.

Apesar de derrotar os atacantes árabes, Israel foi tomado de surpresa e, pela primeira vez, provou-se que a FDI não era invencível. Em termos militares, pode-se dizer que a guerra terminou empatada, já que os árabes venceram o primeiro *round* e os israelenses o segundo. Os israelenses tiveram perdas consideráveis: 2.838 mortos e 8.800 feridos; os árabes tiveram 8.528 mortos e 19.549 feridos. Israel perdeu 103 aviões e 840 tanques; os árabes, 392 aviões e 2.554 tanques. O governo israelense foi obrigado a instaurar uma comissão de inquérito para examinar a responsabilidade das autoridades civis e militares pelo desastre. A comissão, presidida pelo presidente da Suprema Corte, Simon Agranat, concluiu em 1974 que Golda Meir e Moshe Dayan eram os responsáveis diretos pela falta de preparo. Mas a comissão culpou mais os militares do que os líderes civis.

A guerra também provocou a mudança da atitude de Washington. Henry Kissinger, poderoso formulador da política externa da Casa Branca, compreendeu a necessidade de mudança de enfoque, buscando envolver mais ativamente os árabes nas negociações. Em janeiro de 1974, foi firmado um acordo de desocupação militar egípcio-israelense; o acordo sírio-israelense saiu em maio. Israel retirou-se do lado ocidental do canal de Suez e uma área de 30 quilômetros do lado oriental do canal foi dividida em três zonas: Israel, Egito e forças da ONU.

Assim, a Guerra do Yom Kippur abriu caminho para que, em 1978, o Egito de Anuar Sadat, e Israel, então liderada pelo ex-terrorista Menachem Begin, assinassem um acordo de paz mediado pelo presidente americano, Jimmy Carter. No plano político, a guerra sepultou de vez o pan-arabismo e a herança política de Nasser. Daí em diante, estavam plantadas as sementes do fundamentalismo islâmico do Hamas (Movimento de Resistência Islâmica) e da Jihad (Guerra Santa), que cresceria nos territórios ocupados de Gaza e Cisjordânia.

A PAZ É POSSÍVEL NO ORIENTE MÉDIO?

Ao longo da década de 1980, ficou claro que a superioridade bélica de Israel não era suficiente para garantir a segurança a seus cidadãos. Em 1987, irromperam distúrbios generalizados nos territórios ocupados de Gaza e Cisjordânia, no movimento que ficaria conhecido como Intifada (levante, em árabe), em que jovens animados por organizações muçulmanas como o Hamas e a Jihad enfrentavam o Exército israelense com paus e pedras.

Os guerrilheiros laicos da OLP, que aos poucos abandonavam as táticas terroristas em favor da diplomacia, estavam sendo superados pelas milícias islâmicas. Depois do fim da Guerra Fria e da Primeira Guerra no Golfo (1991), em que uma coalizão liderada pelos Estados Unidos invadiu o Iraque para expulsá-lo do Kuait, Washington resolveu patrocinar um acordo de paz entre palestinos e israelenses. Em 1993, depois dos chamados Acordos de Oslo, o primeiro-ministro israelense, Yitzhak Rabin, e o líder da OLP, Yasser Arafat, assinaram um histórico acordo de paz nos jardins da Casa Branca, mediados pelo presidente Bill Clinton. O acordo previa a entrega de partes da Cisjordânia e Gaza aos palestinos e a criação da Autoridade Nacional Palestina (ANP), embrião de um futuro Estado palestino. Acordos de paz semelhantes seguiram-se com a Jordânia, em 1994. Questões cruciais como o *status* de Jerusalém e a formação de um Estado independente palestino foram adiadas.

Tentativas de aprofundar os acordos entre israelenses e palestinos fracassaram em 2000 e nova Intifada foi lançada, agora com o apoio de Arafat. A resposta de Israel foi uma violenta repressão aos territórios ocupados, a reocupação de áreas controladas pelos palestinos e o confinamento de Arafat ao seu QG em Ramalá, na Cisjordânia. A eleição do linha-dura Ariel Sharon para o governo de Israel só fez radicalizar a situação. Mas a nova invasão do Iraque pelos EUA, em 2003, e a morte de Arafat, no final de 2004, abriram novamente as perspectivas de negociações. Com a eleição do moderado Abu Mazen para a presidência da Autoridade Nacional Palestina em 2005, o governo israelense, pressionado pelos EUA, começou a elaborar um plano de desocupação da Faixa de Gaza.

A GRANDE TRANSFORMAÇÃO

Como lembra o historiador Avi Shlaim, o fundador do sionismo revisionista, Ze'ev Jabotinsky (1880-1940), foi o primeiro líder a reconhecer que os palestinos eram uma nação e que não se poderia esperar que eles renunciassem voluntariamente ao direito a uma autonomia nacional. Por isso, ele propunha que os judeus construíssem uma "muralha de ferro" que os árabes não conseguiriam romper. Ele acreditava que, depois de baterem as cabeças em vão, os palestinos reconheceriam por fim sua fragilidade diante dos judeus e então seria o momento de entrar em negociações a respeito de seus diretos na Palestina.

De certa forma, as guerras árabes-israelenses seguiram esse roteiro. Entretanto, ficou claro, principalmente depois da Guerra dos Seis Dias, que Israel era incapaz de impor a paz, apesar de todas as suas conquistas territoriais. Por sua vez, os árabes, apesar de suas derrotas, muitas vezes fragorosas, ainda eram capazes de empreender grandes campanhas militares – e econômicas, como se viu quando a Organização dos Países Produtores de Petróleo (Opep) aumentou os preços do petróleo depois da Guerra do Yom Kippur, mergulhando o Ocidente na primeira grande crise de energia.

A Guerra dos Seis Dias fortaleceu a convicção de lideranças palestinas, Yasser Arafat à frente, de que as guerras convencionais não seriam capazes de abalar a fortaleza israelense. Daí a opção da OLP pelas espetaculares ações terroristas para chamar a atenção do mundo sobre o drama do povo palestino. Paradoxalmente, como assinala Michael B. Oren em *Seis dias de guerra*, realizações diplomáticas antes tidas como inconcebíveis tornaram-se quase lugares-comuns nos anos seguintes. "O moderno Oriente Médio, criado em 1967, foi por conseguinte um híbrido: uma região de perspectivas incipientes, mas também de perigos iminentes, uma mistura de novos e velhos conflitos."[15] Nesse sentido, apesar da aparência de imobilidade, as guerras árabe-israelenses forjaram, a contrapelo, a consciência de que a sobrevivência de Israel somente será possível com a resolução, ainda que parcial, da questão nacional palestina.

A questão ganha relevância maior com a entrada em cena do fundamentalismo islâmico, que deixou há muito de ser um problema regional. Principalmente depois do 11 de setembro, está colocado para o Ocidente, em particular para Washington, o desafio da contenção do terrorismo islâmico. A estabilidade no Oriente Médio é premissa fundamental, embora não exclusiva, para se combater a hidra gerada pelos arriscados jogos geopolíticos da Guerra Fria.

Militarmente, os conflitos árabe-israelenses representaram uma mudança do paradigma bélico da Segunda Guerra Mundial, baseada em grande mobilização de blindados. O papel da Força Aérea foi decisivo na rápida definição do conflito, como mostrou principalmente a Guerra dos Seis Dias. Esse modelo seria depois desenvolvido pelos Estados Unidos na Guerra do Golfo (1991), no Kosovo (1995) e na invasão do Iraque (2003).

DIVÓRCIO ANTES DA PAZ

Depois de tantos conflitos sangrentos, é possível pensar em paz entre israelenses, árabes e palestinos no Oriente Médio? Em seu livro *Contra o fanatismo*, o escritor israelense Amós Oz argumenta que um acordo entre os dois povos é possível e necessário, embora seja doloroso, pois trata-se de um conflito entre o certo e o certo. A citação é longa, mas vale a pena:

> Os palestinos estão na Palestina porque esta é a sua terra, e a única terra natal do povo palestino [...]. Os judeus israelenses estão em Israel porque não há nenhum outro país no mundo a que os judeus, como povo, poderiam chamar seu lar. Como indivíduos, sim, mas não como povo, não como nação. Os judeus foram expulsos da Europa, exatamente da mesma forma que os palestinos foram inicialmente expulsos da Palestina e, em seguida, dos países árabes. Os palestinos tentaram, involuntariamente, viver em outros países árabes. Foram rejeitados, às vezes até humilhados e perseguidos, pela chamada 'família árabe'. Tomaram conhecimento, da maneira mais dolorosa, de sua 'palestinidade', pois não eram desejados como libaneses, como sírios, como egípcios ou como iraquianos. Eles tiveram de aprender, pelo caminho mais difícil, que são palestinos e este é o único país em que eles podem segurar-se.[16]

Prossegue o autor de *A caixa preta*:

> O que precisamos é de um compromisso doloroso. Porque ambos os povos amam o país, porque judeus israelenses e árabes palestinos têm raízes históricas e emocionais

> profundas, diferentes, mas profundas, no país [...]. Se há algo a esperar, isso é um divórcio justo e razoável entre Israel e Palestina. E os divórcios nunca são felizes, mesmo quando são justos. Especialmente esse divórcio específico, que será um divórcio bastante engraçado, porque as duas partes que se divorciam ficarão definitivamente no mesmo apartamento. Ninguém vai se mudar. Como este é muito pequeno, será preciso decidir quem fica com o quarto A e quem fica com o quarto B, e o que se fará em relação à sala de estar [...]. Muito inconveniente. Mas melhor do que o inferno vivo que todos estão enfrentando agora naquele país amado. Palestinos que são diariamente oprimidos, assediados, humilhados, que passam privações por causa do cruel governo militar israelense. O povo israelense que é diariamente aterrorizado por ataques terroristas impiedosos e indiscriminados contra civis, homens, mulheres, crianças, adolescentes, consumidores num shopping. Qualquer coisa é preferível a isto! Sim, um divórcio razoável.[17]

As opções militares e políticas falharam miseravelmente no Oriente Médio. Quem sabe, então, se o caminho apontado por um escritor que está longe de ser um pacifista ingênuo seja, afinal, mais razoável?

NOTAS

(1) Isaac Akcelrud, O Oriente Médio, São Paulo/Campinas, Atual/Unicamp, 1985, p. 6.

(2) Isaac Deutscher, O judeu não judeu, Rio de Janeiro, Civilização Brasileira, 1970, p. 16.

(3) Apud Avi Shlaim, A muralha de ferro: Israel e o Mundo Árabe, Rio de Janeiro, Fissus Editora, 2004, p. 40.

(4) Idem, ibidem, p. 37.

(5) Jaime Pinsky, Origens do nacionalismo judaico, São Paulo, Hucitec, 1978, p. 143.

(6) Idem, ibidem, p. 122.

(7) Avi Shlaim, op. cit., p. 87.

(8) Bar-On, Desafio e discórdia, p. 89.

(9) Shimon Peres, Battling for Peace, New York, Randon House, 1995, p. 93.

(10) Avi Shlaim, op. cit., p. 305.

(11) Apud Avi Shalim, op. cit. , p. 342.

(12) Em 1976, numa entrevista ao jornalista Rami Tal, Dayan admitiu que essa decisão fora um erro e que o governo cedeu à pressão dos colonos. "A delegação que chegou para persuadir Eshkol a tomar as colinas de Golã não estava pensando em segurança. Estava pensando nas terras que poderiam ser cultivadas por eles nas colinas do Golã."

(13) Henry Kissinger, Years of Upheaval, New York, Simon&Schuster, 1995, p. 294.

(14) Apud Ali Shalim, op .cit., p. 360.

(15) Michael B. Oren, Seis dias de guerra, Rio de Janeiro: Bertrand Brasil, 2004, p. 386.

(16) Amós Oz, Contra o fanatismo, Rio de Janeiro, Ediouro, 2004, p. 36.

(17) Idem, ibidem, p. 37.

BIBLIOGRAFIA

EBAN, Abba. *An autobiography*. London: Widenfeld and Nicolson, 1978.

GILBERT, Martin. *Atlas of the Israeli conflit*. London: Orion Publishing Group Limited, 1993.

HIRO, Dilip. *Dictionary of the Middle East*. New York: St. Martin's Press, 1996.

HERZL, Theodore. *The Jewish State*. New York: Herzl Press, 1970.

LAQUER, Walter e RUBIN, Barry. *The Israel-Arab Reader*. New York: Penguin Books, 1995.

KISSINGER, Henry. *Years of Upheaval*. New York: Simon & Schuster, 2000.

OZ, Amós. *Contra o fanatismo*. Rio de Janeiro: Ediouro, 2004.

PERES, Shimon. *Battling for Peace:* A Memoir. New York: Random House, 1995.

SAID, Edward. *Orientalismo*. São Paulo: Companhia das Letras, 1990.

SHLAIM, Ali. *A muralha de ferro:* Israel e o Mundo Árabe. Rio de Janeiro: Fissus Editora, 2004.

26
25
25

GUERRAS DO GOLFO

William Waack

O último homem das linhas americanas não tinha visto o rosto de um só soldado iraquiano vivo. Os que sobreviveram aos 42 dias de ataques aéreos e à formidável artilharia dos atacantes fugiam a pé ou em velhos caminhões comprados nos países comunistas da Europa Oriental para longe do que deveria ter sido, segundo Saddam Hussein, a "mãe de todas as batalhas".

A 2 de março de 1991, um sábado frio e nublado na fronteira do Kuwait com o Iraque, um tenente americano, um negro de dentes muito claros e voz estridente, estava sentado numa cadeira de plástico diante de um retrato de Saddam Hussein, pintado num muro de cimento cheio de buracos de bala. Chegara ao posto de fronteira muito depois que o último soldado iraquiano fugira rumo ao Norte, para casa. Deixara cerca de 200 metros atrás os cadáveres de centenas de militares iraquianos, espalhados numa suave subida da enorme *highway* de oito pistas que leva à fronteira do Iraque. Tinham sido apanhados por caças F-16, e dizimados por *cluster bombs* – pequenas bombas que se espalham por uma grande área, de pouco efeito sobre as couraças de veículos militares, mas perfeitas para *soft targets* como carne humana.

As pistas da estrada estavam vazias. Quando perceberam o ataque aéreo, os iraquianos tentaram sair desesperados do asfalto, atolando na areia do deserto e tornando-se um alvo ainda mais fácil com os caminhões e carros civis sobrecarregados do produto de saques e roubos na cidade do Kuwait. Como muitos outros soldados estacionados no Kuwait desde a invasão promovida por Saddam, em agosto de 1990, nem tinham ideia do poderio tecnológico despejado sobre eles no momento em que fugiam. Foi um massacre, mas outro pior estava apenas começando.

O posto de fronteira interrompia a portentosa *highway* entre a cidade do Kuwait e Basra, a segunda maior cidade do Iraque, distante apenas 40 km dali. O tenente americano já sabia que não teria de percorrer aquela distância em perseguição a um exército fragorosamente derrotado. "Os iraquianos que se danem", disse, deixando passar quem quisesse entrar para ver, no Iraque, um drama que Washington imaginava que se desenvolveria de maneira bem diversa do que acabaria acontecendo.

Menos de cem horas depois que a formidável força multinacional montada contra Saddam começou o ataque por terra, o comandante das tropas, o general americano Norman Schwarzkopf, dizia que o portão estava fechado. Mas o cerco total às tropas de Saddam, inspirado na célebre Batalha de Cannae, na Antiguidade, jamais chegou a ser completado. Sentado no posto de fronteira, a arma no colo, com os derrotados arrastando-se a poucos quilômetros dali, o tenente simbolizava aquilo que os americanos fariam nos próximos doze anos: cercar um detestado ditador à espera que ele caísse. A guerra de 1991 começara num mundo que estava deixando de existir, o da Guerra Fria e seus dois claros contendores. Era impossível imaginar a coligação de forças montadas para desalojar Saddam do Kuwait, naquele momento, sem o impacto causado em novembro de 1989 pela queda do Muro de Berlim, e a esperança de que focos de conflito regionais, em vez de se tornarem estopins de uma conflagração entre as duas superpotências, pudessem ser eliminados através da cooperação de exipoderosos adversários. Doze anos depois, quando atacaram Saddam para tirá-lo do poder, os americanos não estavam apenas finalizando um serviço inacabado. Tentavam mudar o mundo.

A PRIMEIRA GUERRA DO GOLFO (1991)

As duas guerras do Golfo, a de 1991 e a de 2003, só nas aparências sugerem ser duas metades de um mesmo evento. O primeiro, iniciado com a invasão do Kuwait por tropas iraquianas, é parte de um longo período no qual a preocupação estratégica das principais potências envolvidas na região – os Estados Unidos em primeiro lugar – foi sempre a de conter os atores locais, especialmente os que pudessem espalhar instabilidade e tumulto, como o Irã logo após a Revolução Islâmica de 1979. O segundo evento, iniciado com o ataque americano ao Afeganistão, em outubro de 2001, em consequência dos atentados de 11 de setembro, é parte da estratégia americana de redesenhar o mapa político do Oriente Médio.

No primeiro caso, Saddam Hussein, cortejado durante pelo menos uma década por compradores de petróleo e vendedores de armas do mundo ocidental (entre eles o Brasil), foi peça importante no esforço de contenção do Irã, que ele comprometeu graças ao seu primeiro trágico erro de cálculo. Quando atacou de surpresa em várias frentes a jovem República Islâmica, em outubro de 1980, acreditava que a desorganização das outroras poderosas forças armadas do xá Reza Pahlevi, semiliquidadas pelos revolucionários, permitiria que ele pudesse controlar sem grande esforço militar a vital região do Shatt al Arab, por onde passa grande parte das exportações de petróleo dos dois países. Em vez de um rápido e vitorioso avanço rumo a Teerã (pela difícil região montanhosa do Curdistão iraniano) e aos importantes campos de petróleo do Sul (através de ataques à maior refinaria do mundo), Saddam envolveu-se numa guerra de oito anos de duração e cerca de 1 milhão de mortos – para alguns autores, o mais longo conflito do século XX – na qual poderia ter sido derrotado não fossem os generosos créditos concedidos por países vizinhos, essencialmente o Kuwait e a Arábia Saudita, e as vendas de armas modernas por parte da França, da Rússia, da Grã-Bretanha, dos Estados Unidos, da Itália, da Alemanha e, em menor escala, do Brasil (em determinado momento, sem recursos próprios para financiar programas em casa, os governo militar brasileiro incentivou a ida de técnicos e engenheiros para trabalhar em programas de armamentos no Iraque, especialmente mísseis para aviões).

A Guerra Irã-Iraque mostrou, dos dois lados, um desprezo por perdas e baixas só comparável às carnificinas da frente ocidental durante a Primeira Guerra Mundial na Europa. Na defesa do próprio território, os iranianos mostrariam mais uma vez que moral é capaz de compensar em boa parte a deficiência em organização e armamentos. Nos combates aéreos, foram salvos por pilotos que tinham sido treinados nos Estados Unidos e que os guardas revolucionários islâmicos foram retirar das cadeias. O mesmo tipo de feroz espírito defensivo foi mostrado pelos árabes do Iraque quando sentiram que o sul de seu território estava ameaçado pelo arquiinimigo persa (os iranianos). A esperança do aiatolá Khomeini, de que a esmagadora maioria de xiitas no sul do Iraque se unisse aos "irmãos" xiitas vindos do lado do Irã, jamais se materializou.

Saddam achava-se protegido, em parte, pelos Estados Unidos. Seu regime não teria sobrevivido se Washington não tivesse organizado uma operação de salvamento durante a primeira metade da guerra contra o Irã. O presidente Ronald Reagan mandou a Bagdá um enviado especial, Donald Rumsfeld (mais tarde o secretário de Defesa responsável pela invasão de 2003). Os americanos forneceram aos iraquianos não só informações obtidas por satélites sobre posições e movimentos militares iranianos, mas ainda permitiram que Saddam recebesse armas de diversos outros fornecedores e, o que foi ainda mais importante, pudesse conseguir elementos e componentes para levar adiante os programas de desenvolvimento de armas de destruição em massa (especialmente seus componentes químicos e biológicos).

A invasão do Kuwait parecia, do ponto de vista de Saddam, uma operação lógica. Quando acabou o desastre iraniano, o Iraque precisava desesperadamente vender petróleo a preços altos, mas o barril, que custava US$ 21,00 em janeiro de 1990, estava sendo vendido a US$ 11,00 na metade daquele ano. Os sheiks do Kuwait eram um dos principais responsáveis por ultrapassar a cota de cada membro da Opep naquele período. Além disso, passaram a cobrar os volumosos empréstimos feitos a Saddam durante o sangrento conflito com o Irã. Outro erro de cálculo levou Saddam a invadir o Kuwait. Havia um velho contencioso entre o Iraque e o Kuwait, que os iraquianos consideravam como parte de seu território. Além disso, Saddam achava que o Kuwait estava "roubando" petróleo de campos situados muito próximos, entre os dois países. Mas o que o ditador iraquiano não podia tolerar era o fato de que o Kuwait, além da Arábia Saudita, estivesse cobrando o pagamento de créditos por um "serviço" – o enfraquecimento da revolução islâmica xiita – que Saddam julgava ter feito em benefício de todos os países árabes da região. Ao decidir atacar o Kuwait, Saddam julgava – erroneamente – que os Estados Unidos não interviriam.

Hábil tático e excelente conhecedor da política interna iraquiana, a visão de mundo do ditador era canhestra, obtusa e o impediu de entender que uma potência global como os Estados Unidos jamais toleraria que um só país – o Iraque – pudesse com a invasão do Kuwait controlar a maior parte do petróleo da região e, de quebra, representar uma ameaça direta à monarquia reacionária da Arábia Saudita, o maior produtora de petróleo do Oriente Médio. A ordem final para a invasão do Kuwait, quando satélites militares franceses já haviam detectado há muito a maciça movimentação de tropas iraquianas na fronteira, só partiu depois de uma estranha conversa de Saddam com a embaixadora americana em Bagdá, da qual o ditador saiu com a impressão de que a representante da Casa Branca sinalizara com a "neutralidade" americana no caso de uma invasão.

Saddam ocupou o Kuwait em poucas horas, e até hoje não está claramente estabelecido se constava de seus planos originais seguir adiante em direção à Arábia Saudita. Provavelmente, não. Bem ao modo da região, a um golpe de força segue-se um período de negociação e barganha, no qual o reconhecimento da força de um lado normalmente deveria levar o outro lado a concessões ou à submissão. Formou-se em poucos dias um consenso internacional de que Saddam teria de sair do Kuwait, se necessário fosse, à força. Velhos aliados e fornecedores, como França e União Soviética, tentaram convencer o ditador iraquiano a desistir de sua presa e da política de fazer reféns entre os trabalhadores e técnicos estrangeiros que estavam no Iraque quando a invasão começou (entre eles, 450 brasileiros de uma empreiteira envolvida em obras de infraestrutura). Em poucas semanas, americanos e britânicos tinham a sensação de que haviam conseguido "estabilizar" a situação militar, ou seja, tinham forças suficientes também no chão para conter até mesmo um ataque maciço do Iraque contra a Arábia Saudita. E, numa grande lição de logística e organização militar, começaram a concentrar na região ampliada do Golfo Pérsico uma força de mais de meio milhão de homens, montada para enfrentar um exército, o de Saddam, estimado em pelo menos o dobro e com larga experiência de combate.

As 100 horas de lutas mostrariam de que maneira a capacidade do Exército iraquiano havia sido grosseiramente superestimada sobretudo pela imprensa ocidental. Uma das principais lições das operações militares é a de que o número de carros blindados, artilharia pesada, aviões modernos de combate ou de soldados não traduz a real capacidade de uma força armada.

Os iraquianos tinham copiado de maneira pouco crítica as doutrinas militares emanadas sobretudo do antigo bloco oriental europeu, fortemente influenciado pela experiência da União Soviética na Segunda Guerra Mundial. Em primeiro lugar, por motivos políticos, Saddam nunca deixou que um general se destacasse ou tivesse o comando isolado de guarnições e unidades importantes, o que se revelaria desastroso no momento em que formações iraquianas tinham de tomar decisões rápidas e as comunicações com o QG em Bagdá se tornaram difíceis com os bombardeios aéreos, que destruíram em especial as instalações de comunicações dentro do Iraque. Em segundo lugar, Saddam reforçou uma tendência típica da URSS de concentração do poder e de pouca delegação de decisões aos escalões subordinados. Um dos "segredos" de exércitos bem- sucedidos nos campos de batalha na segunda metade do século XX, como o israelense, o americano e o britânico, é exatamente a amplitude de que dispõem até mesmo suboficiais para organizar e tomar decisões.

Outro complicador para a força armada iraquiana, formidável apenas no papel, era o fato de que Saddam – mais uma vez, por motivos políticos – a dividiu rigorosamente entre as tropas "de elite", em especial a chamada Guarda Republicana, equipada com material mais novo e de melhor qualidade, e as formações do exército convencional, recrutadas sobretudo entre as faixas de população mais pobres da periferia de Bagdá (com grande contingente xiita) e do sul do país, também de predominância xiita, e que Saddam não considerava confiável. Péssimo comandante militar, Saddam acreditou até o final que os aliados tentariam desembarcar no Kuwait pelo mar, onde a faixa de uma provável operação militar é muito estreita, e as dificuldades muito maiores. Concentrou suas tropas tradicionais em trincheiras malfeitas dentro da própria cidade do Kuwait, protegeu-os com obstáculos antitanques e alguns campos minados bem próximos ao litoral, e deixou o grosso da Guarda Republicana, com seus modernos tanques soviéticos de batalha, num setor pelo menos 100 quilômetros mais atrás.

Com o que ele não contava é o fato de que os aliados jamais pensaram em desembarcar frontalmente, e que a grande pinça de envolvimento – a inspiração para a manobra o general Schwarzkopf foi buscar na célebre Batalha de Cannae, na qual Aníbal liquidou um exército romano várias vezes superior em número – tentaria "fechar o portão" pelo menos 300 quilômetros atrás de onde se posicionavam as principais unidades da Guarda Republicana. Saddam não tinha ideia da possibilidade logística de um exército moderno, isto é, da capacidade de cruzar vastas extensões de deserto. Como os antigos beduínos, ele se achava protegido pela vastidão das areias desabitadas a oeste de Kuwait e do Iraque, por onde avançaria a principal ponta de lança de blindados pesados americanos.

A Primeira Guerra do Golfo, como ficou conhecida a conflagração militar de janeiro a março de 1991, foi uma lição de que, em guerras convencionais modernas, o peso da tecnologia favorece de forma decisiva os exércitos "ocidentais". Erros de avaliação de comandantes são naturalmente importantes – os erros já mencionados de Saddam teriam contribuído para a derrota de seus exércitos mesmo se eles fossem mais bem preparados –, mas o emprego dos principais elementos da revolução da informação para a conduta das operações no campo de batalha excedeu tudo o que se conhecia até então.

O primeiro fator relevante, já demonstrado pelas Forças Armadas israelenses nas guerras anteriores contra exércitos árabes, é o peso específico da integração das diversas armas. O avanço nas tecnologias de informação permitiu que os americanos testassem não em exercícios, mas no campo de batalha, pela primeira

A "manobra em pinça" de Schwarzkopf na Primeira Guerra do Golfo

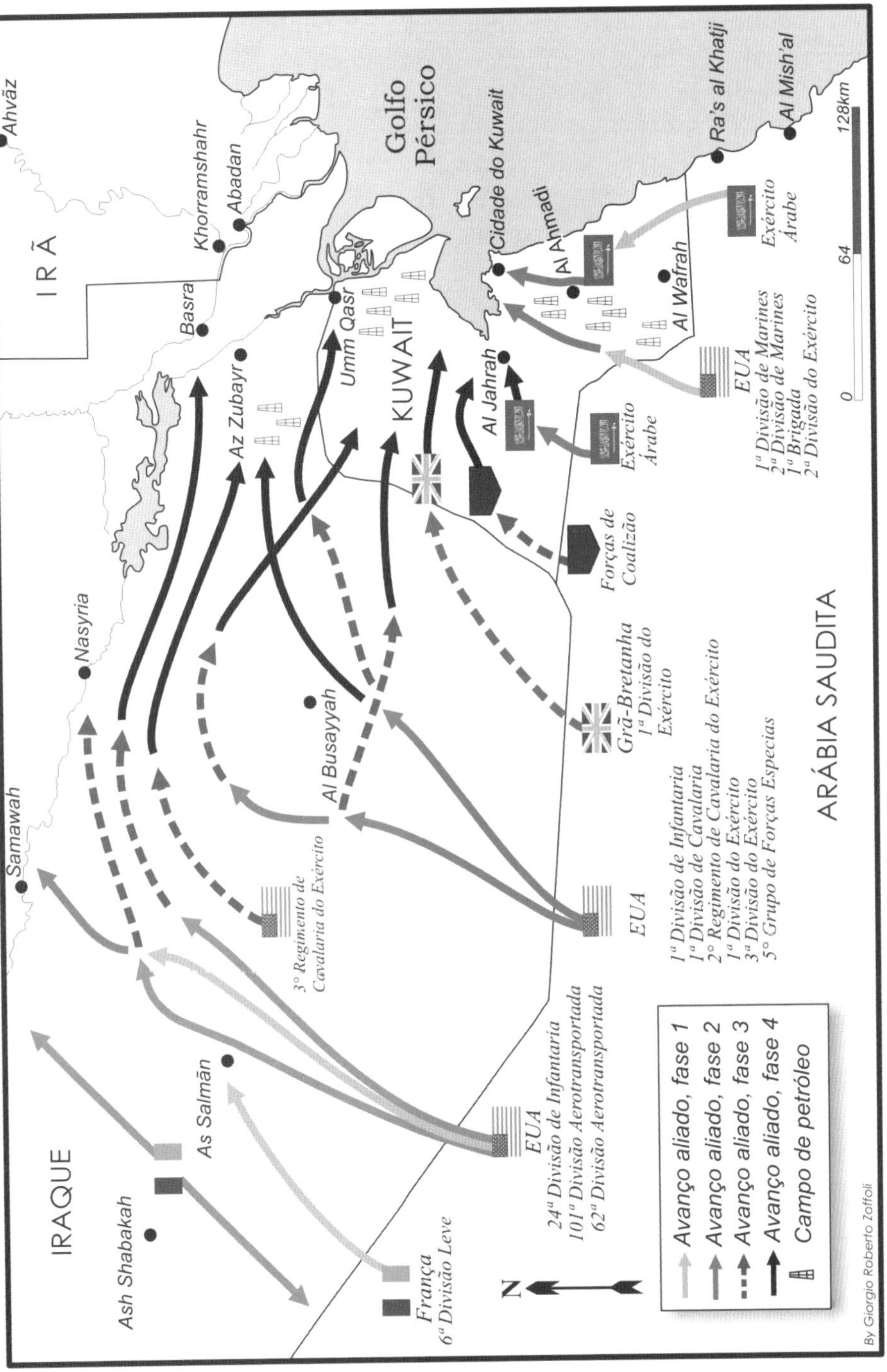

vez, as doutrinas militares de informação em tempo real. Na guerra seguinte, abordada mais adiante, o emprego dessa tecnologia permitiria que até mesmo carros de combate isolados pudessem acompanhar eventos distantes, ampliando decisivamente o horizonte dos soldados e comandantes no campo que, como se sabe, costuma ser bastante estreito.

A principal vantagem desse avanço tecnológico reside em permitir a integração de sistemas, ou seja, já não se trata simplesmente de um grupo de soldados em dificuldades solicitando apoio de artilharia ou de aviação tática. Comandantes em vários níveis passaram a dispor da possibilidade de tomar decisões enquanto os acontecimentos se desenrolam, o velho sonho de todo chefe militar. Em outras palavras, a informação em tempo real substitui, na guerra moderna, o que antes era chamado de "colina do comandante em chefe" – algum tipo de elevação do terreno de onde, em tempos antigos, se podia ter uma visão de conjunto do campo de batalha.

O segundo fator foi o extraordinário poderio aéreo da coligação montada contra Saddam, baseado no uso extensivo de instrumentos de controle (aviões voando próximos aos campos de batalha, além de satélites). Tal poderio permitiu, desde as primeiras horas, interromper a comunicação dos centros de comando em Bagdá com as principais províncias militares. O terceiro importante fator foi a precisão das chamadas "armas inteligentes". De fato elas causaram horrendos danos colaterais, exemplificados em massacres cometidos contra civis indefesos mas, mesmo correndo o risco do argumento ser considerado cínico, a eficácia dessas armas na eliminação de pontos nevrálgicos do inimigo não pode ser contestada.

Os danos colaterais ficaram claros em dois episódios, um em Bagdá, o outro em Fallujah (pequena cidade a oeste da capital que voltaria a ser tristemente célebre depois da invasão de 2003) durante a guerra aérea que precedeu os combates por terra. É o mesmo tipo de erro que se observaria em outro conflito, alguns anos depois: o bombardeio de Belgrado durante a Guerra do Kosovo. Em Bagdá, os analistas no QG americano identificaram um *bunker*, que abrigava civis no centro de Bagdá, como um disfarce para uma instalação de comunicação das Forças Armadas iraquianas, e alvejaram o abrigo com um míssil projetado para perfurar paredes de concreto antes de explodir. O resultado foram centenas de mulheres e crianças incineradas. Em Fallujah, a aviação britânica atacou uma ponte sobre o rio Tigre, na entrada da cidade, mas a "iluminação" do alvo com raios laser (que conduzem os dispositivos do míssil ao ponto de impacto) foi malfeita. O petardo atingiu o centro do mercado local na hora de mais movimento, matando mais de 200 civis inocentes.

Por outro lado, a precisão dos mísseis capazes de perfurar grossas paredes de concreto pode ser comprovada pela primeira vez em situação real, e superou em muito a expectativa que se colocava nesse tipo de arma. Disparado de grande distância (em alguns casos, a mais de 60 km do objetivo), esse tipo de míssil tem precisão de centímetros. Instalações militares iraquianas, como bases aéreas e depósitos de munição, foram obliteradas sem que os defensores tivessem sequer ideia de onde partiam as armas disparadas pelos agressores.

As diferenças de mentalidade entre os dois exércitos que se opunham não pode ser suficientemente sublinhada. Há diferenças culturais relevantes que explicam em boa parte o "profissionalismo" de exércitos ocidentais na arte de matar. A força armada mobilizada contra Saddam era composta, em seus elementos centrais, de modernos exércitos ocidentais integrados por profissionais bem pagos e treinados, com notável (em comparação com guerras anteriores) margem de manobra para decisões locais, motivados por um senso de missão e camaradagem inculcados em longos anos de treinamento e preparação. Os exércitos de Saddam, ao contrário, compunham-se de elementos mal preparados, mal alimentados, mal armados – no caso das unidades "convencionais" – e cansados ainda dos oito anos anteriores de guerra com o Irã.

À propaganda oficial de que o Kuwait estava "voltando ao lar", e que sempre teria sido parte do sagrado solo iraquiano, não correspondia à atitude e ao moral dos soldados comuns iraquianos, que tinham como única preocupação escapar vivos do que lhes parecia um conflito incompreensível. Alguns renderam-se para helicópteros, outros chegaram a render-se para grupos de jornalistas ocidentais. A tropa melhor treinada e equipada, especialmente a da Guarda Republicana, a chamada "tropa de elite", mostrou-se feroz sobretudo ao ser empregada em operações para conter a revolta xiita iniciada nos últimos instantes das 100 horas de combates por terra, ou seja, mostraram-se eficazes apenas como órgão de repressão contra adversários com armamento e treinamento muito inferiores.

Os dois grupos de militares – os de elite e os convencionais – tinham um fator em comum, típico da mentalidade de vários exércitos da região: o apego ao roubo, ao saque e à pilhagem. Mostraram em vários momentos, principalmente no Kuwait, um tipo de comportamento tribal. Os setores mais modernos das Forças Armadas iraquianas, especialmente a aviação de combate, tiveram um papel que se restringiu a observar o que o adversário fazia. A sufocante superioridade aérea ocidental levou a que grande parte dos aviões de combate iraquianos procurassem a segurança do espaço aéreo do Irã, onde se internaram, do que arriscar qualquer operação de envergadura contra o inimigo, senhor completo dos céus sobre a Mesopotâmia. Tal superioridade impediu qualquer movimento coordenado em larga escala do Exército iraquiano, além de provocar milhares de baixas.

A revolta xiita iniciada ainda nos últimos momentos das 100 horas de combate por terra merece ser tratada aqui não pelos seus méritos políticos e militares mas pelas consequências que esses eventos teriam para a condução do planejamento político e militar da Segunda Guerra do Golfo, 12 anos depois. A supremacia dos sunitas sobre os xiitas no Iraque data dos arranjos feitos pelos ocupantes britânicos na região pouco depois da Primeira Guerra Mundial. A rigor, na "matriz" da criação do Iraque está o mesmo tipo de defesa dos interesses britânicos que levaram a boa parte dos dilemas no atual conflito árabe-israelense.

Grandes setores do Norte do que hoje é o Iraque deveriam ter feito parte do protetorado sírio sob responsabilidade francesa. Foi a descoberta de petróleo no que hoje são os vastos campos de Kirkuk, próximos a Mossul, no Curdistão iraquiano, que levaram os britânicos a "anexar" o montanhoso e verde Norte (o berço da civilização e da história, tal como as conhecemos) ao arenoso e quente Iraque. Os britânicos mantiveram quase intacto o sistema de regionalização administrativa imposto pelo Império Otomano, que centrava setores em torno de grandes cidades. Assim, o Iraque fundado depois da Primeira Guerra Mundial ficou sendo a fusão de xiitas (Basra), sunitas (Bagdá) e curdos (Mossul), que anteriormente jamais se haviam identificado como partes de um só país.

Também o predomínio dos sunitas na administração do Iraque é o resultado de um expediente político adotado pelos britânicos durante a década de 1920. Eles tentaram adaptar ao Iraque o mesmo tipo de esquema que dera resultados (do ponto de vista da metrópole) na Índia, ou seja, atribuir a determinados grupos étnicos locais, com forte lealdade ao clã e a interesses regionais, o controle de vastas partes do país. À medida, porém, que o Iraque se modernizou e se urbanizou, especialmente depois da Segunda Guerra Mundial, o nacionalismo árabe e os interesses próprios de grupos políticos no país fundiram-se numa organização a princípio clandestina e de caráter quase secreto, o partido Baath ("Renascimento"), que rapidamente evoluiu para um sistema de controle e direção de massas.

O partido Baath chegou ao poder e transformou-se, de fato, num importante fator de articulação e controle da população. Em relação ao total de habitantes do Iraque, o Baath era maior do que o Partido Nacional-socialista alemão, os fascistas italianos e os comunistas durante o período stalinista na União Soviética. Mesmo com um tipo de organização de controle como o Baath, apoiado num genuíno nacionalismo árabe, Saddam Hussein jamais conseguiu resolver a questão fundamental de um país que nunca se sentiu unido – a não ser pela violência imposta sucessivamente por vários tipos de regime que o precederam. Nesse sentido, é bom lembrar que alguns fatos que tanta repulsa causaram – como o uso, por parte do regime de Saddam, de armas químicas contra populações curdas, no Norte do Iraque – estão dentro de uma tradição iniciada pelos ocupantes britânicos, que encontraram na Força Aérea e no uso de gás, na década de 1920, um "eficiente" meio de controle de revoltas locais. A violência contra curdos e xiitas, por mais abjeta e condenável que nos pareça hoje, foi o método por excelência empregado por todos os que ocuparam o poder central no Iraque nos últimos cem anos pelo menos.

Donos do poder durante mais de sete décadas, os integrantes da oligarquia sunita sempre acusaram os xiitas no sul do país de serem pouco leais ao Iraque. Fiel às ligações tribais e de clãs sunitas no centro do país, desde 1968, quando chegou ao poder, Saddam reprimiu qualquer desejo xiita de ter uma melhor representação nos centros de poder. Sinais de que uma explosão de descontentamento com a ditadura poderia ocorrer já haviam ficado patentes ainda bem antes da derrota dos exércitos iraquianos no Kuwait. Em duas cidades no sul do país, enquanto ainda duravam os bombardeios, grupos dispostos a desafiar a temida polícia secreta (a Mukhabarat) cantavam o *slogan* (considerado uma traição) "Não há nenhum outro Deus senão Alá e Saddam é Seu inimigo".

A revolta teria começado quando a tripulação de um tanque, voltando da derrota do Kuwait, destruiu a tiros de canhão um dos retratos de Saddam pintados em monumentos espalhados por todas as praças e edifícios do país. Quase todo o sul do Iraque levantou-se contra Bagdá, no que sempre fora o pior temor de Saddam durante a guerra com o Irã: a secessão de uma parte vital do país. O caráter espontâneo da revolta ficou patente num fato: não havia estratégia ou comando central entre os xiitas. Enquanto ocorriam as primeiras reuniões do general Schwarzkopf com os derrotados generais iraquianos, os grupos rebelados no sul do Iraque gritavam diferentes palavras de ordem – entre elas, a que então mais assustou aos americanos: "queremos uma República Islâmica."

Um nome que apareceria bastante no noticiário do pós-guerra seguinte – o da Brigada Badr, em homenagem a um religioso xiita ligado ao Irã – surgiu durante as lutas desses dias. Os integrantes da brigada atacaram tanto os adversários sunitas da Guarda Republicana quanto hotéis de luxo e bares de Basra, a segunda maior cidade iraquiana e a principal da região, e queriam proclamar uma República Islâmica Xiita no sul do Iraque. No quarto dia da revolta, havia clara diferença entre o sul, onde era forte a influência de grupos armados e treinados pelo Irã, e as regiões xiitas mais próximas a Bagdá, como Najaf, onde está a tumba de Imã Ali, a mais reverenciada pelos xiitas do mundo inteiro. Nesse lugar, os religiosos que pareciam ter controle da situação pregavam em termos de ordem pública e respeito às leis islâmicas, mas não falavam na formação de uma república – um conflito que se repetiria, com consequências distintas, logo depois da invasão americana de 2003.

Dessa vez Saddam não cometeu erros de cálculo. Embora os curdos tivessem se rebelado poucas horas depois dos xiitas, foi no sul que ele concentrou os esforços de repressão. Saddam sabia que o componente xiita poderia desestabilizar completamente o regime mantido com a ajuda decisiva da estrutura civil do partido Baath. Se a revolta passasse para os 2 milhões de xiitas que moravam na então Saddam City, a imensa favela no norte de Bagdá, que abriga quase a metade da população da capital, o regime estaria perdido. Tropas especiais transferidas sobretudo dos bastiões sunitas no centro do Iraque, engajaram-se imediatamente em combates com vários grupos rebeldes, mas seu sucesso final deveu-se a fatores externos.

O Irã deu menos apoio material do que sugeriam as inflamadas palavras revolucionárias pronunciadas em Teerã. A monarquia saudita, assustada com a possibilidade de uma república islâmica proclamada agora em sua fronteira, preferia um ditador conhecido a fundamentalistas dispostos a espalhar a revolução para o restante da região. E os Estados Unidos, apavorados com a perspectiva do envolvimento do Irã e uma secessão ao sul do Iraque, desistiram de permanecer com suas poderosas unidades blindadas (as que haviam efetuado o movimento de pinça planejado por Schwarzkopf) entre os rebeldes e as forças da repressão.

O resultado era previsível: as forças sunitas, empregando selvageria e ferocidade inéditas até mesmo para uma ditadura sanguinária, massacraram os rebeldes no sul do Iraque. Numa tentativa de impedir até mesmo as rotas de fuga pelas famosas regiões de pântanos próximas ao Shatt al Arab – e parte de uma rica herança ambiental e arqueológica –, Saddam mandou secar e destruir uma vasta área de precário equilíbrio ecológico. O primeiro que jamais se esqueceu da ordem de suspender as operações militares e não intervir durante a revolta foi o próprio Schwarzkopf, que se viu roubado de um grande triunfo militar. Ele jamais deixaria de manifestar publicamente sua insatisfação com a decisão tomada pelo presidente George H. Bush, que teria deixado até no filho, George W. Bush, a impressão de que uma missão não tinha sido levada até o final. O outro grupo que nunca se esqueceu do que os americanos fizeram, ou melhor, deixaram de fazer, foram as principais lideranças xiitas iraquianas. Elas se sentiram, com razão, abandonadas. E recusaram-se a levantar-se contra Saddam, doze anos depois, mesmo quando ficou claro que os americanos estavam invadindo o Iraque para derrubar o ditador.

A SEGUNDA GUERRA DO GOLFO (2003)

É difícil entender as causas da segunda invasão, no começo de 2003, sem antes examinar brevemente quanto o mundo mudou no espaço entre a Primeira e a Segunda guerras do Golfo. Cercado em seus 46 palácios, Saddam provavelmente não percebeu as profundas modificações na política internacional. A primeira delas não poderia ter-lhe passado despercebida: o desaparecimento de seu principal parceiro em compras pesadas de armamentos, a União Soviética, no final de 1991. Na sua própria região, no Oriente Médio, a Primeira Guerra do Golfo levara a uma importante consequência: os acordos de paz de Oslo entre israelenses e palestinos.

Num primeiro momento, os chamados "dividendos da paz" – o fato de que os países centrais podiam dedicar-se a outros investimentos, agora que não eram mais necessários os enormes gastos com armamentos, típicos da Guerra Fria – transformaram Saddam num ditador encurralado. Uma série de resoluções das ONU permitiu que inspetores realizassem um (como se veria muito mais tarde) excelente trabalho de descoberta e destruição dos três principais programas para aquisição de armas de destruição em massa que o ditador iraquiano realizava com a colaboração, mais ou menos aberta, de empresas privadas dos principais países ocidentais. Ao mesmo tempo, como causa direta das rebeliões de xiitas e curdos no Iraque, depois da derrota de março de 1991, os Estados Unidos e a Grã-Bretanha (a França logo se retirou das operações) impuseram ao ditador duas zonas de exclusão de voo, uma no norte, e outra no sul do país. O resultado foi o estabelecimento de uma área curda que desfrutava de autônomia *de facto* no norte – um fator essencial nas articulações da Segunda Guerra do Golfo – enquanto, no sul, com certa regularidade, os aviões de combate americanos e britânicos se engajaram em ataques contra baterias antiaéreas iraquianas.

Em abril de 1991 a ONU estabeleceu o que seria o regime de sanções contra o Iraque, obrigado a admitir a presença de grupos de inspetores que desmantelariam os programas de armas químicas, bacteriológicas e nucleares. Foi imposto também um boicote ao Iraque e criado um comitê para supervisionar a aplicação de medidas que congelaram os bens do Iraque no exterior, e a proibição de comércio exterior, a não ser para importação de alimentos e remédios dentro de um programa conhecido como "petróleo por comida", iniciado em 1995. Esse sistema durou sete anos e foi reconhecido como um dos mais draconianos jamais impostos a um país derrotado. A principal vítima foi a população civil do Iraque, que registrou o retorno de altos índices de desnutrição e mortalidade infantil, indicadores sociais que tinham se alterado positivamente no primeiro período da ditadura de Saddam. O governo não se viu impedido de comprar armas, nem de facilitar o enriquecimento dos clãs com os quais Saddam reconstituiu sua base de poder. Mas o efeito das sanções foi rigoroso, e se parecia ao famoso *catch 22*: não haveria suspensão das sanções enquanto as reparações de guerra não fossem pagas, mas as reparações de guerra não poderiam ser pagas se as sanções não fossem suspensas.

Do ponto de vista político, Saddam conseguiu brevemente fugir ao isolamento internacional, em parte prometendo pagar débitos aos seus principais fornecedores de armamentos (França e Rússia, como sucessora da União Soviética) em troca da suspensão do severo embargo imposto pela ONU. Saddam sempre pareceu entender melhor os aspectos psicológicos do comportamento de sociedades do que os fatores reais do jogo de poder internacional. Excelente manipulador, até mesmo da imprensa internacional, o ditador iraquiano passou inclusive à ofensiva ao mostrar que boa parte das sanções apenas tornavam o país mais pobre e miserável. O programa de troca de petróleo por compras humanitárias, permitido pela ONU, revelou-se uma enorme oportunidade para Saddam "lavar" fundos que permitiram uma reestruturação parcial das Forças Armadas iraquianas, ao mesmo tempo em que propiciou a corrupção de vários funcionários importantes da ONU, com a ajuda, novamente, de empresas privadas ocidentais envolvidas no lucrativo negócio de obtenção de barris de petróleo a preços abaixo dos normais no mercado internacional (grupos marginais na política brasileira também foram beneficiados pelo esquema *oil for food*).

Saddam conseguiu estabilizar-se, em termos políticos, no final da década de 1990, quando o conflito israelense-palestino assumiu de novo uma feição trágica mesmo para os notórios padrões locais de violência e desesperança. Atacá-lo para derrubá-lo parecia, na virada do século, um objetivo possível mas completamente distante, e nem a eleição de George W. Bush, no final do ano 2000, sugeria que a política americana em relação à região fosse alterada radicalmente. Até o formidável cataclismo de setembro de 2001, novamente mal interpretado por Saddam Hussein.

As decisões importantes de cada país nascem não só dos seus interesses declarados e manifestados – econômicos, políticos, geopolíticos. Nascem, sobretudo, de suas visões de mundo e crenças, dos traumas coletivos e da interpretação da realidade internacional. No caso dos Estados Unidos pós-atentados de 11 de setembro, as principais consequências das tragédias em Nova York e Washington foram o reforço à ideia, já desenvolvida anteriormente por *think-tanks* republicanos, de que as causas do terrorismo teriam de ser eliminadas pela mudança da forma de pensar dos outros.

Os neoconservadores republicanos, que assumiram uma posição hegemônica na formulação da política externa de Bush após o 11 de setembro, são intelectuais, ativistas e funcionários de alto escalão que, ao contrário do que se popularizou, representam correntes de pensamento que passaram a se organizar e influenciar a sociedade americana em boa parte como reação à "maré" liberal dos anos 60. O neoconservadorismo não é apenas uma resposta a desafios ou conjunturas internacionais, ou uma forma de pensar o domínio hegemônico da superpotência americana: é parte de uma profunda transformação ideológica nos Estados Unidos ligada diretamente, pelo menos no que se refere a políticas sociais, a valores religiosos e até fundamentalistas, sob o ponto de vista de muitos autores críticos. Essa corrente postulava uma utilização mais "muscular" do vasto predomínio bélico e tecnológico americano em várias partes do mundo, muito antes ainda da Primeira Guerra do Golfo. A decisão de invadir o Iraque e forçar uma mudança de regime teria sido adotada pelos neoconservadores no governo americano no dia seguinte aos ataques terroristas em Nova York e Washington. Eles impuseram à política americana no Afeganistão e no Iraque uma ideia fixa: a de que basta remover os tiranos para que os cidadãos do país e suas organizações implantem a liberdade e a democracia que o tirano impedia.

Vencer a parte militar do conflito foi sempre muito fácil, mas conquistar o que se define como "paz" mostrou-se – como muitos previam – impossível. Nessa visão de mundo ideologizada de forma profunda, esqueceu-se da importância de elementos centrais nos dois países, particularmente no Iraque, em especial as noções de honra, vergonha, afiliação e lealdade ao clã – em oposição à ideia, tão cara para as sociedades ocidentais, da soberania do cidadão individual. A combinação de ideias neoconservadoras com o fervor religioso americano encontrou expressão numa frase repetida muitas vezes pelo presidente George W. Bush: a de que ele se considerava um instrumento do Senhor, levando aos povos do Oriente Médio o maior bem que Ele poderia dar a seres humanos, ou seja, liberdade.

É uma proposta radical, com amplas consequências: o ódio de vários povos ao sistema ocidental, especialmente ao conjunto de liberdades e valores democráticos, só poderia ser eliminado quando também os países onde prosperaram as ideias fundamentalistas dos terroristas (em especial o Oriente Médio) desfrutassem dos mesmos sistemas políticos e conjunto de valores ocidentais. Essa ideologia representava o salto teórico para se passar da invasão do Afeganistão – plenamente justificada do ponto de vista do direito internacional, já que os então governantes, o Talibã, abrigavam os responsáveis pela organização que planejou e executou os atentados – para a invasão do Iraque. Os pretextos para a ação militar foram pouco mais do que a elaboração de comunicados com meias verdades, omissão de fatos e até mesmo a manipulação grosseira de informações mal compiladas ou mal analisadas pelos principais serviços de inteligência nos Estados Unidos e na Grã-Bretanha.

É digno de nota, nesse ponto, o despreparo da espionagem anglo-saxã: até poucos dias antes da invasão, nenhum dos formidáveis serviços secretos dispunha de um só agente dentro do Iraque. Dependiam fundamentalmente de grupos de exilados no exterior que exageravam a penetração de que dispunham nas estruturas militares e administrativas do país e estavam interessados sobretudo em coletar generosas ajudas financeiras, sem produzir uma só informação ou resultado de relevo. De início, nenhuma das alegações brandidas por Washington e Londres para preparar a opinião pública internacional (e a doméstica) para a invasão sustentou o crivo dos fatos: Saddam não possuía armas de destruição em massa, não tinha ligações com grupos terroristas internacionais (muito menos a Al Qaeda) nem capacidade militar para atacar qualquer de seus vizinhos.

Estados Unidos e Grã-Bretanha invadiram o Iraque tendo como justificativa principal a necessidade de evitar que Saddam Hussein chegasse à posse de armas de destruição em massa. Os dois governos argumentaram com informações de seus respectivos serviços secretos. Nos dois casos, ou as informações estavam erradas, ou foram manipuladas para serem apresentadas à opinião pública internacional como casos concretos. Era uma mentira. Já em 1995, quando um dos genros de Saddam fugiu com a filha do ditador e mais a irmã dela e o marido em direção à Jordânia, sabia-se que Saddam tentara chegar às armas de destruição em massa, mas havia fracassado. Husain Kamil, o desertor, era o homem responsável pela supervisão dos programas. As informações que ele dera no período do exílio seriam confirmadas mais tarde por duas fontes. Uma, o sueco Hans Blix, chefe dos inspetores de armas, que antes mesmo da invasão afirmara perante o Conselho de Segurança da ONU que o Iraque não dispunha de armas de destruição em massa. A outra veio mais de um ano depois da invasão, com os trabalhos de uma comissão nomeada pelo próprio governo americano que concluiu pela inexistência das armas. Os programas nessa direção já haviam sido interrompidos, ou tinham fracassado, pelo menos dez anos antes da ação militar de 2003.

Diante da óbvia ameaça de que seria varrido do poder, num inédito exercício (para os padrões no Oriente Médio desde pelo menos a Crise de Suez, em 1956) de imposição de força por um ator externo, Saddam cometeu seu último grande erro de cálculo. Convenceu-se de que o blefe lhe daria o tempo necessário para que, nas Nações Unidas e nas reuniões internacionais, Bush e o primeiro-ministro britânico, Tony Blair, fossem dissuadidos dos planos de ataque. O que Saddam ignorou (e muitas capitais ocidentais também, diga-se de passagem) era a força do trauma dos atentados terroristas na visão de mundo de Bush.

Os preparativos militares encontraram velhos adversários em condições ainda mais díspares do que 12 anos antes. Do lado iraquiano, as sanções em muito afetaram forças militares que já haviam sido fortemente marteladas durante a derrota de 1991. No papel, Saddam ainda podia mostrar considerável número de carros blindados, soldados em uniforme e peças de artilharia. Mas estava completamente desprovido de uma Força Aérea digna desse nome e, em especial, sem contato com a moderna tecnologia bélica.

À revolução da informação seguiu-se uma revolução na doutrina militar americana, que já se vislumbrara como "exercício piloto" na Primeira Guerra do Golfo: trata-se do aperfeiçoamento da extraordinária capacidade de integração de vários sistemas, e da capacidade de transmissão de informações em tempo real do campo de batalha para qualquer dos níveis envolvidos em decisões bélicas. Na breve fase preparatória de bombardeios aéreos, durante a ação de 2003, os americanos empregaram quase que exclusivamente "armas inteligentes", ao contrário do que ocorrera em 1991. E, dessa vez, quase sem oposição antiaérea.

A invasão de 2003 estava destinada a transformar-se numa vitrine, do ponto de vista de Rumsfeld, o secretário de Defesa americano, de que operações ofensivas convencionais poderiam ser realizadas por contingentes militares muito menores do que em anteriores conflitos comparáveis. Meio milhão de combatentes compunham as tropas da coalizão unida para expulsar Saddam do Kuwait em 1991. A invasão por terra em 2003 foi feita por cerca de 150 mil soldados, incluindo os serviços de logística e retaguarda. Esse tipo de evolução é ainda mais importante do que o notório avanço das chamadas "armas inteligentes", especialmente bombas capazes de corrigir seu rumo por diversos métodos (GPS, iluminação a laser do alvo, entre outros).

Os americanos – aparentemente inspirados no que foram as doutrinas táticas da Wehrmacht no começo da Segunda Guerra, no teatro de operações da África, e na conquista de espaços amplos na Rússia, em 1941 – deram excepcional importância à velocidade no planejamento da conquista do território iraquiano. O planejamento inicial americano previa o uso de duas forças blindadas de primeira linha, ambas apoiadas no uso extensivo de carros de combate pesados, uma prosseguindo do sul para o norte, utilizando o Kuwait como ponto de partida, e a outra descendo do norte para o sul, utilizando território da Turquia como base de lançamento das operações. A recusa do governo turco, porém, em permitir a passagem de nutridos contingentes americanos obrigou a uma rápida alteração dos planos.

Na prática, os americanos travaram duas guerras. No sul, de acordo ao planejamento original, lançaram um ataque combinando unidades pesadas blindadas, infantaria convencional e os marines, a tropa mais agressiva de que dispõe. No norte, apoiados em grande parte por guerrilheiros e paramilitares curdos, infiltraram bom número de tropas especiais vindas do Exército e da Marinha. O uso de grupos especiais atuando atrás das linhas inimigas é um recurso clássico que se tornou célebre sobretudo na Segunda Guerra Mundial, e que ganhou notoriedade também na Primeira Guerra do Golfo por alguns relatos de participantes britânicos (*Bravo Two Zero*, as peripécias de um comando britânico capturado no deserto iraquiano, virou talvez o principal *best-seller* sobre o período).

Os americanos trouxeram do Afeganistão seus melhores grupos de tropas especiais – o que provocaria severas críticas, por parte de muitos comentaristas, que se queixaram de que a destruição dos remanescentes dos grupos Talebã e Al Qaeda poderia ter sido atingida não fosse o fato das tropas especiais terem sido redirecionadas para o teatro de operações no Iraque. As tropas especiais

A ofensiva americana em duas colunas no Iraque em 2003

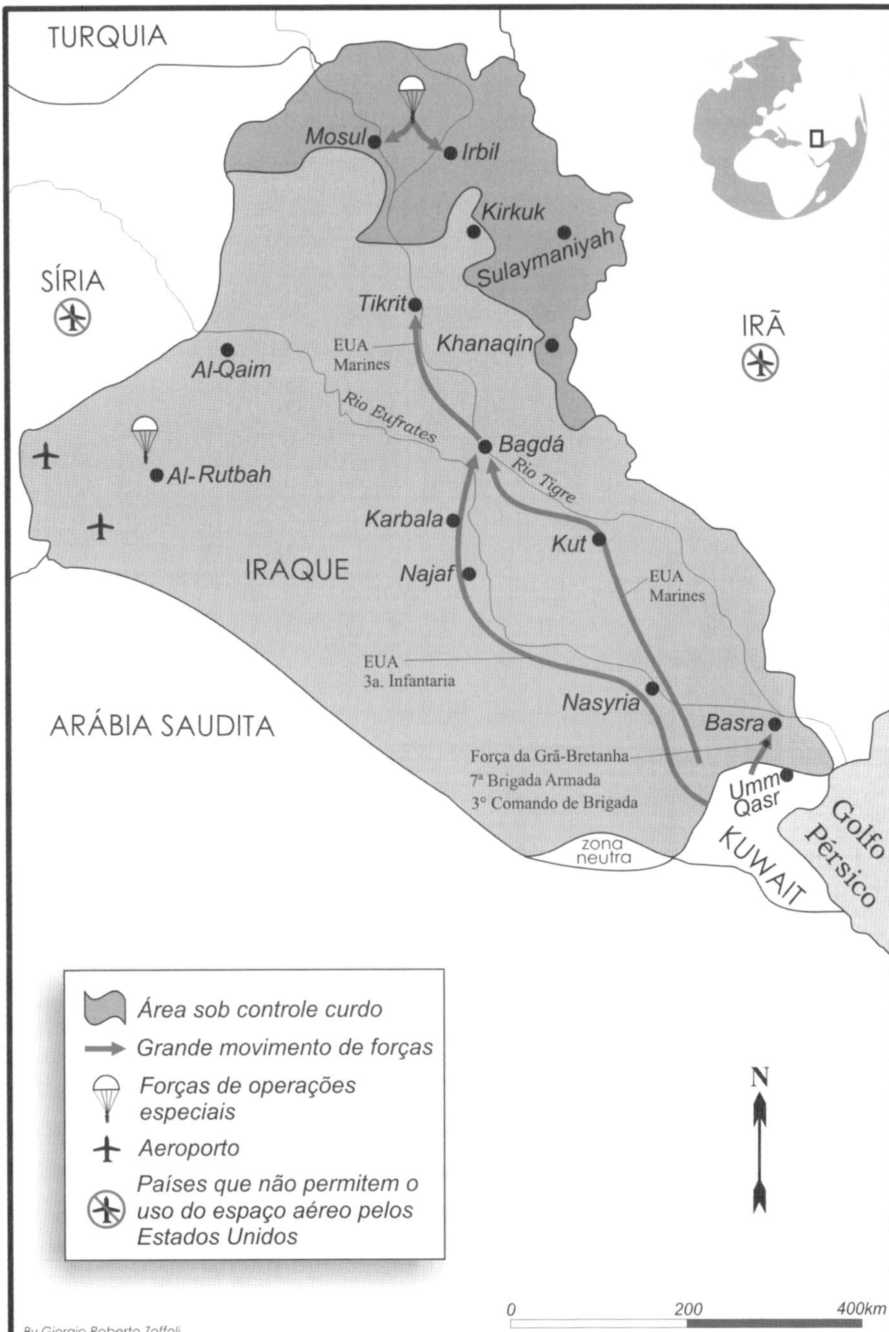

deslocadas para o norte tiveram participação importante no esforço de infiltrar agentes capazes de chegar até Bagdá e fornecer aos americanos pelo menos uma ideia da coesão social e do clima político, já que a extraordinária presença dos órgãos de segurança iraquianos tornavam impossível aos americanos uma avaliação precisa dos danos militares. Antes do ataque, a "*human inteligence*" no Iraque era praticamente inexistente ou dependia de informações fornecidas por grupos operados por exilados de convicções, reputação ou competência mais do que duvidosas, como se revelaria logo depois de concluídas as principais operações militares. De qualquer modo, o principal uso de inteligência por parte dos atacantes veio de seu recurso preferido: a interceptação eletrônica e análise de dados colhidos por aviões e satélites.

Do ponto de vista estratégico, os responsáveis pelo planejamento americano mostraram-se absolutamente corretos em avançar o mais rápido possível para o centro político do inimigo, a capital Bagdá, deixando de lidar com cada foco de resistência. O avanço rumo ao centro nevrálgico, já totalmente isolado por bombardeios aéreos de alta precisão, pode ser feito em menos de 20 dias graças especialmente à topografia, que favorecia o avanço rápido de unidades blindadas pesadas, em especial tanques que não encontraram qualquer tipo de resistência séria no lado iraquiano.

A invasão americana de março/abril de 2003 foi uma espetacular lição de guerra moderna. Ela deixou claro que, naquele momento, não havia adversário à altura da megapotência. O número de homens empregados diretamente na operação de invasão – cerca de 150 mil – seria pequeno para as tarefas de policiamento que se seguiram à derrubada do regime, mas suficiente para desequilibrar em poucas horas a resistência iraquiana. Na doutrina militar "clássica", costuma-se afirmar que uma tropa só pode ter chance de êxito se o contingente atacante superar em pelo menos três vezes o que defende, mas esse é o tipo de lição desmentida, de novo, em outros casos "clássicos" (como o ataque alemão à França em 1940 e, novamente, à União Soviética em 1941).

Generais americanos travaram uma ácida discussão, nos momentos em que precederam o ataque, sobre o correto emprego do número de tropas, mas, nesse ponto, Rumsfeld e seus assessores no Pentágono sairiam com a razão. Essencial numa guerra moderna é a escolha do centro de gravidade e a concentração de recursos nos pontos de ataque, algo que os americanos fizeram com maestria. Eles se concentraram no principal, que era conquistar Bagdá o mais rápido possível, baseando-se na correta suposição de que a eliminação dos cabeças do regime faria com que o edifício todo se precipitasse. E é preciso reiterar, mais uma vez, que os americanos não tinham nenhum oponente a altura, do ponto de vista bélico. Os iraquianos não dispunham nem de equipamento, nem de habilidade, nem de comando para operar com grupos muito maiores do que companhias (cerca de 120 homens). Em nenhum momento do avanço rumo a Bagdá os americanos parecem ter enfrentado resistência organizada sequer por batalhões, quanto mais divisões ou exércitos. Grande parte dos comentários da imprensa brasileira durante a guerra, atribuindo ao número declarado de militares iraquianos uma potencialidade de grave risco aos invasores, baseava-se em puro e simples desconhecimento das realidades.

Além disso, pela primeira vez viu-se um emprego tão maciço em três níveis de aviação de combate, bombardeiros de maior alcance e helicópteros. Em outras palavras, os americanos aperfeiçoaram a integração entre os instrumentos de bombardeio estragégico, contra alvos importantes da infraestrutura do inimigo, ataques táticos, destinados a destruir oponentes nos campos de batalha, e aviação atuando diretamente em conjunto com forças terrestres.

Da mesma maneira como ocorreu na Primeira Guerra do Golfo, as previsões de que o material americano encontraria grandes dificuldades devido ao deserto, à temperatura e à resistência revelaram-se totalmente erradas. Os americanos quebraram a primeira linha de resistência iraquiana ao Sul do país – se é que se podia falar de uma linha de resistência – como enorme rapidez e, daí em diante, tiveram dificuldade sobretudo com a própria logística. A linha de suprimentos, à medida em que foi se esticando rumo à Bagdá, ofereceu alvos fáceis para grupos esporádicos de resistentes, mas de maneira alguma impediu o avanço principal e muito menos diminuiu a capacidade de combate.

O risco não era tão pequeno, olhando-se apenas para os mapas: em alguns momentos, as linhas responsáveis por fazer chegar às tropas de ataque todo tipo de suprimentos se estendiam por cerca de 400 km – alguns dos episódios que se tornaram mais conhecidos dessa fase da invasão, como a captura de soldados mulheres americanas, deram-se ao longo das rotas de suprimentos. Mas o que tornou as Forças Armadas americanas muito conhecidas (desde a Segunda Guerra Mundial, quando generais alemães não se cansavam de elogiar a logística americana) é justamente a capacidade de proporcionar infraestrutura para os contingentes da primeira linha. Nesse sentido, o Iraque foi um risco mas não um grande desafio.

As principais unidades iraquianas simplesmente desintegraram-se, sumiram nas areias, não apareceram em grupos de sequer um batalhão e ofereceram combates apenas esporádicos. Era notória a dificuldade dos comandantes militares iraquianos de organizar qualquer defesa articulada que impedisse o movimento dos americanos, que toda vez que enfrentaram um pouco mais de dificuldades chamaram a aviação ou a artilharia pesada e esperaram pela confortável destruição do adversário antes de seguir caminho. Um dos eventos mais surpreendentes no começo da invasão foi a renúncia dos iraquianos em escalonar defesas em profundidade, apoiadas em centros urbanos. Aliás, em cidade alguma de qualquer porte os iraquianos passaram para o que os americanos temiam: uma guerra urbana que teria provocado grande número de baixas. A principal batalha urbana que os americanos travariam ocorreria apenas um ano e meio depois da invasão, em outubro de 2004, quando pelo menos oito batalhões de *marines* conquistaram cada quarteirão de Fallujah, uma cidade a 60 km a oeste de Bagdá e, então, notória pela concentração de elementos da insurgência armada contra a ocupação americana.

Na verdade, os vinte dias de combates que levaram à conquista da capital e à queda do regime foram pontilhadas por um anticlímax atrás do outro. A rigor, não se verificou nenhuma grande batalha, embora grupos isolados de resistentes tivessem ocupado até mais de uma companhia da infantaria ou dos marines por até quase uma semana. A tão temida Guarda Republicana, que já havia sido fragorosamente derrotada nas poucas horas em que tentou enfrentar as tropas de Schwarzkopf, em 1991, simplesmente desapareceu. Um dos esforços de desmoralização empregados pelos americanos na fase inicial da invasão consistiu em entrar em contato com generais iraquianos responsáveis pelo comando direto de unidades de combate, oferecendo-lhes condições honrosas e vantagens materiais em caso de rendição sem luta. Não se sabe até hoje que resultados práticos foram alcançados com esse tipo de ação, mas é fato indisputado o de que a Guarda Republicana jamais surgiu como um todo coerente. Ao contrário, grande número de relatos, fornecidos por iraquianos, dão conta de que as unidades simplesmente se dissolveram. Soldados foram embora para casa, carregando suas armas – um fator importante no caos do pós-guerra e, também, na organização da insurgência nos anos seguintes de ocupação americana.

Especialmente a tomada de Bagdá acabou sendo uma surpresa – para os atacantes. O primeiro objetivo próximo à capital iraquiana era o aeroporto internacional Saddam Hussein (como quase tudo se chamava no país), um enorme terreno a oeste da cidade. Uma coluna blindada que avançou na direção do aeroporto não encontrou resistência séria. O mesmo aconteceu com os primeiros grupos de reconhecimento armado mandados para dentro de Bagdá. Num dos episódios mais celebrados da invasão, uma coluna de tanques americanos chegou ao centro da cidade, viu que poderia permanecer onde estava, e ficou. Acabaram gerando uma das imagens mais importantes da guerra: a da participação popular, ao lado de soldados americanos, para derrubar uma das muitas estátutas de Saddam numa das praças mais importantes.

O mais relevante, porém, foi o que não aconteceu – na parte política da guerra. O avanço pelos mais de 500 km da fronteira com o Kuwait até Bagdá ocorreu sem a esperada participação entusiasmada da população xiita. Estava ainda bastante gravada na memória coletiva o que acontecera 12 anos antes, quando a população se sublevou contra o ditador quase derrotado e acabou sendo abandonada pela coligação aliada. Dessa vez, por ordem direta das autoridades religiosas, aquarteladas em Najaf, a população não se opôs ao avanço americano mas também não acolheu os invasores com as flores e o entusiasmo com os quais vários dos planejamentos militares acreditavam que as tropas seriam recebidas. O sinal estava claro: os americanos foram considerados um mal necessário para se livrar de um ditador sanguinário, mas não como libertadores. Em pouco tempo, aliás, os agrupamentos xiitas, alguns com fortes ligações com o Irã, passariam a organizar milícias que travariam, com os americanos, as piores batalhas de rua no sul do país.

A entrada dos americanos em Bagdá foi seguida de um caos que não parecia controlado ainda mais de um ano depois da derrota de Saddam. À desintegração da máquina militar e do aparato de repressão do ditador seguiu-se uma política tímida e equivocada de manutenção da ordem. Com sua tradicional ignorância de alguns símbolos importantes, os americanos preferiram manter guardado e vigiado o Ministério do Petróleo, deixando que o restante da cidade – como os extraordinários museus e coleções de antiguidades – fossem saqueados por multidões que pareciam fora de qualquer tipo de controle.

O mergulho da capital iraquiana e de muitas outras cidades, no caos da pós-invasão acabaria sendo um dos entraves mais importantes para que se tentasse estabelecer vínculos ou até algum tipo de simpatia entre os ocupantes e os "libertados". Tropa agressiva e com excelente treinamento para operações de ataque e destruição, os americanos mostraram-se despreparados para enfrentar o desafio do contato com a população civil. Sem levar em consideração os delicados procedimentos numa cultura tão diversa como a dos muçulmanos numa sociedade bastante tradicional (apesar da secularização e modernização levadas a cabo durante décadas pelo regime de Saddam), os soldados americanos mostraram-se como brutamontes incapazes de tratar as famílias árabes de outra maneira senão a pontapés. Nos meses seguintes, podiam passar relativamente sem perigo relativo apenas dentro dos perímetros fortemente robustecidos no centro das principais cidades, sobretudo Bagdá, onde os principais palácios do tempo de Saddam e um enorme centro de convenções foram convertidos num "*Fort Apache*" isolado do resto do país.

Um pouco diferente foi a maneira encontrada pelos britânicos, veteranos não só em combates de rua mas, principalmente, em ocupar setores urbanos "inimigos", para controlar a cidade de Basra, no sul xiita do Iraque. Apesar de sofrerem ataques suicidas e o constante fustigamento por parte de insurgentes desorganizados, os britânicos começaram muito mais cedo do que os americanos a passar tarefas de controle da cidade para os próprios iraquianos, ao mesmo tempo em que seus soldados, com o uso de táticas simples – como trajar boinas em vez de capacetes, para diminuir o ar agressivo – conseguiram baixar consideravelmente o número de ataques diários que sofriam logo depois da invasão.

Foi muito mais fácil para os americanos a parte exclusivamente militar da empreitada do que a reorganização política, econômica e social do país – um capítulo que teria de ficar para outra obra. Faltou-lhes a visão de que a destruição do aparelho do Estado e do próprio Exército iraquiano, sob o pretexto de eliminar a presença do partido Baath, só tornaria difícil a própria tarefa dos ocupantes. E faltou-lhes, principalmente, a razão para convencer.

Suficiente para levar adiante modernas operações de guerra, a máquina militar americana mostrou-se muito aquém da missão de policiar um país do tamanho e população do Iraque. Pior ainda: ao típico comportamento abusivo de soldados americanos, seguiram-se os escândalos no complexo de prisões de Abu Ghraib, um local de triste fama entre os iraquianos – era lá que Saddam mantinha um de seus principais centros de detenção e tortura. A mesma revolução da informação que reescreveu como comandantes podem ter noção do que acontece no campo de batalha permitiu que o mundo inteiro soubesse, através de fotos tomadas por aparelhos celulares, das sevícias, abusos, torturas e maus-tratos que carcereiros americanos inflingiam a prisioneiros iraquianos. E o mesmo tipo de política de abertura protagonizada pelos americanos no Iraque, permitindo o que Saddam jamais tolerara – o livre acesso à TV a cabo – facilitou aos iraquianos informar-se sobretudo pelos canais em árabe críticos à invasão.

O resultado foi a pior derrota que um exército invasor pode sofrer: a desmoralização pública de quem entra num país para trazer valores como liberdade e democracia e acaba sendo acusado, com razão, de promover o ódio e de desrespeitar exatamente os princípios de humanidade e direito que dizia defender. A missão "civilizatória" dos americanos estava tão distante de ser alcançada como quanto nos primeiros dias da invasão. E o que parecia apenas uma missão inacabada ao final da Primeira Guerra do Golfo, ao final da Segunda parecia, simplesmente, uma missão impossível.

BIBLIOGRAFIA

ANDERSON, John Lee. *The Fall of Baghdad*. New York: Peguin USA, 2004.

ANONYMOUS. *Imperial Hubris*. Washington: Brassey's USA, 2004.

ATTUCH, Leonardo. *Saddam, o amigo do Brasil*. São Paulo: Qualitmark, 2003.

BLIX, Hans. *Desarmando o Iraque*. São Paulo: A Girafa, 2004.

CLARKE, Richard A. *Against all Enemies*. New York: Free Press, 2004.

DEMANT, Peter. *O mundo muçulmano*. São Paulo: Contexto, 2004.

HERSH, Seymour. *Chain of Command*. New York: Harper USA, 2004.

HIRO, Dilip. *The Longest War:* The Iran-Iraq Military Conflict. London: Routledge USA, 1989.

MACKEY, Sandra. *Reckoning, Iraq and the Legacy of Saddam Hussein*. New York: WW Norton, 2002.

MCNAB, Andy. *Bravo Two Zero*. London: Corgi - UK, 1993.

MELLO, Helio Campos e WAACK, William. *Mister, You Bagdad*. São Paulo, s/n, 1991.

PETERS, John e NICHOL, Kohn. *Tornado Down*. London: Peguin - UK, 1993.

POLK, William R. *Understanding Iraq*. New York: Harper USA, 2005.

RAI, Milan. *Iraque, plano de guerra*. São Paulo: Bertrand Brasil, 2003.

SCHLESINGER JR., Arthur. *War and the American Presidency*. New York: WW Norton, 2004.

WOODWARD, Bob. *The Commanders*. New York: Touchstone Books, 1991.

_______. *Plan of Attack*. New York: Free Press, 2004.

OS AUTORES

DEMÉTRIO MAGNOLI, ORGANIZADOR

Sociólogo. Graduado em Ciências Sociais e Jornalismo pela Universidade de São Paulo (USP). Doutor em Geografia Humana pela mesma universidade. Especialista em Relações Internacionais, é editor do jornal *Mundo – Geografia e Política Internacional* e faz palestras e colabora em diversos órgãos da mídia. É autor de diversos livros, entre eles: *Relações internacionais: teoria e história* e *África do Sul: capitalismo e apartheid*, pela Editora Contexto.

ANDRÉ MARTIN

Geógrafo. Doutor em Geografia Humana pela Universidade de São Paulo (USP). Professor de Geografia Regional e Política da mesma universidade. Há mais de dez anos pesquisa a relação entre territórios soberanos e poder mundial. Publicou pela Editora Contexto o livro *Fronteiras e nações*.

ARMANDO VIDIGAL

Vice-almirante (Reformado). Doutor em Ciências Navais pela Escola de Guerra Naval (EGN), membro do Núcleo de Estudos Estratégicos da Unicamp, do Centro de Estudos Estratégicos da EGN e do Instituto de História e Geografia Militar do Brasil.

CLÁUDIO CAMARGO

Jornalista e sociólogo. Editor de internacional da revista *IstoÉ*. Participou de coberturas políticas em diversos países, como Argentina, Venezuela, Peru, Chile, Colômbia, Alemanha, Moçambique, Iraque e Rússia. Pela Editora Contexto é coautor dos livros *Faces do fanatismo* e *12 faces do preconceito*.

ELAINE SENISE BARBOSA

Historiadora. Graduada em História pela Universidade de São Paulo (USP). Leciona em cursos pré-vestibulares de São Paulo e é autora de obras didáticas e paradidáticas.

FÁTIMA REGINA FERNANDES

Historiadora. Mestre em História Antiga e Medieval pela Universidade Federal do Rio de Janeiro (UFRJ) e doutora em História Medieval pela Universidade do Porto (Portugal). Professora de História Medieval da Universidade Federal do Paraná. Pesquisadora do CNPq e autora de dois livros na área de História Medieval.

FRANCISCO DORATIOTO

Doutor em História das Relações Internacionais pela Universidade de Brasília (UnB). Professor do curso de Relações Internacionais da Universidade Católica de Brasília. É membro da Academia Paraguaya de la Historia, do Instituto Brasileiro de Relações Internacionais e do Instituto de Geografia e História Militar do Brasil. É autor do livro *Maldita Guerra: nova história da Guerra do Paraguai.*

HENRIQUE CARNEIRO

Historiador. Doutor em História Social pela Universidade de São Paulo (USP). Professor de História Moderna pela mesma universidade e autor de diversos livros.

JOSÉ RIVAIR MACEDO

Historiador. Doutor em História Social pela Universidade de São Paulo (USP). Fez pós-doutorado na Universidade Nova de Lisboa. Professor do Departamento de História da Universidade Federal do Rio Grande Sul, pesquisador do Conselho Nacional de Desenvolvimento Científico e Tecnológico (CNPq) é sócio da Associação Brasileira de Estudos Medievais. Pela Editora Contexto é autor de *A mulher na Idade Média* e coautor de *Faces do fanatismo.*

LUIZ DE ALENCAR ARARIPE

Coronel de Artilharia e de Estado-Maior do Exército (Reformado). Membro Titular do Instituto de História Militar e Geografia do Exército. Tradutor do clássico livro *Études sur le combat* de Ardant Du Picq.

MARCO MONDAINI

Historiador. Doutor em Serviço Social pela Universidade Federal do Rio de Janeiro (UFRJ). Professor de Política Social da Universidade Federal de Pernambuco (UFPE). Pela Editora Contexto, é coautor de *História da cidadania* e *Faces do fanatismo.*

PEDRO PAULO FUNARI

Historiador. Doutor em Arqueologia pela Universidade de São Paulo (USP). Professor Titular da Universidade Estadual de Campinas (Unicamp). Coordenador-Associado do Núcleo de Estudos Estratégicos da mesma universidade. Autor de livros publicados no Brasil, Estados Unidos, Inglaterra, Espanha e Colômbia. Pela Editora Contexto, é autor de *Arqueologia*, *Grécia e Roma* e *Pré-história do Brasil* (com Francisco Noelli); é coautor de *História da cidadania* e *Fontes históricas.*

PEDRO TOTA

Historiador. Doutor em História Social pela Universidade de São Paulo (USP). Professor Titular de História Contemporânea da Pontifícia Universidade Católica de São Paulo (PUC-SP). É membro do Latin American Studies Assossiation e foi professor visitante da Pace University em Nova York.

RENATA SENNA GARRAFFONI

Historiadora. Doutora em História pela Universidade Estadual de Campinas (Unicamp). Professora de História Antiga na Universidade Federal do Paraná (UFPR). Participou de escavações arqueológicas em sítios romanos na Espanha. É pesquisadora associada ao Núcleo de Estudos Estratégicos e ao Centro do Pensamento Antigo da Unicamp.

WILLIAM WAACK

Jornalista. Graduado em Jornalismo pela Universidade de São Paulo (USP) e em Ciências Políticas pela Johannes-Gutemberg Universität de Mainz (Alemanha), com mestrado em Relações Internacionais. Foi correspondente internacional por duas décadas, já cobriu diversas guerras. Passou pelas redações do *Estado de S.Paulo*, *Jornal do Brasil* e das revistas *Época* e *Veja*. Atualmente é jornalista da *Rede Globo.*

GRÁFICA PAYM
Tel. [11] 4392-3344
paym@graficapaym.com.br